国家骨干高职院校工学结合创新成果系列教材

水工建筑物

主　编　赖永明　凌贤宗
主　审　陆克芬

内 容 提 要

本教材为高职高专水利水电建筑工程、水利工程施工技术、水利工程监理、水利工程等相关水利类专业的通用教材。该书的特点是以任务案例来驱动学生完成预定任务，符合工学结合的特点，可操作性强。全书除绪论外包含 8 个项目，分别介绍不同水工建筑物的工作原理、形式种类、适用条件、设计方法和工程枢纽布置。每个项目后均附有自测题，供学习者选做。

本教材除适用于水利类专业教学外，也可供其他相关专业的师生和工程技术人员参考。

图书在版编目（CIP）数据

水工建筑物 / 赖永明，凌贤宗主编． -- 北京 ： 中国水利水电出版社， 2014.9（2022.7重印）
国家骨干高职院校工学结合创新成果系列教材
ISBN 978-7-5170-2546-7

Ⅰ．①水… Ⅱ．①赖… ②凌… Ⅲ．①水工建筑物—高等职业教育—教材 Ⅳ．①TV6

中国版本图书馆CIP数据核字(2014)第226333号

书　　名	国家骨干高职院校工学结合创新成果系列教材 **水工建筑物**
作　　者	主编　赖永明　凌贤宗　　主审　陆克芬
出版发行	中国水利水电出版社 （北京市海淀区玉渊潭南路1号D座　100038） 网址：www.waterpub.com.cn E-mail：sales@mwr.gov.cn 电话：（010）68545888（营销中心）
经　　售	北京科水图书销售有限公司 电话：（010）68545874、63202643 全国各地新华书店和相关出版物销售网点
排　　版	中国水利水电出版社微机排版中心
印　　刷	清淞永业（天津）印刷有限公司
规　　格	184mm×260mm　16开本　25.5印张　605千字
版　　次	2014年9月第1版　2022年7月第3次印刷
印　　数	5001—7500册
定　　价	**59.50元**

凡购买我社图书，如有缺页、倒页、脱页的，本社营销中心负责调换

版权所有·侵权必究

国家骨干高职院校工学结合创新成果系列教材
编 委 会

主　任：刘延明

副主任：黄伟军　黄　波　皮至明　汪卫星

委　员：张忠海　吴汉生　凌卫宁　陆克芬

　　　　邓海鹰　梁建和　宁爱民　黄晓东

　　　　陈炳森　方　崇　陈光会　方渝黔

　　　　况照祥　叶继新　许　昕　欧少冠

　　　　梁喜红　刘振权　陈治坤　包才华

秘　书：饶亚娟

前言

本教材是国家骨干高职院校工学结合创新成果系列教材,在国家骨干高等职业院校建设中课程建设的一个重要内容,是为适应高职高专教育改革与发展的需要,体现工学结合培养模式,以培养技术应用型高技能人才的教材。本教材在编写过程中充分吸收企业元素,直接体现工学结合的特点。与企业专家共同调研生产过程,企业专家直接参与教材大纲、教材内容的讨论、编写与修订工作。教材中的项目均来自于一些实际的工程案例,项目任务围绕完成这些工程任务,展开项目化教学。

水工建筑物是水利水电工程类专业中一门理论与实践相结合的专业必修课,该专业学生必须通过本课程的学习才能提高处理水利水电工程技术问题的能力。结合高职高专的专业教育实际,顾全教学改革的实践,在编写过程中特别突出实用性,并严格按照水利水电工程的新规范、新标准、新技术的要求编写。

本教材除绪论外共为8大项目,包括:重力坝设计,拱坝设计,土石坝设计,河岸溢洪道设计,水闸设计,水工隧洞设计,渠系建筑物设计和水利枢纽布置等内容。本教材在吸收有关教材精华的基础上,充实了新思想、新理论、新方法和新技术,强调理论联系实际,突出应用性,并在每个项目后均附上项目自测题,供学习者参考。

本教材由广西水利电力职业技术学院赖永明、广西水利科学研究院凌贤宗任主编,广西水利电力职业技术学院魏保兴、张宪明、王宝红、刘俊宏任副主编,广西水利电力职业技术学院陆克芬任主审。项目0、项目2、项目6和项目8由赖永明和凌贤宗编写;项目1由魏保兴编写;项目3和项目4由张宪明编写;项目5由王宝红编写;项目7由刘俊宏编写。全书由赖永明修改并统稿。

本教材在编写过程中参考并引用了有关院校编写的教材和生产科研单位的技术文献资料,除部分列出外,其余未能一一注明,特此一并致谢。

最后,我们恳切地希望各校师生及其他读者对本教材存在的缺点和错误随时提出批评和指正。

编者
2013 年 12 月

目 录

前言

项目0 绪论 …………………………………………………………………………………… 1
任务0.1 我国水资源与水利水电工程建设概况认知 …………………………………… 1
任务0.2 水工建筑物和水利枢纽基本概念认知 ………………………………………… 2
0.2.1 水工建筑物及其分类 ………………………………………………………… 2
0.2.2 水利枢纽 ………………………………………………………………………… 3
0.2.3 水利水电枢纽工程分等和水工建筑物分级 ………………………………… 4
0.2.4 水工建筑物的特点 …………………………………………………………… 5
任务0.3 水利水电工程的设计阶段认知 ………………………………………………… 6
任务0.4 本课程的任务和学习方法 ……………………………………………………… 8
项目自测题 …………………………………………………………………………………… 9

项目1 重力坝设计 ……………………………………………………………………………… 10
项目及其要求 ………………………………………………………………………………… 10
重力坝设计基本资料 ……………………………………………………………………… 10
项目实施方法及目标 ……………………………………………………………………… 11
成果提交要求 ……………………………………………………………………………… 11
任务1.1 重力坝认知 ……………………………………………………………………… 12
1.1.1 重力坝的工作原理及特点 ……………………………………………………… 12
1.1.2 重力坝的分类 …………………………………………………………………… 13
1.1.3 重力坝的布置 …………………………………………………………………… 13
1.1.4 重力坝设计内容 ………………………………………………………………… 14
任务1.2 非溢流坝设计 …………………………………………………………………… 14
1.2.1 非溢流坝剖面设计 ……………………………………………………………… 15
1.2.2 重力坝荷载及其组合 …………………………………………………………… 19
1.2.3 重力坝的抗滑稳定及应力分析 ………………………………………………… 27
任务案例1-1 非溢流坝设计 ……………………………………………………………… 35
任务1.3 溢流坝设计 ……………………………………………………………………… 39
1.3.1 孔口设计 ………………………………………………………………………… 39
1.3.2 溢流坝的剖面设计 ……………………………………………………………… 42
1.3.3 溢流坝的消能防冲 ……………………………………………………………… 46
任务案例1-2 溢流坝设计 ………………………………………………………………… 49

任务 1.4　重力坝的材料、细部结构与地基处理 ……………………………… 53
　　　　1.4.1　重力坝的材料 ……………………………………………………… 53
　　　　1.4.2　重力坝细部结构 …………………………………………………… 55
　　　　1.4.3　重力坝地基处理 …………………………………………………… 60
　　　　任务案例 1-3　重力坝坝体构造和地基处理 …………………………… 64
　　任务 1.5　其他形式的重力坝认知 ………………………………………………… 65
　　　　1.5.1　碾压混凝土重力坝 ………………………………………………… 65
　　　　1.5.2　浆砌石重力坝 ……………………………………………………… 68
　　　　1.5.3　宽缝重力坝 ………………………………………………………… 71
　　　　1.5.4　空腹重力坝 ………………………………………………………… 72
　　　　1.5.5　支墩坝 ……………………………………………………………… 72
　　项目自测题 ……………………………………………………………………………… 74

项目 2　拱坝设计 …………………………………………………………………………… 77
　　项目及其要求 …………………………………………………………………………… 77
　　　　拱坝设计基本资料 ……………………………………………………………… 77
　　　　项目实施方法及目标 …………………………………………………………… 78
　　　　成果提交要求 …………………………………………………………………… 78
　　任务 2.1　拱坝基本设计 …………………………………………………………… 79
　　　　2.1.1　拱坝布置 …………………………………………………………… 79
　　　　2.1.2　拱坝稳定分析与应力分析 ………………………………………… 88
　　　　任务案例 2-1　拱坝基本设计 …………………………………………… 98
　　任务 2.2　拱坝泄洪设计 …………………………………………………………… 117
　　　　2.2.1　拱坝坝身泄水方式 ………………………………………………… 117
　　　　2.2.2　拱坝的消能与防冲 ………………………………………………… 121
　　　　任务案例 2-2　拱坝泄洪设计 …………………………………………… 122
　　任务 2.3　拱坝构造和地基处理 …………………………………………………… 127
　　　　2.3.1　拱坝构造 …………………………………………………………… 128
　　　　2.3.2　拱坝的地基处理 …………………………………………………… 129
　　　　任务案例 2-3　拱坝地基处理 …………………………………………… 130
　　项目自测题 …………………………………………………………………………… 132

项目 3　土石坝设计 ………………………………………………………………………… 135
　　项目及其要求 ………………………………………………………………………… 135
　　　　土石坝设计基本资料 …………………………………………………………… 135
　　　　项目实施方法及目标 …………………………………………………………… 137
　　　　成果提交要求 …………………………………………………………………… 138
　　任务 3.1　土石坝坝型选择 ………………………………………………………… 138
　　　　3.1.1　设计要求 …………………………………………………………… 138

####### 3.1.2 土石坝的类型 ……………………………………………………………… 138
####### 任务案例 3-1 土石坝坝型选择 ……………………………………………… 140
任务 3.2 土石坝基本剖面设计 ………………………………………………………… 142
####### 3.2.1 坝顶高程 …………………………………………………………………… 142
####### 3.2.2 坝顶宽度 …………………………………………………………………… 144
####### 3.2.3 坝坡 ………………………………………………………………………… 145
####### 任务案例 3-2 土石坝基本剖面确定 …………………………………………… 145
任务 3.3 土石坝实用剖面设计 ………………………………………………………… 147
####### 3.3.1 土石坝渗流分析 …………………………………………………………… 147
####### 3.3.2 土石坝稳定分析 …………………………………………………………… 155
####### 任务案例 3-3 土石坝实用剖面确定 …………………………………………… 161
任务 3.4 土石坝构造和地基处理 ……………………………………………………… 165
####### 3.4.1 土石坝的构造 ……………………………………………………………… 165
####### 3.4.2 土石坝的地基处理 ………………………………………………………… 170
####### 任务案例 3-4 土石坝构造设计和地基处理 …………………………………… 173
项目自测题 ………………………………………………………………………………… 175

项目 4 河岸溢洪道设计 …………………………………………………………………… 179
项目及其要求 …………………………………………………………………………… 179
####### 溢洪道设计基本资料 ……………………………………………………………… 179
####### 项目实施方法及目标 ……………………………………………………………… 179
####### 成果提交要求 ……………………………………………………………………… 180
任务 4.1 溢洪道布置 …………………………………………………………………… 180
####### 4.1.1 进水渠 ……………………………………………………………………… 182
####### 4.1.2 控制段 ……………………………………………………………………… 182
####### 4.1.3 泄槽 ………………………………………………………………………… 184
####### 4.1.4 消能防冲设施 ……………………………………………………………… 185
####### 4.1.5 出水渠 ……………………………………………………………………… 186
####### 任务案例 4-1 溢洪道布置 ……………………………………………………… 186
任务 4.2 溢洪道水力设计 ……………………………………………………………… 187
####### 4.2.1 进水渠水力计算 …………………………………………………………… 188
####### 4.2.2 控制段水力计算 …………………………………………………………… 189
####### 4.2.3 泄槽水力计算 ……………………………………………………………… 190
####### 任务案例 4-2 溢洪道水力计算 ………………………………………………… 190
任务 4.3 溢洪道结构设计 ……………………………………………………………… 197
####### 4.3.1 进水渠衬砌 ………………………………………………………………… 197
####### 4.3.2 控制段 ……………………………………………………………………… 197
####### 4.3.3 泄槽的底板 ………………………………………………………………… 197

  4.3.4 消能段 ·· 199
  任务案例 4-3 溢洪道构造设计 ·· 200
 任务 4.4 溢洪道地基及边坡处理 ··· 201
  4.4.1 地基开挖 ·· 201
  4.4.2 固结灌浆 ·· 202
  4.4.3 地基防渗与排水 ··· 202
  4.4.4 边坡开挖与处理 ··· 203
 项目自测题 ··· 204

项目 5 水闸设计 ·· 205
 项目及其要求 ··· 205
  水闸设计基本资料 ··· 205
  项目实施方法及目标 ·· 207
  成果提交要求 ··· 207
 任务 5.1 水闸知识的基本认识 ··· 208
  5.1.1 水闸的作用与分类 ·· 208
  5.1.2 水闸的工作特点与设计要点 ·· 209
  5.1.3 水闸的组成 ··· 210
  5.1.4 水闸的设计内容 ·· 210
  任务案例 5-1 水闸的基本设计 ·· 212
 任务 5.2 水闸水力设计 ·· 212
  5.2.1 闸孔设计 ·· 212
  5.2.2 消能防冲设计 ··· 215
  任务案例 5-2 水闸的闸孔设计和消能防冲设计 ································ 220
 任务 5.3 水闸的防渗设计 ·· 223
  5.3.1 闸基防渗长度的确定 ··· 223
  5.3.2 闸基防渗排水布置 ·· 224
  5.3.3 闸基渗流计算 ··· 225
  5.3.4 防渗及排水设施 ·· 229
  5.3.5 水闸的侧向绕渗 ·· 231
  任务案例 5-3 水闸防渗设计 ··· 231
 任务 5.4 水闸结构设计 ·· 237
  5.4.1 闸室的布置与结构 ·· 237
  5.4.2 荷载及其组合 ··· 244
  5.4.3 水闸的稳定分析及地基处理 ·· 246
  5.4.4 闸室的结构计算 ·· 249
  5.4.5 两岸连接建筑物设计 ··· 257
  任务案例 5-4 水闸结构设计 ··· 260

项目自测题 …… 276

项目6 水工隧洞设计 …… 278

项目及其要求 …… 278
  水工隧洞设计基本资料 …… 278
  项目实施方法及目标 …… 278
  成果提交要求 …… 279

任务6.1 水工隧洞的选线与布置 …… 279
  6.1.1 水工隧洞的类型、组成及工作特点 …… 279
  6.1.2 水工隧洞的选线与工程布置 …… 281
  任务案例6-1 隧洞的选线及布置 …… 284

任务6.2 水工隧洞构造设计 …… 285
  6.2.1 进口段的形式和构造 …… 285
  6.2.2 洞身段的形式与构造 …… 289
  6.2.3 出口段及消能设施 …… 292
  任务案例6-2 水工隧洞构造设计 …… 293

任务6.3 水工隧洞结构计算 …… 297
  6.3.1 隧洞衬砌的荷载及其组合 …… 297
  6.3.2 衬砌结构计算 …… 301
  任务案例6-3 隧洞衬砌的结构计算 …… 301

项目自测题 …… 304

项目7 渠系建筑物设计 …… 306

项目及其要求 …… 306
  渠系建筑物设计基本资料1 …… 306
  渠系建筑物设计基本资料2 …… 308
  项目实施方法及目标 …… 310
  成果提交要求 …… 310

任务7.1 渠系建筑物基础知识认知 …… 311

任务7.2 渠道设计 …… 313
  7.2.1 渠道的选线 …… 313
  7.2.2 渠道的纵、横断面设计 …… 314
  任务案例7-1 渠道设计 …… 319

任务7.3 渡槽设计 …… 329
  7.3.1 渡槽的作用及组成 …… 329
  7.3.2 渡槽的类型 …… 330
  7.3.3 渡槽的总体布置 …… 330
  7.3.4 渡槽的水力计算 …… 332
  7.3.5 梁式渡槽设计 …… 334

  7.3.6　拱式渡槽设计 ……………………………………………………… 340
  任务案例 7-2　肋拱渡槽设计 …………………………………………… 342
 任务 7.4　其他渠系建筑物认知 …………………………………………………… 360
  7.4.1　倒虹吸管 …………………………………………………………… 360
  7.4.2　涵洞 ………………………………………………………………… 366
  7.4.3　桥梁 ………………………………………………………………… 368
  7.4.4　跌水 ………………………………………………………………… 369
  7.4.5　陡坡 ………………………………………………………………… 370
 项目自测题 …………………………………………………………………………… 372

项目 8　水利枢纽布置 ……………………………………………………………… 374
 项目及其要求 ………………………………………………………………………… 374
  水利枢纽布置基本资料 …………………………………………………… 374
  项目实施方法及目标 ……………………………………………………… 374
  成果提交要求 ……………………………………………………………… 375
 任务 8.1　过坝建筑物认知 ………………………………………………………… 375
  8.1.1　船闸 ………………………………………………………………… 375
  8.1.2　升船机 ……………………………………………………………… 381
  8.1.3　其他过坝建筑物 …………………………………………………… 383
 任务 8.2　水利枢纽布置 …………………………………………………………… 385
  8.2.1　水利枢纽的布置要求 ……………………………………………… 385
  8.2.2　蓄水枢纽布置 ……………………………………………………… 386
  8.2.3　取水枢纽布置 ……………………………………………………… 389
 项目自测题 …………………………………………………………………………… 393

参考文献 …………………………………………………………………………… 395

项目 0 绪 论

任务 0.1 我国水资源与水利水电工程建设概况认知

水是最宝贵的自然资源之一。我国水资源年平均总量为 28000 亿 m^3，居世界第六位。但人均年水资源量只有 $2300m^3$，仅约全球平均数的 1/4。我国是一个严重缺水的国家，已被列入全世界 13 个最贫水国家之一。我国不仅水资源人均占有量低，而且时空分布极不均匀，与人口、耕地、矿产资源分布不相匹配；加之人均综合用水量大幅度上升，供需矛盾十分突出，水资源短缺已成为影响我国经济和社会进一步发展的严重制约因素。如何通过实现水资源的优化配置，满足经济社会发展对水资源的需求，通过实现水资源的可持续利用来支撑经济社会的可持续发展，这将是我国今后水资源工作的根本目标和任务。

我国水资源分布总的特点是：年内分布集中，年间变化大；黄河、淮河、海河、辽河四流域水量小，长江、珠江、松花江流域水量大；西北内陆干旱区水量缺少，西南地区水量丰富。因此，必须认识水资源的变化规律，根据天然的时空分布特点，国民经济各用水部门的用水需要，修建必要的蓄水、引水、提水或跨流域调水工程，以使水资源得到合理开发、综合利用和有效保护。

由于从青藏高原到海平面之间的巨大落差，我国可用于发电的水能资源十分丰富。全国水能理论蕴藏量达 6.8 亿 kW，其中可开发的有 3.78 亿 kW，年发电量可达 19100 亿 kW·h 以上，这些数字均居世界首位。因此，利用我国这一能源优势，大力开发水电资源，对解决我国 21 世纪经济发展中的能源问题以及带动区域经济的快速发展具有决定性意义。

1949 年新中国成立以来，我国的水利事业建设得到了较快的发展。20 世纪 50 年代初，开始对黄河和淮河进行全流域的规划和治理，根据"统一规划，蓄泄兼顾"的原则，修建了许多山区水库和洼地蓄洪工程，改变了淮河"大雨大灾，小雨小灾，无雨旱灾"的悲惨景象；人民治黄功绩卓著，保证了黄河"伏秋大汛不决口，大河上下报安澜"；1963 年开始根治海河，现在全流域已初步形成了防洪除涝体系；到 2007 年年底，全国整修、新建各类江河堤防 28.38 万 km，累计达标堤防 10.9 万 km；水库 85412 座，总库容 6345 亿 m^3，其中，大型水库 493 座，库容 4836 亿 m^3；水闸 41110 多座，其中，大型水闸 438 座；水电装机由 1949 年的 16 万 kW 增加到 14523 万 kW；灌溉面积由 1949 年的 2.4 亿亩增加到 9.51 亿亩，其中 50 万亩以上灌区 148 处；全国蓄水、引水、提水等水利工程年供水能力达到 744 亿 m^3；水土流失综合治理面积达到 99.9 万 km^2，累计实施生态修复面积超过 70 万 km^2，建成黄土高原淤地坝 2.9 万座。举世瞩目的三峡水利枢纽是目前世界最大的水利枢纽工程，而正在兴建的宏伟的南水北调工程又将是世界最大的水利工程。这些成就都为我国国民经济和社会发展提供了必要的基础条件。同时，水利工程建设的发展，使我国水利水电科学技术水平也迅速发展和提高。

水利水电工程建设的发展也促进了水工建筑物科学技术的发展。近年来，在新坝型及筑坝新技术、高坝复杂地基的处理、高坝泄洪消能、水工结构抗震设计的理论和实验模型、结构优化、计算机软件开发和CAD技术、水工结构可靠性分析、渠系建筑物新型结构及运用管理等方面均取得了不少成就。

任务0.2　水工建筑物和水利枢纽基本概念认知

0.2.1　水工建筑物及其分类

水工建筑物就是为开发、利用和保护水资源，减免水害而修建的承受水作用的建筑物。水工建筑物的种类繁多，可以按照使用期限和功能进行分类。

1. 按建筑物使用期限分类

按建筑物的使用期限可将水工建筑物分为永久性建筑物和临时性建筑物。

（1）永久性建筑物。这种建筑物在运用期长期使用，根据其在整体工程中的重要性又分为主要建筑物和次要建筑物。主要建筑物是指失事后将造成下游灾害或严重影响工程效益的建筑物，如闸、坝、泄水建筑物、输水建筑物及水电站厂房等；次要建筑物是指失事后不至于造成下游灾害和对工程效益影响不大且易于检修的建筑物，如挡土墙、导流墙、工作桥及护岸等。

（2）临时性建筑物。这种建筑物仅在工程施工期间使用，如围堰、导流建筑物等。

2. 按建筑物用途分类

按建筑物的用途可将水工建筑物分为挡水建筑物、泄水建筑物、输水建筑物、取水建筑物、整治建筑物和专门建筑物。

（1）挡水建筑物。用以拦截江河，形成水库或壅高水位，如各种坝和闸；以及为抗御洪水或挡潮，沿江河海岸修建的堤防、海塘等。

（2）泄水建筑物。用以宣泄在各种情况下、特别是洪水期的多余入库水量，以确保大坝和其他建筑物的安全，如溢流坝、溢洪道、泄洪洞等。

（3）输水建筑物。为灌溉、发电和供水的需要从上游向下游输水用的建筑物，如输水洞、引水管、渠道、渡槽等。

（4）取水建筑物。是输水建筑物的首部建筑，如进水闸、扬水站等。

（5）整治建筑物。用以整治河道，改善河道的水流条件，如丁坝、顺坝、导流堤、护岸等。

（6）专门建筑物。专门为灌溉、发电、供水、过坝需要而修建的建筑物，如电站厂房、沉沙池、船闸、升船机、鱼道、筏道等。

同一种水工建筑物有时可起不同的作用，有时可兼有多种作用。前者如枢纽中的隧洞，有的是配合溢流坝或河岸溢洪道作为泄水建筑物，有的则是作为水电站或灌溉的取水建筑物；后者如水闸，既起挡水作用，又起泄水作用。

0.2.2 水利枢纽

水利枢纽就是综合利用水资源的控制性水工建筑物的组合体。也就是为了满足水利工程兴利除害的目标，在水域的适当地点集中布置若干个不同类型的水工建筑物，各自发挥不同作用并协调工作，构成一有机综合体。

水利枢纽有高、中、低水头之分，一般以水头 70m 以上者为高水头枢纽，30~70m 者为中水头枢纽，30m 以下者为低水头枢纽。

水利枢纽按承担任务的不同，可分为防洪枢纽、灌溉（或供水）枢纽、水力发电枢纽和航运枢纽等。多数水利枢纽承担多项任务，也就是为了实现多个目标兼有多种功能，这种枢纽称为综合性水利枢纽。枢纽正常运行中各部门之间对水的要求是不同的，如防洪部门希望汛前降低水位加大防洪库容，而兴利部门则希望扩大兴利库容而不愿汛前过多降低水位；水力发电只是利用水的能量而不消耗水量，发电后的水仍可用于农业灌溉或工业供水，但发电、灌溉和供水的用水时间不一定一致。因此在进行水利枢纽设计时，应使上述矛盾能得到合理解决，以做到降低工程造价，满足国民经济各部门的需要。

例如：丹江口水利枢纽是南水北调中线渠首蓄水工程，具有防洪、灌溉、发电、航运、渔业等综合效益，总库容 209 亿 m^3，枢纽主要组成如图 0.1 所示。

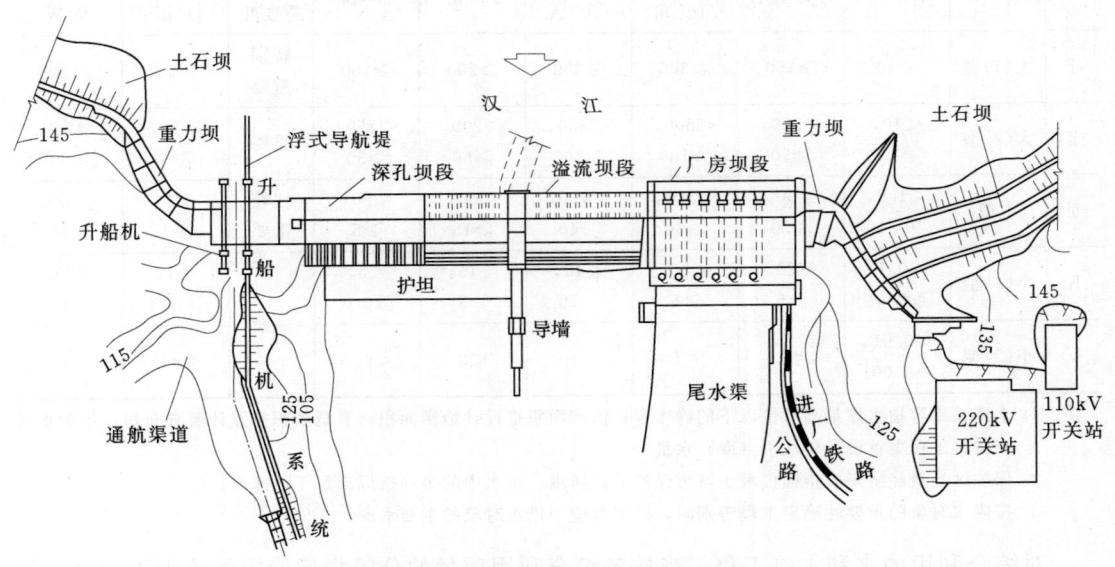

图 0.1 丹江口水利枢纽布置图

拦河坝段为宽缝重力坝，长 1141m，高 97m，用以截断水流，挡水蓄水形成水库。

溢流坝段位于河床中部，总长 264m，设有 20 个宽 8.5m 的开敞式溢流孔和 12 个宽 5m、高 6m 的深孔，用以宣泄洪水期入库洪量超过水库调蓄能力的多余洪水，以保证大坝及有关建筑物安全。

水电站是用以将水能转化为电能的专门水工建筑物，坝后式厂房位于河床左部，装机容量 90 万 kW。

升船机的其作用是向上、下游运送过坝船只。采用垂直升船机与斜面升船机相结合的形式，布置在右岸。

0.2.3 水利水电枢纽工程分等和水工建筑物分级

一项水利枢纽工程的成败对国计民生有直接的影响，但不同规模的工程影响程度也不同。为使工程的安全可靠性与其造价的经济合理性适当统一起来，水利枢纽及其组成建筑物要分等分级。即先按工程的规模、效益及其在国民经济中的重要性，将水利工程分等，而后再对各组成建筑物按其所属枢纽等别、建筑物作用及重要性进行分级。

枢纽工程、建筑物的等、级不同，对其规划、设计、施工、运行管理的要求也不同。等级越高者要求也越高。这种分等分级、区别对待的方法，也是国家经济政策和技术政策的一种重要体现。

按照 SL 252—2017《水利水电工程等级划分及洪水标准》，水利水电工程共分为五等，见表 0.1。

表 0.1　　　　　　　　　　　水利水电工程分等指标

工程等别	工程规模	水库总库容 /$10^8 m^3$	防洪		治涝	灌溉	供水		发电
			保护人口 /10^4 人	保护农田面积 /10^4 亩	保护区当量经济规模 /10^4 人	治涝面积 10^4 亩	灌溉面积 10^4 亩	供水对象重要性	年引水量 $10^8 m^3$	发电装机容量 /MW
Ⅰ	大(1)型	≥10	≥150	≥500	≥300	≥200	≥150	特别重要	≥10	≥1200
Ⅱ	大(2)型	<10,≥1.0	<150,≥50	<500,≥100	<300,≥100	<200,≥60	<150,≥50	重要	<10,≥3	<1200,≥300
Ⅲ	中型	<1.0,≥0.10	<50,≥20	<100,≥30	<100,≥40	<60,≥15	<50,≥5	比较重要	<3,≥1	<300,≥50
Ⅳ	小(1)型	<0.1,≥0.01	<20,≥5	<30,≥5	<40,≥10	<15,≥3	<5,≥0.5	一般	<1,≥0.3	<50,≥10
Ⅴ	小(2)型	<0.01,≥0.001	<5	<5	<10	<3	<0.5		<0.3	<10

注　1. 水库总库容指水库最高水位以下的静库容；治涝面积指设计治涝面积；灌溉面积指设计灌溉面积；年引水量指供水工程渠首设计年均引（取）水量。
　　2. 保护区当量经济规模指标仅限于城市保护区；防洪、供水中的多项指标满足 1 项即可。
　　3. 按供水对象的重要性确定工程等别时，该工程应为供水对象的主要水源。

对综合利用的水利水电工程，当按各综合利用项目的分等指标确定的等别不同时，其工程等别应按其中最高等别确定。

水库及水电站工程的永久性水工建筑物级别，应根据其所在工程的等别和永久性水工建筑物的重要性确定，共分为五级，见表 0.2。

表 0.2　　　　　　　　　　　水工建筑物级别的划分

工次覆建筑物别	主要建筑物	
Ⅰ	1	3
Ⅱ	2	3

续表

工次璽建筑物别	主要建筑物	
Ⅲ	3	4
Ⅳ	4	5
Ⅴ	5	5

对于水库大坝按表0.2规定为2级、3级的永久性水工建筑物,如坝高超过表0.3中数值者可提高一级,但洪水标准不予提高。

表0.3　　　　　　　　　　水库大坝级别提高的界限

级别	坝型	坝高/m
2	土石坝	90
2	混凝土坝、浆砌石坝	130
3	土石坝	70
3	混凝土坝、浆砌石坝	100

水库工程中最大高度超过200m的大坝建筑物,其级别为1级,其设计标准应专门研究论证,并报上级主管部门审查批准。

例如:某内陆峡谷水库枢纽工程是以灌溉为主兼有发电和供水的综合利用工程,水库总库容为4.8亿 m^3,其中兴利库容为3.2亿 m^3,农田灌溉面积15万亩,水电站装机容量为1.44万 kW,拦河坝高42m。由表0.1可知:该工程等别为Ⅱ等,拦河大坝等级为2级。

水利水电工程施工期使用的临时挡水和泄水建筑物的级别,就根据保护对象的重要性、失事后果、使用年限和临时性挡水建筑物规模,按表0.4来确定。表中指标分属不同级别时,其级别应按其中最高级别确定,但对3级临时性水工建筑物,符合该级别规定的指标不得少于两项。

表0.4　　　　　　　　　　临时性水工建筑级别的划分

级别	保护对象	失事后果	使用年限/年	临时性挡水建筑物规模	
				围堰高度/m	库容/m^3
3	有特殊要求的1级永久性水工建筑物	淹没重要城镇、工矿企业、交通干线或推迟总工期及第一台(批)机组发电,推迟工程发挥效益,造成重大灾害和损失	>3	>50	>1.0
4	1级、2级永久性水工建筑物	淹没一般城镇、工矿企业或影响工程总工期和第一台(批)机组发电,推迟工程发挥效益,造成较大经济损失	≤3,≥1.5	≤50,≥15	≤1.0,≥0.1
5	3级、4级永久性水工建筑物	淹没基坑,但对总工期及第一台(批)机组发电影响不大,对工程发挥效益影响不大,经济损失较小	<1.5	<15	<0.1

0.2.4 水工建筑物的特点

1. 工作条件复杂

由于水的作用形成了水工建筑物特殊的工作条件：挡水建筑物蓄水以后，除承受一般的地震力和风压力等水平推力外，还承受很大的水压力、浪压力、冰压力、地震动水压力等水平推力，对建筑物的稳定性影响极大；通过水工建筑物和地基的渗流，对建筑物和地基产生渗透压力，还可能产生浸蚀和渗透破坏；当水流通过水工建筑物下泄时，高速水流可能引起建筑物的气蚀、振动以及对下游河床和两岸的冲刷；对于特定的地质条件，水库蓄水后可能诱发地震，进一步恶化建筑物的工作条件，等等。

2. 施工条件复杂

水工建筑物的兴建，需要解决好施工导流问题。第一，要求在施工期间，保证建筑物安全的前提下，河水应能顺利下泄，必要的通航、过木要求应能满足，这是水利工程设计和施工中的一个重要课题；第二，工程进度紧迫，工期也比较长，截流、度汛需要抢时间、争进度，否则将导致拖延工期；第三，施工技术复杂，水工建筑物的施工受气候影响较大，如：大体积混凝土的温度控制，复杂的地基较难处理，填土工程要求一定的含水量和压实度，雨季施工有很大的困难；第四，地下、水下工程多，排水施工难度比较大；第五，交通运输比较困难，高山峡谷地区更为突出，等等。

3. 对自然环境及社会环境影响大

水利枢纽工程和单项的水工建筑物可以承担防洪、灌溉、发电、航运等任务，同时又可以绿化环境，改良土壤植被，发展旅游，甚至建成优美的城市等，但是，如果处理不当也可能产生消极的影响。如：水库蓄水越多，则效益越高，淹没损失也越大，不仅导致大量移民和迁建，还可能引起库区周围地下水位的变化，直接影响工农业生产，甚至影响生态环境；库尾的泥沙淤积，可能会使航道恶化。

4. 失事后果严重

拦蓄巨大水量的挡水建筑物万一失事，将会给下游带来巨大的灾害，其损失远远超过建筑物本身的价值，并使以该水利枢纽为基础而建立起来的经济事业处于瘫痪状态。1975年8月我国河南省部分地区遭遇特大洪水，加之板桥、石漫滩两座水库垮坝，使下游1100万亩农田受淹，京广铁路中断，造成了重大的人员伤亡和财产损失。因此，水工建筑物设计工作必须充分重视勘测、试验和研究分析工作，以高度负责的精神，精心设计、精心施工、加强管理，确保工程安全。

任务0.3　水利水电工程的设计阶段认知

水利水电工程规模较大、投资较多、建设周期较长、受自然条件影响较大、设计的因素较多、影响的范围较广，因此，必须严格按照一定的程序并分阶段实施。对水利水电工程设计的全过程而言，按不同的任务要求和工作深度，可划分为项目建议书、可行性研究、初步设计、招标设计、施工详图五个阶段。

1. 项目建议书

项目建议书是在江河流域综合规划、区域规划或专业规划的基础上编制的要求建设某一项目的建议性设计文件。其主要作用是：对这一拟建项目作初步的说明，供国家选择并决定是否列入中长期计划。其主要内容为：概述项目建设的依据，提出开发目标和任务，对项目所在地区和附近有关地区的建设条件及有关问题进行调查分析和必要的勘测工作，论证工程项目建设的必要性，初步分析项目建设的可行性与合理性，初选建设项目的规模、实施方案和主要建筑物布置，初步估算项目的总投资。

2. 可行性研究

可行性研究是在项目建议书的基础上，对拟建工程进行全面技术经济分析论证的设计。其主要任务是：明确拟建工程的任务和主要效益，确定主要水文参数，查清主要地质问题，选定工程场址，确定工程等级，初选工程布置方案，提出主要工程量和工期，初步确定淹没、用地范围和补偿措施，对环境影响进行评价，估算工程投资，进行经济和财务分析评价，在此基础上提出技术上的可行性和经济上的合理性的综合论证及工程项目是否可行的结论性意见。

3. 初步设计

初步设计是在可行性研究的基础上，对工程进行的最基本的设计。其主要任务是：对可行性研究阶段的各种基本资料进行更详细的调查、勘测、试验和补充，确定拟建项目的综合开发目标、工程及主要建筑物等级、总体布置、主要建筑物形式和轮廓尺寸、主要机电设备形式和布置，确定总工程量、施工方法、施工总进度和总概算，进一步论证在指定地点和规定期限内进行建设的可行性和合理性。

4. 招标设计

招标设计是为进行水利工程招标而编制的设计。1994年水利部规定，水利工程项目均应在完成初步设计之后进行招标设计。招标设计是编制施工招标文件和施工计划的基础，即在初步设计的基础上，进一步完善设计，以满足施工招标工作的需要。

5. 施工详图

施工详图是在初步设计和招标设计的基础上，绘制具体施工图的设计，是现场建筑物施工和设备制作安装的依据。其主要内容为：建筑物地基开挖图，地基处理图，建筑物体形图、结构图、钢筋图，金属结构的结构图和大样图，机电设备、埋件、管道、线路的布置安装图、监测设施布置图、细部图等，并说明施工要求、注意事项、选用材料和设备的型号规格、加工工艺等。

需要说明的是，我国过去对一些特别重要或复杂的水利工程，在初步设计后和施工详图之前还要进行技术设计，或将技术设计和施工详图合并为技施设计，其内容与初步设计基本相同，只是更为深入详尽。但1995年颁布的《水利工程建设项目管理规定》（水利部水建〔1995〕128号文）规定，技术设计已不作为独立的设计阶段，故目前水利工程的设计阶段中已不再有此设计阶段。

上述设计阶段，对于规模、重要性较低的工程，可减少、合并一部分设计内容。例如，对小型工程，可将可行性研究与初步设计阶段合并，内容也可从简。

任务0.4　本课程的任务和学习方法

1. 课程任务

水工建筑物是水利相关专业的一门主要专业课,任务是使学生能够运用已经学过的各种基础课和有关课程的知识,并通过实践性教学环节的训练,掌握水工建筑物设计的基本理论和设计方法,培养学生能从建筑物所在地区的实际情况出发,分析和解决实际工程问题的能力。

课程基本要求:

(1) 掌握水工建筑物的基本概念、工作原理、荷载特点。

(2) 对水工建筑物组成、细部构造等要有充分的了解。

(3) 对水工建筑物的水力计算、应力计算、稳定分析要有清晰的思路。

(4) 了解水工建筑物设计应考虑的因素,掌握设计的步骤。

(5) 基本上能完成小型工程初步设计,并能熟练阅读水工建筑物图纸。

(6) 学会独立思考问题的方法,能够在设计中查阅规范及相关资料,达到自学的目的。

(7) 了解国内外水利水电发展的趋势。

2. 本课程的学习方法

水工建筑物是一门综合性很强的课程,涉及的知识面很宽,并需要较深厚的数学及力学基础。同时,本课程也是一门实践性很强的课程,掌握好本课程相关知识的标志是在工作中具有对各种水工建筑物进行设计、施工和运行管理的良好能力。因此,学习过程中要充分理解理论知识,并综合运用基础理论,通过作业、实习、设计等教学环节,锻炼培养解决实际问题的独立工作能力。

本课程的先修课程:工程制图、工程测量、材料力学、结构力学、工程地质、工程水文、水力学、土力学、建筑材料、建筑结构等。这些课程为本课程提供了理论计算依据,应用这些理论计算方法完成水工建筑物的水力计算、应力计算、稳定计算和结构计算。

3. 本学科的研究途径

水工科学技术水平在不断提高,但随着水工建筑物的规模不断加大,亟待解决的各种水工问题的难度也在不断增加。研究解决水工问题的途径可归结为以下几点:

(1) 理论分析与计算。对实际问题通过已知的理论进行分析计算,目前可采用计算机仿真计算。

(2) 试验研究。用水工水力学模型、水工结构模型等物理模型试验途径来解决理论计算尚不能解决的问题,并有结果直观、明显的优点。

(3) 原型观测。对已建或在建的水工建筑物进行水流、结构或地基的各种观测,分析观测成果,找出一般规律,用以验证理论分析计算或物理模型试验成果,进而引用于其他工程。

(4) 工程类比。通过调查研究,了解与本工程类似的已建并运行良好工程的参数、尺寸,归纳总结经验,从而参照进行本工程的设计。

项目自测题

一、填空题

1. 地球上总水量的_____%是海洋中的咸水，人类能够利用的只是江河湖海及地下水的一部分，仅占地球总水量的_____%。
2. 水工建筑物按用途可以分为_____、_____、_____、_____、_____、_____等几类建筑物。
3. 为了将工程安全和工程造价合理统一起来，首先应对水利枢纽分_____，然后对枢纽中的建筑物分_____。

二、选择题

1. 下列_____指标是确定水利枢纽等别的依据。（多选）
   A. 水库兴利库容　　　　B. 坝高　　　　　　C. 总库容　　　　D. 挡水建筑物类型
   E. 水电站的装机容量　F. 水电站的年发电量　G. 设计灌溉面积　H. 保护农田面积
   I. 保护城镇及工矿区
2. 各种坝属于_____。
   A. 取水建筑物　　　B. 挡水建筑物　　　C. 泄水建筑物　　　D. 专门建筑物

三、思考题

1. 我国古今水利建设成就有哪些？
2. 我国水资源的特点是什么？开发程度如何？
3. 什么是水利枢纽？什么是水工建筑物？与土木工程其他建筑物相比，水工建筑物有什么特点？
4. 拟建高 50m 的土石坝，形成总库容 2.0 亿 m^3，装机容量 9.0 万 kW、灌溉面积 20 万亩的水利枢纽工程。试问该水利枢纽工程属几等？各主要、次要、临时建筑物属几级？

项目1 重力坝设计

项目及其要求

重力坝是主要依靠坝体自重所产生的抗滑力来满足稳定要求的挡水建筑物,在世界坝工史上是最古老,也是采用最多的坝型之一。非溢流坝剖面形式、尺寸的确定,将影响荷载的计算、稳定和应力分析,因此,非溢流坝剖面的设计以及其他相关结构的布置,是重力坝设计的关键步骤。溢流重力坝简称溢流坝,既是挡水建筑物,又是泄水建筑物。溢流坝坝体剖面设计除要满足稳定和强度要求外,还要满足泄水的要求,同时要考虑下游的消能问题。当溢流坝段在河床上的位置确定后,先选择合适的泄水方式,并根据洪水标准和运用要求确定孔口尺寸及溢流堰顶高程。

重力坝设计基本资料

某内陆峡谷水库枢纽工程等别为Ⅱ等,拦河大坝等级为2级,校核洪水位184.73m,相应下泄流量3124 m³/s,相应下游水位153.10m;设计洪水位183.00m,相应下泄流量2243 m³/s,相应下游水位151.30m;水库正常蓄水位182.00m,相应下游水位144.8m;死水位172.00m。

本流域属亚热带季风区,多年平均最大风力8级,风速19m/s,风向多北风,吹程3km。坝址实测最大风速20m/s,年平均最大风速14.1m/s,50年一遇风速21.15m/s。

坝址河床部位为半风化花岗岩,具有足够的抗压强度。两岸风化较深呈带状,残积层较少,仅见于左岸181m高程以上,厚度约2m。全风化层厚5~8m,半风化右岸深7~13m,左岸9m,最大坝高处河床基底高程143.0m,岩石力学性质见表1.1。

该地区地震级别为4级。根据GB 18306—2015《中国地震动参数区划图》,该工程无须考虑地震影响。

表1.1　　　　　　　　　　　岩石力学性质表

层序	风化程度	厚度/m	岩石特性	物理力学性质及主要指标
1	半风化花岗岩	8~10	黄白色,长石部分风化,锤击多沿节理成块破碎,有一定坚固性	重度25.6kN/m³,抗压强度30~80MPa;$f'=0.7~0.9$,$c'=0.3~0.7$MPa
2	微风化花岗岩	20~40	灰白色,除长石云母稍有风化外,性质与新鲜花岗岩无大差别	重度25.8kN/m³,抗压强度100MPa;$f'=0.9~1.2$,$c'=0.7~1.1$MPa
3	新鲜花岗岩		灰白色,坚硬致密	重度25.9kN/m³,抗压强度150MPa;$f'=1.2~1.3$,$c'=1.1~1.5$MPa

项目实施方法及目标

1. 项目实施方法

项目实训主要分为四个阶段,具体表现为:

第一阶段是项目实训的准备阶段,尽快准备项目实训所需要资料和实训计算、绘图工具。

第二阶段是设计计算阶段,这是项目实训一个非常重要的阶段。在这个阶段要尽快熟悉计算理论,并快速实施具体的计算。在这个过程中,可能会遇到许多问题,因此在本阶段要培养学生解决问题的能力。通过这一阶段的实训,使学生的专业技能得到较大提高。

第三阶段是绘制图纸阶段。这一阶段是将第二阶段的成果用图纸的形式表达出来。

第四阶段是设计计算报告的编写。设计计算报告是设计成果的重要体现,报告编写要符合规定要求。

2. 项目教学目标

"重力坝设计"课程教学目标包括知识目标、技能目标和态度目标三个方面。技能目标是核心目标,知识目标是基础目标,态度目标贯穿整个实训过程,是项目实训的重要保证,成功取决于过程和细节。

(1) 知识目标。
1) 熟悉重力坝概念、特点和类型。
2) 理解重力坝设计的基本方法和思路。
3) 掌握重力坝基本剖面和实用剖面拟定。
4) 了解重力坝细部构造要求。
5) 了解重力坝对地基的要求和地基处理方法。

(2) 技能目标。
1) 会正确运用有关规范、手册等资料进行基本设计计算。
2) 能拟定重力坝剖面,能对重力坝进行荷载计算、稳定计算及边缘应力分析。
3) 能编写设计报告及绘制初步设计图纸。

(3) 态度目标。
1) 不缺席、不迟到,认真、严肃进行设计。
2) 按设计进度完成任务、上交设计成果。
3) 培养团队精神,与项目其他角色人员共同探讨问题,切磋提升技能水平。
4) 克服实训中遇到的困难,培养顽强的职业精神。

成果提交要求

1. 设计报告

设计报告包括计算和说明两大部分。计算部分是设计者设计成果的来源,要求详细列出所有计算过程。计算过程尽量列表计算,附计算草图;列出计算成果,并说明成果是否合理,如不合理叙述可做改动的步骤;计算方法要求正确,参数取值合理,数据真实可靠,计算结果正确可信。说明部分应全面表达设计者的设计思想、方法和分析能力,包含对设计成果、采用的设计参数和理论依据的充分说明。要求章节分明、简明扼要、文理通顺,既有计算成果又有分析论证和明确结论,必要时,使用附表和插图(应按比例绘制)。

2. 设计图纸

设计图纸主要包括重力坝的平面布置图、下游立视图、非溢流坝剖面图、溢流坝剖面图、细部构造图等。绘图应符合制图标准和相关规范,要求制图正确、布局合理、主次分明、比例适当、线条清晰、尺寸齐全,必要时应有简明注解。

3. 成果说明

要求简要说明计算成果及合理性,或设计的不足和可以进一步改进的地方,并对设计过程进行总结。

任务1.1 重力坝认知

单元任务目标:认知重力坝特点、类型及适用条件。
任务执行过程引导:了解重力坝特点、类型及适用条件。
过程评价:考勤、提问、课后作业及分组设计。

重力坝是世界坝工史上最古老,也是采用最多的坝型之一,如图1.1所示。

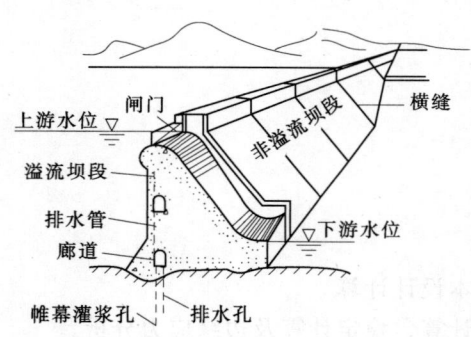

图1.1 混凝土重力坝示意图

世界上最高的重力坝是瑞士(1962年建成)的大狄克逊(Grand Dixence)整体式重力坝,坝高284m。我国已建的重力坝有龙滩(216.5m)、三峡(185 m)、刘家峡(148 m)、新安江(105 m)、三门峡(106 m)、丹江口(110 m)等,高坝有20多座。

重力坝坝轴线一般为直线,垂直坝轴线方向设横缝,将坝体分成若干个独立工作的坝段,以免因坝基发生不均匀沉陷和温度变化而引起坝体开裂。为了防止漏水,在缝内设多道止水。垂直坝轴线的横剖面基本上是呈三角形的,结构受力形式为固接于坝基上的悬臂梁。坝基要求布置防渗排水设施。

1.1.1 重力坝的工作原理及特点

1.1.1.1 重力坝的工作原理

重力坝在水压力及其他荷载作用下,主要依靠坝体自重产生的摩擦力以及坝与地基之间的黏聚力来满足稳定要求。

1.1.1.2 重力坝的工作特点

1. 优点

(1)工作安全,运行可靠。重力坝剖面尺寸大,坝内应力较小,筑坝材料强度较高,耐久性好。因此,抵抗洪水漫顶、渗漏、侵蚀、地震和战争等破坏的能力都比较强。据统计,在各种坝型中,重力坝失事率相对较低。

(2) 对地形、地质条件适应性强。任何形状的河谷都可以修建重力坝。对地质条件要求相对较低，一般修建在岩基上，当坝高不大时，也可修建在土基上。

(3) 泄洪方便，导流容易。可采用坝顶溢流，也可在坝内设泄水孔，不需设置溢洪道和泄水隧洞，枢纽布置紧凑。在施工期可以利用坝体导流，不需另设导流隧洞。

(4) 施工方便，维护简单。大体积混凝土，可以采用机械化施工，在放样、立模和混凝土浇筑等环节都比较方便。在后期维护、扩建、补强、修复等方面也比较简单。

(5) 受力明确，结构简单。重力坝沿坝轴线用横缝分成若干坝段，各坝段独立工作，结构简单，受力明确，稳定和应力计算都比较简单。

2. 缺点

(1) 坝体剖面尺寸大，材料用量多，材料的强度不能得到充分发挥。

(2) 坝体与坝基接触面积大，坝底扬压力大，对坝体稳定不利。

(3) 坝体体积大，混凝土在凝结过程中产生大量水化热和硬化收缩，将引起不利的温度应力和收缩应力。因此，在浇筑混凝土时，需要有较严格的温度控制措施。

1.1.2 重力坝的分类

(1) 按坝的高度分类。坝高低于30m的为低坝，高于70m的为高坝，介于30～70m的为中坝。坝高是指坝基最低面（不含局部有深槽或井、洞部位）至坝顶路面的高度。

(2) 按泄水条件分类。有溢流重力坝和非溢流重力坝。溢流坝段和坝内设有泄水孔的坝段统称为泄水坝段，非溢流坝段也称挡水坝段。

(3) 按筑坝材料分类。有混凝土重力坝和浆砌石重力坝。

(4) 按坝体结构型式分类。有实体重力坝、宽缝重力坝、空腹（腹孔）重力坝、预应力锚固重力坝、装配式重力坝和支墩坝（大头坝、连拱坝、平板坝），如图1.2所示。

(5) 按施工方法分类。有浇筑混凝土重力坝和碾压混凝土重力坝。碾压混凝土重力坝剖面与实体重力坝剖面类似。

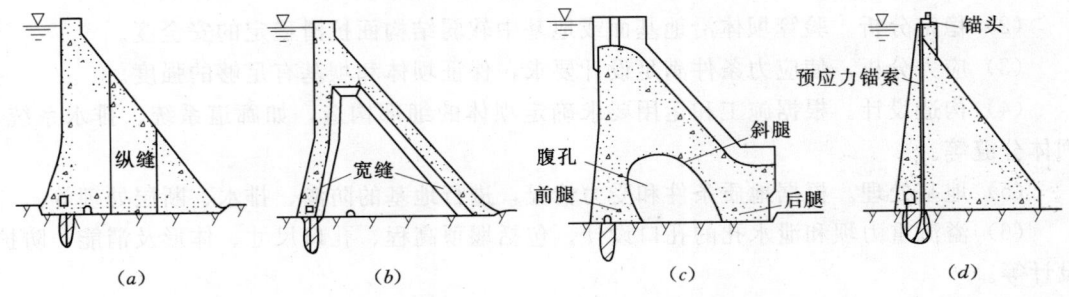

图 1.2 重力坝的形式
(a) 实体重力坝；(b) 宽缝重力坝；(c) 空腹重力坝；(d) 预应力锚固重力坝

1.1.3 重力坝的布置

重力坝通常由溢流坝段、非溢流坝段和两者之间的连接边墩、导墙等组成，如图1.3所示，布置时须根据地形、地质条件结合枢纽其他建筑物综合考虑。坝轴线一般采用直线，必要时也可布置成折线或曲线。溢流坝段通常布置在中部对准原河道主流位置，两端用非溢流坝段与岸坡相接，溢流坝段与非溢流坝段之间用边墩、导墙隔开。各个坝段的外形应尽量协调一致，上游坝面保持平整，当地形、地质及运用条件有显著差别时，可按不同情况分别采用不同的下游坝坡，使各坝段均达安全和经济的目的。

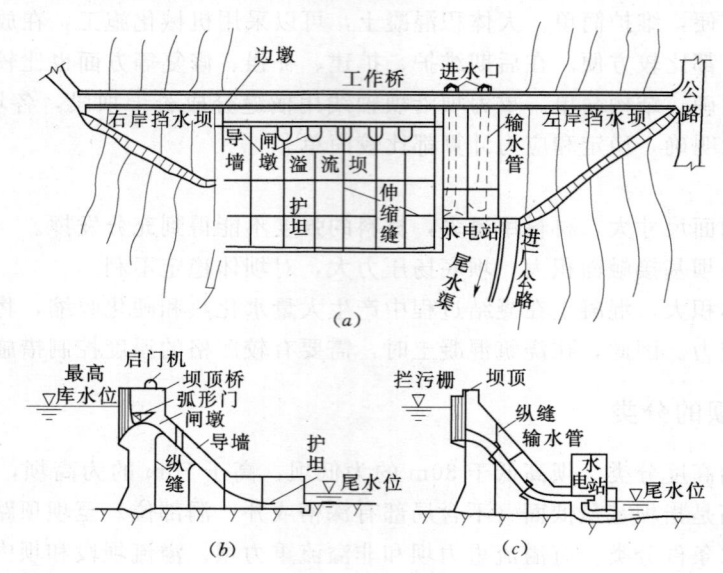

图1.3 重力坝的布置
(a) 平面布置；(b) 溢流坝剖面；(c) 非溢流坝剖面

1.1.4 重力坝设计内容

重力坝设计包括以下主要内容：

(1) 剖面设计。可参照已建类似工程，拟定剖面尺寸。

(2) 稳定分析。验算坝体沿地基面或地基中软弱结构面抗滑稳定的安全度。

(3) 应力分析。使应力条件满足设计要求，保证坝体和坝基有足够的强度。

(4) 构造设计。根据施工和运用要求确定坝体的细部构造，如廊道系统、排水系统、坝体分缝等。

(5) 地基处理。根据地质条件和受力情况，进行地基的防渗、排水、断层处理等。

(6) 溢流重力坝和泄水孔的孔口设计。包括堰顶高程、孔口尺寸、体形及消能、防护设计等。

(7) 监测设计。包括坝体内部和外部的观测设计，制定大坝的运行、维护和监测条例。

任务1.2　非溢流坝设计

单元任务目标：完成非溢流坝剖面设计。

任务执行过程引导：确定枢纽等别，建筑物级别；坝型与坝轴线选择；坝顶高程确定；坝体断面初选；坝体布置；坝体稳定分析和应力分析。

提交成果：坝体布置图纸，相关计算成果。

非溢流坝剖面型式、尺寸的确定，将影响荷载的计算、稳定和应力分析，因此，非溢流坝剖面的设计以及其他相关结构的布置，是重力坝设计的关键步骤。

1.2.1 非溢流坝剖面设计

1.2.1.1 剖面设计的基本原则

非溢流坝剖面设计的基本原则是：①满足稳定和强度要求，保证大坝安全；②工程量小，造价低；③结构合理，运用方便；④利于施工，方便维修。

1.2.1.2 剖面拟定的步骤

剖面拟定的步骤：①拟定基本剖面；②根据运用以及其他要求，将基本剖面修改成实用剖面；③对实用剖面进行应力分析和稳定验算；④按规范要求，经过几次反复修正和计算后，得到合理的设计剖面。

1.2.1.3 重力坝的基本剖面

重力坝的基本剖面是指坝体在自重、静水压力（上游水位为校核洪水位，水位与坝顶齐平）和扬压力三个主要荷载作用下，满足稳定和强度的要求，并且使工程量最小的三角形剖面，如图1.4所示。

理论分析和工程实践证明，混凝土重力坝上游面可做成折坡，折坡点一般位于 1/3～2/3 坝高处，以便利用上游坝面水重增加坝体的稳定性；上游坝坡系数常采用 $n=0～0.2$，下游坝坡系数常采用 $m=0.6～0.8$，坝底宽 $B=(0.7～0.9)H$（H 为坝高或最大挡水深度），如图1.4所示。基本剖面的拟定，常采用工程类比法。

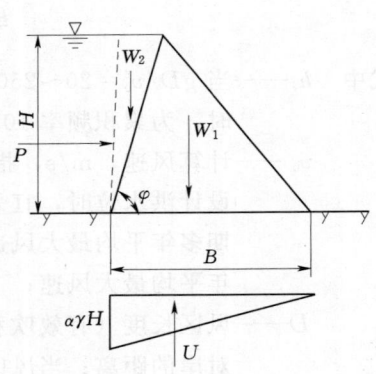

图1.4 重力坝的基本剖面

1.2.1.4 非溢流重力坝的实用剖面

根据交通和运行管理的需要，坝顶应有足够的宽度。为防波浪漫过坝顶，在静水位以上还应留有一定的超高。

1. 坝顶宽度

一般情况坝顶宽度可采用坝高的 8%～10%，且不小于 3m。碾压混凝土坝坝顶宽不小于 5m；当坝顶布置移动式启闭机时，坝顶宽度要满足安装门机轨道的要求。当有交通要求时，应按交通要求布置。

2. 坝顶高程

坝顶高程的确定与波浪的几何三要素计算有关。

波浪的几何三要素如图1.5所示，包括波高 h_l（波峰到波谷的高度）、波长 L（波峰到波峰的距离）、h_z（波浪中心线高出静水面一定高度）。

(1) 波浪要素的计算分以下三种情况，宜根据拟建水库的具体条件来确定：

1) 内陆峡谷水库，宜用官厅水库公式计算频率波高和平均波长（用于 $v_0<20\text{m/s}$，

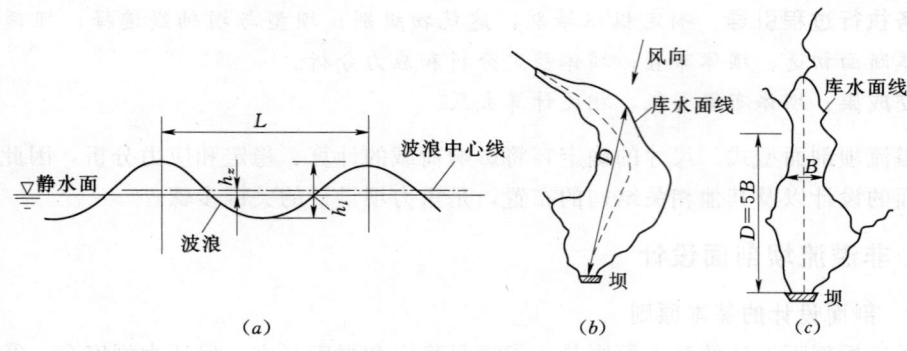

图 1.5 波浪几何要素及吹程
(a) 波浪要素；(b)、(c) 波浪吹程

$D < 20000 \text{m}$），即

$$\frac{gh_l}{v_0^2} = 0.0076 v_0^{-\frac{1}{12}} \left(\frac{gD}{v_0^2}\right)^{\frac{1}{3}} \tag{1.1}$$

$$\frac{gL_m}{v_0^2} = 0.331 v_0^{-\frac{1}{2.15}} \left(\frac{gD}{v_0^2}\right)^{\frac{1}{3.75}} \tag{1.2}$$

式中 h_l——当 $gD/v_0^2 = 20 \sim 250$ 时，为累积频率 5% 的波高 $h_{5\%}$；当 $gD/v_0^2 = 250 \sim 1000$ 时，为累积频率 10% 的波高 $h_{10\%}$；

v_0——计算风速，m/s，指水面以上 10m 处 10min 的风速平均值，在正常蓄水位和设计洪水位时，宜采用相应季节 50 年重现期的最大风速（或采用相应洪水期多年平均最大风速的 1.5～2.0 倍），在校核洪水位时，采用相应洪水期多年平均最大风速；

D——风区长度（有效吹程），m，是指风作用于水域的长度，为自坝前沿风向到对岸的距离；当风区长度内水面局部缩窄，且缩窄处的宽度 $B < 12L$ 时，用风区长度 $D = 5B$（且不小于坝前到缩窄处的距离）；

g——重力加速度，9.81m/s²；

L_m——平均波长，m。

累积频率为 P（%）的波高 h_p 与平均波高 h_m 的比值，按表 1.2 查取。

表 1.2 累积频率为 P（%）的波高与平均波高的比值（h_p/h_m）

h_m/H_m	$P/\%$									
	0.1	1	2	3	4	5	10	13	20	50
0	2.97	2.42	2.23	2.11	2.02	1.95	1.71	1.61	1.43	0.94
0.1	2.70	2.26	2.09	2.00	1.92	1.87	1.65	1.56	1.41	0.96
0.2	2.46	2.09	1.96	1.88	1.81	1.76	1.59	1.51	1.37	0.98
0.3	2.23	1.93	1.82	1.76	1.70	1.66	1.52	1.45	1.34	1.00
0.4	2.01	1.78	1.68	1.64	1.60	1.56	1.44	1.39	1.30	1.01
0.5	1.80	1.63	1.56	1.52	1.49	1.46	1.37	1.33	1.25	1.01

注 H_m 为域平均水深（m），一般可通过沿风向做出地形剖面图求得，其计算水位应与相应设计状况下的静水位一致。

项目1 重力坝设计

也可采用简化的官厅公式计算

$$h_l = 0.00166 v_0^{\frac{5}{4}} D^{\frac{1}{3}} \tag{1.3}$$

$$L_m = 10.4(h_l)^{0.8} \tag{1.4}$$

式中 符号意义同前。

波浪中心线高出计算静水位 h_z 按下式计算

$$h_z = \frac{\pi h_{1\%}^2}{L_m} \text{cth} \frac{2\pi H}{L_m} \tag{1.5}$$

式中 $h_{1\%}$——累积频率为1%的波高，m；

H——坝前水深，m。一般峡谷水库因 $H \geqslant L_m/2$，故 $h_z \approx \pi h_l^2 / L_m$。

2）平原、滨海地区水库，宜采用莆田试验站公式

$$\frac{g h_m}{v_0^2} = 0.13 \text{th}\left(0.7 \frac{g H_m}{v_0^2}\right) \text{th} \frac{0.0018\left(\frac{gD}{v_0^2}\right)^{0.45}}{0.13 \text{th}\left[0.7 \left(\frac{g H_m}{v_0^2}\right)^{0.7}\right]} \tag{1.6}$$

$$\frac{g T_m}{v_0^2} = 13.9 \left(\frac{g h_m}{v_0^2}\right)^{0.5} \tag{1.7}$$

式中 h_m——平均波高，m；

H_m——水域平均水深，m；

T_m——平均波周期，s；

v_0——计算风速，m/s，在正常运用条件下，采用相应季节50年重现期的最大风速，在非常运用条件下，采用相应洪水期多年平均最大风速；

其他符号意义同前。

平均波长 L_m 与平均波周期 T_m 可下式换算

$$L_m = \frac{g T_m^2}{2\pi} \text{th} \frac{2\pi H_m}{L_m} \tag{1.8}$$

若 H_m 较小时，可采用试算法求 L_m。

对于深水波，即当 $H_m \geqslant 0.5 L_m$ 时，上式可简化为

$$L_m = \frac{g T_m^2}{2\pi} \tag{1.9}$$

莆田试验站公式多用于水深较浅、水面宽阔的平原水库、湖堤或水闸等。

3）丘陵地区水库，宜按鹤地水库试验公式计算（适用于水库水深较大、$v_0 < 26.5$ m/s，$D < 7.5$ km）

$$\frac{g h_{2\%}}{v_0^2} = 0.00625 v_0^{\frac{1}{6}} \left(\frac{gD}{v_0^2}\right)^{\frac{1}{3}} \tag{1.10}$$

$$\frac{g L_m}{v_0^2} = 0.0386 \left(\frac{gD}{v_0^2}\right)^{\frac{1}{2}} \tag{1.11}$$

式中 $h_{2\%}$——累积频率为2%的波高，m；

其他符号意义同前。

（2）坝顶高程计算。坝顶或坝顶上游防浪墙高于静水位的超高 Δh，可按下式计算

$$\Delta h = h_l + h_z + h_c \tag{1.12}$$

式中 h_l——波浪高度，m，按式（1.1）、式（1.3）、式（1.6）或式（1.10）计算；

h_z——波浪中心线至静水位的高度，m，按式（1.5）计算；

h_c——安全超高，m，按表 1.3 选用。

因设计与校核情况计算 h_l 和 h_z 用的计算风速不同，查表 1.3 得出的安全超高值 h_c 不同，故 Δh 的计算结果不同，因此坝顶高程按下式计算，并选用较大值作为选定高程

表 1.3 安全超高 h_c 值表 单位：m

水工建筑物安全级别	Ⅰ	Ⅱ	Ⅲ
正常蓄水位（设计洪水位）	0.7	0.5	0.4
校核洪水位	0.5	0.4	0.3

$$坝顶高程 = \max（正常蓄水位 + \Delta h_设，校核洪水位 + \Delta h_校）$$

式中 $\Delta h_设$——正常蓄水位基本荷载作用下需要的超高；

$\Delta h_校$——校核洪水位时需要的超高。

$\Delta h_设$、$\Delta h_校$ 均按式（1.12）分别计算。当坝顶有与之连成整体的浆砌石或钢筋混凝土防浪墙时，墙顶高程可代替坝顶高程，但坝顶高程不得低于最高静水位。

1.2.1.5 实用剖面形式

（1）如图 1.6（a）所示，采用铅直上游坝面，适用于坝基摩擦系数较大，由应力条件控制坝体剖面的情况。优点：便于布置和操作坝身出水管道进口控制设备。缺点：在上游面铅直的基本三角形剖面上增加坝顶重量，空库时下游坝面可能产生拉应力。

（2）如图 1.6（b）所示是工程上常用实用剖面，上游坝面上部铅直、下部倾斜。优点：既可以利用部分水重增加坝的稳定，又可保留铅直的上部便于管道进口布置设备和操作。上游坡起坡点位置应结合应力控制条件和引水、泄水建筑物的进口高程确定，一般在坝高的 1/3～2/3 范围内。设计时也要验算起坡点高程水平截面的强度和稳定条件。

（3）如图 1.6（c）所示，上游略呈倾斜的基本三角形加坝顶而成，适用于坝基摩擦系数较小的情况。优点：倾斜的上游坝面可增加坝体自重和利用一部分水重，以满足抗滑要求。修建在地震区的重力坝，为避免空库时下游坝面拉应力过大，可采用此剖面。

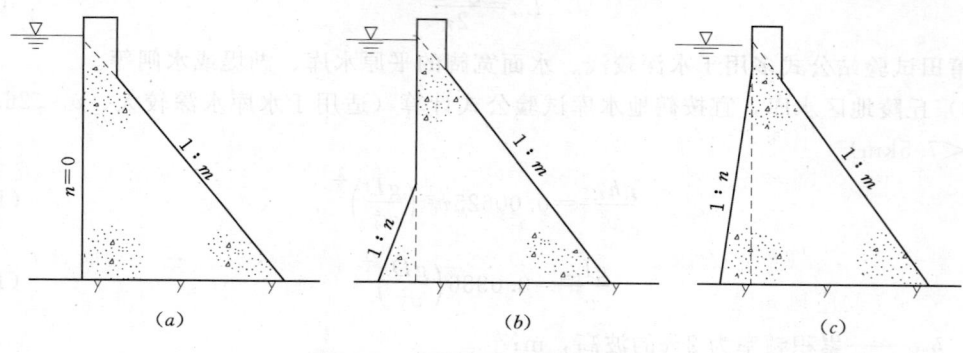

图 1.6 非溢流重力坝剖面形状

坝底一般应按规定置于坚硬新鲜岩基上，100m 以下重力坝坝基灌浆廊道距岩基和上

游坝面应不小于5m。

实用剖面应该以剖面的基本参数为依据，以强度和稳定为约束条件，建立坝体工程量最小的目标函数，进行优化设计，确定最终的设计方案和相关尺寸。同时，实用剖面不拘泥于这些型式，可根据具体条件，参考已建工程，选取合理剖面。

1.2.1.6 坝顶布置

(1) 坝顶结构布置的原则：安全、经济、合理、实用。

(2) 坝顶结构型式：坝顶建成矩形实体结构，必要时为移动式闸门启闭机铺设隐型轨道如图1.7 (a) 所示。有时可部分伸向下游，并做成拱桥或桥梁结构型式，以增加坝顶宽度，如图1.7 (b) 所示。

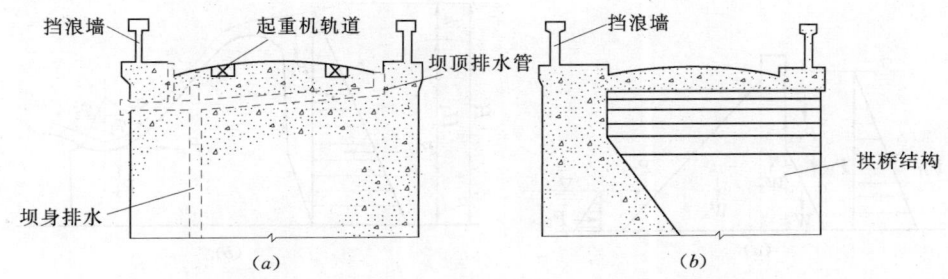

图1.7 坝顶结构布置

(3) 坝顶排水：一般都排向上游。

(4) 坝顶防浪墙：高度一般为1.2m，厚度应能抵抗波浪及漂浮物的冲击，与坝体牢固地连在一起，防浪墙在坝体分缝处也留伸缩缝，缝内设止水。

1.2.2 重力坝荷载及其组合

1.2.2.1 重力坝荷载

荷载也称作用，是指外界环境对水工建筑物的影响。重力坝的荷载主要有：自重、静水压力、动水压力、淤沙压力、浪压力、扬压力、冰压力、地震作用和其他荷载。取单位坝长（1m）计算如下。

1. 自重（包括永久设备自重）

单位宽度上坝体自重 W 标准值计算公式为

$$W = \gamma_c A \tag{1.13}$$

式中　A——坝体横剖面的面积，m^2；

　　　γ_c——坝体混凝土的重度，kN/m^3，根据选定的配合比通过实验确定，一般采用 23.5～24kN/m^3。

计算自重时，坝上永久性固定设备（如闸门、固定式启闭机）的重量也应计算在内，坝内较大的孔洞应该扣除。

2. 静水压力

静水压力是作用在上下游坝面的主要荷载，如图1.8 (a) 所示，计算时常分解为水平水压力（P_H）和垂直水压力（P_V）两种。溢流堰前水平水压力以 P_{H1} 表示

$$P_V = A_w \gamma_w \quad (\text{kN/m}) \tag{1.14}$$

$$P_H = \frac{1}{2}\gamma_w H^2 \quad (\text{kN/m}) \tag{1.15}$$

$$P_{H1} = \frac{1}{2}\gamma_w (H^2 - h^2) \quad (\text{kN/m}) \tag{1.16}$$

式中 A_w——坝踵处所作的垂线与上游水面和上游坝面所围成图形的面积，m^2；

H——计算点处的作用水头，m；

h——堰顶溢流水深，m；

γ_w——水的重度，kN/m^3，常用 9.81kN/m^3。

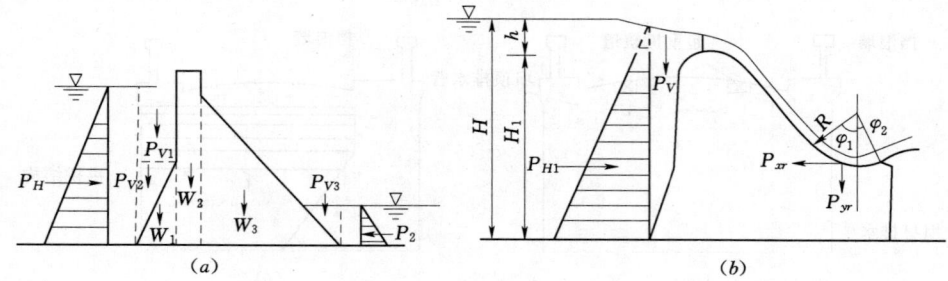

图 1.8 坝体自重和坝面水压力计算图

3. 动水压力

当水流流经曲面（如溢流坝面或泄水隧洞的反弧段），由于流向改变，在该处产生动水压力。动水压力的水平分力代表值 P_{xr} 和垂直分力代表值 P_{yr} 为

$$P_{xr} = q\rho_w v(\cos\varphi_2 - \cos\varphi_1) \quad (\text{N/m}) \tag{1.17}$$

$$P_{yr} = q\rho_w v(\sin\varphi_2 + \sin\varphi_1) \quad (\text{N/m}) \tag{1.18}$$

式中 q——相应设计状况下反弧段上的单宽流量，$\text{m}^3/(\text{s}\cdot\text{m})$；

ρ_w——水的密度，kg/m^3；

v——反弧段最低点处的断面平均流速，m/s；

φ_1、φ_2——反弧段圆心竖线左、右的中心角，取其绝对值。

P_{xy} 和 P_{yy} 的作用点可近似地认为在反弧段长度的中点，图 1.8（b）所示方向为正。

4. 淤沙压力

入库水流挟带的泥沙在水库中淤积，淤积在坝前的泥沙对坝面产生的压力称为淤沙压力。淤积的规律是从库首至坝前，随水深的增加而流速减小，沉积的粒径由粗到细，坝前淤积的是极细的泥沙，淤积泥沙的深度和内摩擦角随时间在变化，一般计算年限取 50～100 年，单位坝长上的水平淤沙压力标准值 P_{sk} 为

$$P_{sk} = \frac{1}{2}\gamma_b h_s^2 \tan\left(45° - \frac{\varphi_s}{2}\right) \quad (\text{kN/m}) \tag{1.19}$$

$$\gamma_b = \gamma_{sb} - (1-n)\gamma_w \tag{1.20}$$

式中 γ_{sb}——淤沙的浮重度，kN/m^3；

γ_w——水的重度，kN/m^3；

h_s——坝前泥沙淤积厚度，m；

n——淤沙孔隙率；

φ_s——淤沙的内摩擦角，(°)。

当上游坝面倾斜时，应计入垂直淤沙压力，按淤沙的浮重度计算。

5. 浪压力

水库表面波浪对建筑物产生的拍击力称为浪压力。随着水深的不同，坝前有三种可能的波浪发生，即深水波、浅水坡、破碎波，如图1.9所示。

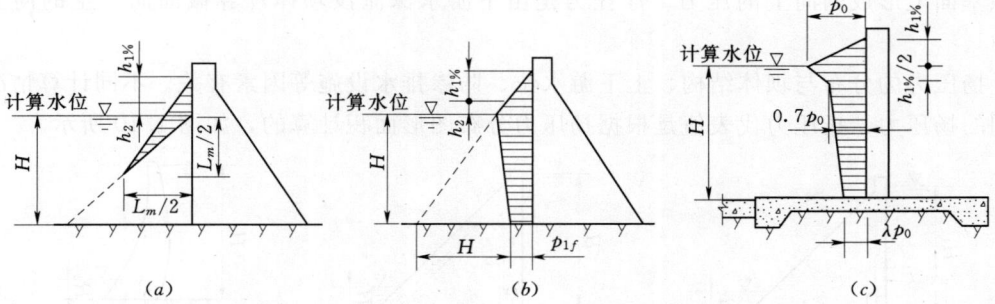

图1.9 浪压力分布

(a) 深水波；(b) 浅水波；(c) 破碎波

临界水深 H_{cr} 的计算公式为

$$H_{cr}=\frac{L_m}{4\pi}\ln\left(\frac{L_m+2\pi h_{1\%}}{L_m-2\pi h_{1\%}}\right) \tag{1.21}$$

当坝前水深大于半坡长，即 $H \geqslant H_{cr}$ 和 $H \geqslant L/2$ 时，波浪运动不受库底的约束，这样条件下的波浪称为深水波，如图1.9(a)所示。

$$P_L=\frac{\gamma L_m}{4}(h_{1\%}+h_z) \quad (\text{kN/m}) \tag{1.22}$$

当 $L/2>H>H_{cr}$ 时，波浪运动受到库底的影响，称为浅水波，如图1.9(b)所示。

$$P_L=\frac{1}{2}[(h_{1\%}+h_z)(\gamma H+P_{Lf})+HP_{Lf}] \tag{1.23}$$

$$P_{Lf}=\gamma h_{1\%}\operatorname{sech}\frac{2\pi H}{L_m} \tag{1.24}$$

式中 P_{Lf}——水下底面处浪压力的剩余强度，kN/m^2。

水深小于临界水深，即 $H<H_{cr}$ 时，波浪发生破碎，称为破碎波，如图1.9(c)所示。

$$P_L=\frac{P_0}{2}[(1.5-0.5\lambda)h_{1\%}+(0.7+\lambda)H] \tag{1.25}$$

$$P_0=K_0\gamma h_{1\%} \tag{1.26}$$

式中 λ——水下底面处浪压力强度的折减系数，当 $H \leqslant 1.7h_{1\%}$ 时，采用0.6，当 $H>1.7h_{1\%}$ 时，采用0.5；

P_0——计算水位处的浪压力强度，kN/m^2；

K_0——建筑物前底坡影响系数，与 i 有关，见表1.4。

表 1.4　　　　　　　　　　　　河底坡 i 对应的 K_0 值

底坡 i	1/10	1/20	1/30	1/40	1/50	1/60	1/80	<1/100
K_0 值	1.89	1.61	1.48	1.41	1.36	1.33	1.29	1.25

6. 扬压力

扬压力包括渗透压力和浮托力两部分。渗透压力是由上下游水位差产生的渗流在坝内或坝基面上形成的向上的压力。浮托力是由下游水深淹没坝体计算截面而产生的向上的压力。

扬压力的分布与坝体结构、上下游水位、防渗排水设施等因素有关。不同计算情况有不同的扬压力，扬压力代表值是根据扬压力分布图形面积计算的，如图 1.10 所示。

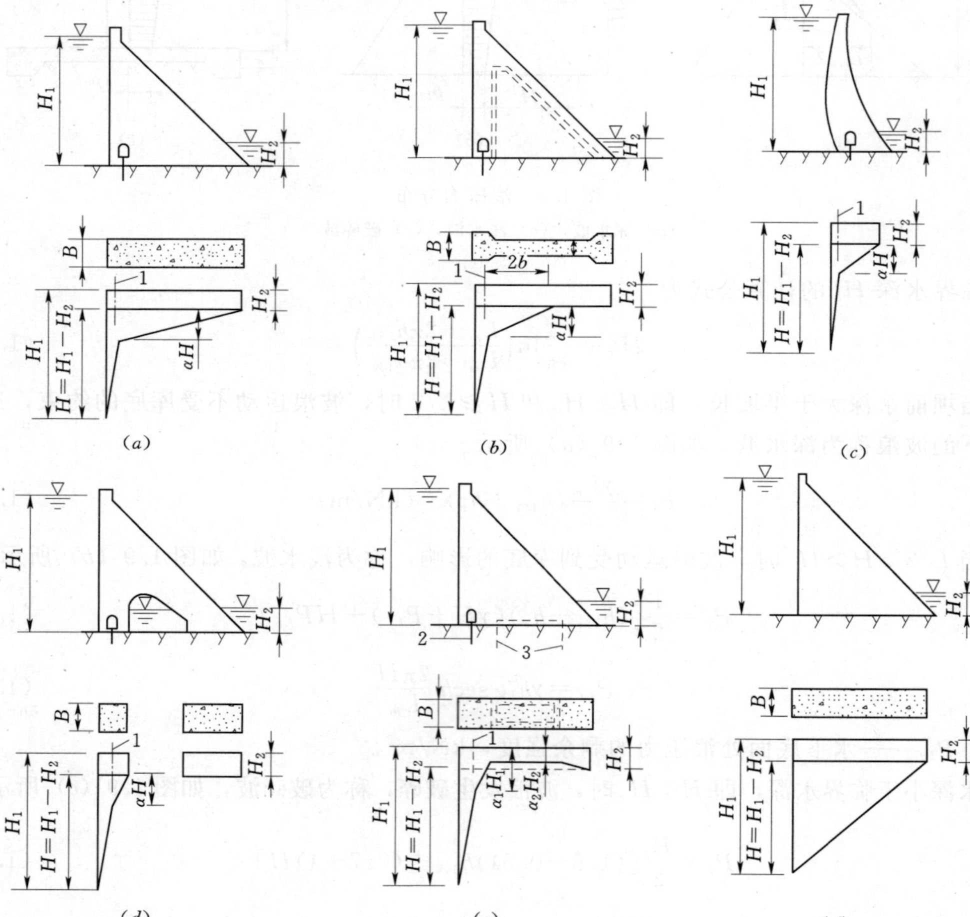

图 1.10　坝底面扬压力分布图

(a) 实体重力坝；(b) 宽缝重力坝及大头支墩坝；(c) 拱坝；(d) 空腹重力坝；
(e) 坝基设有抽排系统；(f) 未设帷幕及排水孔
1—排水孔中心线；2—主排水孔；3—副排水孔

（1）坝底面上的扬压力。岩基上坝底扬压力按下列三种情况确定：

1）当坝基设有防渗帷幕和排水孔幕时，坝底面上游（坝踵）处的扬压力作用水头为 H_1；排水孔中心线处的扬压力作用水头为 $H_2+\alpha(H_1-H_2)$；下游（坝趾）处为 H_2；三者之间用直线连接，如图 1.10（a）～（d）所示。

2）当坝基设有防渗帷幕、上游主排水孔幕、下游副排水孔及抽排系统时，坝底面上游处的扬压力作用水头为 H_1，下游坝趾处为 H_2，主、副排水孔中心线处分别为 $\alpha_1 H_1$、$\alpha_2 H_2$，其间各段用直线连接，如图 1.10（e）所示。

3）当坝基无防渗帷幕、排水孔幕时，坝底面上游处的扬压力作用水头为 H_1，下游处为 H_2，其间用直线连接，如图 1.10（f）所示。

上述1）、2）中的渗透压力系数 α、扬压力强度系数 α_1 及残余扬压力强度系数 α_2 可参照表 1.5 采用。应注意，对河床坝段和岸坡坝段，α 取值不同，后者计及三向渗流作用，α_2 取值应大些。

表 1.5　　　　　　　　坝底面的渗透压力和扬压力强度系数

坝型及部位		坝基处理情况		
		设置防渗帷幕及排水孔	设置防渗帷幕及主副排水孔并抽排	
部位	坝型	渗透压力强度系数 α	主排水孔前扬压力强度系数 α_1	残余扬压力强度系数 α_2
河床坝段	实体重力坝	0.25	0.20	0.50
	宽缝重力坝	0.20	0.15	0.50
	大头支墩坝	0.20	0.15	0.50
	拱坝	0.25	0.20	0.50
岸坡坝段	实体重力坝	0.35		
	宽缝重力坝	0.30		
	大头支墩坝	0.30		
	拱坝	0.35		

（2）坝体内部扬压力。由于坝体混凝土是透水的，在水头差的作用下，产生坝体渗流，引起坝内扬压力，其计算截面处扬压力分布如图 1.11 所示。其中排水管线处的坝体内部，渗透压力强度系数 α_3 按下列情况采用：实体重力坝、拱坝及空腹重力坝的实体部位采用 $\alpha_3=0.2$；宽缝重力坝、大头支墩坝的宽缝部采用 $\alpha_3=0.15$。

7. 地震作用

在地震区建坝，必须考虑地震的影响。重力坝抗震计算应考虑地震惯性力和地震动水压力。一般情况下，进行抗震计算时的上游水位可采用正常蓄水位。地震对建筑物的影响程度，常用地震烈度表示。地震烈度共分为 12 度。烈度越大，对建筑物的破坏越大，抗震设计要求越高。

抗震设计中常用到基本烈度和设计烈度两个基本概念。基本烈度是水工建筑物所在地区一定时期内（约 100 年）可能遇到的地震最大烈度；设计烈度是抗震设计时实际采用的地震烈度。一般情况采用基本烈度作为设计烈度。SL 203—1997《水工建筑物抗震设计规

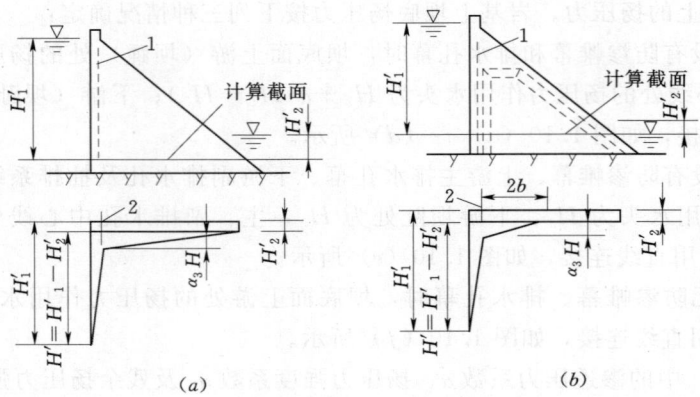

图 1.11 坝体计算截面上扬压力分布
(a) 实体重力坝；(b) 宽缝重力坝
1—坝内排水管；2—排水管中心线

范》规定，水工建筑物的工程抗震设防类别根据其重要性和工程场地基本烈度按表 1.6 确定。

(1) 地震惯性力。地震时，重力坝随地壳做加速运动时，产生了地震惯性力。地震惯性力的方向是任意的，一般情况下只考虑水平地震作用，对于设计烈度为 8、9 度的 1、2 级重力坝，应同时计入水平和竖向地震作用。

表 1.6　　　　　　　　　工程抗震设防类别

工程抗震设防类别	建筑物级别	场地基本烈度
甲	1（壅水）	≥6
乙	1（非壅水）、（壅水）	
丙	2（非壅水）、3	≥7
丁	4、5	

当采用拟静力法计算地震作用效应时，沿建筑物高度作用于质点 i 的水平向地震惯性力代表值应按下式计算

$$F_i = \frac{a_h \xi G_{Ei} a_i}{g} \tag{1.27}$$

式中　F_i——作用在质点 i 的水平向地震惯性力代表值，kN/m；
　　　ξ——地震作用的效应折减系数，除另有规定外，取 0.25；
　　　G_{Ei}——集中在质点 i 的重力作用标准值，kN；
　　　a_i——质点 i 的动态分布系数，计算重力坝地震作用效应时，由式（1.28）确定；
　　　g——重力加速度，9.81 m/s²；
　　　a_h——水平向设计地震加速度代表值，由表 1.7 确定。

$$a_i = 1.4 \frac{1+4(h_i/H)^4}{1+4\sum_{j=1}^{n}\frac{G_{Ej}}{G_E}(h_j/H)^4} \tag{1.28}$$

式中　　n——坝体计算质点总数；
　　　　H——坝高，溢流坝的 H 应算至闸墩顶，m；
　　h_i、h_j——质点 i、j 的高度，m；
　　　　G_E——产生地震惯性力的建筑物总重力作用的标准值，kN；
　　　　G_{Ej}——集中在质点 j 的重力作用标准值，kN。

表 1.7　　　　　　　　　　　水平向设计地震加速度代表值

设计烈度	7	8	9
a_h	0.1g	0.2g	0.4g

竖向设计加速度的代表值 a_v 应取水平设计地震加速度代表值的 2/3。

当同时计算水平和竖向地震作用效应时，总的地震作用效应可将竖向地震作用效应乘以 0.5 的遇合系数后与水平地震作用效应直接相加。

（2）地震动水压力。地震时，坝前、坝后的水体随着振动，形成作用在坝面上的激荡力。

采用拟静力法计算重力坝地震作用效应时，直立坝面水深 y 处的地震动水压力代表值按下式计算

$$P_w(h) = a_h \xi \psi(h) \rho_w H \tag{1.29}$$

式中　$P_w(h)$——作用在直立迎水坝面水深 h 处的地震动水压力代表值，kN/m；
　　　$\psi(h)$——水深 h 处的地震动力压力分布系数，应按表 1.8 的规定取值；
　　　ρ_w——水体质量密度标准值，kN/m³；
　　　H——水深，m；

其他符号意义同前。

单位宽度坝面和总地震动水压力作用在水面以下 $0.54H_0$ 处，其代表值 F_0 按下式计算

$$F_0 = 0.65 a_h \xi \rho_w H_0^2 \tag{1.30}$$

与水平面夹角为 θ 的倾斜迎水坝面，按上式的规定计算的动水压力代表值应乘以折减系数

$$\eta_c = \frac{\theta}{90} \tag{1.31}$$

表 1.8　　　　　　　　　　重力坝地震动水压力分布系数 $\psi(h)$

h/H_0	$\psi(h)$	h/H_0	$\psi(h)$
0.0	0.00	0.6	0.76
0.1	0.43	0.7	0.75
0.2	0.58	0.8	0.71
0.3	0.68	0.9	0.68
0.4	0.74	1.0	0.67
0.5	0.76		

迎水坝面有折坡时，若水面以下直立部分的高度等于或大于深 H_0 的一半，可近似取作直立坝面，否则应取水面点与坡脚点连线代替坡度。

作用在坝体上、下游的地震动水压力均与坝面垂直，且两者的作用方向一致。例如，当地震加速度的方向指向上游时，作用在上、下游坝面的地震动水压力方向均指向下游。

8. 冰压力

冰对建筑物的作用力称为冰压力。冰压力分静冰压力和动冰压力两种。水库表面结冰后，体积增加约 9%，在气温回升时，冰盖加速膨胀，受到坝面和库岸的约束，在坝面上产生的压力称静冰压力。冰盖解冻，冰块顺风顺水漂流撞击在坝面、闸门或闸墩上的撞击力称为动冰压力。冰压力的计算详见 SL 144—2016《水工建筑物荷载设计规范》。

9. 其他荷载

常见的其他荷载有土压力、温度荷载、灌浆压力、风荷载、雪荷载、坝顶车辆荷载、永久设备荷载等。它们对重力坝的影响是次要的，当需要计算时，可查相应规范。

1.2.2.2 重力坝的荷载（作用）组合

荷载组合是将可能作用在建筑物上的所有荷载按出现的时间（概率）是否相同进行分组，然后将各组荷载分别作用在所设计的建筑物上，研究建筑物的稳定性和强度，并给以不同的安全系数。

1. 荷载的分类

重力坝的荷载，除坝体自重外，其大小和出现的概率都有一定的变化。重力坝主要荷载，按随时间变异分三类：

（1）永久荷载。包括：①坝体自重和永久性设备自重；②淤沙压力（有排沙设施时可列为可变荷载）；③土压力。

（2）可变荷载。包括：①静水压力；②扬压力（包括渗透压力和浮托力）；③动水压力；④浪压力；⑤冰压力（包括静冰压力和动冰压力）；⑥风雪荷载；⑦机动荷载。

（3）偶然荷载。包括：①地震作用；②校核洪水位时的静水压力。

2. 荷载的组合

在设计混凝土重力坝坝体剖面时，作用于重力坝上的荷载，按其出现的概率和性质，分为基本组合和特殊组合。基本组合属永久荷载与可变荷载的效应组合，即设计情况和正常情况；特殊组合，除一些永久荷载与可变荷载外，尚包括可能同时出现的一种或几种偶然荷载，属校核情况和非常情况。荷载的组合具体包括：

1）坝体及永久性设备的自重。

2）以发电为主的水库，上游用正常蓄水位，下游按照运用要求泄放最小流量时的水位，且防渗及排水设施正常工作时的水作用：①大坝上、下游面的静水压力；②扬压力。

3）大坝上游淤沙压力。

4）大坝上下游侧向土压力。

5）以防洪为主的水库，上游用防洪高水位，下游用其相应的水位，且防渗及排水设施正常工作时的水作用：①大坝上、下游面的静水压力；②扬压力；③相应泄洪时的动水压力。

6）浪压力：①取 50 年一遇风速引起的浪压力（相当于多年平均最大风速的 1.5～2 倍引起的浪压力）；②多年平均最大风速引起的浪压力。

7）冰压力：取正常蓄水位时的冰作用。

8）其他出现机会较多的作用。

9）当水库泄放校核洪水（偶然状况）流量时，上、下游水位的作用，且防渗排水正常工作时的水作用：①坝上、下游面的静水压力；②扬压力；③相应泄洪时的动水压力。

10）地震力。一般取正常蓄水情况时相应的上、下游水深。

11）其他出现机会很少的作用。

上述 11 种组合中，1）～8）为荷载（作用）的基本组合，9）～11）为荷载（作用）的特殊组合。

表 1.9　　　　　　　　　　　　荷载（作用）组合

荷载组合	主要考虑情况	荷载类别									备注
		自重	静水压力	扬压力	泥沙压力	浪压力	冰压力	动水压力	土压力	地震作用	
基本组合	1. 正常蓄水位情况	1)	2)	2)	3)	6)	—	—	4)	—	以发电为主的水库土压力根据坝体外是否有填土而定（下同）
	2. 防洪高水位情况	1)	5)	5)	3)	6)	—	5)	4)	—	以防洪为主的水库，正常蓄水位较低
	3. 冰冻情况	1)	2)	2)	3)	—	7)	—	4)	—	静水压力及扬压力按相应冬季水位计算
基本组合	施工期临时挡水	1)	2)	2)					4)		
特殊组合	1. 校核洪水情况	1)	9)	9)	3)	6)	—	9)	4)	—	
	2. 地震情况	1)	2)	2)	3)	6)	—	—	4)	10)	静水压力、扬压力和浪压力按正常蓄水位计算，有论证时可另作规定

注 1. 应根据各种荷载作用同时发生的概率，选择计算中最不利的组合。
　　2. 根据地质和其他条件，如考虑运用时排水设备易于堵塞，需经常维修时，应考虑排水失效的情况，作为偶然组合。

1.2.3　重力坝的抗滑稳定及应力分析

重力坝的抗滑稳定及应力分析就是在各种荷载组合情况下，对初拟的断面尺寸进行稳定计算、强度校核，最终定出经济断面。

1.2.3.1　重力坝的抗滑稳定分析

抗滑稳定分析是重力坝设计中的一项重要内容，其目的是核算坝体沿坝基面或沿地基深层软弱结构面抗滑稳定的安全度。

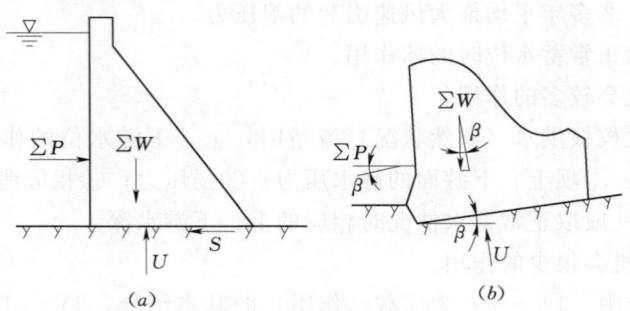

图 1.12 重力坝抗滑稳定计算简图

1. 抗滑稳定计算截面的选取

重力坝的稳定应根据坝基的地质条件和坝体剖面形式，选择受力大、抗剪强度较低、容易产生滑动的截面作为计算截面。重力坝抗滑稳定计算主要是核算沿坝基面及混凝土面（包括常态混凝土水平施工缝或碾压混凝土层面）的抗滑稳定性。另外，当坝基内有软弱夹层、缓倾角结构面时，也应核算其深层抗滑稳定性。

2. 重力坝的沿坝基面抗滑稳定分析

以一个坝段或取单宽作为计算单元，计算公式有抗剪强度公式和抗剪断公式。

（1）抗剪强度公式。将坝体与基岩间看成一个接触面，而不是胶结面。

如图 1.12（a）所示，当接触面呈水平时，其抗滑稳定安全系数 K_s 为

$$K_s = \frac{f(\sum W - U)}{\sum P} \tag{1.32}$$

式中 $\sum W$——接触面以上的总铅直力，kN；

$\sum P$——接触面以上的总水平力，kN；

U——作用在接触面上的扬压力，kN；

f——接触面间的摩擦系数。

如图 1.12（b）所示，当接触面倾向上游时

$$K_s = \frac{f(\sum W \cos\beta - U) + \sum P \sin\beta}{\sum P \cos\beta - \sum W \sin\beta} \tag{1.33}$$

式中 β——接触面与水平面间的夹角。

由式（1.33）可以看出，当接触面倾向上游时，对坝体抗滑有利；而当接触面倾向下游时，β 为负值，使抗滑力减小，滑动力增大，对坝体稳定不利。

混凝土与基岩间的摩擦系数 f 值常取在 0.5～0.8，摩擦系数的选定直接关系大坝的造价与安全，f 值越小，为维持稳定所需的 $\sum W$ 越大，即坝体剖面越大，以新安江工程重力坝为例，若 f 值减小 0.01，坝体混凝土就要增加 2 万 m³。

由于抗剪强度公式未考虑坝体混凝土与基岩间的黏聚力，而将其作为安全储备，因此相应的安全系数 K_s 值就不应再定得过高。用抗剪强度公式设计时，各种荷载组合情况下的安全系数不小于表 1.10 的规定。

表 1.10　　　　　　　　　　　　抗滑稳定安全系数 K_s

荷载组合		坝的级别		
		1	2	3
基本组合		1.10	1.05	1.05
特殊组合	(1)	1.05	1.00	1.00
	(2)	1.00	1.00	1.00

（2）抗剪断公式。利用抗剪断公式时，认为坝体混凝土与基岩接触良好，直接采用接触面上的抗剪断参数 f' 和 c' 计算抗滑稳定安全系数。此处，f' 为抗剪断摩擦系数，c' 为抗剪断黏聚力。

$$K_s' = \frac{f'(\sum W - U) + c'A}{\sum P} \tag{1.34}$$

对于大、中型工程，在设计阶段，强度参数 f' 和 c' 应有野外及室内试验成果；在规划和可行性研究阶段可参照规范给定的数值选用。我国设计规范用统计的方法给出了不同级别岩石的抗剪断参数的计算参考值，规范规定 K_s' 值不分坝的级别，基本组合为 3.0；特殊组合（1）为 2.5；特殊组合（2）为 2.3。

上述抗剪强度公式（1.32），形式简单，对摩擦系数 f 的选择，多年来积累了丰富的经验，在国内外应用广泛。但该式忽略了坝体与基岩间的胶结作用，不能完全反映坝的实际工作性态。抗剪断公式（1.34），直接采用接触面上的抗剪强度参数，物理概念明确，比较符合坝的实际工作情况，已日益为各国所采用。

3. 坝基深层抗滑稳定计算

在很多情况下，重力坝的最危险滑动面往往不在坝身与地基的接触面，而是在地基内部。因为基岩内经常有各种形式的软弱面存在，坝体将带动一部分基岩沿这些软弱面滑动，即所谓的深层滑动。

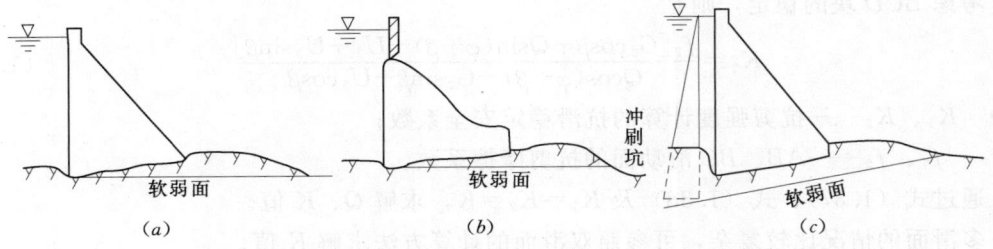

图 1.13　重力坝的深层滑动

当深层滑动面为一简单的平面时（图 1.13），可用式（1.32）及式（1.33）进行计算。

在实际工程中，深层滑动不是一个简单的平面，而是呈复杂的形状，如由两个斜面组成。双滑动面为最常见情况，如图 1.14 所示。深层抗滑稳定采用等安全系数，按下列抗剪断强度公式或抗剪强度公

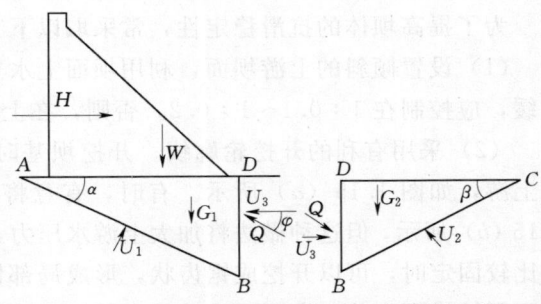

图 1.14　双滑动面深层抗滑稳定计算示意图

式进行计算。

采用抗剪断强度公式计算。考虑 ABD 块的稳定，则有

$$K_1' = \frac{f_1'[(W+G_1)\cos\alpha - H\sin\alpha - Q\sin(\varphi-\alpha) - U_1 + U_3\sin\alpha] + c_1'A_1}{(W+G_1)\sin\alpha + H\cos\alpha - U_3\cos\alpha - Q\cos(\varphi-\alpha)} \quad (1.35)$$

考虑 BCD 块的稳定，则有

$$K_2' = \frac{f_2'[G_2\cos\beta + Q\sin(\varphi+\beta) - U_2 + U_3\sin\beta] + c_2'A_2}{Q\cos(\varphi+\beta) - G_2\sin\beta + U_3\cos\beta} \quad (1.36)$$

式中 K_1'、K_2'——按抗剪断强度计算的抗滑稳定安全系数；

W——作用于坝体上全部荷载（不包括扬压力，下同）的垂直分值，kN；

H——作用于坝体上全部荷载的水平分值，kN；

G_1、G_2——岩体 ABD、BCD 重量的垂直作用力，kN；

f_1'、f_2'——AB、BC 滑动面的抗剪断摩擦系数；

c_1'、c_2'——AB、BC 滑动面的抗剪断黏聚力，kPa；

A_1、A_2——AB、BC 面的面积，m²；

α、β——AB、BC 面与水平面的夹角；

U_1、U_2、U_3——AB、BC、BD 面上的扬压力，kN；

Q——BD 面上的作用力，kN；

φ——BD 面上的作用力 Q 与水平面的夹角，夹角 φ 值需经论证后选用，偏于安全考虑 φ 可取 0°。

通过式（1.35）、式（1.36）及 $K_1' = K_2' = K'$，求解 Q、K' 值。

采用抗剪强度公式计算。考虑 ABD 块的稳定，则有

$$K_1 = \frac{f_1[(W+G_1)\cos\alpha - H\sin\alpha - Q\sin(\varphi-\alpha) - U_1 + U_3\sin\alpha]}{(W+G_1)\sin\alpha + H\cos\alpha - U_3\cos\alpha - Q\cos(\varphi-\alpha)} \quad (1.37)$$

考虑 BCD 块的稳定，则有

$$K_2 = \frac{f_2[G_2\cos\beta + Q\sin(\varphi+\beta) - U_2 + U_3\sin\beta]}{Q\cos(\varphi+\beta) - G_2\sin\beta + U_3\cos\beta} \quad (1.38)$$

式中 K_1、K_2——抗剪强度计算的抗滑稳定安全系数；

f_1、f_2——AB、BC 滑动面的抗剪摩擦系数。

通过式（1.37）、式（1.38）及 $K_1 = K_2 = K$，求解 Q、K 值。

多滑面的情况比较复杂，可参照双滑面的计算方法求解 K 值。

4. 提高坝体抗滑稳定的工程措施

为了提高坝体的抗滑稳定性，常采取以下工程措施：

（1）设置倾斜的上游坝面，利用坝面上水重增加稳定。但应注意，上游面的坡度不宜过缓，应控制在 1∶0.1～1∶0.2，否则，在上游坝面容易产生拉应力，对强度不利。

（2）采用有利的开挖轮廓线。开挖坝基时，最好利用岩面的自然坡度，使坝基面倾向上游，如图 1.15（a）所示。有时，有意将坝踵高程降低，使坝基面倾向上游，如图 1.15（b）所示，但这种做法将加大上游水压力，增加开挖量和浇筑量，故较少采用。当基岩比较固定时，可以开挖成锯齿状，形成局部倾向上游的斜面，如图 1.15（c）所示，但能否开挖成锯齿状，主要取决于基岩节理裂隙的产状。

项目1 重力坝设计

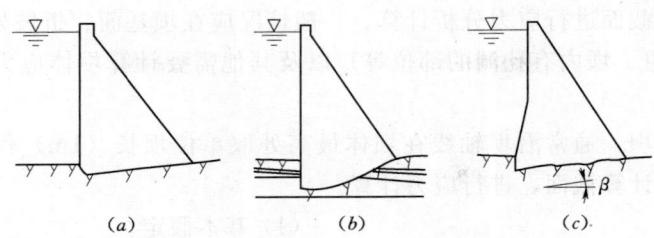

图1.15 坝基开挖轮廓

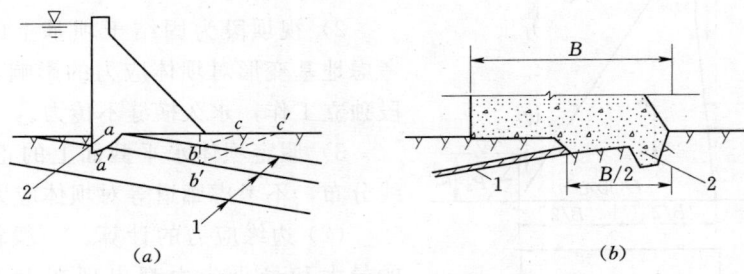

图1.16 齿墙设置
1—泥化夹层；2—齿墙

(3) 设置齿墙。当基岩内有倾向下游的软弱面时，可在坝踵部位设齿墙，如图1.16 (a) 所示，切断较浅的软弱面，迫使可能的滑动面由 abc 成为 $a'b'c'$，这样既增大了滑动体的重量，同时也增大了抗滑体的抗力。如在坝趾部位设置齿墙，将坝趾放在较好的岩层上，如图1.16 (b) 所示，则可更多地发挥抗力体的作用，可在一定程度上改善坝踵应力，同时由于坝趾的压应力较大，设在坝趾下齿墙的抗剪能力也会相应增加。

(4) 抽水降压措施。当下游水位较高，坝体承受的浮托力较大时，可考虑在坝基面设置排水系统，定时抽水以减小坝底浮托力。如我国的龚嘴工程，下游水深达30m，采取抽水措施后，浮托力只按10m水深计算，节省了许多浇筑量。

(5) 加固地基。包括帷幕灌浆、固结灌浆及断层、软弱夹层的处理等。

1.2.3.2 重力坝的应力分析

1. 重力坝应力分析的目的和方法

重力坝应力分析的目的，是检验大坝在施工期和运用期是否满足强度要求、是否经济合理，并为确定坝内混凝土标号分区、某些部位配筋等提供依据。

重力坝应力分析有理论计算和模型试验两大类。

理论计算方法主要有材料力学法、弹性力学解析法、有限元法。对于中、低坝，当地质条件较简单时，可只按材料力学法计算坝的应力，有时可只计算坝的边缘应力。对于高坝，尤其当地质条件复杂时，除用材料力学法计算外，宜同时进行模型试验或采用有限元法进行计算。对于修建在复杂地基上的中、低坝亦可根据需要进行上述研究。

模型试验法主要有光测方法和脆性材料电测方法。

2. 材料力学法

利用材料力学法计算坝体应力时，应根据工程规模和具体情况，在坝的横剖面上截取若干个控制性水平截面进行应力分析计算。一般情况应在坝基面、折坡处、坝体削弱部位（如廊道、泄水管道、坝内有孔洞的部位等）以及其他需要计算坝体应力的部位选取计算截面。

对于实体重力坝，通常沿坝轴线在坝体最高处取单位坝长（1m）作为计算对象，选定荷载组合，确定计算截面，进行应力计算。

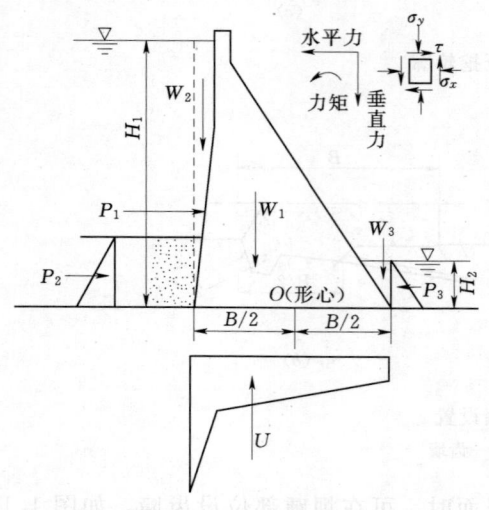

图 1.17 坝体应力计算图

(1) 基本假定。

1) 假定坝体混凝土为均质、连续、各向同性的弹性材料。

2) 视坝段为固结于坝基上的悬臂梁，不考虑地基变形对坝体应力的影响，并认为各坝段独立工作，永久横缝不传力。

3) 假定坝体水平截面上的正应力 σ_y 按直线分布，不考虑廊道等对坝体应力的影响。

(2) 边缘应力的计算。一般情况下，坝体的最大和最小应力都出现在上下游坝面，所以，在重力坝首先应校核坝体上下游边缘应力是否满足强度要求。

应力与荷载的正方向如图 1.17 所示。

1) 水平截面上的正应力。因为假定 σ_y 按直线分布，所以可按偏心受压公式（1.39）、式（1.40）计算上、下游边缘应力 σ_{yu} 和 σ_{yd}，即

$$\sigma_{yu}=\frac{\sum W}{B}+\frac{6\sum M}{B^2} \quad (\text{kPa}) \tag{1.39}$$

$$\sigma_{yd}=\frac{\sum W}{B}-\frac{6\sum M}{B^2} \quad (\text{kPa}) \tag{1.40}$$

式中　$\sum W$——作用于计算截面以上全部荷载（包括扬压力）的铅直分力的总和，kN，向下为正；

$\sum M$——作用于计算截面以上全部荷载（包括扬压力）对截面形心的力矩总和，kN·m，向上游弯曲为正；

B——计算截面的长度，m。

2) 剪应力。为求解方便，先分析无扬压力的情况，按上式算得无扬压力作用的 σ_{yu} 和 σ_{yd} 以后，根据边缘微分体的平衡条件，解出上下游边缘剪应力 τ_u 和 τ_d，如图 1.18（a）所示。

由上游面的微分体，根据平衡条件 $\sum F_y=0$，得

$$\tau_u=(p_u-\sigma_{yu})n \quad (\text{kPa}) \tag{1.41}$$

同理，由下游面的微分体，根据平衡条件 $\sum F_y=0$，得

$$\tau_d=(\sigma_{yu}-p_d)m \quad (\text{kPa}) \tag{1.42}$$

式中　p_u——上游面水压力强度，kPa，如有泥沙压力时应计入在内；

p_d——下游面水压力强度，kPa；

n——上游坝坡坡率，$n=\tan\varphi_u$；

m——下游坝坡坡率，$m=\tan\varphi_d$；

φ_u、φ_d——上、下游坝面与铅直面的夹角。

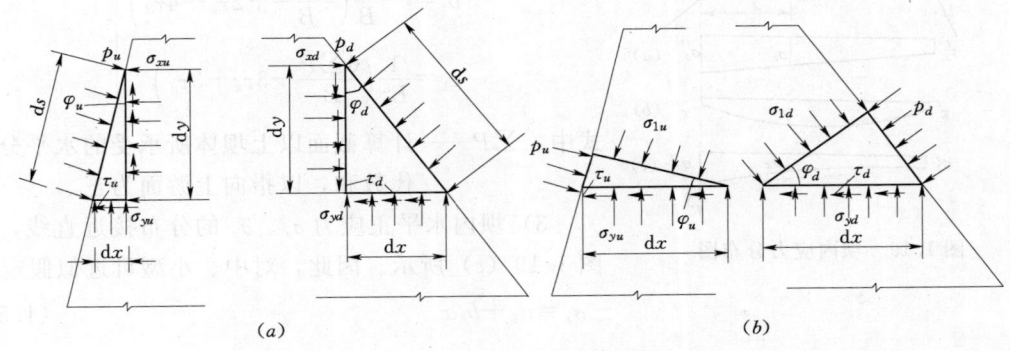

图 1.18　边缘应力计算示意图

注：p_u、p_d 为相应计算水位（如：正常蓄水位）时水的压强，$p=\gamma h$，其中 γ 为水的重度，h 为相应计算水位时上、下游水深。

3）水平正应力。在求得无扬压力的情况下 τ_u 和 τ_d 以后，可以根据平衡上、下游面的微分体条件$\sum F_x=0$，求得上、下游边缘的水平正应力 σ_{xu} 和 σ_{xd} 为

$$\sigma_{xu}=p_u-\tau_u n \quad (\text{kPa}) \tag{1.43}$$

$$\sigma_{xd}=p_d+\tau_d m \quad (\text{kPa}) \tag{1.44}$$

4）主应力。取微分体，如图 1.18（b）所示，根据平衡条件$\sum F_y=0$，得

$$\sigma_{1u}=(1+n^2)\sigma_{yu}-p_u n^2 \quad (\text{kPa}) \tag{1.45}$$

$$\sigma_{1d}=(1+m^2)\sigma_{yd}-p_d m^2 \quad (\text{kPa}) \tag{1.46}$$

则上、下游坝面水压力强度是另一个主应力（第二主应力）为坝面水压力，分别为：

$$\sigma_{2u}=p_u \quad (\text{kPa}) \tag{1.47}$$

$$\sigma_{2d}=p_d \quad (\text{kPa}) \tag{1.48}$$

由式（1.45）可以看出，当上游坝面倾向上游（坡率 $n>0$）时，随着 n 的增大，上游面主应力 $\sigma_{1u}<0$，即为拉应力。n 越大，σ_{1u} 的绝对值也越大，故重力坝上游面不宜太缓，常把上游面做成铅直的（$n=0$）或小坡率（$n<0.2$）的折坡坝面。

(3) 内部应力的计算。应用偏心受压公式求出坝体水平截面上的 σ_y 以后，便可利用平衡条件求出截面上内部各点的应力分量 τ 和 σ_x。

1）坝内水平截面上的正应力 σ_y。假定 σ_y 在水平截面上按直线分布，即

$$\sigma_y=a+bx \tag{1.49}$$

坐标原点设在下游坝面，由偏心受压公式可以得出系数 a 和 b 为

$$a=\frac{\sum W}{B}-\frac{6\sum M}{B^2},\ b=\frac{12\sum M}{B^3}$$

如图 1.19（a）所示。

2）坝内剪应力 τ。由于 σ_y 呈线性分布，由平衡条件可得出水平截面上剪应力 τ 呈二

次抛物线分布，如图 1.19（b）所示，即
$$\tau = a_1 + b_1 x + c_1 x^2 \tag{1.50}$$

其中
$$\left. \begin{array}{l} a_1 = \tau_d \\ b_1 = -\dfrac{1}{B}\left(\dfrac{6\sum P}{B} + 2\tau_u + 4\tau_d\right) \\ c_1 = \dfrac{1}{B^2}\left(\dfrac{6\sum P}{B} + 3\tau_u + 3\tau_d\right) \end{array} \right\}$$

式中 $\sum P$——计算截面以上坝体所承受的水平分力代数和，以指向上游面为正。

3) 坝内水平正应力 σ_x。σ_x 的分布接近直线，如图 1.19（c）所示。因此，对中、小型可近似假定

$$\sigma_x = a_2 + b_2 x \tag{1.51}$$

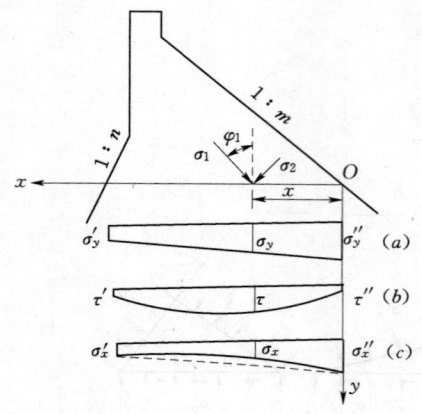

图 1.19 坝内应力分布图

其中
$$a_2 = \sigma_{xd}, \quad b_2 = \dfrac{\sigma_{xu} - \sigma_{xd}}{B}$$

4) 坝内主应力 σ_1 和 σ_2。求得任意点的三个应力分量 σ_x、σ_y 和 τ 以后，即可计算该点的主应力和第一主应力的方向 φ_1，即

$$\left. \begin{array}{l} \sigma_1 = \dfrac{\sigma_x + \sigma_y}{2} \sqrt{\left(\dfrac{\sigma_y - \sigma_x}{2}\right)^2 + \tau^2} \\ \sigma_2 = \dfrac{\sigma_x + \sigma_y}{2} \sqrt{\left(\dfrac{\sigma_y - \sigma_x}{2}\right)^2 + \tau^2} \\ \varphi_1 = \dfrac{1}{2}\arctan\left(-\dfrac{2\tau}{\sigma_y - \sigma_x}\right) \end{array} \right\} \tag{1.52}$$

主应力 σ_1 的夹角 φ_1 以顺时针方向为正，当 $\sigma_y > \sigma_x$ 时，自竖直线量取；当 $\sigma_y < \sigma_x$ 时，自水平线量取。

求出各点的主应力后，即可在计算点上用矢量表示其大小，构成主应力图。必要时，还可根据此绘出主应力轨迹线和等应力图。

（4）考虑扬压力时的应力计算。上列应力计算公式均未计入扬压力。当需要考虑扬压力时，可将计算截面上的扬压力作为外荷载计入，根据边缘微分体的平衡条件，求得应力公式。

1) 求边缘应力。

剪应力 τ_u 和 τ_d 为
$$\left. \begin{array}{l} \tau_u = (p_u - p_{uu} - \sigma_{yu})n \\ \tau_d = (\sigma_{yd} - p_d + p_{ud})m \end{array} \right\} \tag{1.53}$$

上、下游边缘 σ_{xu}、σ_{xd} 为
$$\left. \begin{array}{l} \sigma_{xu} = (p_u - p_{uu}) - (p_u - p_{uu} - \sigma_{yu})n^2 = p_u - p_{uu} - \tau_u n \\ \sigma_{xd} = (p_d - p_{ud}) + (\sigma_{yd} - p_d + p_{ud})m^2 = p_d - p_{ud} + \tau_d m \end{array} \right\} \tag{1.54}$$

上、下游边缘主应力 σ_{1u}、σ_{2u}、σ_{1d}、σ_{2d} 为

项目1 重力坝设计

$$\left.\begin{array}{l}\sigma_{1u}=(1+n^2)\sigma_{yu}-n^2(p_u-p_{uu})\\ \sigma_{2u}=p_u-p_{uu}\\ \sigma_{1d}=(1+m^2)\sigma_{yd}-m^2(p_d-p_{ud})\\ \sigma_{2d}=p_d-p_{ud}\end{array}\right\} \quad (1.55)$$

可见,考虑与不考虑扬压力时,τ、σ_x 和 σ_1、σ_2 的计算公式是不相同的。

2)求坝内压力。可先不计扬压力,按上述有关公式计算各点应力,然后再叠加扬压力引起的应力。

3. 坝体和坝基的应力控制

(1)重力坝坝基面坝踵、坝趾的垂直应力控制。

1)运用期:①在各种荷载组合下(地震荷载除外),坝踵垂直应力不应出现拉应力,坝趾垂直应力应小于坝基容许压应力;②在地震荷载作用下,坝踵、坝趾的垂直应力应符合《水工建筑物抗震设计规范》。

2)施工期:坝趾垂直应力允许有小于 0.1MPa 的拉应力。

(2)重力坝坝体应力控制。

1)运用期:①坝体上游面的垂直应力不出现拉应力(即扬压力);②坝体最大主压应力,不应大于混凝土的允许压应力值;③在地震情况下,坝体上游面的应力控制标准应符合《水工建筑物抗震设计规范》要求。

2)施工期:①坝体任何截面上的主压应力不应大于混凝土的允许压应力;②在坝体的下游面,允许有不大于 0.25MPa 的主拉应力。

混凝土的允许应力应按混凝土的极限强度除以相应的安全系数确定。坝体混凝土抗压安全系数,基本组合不应小于 4.0;特殊组合(不含地震情况)不应小于 3.5。当局部混凝土有抗拉要求时,抗拉安全系数不应小于 4.0。

任务案例 1-1 非溢流坝设计

1-1-1 项目任务

设计资料如重力坝设计基本资料所示。根据项目资料确定坝体尺寸;进行荷载计算及作用组合,并进行抗滑稳定验算和坝体应力计算。

1-1-2 非溢流坝剖面设计

1. 坝顶高程确定

因本工程属于某内陆峡谷地区,故适合使用官厅公式计算波浪相关要素。根据已知条件,应用式(1.3)~式(1.5)进行计算更为方便。

(1)正常蓄水位情况。

波浪高度 $h_l=0.00166 v_0^{\frac{5}{4}} D^{\frac{1}{3}}=0.00166\times(1.5\times19)^{\frac{5}{4}}\times(3000)^{\frac{1}{3}}=1.577(\mathrm{m})$

波浪长度 $L_m=10.4(h_l)^{0.8}=10.4\times(1.577)^{0.8}=14.97(\mathrm{m})$

因 $H\geqslant L_m/2$,故波浪中心线至静水位的高度为

$$h_z\approx \pi h_l^2/L_m=3.14\times 1.577^2/14.97=0.52(\mathrm{m})$$

因大坝等级为 2 级,其安全级别为 Ⅱ 级,查表 1.3 得 $h_c=0.5\mathrm{m}$。

则正常蓄水位时超高为
$$\Delta h_{设} = h_l + h_z + h_c = 1.577 + 0.52 + 0.5 \approx 2.6(\text{m})$$
正常蓄水位时坝顶或防浪墙顶高程为
$$182.00 + 2.6 = 184.6(\text{m})$$

(2) 校核洪水位情况。

波浪高度　　$h_l = 0.00166 v_0^{\frac{5}{4}} D^{\frac{1}{3}} = 0.00166 \times 19^{\frac{5}{4}} \times (3000)^{\frac{1}{3}} = 0.95(\text{m})$

波浪长度　　$L_m = 10.4(h_l)^{0.8} = 10.4 \times 0.95^{0.8} = 9.98(\text{m})$

因 $H \geqslant L_m/2$，故波浪中心线至静水位的高度为
$$h_z \approx \pi h_l^2 / L_m = 3.14 \times 0.95^2 / 9.98 = 0.284(\text{m})$$
因大坝等级为 2 级，其安全级别为 II 级，查表 1.3 得 $h_c = 0.4\text{m}$。

则校核洪水位时超高为
$$\Delta h_{校} = h_l + h_z + h_c = 0.95 + 0.28 + 0.4 = 1.63(\text{m})$$
校核洪水位时坝顶或防浪墙顶高程为
$$184.73 + 1.63 = 186.36(\text{m})$$
取上述两种情况下的较大值，并设防浪墙高度为 1.36m，则坝顶高程为
$$186.36 - 1.36 = 185.00(\text{m})$$
最大坝高为　　　　　$185.00 - 143.00 = 42.00(\text{m})$

2. 坝体尺寸拟定

在满足布置电站引水管的条件下，以增加坝体稳定和节省开挖为原则，拟定非溢流坝剖面尺寸。

考虑坝利用部分水重增加稳定，根据工程经验，上游坡取 $n=0.15$，下游按坝底宽度为坝高的 0.7~0.9 倍，挡水坝段取 $m=0.65$。

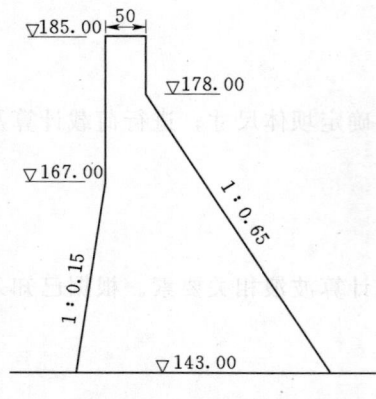

图 1.20　非溢流坝剖面

上游折坡点位置的确定：由于坝身要布置发电引水管，上游折坡点高程定在孔口底板高程以下。由死水位 172.00m，考虑淹没深度的要求，可推出折坡点高程为 167.00m。

下游折坡点位置的确定：按地形和节省开挖的要求，定在高程 178m 处。

初拟非溢流坝剖面如图 1.20 所示。

防浪墙设在坝顶上游面，由前面计算知墙顶高程为 186.36m，采用厚度为 0.3m 的钢筋混凝土结构，在坝体横缝处设置伸缩缝。坝顶下游侧设栏杆，照明设施的灯柱同栏杆同时考虑。坝顶结构采用图 1.7 (a) 形式，以 5% 坡度向两侧倾斜。

1-1-3　非溢流坝稳定分析

1. 荷载计算

基本参数：渗透压力折减系数，河床段取 0.2，岸坡坝段取 0.3。混凝土的重度为

24kN/m³，水的重度为10kN/m³。泥沙淤积高程按50年淤积考虑，预计高程为157.0m，泥沙的内摩擦角为18°，堆积重度为9.5kN/m³；因坝基坐落在半风化花岗岩石上，故坝体和基岩抗剪断摩擦系数$f'=0.8$，抗剪断黏聚力$c'=0.5$MPa。

由表1.9知，正常蓄水位情况下坝体所受荷载包括自重、静水压力、扬压力、泥沙压力、浪压力和土压力，因是河床挡水坝段，故不考虑土压力。

各荷载计算见表1.11，计算简图如图1.21所示。

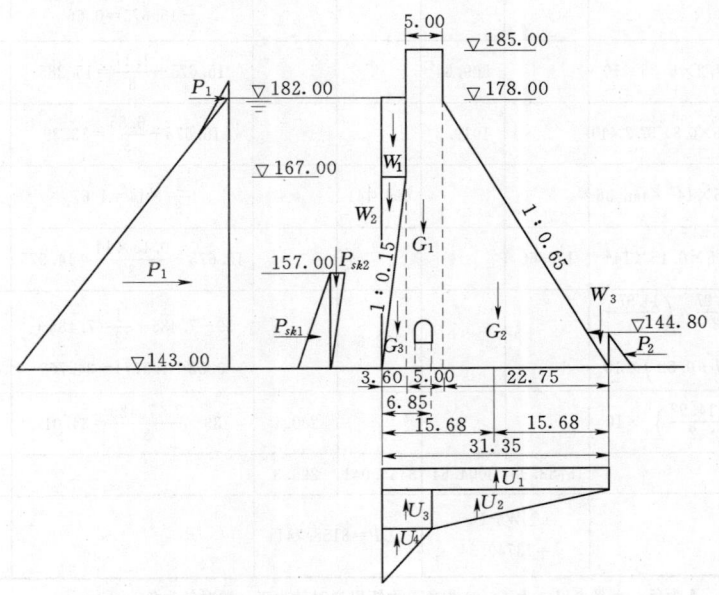

图1.21 非溢流坝剖面计算简图

表1.11 荷 载 计 算 表

荷载	符号	计算式	垂直力/kN ↓	垂直力/kN ↑	水平力/kN →	水平力/kN ←	对坝底中点力臂/m	力矩/(kN·m) +	力矩/(kN·m) −
自重	G_1	$5\times42\times24$	5040				$15.675-3.6-\dfrac{5}{2}=9.575$	48258	
自重	G_2	$\dfrac{1}{2}\times22.75\times35\times24$	9555				$15.675-\dfrac{2}{3}\times22.75=0.508$		4854
自重	G_3	$\dfrac{1}{2}\times3.6\times24\times24$	1036.8				$15.675-\dfrac{2}{3}\times3.6=13.275$	13763.5	
水平水压力	P_{H1}	$\dfrac{1}{2}\times10\times39^2$			7605		$\dfrac{1}{3}\times39=13$		98865
水平水压力	P_{H2}	$\dfrac{1}{2}\times10\times1.8^2$				16.2	$\dfrac{1}{3}\times1.8=0.6$	9.72	
垂直水压力	W_1	$15\times3.6\times10$	540				$15.675-\dfrac{3.6}{2}=13.875$	7492.5	
垂直水压力	W_2	$\dfrac{1}{2}\times3.6\times24\times10$	432				$15.675-\dfrac{3.6}{3}=14.475$	6253.2	
垂直水压力	W_3	$\dfrac{1}{2}\times1.17\times1.8\times10$	10.53				$15.675-\dfrac{1.17}{3}=15.285$		161

续表

荷载	符号	计算式	垂直力/kN ↓	垂直力/kN ↑	水平力/kN →	水平力/kN ←	对坝底中点力臂/m	力矩/kN·m +	力矩/kN·m −
扬压力	U_1	$1.8\times31.35\times10$		564.3			0	0	0
扬压力	U_2	$\frac{1}{2}\times0.2\times37.2\times24.5\times10$		911.4			$\frac{2}{3}\times(31.35-6.85)$ $-15.675=0.66$		601.524
扬压力	U_3	$0.2\times37.2\times6.85\times10$		509.64			$15.675-\frac{1.17}{3}=15.285$		7789.8
扬压力	U_4	$\frac{1}{2}\times6.85\times0.8\times37.2\times10$		1019.3			$15.675-\frac{6.85}{3}=13.39$		13648.427
泥沙压力	P_{sk1}	$\frac{1}{2}\times9.5\times14^2\times\tan^236$			491.441		$\frac{1}{3}\times14=4.67$	2295.03	
泥沙压力	P_{sk2}	$\frac{1}{2}\times9.5\times0.15\times14^2$	139.65				$15.675-\frac{0.15\times14}{3}=14.975$	2091.3	
浪压力	P_{L1}	$\frac{1}{2}\times\frac{14.97}{2}\times\left(\frac{14.97}{2}+1.577+0.52\right)\times10$			358.6		$39-7.485+\frac{1}{3}(7.485+0.52+1.577)=34.709$	12446.6	
浪压力	P_{L2}	$\frac{1}{2}\times\left(\frac{14.97}{2}\right)^2\times10$				280.1	$39-\frac{2\times7.485}{3}=34.01$	9526.2	
小计			16753.98	3004.64	8455.041	296.3		87394.42	140661.382
合计			$\sum W-U$ $=13749.34$		$\sum P=8158.741$			$\sum M=-53266.962$	

注 垂直力以↓为正，↑为负；水平力以→为正，←为负；力矩以逆时针为正，顺时针为负。

2. 坝体稳定计算

根据表 1.11 的荷载计算成果，知 $\sum W-U=13749.34$ kN，$\sum P=8158.741$ kN，则

$$K_s'=\frac{f'(\sum W-U)+c'A}{\sum P}=\frac{0.8\times13749.34+500\times31.35}{8158.741}=3.27$$

因规范规定 K_s' 值不分坝的级别，基本组合为 3.0。$K_s'=3.27>3.0$，稳定满足要求。

1-1-4 非溢流坝应力分析

正常蓄水位时河床挡水坝段的边缘应力情况：

1. 计扬压力情况

(1) 水平截面上的正应力 σ_{yu} 和 σ_{yd}，由式 (1.39) 和式 (1.40) 得

$$\sigma_{yu}=\frac{\sum W}{B}+\frac{6\sum M}{B^2}=\frac{13749.34}{31.35}+\frac{6\times(-53266.962)}{31.35^2}=113.388(\text{kPa})$$

$$\sigma_{yd}=\frac{\sum W}{B}-\frac{6\sum M}{B^2}=\frac{13749.34}{31.35}-\frac{6\times(-53266.962)}{31.35^2}=763.76(\text{kPa})$$

上游面 $\sigma_{yu}>0$，下游面 σ_{yd} 远小于坝基容许压应力，满足强度要求。

(2) 剪应力 τ_u 和 τ_d，由式 (1.53) 得

$$\tau_u=(p_u-p_{uu}-\sigma_{yu})n=(p_{sk}-\sigma_{yu})n=(70.206-113.788)\times0.15=-6.54(\text{kPa})$$

$$\tau_d=(\sigma_{yd}-p_d+p_{ud})m=\sigma_{yd}m=763.76\times0.65=496.44(\text{kPa})$$

(3) 水平正应力 σ_{xu} 和 σ_{xd}，由式（1-54）得

$$\sigma_{xu} = (p_u - p_{uu}) - \tau_u n = 70.206 - (-6.54) \times 0.15 = 71.187 (\text{kPa})$$

$$\sigma_{xd} = \tau_d m = 496.44 \times 0.65 = 322.69 (\text{kPa})$$

(4) 主应力 σ_{1u}、σ_{2u}、σ_{1d}、σ_{2d}，由式（1.55）得

$$\sigma_{1u} = (1+n^2)\sigma_{yu} - n^2(p_u - p_{uu}) = (1+0.15^2) \times 113.388 - 0.15^2 \times 70.206 = 114.36 (\text{kPa})$$

$$\sigma_{2u} = 0$$

$$\sigma_{1d} = (1+m^2)\sigma_{yd} - m^2(p_d - p_{ud}) = (1+0.65^2) \times 763.76 = 1084.45 (\text{kPa})$$

$$\sigma_{2d} = 0$$

最大主压应力未超过混凝土的允许压应力值，故满足要求。

本例中只给出了正常蓄水位稳定和强度校核，在实际设计过程中，还要根据工程实际情况针对其他工况进行分析和计算。

2. 不计扬压力情况

利用式（1.39）和式（1.40）计算水平截面上的正应力 σ_{yu} 和 σ_{yd} 时，计算截面上的 ΣW 和 ΣM 均应不包括截面上的扬压力，相当于重力坝建成刚蓄水或由于坝体防渗性能好，水尚未渗入的情况。

计算不计扬压力情况下水平截面上剪应力 τ、水平正应力 σ_x 和主应力 σ_1，应利用式（1.41）~式（1.48）。此处计算过程省略。

任务 1.3 溢流坝设计

单元任务目标：完成溢流坝剖面设计。

任务执行过程引导：确定泄水方式；孔口布置；确定定型设计水头，建立下游堰面曲线；计算上切点坐标，确定反弧段，形成溢流坝初步剖面。

提交成果：溢流坝剖面图，溢流坝顶布置，相关计算成果。

溢流重力坝既是挡水建筑物又是泄水建筑物，在水利枢纽中，它可承担泄洪、向下游输水、排沙、放空水库和施工导流等任务。因此，坝体剖面设计除要满足稳定和强度要求外，还要满足泄水的要求，同时要考虑下游的消能问题。

溢流坝是枢纽中最重要的泄水建筑物之一，将规划库容所不能容纳的大部分洪水经坝顶泄向下游，以便保证大坝安全。溢流坝应满足泄洪的相关设计要求：

(1) 有足够的孔口尺寸、良好的孔口体形和泄水时具有较大的流量系数。

(2) 使水流平顺地通过坝体，不允许产生不利的负压和振动，避免发生气蚀现象。

(3) 保证下游河床不产生危及坝体安全的冲坑和冲刷。

(4) 溢流坝段在枢纽中的位置，应使下游流态平顺，不产生折冲水流，不影响枢纽中其他建筑物的正常运行。

(5) 有灵活控制水流下泄的设备，如闸门、启闭机等。

1.3.1 孔口设计

溢流坝的孔口设计涉及很多因素，如洪水设计标准、下游防洪要求、库水位壅高的限

制、泄水方式、堰面曲线以及枢纽所在地段的地形、地质条件等。设计时，先选定泄水方式，拟定若干个泄水布置方案（除堰面溢流外，还可配合坝身泄水孔或泄洪隧洞泄流）。初步确定孔口尺寸，按规定的洪水设计标准进行调洪演算，求出各方案的防洪库容、设计和校核洪水位及相应的下泄流量，然后估算淹没损失和枢纽造价，进行综合比较，选出最优方案。

1.3.1.1 孔口形式

溢流坝的泄水方式有开敞溢流式和有胸墙溢流式两种，如图1.22所示。

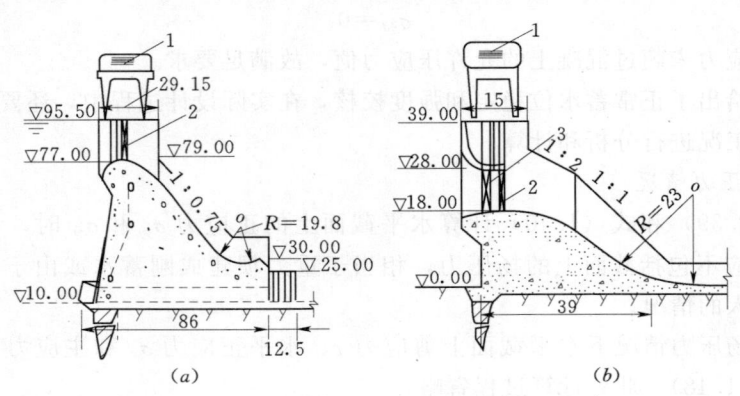

图1.22 溢流坝泄水方式
(a) 开敞溢流式；(b) 有胸墙溢流式
1—门机；2—闸门；3—检修门

1. 开敞溢流式

根据运用要求 [图1.22(a)]，堰顶可以设闸门，也可以不设闸门。

在洪水流量较小，淹没损失不大的中、小型水库，堰顶可不设闸门。它结构简单，可自动泄洪，管理方便。

在大、中型水库工程中，常在堰顶设置闸门。当闸门全开时，下泄流量与堰上水头 H_0 的 3/2 次方成正比。随着库水位的升高，下泄流量增加较快，具有较大的超泄能力。

2. 有胸墙溢流式

有胸墙溢流式在闸墩上部设置胸墙 [图1.22(b)]，堰顶高程较低。它可以根据洪水预报提前放水，腾出较大的防洪库容，提高水库的调洪能力。当库水位低于胸墙下缘时，下泄水流流态与堰顶开敞溢流式相同；当库水位高于孔口一定高度时，呈大孔口出流，超泄能力下降。胸墙多为钢筋混凝土结构，一般固接在闸墩上，也有做成活动式的。遇特大洪水时可将胸墙吊起，以提高泄洪能力，同时利于排放漂浮物。

1.3.1.2 孔口尺寸

1. 下泄流量的确定

孔口尺寸的大小主要取决于水库枢纽宣泄的洪水流量。根据设计和校核情况下的洪水来量，经调洪演算确定下泄洪水流量 $Q_总$，再减去泄水孔和其他建筑物下泄流量之和 Q_0，即得

$$Q_溢 = Q_总 - \alpha Q_0 \tag{1.56}$$

式中　Q_0——经由电站、船闸及其他泄水孔下泄的流量，m^3/s；

α——系数，考虑电站部分运行，或由于闸门障碍等因素对下泄流量的影响，正常运用时取 0.75～0.90；校核情况下取 1.0。

2. 单宽流量的确定

单宽流量 q 是决定孔口尺寸的重要指标，单宽流量一经选定，就可以初步确定溢流坝段的净宽和堰顶高程。单宽流量越大，下泄水流的动能越集中，消能问题就越突出，下游局部冲刷会越严重，但溢流前缘短，对枢纽布置有利。因此，一个经济而又安全的单宽流量，必须综合地质条件、下游河道水深、枢纽布置和消能工设计多种因素，通过技术经济比较后选定。

一般，当河谷狭窄，下游水深较大，基岩坚硬抗冲能力强时，可选用较大的单宽流量。当河床岩石软弱，存在不利的地质构造等缺陷时，宜选用较小的单宽流量。工程实践证明，对于软弱岩石常取 $q=20\sim50\text{m}^3/(\text{s}\cdot\text{m})$；中等坚硬的岩石取 $q=20\sim100\text{m}^3/(\text{s}\cdot\text{m})$；特别坚硬的岩石取 $q=100\sim150\text{m}^3/(\text{s}\cdot\text{m})$；地质条件好可以选取更大的单宽流量。近年来，随着消能技术的进步，选用的单宽流量也不断增大。在我国已建成的大坝中，安康水电站单宽流量达 $282.7\text{m}^3/(\text{s}\cdot\text{m})$、三峡水利枢纽的单宽流量达 $312\text{m}^3/(\text{s}\cdot\text{m})$。而委内瑞拉的古里坝，其单宽流量达 $344\text{m}^3/(\text{s}\cdot\text{m})$。

3. 孔口尺寸的确定

单宽流量 q 确定以后，溢流孔净宽 B（不包括闸墩厚度）为

$$B=\frac{Q_\text{溢}}{q} \tag{1.57}$$

装有闸门的溢流坝，用闸墩将溢流段分隔为若干个等宽的孔。设孔口总数为 n，孔口宽度 $b=B/n$，d 为闸墩厚度，则溢流前缘总宽度 B_1 为

$$B_1=nb+(n-1)d \tag{1.58}$$

经调洪演算求得洪水位及相应的下泄流量后，可利用下式计算包括流速水头在内的堰顶水头 H_w，当采用开敞式溢流式时

$$Q_\text{溢}=Cm\varepsilon\sigma_s B\sqrt{2g}H_w^{3/2} \tag{1.59}$$

式中　m——流量系数，按 WES 溢流曲线查表 1.12；

　　　C——上游面坡度影响修正系数，见表 1.13，当上游面为铅直面时，C 取 1.0；

　　　ε——闸墩侧收缩系数，与闸墩厚度及闸墩头部形状有关，初设时可取为 0.90～0.95；

　　　σ_s——淹没系数，视淹没程度而定，不淹没时 $\sigma_s=1.0$；

　　　g——重力加速度，取 9.81m/s^2。

表 1.12　　　　　　　　　　　　流　量　系　数　m　值

H_w/H_d	P_1/H_d				
	0.2	0.4	0.6	1.0	≥1.33
0.4	0.425	0.430	0.431	0.433	0.436
0.5	0.438	0.442	0.445	0.448	0.451
0.6	0.450	0.455	0.458	0.460	0.464

续表

H_w/H_d	P_1/H_d				
	0.2	0.4	0.6	1.0	≥1.33
0.7	0.458	0.463	0.468	0.472	0.476
0.8	0.467	0.474	0.477	0.482	0.486
0.9	0.473	0.480	0.485	0.491	0.494
1.0	0.479	0.486	0.491	0.496	0.501
1.1	0.482	0.491	0.496	0.502	0.507
1.2	0.485	0.495	0.499	0.506	0.510
1.3	0.496	0.598	0.500	0.508	0.513

注 P_1 为上游堰高（m）；H_d 为定型设计水头（m），即按此水头设计溢流堰曲线，按堰顶最大作用水头 H_{max} 的 75%～95% 计算。

表 1.13　　　　上游面坡度影响修正系数 C 值

坡度 $\Delta y/\Delta z$	P/H_d								
	0.3	0.4	0.5	0.6	0.7	0.8	0.9	1.0	1.2	1.3
3:1	1.009	1.007	1.005	1.004	1.003	1.002	1.001	1.000	0.998	0.998
3:2	1.015	1.011	1.008	1.006	1.004	1.002	1.001	0.999	0.996	0.993
3:3	1.021	1.015	1.010	1.007	1.005	1.003	1.000	0.998	0.993	0.988

用设计洪水位减去堰顶水头 H_w（此时堰顶水头应扣除流速水头）即得堰顶高程。

当采用孔口泄流时

$$Q_溢 = \mu A_k \sqrt{2gH_w} \qquad (1.60)$$

式中　A_k——出口处的面积，m²；

　　　μ——孔口或管道的流量系数，初设时对设有胸墙的堰顶孔口，当 $H_w/D=2.0\sim2.4$ 时（D 为孔口高，m），取 $\mu=0.74\sim0.82$；对深孔取 $\mu=0.83\sim0.93$；当为有压流时，μ 值必须通过计算沿程及局部水头损失来确定；

　　　H_w——自由出流时为孔口中心处的作用水头，淹没出流时为上下游水位差，m。

当已知 n、b、堰上水头，根据所选闸墩的形式计算 ε，并查表 1.12 得 m，然后根据式（1.60）计算 $Q_溢$，若满足 $\left|\dfrac{Q_溢-Q_{设(校)}}{Q_{设(校)}}\right|\times 100\% \leqslant 5\%$，则设计的孔口符合要求。

1.3.2　溢流坝的剖面设计

溢流坝的基本剖面也呈三角形。上游坝面可以做成铅直面，也可以做成折坡面。溢流面由顶部曲线段、中间直线段和底部反弧段三部分组成，如图 1.23 所示。

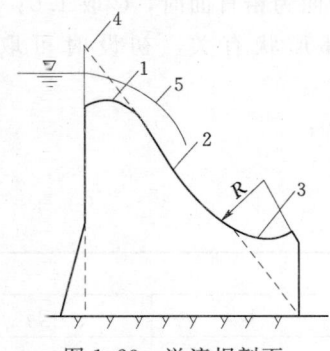

图 1.23　溢流坝剖面
1—顶部溢流段（曲线段）；2—直线段；
3—反弧段；4—基本剖面；
5—溢流水舌

1.3.2.1 溢流坝的堰面曲线

1. 顶部曲线段

溢流坝顶部曲线是控制流量的关键部位，为增大下泄流量或防止堰面产生负压，其形状常采用非真空剖面曲线中的克-奥曲线和幂曲线（或称 WES 曲线）。克-奥曲线不给出曲线方程，只给定曲线坐标值，插值计算和施工放样均不方便。而幂曲线给定曲线方程，如式（1.61），其流量系数较大且剖面较瘦，工程量较少，同时坝面曲线用方程控制，便于计算和放样，故近年来堰面曲线多采用幂曲线。

（1）开敞式溢流堰面曲线。如图 1.24 所示，采用幂曲线时按下式

$$x^n = kH_d^{n-1}y \tag{1.61}$$

式中 H_d——定型设计水头，按堰顶最大作用水头 H_{zmax} 的 75%～95% 计算，m；

n、k——与上游坝面坡度有关的指数和系数，见表 1.14；

x、y——溢流面曲线的坐标，其原点设在堰面曲线的最高点。

表 1.14　　　　　　　　　　　k、n 值表

上游坝面坡度 $\Delta y/\Delta x$	k	n	R_1	a	R_2	b
3∶0	2.000	1.850	$0.5H_d$	$0.175H_d$	$0.2H_d$	$0.282H_d$
3∶1	1.936	1.836	$0.68H_d$	$0.139H_d$	$0.21H_d$	$0.237H_d$
3∶2	1.939	1.810	$0.48H_d$	$0.115H_d$	$0.22H_d$	$0.214H_d$
3∶3	1.873	1.776	$0.45H_d$	$0.119H_d$	—	—

幂曲线形溢流堰顶部曲线以堰顶为界分上游段和下游段两部分，上游段常用椭圆曲线、三圆弧曲线和双圆弧曲线。

1）椭圆曲线，其方程式为：

$$\frac{x^2}{(aH_d)^2} + \frac{(bH_d - y)^2}{(bH_d)^2} = 1.0 \tag{1.62}$$

式中　aH_d、bH_d——椭圆曲线的长轴和短轴（当 $P_1/H_d \geqslant 2$ 时，$a=0.28\sim0.30$，$a/b=0.87+3a$。

当 $P_1/H_d < 2$ 时，$a = 0.215\sim0.28$，$b = 0.127\sim0.163$；当 P_1/H_d 小时，a 与 b 取小值）。

当采用倒悬堰顶时（图 1.24）应满足：$d > H_{zmax}/2$ 的条件，仍可采用式（1.61）计算。

2）三圆弧曲线，上游堰面铅直，R_1、R_2 及 R_3 等参数如图 1.25 所示。

3）双圆弧曲线，如图 1.26 所示，图中 R_1、R_2、k、n、a、b 等参数取值见表 1.14。

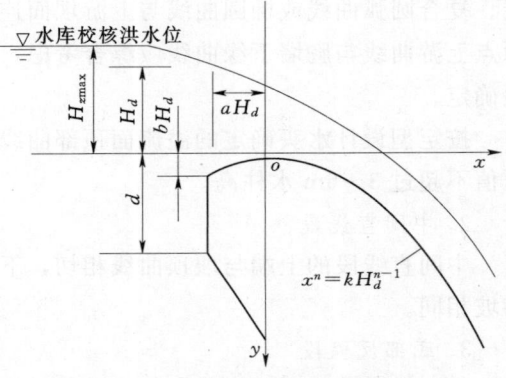

图 1.24　开敞式溢流堰面曲线

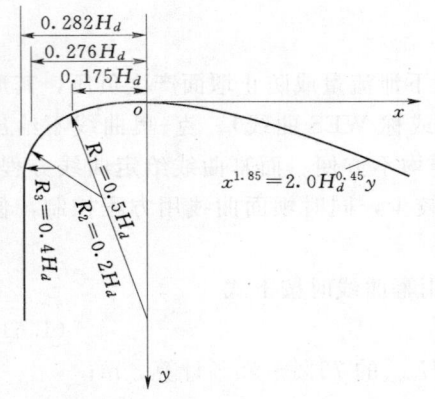

图 1.25 堰顶上游堰头为三圆弧曲线、下游为幂曲线

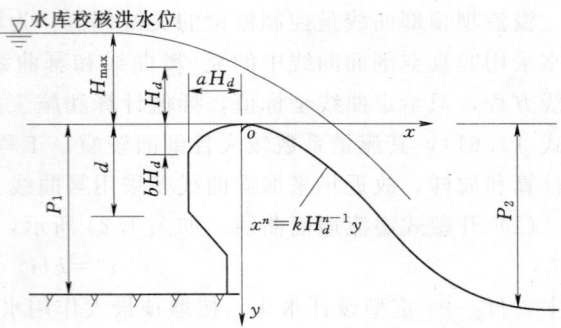

图 1.26 堰顶上游堰头为双圆弧曲线、下游为幂曲线

(2) 设有胸墙的堰面曲线。如图 1.27 所示，当堰顶最大作用水头 H_{zmax}（孔口中心线以上）与孔口高度 D 的比值 $H_{zmax}/D>1.5$ 时，或闸门全开仍属孔口泄流时，可按下式设计堰面曲线

$$y=\frac{x^2}{4\varphi^2 H_d} \qquad (1.63)$$

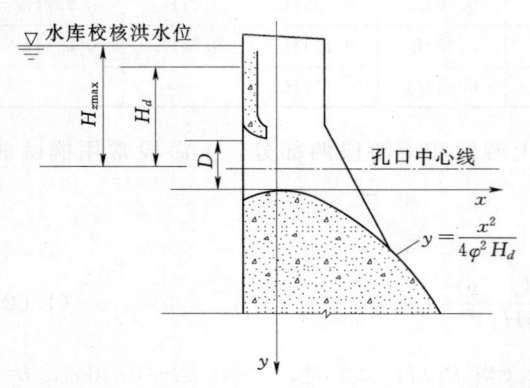

图 1.27 带胸墙大孔口的堰面曲线

式中 H_d——定型设计水头，孔口中心线至校核洪水位的 75%~95%；

φ——孔口收缩断面上的流速系数，一般取 $\varphi=0.96$；若孔前设有检修闸门，取 $\varphi=0.95$；

x、y——曲线坐标，其原点设在堰顶最高点；

其余符号意义同前。

坐标原点左侧的上游段可采用单圆弧曲线、复合圆弧曲线或椭圆曲线与上游坝面连接，胸墙下缘也可采用圆弧或椭圆曲线外形，原点上游曲线与胸墙下缘曲线应综合考虑，若 $1.2<H_{zmax}/D<1.5$ 时，堰面曲线应通过试验确定。

按定型设计水头确定的溢流面顶部曲线，当通过校核洪水时将出现负压，一般要求负压值不超过 3~6m 水柱高。

2. 中间直线段

中间直线段的上端与堰顶曲线相切，下端与反弧段相切，坡度一般与非溢流坝段的下游坡相同。

3. 底部反弧段

溢流坝面反弧段是使沿溢流面下泄水流平顺转向的工程设施，要求沿程压力分布均匀，不产生负压和不致引起有害的脉动压力。通常采用圆弧曲线，其反弧半径 $R=(4\sim$

$10)h$，h 为校核洪水闸门全开时反弧最低点的水深。反弧最低点的流速越大，要求反弧半径越大，宜采用较大值。当流速大于 16m/s 时，宜取上式的上限值。当采用底流消能，反弧段与护坦相连时，宜采用上限值。

但若校核洪水位与反弧最低点的高差 z 较大，反弧最低处水深 h 很小，按 $R=(4\sim 10)h$ 计算取 $10h$ 可能反而变得很小，此时有些不合理。建议该情况下 R 取 $(0.3\sim 0.7)z$。

合理选取反弧半径 R 值，是一个尚待妥善解决的问题。实际许多高坝反弧半径 R 的取值范围远远超过 $R=(4\sim 10)h$ 的限度。有人根据国外 60 个工程资料，针对影响反弧半径的主要因素进行优化，提出反弧半径的经验公式 $R=\frac{2}{3}Fr^{\frac{3}{2}}h$，其中弗劳德数 $Fr=v/\sqrt{gh}$，此式可作为工程设计参考，大、中、小型工程均能运用。

1.3.2.2 溢流坝实用剖面拟定

溢流坝的实用剖面，是在三角形基本剖面基础上结合堰面曲线按拟合修改而成的，并与非溢流坝剖面相适应。

(1) 溢流坝堰面曲线超出基本三角形剖面。如图 1.28（a）所示，这种情况常出现在坚固完好的岩基上，设计时需对基本剖面进行修正。

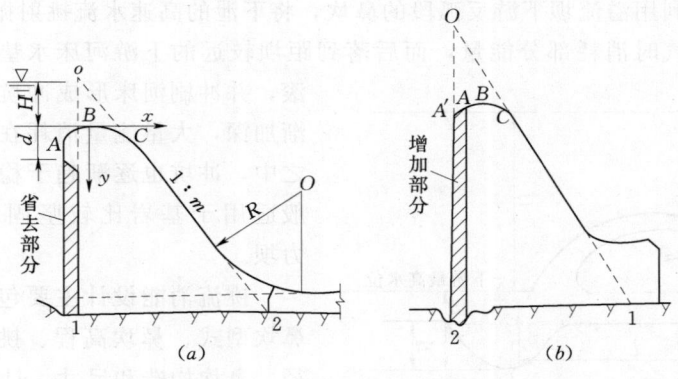

图 1.28 溢流坝剖面拟定
(a) 反弧与护坦连接；(b) 反弧与挑流鼻坎连接

根据溢流坝的定型设计水头 H_d 和选定的堰面曲线形式，点绘出堰面曲线 ABC，此时溢流重力坝剖面尺寸大于基本三角形剖面，为节约坝体工程量，又不影响堰顶泄流，可将基本三角形的下游边与溢流坝面的切线重合，坝上游阴影部分可以省去。保留高度 d 的悬臂实体，且要求 $d \geqslant 0.5H_{zmax}$（H_{zmax} 为堰顶最大作用水头）。

(2) 溢流堰面曲线落在三角形基本剖面以内。如图 1.28（b）所示，当溢流重力坝剖面尺寸小于基本三角形剖面，可适当调整堰顶曲线。通常是在溢流坝顶加一斜直线 AA'，使之与溢流曲线相切于 A 点，增加上游阴影部分坝体体积，且有利于坝体稳定。

(3) 具有挑流鼻坎的溢流坝。鼻坎超出基本三角形剖面以外，如图 1.29 所示。若 $l/h>0.5$，应核算 $B-B'$ 截面

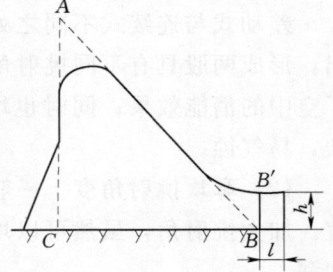

图 1.29 挑流鼻坎设置结构缝

处的应力;若拉应力较大,可考虑在 $B-B'$ 截面处设置结构缝,把鼻坎与坝体分开;若拉应力不大,也可采用局部加强措施,不设结构缝。

1.3.3 溢流坝的消能防冲

由于溢流坝下泄的水流携有很大的动能,常高达几百万甚至几千万千瓦,如此巨大的能量,若不采取措施进行处理,下游河床及两岸将被严重冲刷,甚至造成岸坡坍塌和大坝失事。所以,无论采用何种型式消能,均应做到消能效果好、结构可靠,保证大坝的安全。

消能工的设计原则是:①尽量使下泄水流的大部分动能消耗在水流内部的紊动、漩涡中,以及水流与边界和空气的摩擦上;②不产生危及坝体安全的河床或岸坡的局部冲刷;③下泄水流平稳,不影响枢纽中其他建筑物的正常运行;④结构简单,工作可靠;⑤尽量减小泄洪产生的雾化及其影响;⑥工程量小,造价低。

常用的消能方式有:挑流消能、底流消能、面流消能和消力戽消能等。挑流消能应用最广,底流消能次之,面流消能和消力戽消能一般应用较少。

1. 挑流消能

挑流消能是利用溢流坝下游反弧段的鼻坎,将下泄的高速水流挑射抛向空中,抛射水流在掺入大量空气时消耗部分能量,而后落到距坝较远的下游河床水垫中产生强烈的漩滚,并冲刷河床形成冲坑,随着冲坑的逐渐加深,大量能量消耗在水流漩滚的摩擦之中,冲坑也逐渐趋于稳定。挑流消能一般适用于基岩比较坚固的中、高溢流重力坝。

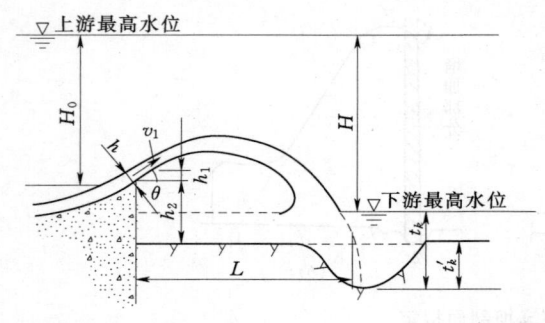

图 1.30 连续式挑流鼻坎的水舌及冲刷坑

挑流消能设计主要包括:选择合适的鼻坎型式、鼻坎高程、挑射角度、反弧半径、鼻坎构造和尺寸,计算挑射距离和最大冲坑深度,如图 1.30 和图 1.31 所示。本节主要介绍连续式挑流消能的设计。

(1)鼻坎型式。常用的挑流鼻坎型式有连续式和差动式两种,如图 1.31 所示。

连续式构造简单、施工方便、射程较远、水流雾化轻,适合于尾水较深、基岩较坚硬、单宽流量不大的泄水建筑物。

差动式与连续式不同之处在于鼻坎末端设有齿坎,挑流时射流分别经齿台和凹槽挑出,形成两股具有不同挑射角的水流,两股水流在空中相互撞击,使掺气现象加剧,增加了空中的消能效果;同时也增加了水舌的入水范围,减小了河床的冲刷深度,但施工复杂,易气蚀。

(2)鼻坎挑射角度。一般情况下取 $\theta=20°\sim25°$。对于深于河槽以选用 $\theta=15°\sim20°$ 为宜。加大挑射角,虽然可以增加挑射距离,但由于水舌与下游水面的交角加大,使冲坑加深。

(3)鼻坎反弧半径 R。一般采用 $(4\sim10)h$,h 为反弧最低点处的水深。

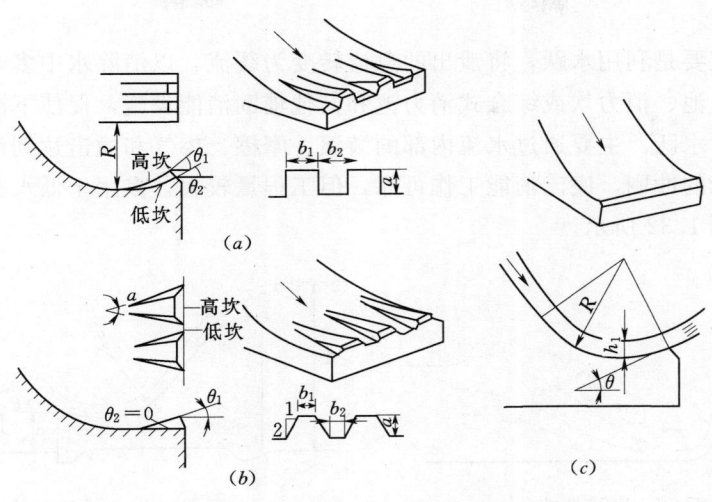

图 1.31 挑流鼻坎示意图
(a) 矩形差动式；(b) 梯形差动式；(c) 连续式

（4）鼻坎高程。应高于鼻坎附近下游最高水位 1～2m。

（5）挑射距离。由于冲坑最深点大致落在水舌外缘的延长线上，故挑射距离按以下公式估算

$$L=\frac{1}{g}\left[v_1^2\sin\theta\cos\theta+v_1\cos\theta\sqrt{v_1^2\sin^2\theta+2g(h_1+h_2)}\right] \quad (1.64)$$

式中 L——水舌挑射距离，m，挑流鼻坎下垂直面至冲坑最深点的水平距离；

v_1——坎顶水面流速，m/s，按鼻坎处平均流速 v 的 1.1 倍计，即 $v_1=1.1v$，$v_1=1.1\varphi\sqrt{2gH_0}$（$H_0$ 为库水位至坎顶的落差，φ 为堰面流速系数）；

θ——鼻坎的挑角；

h_1——坎顶平均水深 h 在垂直方向的投影，$h_1=h\cos\theta$，m；

h_2——坎顶至下游河床面高差，m，如冲坑已经形成，在计算冲坑进一步发展时，可算至坑底。

（6）最大冲坑深度。最大冲坑水垫厚度 t_k 工程上常按下式估算

$$t_k=\alpha q^{0.5}H^{0.25} \quad (1.65)$$
$$t_k'=\alpha q^{0.5}H^{0.25}-H_2 \quad (1.66)$$

式中 t_k——水垫厚度，自水面算至坑底，m；

t_k'——冲坑深度，m；

q——单宽流量，$m^3/(s\cdot m)$；

H——上下游水位差，m；

α——冲坑系数，坚硬完整的基岩，$\alpha=0.9\sim1.2$；坚硬但完整性较差的基岩，$\alpha=1.2\sim1.5$；软弱破碎、裂缝发育的基岩，$\alpha=1.5\sim2.0$。

为了保证大坝的安全，挑距应有足够的长度，当基岩倾角较陡时 $L/t_k'>2.5$ 以及基岩倾角较缓时 $L/t_k'>5.0$，认为安全。

2. 底流消能

底流消能主要是利用水跃，将泄出的急流转变为缓流，以消除水中多余的动能。通常在坝下设置消力池、消力坎或综合式消力池和其他辅助消能设施，促使下泄水流在限定的范围内产生淹没水跃。主要通过水流内部的漩滚、摩擦、掺气和撞击达到消能的目的，以减轻对下游河床的冲刷。底流消能工作可靠，但工程量较大，多用于低水头、大流量的溢流重力坝，如图1.32所示。

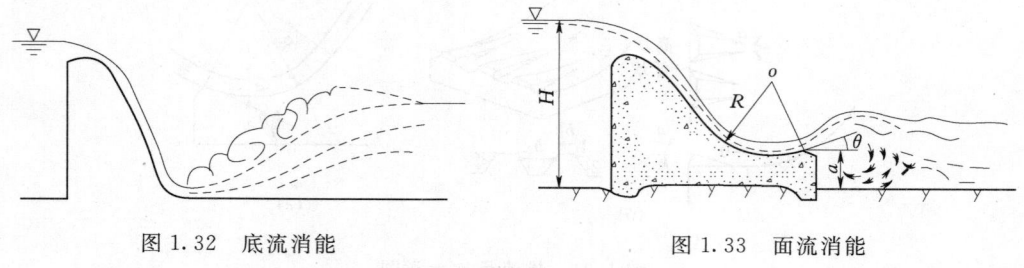

图1.32 底流消能　　　　　图1.33 面流消能

3. 面流消能

面流消能利用鼻坎将高速水流挑至尾水表面，在主流下面形成漩滚，使高速水流与河床隔开，避免了对临近坝趾处河床的冲刷，如图1.33所示。由于表面主流沿水面逐渐扩散以及反向漩滚的作用产生消能效果。河床一般不需要加固，但需防止漩滚裹挟石块磨蚀坝脚地基。

面流消能适用于下游尾水较深（大于跃后水深），水位变幅不大，下泄流量变化范围不大，以及河床和两岸有较高的抗冲能力的情况。它的缺点是对下游水位和下泄流量变幅有严格的限制，下游水流波动较大，在较长距离内（有时可延绵1~2km）不够平稳，影响电站的发电和下游的航运。

4. 消力戽消能

消力戽的构造类似于挑流消能设施，但其鼻坎潜没在水下，下泄水流在被鼻坎挑到水面（形成涌浪）的同时，还在消力戽内、消力戽下游的水流底部以及消力戽下游的水流表面形成三个漩滚，即所谓"一浪三滚"，如图1.34所示。消力戽的作用主要在于使戽内的

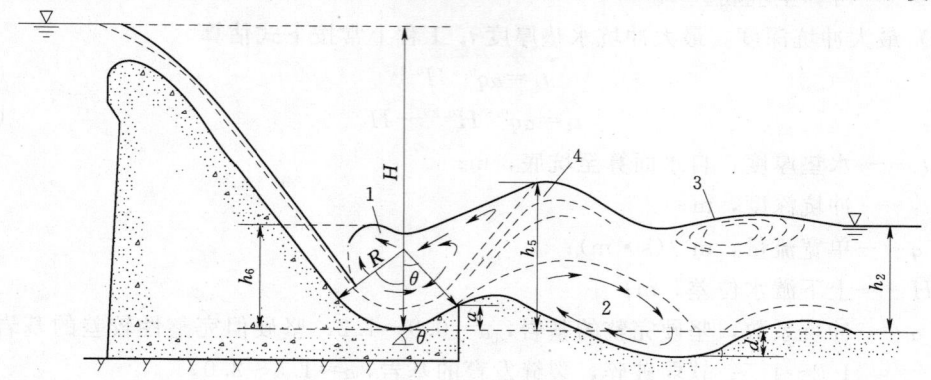

图1.34 消力戽消能
1—戽内漩滚；2—戽后底部漩滚；3—下游表面漩滚；4—戽后涌浪

漩滚消耗大量能量,并将高速水流挑至水面,以减轻对河床的冲刷。消力戽下游的两个漩滚也有一定的消能作用。由于高速主流在水流表面,故不需做护坦。

消力戽消能工程量比底流消能小,冲坑比挑流消能浅,不存在雾化问题。其缺点与面流消能相似,且底部漩滚可能将砂石带入戽内造成磨损。消力戽适合于尾水较深(大于跃后水深)且变幅小,无航运要求且下游河床和两岸抗冲刷能力较强的情况。

任务案例 1-2 溢流坝设计

1-2-1 项目任务

设计资料如重力坝设计基本资料所示。根据项目资料确定溢流坝泄水方式、孔口尺寸,并进行溢流坝剖面拟定。

1-2-2 溢流坝孔口尺寸设计

(1) 泄水方式的选择。为使水库具有较大的超泄能力,采用开敞式孔口。

(2) 单宽流量的确定。因河床部位为半风化花岗岩,具有足够的抗压强度,属于较好的岩石,故取 $q=50\sim80\mathrm{m}^3/(\mathrm{s}\cdot\mathrm{m})$,初步拟定时取单宽流量 q 的下限值 $50\mathrm{m}^3/(\mathrm{s}\cdot\mathrm{m})$。

(3) 溢流孔净宽的确定。由案例描述知,校核洪水位时泄流量为 $3124\mathrm{m}^3/\mathrm{s}$,设计洪水位时泄流量为 $2243\mathrm{m}^3/\mathrm{s}$,则校核洪水位时

$$B=Q_{溢}/q=3124/50=62.48(\mathrm{m})$$

设计洪水位时

$$B=Q_{溢}/q=2243/50=44.86(\mathrm{m})$$

综上所述,取 $B=60\mathrm{m}$。

(4) 孔口尺寸的确定。根据目前大、中型坝的闸门宽度常用 $8\sim16\mathrm{m}$,为保证泄洪时闸门对称开启,设 5 孔闸门,每孔 12m。

(5) 溢流前缘总宽度 B_1 的确定。根据工程经验,拟定闸墩的厚度 $d=2\mathrm{m}$,则

$$B_1=nb+(n-1)d=5\times12+4\times2=68(\mathrm{m})$$

(6) 堰顶高程的确定。初步拟定闸墩侧收缩系数 ε 取值 0.95,因过堰水流为自由出流,故淹没系数 σ_s 取 1.0,上游面为铅直面,C 取 1.0,假定 $P_1/H_d>1.33$,则流量系数 m 取 0.501,则由式 (1.59) 得不同洪水位下堰顶水头 H_w。

设计洪水位

$$H_w=\left(\frac{Q_{溢}}{Cm\varepsilon\sigma_s B\sqrt{2g}}\right)^{\frac{2}{3}}=\left(\frac{2243}{1.0\times0.501\times1.0\times60\times\sqrt{2\times9.81}}\right)^{\frac{2}{3}}=6.76(\mathrm{m})$$

同理,校核洪水位

$$H_w=\left(\frac{Q_{溢}}{Cm\varepsilon\sigma_s B\sqrt{2g}}\right)^{\frac{2}{3}}=8.48(\mathrm{m})$$

由案例描述知,校核洪水位和设计洪水位分别为 184.73m 和 183.00m,则堰顶高程:

设计洪水位　　　　　　　$183.00-6.76=176.24$(m)
校核洪水位　　　　　　　$184.73-8.48=176.25$(m)

取堰顶高程为 176.00m。

(7) 定型设计水头确定。堰顶最大作用水头

$$H_{max} = \nabla_{校核} - \nabla_{堰顶} = 184.73 - 176.00 = 8.73(m)$$

由水力学有关知识知工程中常用的定型设计水头为

$$H_d = (75\% \sim 95\%) H_{max} = (0.75 \sim 0.95) \times 8.73 = 6.55 \sim 8.3(m)$$

取 $H_d = 8.3m$。

(8) 泄流能力校核。

1) 设计洪水位时：因过堰水流为自由出流，故淹没系数 σ_s 取 1.0，堰顶水头 $H_w = 183.00 - 176.00 = 7m$，且 $P_1/H_d > 1.33$，则 $H_w/H_d = 7/8.3 = 0.84$，查表 1.12 得 $m = 0.48$。

闸墩侧收缩系数 ε，由水力学教材查得公式

$$\varepsilon = 1 - 0.2[\xi_k + (n-1)\xi_0] H_w/(nb)$$

本工程使用半圆形墩头，则 $\xi_k = 0.7$，$\xi_0 = 0.39$，代入上式得 $\varepsilon = 0.947$。

将上述计算结果代入式（1.59）得 $Q_溢 = 2237.4 m^3/s$。

2) 校核洪水位时：堰顶水头 $H_w = 184.73 - 176.00 = 8.73m$，且 $P_1/H_d > 1.33$，则 $H_w/H_d = 8.73/8.3 = 1.05$，查表 1.12 得 $m = 0.504$。

闸墩侧收边墩形状系数 $\xi_k = 0.7$，$\xi_0 = 0.398$，则 $\varepsilon = 0.933$，则 $Q_溢 = 3223 m^3/s$，其误差 $\frac{3223 - 3124}{3124} \times 100\% = 3.2\% < 5\%$，故满足泄洪能力。

综上所述，孔口尺寸选择合理，能满足泄洪能力要求。

1-2-3 溢流坝剖面拟定

(1) 堰顶上游侧采用椭圆曲线，由式（1.62）得

$$\frac{x^2}{(aH_d)^2} + \frac{(bH_d - y)^2}{(bH_d)^2} = 1.0$$

根据闸门布置的要求，取 $a = 0.3$，则

$$a/b = 0.87 + 3a = 0.87 + 3 \times 0.3 = 1.77，故 b = 0.17$$

由 $H_d = 8.3m$，得

$$aH_d = 0.3 \times 8.3 = 2.49, bH_d = 0.17 \times 8.3 = 1.41$$

所以，椭圆曲线方程为

$$\frac{x^2}{2.49^2} + \frac{(bH_d - y)^2}{1.41^2} = 1.0$$

上游坝面高程 174.59~167.00m 垂直，以下坡度 1:0.15 至坝基高程 143.00m。

(2) 溢流剖面堰型采用幂曲线。因本工程溢流坝上游面垂直，由表 1.14 知，$k = 2.000$，$n = 1.850$，由式（1.61）得幂曲线方程

$$x^{1.85} = 2H_d^{0.85} y = 2 \times 8.3^{0.85} y = 12.085 y$$

(3) 直线段和堰曲线切点 x_C，y_C 的确定。

x_C、y_C 可通过下式确定：

$$x_C = AH_d(\tan\theta_1)^a, y_C = BH_d(\tan\theta_1)^b$$

其中 $A = 1.096$，$B = 0.592$，$a = 1/0.85$，$b = 2.176$，$\tan\theta_1 = 1/m = 1/0.65$

则

$$\theta_1 = 56.98°$$

项目1 重力坝设计

$$x_C = AH_d(\tan\theta_1)^a = 1.096 \times 8.3 \times \left(\frac{1}{0.65}\right)^{\frac{1}{0.85}} = 15.10(\text{m})$$

$$y_C = BH_d(\tan\theta_1)b = 0.592 \times 8.3 \times \left(\frac{1}{0.65}\right)^{2.176} = 12.55(\text{m})$$

（4）反弧段圆心坐标 $O(x_O, y_O)$ 与直线段和反弧段切点 $D(x_D, y_D)$ 的确定。校核洪水位时，下游水位为 153.10m，根据鼻坎应高于下游水位 1m 左右的要求，确定鼻坎高程 $\nabla_{坎}=154.00$m，由工程类比经验和试验成果取挑射角 $\theta_2=26°$，下游河床高程 144.00m，以 $P=2\%$ 洪水位控制情况，上游水位为 182.55m，下游水位为 150.90m，下泄流量为 $Q=2030\text{m}^3/\text{s}$。

由上述例题知，溢流前缘总宽度 $B_1=68$m，则鼻坎处单宽流量

$$q = Q/B_1 = 2030/68 = 29.85\text{m}^3/(\text{s}\cdot\text{m})$$

1）反弧半径确定。初拟反弧半径 $R=8.5$m，此时反弧段最低点高程为

$$\nabla = \nabla_{坎} + R\cos\theta - R = 154.10 + 8.5 \times \cos26° - 8.5 = 153.14(\text{m})$$

$$K_E = \frac{q_{坎}}{\sqrt{g}S^{1.5}} = 29.85/(\sqrt{9.81}\times 29.41^{1.5}) = 0.0598$$

堰面流量系数 $\varphi = \sqrt[3]{1-0.055/K_E^{0.5}} = \sqrt[3]{1-0.055/0.0598^{0.5}} = 0.919$

$S=$上游水位$-$反弧最低点高程$=182.55-153.14=29.41$（m）

反弧段最低点处流速

$$v = 1.1\varphi\sqrt{2gS} = 1.1 \times 0.919 \times \sqrt{2\times 9.81 \times 29.41} = 24.28(\text{m/s})$$

反弧段平均水深

$$h = q/v = 29.85/24.85 = 1.23(\text{m})$$

则由反弧半径 $R=(4\sim 10)h$，得 $R=4.92\sim 12.3$m，初选 $R=8.5$m 在此范围内，故符合要求。

2）反弧段圆心坐标 $O(x_O, y_O)$ 与直线段和反弧段切点 $D(x_D, y_D)$ 的确定。

反弧段圆心点高程 $\nabla_O = \nabla_{坎} + R\cos\theta = 154.10 + 8.5 \times \cos26° - 8.5 = 161.64$（m）

圆心 O 的 y 坐标 $y_O = 176.0 - 161.64 = 14.36(\text{m})$

直线段和反弧段切点 D 的坐标

$$y_D = R\cos\theta_1 + y_O = 8.5 \times \cos56.98° + 14.36 = 19.33(\text{m})$$

$$x_D = x_C + \frac{y_D - y_C}{\tan\theta_1} = 15.10 + (19.33 - 12.55) \times 0.65 = 19.51(\text{m})$$

则圆心 O 的 x 坐标

$$x_O = x_D + R\sin\theta_1 = 19.51 + 8.5 \times \sin56.98° = 26.64(\text{m})$$

堰流坝剖面如图 1.35 所示。

（5）溢流坝坝基宽度确定。鼻坎到溢流堰顶的水平距离为

$$x_{顶} - x_{坎} = x_O + R\sin\theta_1 = 26.64 + 8.5 \times \sin26° = 30.37(\text{m})$$

附加上鼻坎处削角厚度 0.4m，堰顶上游侧椭圆段水平距离 2.49m，上游坡度水平投影距离 3.6m，则整个坝基宽度为

$$B = 3.6 + 2.49 + 30.37 + 0.4 = 36.86(\text{m})$$

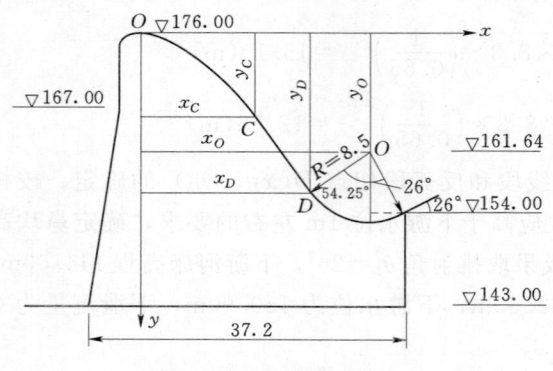

图 1.35 溢流坝剖面图

(6) 稳定和应力分析。溢流坝稳定和应力分析方法同非溢流坝，这里不再重复。

1-2-4 消能工计算

本工程采用挑流消能。依据重力坝设计规范补充规定，Ⅱ等工程消能防冲按 50 年一遇洪水设计。由溢流坝剖面拟定可知：挑角选用 26°，反弧半径 8.5m。通过 2% 洪水时下泄流量 2030m³/s，$q = 29.85\text{m}^3/(\text{s}\cdot\text{m})$；上游水位 182.55m，下游水位 150.9m，上下游水位差 $H = 182.55 - 150.9 = 31.65\text{m}$；鼻坎高程 154.0m，上游水位和鼻坎高差 $H_0 = 182.55 - 154.0 = 28.55\text{m}$；下游河床面高程 144.0m，鼻坎和下游河床高差 $h_2 = 154.0 - 144.0 = 10.0\text{m}$；下游水位和下游河床高差 $H_2 = 150.9 - 144.0 = 6.9\text{m}$。

则有流能比

$$K_E = \frac{q}{\sqrt{g}H_0^{1.5}} = \frac{29.85}{\sqrt{9.81} \times 28.55^{1.5}} = 0.0625$$

流速系数

$$\varphi = \sqrt[3]{1 - \frac{0.055}{K_E^{0.5}}} = \sqrt[3]{1 - \frac{0.055}{0.0625^{0.5}}} = 0.921$$

坎顶水面流速 $v_1 = 1.1\varphi\sqrt{2gH_0} = 1.1 \times 0.921 \times \sqrt{2 \times 9.81 \times 28.55} = 23.97(\text{m/s})$

坎顶平均水深 $h = q/v_1 = 29.85/23.97 = 1.25(\text{m})$

则有 $h_1 = h\cos\theta = 1.25 \times \cos26° = 1.12(\text{m})$

根据式 (1.64) ~ 式 (1.66) 可得

$$L = \frac{1}{9.81} \times [23.97^2 \times \sin26° \times \cos26° + 23.97 \times \cos26°\sqrt{23.97^2 \times \sin^226° + 2 \times 9.81 \times (1.12 + 10)}]$$
$$= 62.85(\text{m})$$

因岩基完整性较差，故选 $\alpha = 1.3$，冲刷坑深度为

$$t_k' = 1.3 \times 29.85^{0.5} \times 31.65^{0.25} - 6.9 = 9.95(\text{m})$$

则

$$\frac{L}{t_k'} = \frac{62.85}{9.95} = 6.32 > 5.0$$

故冲刷坑不会危及坝身的安全。

通过设计洪水流量及校核洪水流量时，有关数据及挑流计算成果见表 1.15 和表 1.16。

表 1.15　　　　　　　　　　挑流计算有关数据表

洪水标准	上游水位 /m	下游水位 /m	鼻坎高程 /m	下游河床面高程 /m	H /m	H_0 /m	h_2 /m	H_2 /m
2%	182.55	150.9	154.0	144.0	31.65	28.55	10	6.9
1%	183.0	151.3	154.0	144.0	31.70	29.00	10	7.3
0.1%	184.73	153.1	154.0	144.0	31.63	30.73	10	9.1

表 1.16　　　　　　　　　　　挑流水力计算成果表

洪水标准	下泄流量 /(m³·s⁻¹)	鼻坎宽度 /m	单宽流量 /[m³·(s·m)⁻¹]	挑角 θ /(°)	L /m	t'_k /m	$\dfrac{L}{t'_k}$	结果
2%	2030	68	29.85	26	62.85	9.95	6.32	安全
1%	2243	68	32.98	26	64.11	10.41	6.16	安全
0.1%	3124	68	45.94	26	68.73	11.79	5.83	安全

任务 1.4　重力坝的材料、细部结构与地基处理

单元任务目标：完成重力坝细部构造与地基处理方案设计。

任务执行过程引导：确定坝体材料分区；确定坝体排水管幕布置；确定基础廊道布置；确定防渗帷幕的位置、深度、厚度、灌浆孔的布置；确定坝基主排水孔幕的布置。

提交成果：坝体材料分区示意图；包含细部构造的溢流坝和非溢流坝剖面图；基础廊道和坝体廊道构造详图；横缝止水结构详图；固结灌浆孔布置图、坝基防渗帷幕与坝基排水布置详图。

1.4.1　重力坝的材料

为使大坝成为安全、经济、实用、耐久的建筑物，筑坝材料要具有足够的强度、耐久性和低热性。同时考虑重力坝施工的特点，应充分利用混凝土的后期强度，并按坝体工作条件进行分区。

1.4.1.1　混凝土强度等级

大坝常态混凝土抗压强度的标准值可采用 90d 龄期强度，保证率 80%；碾压混凝土抗压强度标准值可采用 180d 龄期强度，保证率 80%。常用混凝土强度等级有 C15、C20、C25、C30。高于 C30 的混凝土用于重要构件和部位。

1.4.1.2　混凝土的耐久性

(1) 抗渗性。抗渗性指混凝土抵抗压力水渗透的能力。大坝的上游面、基础层和下游水位以下的坝面等部位均有防渗要求。常用抗渗等级"W"表示混凝土抗渗性能的好坏。

大坝混凝土抗渗等级应根据所在部位和水力坡降确定，抗渗等级有 W2、W4、W6、W8、W10。

(2) 抗冻性。抗冻性能指混凝土在吸水饱和状态下，经多次冻融循环后质量减少不多、强度降低不严重的性能。常用抗冻等级"F"表示混凝土抗冻性能的好坏。

抗冻等级一般应视气候分区、冻融循环次数、表面局部小气候条件、水分饱和程度、结构构件重要性和检修的难易程度等因素合理选取，抗冻等级有 F50、F100、F150、F200、F300。

(3) 抗冲刷性。抗冲刷性指抵抗高速水流或挟沙水流的冲刷、抗磨损的能力。一般而言，对于有抗磨要求的混凝土，应采用高强度低流态混凝土或高强硅粉混凝土，其抗压强度等级应大于 C20，要求高的应大于 C30。

(4) 抗侵蚀性。抗侵蚀性指抵抗环境水的侵蚀性能。当环境水具有侵蚀性时,应选用适宜的水泥、砂和石,水灰比宜较原定值减小 0.05,并尽量提高其密实性。

(5) 抗裂性。为防止大体积混凝土结构产生温度裂缝,除合理的分缝、分块和温控措施外,还应选用发热量较低的水泥、掺合料,减少水泥用量并提高混凝土的强度和抗裂性能。在施工时应加强保湿养护措施,以解决早期干缩开裂问题。

1.4.1.3 材料分区

由于坝体各部分的工作条件不同,对混凝土强度、抗渗、抗冻、抗冲刷、抗裂等性能的要求也不同。为了节省和合理使用水泥,通常将坝体按不同部位和不同工作条件进行分区,采用不同性能的混凝土,如图 1.36 所示。Ⅰ区为上、下游水位以上坝体外部表面混凝土,Ⅱ区为上、下游水位变动区的坝体外部表面混凝土,Ⅲ区为上、下游水位以下坝体外部表面混凝土,Ⅳ区为坝体基础,Ⅴ区为坝体内部,Ⅵ区为抗冲刷部位,如溢洪道溢流面、泄水孔、导墙和闸墩等。

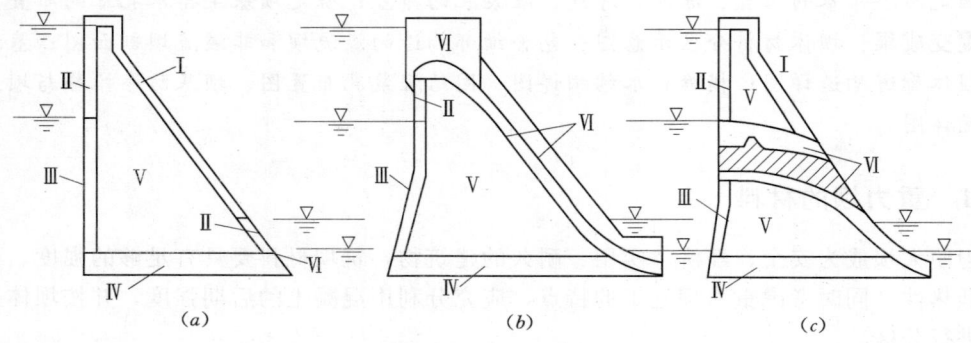

图 1.36 坝体分区示意图
(a) 非溢流坝;(b) 溢流坝;(c) 坝身泄水孔

各分区对混凝土性能的要求见表 1.17。

表 1.17　　　　　　　　大坝混凝土分区性能要求表

分区	强度	抗渗	抗冻	抗冲刷	抗侵蚀	低热	最大水灰比	选择各分区的主要因素
Ⅰ	+	−	++	−	−	+	+	抗冻
Ⅱ	+	+	++	−	+	+	+	抗冻、抗裂
Ⅲ	++	++	+	−	+	+	+	抗渗、抗裂
Ⅳ	++	+	+	−	+	++	+	抗裂
Ⅴ	+	+	+	−	+	++	+	
Ⅵ	++	−	++	++	+	+	+	抗冲耐磨

注　表中有"++"的项目为选择各区等级的主要控制因素,有"+"的项目为需要提出要求的,有"−"的项目为不需提出要求的。

坝体为常态混凝土的强度等级一般不低于 C20,碾压混凝土强度等级一般不低于 C15。为便于施工,同一浇块中混凝土强度等级不宜超过两种,相邻区的混凝土强度等级不得超过两级，分区厚度尺寸最少为 2~3m。

1.4.2 重力坝细部结构

1.4.2.1 坝体的防渗与排水设施

1. 坝体防渗

在混凝土重力坝坝体上游面和下游面最高水位以下部分，多采用一层具有防渗、抗冻、抗侵蚀的混凝土作为坝体防渗设施，防渗指标根据水头和防渗要求而定，防渗厚度一般为 1/10~1/20 水头，但不小于 2m。

2. 坝体排水设施

为减小坝体渗透压力，常在靠近上游坝面和混凝土防渗体下游侧设置排水管幕。排水管幕距上游坝面的距离一般为坝前水深的 0.07~0.1，且不小于 2.0m。排水管间距为 2~3m，管径为 15~25cm。排水管幕沿坝轴线一字排列，管孔铅直，下部应通至纵向排水廊道，上部应通至上层廊道或坝顶（或溢流面以下），以便于检修，如图 1.37（a）所示。

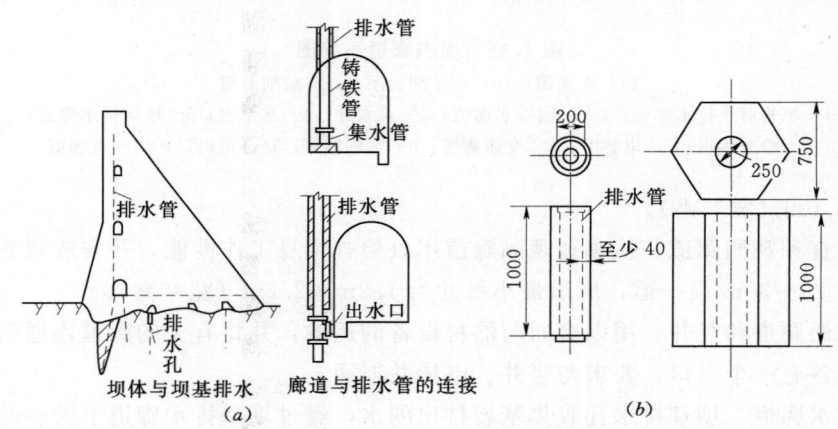

图 1.37 重力坝内部排水构造（单位：mm）
(a) 坝内排水；(b) 排水管

排水管可采用拔管、钻孔或预制无砂混凝土管。若采用无砂混凝土管，可预制成圆筒形和空心多棱柱形，如图 1.37（b）所示。在浇筑坝体混凝土时，应保护好排水管，防止水泥浆漏入排水管内，阻塞排水管道。

1.4.2.2 重力坝的坝身廊道及泄水孔

1. 坝内廊道

为了满足灌浆、排水、观测、检修和交通等要求，常在混凝土坝体内设置不同用途的廊道，这些廊道相互连通，构成坝内廊道系统，如图 1.38 所示。廊道内必须有良好的排水条件，以及适宜的通风和足够的照明设施。

（1）坝基灌浆廊道。帷幕灌浆需要在坝体浇筑到一定高度后进行，以便利用混凝土压重提高灌浆压力，保证灌浆质量。因此，需在坝踵附近距上游坝面不应小于 0.07~0.1 倍作用水头且不小于 3m 以及底距基岩面 3~5m 处设置灌浆廊道，灌浆廊道需延伸至两岸，如岸坡过陡，则分层设置廊道并用竖井将它们连接。廊道尺寸要满足钻机尺寸，一般最小

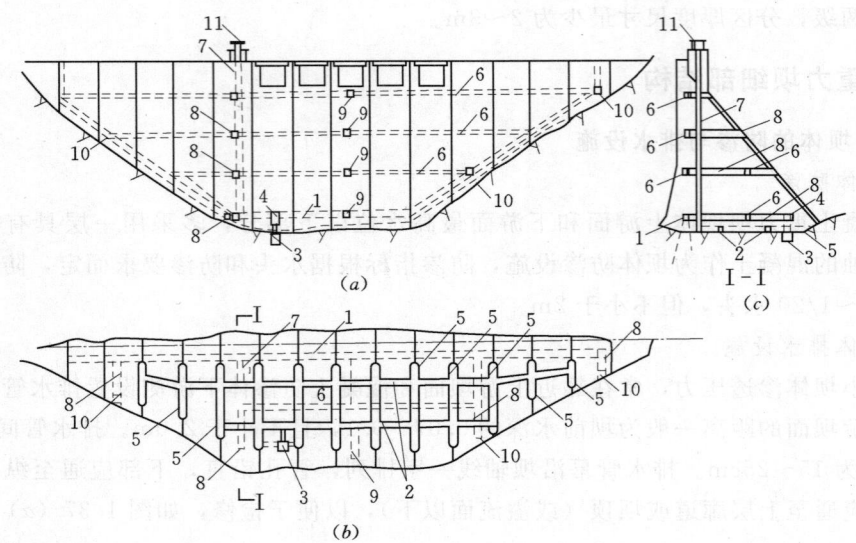

图1.38 坝内廊道系统图
(a) 立面图;(b) 水平剖面图;(c) 横剖面图
1—坝基灌浆排水廊道;2—基面排水廊道;3—集水井;4—水泵室;5—横向排水廊道;
6—检查廊道;7—电梯井;8—交通廊道;9—观测廊道;10—进出口;11—电梯塔

为 2.5m×3.0m（宽×高）。

（2）检查和观测廊道。检查和观测廊道用以检查坝身工作性能，并安放观测设备，通常沿坝高每 15~30m 设一道，廊道最小尺寸为 1.2m×2.2m（宽×高）。

（3）交通廊道和竖井。用以交通与器材设备的运输，并将有关的廊道连通起来，各层廊道左右岸各有一个出口，要求与竖井、电梯井连通。

（4）排水廊道。坝基排水孔收集基岩排出的水，经过坝基排水廊道上游侧的排水沟流入集水井，并排至下游。若坝基排水廊道低于下游水位，则应用水泵将水送至下游。坝体排水廊道沿坝高每隔 30m 布置一道，渗水由坝身排水管进入廊道的排水沟，再沿岸坡排水沟流至最低排水廊道的集水井。廊道最小尺寸为 1.2m×2.2m（宽×高）。

坝内廊道的布置应力求一道多用，综合布置，以减少廊道的数目。一般廊道离上游的坝面不应小于 2~2.5m。廊道的断面形式，一般采用城门洞形，这种断面应力条件较好。也可采用矩形断面。

此外，还可根据需要设专门性廊道，如操作闸门用的操作廊道、进入钢管的交通廊道等。

（5）廊道的应力和配筋。因廊道的存在，破坏了坝体的连续性，改变了周边应力分布，其中廊道的形状、尺寸大小和位置对应力分布影响较大。

对于距离坝体边界较远的圆形、椭圆形、矩形孔道，可采用弹性理论方法，作为平面问题按无限域中的小孔口计算应力；对于靠近边界的城门洞形廊道，则主要靠试验或有限元法求解。

廊道周边是否配筋，有以下两种处理方法：过去假定混凝土不承担拉应力配受力筋和构造筋;近年来西欧和美国对于坝内受压区的孔洞一般都不配筋,位于受拉区、外形复杂,有较大拉应力的孔洞才配钢筋。

工程实践证明,施工期的温度应力是廊道、孔洞周边产生裂缝的主要原因,施工中采取适当的温控措施十分重要。为防止产生裂缝后向上游坝面贯穿,靠近上游坝面的廊道应进行限裂配筋。

2. 坝身泄水孔

在水利枢纽中,为了满足供水、泄洪、灌溉、发电、排沙、放空水库及施工导流等要求,需在重力坝身不同的部位和高程设置多种泄水孔,如图 1.39 所示。泄水孔按孔内水流状态分为有压或无压泄水孔,按所处高程分为中孔和底孔。

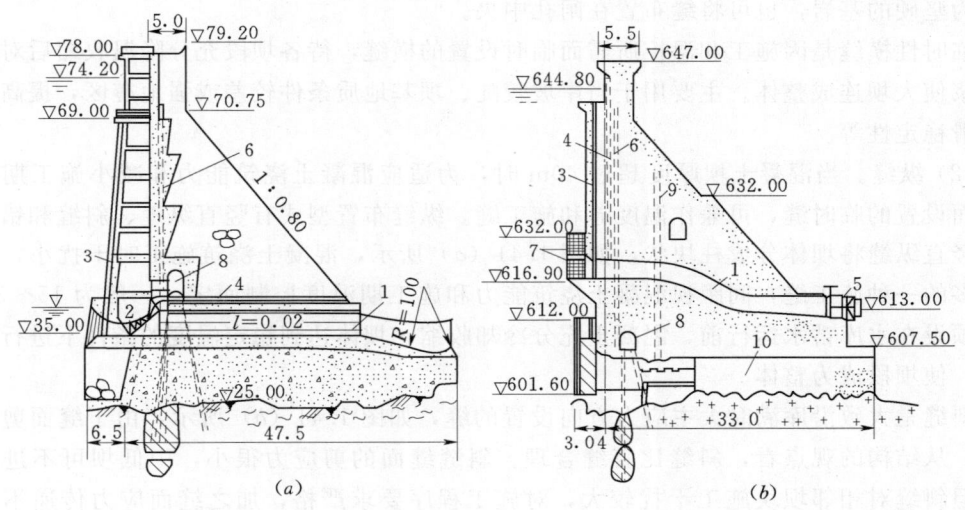

图 1.39 坝身泄水孔(单位:m)

1—泄洪孔;2—弧形门;3—检修门槽;4—通气孔;5—锥形阀;6—排水管;
7—拦污栅;8—廊道;9—检查井;10—导流底孔

尽管各种泄水孔口用途不同,但在技术允许的条件下,应尽可能一孔多用,如导流与泄洪相结合、放空水库与排沙相结合、放空水库与导流相结合、灌溉与发电相结合等。

1.4.2.3 重力坝的分缝与止水

1. 坝体分缝

为防止温度变形和地基不均匀沉降而产生裂缝,适应混凝土浇筑能力和散热的要求,并改善坝体应力,一般要求将混凝土重力坝坝体进行分缝。

按缝的作用可分为沉降缝、温度缝及工作缝。沉降缝是将坝体分成若干段,以适应地基的不均匀沉降,防止产生沉降裂缝,常设在地基岩性突变处。温度缝是将坝体分块,以减小坝体伸缩时地基对坝体的约束,以及新旧混凝土之间的约束,从而防止产生裂缝。工作缝(施工缝)主要是便于分期分块浇筑、装拆模板以及混凝土的散热而设的临时缝。

按缝的位置可分为横缝、纵缝、水平缝。

(1) 横缝。横缝是垂直于坝轴线的竖向缝,如图 1.40 所示,可兼做沉降缝和温度缝,

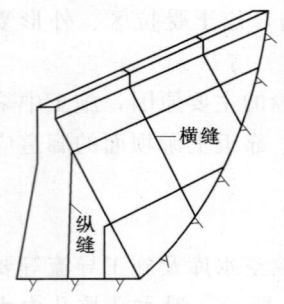

图 1.40 重力坝横缝

其作用是减小沿坝轴向的温度应力，适应地基不均匀变形，适应施工浇筑能力等。横缝间距（坝段长度）一般可为 12~20m，有时可达到 24m（温度缝），若作沉降缝考虑间距可达 50~60m。一般有永久性和临时性两种。

永久性横缝是指从坝底至坝顶的贯通缝，将坝体分若干独立的坝段，缝面为平面，不设缝槽，缝内不进行灌浆，以使各坝段独立工作。根据地基及温度变化情况，一般在坝段间预留 1~2cm 的缝。当坝内设有泄水孔或电站引水管道时，还应考虑泄水孔和电站机组间距；对于溢流坝，可将缝设在闸墩中；地基若为坚硬的基岩，也可将缝布置在闸孔中央。

临时性横缝是因施工和温控所需而临时设置的横缝，待各坝段充分降温收缩后对横缝做灌浆使大坝连成整体。主要用于当岸坡较陡、坝基地质条件较差或强地震区，提高坝体的抗滑稳定性等。

（2）纵缝。当混凝土坝厚度超过 40m 时，为适应混凝土浇筑能力和减小施工期温度应力而设置的临时缝，可兼作温度缝和施工缝。纵缝布置型式有竖直纵缝、斜缝和错缝。

竖直纵缝将坝体分成柱块状，如图 1.41（a）所示，混凝土浇筑施工时干扰小，是应用最多的一种施工缝，间距视混凝土浇筑能力和施工期温度控制而定，一般为 15~30m。纵缝须设在水库蓄水运行前，混凝土充分冷却收缩，坝体达到稳定温度的条件下进行灌浆填实，使坝段成为整体。

斜缝是大致沿库满时大主应力方向设置的缝，如图 1.41（b）所示，由于缝面剪应力很小，从结构的观点看，斜缝比直缝合理。斜缝缝面的剪应力很小，中低坝可不进行灌浆。但斜缝对相邻坝块施工干扰较大，对施工程序要求严格，加之缝面应力传递不够明确，所以目前已很少采用。

错缝浇筑类似砌砖方式，是采用小块分缝，交错地向上浇筑，如图 1.41（c）所示。缝的间距一般为 10~15m，浇筑块厚度一般为 3~4m，在靠近基岩面附近为 1.5~2.0m。采用错缝布置时，可不进行灌浆，但结构整体性较差，由于各浇筑块收缩变形容易带动上、下块张拉而开裂，故此法只在低坝中应用，我国用得极少。

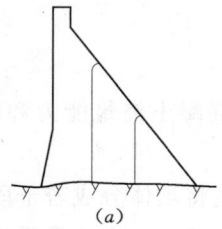
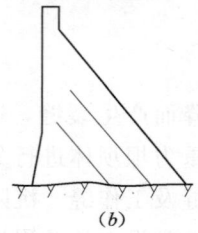
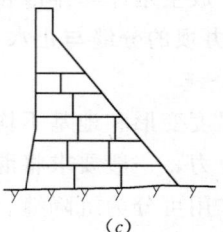

(a) （b） (c)

图 1.41 重力坝纵缝形式
(a) 竖直纵缝；(b) 斜缝；(c) 错缝

（3）水平缝。水平缝是上、下层新老混凝土浇筑块之间的施工接缝，是临时性的。施工时需先将下块混凝土表面的水泥乳皮及浮渣用风水枪或压力水冲洗并使表面成为干净的麻面,再铺一层2～3cm厚的水泥砂浆,然后再在上面浇混凝土。国内外普遍采用薄层浇筑,每层厚1.5～4.0m,在靠近基岩面附近用1.0～1.5m的薄层浇筑,以便通过表面散热降低混凝土温度,防止产生温度裂缝。

2. 止水

重力坝横缝的上游面、溢流面、下游面最高尾水位以下及坝内廊道和孔洞穿过分缝处的四周等部位应设置止水设施。

止水有金属的、橡胶的、塑料的、沥青的及钢筋的。金属止水片有铜片、铝片和镀锌片,止水片厚一般为1.0～1.6mm,做成可伸缩的"}"形,两侧插入的深度不小于20～25cm。橡胶止水和塑料止水适应变形能力较强,在气候温和地区可用塑料止水片,在寒冷地区则可采用橡胶止水片,应根据工作水头、气候条件、所在部位等选用标准型号。沥青止水置于沥青井内,井内设有蒸汽或电热设备,加热可使沥青玛琋脂熔化,使其与混凝土有良好的接触。钢筋止水是把做成的钢筋塞设置在缝的上游面,钢筋塞与坝体间设有沥青油毛毡层,当受水压时,钢筋塞压紧沥青油毛毡层而起止水作用。

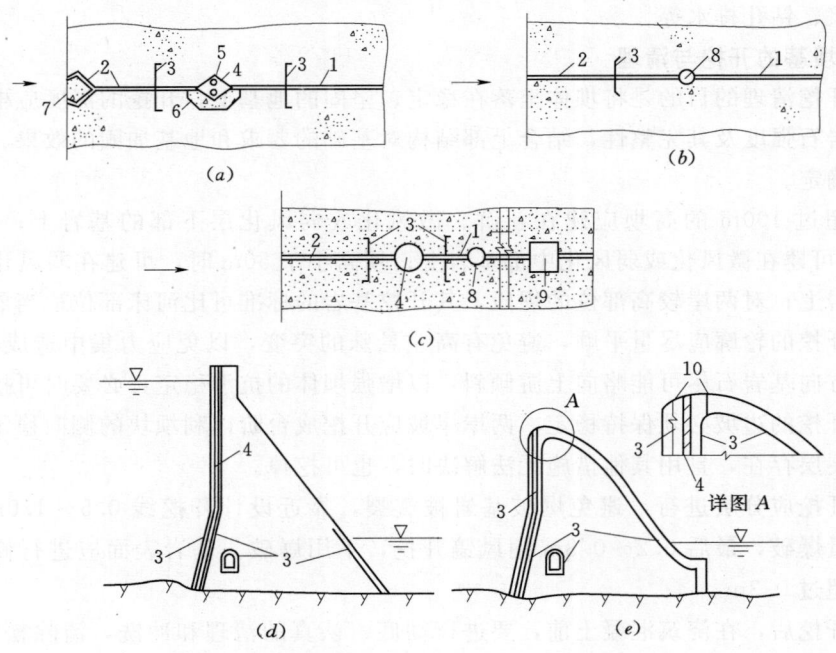

图1.42 横缝止水

1—横缝;2—沥青油毡;3—止水片;4—沥青井;5—加热电极;6—预制块;
7—钢筋混凝土塞;8—排水井;9—检查井;10—闸门底槛预埋件

对于高坝的横缝止水常采用两道金属止水片和中间设沥青井,如图1.42(a)所示。当有特殊要求时,可考虑在横缝的第二道止水片与检查之间进行灌浆止水的辅助设施。止水片距上游坝面为1～2m。

对于中、低坝的横缝止水可适当简化。如中坝第二道止水片可采用橡胶或塑料片等。低坝经论证也可采用一道止水片,一般止水片距上游坝面为0.4～0.5m,以后各道止水片设施之间的距离为0.5～1.0m。

在坝底，横缝止水必须与坝基岩石妥善连接。通常在基岩上挖一深 30～50cm 方槽，将止水片及沥青井嵌入，然后用混凝土填实。对于非溢流坝和横缝设在闸墩中间的溢流坝段，止水片必须延伸到最高水位以上，沥青井则需伸到坝顶。

1.4.3 重力坝地基处理

据统计，世界上重力坝的失事有 40% 是因为地基问题造成的，因此，重力坝的地基处理是一项关系坝体安全、经济和建设速度的至关重要的工作，必须引起足够的重视。

天然地基由于长期受地质作用，一般都存在风化、节理、裂隙等缺陷，有时也存在断层、破碎带和软弱夹层等，这些问题都必须进行地基处理，即经过处理后坝基满足下列要求：①具有足够的抗渗性，以满足渗透稳定，控制流量；②具有足够的强度，以承受坝体的压力；③具有足够的整体性和均匀性，以满足坝基的抗滑稳定和减少不均匀沉陷；④具有足够的耐久性，以防止岩体性质在水的长期作用下发生恶化。

地基处理的措施，包括开挖清理、固结灌浆、破碎带或软弱夹层的专门处理、断层防渗帷幕灌浆、钻孔排水等。

1.4.3.1 坝基的开挖与清理

坝基开挖清理的目的是将坝体坐落在稳定、坚固的地基上，开挖的深度应根据坝基应力情况、岩石强度及其完整性，结合上部结构对基础的要求和地基加固的效果、工期、费用等研究确定。

对于超过 100m 的高坝应建在新鲜、微风化或弱风化层下部的基岩上；坝高 50～100m 时，可建在微风化或弱风化中部基岩上；坝高小于 50m 时，可建在弱风化的中部至上部的基岩上；对两岸较高部位的坝段，其开挖基岩的标准可比河床部位适当放宽。

坝基开挖的轮廓应尽量平顺，避免有高差悬殊的突变，以免应力集中造成坝体裂缝。在顺河流方向基岩石尽可能略向上游倾斜，以增强坝体的抗滑稳定，必要时可挖成分段平台。坝基开挖的边坡必须保持稳定，两岸岸坡应开挖成台阶以利坝块的侧向稳定。当坝基中有软弱夹层存在，且用其他措施无法解决时，也可挖掉。

坝基开挖应分层进行，避免爆破基岩被震裂，靠近设计开挖线 0.5～1.0m 的底层，应用小药量爆破，最后 0.2～0.3m 用风镐开挖，不用爆破。基岩表面应进行修整，使表面起伏不超过 0.3m。

坝基开挖后，在浇筑混凝土前，要进行彻底、认真的清理和冲洗，清除松动的岩块，打掉凸出的尖角，封堵原有勘探钻洞、探井、探洞，清洗表面尘土、石粉等。

1.4.3.2 坝基的加固处理

坝基加固的目的：①提高基岩的整体性和弹性模量；②减少基岩受力后的不均匀变形；③提高基岩的抗压、抗剪强度；④降低坝基的渗透性。

1. 固结灌浆

混凝土坝工程中，对岩石的节理裂隙采用浅孔低压灌注水泥浆的方法对坝基进行加固处理，称为固结灌浆。

固结灌浆的目的是提高基岩的整体性和弹性模量，降低坝基的渗透性，减少渗流量。现场试验表明，在节理裂隙较发育的基岩内进行固结灌浆后，基岩的弹性模量可提高 2 倍甚至更多，在防渗帷幕范围内先进行固结灌浆可提高帷幕灌浆的压力和灌浆效果。

固结灌浆的范围主要根据坝基的地质条件、岩石破碎程度及坝基受力情况而定。当基岩较好时，可仅在坝基上、下游应力较大的坝踵和坝趾附近进行，坝基岩石普遍较差而坝又较高的情况下，则多进行坝基全面积固结灌浆。有的工程甚至在坝基以外的一定范围内，也进行固结灌浆。灌浆孔的布置，采用梅花形的排列，孔距、排距随岩石破碎情况而定，一般从 8～12m 开始作为一序孔，逐步加密孔序，最终为 2～4m，孔深一般 5～8m，帷幕上游区孔深达到 8～15m。灌浆时，先用稀浆，而后逐步加大浆液的稠度，灌浆压力一般为 0.2～0.4MPa，在有混凝土盖重时为 0.4～0.7MPa，以不掀动岩石为限，如图 1.43 所示。

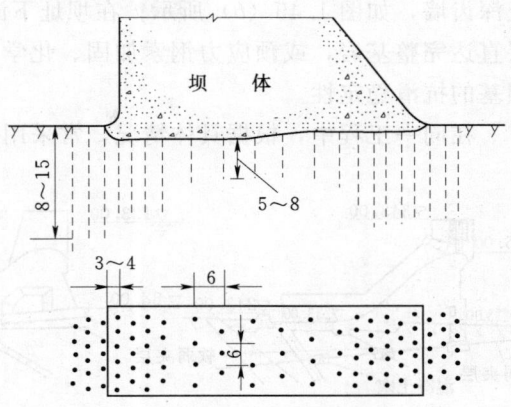

图 1.43 岩基固结灌浆孔布置示意图（单位：m）

2. 坝基软弱破碎带的处理

当坝基中存在较大的软弱破碎带时，如断层破碎带、软弱夹层、泥化层、裂隙密集带等需专门处理，否则，可能由于局部地基承载力低而使坝体应力集中、不均匀沉降或滑动失稳，甚至沿破碎带发生大量漏水、管涌或增加坝基的扬压力，危及大坝安全。岩石层间软弱夹层厚度较小，遇水容易发生软化或泥化，致使抗剪强度低，特别是倾角小于 30 的连续软弱夹层更为不利。

对于倾角较大或与基面接近垂直的断层破碎带，可采用开挖回填混凝土的措施，如做成混凝土（塞）或混凝土拱进行加固，如图 1.44 所示。当软弱带的宽度 2～3m 时，混凝土塞的高度（即开挖深度）一般可采用软弱带宽度的 1～1.5 倍，且不小于 1m，或根据计算确定。塞的两侧可挖成 1:1～1:0.5 斜坡，以便将坝体的压力以混凝土塞（拱）传到两侧完整的基岩上。如破碎带延伸至坝体上、下游边界线以外，则混凝土塞也应向外延伸，延伸长度取 1.5～2 倍混凝土塞的高度。

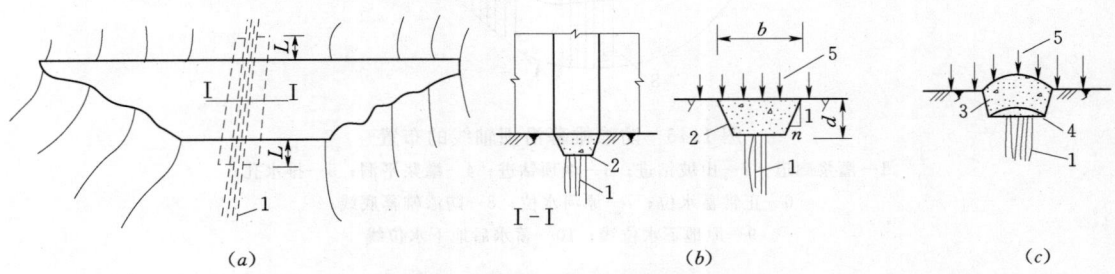

图 1.44 破碎带处理示意图
1—破碎带；2—混凝土梁或混凝土塞；3—混凝土拱；4—回填混凝土；5—坝体荷载

对于软弱的夹层，如浅埋软弱夹层要多用明挖将夹层挖处，回填混凝土。对埋藏较深的，应结合工程情况分别采用坝踵部位做混凝土深齿土墙，切断软弱夹层直达完整基岩，如图1.45所示；在夹层内设置混凝土塞，如图1.45（a）所示；在坝址处开挖建造混凝土深齿墙，如图1.45（b）所示；在坝址下游侧岩体内设钢筋混凝土抗滑桩，切断软弱夹层直达完整基岩，或预应力钢索加固、化学灌浆等，如图1.45（c）所示，以提高坝体和坝基的抗滑稳定性。

在同一工程中，根据具体情况，常采用多种不同的处理方法。

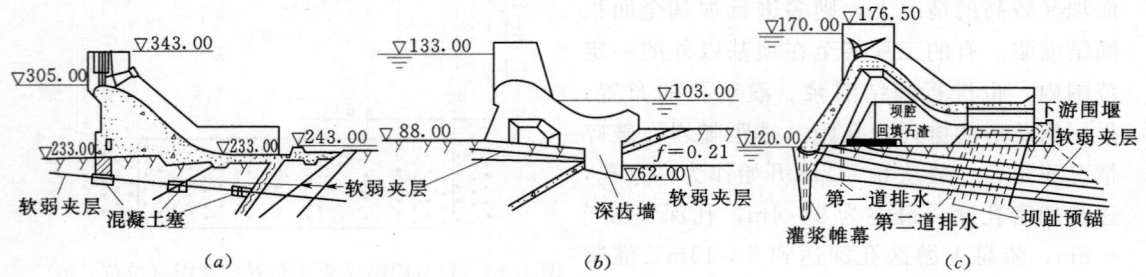

图1.45 软弱夹层处理（单位：m）

1.4.3.3 坝基的防渗和排水

1. 帷幕灌浆

帷幕灌浆可降低渗透水压力，减少渗流量，防止坝基产生机械或化学管涌。常用的灌浆材料有水泥浆和化学浆，应优先采用膨胀水泥浆。化学浆可灌性好，抗渗性强，但容易造成环境污染，且价格很高，故使用时应注意。

防渗帷幕一般布置在靠近上游坝面的坝轴线附近，自河床向两岸延伸，如图1.46所示。钻孔和灌浆常在坝体灌浆廊道内，靠近岸坡可以在坝顶、岸坡或平洞内进行。钻孔一般为铅直或向上游不大于10°的斜坡。

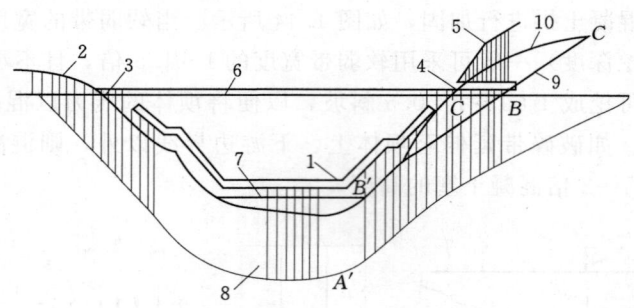

图1.46 防渗帷幕沿坝轴线的布置
1—灌浆廊道；2—山坡钻进；3—坝顶钻进；4—灌浆平洞；5—排水孔；
6—正常蓄水位；7—原河水位；8—防渗帷幕底线；
9—原地下水位线；10—蓄水后地下水位线

防渗帷幕的深度应根据作用水头、工程地质、地下水文特性确定；坝基内透水层厚度不大时，帷幕可穿过透水层，深入相对隔水层3～5m。相对隔水层较深时，帷幕深度可根据防渗要求确定，常用坝高的0.3～0.7倍，形成河床部位深、两岸渐浅的帷幕布置形式。

防渗帷幕伸入两岸的范围由河床向两岸延伸一定距离，与两岸不透水层衔接起来，当两岸相对不透水层较深时,可将帷幕伸入原地下水线与最高库水位交点(图 1.46 中 B 点)处为止,在 BC 以上设置排水,以降低蓄水后库岸的地下水位。

防渗帷幕的厚度应当满足抗渗稳定的要求,即帷幕内的渗透坡降应小于容许的渗透坡降。防渗帷幕厚度应以浆液扩散半径组成区域的最小厚度为准,厚度与排数有关。中高坝可设两排以上,低坝设一排,多排灌浆时一排必须达到设计深度,两侧其余各排可取设计深度的 $1/2 \sim 1/3$。孔距一般为 $1.5 \sim 3.0m$,排距宜比孔距略小。还可以在上游坝踵处加一排补强。

帷幕灌浆应在坝基固结灌浆后并要求坝体混凝土浇筑到一定的高度(有盖重后)施工。灌浆压力在孔底应大于 $2 \sim 3$ 倍坝前静水头,帷幕表层段应大于 $1 \sim 1.5$ 倍坝前静水头,但不得抬动岩体。

2. 坝基排水

为进一步降低坝基底面的扬压力,可在防渗帷幕后设置主排水孔幕和辅助排水孔幕(图 1.47)。

主排水孔幕在防渗帷幕下游一侧,在坝基面处与防渗帷幕的距离应大于 2m,孔深可取防渗帷幕深度的 $0.4 \sim 0.6$ 倍,并向下游倾斜与帷幕成 $10° \sim 15°$ 夹角,孔距为 $2 \sim 3m$,孔径为 $150 \sim 200mm$,孔径过小容易堵塞,50m 以上中高坝的孔深不宜小于 10m。所有排水孔幕均在固结灌浆和帷幕灌浆后钻孔施工。在廊道下面的混凝土内需预埋水平横向钢管,渗水通过排水钢管汇入集水井,自流或抽排向下游。

辅助排水孔幕,高坝一般可设 $2 \sim 3$ 排,中坝可设 $1 \sim 2$ 排,布置在纵向排水廊道内,孔距为 $3 \sim 5m$,孔深为 $6 \sim 12m$。有时还在横向排水廊道或在宽缝内设排水孔。纵横交错、相互连通就构成了坝基排水系统,如图 1.48 所示。如下游尾水较深,历时较长,宜在靠近坝趾处增设一道防渗帷幕。

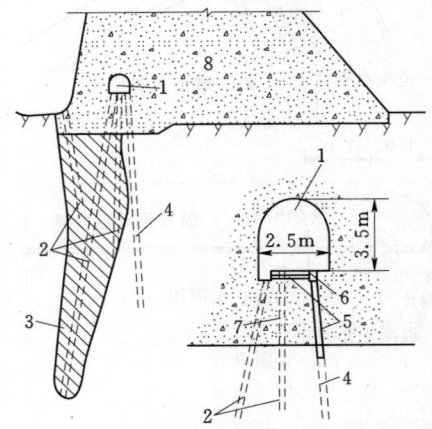

图 1.47 防渗帷幕和排水孔幕布置

1—坝基灌浆排水廊道;2—灌浆孔;3—灌浆帷幕;
4—排水孔幕;5—100 排水钢管;6—100 三通;
7—75 预埋钢管;8—坝体

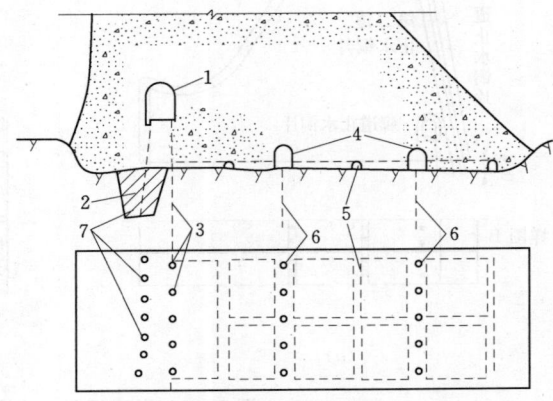

图 1.48 坝基排水系统

1—灌浆廊道;2—灌浆帷幕;3—主排水孔幕;
4—纵向排水廊道;5—半圆混凝土管;6—辅助
排水孔幕;7—灌浆孔

实践证明:我国新安江、丹江口、刘家峡等重力坝采用坝基排水系统,减压效果明显，较常规扬压力减小30%。浙江、湖南等地设计中采用了抽水减压，收到了良好的效果。

任务案例1-3 重力坝坝体构造和地基处理

1-3-1 项目任务

设计资料如重力坝设计基本资料所示。根据项目资料确定重力坝的细部构造以及地基处理的方法。

1-3-2 坝体构造

1. 重力坝的分缝和止水

两岸挡水坝段按20m左右分缝，结合地形，施工开挖后设置横缝；厂房坝段分缝与机组间距相适应。溢流坝段分缝与溢流孔口相适应；因地基较好，设于孔口中间，间距为14.0m。横缝宽度2cm。

横缝止水，上游设置两道止水片和一道防渗沥青井，下游不设止水，缝中填塞沥青玛琋脂。止水片材料用紫铜片（或不锈钢片），伸入两边坝体长度20cm，伸入基岩30~50cm，并用混凝土紧密嵌固。在溢流坝顶第一道止水片与闸门底部止水接触（要分叉接在检修门和工作门底止水处）；第二道止水片伸至溢流坝顶后，顺溢流坝延伸至下游鼻坎，如图1.49所示。

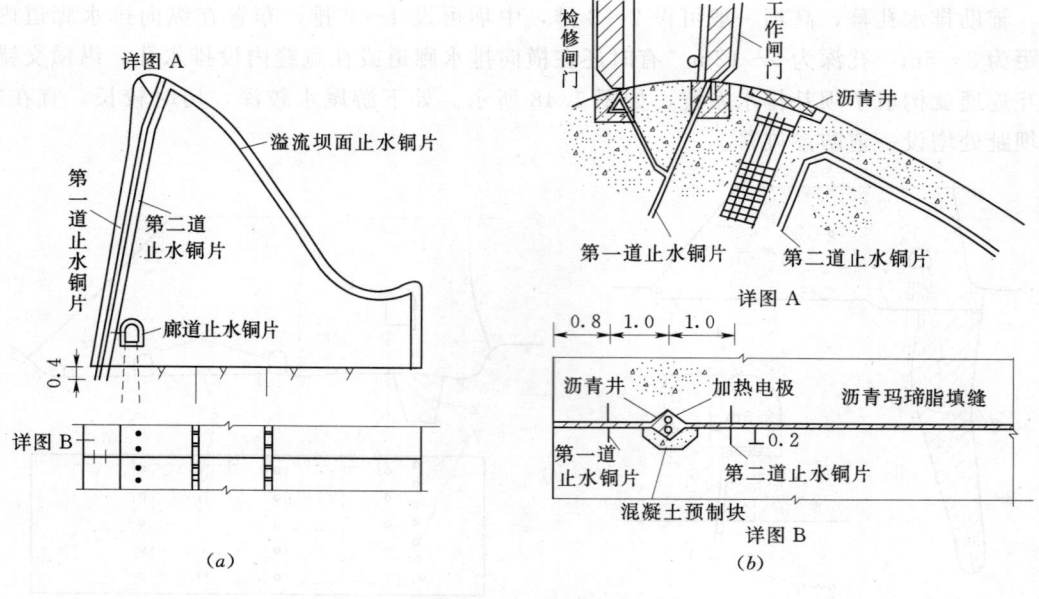

图1.49 溢流坝段止水布置图（单位：m）

2. 廊道

基础灌浆排水廊道，采用尺寸为2.5m×3.0m（宽×高）上圆下方的标准廊道，廊道底高程143.00+1.5×2.5=146.75m，取147.00m，距上游边缘距离4m，沿坝轴线方向由地形向两岸逐渐抬高，斜坡度不大于40°，在两岸下游洪水位以上均设有进、出口。

项目1 重力坝设计

3. 坝体排水

沿坝轴线方向布置一排预制多孔混凝土竖向排水管,间距3.5m,距上游面2.5m,直径15cm并与廊道连通。横向排水管,$i=1/200$,管入口与廊道的集水沟相连,出口通向下游,将水排水。管径$\phi=25cm$,间距在与坝的分段相适应的前提下按$30\sim50m$进行布置。

1-3-3 基础处理

1. 坝基开挖

坝基面在主河槽挖至143.00m高程,挖到微风化层。断层开挖后用混凝土填塞。

2. 坝基帷幕灌浆

在坝址地质剖面图上找出相对隔水层,设计深度使防渗帷幕达到单位吸水量$\omega=0.03\sim0.05L/(min\cdot m)$。按减小渗透压力的要求,帷幕深度到130.00m高程。只设一排防渗帷幕,钻孔斜向上游,倾角控制在5°以内(与垂线夹角)。在廊道内施工,孔距一律为3m,以后达不到要求时再加密,帷幕厚度取$0.7\sim0.8$倍孔距,取值为$2.1\sim2.4m$。

3. 坝基排水

坝基主排水孔设在防渗帷幕下游2m处,间距0.8倍帷幕孔距为2.4m,孔径15cm,深度达133.00m高程(满足中坝不应小于10m的要求)。次排水孔在厂房坝段设置两排,孔距为4m,孔深至137.00m高程,主排水管所排之水直接进入帷幕排水廊道,次排水管的渗水由横向排水沟(管)排向下游。

任务1.5 其他形式的重力坝认知

单元任务目标:了解其他类型重力坝的特点。

任务执行过程引导:认识碾压混凝土重力坝、浆砌石重力坝、宽缝重力坝、空腹重力坝和支墩重力坝的发展概况及各自的特点。

1.5.1 碾压混凝土重力坝

用碾压混凝土筑坝是将土石坝施工中的碾压技术应用于混凝土坝,利用自卸汽车、传送带输送超干硬混凝土入仓,以推土机平仓,用高效振动碾压实的筑坝新方法。

1.5.1.1 碾压混凝土重力坝发展概况

碾压混凝土最早用于水利工程是1961年我国台湾省石门坝的围堰心墙。到20世纪80年代进入正式筑坝阶段,1980年日本建成世界上第一座坝高89m的岛地川碾压混凝土坝。此后,在全世界范围迅速发展。我国碾压混凝土筑坝技术起步较晚,但发展很快。自1986年建成第一座56.8m高的坑口碾压混凝土坝以后,我国碾压混凝土坝建设进入高潮。截至2006年,已建成、在建的碾压混凝土坝130多座,其中坝高216.5m的龙滩重力坝和坝高132m的沙牌拱坝在高度上、技术上均处于国际领先水平。

1.5.1.2 碾压混凝土优缺点

与常态混凝土相比,碾压混凝土的优点是:①施工工艺程序简单,可快速施工,缩短工期,提前发挥工程效益;②胶凝材料(水泥+粉煤灰+矿渣等)用量少,一般在120~

160kg/m³，其中水泥为 60~90kg/m³；③由于水泥用量少，结合薄层大仓面施工，坝体内部混凝土的水化热温升可大大降低，从而简化了温控措施，资料统计表明，碾压混凝土坝内部混凝土升温仅有 8~10℃；④不设纵缝，节省了模板及接缝灌浆等费用，甚至不设横缝；⑤可适用大型通用施工机械设备，提高混凝土运输和填筑工效；⑥降低工程造价。其缺点是防渗、防冻、抗裂性差。

1.5.1.3 碾压混凝土原材料及配合比

（1）水泥。碾压混凝土的原材料与常态混凝土无本质区别，因此，凡适用于水工混凝土使用的水泥品种均可采用，如硅酸盐水泥中普通硅酸盐水泥、低热矿渣硅酸盐水泥和粉煤灰。为降低混凝土温升，尽可能减少碾压混凝土硬化初期的水化热，在选用水泥的同时考虑掺用混合材料。

（2）细骨料。砂的含水量的变化对碾压混凝土拌和物稠度的影响比常态混凝土敏感，因此，控制砂的含水量十分重要。

（3）粗骨料。石子最大颗粒和级配，对碾压混凝土的压实、胶凝材料的用量、水化热有较大影响，必须选择适当，通常采用连续级配，最大粒径一般为 80mm，也有采用 150mm 的，取决于建筑物的结构形式、施工工艺的设备、管理水平等，当最大粒径小于 80mm 时，拌和物的分离现象可以减小，但含砂率将增大，水泥用量也随之增大，对大坝混凝土的温控不利。

（4）掺合料。由于碾压混凝土的需水量均少，一般都要加入粉煤灰等掺合料，以增加微细颗粒的绝对体积，有利于压实和防止材料分离，其掺量一般为胶凝材料总量的 30%~60% 甚至更多，增加混合材料的掺量能更好地填充骨料间的空隙、降低水化热、增加混凝土的后期强度。

（5）外加剂。由于碾压混凝土铺筑仓面面积大，为了提高混凝土拌和物的和易性、推迟初凝时间，使混凝土的碾压层保持"活态"从而充分保证整体性，防止产生冷缝，通常在拌制混凝土时加入具有缓凝和减水双重作用的外加剂。

（6）配合比。配合比的选择宜通过试验确定，一般要进行砂浆重度试验、强度试验、振动台干硬度试验以及砂率试验等，确定合适的单位用水量、水泥用量、砂率和各级骨料之比，并通过现场试验验证。配合比及具体参数控制标准如下：

1）大体积碾压混凝土的胶凝材料用量不宜低于 130kg/m³，其中水泥熟料不宜低于 45kg/m³。掺合量的掺量应综合考虑水泥、掺合料和砂子的质量等因素，宜取 30~65%。超过 65% 时应作专门的试验论证。

2）混凝土的水灰比应根据混凝土的强度、耐久性要求确定，其值一般为 0.5~0.7。混凝土砂率应通过试验选取最优砂率值。使用天然骨料时，三级配碾压率宜取 28%~32%，二级配宜取 32%~37%，使用人工骨料时，砂率需增加 3%~6%。

3）碾压混凝土拌和熟料的 VC 值，一般在机口处宜在 5~15s 范围内，并应根据 VC 值、骨料的种类、级配情况、砂率等确定。单位用水量宜选用 80~15kg/m³。

1.5.1.4 碾压混凝土坝的构筑形式

1. 外包常态碾压混凝土坝

坝体内部用干贫性碾压混凝土填筑，上、下游和坝基面用 2~3m 厚的常态混凝土，形成一种包裹剖面型式，俗称金包银，如图1.50（a）所示。

坝体按常规分横缝，采用切缝技术成缝，缝内止水和排水系统与常态混凝土坝相同，并放在常态混凝土层内。

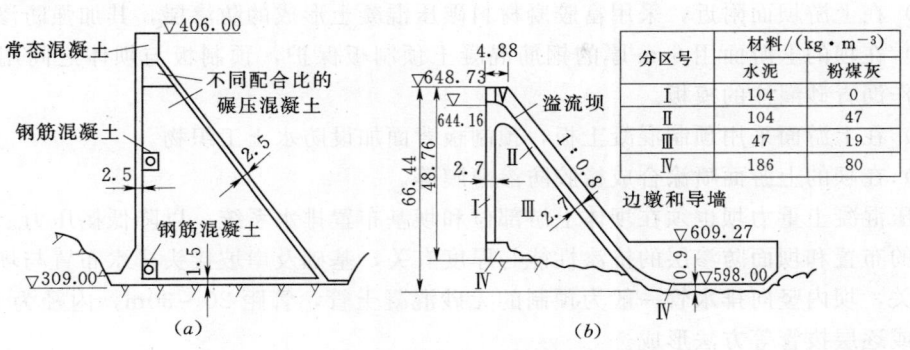

图1.50 碾压混凝土坝的构筑型式

2. 富掺合料碾压混凝土坝

将矿渣或粉煤灰作为掺合料，加入到混凝土中，拌和成高胶凝材料的无坍落度混凝土，其胶凝材料为150～230kg/m³，粉煤灰掺用量占60%～70%，如图1.50（b）所示。其特点是强度高、黏聚力强、抗渗性好。

3. 低胶凝材料超干硬碾压混凝土坝

低胶凝材料超干硬碾压混凝土坝的主要特点是造价低、混凝土方量较大、施工速度快、渗漏较严重、抗冻性能差。

4. 采用专门防渗设施的全断面碾压混凝土坝

上游面采用专门的人工防渗材料或高胶凝材料，克服了渗漏严重和抗冻性差的缺点，又能快速施工，加快施工进度，目前各国应用较多，如图1.51所示为我国采用沥青砂浆防渗层的坑口大坝。

1.5.1.5 碾压混凝土坝的细部构造

1. 坝体分缝

碾压混凝土因水泥用量减少，水化热大大降低，常采用薄层通仓浇筑、自然散热，因此浇筑时可取消纵缝，甚至不设横缝，但不设横缝的碾压混凝土坝必须对坝址河谷断面地形、地质及基础进行深入细致的分析研究，判断是

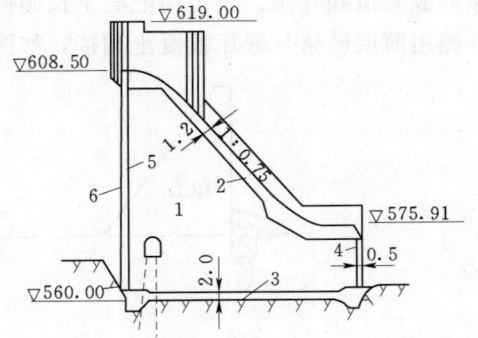

图1.51 中国坑口坝的典型断面
1—碾压混凝土；2—钢筋混凝土；3—常态混凝土；4—预制混凝土板；5—沥青砂浆防渗层；6—预制钢筋混凝土板

否产生不均匀沉陷。对基础变形必须在设计中考虑，采取适当的工程设施，避免产生应力集中和开裂。横缝常由切缝和切割而成，也可采用手工打连续孔成缝。横缝可不从基础开始，也可不全部通到坝顶，横缝止水一般应设两道。

2. 碾压混凝土坝的防渗体、排水设计

碾压混凝土坝上游的防渗措施有以下几种：

(1) 在坝的上游面采用常态混凝土作防渗层,其最小有效厚度一般为坝面水头的 1/30～1/15,但不宜小于 1.0m,我国采用 1.5～3.5m,其优点是可在较厚的防渗层内设置横缝,缝内止水,防渗效果较好;缺点是增加坝体施工程序,降低施工程度,增加工程投资。

(2) 在上游坝面附近,采用富胶凝材料碾压混凝土形成的防渗层,其加强防渗作用。

(3) 在坝的上游面用 6cm 厚的钢筋混凝土预制板保护,预制板与坝体之间用钢筋连接,兼作沥青砂灌注的模板。

(4) 在上游面采用预制混凝土板,预制板背面加设防水土工织物。

(5) 在坝的上游面喷涂合成橡胶防渗薄膜等。

碾压混凝土重力坝也须在坝体上游部位和坝基布置排水系统,以降低扬压力。坝内排水系统的布置和坝面防渗层的抗渗性能与厚度有关,基础及岸坡接头排水布置与坝址地质条件有关,坝内竖向排水管一般为预制的无砂混凝土管,管距 20～30m,内径为 5～7m,用钻孔或逐层拔管等方法形成。

3. 碾压混凝土坝的分缝及廊道设置

由于碾压混凝土重力坝采用通仓浇筑,故可不设纵缝,也可减少或不设横缝。但为适应温度伸缩和地基不均匀沉降,仍以设置横缝为宜。目前国内有的工程不设横缝,有些工程设短间距横缝,或设长间距横缝。短间距横缝的间距一般为 15～20m。当坝上游面设有常态混凝土防渗层时,其横缝的构造与常态混凝土坝相同。

为了减少施工干扰,加大施工作业面,碾压混凝土坝体内应少设廊道和孔洞,如必须设置,则所设廊道要有可靠的止水措施,使廊道与坝体柔性连接。同时为保证质量,可在碾压后"挖出"廊道,并回填无胶凝材料的骨料,继续填筑,工程完工后再将回填骨料挖掉形成廊道和孔洞。也可用混凝土预制件拼装而成,可设在常态混凝土内,也可在预制件外侧用薄层砂浆与碾压混凝土相接,如图 1.52 所示。

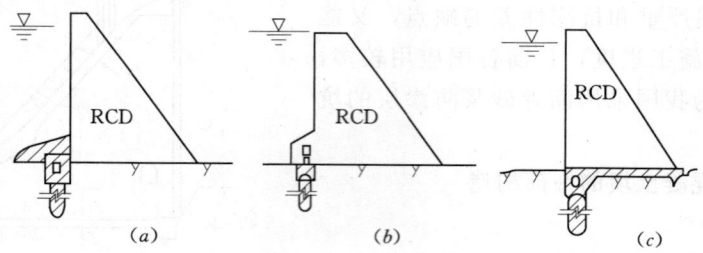

图 1.52 碾压混凝土坝坝基廊道布置型式

1.5.2 浆砌石重力坝

浆砌石坝是由石料和胶结材料砌筑而成的坝。凡是石料丰富能建混凝土坝的地方一般都能建造同类型的浆砌石坝,因此浆砌石坝广泛使用于中小型工程中。浆砌石重力坝在工用上拥有混凝土重力坝的一些优点,同时可以就地取材,节约钢材和水泥,在发展中国家,尤其在中国浆砌石坝发展很快。

1.5.2.1 浆砌石坝发展概况

浆砌石大坝的历史悠久,数量较多,是重要的坝型之一。国内外用石块修堤筑坝历史悠久。早在公元16世纪西班牙就用灰浆、石料修建了阿尔曼察坝,1982年印度修建了当时世界最高的斯里赛勒姆浆砌石重力坝,坝高144m。中国各地石料丰富,早在2000多年以前就利用石块修建水利工程,1927年在福建修建了上里浆砌石拱坝,1932年在四川嘉陵江支流龙溪河修建了浆砌条石溢流拱坝。1949年以来,我国修建了很多浆砌石重力坝,如河北省朱庄水库重力坝(坝高95m),1971年建成的河南焦作群英坝,是世界最高的浆砌石重力拱坝(坝高100.5m,如图1.53所示)。在20世纪60年代以前各国以兴建浆砌石重力坝为主,60年代以后中国轻型浆砌石坝发展很快,70年代开始,在中小型水利工程中,轻型浆砌石坝在数量上逐渐趋于主导地位。轻型坝以拱坝为主,支墩坝和混合坝为辅,并且创造了硬壳坝和框格填碴坝等形式。

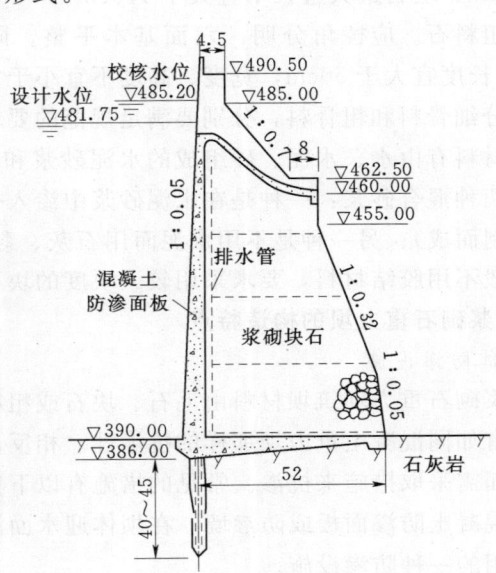

图1.53 群英浆砌石重力拱坝

我国是世界上建造浆砌石大坝最多的国家,据统计,坝高在15m以上的浆砌石大坝有2000多座,多为建于1978年冬改革开放前的中、小型坝。

1.5.2.2 浆砌石坝的特点

与混凝土重力坝相比,浆砌石重力坝具有以下优点:①就地取材,节省水泥;②由于水泥用量少,水化热温升低,因而不需要采取温控措施,也不需要设纵缝;③节省模板,减少脚手架,因而木材用量较少,减少了施工干扰;④施工技术易于掌握,施工安排比较灵活,可以分期施工,在缺少施工机械的情况下,可用人工砌筑。

浆砌石重力坝的缺点有:①人工砌筑,砌体质量不宜均匀;②石料的修整和砌筑难以机械化,需要大量劳动力;③砌体本身防渗性能差,需要另作防渗设备;④工期较长。

浆砌石重力坝相对于混凝土重力坝更具适应性,由于砌石是筑坝的主要材料,能够就地取材,同时减少了水泥用量,能够较好地避免混凝土重力坝筑坝时水化热过高的问题。但是由于浆砌石坝机械化程度不高,需要大量的人工劳动力,很难实现机械化施工,从而降低了施工效率。

1.5.2.3 浆砌石坝筑坝材料

浆砌石坝的主要筑坝材料为石料、骨料和胶结材料。

石料的性能和形状对砌体强度有很大的影响。坝的高度不同、部位不同，对石料的要求也不同。砌体所用石料必须质地坚硬、新鲜、完整，不得有剥落层和裂纹，上坝的石料一定要洁净，以免影响与胶结材料的黏结。石料可分为：

（1）毛石。无一定规格形状，单块质量宜大于 25kg，中部或局部厚度不宜小于 20cm，毛石最大边长不宜大于 100cm。

（2）块石。形状大致呈方形，上下两面基本平行，且大致平整，无尖角、薄边，块厚宜大于 20cm，块石最大边长不宜大于 100cm。

（3）粗料石。应棱角分明，六面基本平整。同一面最大高差不宜大于石料长度的 3%，石料长度宜大于 50cm，宽度、高度不宜小于 25cm。

骨料分细骨料和粗骨料，分别要满足规范的要求。

胶结材料有由水、水泥、砂组成的水泥砂浆和由水、水泥、小石子组成的小石砂浆。此外还有两种混合砂浆：一种是在水泥砂浆中渗入一定比例的黏土、石灰或壳灰（壳灰是用贝壳烧制而成）；另一种是不用水泥而用石灰、黏土或用黏土烧制成代水泥。填料用的干砌石一般不用胶结材料，要求采用较大块度的块石，间错砌筑以增加相互的咬合力。

1.5.2.4 浆砌石重力坝的构造特点

1. 坝体防渗设施

由于浆砌石重力坝筑坝材料由毛石、块石或粗料石等材料通过胶结材料黏合构成，其本身并没有如同混凝土重力坝那样的抗渗性。相反，浆砌石重力坝的抗渗性能较差，在坝体的迎水面需采取措施来抗渗。常见的措施有以下三种：

（1）混凝土防渗面板或防渗墙。在坝体迎水面浇筑一道防渗面是大、中型浆砌石重力坝广泛采用的一种防渗设施。

这种防渗设施的优点是：防渗效果好，面板位于坝体表面，便于检修。缺点是：易受气温变化影响，有的防渗面板不同程度地产生了一些裂缝；施工时需要立模，耗用木材较多。为简化施工，节省木材，中、小型工程常用一层浆砌石或预制混凝土块代替模板，在其后做混凝土防渗墙，墙距上游面 0.5～2m，与砌石浇筑在一起。这种方法的主要缺点是检修不便。

（2）水泥砂浆勾缝。在坝体迎水面用水泥砂浆将质地良好的粗料石或形状较规则的块石砌筑成防渗层。并用高标号的水泥砂浆勾缝。这种防渗体比较经济，施工也简便，但防渗效果较差，适用于中、低水头的浆砌石坝。

（3）钢丝网水泥喷浆护面。在坝的迎水面挂一层或两层钢丝网，喷上水泥砂浆作为防渗层，可收到较好的防渗效果，防渗层厚度根据水头大小而定，一般为 5～6cm，为使防渗层能均匀传递水压力，要求在下游侧用块石浆砌一层垫层，该垫层需要砌得平直，不要勾缝。

2. 溢流坝面的衬护

当过坝流速过大时，溢流坝面可用混凝土衬护，厚 0.6～1.5m，衬护内需要配置温度钢筋，并用插筋将混凝土衬护与砌体锚固在一起。沿坝轴线方向每隔 10～20m 做一条伸缩缝。

如过坝流速不大，可以只在堰顶和鼻坎部位用混凝土衬护，直线段采用细琢的粗料石。对一些单宽流量较小的溢流坝，可以全部用质地良好、抗冲力强、经过细琢的粗料石作为溢流坝面的衬护。

3. 坝体分缝

浆砌石重力坝由于水泥用量少，施工期分层砌筑，散热条件好，所以一般不设纵缝。横缝的间距也可以比混凝土重力坝稍大，一般为20~30m，最大不宜超过50m，并应与防渗设备的伸缩缝一致。在坝轴线方向基岩岩性或地形变化较大处应设横缝，以适应可能发生的不均匀沉降。

为使砌体与基岩紧密结合，在砌石前需先浇筑一层0.3~1.0m厚的混凝土垫层，垫层面应大致平整，以便砌石。

1.5.3 宽缝重力坝

1.5.3.1 宽缝重力坝发展概况

将重力坝的中下部扩宽成为具有空腔的重力坝，称为宽缝重力坝。宽缝重力坝由瑞士人菲加里于1900年首次提出，后来苏联应用该坝型修建的布拉茨克坝和马马康坝，缝宽比分别达到了0.27和0.4。20世纪50年代我国引进了该种坝型的设计理念，修建了新安江宽缝重力坝（坝高105m，缝宽比0.4），后续又修建了丹江口、云峰、故县和潘家口等宽缝重力坝（坝高依次为97m、113.8m、121m和107.5m），同时我国设计人员还提出了坝基闭路式抽水减压排水系统的设计，即在坝内结合宽缝布置纵向排水廊道网、设置水泵、自动抽水，以进一步减少扬压力，节省坝体混凝土量，这些技术措施已在一些工程中成功地运用。

1.5.3.2 宽缝重力坝的特点

优点：①由于宽缝的存在，坝底面积小，扬压力显著降低（如图1.54中g点处扬压力），加之上游坡较缓，可利用上游水重来增加稳定，因此使坝体混凝土量可较实体重力坝节省10%~20%；②宽缝增加了散热面，有利于施工期混凝土温度控制；③坝内留设宽缝后，可以方便坝体观察和检查，必要时还可以在宽缝内进行维护修补和地基处理工作。

缺点：①模板工作量大，提高了混凝土的单价；②施工导流不方便；③在严寒地区，必须采取保温措施。

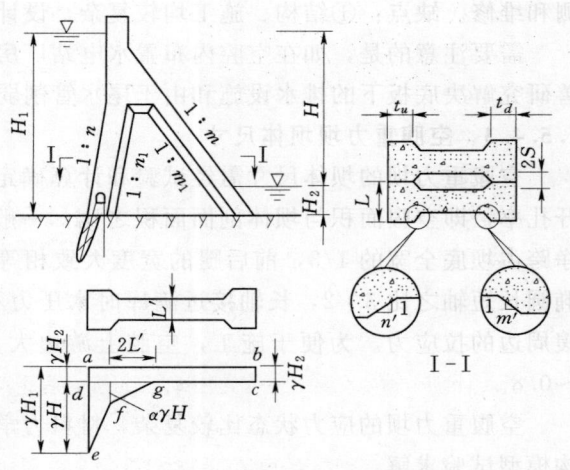

图1.54 宽缝重力坝剖面及坝底扬压力分布

1.5.3.3 宽缝重力坝坝体尺寸

宽缝重力坝的坝段宽度L一般为16~24m。宽缝的宽度为$2S$，则缝宽比$2S/L$通常取0.2~0.35，缝宽比越大，混凝土越省，但宽缝头部容易产生较大的主拉应力。宽缝重

力坝的上游坡率 n 一般为 0.15～0.35，较重力坝为缓，下游坡 m 为 0.5～0.8。为满足强度、防渗和灌浆廊道布置的要求，常要求上游头部的厚度 $t_u \geqslant (0.08 \sim 0.12) h$（$h$ 为截面以上水深），且不小于 3m，用以布置横缝止水、灌浆廊道和排水设施。下游尾部的厚度 t_d 一般采用 3～5m，考虑强度和施工要求，不宜小于 2m，在寒冷地区适当加厚。宽缝的上、下游坡率 n_1 和 m_1，一般与坝面坡率 n 和 m 一致，宽缝一般不贯穿坝顶。宽缝重力坝的坝顶超高和坝顶宽度同非溢流重力坝。

1.5.4 空腹重力坝

在重力坝坝体内沿坝轴线方向设置大型纵向空腹的重力坝，称为空腹重力坝，如图 1.55 所示。

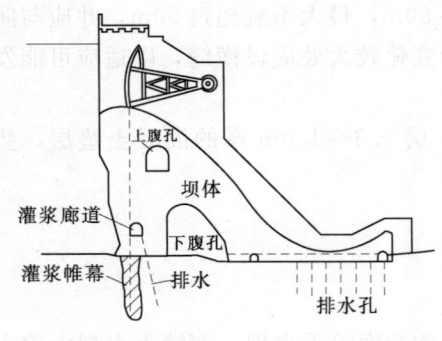

图 1.55 空腹重力坝平面图

1.5.4.1 空腹重力坝发展概况

奥地利于 20 世纪 30 年代修建了第一座空腹重力坝，坝高 79m，并于 50 年代又修建了 3 座空腹重力坝。60 年代，葡萄牙也修建了坝高为 57m 的卡腊帕特洛坝等空腹重力坝。我国于 1961 年建成的江西上犹江水电站拥有中国第一座空腹重力坝，坝高 67.5m，电站厂房设于坝内。1970 年以后，又先后修建了 6 座，其中广东枫树坝坝高 95.3m，并在坝内布置了水电站厂房。

1.5.4.2 空腹重力坝的特点

空腹重力坝与实体重力坝相比，具有以下优点：①较实体重力坝混凝土方量可节省 20%～30%；②空腔部位不用清基，可减少坝基开挖量；③空腔有利于坝体混凝土散热；④腔内可布置水电站厂房，这时空腔底部需设置底板；⑤坝体施工可不设纵缝；⑥便于检测和维修。缺点：①结构、施工均较复杂，设计难度较大；②模板多，钢筋用量大。

需要注意的是，如在空腔内布置水电站厂房，则要在空腔下部设置底板。此时，要妥善研究解决底板下的排水设施和由于尾水管削弱坝体所产生的不利影响。

1.5.4.3 空腹重力坝坝体尺寸

空腹重力坝的坝体尺寸需经试验和计算确定。根据已有的经验，下列数据可供参考：开孔率，即空腹面积与坝体剖面面积之比，一般在 10%～20%；空腹高约为坝高的 1/3，净跨占坝底全宽的 1/3，前后腿的宽度大致相等；顶拱常采用椭圆形或复合圆弧形曲线，椭圆长短轴之比 3:2，长轴接近满库时水压力和坝体自重的合力方向，这样可以减免空腹周边的拉应力。为便于施工，空腔上游边大多做成铅直的，下游边的坡率大致为 0.6～0.8。

空腹重力坝的应力状态比较复杂，材料力学方法已不再适用，需要利用有限元法或结构模型试验求解。

1.5.5 支墩坝

支墩坝由一系列支墩和挡水面板组成，支墩沿坝轴线排列，前面设挡水面板。支墩坝也是依靠重力维持稳定的挡水建筑物。

根据面板的形式，支墩坝可分为三种类型。①平板坝［图 1.56（a）］，面板为平板，通常简支于支墩的托肩（牛腿）上，面板和支墩为钢筋混凝土结构，适用于中低坝；②连拱坝［图 1.56（b）］，上游为拱形面板，常采用圆拱，与支墩连成整体，一般为钢筋混凝土结构；③大头坝［图 1.56（c）］，面板由支墩上游部分扩宽形成，称为头部，相邻支墩的头部用伸缩缝分开，为大体积混凝土结构。对于高度不大的支墩坝，除平板坝的面板外，也可用浆砌石建造。大头坝与宽缝重力坝结构体形相似，其区别为：①大头坝支墩间的空距一般大于支墩厚度，而宽缝重力坝则相反；②大头坝上游面的倾斜度一般较宽缝重力坝大；③大头坝支墩下游部分可以不扩宽，坝腔是开敞的，而宽缝重力坝则是封闭的。连拱坝和大头坝适用于中高坝。

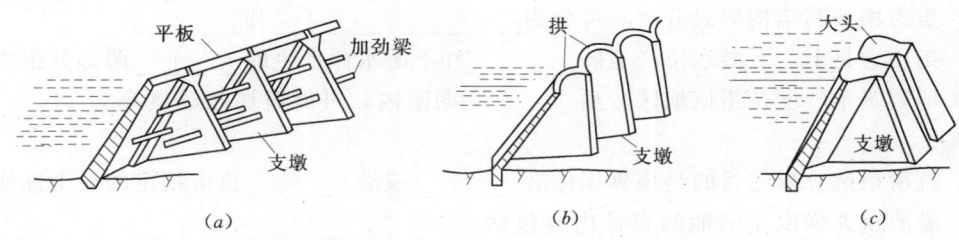

图 1.56 支墩坝类型

1.5.5.1 支墩坝发展概况

16 世纪西班牙修建了世界上第一座支墩坝——埃尔切砌石连拱坝，坝高 23m。20 世纪以来，连拱坝有较大发展，1968 年加拿大修建的马尼克五级连拱坝，坝高 214m，是当前世界上最高的支墩坝。1903 年安布生设计并建造了第一座有倾斜盖面的平板坝，1948 年阿根廷建造了艾斯卡巴坝，坝高 83m，是当前世界上最高的平板坝。1926 年 F.A. 内茨利首先提出了大头坝概念，1975 年巴西和巴拉圭修建的目前世界上最大水电站——伊泰普水电站，其大坝是当前世界上最高的大头坝，坝高 196m。我国自 1949 年以来也建造了很多高支墩坝。1956 年建成的梅山连拱坝，坝高 88.24m。1958 年建成的金江平板坝，坝高 54m。1960 年建成的新丰江大头坝，坝高 105m。1980 年建成的湖南镇梯形坝，坝高 129m，是中国最高的支墩坝。

1.5.5.2 支墩坝的特点

支墩坝一般为混凝土或钢筋混凝土结构。在小型工程中，除平板坝的面板外，还可采用浆砌石。支墩坝与实体重力坝相比，具有以下特点：①面板都做成倾向上游，增加了水重，大头坝可节约混凝土 20%～40%，平板坝和连拱坝可节约混凝土 30%～60%；②支墩可随受力情况调整厚度，充分利用混凝土材料的受压强度，对于平板则对其抗渗和抗裂要求较高；③施工散热条件好，但对于温度变化较敏感，容易产生裂缝；④减少了地基的开挖量，便于布置底孔和施工导流，坝体温控措施简易，但施工时立模复杂，且模板用量多，施工难度较大；⑤支墩本身单薄，侧向刚度比纵向（上、下游方向）刚度低，在遭遇垂直水流流向的地震作用时，其抗震性能明显低于重力坝。

本项目所介绍的是当今已较少采用的一些重力坝类型，故只作简单的介绍和回顾，使读者对过去已建重力坝的型式有大致了解，为今后学习和选择坝型提供比较和考虑。

【项目小结】 重力坝设计是学习其他水工建筑物的基础。本项目以实际工程初步设计展开,结合重力坝基本概念、原理、计算,通过非溢流坝剖面设计、溢流坝剖面设计等基本内容的实际分析和计算,让读者理论联系实际,更好地掌握重力坝设计的基本方法和理论。

项目自测题

一、填空题

1. 重力坝主要依靠_____产生的_____来满足坝体稳定要求。
2. 重力坝按其结构形式分类,可分为_____、_____和_____。
3. 扬压力是上、下游水位产生的_____和下游水深产生的_____两部分组成。
4. 地震基本烈度是指该地区今后_____期限内,可能遭遇超越概率为_____的地震烈度。
5. 抗滑稳定分析的目的是核算坝体沿_____或沿_____抗滑稳定的安全性能。
6. 溢流重力坝挑流消能的设计内容包括_____、_____、_____、_____、_____等。
7. 溢流坝有_____、_____、_____、_____四种消能方式。
8. 重力坝地基处理主要包括两方面的工作:一是_____,二是_____。
9. 因为作用在重力坝上游面的水压力呈_____分布,所以重力坝的基本剖面是_____形。
10. 碾压混凝土重力坝是用_____含量比较低的超干硬性混凝土,经_____而成的混凝土坝。

二、选择题

1. 坝底扬压力等于_____。
   A. 浮托力和压力之和
   B. 浮托力和渗透压力之和
   C. 浮托力和场压力之和
   D. 渗透压力和坝体场压力之和
2. 重力坝的基本剖面为_____。
   A. 梯形   B. 三角形   C. 矩形   D. 正方形
3. 下面关于坝体应力的几种说法正确的是_____。
   A. 正常运用期,坝基面的最大铅直正应力应小于坝基容许压应力
   B. 正常运用期,坝基面的最大铅直正应力应大于坝基容许压应力
   C. 坝体内绝对不容许出现拉应力
   D. 以上说法都不对
4. 采用以下措施主要用来降低重力坝坝基扬压力的是_____。
   A. 开挖与清理   B. 固结灌浆   C. 帷幕灌浆   D. 混凝土齿墙
5. SL 319—2005《混凝土重力坝设计规范》推荐使用官厅公式计算坝前浪压力,在校核洪水位时,该公式的风速 v 宜采用相应洪水期多年平均最大风速的_____。
   A. 1.0 倍   B. 1.5 倍   C. 2.0 倍   D. 2.5 倍

6. 混凝土坝防渗帷幕后设置排水幕的目的是降低_____。
   A. 动水压力 B. 浮托力 C. 扬压力 D. 静水压力
7. 溢流坝段的堰面曲线，当采用开敞式溢流孔时可采用_____。
   A. 抛物线 B. 幂曲线 C. 椭圆曲线 D. 圆弧曲线
8. 重力坝在水位变化范围内表面混凝土主要控制因素是_____。
   A. 抗冻性能 B. 防渗要求 C. 强度要求 D. 抗冲刷要求
9. 当重力坝与岩石地基之间的抗剪断摩擦系数较大时，坝体剖面尺寸一般由_____控制。
   A. 稳定条件 B. 强度条件 C. 工程造价 D. 施工条件
10. 溢流坝上不设闸门时，其堰顶高程与_____齐平。
    A. 校核洪水位 B. 设计洪水位 C. 正常蓄水位 D. 死水位

三、思考题

1. 重力坝的工作原理和工作特点是什么？为什么说重力坝的材料强度不能充分发挥？
2. 重力坝的基本断面是什么？
3. 重力坝是如何分类的？
4. 重力坝的主要荷载有哪些？
5. 什么是扬压力、渗透压力、浮托力？
6. 什么是基本组合？什么是特殊组合？各有哪些组合方式？
7. 简述重力坝的设计过程。
8. 稳定计算的方法有哪些？各有什么特点？
9. 提高重力坝抗滑稳定的工作措施有哪些？
10. 重力坝应力分析方法有哪些？各有什么特点？
11. 材料力学计算坝体应力的基本假定是什么？主要计算内容是什么？
12. 非溢流坝剖面设计的原则是什么？什么是基本剖面、实用剖面？
13. 溢流坝的剖面由哪些组成？各有何要求？
14. 溢流重力坝的消能常用的有哪几种？各自优、缺点及适用范围是什么？
15. 坝体为什么要分区？如何分区？
16. 重力坝内设置廊道系统的作用是什么？不同用途的廊道设置部位和尺寸如何？
17. 什么是坝段？坝体为什么要进行分缝？
18. 什么是固结灌浆、帷幕灌浆？各有何作用？
19. 重力坝地基处理的措施有哪些？
20. 其他形式的重力坝有哪些？各有什么特点？

四、计算题

某山区混凝土重力坝为Ⅳ级建筑物，挡水坝河床段如图 1.57 所示。

(1) 基本资料：

1) 多年平均最大风速 $v=6$m/s，吹程 $D=1.5$km。

2) 坝顶高程 231.00m，校核洪水位 229.00m，正常高水位 227.00m，淤沙高程 204.00m，泥沙浮重度 $\gamma_m=7$kN/m，内摩擦角 $\varphi=18°$。

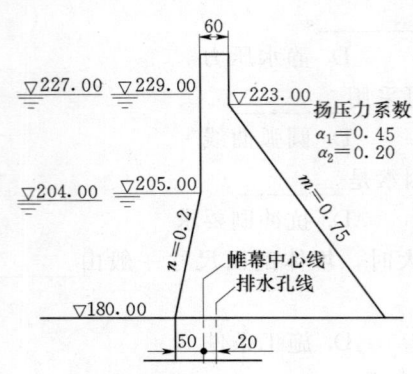

图 1.57 重力坝稳定、应力计算图

3) 混凝土重度 $\gamma_h = 24 \text{kN/m}$。
4) 坝基岩石 $f' = 1.0$，$c' = 0.9 \text{MPa}$。

(2) 计算要求：

1) 坝顶高程（若设防浪墙，求坝顶和墙顶高程）。
2) 计算作用于重力坝上的各种荷载（见表 1.18）。
3) 验算在正常高水位下沿坝基面的抗滑稳定性。
4) 计算在正常高水位下坝基和高程 205m 处截面上、下游边缘应力；并绘出坝基面、坝体边缘主应力矢量图。

表 1.18　　　　　　　　　重力坝荷载计算表

计算情况：
上游水位：　　　　　下游水位：　　　　　计算截面高程：

荷载	计算式	垂直力/kN	水平力/kN	对截面形心的力臂/m	力矩/(kN·m)
自重					
垂直水压力					
水平水压力					
浪压力					
泥沙压力					
小计					
扬压力					
合计					

项目 2 拱 坝 设 计

项目及其要求

拱坝是在平面上呈凸向上游的拱形挡水建筑物,利用拱的作用将水压力的全部或部分传给河谷两岸的基岩。坝体的稳定主要是利用拱端基岩的反作用来支承。拱圈截面上主要承受轴向反力,可充分利用筑坝材料的强度。因此,拱坝是一种经济性和安全性都很好的坝型。

拱坝设计基本资料

某拱坝枢纽为Ⅳ等工程,拦河坝为4级建筑物,正常蓄水位为388.0m;设计洪水位达389.72m,相应下泄流量为980m³/s;校核洪水位391.46m,相应下泄流量为1560m³/s。流域多年月平均最高气温27.3℃(7月),多年月平均最低气温8.7℃(1月)。洪水期多年平均最大风速15m/s,水库吹程1km。

坝谷处河谷较狭窄,属V形河谷,宽高比$L/H \approx 2.5$,坝址处的工程地质剖面如图2.1所示。摩擦系数及黏聚力:混凝土、砂浆/岩石面,$f = 0.65$;$f' = 0.9$,$c' = $

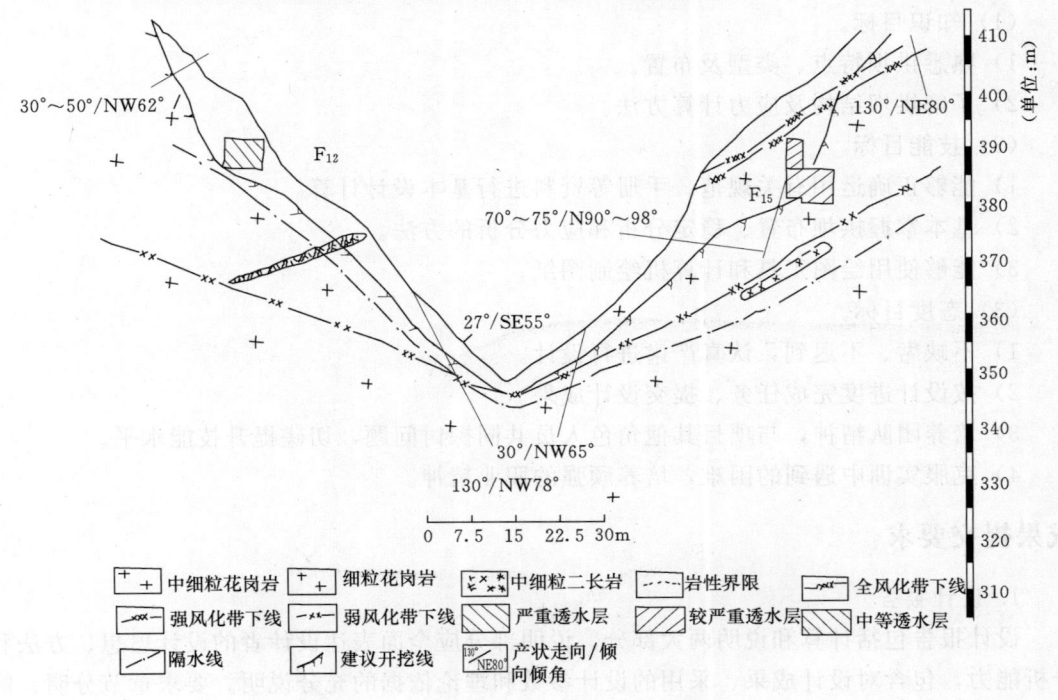

图 2.1 坝址处工程地质剖面图

0.5MPa。弱风化岩石 $f=0.6$；$f'=1.1$，$c'=1.0$MPa。开挖边坡：全风化或覆盖层 1：1，强风化或弱风化 1：0.3，微风化或新鲜 1：0.2～1：0.0，基础弹性模量：右岸及河中基岩 $E=1.0\times10^4$MPa，左岸基岩 $E=1.5\times10^4$MPa；基岩泊松比 $\mu=0.2$，线膨胀系数 $\alpha_c=1\times10^{-5}$/℃。

项目实施方法及目标

1. 项目实施方法

项目实训分为四个阶段：

第一阶段是项目实训的准备阶段，尽快准备项目实训所需要资料和实训计算、绘图工具。

第二阶段是设计计算阶段，是项目实训一个非常重要的阶段。在这个阶段中要尽快熟悉计算理论，并快速实施具体的计算。在这个过程中，可能会遇到许多问题，因此在本阶段要培养学生解决问题的能力。通过这一阶段的实训，令学生的专业技能得到较大提高。

第三阶段是绘制图纸阶段，是将第二阶段的成果用图纸的形式表达出来的阶段。

第四阶段是设计计算报告的编写。设计计算报告是设计成果的重要体现，报告编写要符合规定要求。

2. 项目教学目标

"拱坝设计"课程教学目标包括知识目标、技能目标和态度目标三个方面。技能目标是核心目标，知识目标是基础目标，态度目标贯穿整个实训过程，是项目实训的重要保证。

（1）知识目标。

1）熟悉拱坝特点、类型及布置。

2）了解拱坝结构及应力计算方法。

（2）技能目标。

1）能够正确运用有关规范、手册等资料进行基本设计计算。

2）基本掌握拱坝布置、稳定分析和应力分析的方法。

3）能够使用绘图工具和计算机绘制图纸。

（3）态度目标。

1）不缺席、不迟到，认真严肃进行设计。

2）按设计进度完成任务、提交设计成果。

3）培养团队精神，与项目其他角色人员共同探讨问题，切磋提升技能水平。

4）克服实训中遇到的困难，培养顽强的职业精神。

成果提交要求

1. 设计报告

设计报告包括计算和说明两大部分。说明部分应全面表达设计者的设计思想、方法和分析能力，包含对设计成果、采用的设计参数和理论依据的充分说明。要求章节分明、简明扼要、文理通顺，既有计算成果，又有分析论证和明确结论，必要时，使用附表和插图

（应按比例绘制）。计算部分是设计者的设计程序、设计成果的来源，要求详细列出所有计算过程。计算过程尽量列表计算，附计算草图；列出计算成果，并说明成果是否合理，如不合理，叙述可做改动的步骤；计算方法要求正确，参数取值合理，数据真实可靠，计算结果正确可信。

2. 设计图纸

设计图纸主要包括拱坝的平面布置图、细部构造图等。绘图应符合制图标准和相关规范，要求制图正确、布局合理、主次分明、比例适当、线条清晰、尺寸齐全，必要时应有简明注解。

3. 成果说明

要求简要说明计算成果及合理性，或设计的不足和可以进一步改进的地方，并对设计过程进行总结。

任务 2.1　拱坝基本设计

单元任务目标：完成拱坝的基本设计。

任务执行过程引导：枢纽等别，建筑物级别确定；坝型与坝轴线选择；坝顶高程确定；坝体断面初选；坝体布置；坝体稳定分析和应力分析。

提交成果：坝体布置图纸，相关计算成果。

2.1.1　拱坝布置

2.1.1.1　拱坝的特点

拱坝是固接于基岩的空间壳体结构，在平面上呈凸向上游的拱形，其拱冠梁剖面呈竖直或向上游凸出的曲线形。拱坝结构既有拱的作用，又有垂直悬臂梁的作用，所承受的荷载一部分通过拱的作用传至两岸基岩，另一部分通过梁的作用传至坝底基岩，如图 2.2 所示。拱坝的稳定主要依靠两岸拱端的反作用力来维持，不像重力坝那样依靠自重来维持稳定。由于拱圈截面上主要承受轴向力，可充分利用筑坝材料的强度，这样可以将拱坝设计得较薄，节省工程量。在同一坝址处，修建拱坝的工程量比同一高度的重力坝可节省 20%～70%。因此，是一种经济性和安全性都很好的坝型。

拱坝属于高次超静定结构，超载能力强，安全度高，当外荷载增大或坝的某一部位发生局部开裂时，坝体拱和梁的作用因受变位的相互制约而自行调整，坝体应力出现重分配，原来应力较低的部位将承受增大的应力。从模型试验来看，拱坝的超载能力可以达到设计荷载的 5～11 倍。拱坝坝体轻韧，弹性较好，工程实践证明，拱坝具有良好的抗震性能。目前世界上高地震地区的拱坝日益增多。据不完全统计，坝高大于 200m、地震烈度在 8～10 度的有 3 座；坝高超过 150m、地震烈度在 8～11 度的有 9 座；坝高大于 100m、地震烈度在 8～11 度的有 14 座；坝高大于 100m、地震烈度在 7 度及 7 度以上者有 40 余座。迄今为止，拱坝的失事比例远小于其他坝型，而且几乎没有因坝身问题而失事的，拱坝的失事基本上是坝肩抗滑失稳所致。因此，应十分重视坝肩岩体的抗滑稳定分析。

拱坝需要水平拱圈起整体作用，故坝身不设永久伸缩缝，其周边通常固结于基岩上，

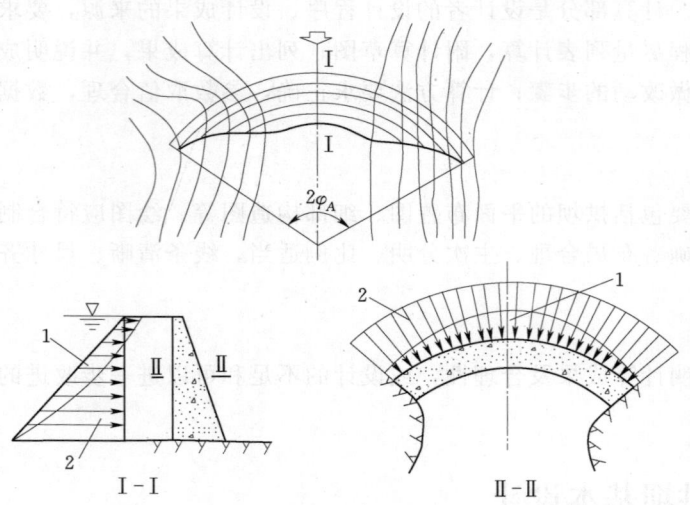

图 2.2 拱坝平面及剖面图
1—拱荷载；2—梁荷载

温度变化和基岩变形对坝体应力的影响比较显著，设计时，必须考虑基岩变形，并将温度荷载作用作为一项主要荷载。

实践证明，拱坝不仅可以在坝顶安全溢流，也可以在坝身设置单层或多层大孔口泄流，且泄洪量和单宽流量也越来越大。目前有的工程单宽流量达到 $200 \mathrm{m}^3/(\mathrm{s} \cdot \mathrm{m})$，我国在建的溪洛渡拱坝坝身总泄量达到 $30000 \mathrm{m}^3/\mathrm{s}$。

由于拱坝剖面较薄，坝体几何形状复杂，因此对于施工质量、筑坝材料强度和防渗要求等都较重力坝严格。

2.1.1.2 拱坝坝址的地形和地质条件

1. 对地形的要求

地形条件是决定拱坝结构形式、工程布置以及经济性的主要因素。理想的地形应是坝址上游较为宽阔，左右两岸对称，岸坡平顺无突变，在平面上向下游收缩的峡谷段。且坝两端下游有足够的岩体支承，以保证坝体的稳定，如图 2.3 所示。

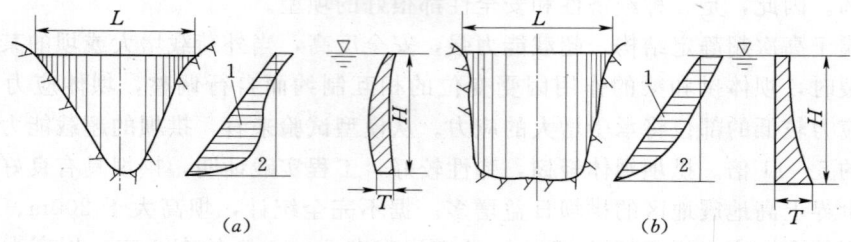

图 2.3 河谷形状对荷载分配和坝体剖面的影响
(a) V 形河谷；(b) U 形河谷
1—拱荷载；2—梁荷载

河谷的形状特征常用坝顶高程处的河谷宽度 L 与最大坝高 H 的比值，即"宽高比"

L/H 来表示。拱坝的厚薄程度，常以坝底最大厚度 T 和最大坝高 H 的比值，即"厚高比"T/H 来区分。一般情况下，在 $L/H<1.5$ 的深切河谷可以修建薄拱坝，$T/H<0.2$；在 $L/H=1.5\sim3.0$ 的稍宽河谷可以修建中厚拱坝，$T/H=0.2\sim0.35$；在 $L/H>3.0\sim4.5$ 的宽河谷多修建重力拱坝，$T/H>0.35$；而在 $L/H>4.5$ 的宽浅河谷，由于拱的作用很小，梁的作用将成为主要的传力方式，一般认为以修建重力坝或拱形重力坝较为适合。随着近代拱坝建设技术的发展，已有一些成功的实例突破了这些界限，如：奥地利的希勒格尔斯双曲拱坝，高 130m，$L/H=5.5$，$T/H=0.25$；美国的奥本三圆心拱坝，高 210m，$L/H=6.0$，$T/H=0.29$。

不同河谷即使具有同一宽高比，其断面形状可能相差很大。左右对称的 V 形河谷最适于发挥拱的作用，靠近底部水压强度最大，但拱跨短，因此底拱厚度仍可较薄；U 形河谷靠近底部拱的作用显著降低，大部分荷载由梁的作用来承担，故厚度较大；梯形河谷的情况则介于这两者之间。

根据工程经验，拱坝最好修建在对称河谷中，但在不对称河谷中也可修建，其缺点是坝体受力条件较差，设计、施工复杂。

2. 对地质的要求

地质条件也是拱坝建设中的一个重要问题。河谷两岸的基岩必须能承受由拱端传来的推力，要在任何情况下都能保持稳定，不致危害坝体的安全。理想的地质条件是基岩比较均匀、坚固完整、有足够的强度、透水性小、能抵抗水的侵蚀、耐风化、岸坡稳定、没有大断裂等。

由于地质等自然因素，基岩总会存在一些不连续面，如断层带、剪切带、节理裂隙密集带、软弱岩石夹层、软弱风化破碎体（带），甚至卸荷裂隙等，选择坝址时要完全避开这些不连续面往往不可能。因此，一方面要力求把拱坝和枢纽中的重要建筑物（如地下厂房）等选择在不连续面规模尽量小、数量尽量少的坝址；另一方面要在查明工程地质条件的基础上，妥善采取有效措施处理各种地质缺陷。

随着经验的不断积累和地基处理技术水平的不断提高，在地质条件较差的地基上也建成了不少高拱坝，如我国的龙羊峡拱坝，高 178m，基岩被众多的断层和裂隙所切割，岩体破碎，且位于 9 度强震区。但当地质条件复杂到难于处理，或处理工作量太大、费用过高时，则应另选其他坝型。

2.1.1.3 坝体断面初选

1. 拱圈形式

拱坝的水平拱圈形式多为圆拱，随着近代拱坝技术的发展，其他的形式也不断被采用，目前，拱圈的主要形式有以下几种：

（1）圆拱。也称为单圆心等厚拱，是拱坝最常用的一种形式，早期修建的混凝土拱坝及目前国内中小型砌石拱坝多采用该种形式，其具有结构简单、设计计算及施工方便的优点。如图 2.4（a）所示。

（2）三心拱。如图 2.4（b）所示，这类型的拱圈在 20 世纪 50 年代末开始采用，拱圈的厚度可以是均匀的，也可以是变厚的。

（3）二心拱。二心拱有两种类型：一种是上下游面拱弧各具一个圆心（一般两个圆心布置在对称中心线上），因而整个拱圈为均匀变截面形状；另一种是左右拱采用不同的圆心和半径，如图 2.4（c）所示，适用于不对称河谷，陡岸一侧可用曲率半径较小的拱。

（4）抛物线拱。抛物线拱如图 2.4（d）所示，其主要优点：①较圆拱更能适应不对称河谷或两岸开挖较多的特殊地形；②水压力在拱内所产生的压力线接近抛物线形状，尤其当河谷较宽时更是如此，采用抛物线拱时，拱圈可更接近中心受压状态；③可减小中心角，改善拱端交角且减小弯矩；④对整个拱坝应力及倒悬情况均有利。

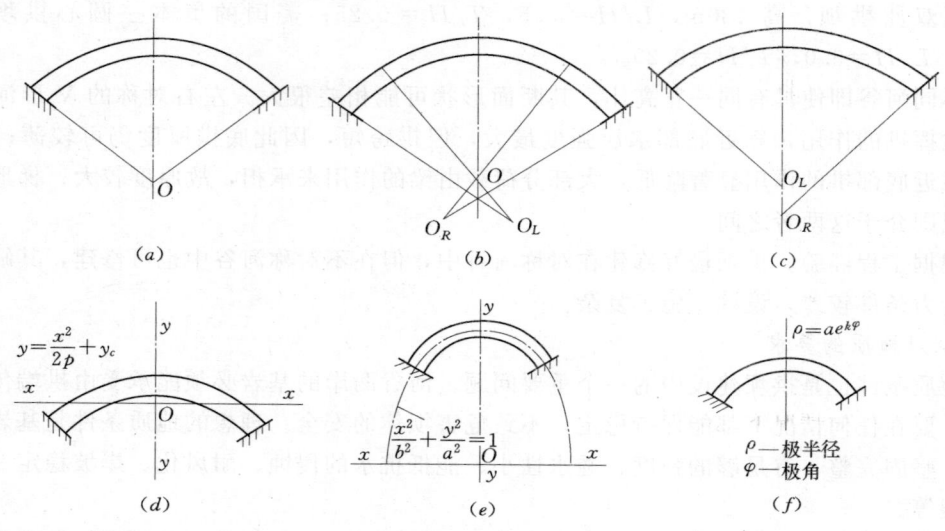

图 2.4　拱坝的水平拱圈
(a) 圆拱；(b) 三心拱；(c) 二心拱；(d) 抛物线拱；(e) 椭圆拱；(f) 对数螺旋线拱

（5）椭圆拱。椭圆拱圈如图 2.4（e）所示，其水平拱采用椭圆短轴一侧的弧线，拱冠处曲率半径较小，逐渐向拱座增大。椭圆拱可减小拱冠处弯矩及应力，改善拱座推力方向，增加稳定性。

（6）对数螺旋线拱。对数螺旋线拱如图 2.4（f）所示，其主要优点：坝体应力分布较好，拱端推力与岸坡交角较理想，一般可保证 45°左右。坝面平顺适于宽的河谷及 V 形河谷，因其具有两个对数自由度，所以在水平、铅直方向更容易灵活调整。

合理的拱圈型式应当是压力线接近拱轴线，使拱截面内的压应力分布趋于均匀。在河谷狭窄且对称的坝址，大部分水平荷载由拱传到两岸，此时采用圆弧拱圈，在设计和施工上都比较方便。但从水平荷载在拱梁系统的分配情况看，拱所承担的水平荷载并不是沿拱圈均匀分布，而是从拱冠向拱端逐渐减小，如图 2.2 所示。因此，为改善拱圈的受力条件，并考虑坝肩岩体的抗滑稳定，合理的拱圈型式应当是变曲率、变厚度、扁平的。因此，近年来，拱圈型式已由早期的单心圆拱向多心圆拱、抛物线拱、椭圆拱和对数螺旋线拱等多种型式发展。

2. 坝体类型

为适应各种地质地形条件，达到安全、经济的目的，拱坝出现了多种类型，主要有以下几种：

(1) 单曲拱坝。如图 2.5（a）所示，单曲拱坝在垂直向上无曲率或基本无曲率，一般为定圆心、定外半径，其优点是结构简单，设计、施工方便。缺点是当坝顶和坝底处河谷宽度相差较大时（如 V 形河谷或梯形河谷），由于下部拱圈中心角太小，拱的作用不能充分发挥，致使坝底部厚度过大而不经济。目前国内中小型拱坝，特别是砌石拱坝，多采用此种形式。

(2) 双曲拱坝。如图 2.5（b）所示，双曲拱坝在垂直向上有曲率，是拱坝普遍采用的一种体型，也是高拱坝的发展方向之一。该型式不仅有平面拱的作用，而且有竖向拱的作用，使"梁"的弯矩减小，刚性加大，同时梁的倒悬也可以改善梁的应力状态，材料强度能较好发挥。双曲拱坝比单曲拱坝的承载能力大，若坝顶溢流，水流跌落也距坝脚较远。由于双曲拱坝具有这些优点，尽管在结构布置上比较复杂，施工不方便，但仍越来越多地采用此种类型坝。

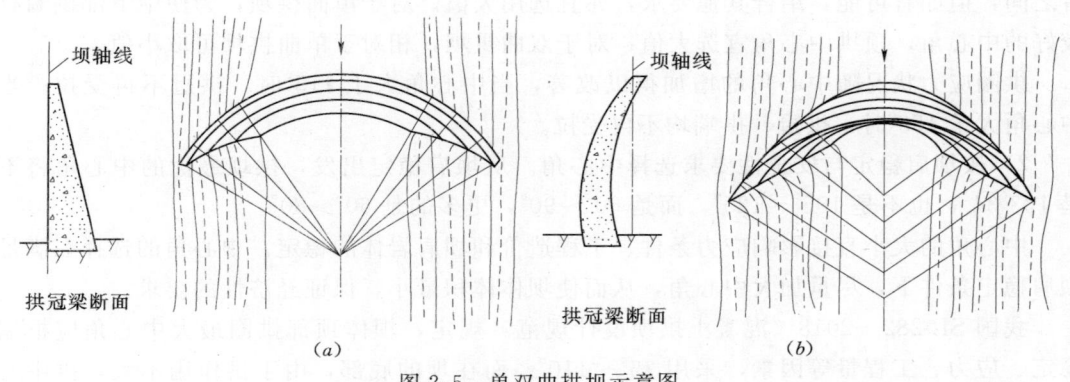

图 2.5 单双曲拱坝示意图
(a) 单曲拱坝；(b) 双曲拱坝

(3) 其他。除单曲和双曲拱坝两种常见类型外，拱坝还有以下几种类型：①混合型拱坝（隔河岩拱坝、乌江渡拱坝）；②上拱下部支墩式拱坝（蒙弗特拱坝）；③空腹拱坝（风滩混凝土空腹重力拱坝）；④多层拱坝（法国玛雷琪、我国火甲拱坝）；⑤拱上拱坝（窄巷口混凝土拱坝、红色娘子军砌石拱坝）；⑥周边缝拱坝（天生桥砌石拱坝）；⑦平底缝拱坝（门坎哨混凝土薄拱坝）；⑧铰拱坝（摩林瑞保双铰拱坝）；⑨预应力拱坝。

3. 断面初拟

(1) 拱圈中心角选取。

1) 按坝身应力和经济要求选择中心角，如图 2.6 所示。设拱圈厚度为 T，中心角为 $2\varphi_A$，沿外弧均匀水压为 p，坝体材料允许应力为 $[\sigma]$，据"圆筒公式"可以确定拱圈所需要的厚度 T 为

$$T = \frac{pR_u}{[\sigma]} \qquad (2.1)$$

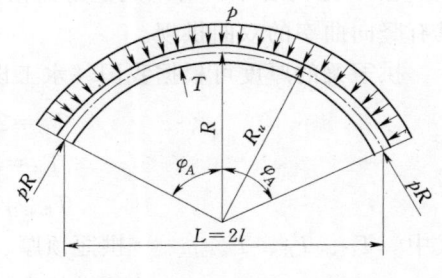

图 2.6 圆弧拱圈

式中 R_u——外弧半径，m。

由式 (2.1) 可知，拱圈厚度 T 取决于荷载的压强 p 和拱圈外半径 R_u，荷载越大，拱圈厚度越大。在同样的荷载和跨度下，半径越大，拱圈厚度也越大，导致拱圈工程量增

加，不经济；另外，当跨度固定时，半径小，则拱的中心角增大，拱圈的弧长增加，同样不经济。为求得最有利的半径或最有利的中心角，应使拱圈的工程量最小，即体积最小。拱圈的体积为

$$V = \frac{2\pi}{360} \times 2\varphi_A R T \tag{2.2}$$

式中 R——拱圈中心线半径，m。

对式（2.2）求导可得，当 $2\varphi_A = 133°34'$ 时，拱圈的体积最小。

由于拱圈与圆筒存在差异，结合拱圈的实际工作情况，最优中心角并非 $133°34'$，一般在 $105°\sim125°$。

对于 U 形河谷，由于拱坝上、下部河宽没有实质性变化，结合其他要求，数值可以取小些；对于 V 形河谷，由于上、下部河谷宽度变化大，宜选用大值；梯形河谷介于两者之间，但如有可能，结合其他要求，亦宜选用大值。对于单曲拱坝，为使中下部拱圈有较好的中心角，顶拱中心角宜选大值；对于双曲拱坝，相对于单曲拱坝可取小值。

拱圈应力状况随中心角的增加得以改善，当中心角大于 $115°$ 时，拱冠不再受拉；当中心角大于 $158°$ 时，拱冠、拱端均不再受拉。

2）按坝肩稳定与安全性要求选择中心角。从坝肩稳定出发，拱坝最优的中心角将不是 $133°34'$，也不是 $105°\sim125°$，而是 $60°\sim90°$，更多的是 $60°\sim80°$。

中心角的大小直接影响应力条件、工程造价和坝肩岩体的稳定。中心角的选择在满足坝肩稳定条件下，尽量加大中心角，从而使坝体体积最小，保证经济性的要求。

我国 SL 282—2018《混凝土拱坝设计规范》规定，坝体顶部拱圈最大中心角应根据稳定、应力、工程量等因素，采用 $75°\sim110°$。而在坝的底部，由于拱作用不大，拱中心角适当可减小，一般在 $50°\sim80°$。

（2）坝体尺寸初拟。坝体尺寸主要包括：拱圈的平面形式及各层拱圈轴线的半径和中心角；拱冠梁（中央铅直剖面）上、下游面形式及其沿高程的厚度。当坝高已定，首先要拟定顶拱轴线，然后是拱冠梁和拱圈的形式及尺寸。有关顶拱轴线的选择，见拱坝布置的内容。

1）拱冠梁的形式和尺寸。在拱坝的轴线和顶拱确定以后，即可拟定拱冠梁的尺寸。

在 U 形河谷中，可采用上游面铅直的单曲拱坝；在 V 形和接近 V 形河谷中，多采用具有竖向曲率的双曲拱坝。

拱冠梁的厚度可根据我国《水工设计手册》建议的公式初步拟定。

$$T_C = 2\varphi_C R_{\text{轴}} (3R_f/2E)^{\frac{1}{2}}/\pi \tag{2.3}$$

$$T_B = 3.5(L_1 + L_2)H/[\sigma] \tag{2.4}$$

$$T_{0.45H} = 0.385 H L_{0.45H}/[\sigma] \tag{2.5}$$

式中 T_C、T_B、$T_{0.45H}$——拱冠顶厚、底厚和 $0.45H$ 高度处的厚度，m；

φ_C——顶拱的中心角，rad；

$R_{\text{轴}}$——顶拱中心线的半径，m；

R_f——混凝土的极限抗压强度，kPa；

E——混凝土的弹性模量，kPa；

L_1——坝顶高程处拱端可利用基岩面间的河谷宽度，m；

L_2——坝底以上 $0.15H$ 处拱端可利用基岩面间的河谷宽度，m；

H——拱冠梁的高度，m；

$[\sigma]$——坝体混凝土的容许压应力，kPa；

$L_{0.45H}$——拱冠梁 $0.45H$ 高度处两岸可利用基岩面间的河谷宽度，m。

美国垦务局建议的公式为

$$T_C = 0.01(H + 1.2L_1) \tag{2.6}$$

$$T_B = \sqrt[3]{0.0012 H L_1 L_2 \left(\frac{H}{122}\right)^{H/122}} \tag{2.7}$$

式（2.3）~式（2.5）是根据混凝土强度确定的，式（2.6）和式（2.7）则是根据拱坝设计资料总结出来的，可以互为参考。在选择拱冠梁的坝顶厚度 T_C 时，还应考虑工程规模和运用要求，如无交通规定，一般为 3~5m，不宜小于 3m。坝顶厚度体现了顶部拱圈的刚度，顶拱刚度不仅对坝体上部应力有影响，而且对拱冠梁附近的梁底应力也有较大的影响。当河谷上部较宽时，适当加大坝顶厚度有利于降低梁底上游面的拉应力。

对于双曲拱坝，美国垦务局推荐的拱冠梁剖面的尺寸和形式见表 2.1 和图 2.7，其中用式（2.3）~式（2.5）计算，当三个控制厚度确定后，即可以用光滑曲线绘出拱冠梁剖面，用作初选时参考。

表 2.1　　　　　　　　　　　拱冠梁剖面参考尺寸表

高程	坝顶	$0.45H$	坝底
上游偏距	0	$0.95 T_B$	$0.67 T_C$
下游偏距	T_C	0	$0.33 T_C$

对于一般的双曲拱坝，上游面曲线可用二次多项式表示，如图 2.8 所示。

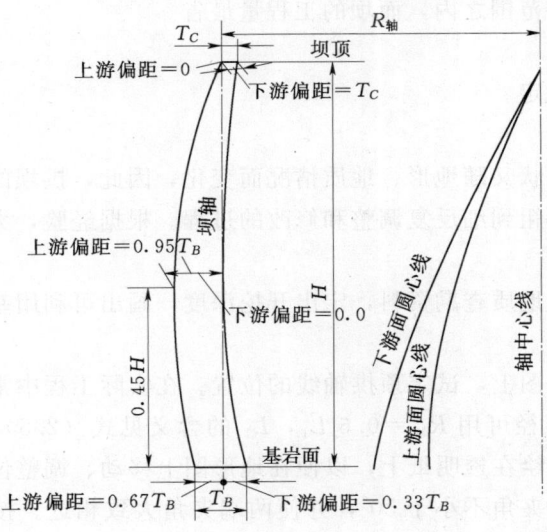

图 2.7　拱冠梁尺寸示意图

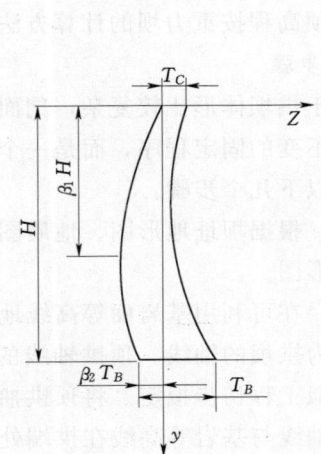

图 2.8　拱冠梁剖面

$$y = a_1 z + a_2 z^2 \tag{2.8}$$

其中
$$a_1 = -2\beta_1 a_2 H \tag{2.9}$$
$$a_2 = \frac{\beta_2 T_B}{(2\beta_1 - 1)H^2} \tag{2.10}$$

式中 β_1、β_2——经验系数，通常可取 $\beta_1 = 0.60$，$\beta_2 = 0.30 \sim 0.60$。

对于单曲拱坝，拱冠梁上游面是铅直线，下游面是倾斜直线或几段折线。

2）水平拱圈的形式选择。水平拱圈以圆弧拱最为常用。由式（2.1）可知，加大中心角，可减小拱圈厚度，改善坝体应力。但从稳定条件考虑，过大的中心角将使拱轴线与河岸基岩等高线间的交角过小，以致拱端推力过于趋向岸边，不利于拱座的稳定。现代拱坝，顶拱中心角多为 90°～110°；对向下游缩窄的河谷，可采用 110°～120°；当坝址下游基岩内有软弱带或坝肩支承在比较单薄的山嘴时，则应适当减小拱的中心角，使拱端推力转向岩体内侧，以加强坝肩稳定。

由于拱坝的最大应力常在坝高 1/3～1/2 处，所以，大部分拱坝工程在坝的 $0.4H \sim 0.7H$ 范围内采用较大的中心角，由此向上向下中心角都减小，如：我国的泉水拱坝，最大中心角为 101°24′，约在 2/5 坝高处；伊朗的卡雷迪拱坝，最大中心角为 117°，位于坝的中下部。

合理的拱圈形式应当是压力线接近拱轴线，使拱截面内的压应力分布趋于均匀。近年来，对建在较宽河谷中的拱坝，为使拱圈中间部分接近于均匀受压，并改善拱座的抗滑稳定条件，拱圈形式已由早期的单心圆拱向三心圆拱、椭圆拱、抛物线拱和对数螺旋线拱等多种形式（图 2.4）发展。因此，最合理的拱圈形式应当是变曲率、变厚度、扁平的。

2.1.1.4 坝体布置

拱坝布置的原则是，根据坝址地形、地质、水文等自然条件以及枢纽综合利用要求统筹布置，在满足稳定和建筑物运用的要求下，通过调整拱坝的外形尺寸，使坝体材料的强度得到充分发挥，控制拉应力在允许范围之内，而坝的工程量最省。

1. 确定坝顶高程

坝顶高程按重力坝的计算方法确定。

2. 步骤

由于拱坝体形比较复杂，剖面形状又随地形、地质情况而变化，因此，拱坝的布置并无一成不变的固定程序，而是一个从粗到细反复调整和修改的过程。根据经验，大致可以归纳为以下几个步骤：

（1）根据坝址地形图、地质图和地质查勘资料，定出开挖深度，画出可利用基岩面等高线地形图。

（2）在可利用基岩面等高线地形图上，试定顶拱轴线的位置。在实际工程中常以顶拱外弧作为拱坝的轴线。顶拱轴线的半径可用 $R_{轴} = 0.6 L_1$，L_1 的含义见式（2.5）或参考其他类似工程初步拟定。将顶拱抽线绘在透明纸上，以便在地形图上移动、调整位置，尽量使拱轴线与基岩等高线在拱端处的夹角不小于 30°，并使两端夹角大致相近。按选定的半径、中心角及顶拱厚度画出顶拱内外缘弧线。

（3）初拟拱冠梁剖面尺寸，布置其他高程拱圈。自坝顶往下，一般选取 5～10 层拱圈，绘制各层拱圈平面图，布置原则与顶拱相同。各层拱圈的圆心连线在平面上最好能对称于河谷可利用岩面的等高线，在竖直面上圆心连线应能形成光滑的曲线。

（4）切取若干铅直剖面，检查其轮廓线是否光滑连续，有无倒悬现象，确定倒悬度是否太大。为了便于检查，可将各层拱圈的半径、圆心位置以及中心角分别按高程点绘，连成上、下游面圆心线和中心角线。必要时，可修改不连续或变化急剧的部位，以求沿高程各点连线达到平顺光滑为止。

（5）进行应力计算和拱座抗滑稳定校核。如不符合要求，应修改坝体布置和尺寸，重复以上的工作程序，直至满足要求为止。

（6）将坝体沿拱轴线展开，绘成坝的立视图，显示基岩面的起伏变化，对突变处应采取削平或填塞措施。

（7）计算坝体工程量，作为不同方案比较的依据。

归纳起来，拱坝布置的基本原则是：坝体轮廓线连续光滑，坝体轮廓力求简单；基岩轮廓线连续光滑，避免有任何突变，如图2.9所示。

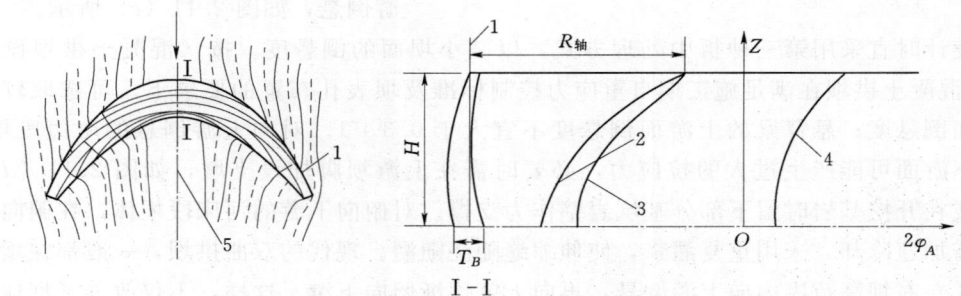

图 2.9 双曲拱坝布置示意图
1—坝轴线；2—下游面圆心线；3—上游面圆心线；4—拱圈中心角线；5—基准面

3. 拱圈与地形的匹配要求

（1）"30°要求"。所谓"30°要求"就是拱圈内弧面与该高程可利用岩体等高线间的夹角宜大于或等于30°，这是从拱坝推力在基础岩体中的安全扩散传递，求得稳定和较好的坝肩工作条件而提出的。如果由于地形的限制，上述"30°要求"难以满足，也可以考虑在必要时进行人工填混凝土，修补地形缺陷，在"整容"后的地形情况下布置拱坝。

（2）拱端的布置原则。拱坝两端与基岩的连接也是拱坝布置的一个重要方面。拱端应嵌入开挖后的坚实基岩内。拱端与基岩的接触面原则上应做成全径向的，以使拱端推力接近垂直于拱座面。但在坝体下部，当按全径向开挖将使上游面可利用岩体开挖过多时，允许自坝顶往下由全径向拱座渐变为1/2径向拱座，如图2.10（a）所示。此时，靠上游边的1/2拱座面与基准面的交角应大于10°。如果用全半径向拱座将使下游面基岩开挖太多时，也可改用中心角大于半径向中心角的非径向拱座，如图2.10（b）所示，此时，拱座面与基准面的夹角，根据经验应不大于80°。

4. 坝面倒悬的处理

由于上、下层拱圈半径及中心角的变化，坝体上游面不能保持直立。如上层坝面突出于下层坝面，就形成了坝面的倒悬，这种上、下层的错动距离与其间高差之比称为倒悬度。在双曲拱坝中，很容易出现坝面倒悬现象。这种倒悬不仅增加了施工上的困难，而且未封拱

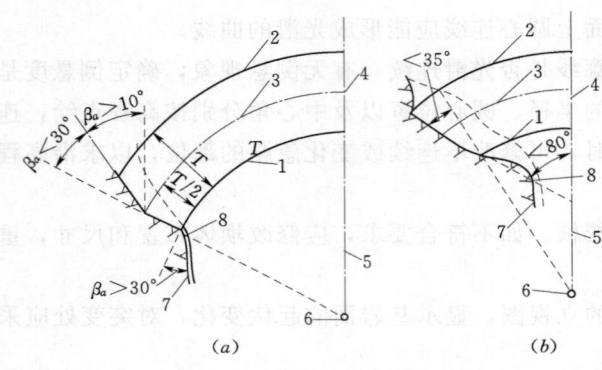

图 2.10 拱座形状准则
(a) 1/2 径向拱座；(b) 非径向拱座
1—内弧面；2—外弧面；3—坝轴线；4—拱冠；5—基准面；
6—坝轴线圆心；7—可利用岩线；8—原地面线

前，由于自重作用很可能在与其倒悬相对的另一侧坝面产生拉应力甚至开裂。对于倒悬的处理，如图 2.11 所示，大致可归纳为以下几种方式：

（1）使靠近岸边的坝体上游面维持直立，这样，河床中部坝体将俯向下游，如图 2.11（a）所示。

（2）使河床中间的坝体上游面维持直立，而岸边坝体向上游倒悬，如图 2.11（b）所示。

（3）协调前两种方案，使河床段坝体稍俯向下游，岸坡段坝体稍上游倒悬，如图 2.11（c）所示。

设计时宜采用第三种折中处理方式，以减小坝面的倒悬度。按《混凝土拱坝设计规范》：混凝土拱坝在满足施工期自重应力控制标准及坝表孔布置的要求下，可选取较大的下游面倒悬度；悬臂梁的上游面倒悬度不宜大于 0.3:1。对向上游倒悬的岸边段坝体，在其下游面可能产生过大的拉应力，必要时需在上游坝脚加设支墩，如图 2.11（d）所示；或在开挖基岩时留下部分基坑岩壁作为支撑。对俯向下游的河床段坝体，在俯向下游部分需加速冷却，采用重复灌浆，使伸缩缝随浇随灌。现代的双曲拱坝，一般都在坝体下部 1/3 左右坝高范围内向上游倒悬，再向上就逐渐俯向下游。这样，不仅改善了坝体应力情况，而且有助于解决岸边坝段的倒悬问题。

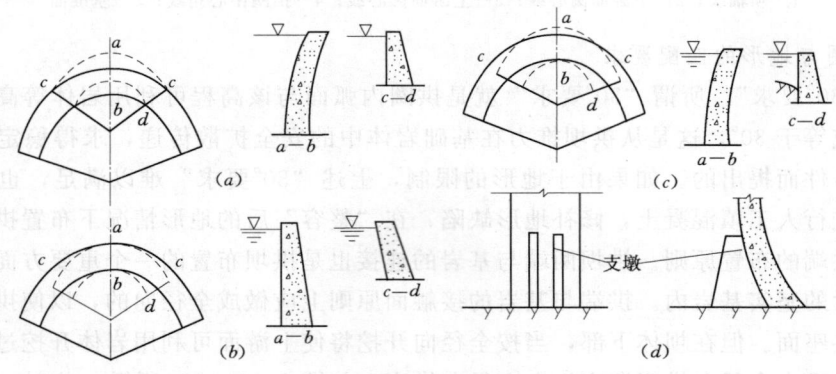

图 2.11 拱坝倒悬的处理

2.1.2 拱坝稳定分析与应力分析

2.1.2.1 拱坝荷载及其组合

1. 拱坝的设计荷载

拱坝的设计荷载包括：静水压力、动水压力、自重、扬压力、泥沙压力、冰压力、浪压力、温度作用以及地震荷载等，基本上与重力坝荷载相同。但由于拱坝本身的结构特点，有些荷载的计算及其对坝体应力的影响与重力坝的不尽相同。本节只介绍这些荷载的不同特点。

(1) 一般荷载。

1) 水平径向荷载。水平径向荷载包括：静水压力、泥沙压力、浪压力及冰压力，计算方法同重力坝。其中，静水压力是坝体上的最主要荷载，应由拱和梁共同承担，可通过拱梁分载法来确定拱系和梁系上的荷载分配。

2) 自重。混凝土拱坝在施工时常采用分段浇筑，最后进行灌浆封拱，形成整体。这样，由自重产生的变位在施工过程中已经完成，全部自重应由悬臂梁承担，悬臂梁的最终应力是由拱梁分载法算出的应力加上由于自重而产生的应力。在实际工程中，如遇：①需要提前蓄水，要求坝体浇筑到某一高程后提前封拱；②对具有显著竖向曲率的双曲拱坝，为保持坝块稳定，需要在其冷却后先行灌浆封拱；③为了度汛，要求分期灌浆等情况；灌浆前的自重作用应由梁系单独承担，灌浆后浇筑的混凝土自重参加拱梁分载法中的变位调整。有时为了简化计算，也常假定自重全由梁系承担。

由于拱坝各坝块的水平截面都呈扇形，如图 2.12 所示，截面 A_1 与 A_2 间的坝块自重 G 可按辛普森公式计算

$$G = \frac{1}{6}\gamma_C \Delta Z(A_1 + 4A_m + A_2) \quad (\text{kN}) \tag{2.11}$$

式中　　γ_C——混凝土重度，kN/m³；

ΔZ——计算坝块的高度，m；

A_1、A_2、A_m——上、下两端和中间截面的面积，m²。

或简单地按下式计算

$$G = \frac{1}{2}\gamma_C \Delta Z(A_1 + A_2) \tag{2.12}$$

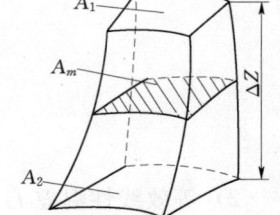

图 2.12　坝块自重计算图

有覆盖时，岩体自重在计算坝肩稳定、变形和应力时需计入。岩石重度应通过试验测定。

3) 扬压力。从近年美国对一座中等高度拱坝坝内渗透压力所作的分析表明，由扬压力引起的应力在总应力中约占 5%。由于所占比重很小，设计中对于薄拱坝可以忽略不计；对于重力拱坝和中厚拱坝则宜予以考虑，在对坝基及拱座进行抗滑稳定分析时，必须计入扬压力或渗透压力的不利影响。

4) 动水压力。拱坝采用坝顶或坝面溢流时，应计算溢流坝面上的动水压力。对溢流面的脉动压力和负压的影响可以不计。

实践证明，岩体赋存于一定的地应力环境中，对修建在高地应力区的高拱坝，应当考虑地应力对坝基开挖、坝体施工、蓄水过程中的坝体应力以及拱座抗滑稳定的影响。

(2) 温度作用。温度作用是拱坝设计中的一项主要荷载。实测资料分析表明，在由水压力和温度变化共同引起的径向总变位中，后者占 1/3~1/2，在靠近坝顶部分，温度变化的影响就更为显著。拱坝系分块浇筑，经充分冷却，待温度趋于相对稳定后，再灌浆封拱，形成整体。封拱前，根据坝体稳定温度场（图 2.13），可定出沿不同高程各灌浆分区的封拱温度。封拱温度低，有利于降低坝内拉应力，一般选在年平均气温或略低时进行封

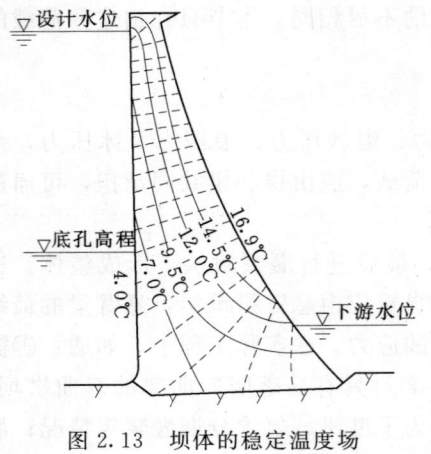

图 2.13 坝体的稳定温度场

拱。封拱温度即作为坝体温升和温降的计算基准，以后坝体温度随外界温度作周期性变化，产生了相对于上述稳定温度的改变值。由于拱座嵌固在基岩中，限制坝体随温度变化而自由伸缩，于是就在坝体内产生了温度应力。上述温度改变值，即为温度作用，也就是通常所称的温度荷载。

坝体温度受外界温度及其变幅、周期，封拱温度，坝体厚度及材料的热学特性等因素制约，同一高程沿坝厚呈曲线分布。设坝内任一水平截面在某一时刻的温度分布如图 2.14 所示。为便于计算，可将其与封拱温度的差值，即温差视为三部分的叠加。

1) 均匀温度变化 t_m。即温差的均值，这是温度荷载的主要部分。它对拱圈轴向力和力矩、悬臂梁力矩等都有很大影响。

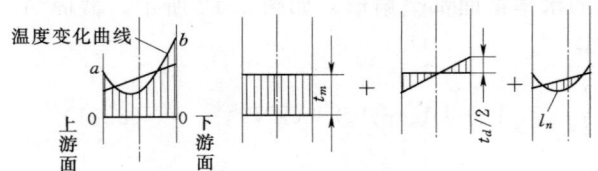

图 2.14 拱圈温度分布及温差分解示意图

2) 等效线性温差 t_d。等效线性化后，上、下游坝面的温度差值，用以表示水库蓄水后，由于水温变幅小于下游气温变幅沿坝厚的温度梯度 t_d/T。它对拱圈力矩的影响较大，而对拱圈轴向力和悬臂梁力矩的影响很小。

3) 非线性温差变化 t_n。它是从坝体温度变化曲线 $t(y)$ 扣去以上两部分后剩余的部分，是局部性的，只产生局部应力，不影响整体变形，在拱坝设计中一般可略去不计。

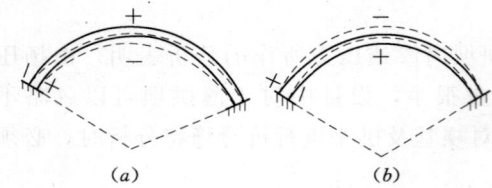

图 2.15 坝体由温度变化产生的变形示意图
(a) 温降；(b) 温升
"+"—压应力；
"—"—拉应力

当坝体温度低于封拱温度，称为"温降"时，坝轴线收缩，使坝体向下游变位，如图 2.15 (a) 所示，由此产生的弯矩和剪力的方向与水压力作用所产生的相同，但轴力方向相反。当坝体温度高于封拱温度（称为"温升"）时，坝轴线伸长，使坝体向上游变位，如图 2.15 (b) 所示，由此产生的弯矩和剪力的方向与水压力产生的相反，但轴力方向则相同。因此，在一般情况下，温降对坝体应力不利；

温升将使拱端推力加大，对拱座稳定不利。

(3) 地震荷载。地震荷载包括地震惯性力和地震动水压力，其计算可参照《水工建筑物抗震设计规范》的规定执行。

2. 荷载组合

混凝土拱坝设计荷载组合可分为基本组合和特殊组合两类。基本组合由基本荷载组成，特殊组合除相应的基本荷载外，还应包括某些特殊荷载。荷载组合应按表 2.2 的规定确定。

拱坝的荷载组合应根据各种荷载同时作用的实际可能性，选择最不利情况，作为分析坝体应力和拱座抗滑稳定的依据。

表 2.2　　　　　　　　　　　　荷　载　组　合

荷载组合	主要考虑情况		自重	静水压力	温度荷载		扬压力	泥沙压力	浪压力	冰压力	动水压力	地震荷载
					设计正常温降	设计正常温升						
基本组合	1. 正常蓄水位情况		√	√	√		√	√	√	√		
	2. 正常蓄水位情况		√	√		√	√	√	√	√		
	3. 设计洪水位情况		√	√	√		√	√	√			
	4. 死水位（或运行最低水位）情况		√	√		√	√	√	√			
	5. 其他常遇的不利荷载组合											
特殊组合	1. 校核洪水位情况		√	√	√		√	√	√		√	
	2. 地震情况	1）基本组合 1＋地震荷载	√	√	√		√	√	√	√		√
		2）基本组合 2＋地震荷载	√	√		√	√	√	√	√		√
		3）常遇低水位情况＋地震荷载	√	√	√		√	√	√			√
	3. 施工期情况	1）未灌浆	√									
		2）未灌浆遭遇施工洪水	√	√								
		3）灌浆	√		√							
		4）灌浆遭遇施工洪水	√	√		√						
	4. 其他稀遇的不利荷载组合											

注　1. 上述荷载组合中，可根据工程的实际情况选择控制性的荷载组合进行计算。
　　2. 地震较频繁地区，当施工期较长，应采取措施及时封拱，必要时对施工期的荷载组合尚应增加一项"上述情况加地震荷载"，其地震烈度可按设计烈度降低 1 度考虑。
　　3. 表中"特殊组合 3. 施工期情况 3）灌浆"状况下的荷载组合，也可为自重和设计正常温升的温度荷载组合。

2.1.2.2　拱坝稳定分析

拱座坝肩岩体稳定是拱坝安全的根本保证。拱座稳定分析主要研究岩体的可能滑动问题，但在拱座下游附近如存在较大的软弱带或断层而有可能引起较大的变形时，即使拱座抗滑稳定能够满足要求，也应对拱座变形问题进行专门研究。必要时，需采取适当的加固措施。

1. 稳定分析方法

目前国内外评价拱座稳定的方法，归纳起来有三种：

(1) 刚体极限平衡法。在实际工程设计中，用作判断拱座稳定性的常用方法是刚体极限平衡法，其基本假定是：①将滑移体视为刚体，不考虑其中各部分之间的相对位移；②不考虑拱端作用的力矩的影响，认为其可由力的分布自行调整满足，只考虑滑移体上力的平衡；③忽略拱坝的内力重分布作用，认为作用在岩体上的力系为定值；④达到极限平衡状态时，滑裂面上的剪力方向将与滑移的方向平行，指向相反，数值达到极限值。

刚体极限平衡法是半经验性的计算方法，因其具有长期的工程实践经验，采用的抗剪强度指标和安全系数是配套的，与目前勘探试验所得到的原始数据的精度相匹配，方法简便易行。所以，目前国内外仍沿用它作为判断拱座稳定的主要手段。对于大型工程或当地基情况复杂时，可辅以结构模型试验和有限元分析。

《混凝土拱坝设计规范》规定：拱座抗滑稳定分析应按空间问题计算可能滑动体的抗滑稳定安全系数。拱座无特定的滑裂面或作初步计算时，可简化为平面问题进行核算。

(2) 有限元法。《混凝土拱坝设计规范》规定：拱座抗滑稳定的计算方法应以刚体极限平衡法为主，对于大型或坝基地质情况复杂的工程，可辅以有限元法或其他方法进行分析论证。实际上，岩体并非刚体，其应力应变关系有着显著的非线性特性。岩体的破坏过程十分复杂，一般要经过硬化、软化、剪胀阶段，并伴随有裂隙的扩展过程。这样复杂的本构关系，刚体极限平衡滑移破坏的假定并不能真实反映拱座的失稳机理。有限元法，特别是三维非线性有限元分析，为复核和论证拱座稳定条件提供了较为合理的途径。

有限元法可用于进行平面或空间拱座稳定分析。对单元的物理力学特性，可以采用线弹性模型，也可以采用非线性模型。对于平面问题，可取单高拱圈或单宽悬臂梁剖面划分单元；对于空间问题，则按整体划分单元，如图 2.16 所示。计算模型的边界范围应根据地质和荷载条件选定，一般为 1.0~1.5 倍坝高。详细论述可参阅有关文献。

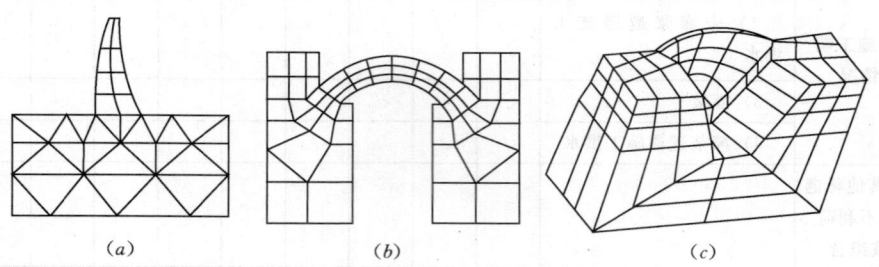

图 2.16 拱坝坝肩岩体抗滑稳定有限元计算图形
(a) 单宽悬臂梁；(b) 单高拱圈；(c) 整体模型

(3) 地质力学模型试验。20 世纪 70 年代发展起来的地质力学模型试验是研究拱座稳定的有效途径。这种方法能模拟不连续岩体的自然条件：岩体结构（软弱结构面、断层破碎带等）及其物理力学特性（岩体自重、变形模量、抗剪强度指标等）。国内多采用石膏加重晶石粉、甘油、淀粉等作为模型材料，其特性是重度高，强度和变形模量低。采用小块体叠砌或用大模块拼装成型。量测系统主要是位移量测和应变量测。通过试验可以了解复杂地基上拱坝和拱座相互作用下的变形特性、超载能力、破坏过程和破坏机理、拱推力在拱座内的影响范围、裂缝的分布规律、各部位的相对位移和需要加固的薄弱部位以及地基处理后的效果等，是一种很有发展前途的研究方法。但由于地质构造复杂，模型不易做到与实际一致，一些参数难以准确测定，温度作用和渗透压力难以模拟，因而试验成果也带有一定的近似性；另外，试验工作量大，费用高。就试验本身来说，还需要进一步研究模型材料，改进测试手段和加载方法等，以提高试验精度。

2. 拱坝的失稳形式

在拱坝设计的各个阶段，都应重视两岸拱座的稳定性，作出相应于各阶段工作深度的分析论证。必要时应采取适当的工程措施，以保证拱座的稳定。分析以往一些拱坝事故原因，绝大多数是由于坝肩岩体失稳或变形过大所致，很少是由拱坝本身应力问题所造成的。

坝肩岩体失稳最常见的形式是坝肩岩体荷载作用后发生滑动破坏。这种情况一般发生在岩体中存在着明显的滑裂面，如断层、节理、裂隙、软弱夹层等，如图 2.17 所示。另一种情况是当坝的下游岩体中存在着较大的软弱带或断层时，即使坝肩岩体抗滑稳定性满足要求，但过大的变形仍会在坝体内产生不利的应力，同样会给工程带来危害，应当尽量避免，如图 2.18 所示。

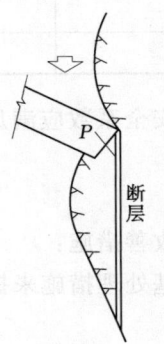

图 2.17 坝肩岩体失稳情况

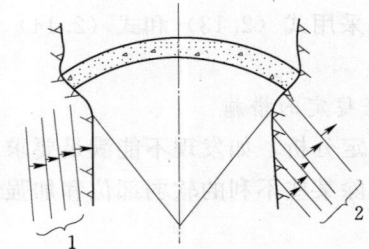

图 2.18 不利结构面对坝肩稳定的影响
1—不利陡倾角结构面；2—影响较小的结构面

3. 渗透水压力对拱座稳定的影响

在拱坝拱座稳定计算中，应当考虑下列荷载：坝体传来的作用力、岩体的自重、渗透水压力和地震荷载，其中，渗透水压力是控制拱座稳定的重要因素之一。如：1959 年法国马尔巴塞拱坝在初次蓄水不久即全坝溃决，其原因是渗透压力增大而导致岩体失稳。1962 年我国梅山连拱坝右坝端发生错动，其原因也是库水渗入陡倾角裂隙，渗透压力加大（高达库水静压力的 82%），致使岩体沿另一组缓倾角裂隙面向河床方向滑动。还有许多岩体滑坡事故都与渗透压力直接有关。这就充分说明在拱座稳定分析中渗透压力的重要作用，它不仅能在岩体中形成相当大的渗透压力推动岩体滑动，而且会改变岩体的力学性质（降低抗压强度和抗剪强度）。

4. 拱座稳定的控制指标

规范规定：拱座抗滑稳定计算，以刚体极限平衡法为主。对 1、2 级拱坝及高拱坝采用抗剪断公式计算，其他则可采用抗剪断或抗剪强度公式计算。

$$K_1 = \frac{\sum(f_1 N + c_1 A)}{\sum Q} \tag{2.13}$$

$$K_2 = \frac{\sum f_2 N}{\sum Q} \tag{2.14}$$

式中　　N——滑动面上的法向力，kN；

Q——滑动面上的滑动力，kN；

K_1、K_2——抗滑稳定安全系数，按表2.3选取；

A——计算滑裂面的面积，m^2；

f_1、f_2、c_1——滑裂面的抗剪断摩擦系数、抗剪摩擦系数和黏聚力，MPa。

表2.3　　　　　　　　　　　　拱座抗滑稳定安全系数

荷载组合		建筑物级别		
		1	2	3
按式（2.13）	基本	3.50	3.25	3.0
	特殊（非地震）	3.00	2.75	2.50
按式（2.14）	基本	—	—	1.30
	特殊（非地震）	—	—	1.10

规范规定，采用式（2.13）和式（2.14）计算时，相应安全系数应满足表2.3规定的要求。

5. 改善拱座稳定的措施

通过拱座稳定分析，如发现不能满足要求，可采取以下改善措施：

（1）通过挖除某些不利的软弱部位和加强固结灌浆等坝基处理措施来提高基岩的抗剪强度。

（2）深开挖。将拱端嵌入坝肩深处，可避开不利的结构面及增大下游抗滑体的重量。

（3）加强坝肩帷幕灌浆及排水措施，减小岩体内的渗透压力。

（4）调整水平拱圈形态，采用三心圆拱或抛物线等扁平的变曲率拱圈，使拱推力偏向坝肩岩体内部。

（5）如坝基承载力较差，可采用局部扩大拱端厚度、推力墩或人工扩大基础等措施。

2.1.2.3　拱坝应力分析

1. 应力分析方法

拱坝是一个变厚度、变曲率而边界条件又很复杂的空间壳体结构，要进行严格的理论计算是有困难的。在实际工程中，通常需要做一些必要的假定和简化。拱坝应力分析方法可归纳为如下几种：

（1）结构力学法。拱坝设计一般以结构力学法（包括纯拱法、拱梁分载法）作为应力分析的基本方法。

根据设计阶段的不向，可采用不同精度的拱梁分载法：在可行性研究阶段，一般用拱冠梁法；在初步和技施设计阶段，宜采用多拱梁法（拱梁分载法）。所谓拱梁分载法，是在坝体中选取若干个拱圈和若干个悬臂梁作为计算体系,然后将坝所承受的主要荷载(径向压力)划分为两部分,一部分作用在拱上,另一部分作用在梁上,选两者之一为未知量。另外,在拱和梁上各施加三组内力系,即切向内力系、水平扭转内力系、垂直扭转内力系。这些内力系沿拱轴线或梁轴线分布,都是"自平衡"的,即作用在拱上某点和作用在梁上同一点的内力大小相等、方向相反,均为未知量。然后分别取出每条拱和每根梁,列出它们在各自负担的外荷载及上述内力系作用下的变位计算公式,按照交点处变位一致条件,建立代数方程组即可求出外荷载和内力系未知量。从而可求出拱坝的变位和应力。采用拱梁分载法计算时,拱梁布置宜力求均匀,拱梁数目的选用应达到设计精度的要求。例如在技施设计阶段,一般取 5~7 个拱单元和 9~13 个梁单元进行计算。拱冠梁法仅在拱冠处截取一根代表梁进行拱坝的变位和应力计算,是简化了的拱梁分载法。

纯拱法由于没有反映拱圈之间的相互作用,假定荷载全部内水平拱承担,不符合拱坝的实际受力状况,求出的应力一般偏大,尤其对重力拱坝,误差更大,故以前多用于小型工程的低坝。目前,实际工程已很少采用此法计算拱坝的应力和变位,但在拱梁分载法(含拱冠梁法)中,需要计算拱的变位。

(2) 弹性力学法。弹性力学法包括差分方法、变分方法和有限单元法。前两种方法由于只能解决简单的情况,故在实际工程中还未得到推广应用。有限单元法适用性强,可用于解算体形复杂、坝内有较大的中孔或底孔、设有垫座或重力墩以及坝基内有断层、裂隙、软弱夹层的拱坝在各种荷载作用下的应力和变形,还可以求解地震对坝体-坝基-库水相互作用的动力反应,是拱坝应力分析的一种有效方法。

(3) 结构模型试验。一般用石膏加硅藻土组成的脆性材料制作整体模型,用应变仪量测加载前后模型各点的应变变化,求得坝体应力分布。也可用环氧树脂制造模型,用偏光弹性力学的方法来量测并分析得出拱坝的应力。

拱坝应力分析一般以拱梁分载法计算成果作为衡量强度安全的主要标准。对于 1、2 级拱坝,或比较复杂的拱坝(如拱坝内设有大的孔洞、基础条件复杂等情况),当用拱梁分载法计算不能取得可靠的应力成果时,应进行有限元法计算或结构模型试验加以验证。必要时,两者应同时进行,相互验证。

2. 应力分析

(1) 拱坝地基变形的计算。拱坝是一个高次超静定的空间壳体结构,坝体受荷载后,通过梁和拱的作用传给地基,地基在坝体的力的作用下,必然要产生变位,该变位反过来影响坝体的受力、变形及坝肩稳定。因此拱坝地基变形的计算是一个很重要的课题。但由于坝体受力的复杂性以及地基的物理力学指标的复杂性,要想精确计算坝基变形量是不可能的,只能做近似处理。现在的办法有:

1) 伏格特 (F. Vogt) 方法。伏格特地基模型假定岩基为无限深、均匀、各向同性的弹性材料,而且假定除坝基接触面范围外,库岸和库底所受水荷载不引起拱座地基位移。

伏格特概化拱坝地基模型是把坝底与岩基的接触面沿拱弧线展开,摊平为一平面,如图 2.19 所示。然后按面积相等、长宽比例近似的原则,用一矩形来替代这个展开面积,称此矩形为等量展开面积,其长宽比为 b/a。对于一座特定的拱坝,b/a 是一个常数。在计算某一单元的地基变位时,取地基宽度 a' 等于坝的厚度 T,地基长度 $b'=(b/a)T$,所

以 $b/a = b'/a'$。伏格特基本公式中的系数就是根据 b/a 和岩基的泊松比 μ 而确定的。

按照上述概化坝基模型，依有关公式求得沿长度方向单宽范围内单位力矩或单位力产生的各地基变位、拱座基岩变位和梁底基岩变位。

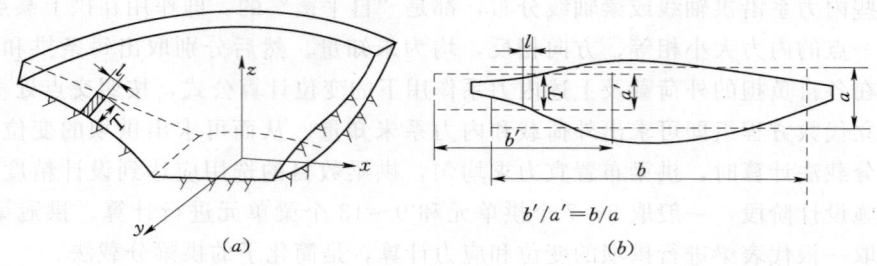

图 2.19 计算拱坝地基变形的当量矩形图
(a) 拱基与基岩接触面图；(b) 展视图

2) 延长坝高法。将坝体沿固边添加一定的长度。在延长的部分用坝体尺寸代替坝基，其上作用水荷载等，用延长的坝体的变形代替原地基的变形，该方法关键是坝体延长的长度。

3) FEM 法。随着坝基条件越来越复杂，地基变形越来越受地基缺陷的控制，使传统的方法一般只能考虑均匀地基，而不能考虑各种构造的影响，因此，如何考虑复杂的地基变形是近来水工研究人员的一个重要课题。

由于拱坝是超静定结构，地基变位对拱坝的应力分布有较大的影响，所以在应力分析中必须予以考虑。目前国内外常用的方法是将拱坝地基概化为伏格特所给模型的近似算法。

(2) 纯拱法。纯拱法假定坝体由若干层独立的水平拱圈叠合而成，每层拱圈可作为弹性固端拱进行计算。与一般弹性拱相比：①由于拱坝厚度较大，拱圈的剪力也较大，当拱厚 T 与拱圈平均半径 R 之比大于 1/5 时，忽略剪力对内力计算成果将带来较大的误差；②拱坝的轴力很大，不能忽略轴向变位；③基岩变形影响显著，不能忽略。由于纯拱法没有反映拱圈之间的相互作用，假定荷载全部由水平拱承担，不符合拱坝的实际受力状况，因而求出的应力一般偏大，尤其对重力拱坝，误差更大。但对于狭窄河谷中的薄拱坝，仍不失为一个简单实用的计算方法；另外，按拱梁分载法计算时，纯拱法也是其中的一个重要组成部分。

(3) 拱梁分载法。拱梁分载法是将拱坝视为由若干水平拱圈和竖直悬臂梁组成的空间结构，坝体承受的荷载一部分由拱系承担，一部分由梁系承担，拱和梁的荷载分配由拱系和梁系在各交点处变位一致的条件来确定。荷载分配以后，梁是静定结构，应力不难计算；拱的应力可按纯拱法计算。荷载分配从 20 世纪 30 年代开始采用试载法，先将总的荷载试分配由拱系和梁系承担，然后分别计算拱、梁变位。第一次试分配的荷载不会恰好使拱和梁共轭点的变位一致，必须再调整荷载分配，继续试算，直到变位接近一致为止。近代由于电子计算机的出现，可以通过求解结点变位一致的代数方程组来求得拱系和梁系的荷载分配，避免了繁琐的计算。拱梁分载法是目前国内外广泛采用的一种拱坝应力分析方法，它把复杂的弹性壳体问题简化为结构力学的杆件计算，概念清晰，易于掌握。

拱冠梁法是一种简化了的拱梁分载法，它是以拱冠处的一根悬臂梁为代表与若干水平拱作为计算单元，按拱、梁交点径向线变位一致的条件来建立变形协调方程，并进行荷载分配，然后计算拱冠梁及各个拱圈的应力，计算工作量比多拱梁分载法节省很多。拱冠梁法可用于大体对称、比较狭窄河谷中的拱坝的初步应力分析。对于中、低拱坝也可用于可行性研究阶段的坝体应力分析。拱冠梁法是最简单的拱梁分载法，可采用拱冠梁作为所有悬臂梁的代表与许多拱圈组成拱梁系统，可大大减少工作量。

拱冠梁法的主要步骤如下：

1）选定若干拱圈，分别计算各拱圈拱顶以及拱冠梁与各拱圈交点在单位径向荷载作用下的变位，这些变位称为"单位变位"。

2）根据各共轭点拱、梁径向变位协调的关系以及各点荷载之和应等于总荷载强度的要求建立变位协调方程组。

3）将上述方程组联立求解，得出各点的荷载分配。

4）根据求得的荷载分配值，分别计算拱冠梁和各拱圈的内力和应力。

如图 2.20 所示，将拱坝从坝顶到坝底划分为 5~7 层水平拱圈，拱圈各高 1m，令各划分点的序号为自坝顶 $i=1$ 至坝底 $i=n$，各层拱圈之间取相等距离 Δh。

由拱冠梁和各层拱圈交点处径向变位一致的条件，可以列出方程组为

$$\sum_{j=1}^{n} a_{ij} x_j + \delta_i''' = (p_i - x_i)\delta_i + \Delta A_i \tag{2.15}$$

式中　i——拱冠梁与水平拱交点的序号，即拱的层数，$i=1, 2, 3, \cdots, n$；

j——单位荷载作用点的序号；

p_i——作用在第 i 层拱圈中面高程上总的水平径向荷载强度，包括水压力、泥沙压力等；

x_i——拱冠梁在第 i 层拱高程上所分配到的水平径向荷载，为未知数；

$p_i - x_i$——第 i 层拱圈所分配的水平径向均布荷载强度；

x_j——梁在 j 点所分配到的荷载强度；

a_{ij}——梁上 j 点的单位荷载所引起 i 点的径向变位，称为梁的"单位变位"，所谓"单位荷载"是指在作用点（j 点）上强度为 1，在上下 Δh 距离处强度为 0 的三角形分布荷载，如图 2.20 中的 Ⅰ、Ⅱ 和 Ⅲ 等；

δ_i——单位径向均布荷载作用在第 i 层水平拱圈时，在拱冠处所引起的径向变位，称为拱的"单位变位"；

δ_i'''——拱冠梁第 i 截面在铅直荷载作用下产生的水平径向变位；

ΔA_i——第 i 层拱圈由于均匀温度变化 t_m（℃）在拱冠处产生的径向变位。

拱坝应力分析一般以拱梁分载法或有限元法计算成果作为衡量强度安全的主要标准。但对 1、2 级拱坝和高拱坝或情况比较复杂的拱坝（如坝内设有较大的中孔或底孔以及坝基地质条件复杂等情况），除用拱梁分载法计算外，还应采用有限元法计算。必要时，应进行结构模型试验加以验证。

目前拱坝应力分析的电算程序较多，但由于每个程序均有其适用范围和对一些具体问题不同的处理方法，因而计算成果也有所差异。近年来我国学者围绕提高计算精度、扩展

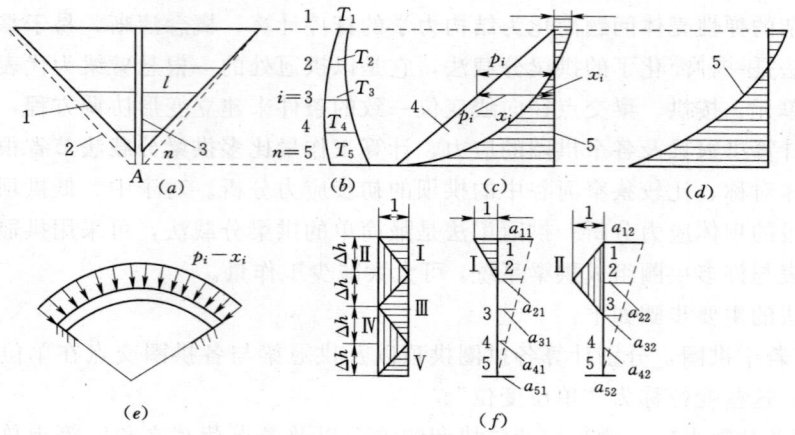

图 2.20 拱冠梁法荷载分配示意图
1—地基表面；2—可利用基岩面；3—拱冠梁；4—拱荷载；5—梁荷载

程序功能，对拱梁分载法的计算模型、计算方法等方面进行了拓展与改进，使拱梁分载法更趋完善与合理。

3. 拱坝设计的应力指标

应力指标涉及筑坝材料强度的极限值和有关安全系数的取值。容许应力为坝体材料强度的极限强度与安全系数的比值，是控制坝体尺寸、保证工程安全和经济性的一项重要指标。材料强度的极限值需由试验确定，混凝土的极限抗压强度，一般是指 90d 龄期边长 15cm 立方体的强度，保证率为 80%。应力指标取值与计算方法有关，拱坝应力分析一般以拱梁分载法或有限元法计算成果作为衡量强度安全的主要标准。

用拱梁分载法计算时，坝体的主压应力和主拉应力，应符合下列应力控制指标的规定：

(1) 容许压应力。混凝土的容许压应力等于混凝土的极限抗压强度除以安全系数。对于基本荷载组合，1、2 级拱坝的安全系数采用 4.0，3 级拱坝的安全系数采用 3.5；对于非地震情况特殊荷载组合，1、2 级拱坝的安全系数采用 3.5，3 级拱坝的安全系数采用 3.0。

(2) 容许拉应力。在保持拱座稳定的条件下，通过调整坝的体形来减小坝体拉应力的作用范围和数值。对于基本荷载组合，拉应力不得大于 1.2MPa；对于非地震情况特殊荷载组合，拉应力不得大于 1.5MPa。

用有限元法计算时，应补充计算"有限元等效应力"。按"有限元等效应力"求得的坝体主拉应力和主压应力，应符合下列应力控制指标的规定：

(1) 容许压应力。按拱梁分载法的规定执行。

(2) 容许拉应力。对于基本荷载组合，拉应力不得大于 1.5MPa；对于非地震情况特殊荷载组合，拉应力不得大于 2.0MPa。超过上述指标时，应调整坝的体形减小坝体拉应力的作用范围和数值。

任务案例 2-1 拱坝基本设计

2-1-1 项目任务

设计资料如拱坝设计基本资料所示。根据项目资料确定坝体尺寸；进行荷载计算及作用组合，并进行坝肩稳定分析和坝体应力计算。

2-1-2 拱坝尺寸设计

1. 坝顶高程的确定

根据工程调洪演算，确定设计洪水位为 389.72m，校核洪水位为 391.46m，据此确定坝顶高程。

(1) 正常蓄水位情况。

波浪高度　　$h_l = 0.00166 v^{5/4} D^{1/3} = 0.00166 \times (2 \times 15)^{5/4} 1000^{1/3} = 1.165 \text{(m)}$

波浪长度　　$L_m = 10.4 h_l^{0.8} = 10.4 \times 1.165^{0.8} = 11.752 \text{(m)}$

因坝前水深 $H > L_m/2$，波浪中心线超出静水面的高度 h_z 按下式计算：

$$h_z \approx \frac{\pi h_l^2}{L_m} = 0.363 \text{(m)}$$

4 级建筑物安全加高 $h_c = 0.3\text{m}$，坝顶高程

$$\nabla_{顶} \geqslant \nabla_{正} + h_l + h_z + h_c = 388 + 1.165 + 0.363 + 0.3 = 389.828 \text{(m)}$$

(2) 校核洪水位情况。

$$h_l = 0.00166 \times 15^{5/4} \times 1000^{1/3} = 0.49 \text{(m)}$$

$$L_m = 10.4 h_l^{0.8} = 10.4 \times 0.49^{0.8} = 5.88 \text{(m)}$$

$$h_z \approx \frac{\pi h_L^2}{L_m} = 0.128 \text{(m)}$$

校核洪水位的安全加高 $h_c = 0.2\text{m}$，由此确定的坝顶高程为

$$\nabla_{顶} \geqslant \nabla_{校} + h_l + h_z + h_c = 391.46 + 0.49 + 0.128 + 0.2 = 392.3 \text{(m)}$$

综合上述两式 $\nabla_{顶}$ 的计算结果，最后确定坝顶高程为 392.5m。

2. 尺寸拟定

坝型选取为浆砌石拱坝，拱轴线采用圆弧拱，考虑浆砌石拱坝施工要求，迎水面平均倒悬度控制在 0.2 左右。

(1) 坝顶厚度 T_C。该坝坝顶无通车要求，采用式 (2.6) 计算并考虑构造要求，则

$$T_C = 0.01(H + 1.2 L_1) = 1.815 \text{(m)}$$

式中　L_1——顶拱弦长，$L_1 = 110\text{m}$；

　　　H——坝高，$H = 392.5 - 343 = 49.5 \text{(m)}$。

根据构造要求，中等高度的拱坝坝顶厚度一般不小于 3m，最终拟定坝顶厚度为 3m。

(2) 坝底厚度。这是拱坝的一个控制性尺寸，对坝体方量影响比较大，分别采用式 (2.4) 和式 (2.7) 计算，并结合实际情况选用。

1) 经验公式。根据式 (2.4)，将各数值代入后有

$$T_B = 3.5 \times (110 + 25) \times 49.5 / 2000 = 11.7 \text{(m)}$$

这里的允许压应力应取偏低的数值，本工程为 2MPa。

2) 美国垦务局公式。根据式 (2.7)，将各数值代入后有

$$T_B = \sqrt[3]{0.0012 \times 49.5 \times 110 \times 25 \times (49.5/122)^{49.5/122}} = 4.84 \text{(m)}$$

垦务局公式一般适合于混凝土双曲薄拱坝，所以计算出的厚度较薄。最后确定坝底厚度 $T_B = 11.0\text{m}$，厚高比 $T_B/H = 11/49.5 = 0.22$。

(3) 双曲拱坝拱冠梁尺寸的拟定，见表 2.4 及图 2.21。

表 2.4　　　　　　　　　　　拱冠梁尺寸拟定计算表

y/H	T	x/H	y	x	$T-x$
0	3	0	0	0	3
0.1	3.984	0.03	4.95	1.634	2.350
0.2	4.808	0.057	9.90	2.822	1.986
0.3	5.720	0.081	14.85	4.010	1.710
0.4	6.544	0.102	19.80	5.049	1.495
0.5	7.224	0.115	24.75	5.692	1.532
0.6	7.984	0.123	29.70	6.088	1.896
0.7	8.584	0.126	34.65	6.237	2.347
0.8	9.336	0.123	39.60	6.088	3.248
0.9	10.176	0.114	44.55	5.643	4.533
1.0	11.000	0.098	49.50	4.851	6.149

注　$\Delta T = T_B - T_C = 11 - 3 = 8 \text{m}$，$H = 49.5 \text{m}$。

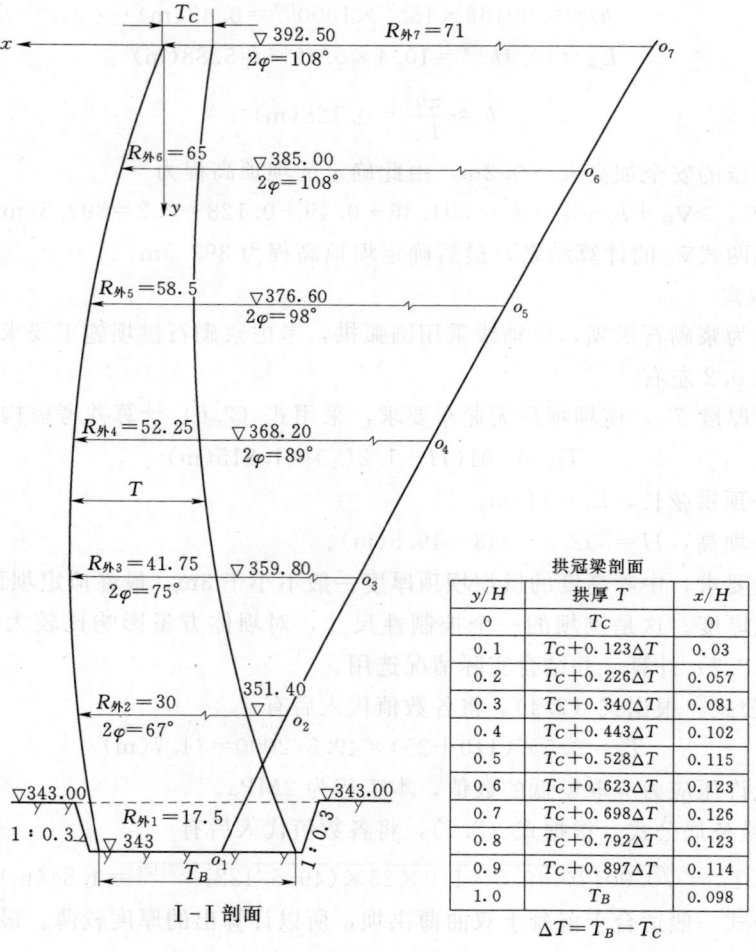

图 2.21　拱冠梁剖面图（单位：m）

3. 拱坝平面布置

根据拱坝布置的原则，经过反复修改，才能得到一个较优的设计方案。该拱坝各层拱圈的主要参数见表 2.5，坝址地形图如图 2.22 所示，拱坝的平面布置图、各悬臂梁剖面图如图 2.23 和图 2.24 所示。

表 2.5　　　　　　　　　　　各层拱圈参数表

高程/m	392.50	385.00	376.60	368.20	359.80	351.40	343.00
拱圈厚/m	3	4.6	6	7.2	8.2	9.6	11
外半径/m	71	65	58.5	52.25	41.75	30	17.5
内半径/m	68	60.6	52.5	45.05	33.55	20.4	6.5
左中心角/(°)	54	54	49	48	39	34	30
右中心角/(°)	54	54	49	41	36	33	30
弦长/m	110.03	97.08	79.24	63.03	40.83	23.11	6.5

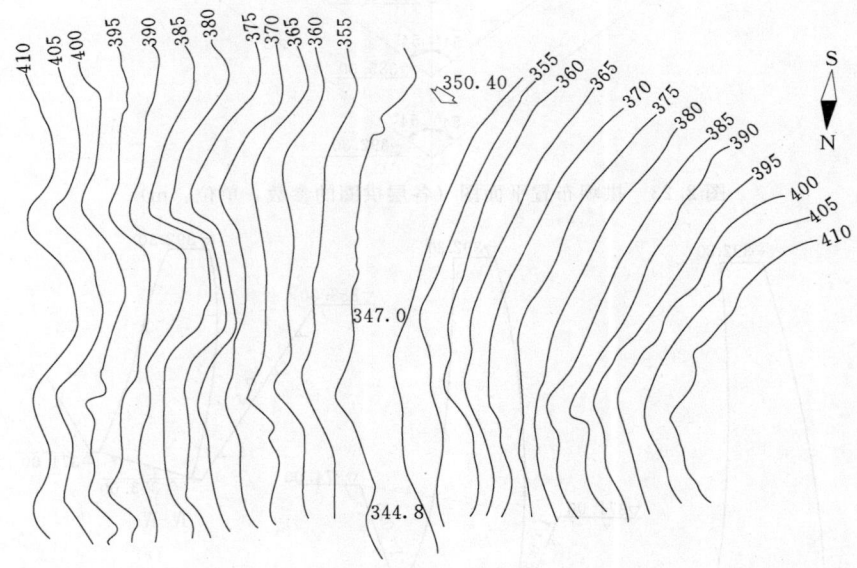

图 2.22　坝址地形图（单位：m）

2-1-3　坝肩稳定分析

1. 混凝土及砌体参数

混凝土：重度 $\gamma = 24 \text{kN/m}^3$，弹性模量 $E = (2.3 \sim 2.6) \times 10^4 \text{MPa}$，泊松比 $\mu = 0.2$；拱坝砌体：$\gamma = 24 \text{kN/m}^3$，$E = 0.8 \times 10^4 \text{MPa}$，$\mu = 0.2$，线膨胀系数 $\alpha_c = 0.8 \times 10^{-5}/℃$。

2. 荷载及其组合

（1）基本荷载。基本荷载包括：坝体自重，正常蓄水位或设计洪水位时的静水压力，死水位时的静水压力，泥沙压力，温度荷载，浪压力。

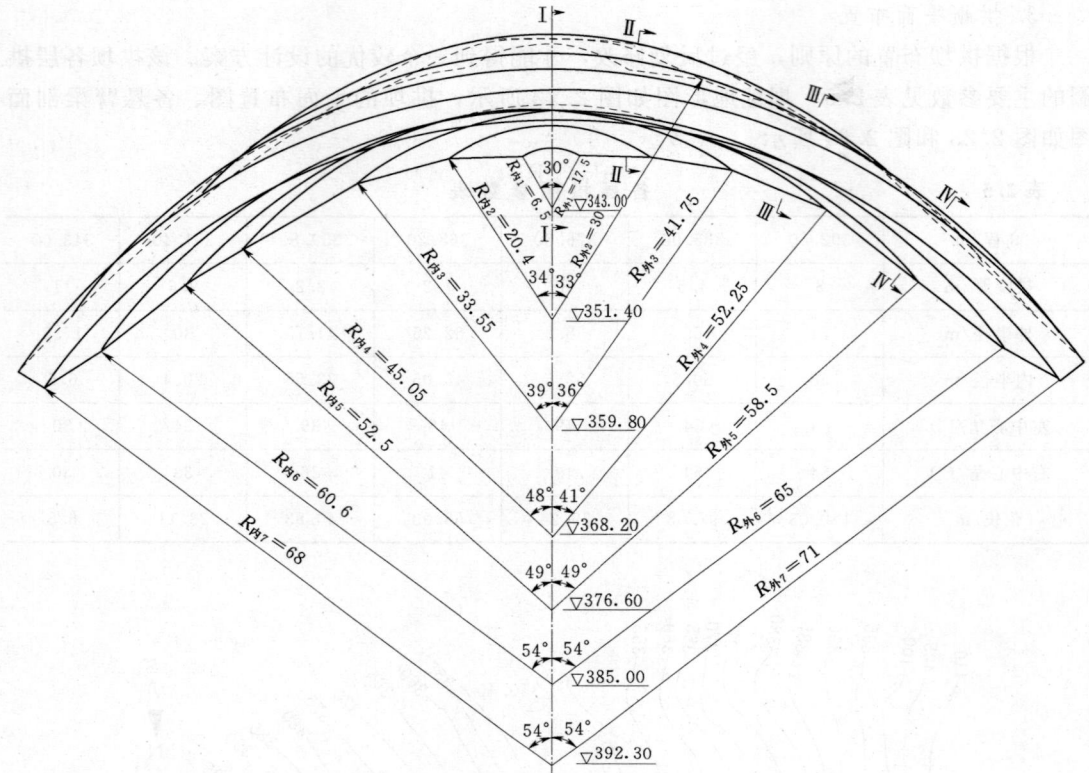

图 2.23 拱坝布置平面图（各层拱圈的参数，单位：m）

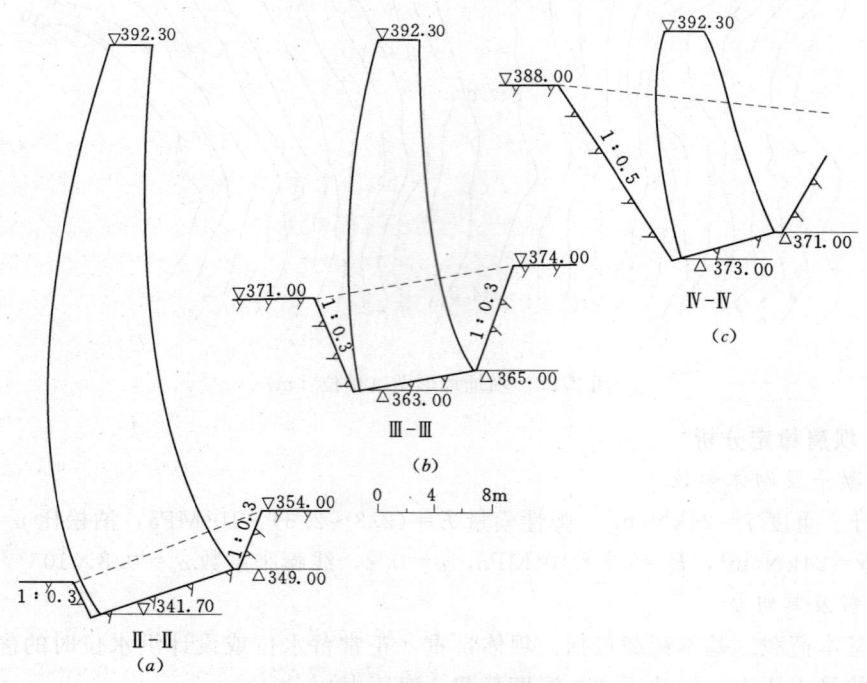

图 2.24 拱坝各悬臂梁剖面图（单位：m）

（2）特殊荷载。特殊荷载包括：校核洪水位时的静水压力，相应于校核洪水位时的浪压力。

（3）荷载基本组合：

正常情况 Ⅰ　　常（或设计）水位时的水压力＋自重＋泥沙压力＋温降

正常情况 Ⅱ　　死水位时相应的水压力＋自重＋泥沙压力＋温升

（4）荷载特殊组合：

非正常情况 Ⅰ　　校核洪水位时相应的水压力＋自重＋泥沙压力＋温升

3. 坝肩稳定分析

（1）主要结构构造。坝址区岩性为中细粒黑云母斑状花岗岩，坚硬呈块状结构，风化层较浅；另有石英岩脉、灰绿岩脉侵入，岩脉与围岩接触面胶结良好。

坝址区断层规模不大，且大多远离坝肩，对坝肩稳定无太大影响。

（2）稳定分析。根据工程规模和地质条件，采用刚体极限平衡法进行平面稳定分析，主要包括两方面的工作：一是计算坝肩岩体稳定线，确定开挖深度；二是计算坝肩岩体稳定安全系数。

1）坝肩岩体稳定线。第 i 层拱圈沿某一滑裂面 AB（图 2.25）的坝肩岩体稳定长度 L_i，按享奈公式计算

$$L_i = \frac{T(K_c \cos\alpha - f\sin\alpha)}{\tau - \frac{1}{2}\mu H + \gamma_0} \tag{2.16}$$

式中　T——滑动面的法向力 N 和切向力 S 的合力；

　　　K_c——剪摩安全系数，$K_c = 3.0$；

　　　N——垂直于滑动面 AB 的总法向力，kN；

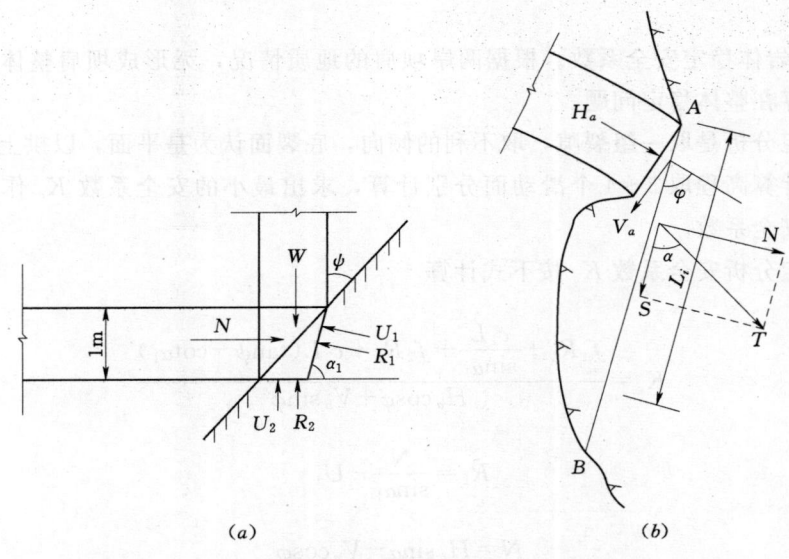

图 2.25　坝肩岩体稳定计算示意图
(a) 垂直立面图；(b) 水平剖面图

f——抗剪断摩擦系数,$f=1.1$;
τ——滑动面的抗剪强度,$\tau=1000\text{kPa}$;
μ——滑动面裂隙的水压力系数,$\mu=0.5$;
γ_0——水的重度,kN/m^3;
S——平行于滑动面的切向滑动力,kN;
H——裂隙水压力水头,取该层拱圈的上游水头,m;
α——合力 T 与滑动力 S 的夹角。

坝肩岩体稳定线如图 2.26 所示。

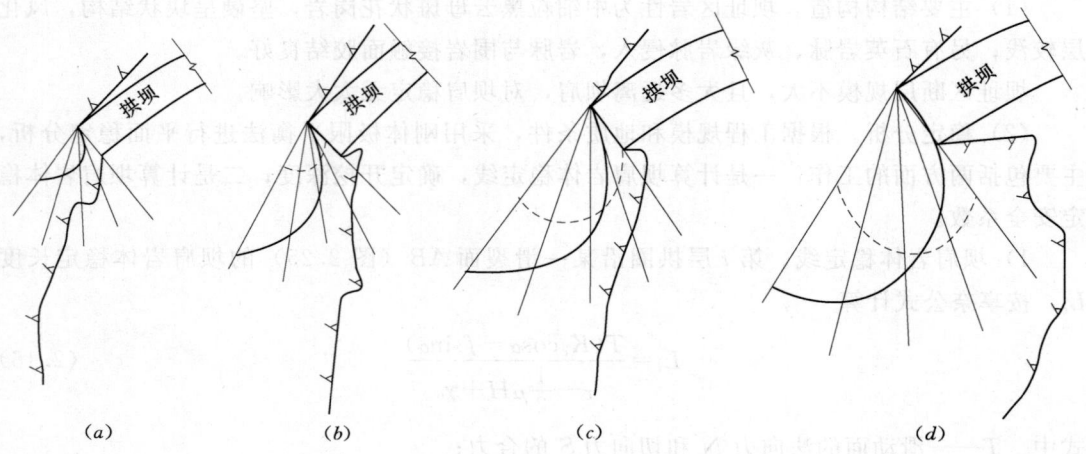

图 2.26 坝肩岩体稳定线
(a) 385.00m 高程;(b) 376.00m 高程;(c) 368.20m 高程;(d) 360.00m 高程
---正常情况Ⅰ;—非正常情况Ⅰ;385.00m 高程正常情况Ⅰ岩体稳定线未示出

2) 坝肩岩体稳定安全系数。根据两岸坝肩的地质情况,无形成坝肩整体滑动的地质问题,即不存在整体稳定问题。

平面稳定分析是取一组裂隙,取不利的倾向,底裂面认为是平面,以拱上游端为起滑点,在各个计算高程取 3~4 个滑动面分别计算,求出最小的安全系数 K_c 作为该层拱圈的坝肩稳定安全系数。

平面稳定分析安全系数 K_c 按下式计算

$$K_c = \frac{f_1 R_1 + \dfrac{c_1 L}{\sin\alpha_1} + f_2 R_2 + c_2 L(\tan\psi - \cot\alpha_1)}{H_a \cos\varphi + V_a \sin\varphi} \tag{2.17}$$

$$R_1 = \frac{N}{\sin\alpha_1} - U_1$$

$$N = H_a \sin\alpha - V_a \cos\varphi$$

$$R_2 = W - U_2 - (R_1 + U_1)\cos\alpha_1$$

式中 K_c——安全系数；

H_a——拱端传来的轴力，kN；

V_a——拱端传来的剪力（还应包括梁底部传来的剪力）；

N——法向力，kN；

R_1——滑移面上的反力，kN；

U_1——滑移面上的渗压力，kN；

R_2——底部滑动面上的反力，kN；

U_2——滑裂面顶底两面的渗压力差值，可近似取为0；

W——悬臂梁自重和滑裂体自重（为简化计算滑裂体自重可不计，偏安全），kN；

f_1——上、下岩石间的摩擦系数，本工程取1.1；

c_1——侧向滑移面单位面积上的黏聚力，MPa，这里取$c_1=1.0$MPa；

c_2——上下岩石间的单位面积黏聚力，MPa，这里取$c_2=1.0$MPa；

L——侧向滑移面长度，m；

ψ——坡角度，(°)；

α_1——侧滑面的倾角，(°)，这里取$\alpha_1=75°$；

φ——滑裂面与轴力之间的水平夹角，(°)。

各方程坝肩稳定安全系数见表2.6及图2.27。从坝肩稳定计算结果来看，坝肩岩体稳定线无论是在左岸还是在右岸，对于确定的开挖深度都可以满足岩体稳定线的要求。

表2.6　　　　　　　　　各高程坝肩稳定安全系数 K_c

岸　别	高　程	安　全　系　数	
		正常情况Ⅰ	非正常情况Ⅰ
左岸	385.00m	33.16	15.28
	376.00m	7.44	7.19
	368.20m	3.33	4.33
	360.00m	2.93*	4.26*
右岸	385.00m	5.86	4.21
	376.00m	3.22	4.17
	368.20m	2.81*	3.01*
	360.00m	5.50	6.93

左右岸坝肩岩体稳定安全系数基本满足规范要求（基本荷载组合下$K_c \geqslant 3$），仅右岸368.2m高程处安全系数略小于3.0，这些部位必要时可在施工中以局部加深开挖来解决。拱坝分层平面稳定分析方法是一种偏安全的简化分析方法，即使某一计算高程基岩稳定性较差，由于拱坝是一超静定空间结构，只要上下层坝肩稳定性是足够的，坝体和基本岩会自行进行变位及应力调整，因此从整体上看，该拱坝坝肩稳定是安全可靠的。

2-1-4　拱坝应力计算

拱坝的应力计算采用纯拱法，应力控制标准为：拉应力2.0MPa，压应力4.0MPa。

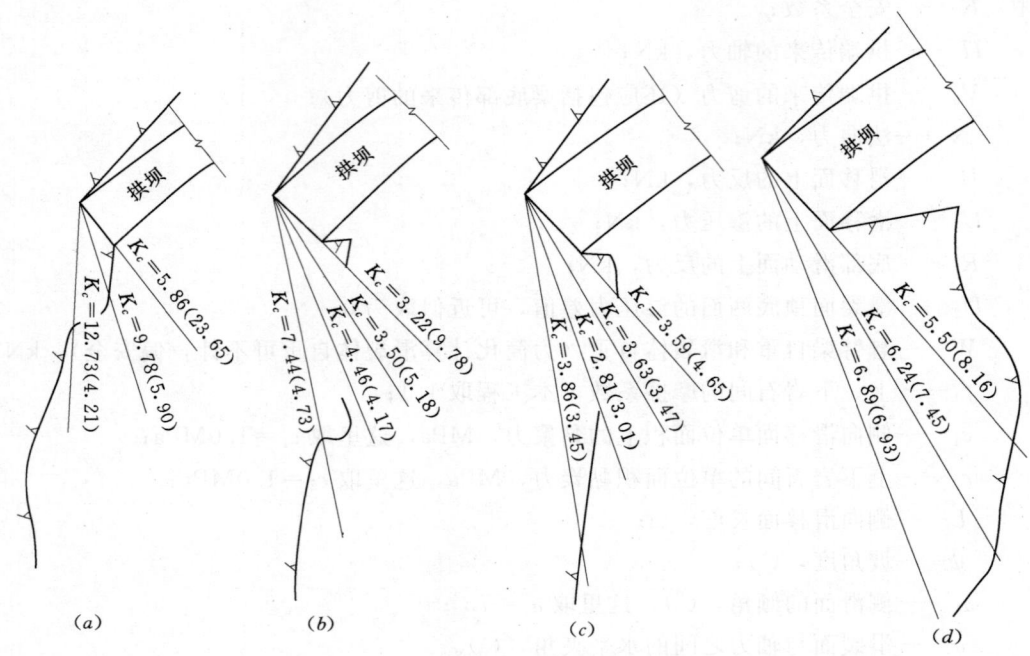

图 2.27 拱坝右坝肩各高程稳定安全系数 K_c

(a) 385.00m 高程；(b) 376.00m 高程；(c) 368.20m 高程；(d) 360.00m 高程

(括号内的数据为非正常情况 I 安全系数)

1. 坝体应力计算方法

依据纯拱法，利用应力数表求取应力；计算过程如下（以正常情况 I 的正常蓄水位计算工况为例）。

(1) 分层计算拱坝拱圈厚 T、拱轴半径 r 的厚径比 T/r。根据拟定的拱圈参数，各层拱圈的厚径比 T/r 见表 2.7。

表 2.7 各层拱圈的计算参数

高程 /m	拱圈厚 T /m	拱轴半径 r /m	T/r	半拱中心角 φ_a /(°)
392.50	3	71	0.042	54
385.00	4.6	62.8	0.073	54
376.60	6	54.3	0.110	49
368.20	7.2	46.6	0.155	44.5
359.80	8.2	35.6	0.230	37.5
351.40	9.6	24.04	0.399	34.5
343.00	11	12.649	0.870	30

(2) 以 T/r 和 φ_a 为引数，查《固端等厚圆拱应力系数表》（表 2.8 及表 2.9），求出应力系数 σ'（取一位小数），若引数不是整数时，可用内插法（取两位小数）。

项目2 拱坝设计

表 2.8－1　固端等厚圆拱应力系数表（均布径向荷载、拱冠上游侧 $\sigma_{0上}'$）

φ_a	T/r																	φ_a
	0.025	0.05	0.075	0.1	0.125	0.15	0.175	0.2	0.25	0.3	0.35	0.4	0.5	0.625	0.75	1		
5°	13.182	3.336	1.516	0.875	0.576	0.411	0.311	0.245	0.166	0.121	0.094	0.076	0.054	0.039	0.030	0.021	5°
10°	46.835	13.300	6.114	3.527	2.314	1.648	1.243	0.977	0.659	0.482	0.373	0.301	0.212	0.153	0.119	0.082	10°
15°	63.391	25.314	12.869	7.686	5.110	3.659	2.764	2.173	1.464	1.069	0.826	0.664	0.468	0.336	0.260	0.180	15°
20°	61.385	31.338	18.538	11.979	8.305	6.086	4.660	3.693	2.509	1.838	1.421	1.143	0.805	0.577	0.447	0.307	20°
25°	56.371	31.766	21.095	14.867	10.929	8.326	6.541	5.276	3.659	2.709	2.106	1.700	1.200	0.861	0.666	0.458	25°
30°	52.361	30.216	21.317	16.012	12.424	9.874	8.010	6.618	4.737	3.573	2.809	2.283	1.623	1.169	0.906	0.623	30°
35°	49.519	28.451	20.569	16.025	12.922	10.637	8.893	7.534	5.595	4.323	3.454	2.836	2.042	1.482	1.152	0.795	35°
40°	47.513	26.945	19.599	15.541	12.824	10.820	9.263	8.018	6.169	4.892	3.982	3.314	2.427	1.780	1.392	0.965	40°
45°	46.073	25.753	18.693	14.921	12.463	10.677	9.291	8.174	6.480	5.265	4.367	3.688	2.755	2.049	1.615	1.127	45°
50°	45.010	24.821	17.918	14.314	12.021	10.385	9.132	8.125	6.589	5.465	4.613	3.952	3.014	2.278	1.812	1.277	50°
55°	44.204	24.091	17.278	13.773	11.583	10.048	8.888	7.966	6.565	5.536	4.743	4.117	3.204	2.462	1.979	1.410	55°
60°	43.585	23.513	16.754	13.310	11.185	9.716	8.621	7.759	6.465	5.518	4.785	4.200	3.329	2.602	2.114	1.525	60°
65°	43.096	23.051	16.325	12.919	10.836	9.410	8.359	7.540	6.326	5.445	4.766	4.222	3.402	2.700	2.219	1.622	65°
70°	42.705	22.676	15.971	12.590	10.533	9.137	8.115	7.327	6.171	5.343	4.709	4.201	3.432	2.763	2.295	1.700	70°
75°	42.387	22.369	15.677	12.312	10.273	8.869	7.895	7.129	6.015	5.227	4.629	4.152	3.430	2.796	2.346	1.762	75°
80°	42.124	22.113	15.430	12.076	10.050	8.686	7.700	6.948	5.865	5.108	4.538	4.087	3.406	2.806	2.375	1.807	80°
85°	41.906	21.899	15.222	11.875	9.857	8.503	7.526	6.785	5.725	4.991	4.443	4.012	3.366	2.798	2.388	1.839	85°
90°	41.721	21.718	15.045	11.702	9.690	8.343	7.373	6.640	5.596	4.879	4.348	3.934	3.317	2.778	2.387	1.859	90°

表 2.8-2 固端等厚圆拱应力系数表（均布径向荷载，拱冠下游侧 $\sigma_{u下}'$）

φ_a	\\	T/r																φ_a
	0.025	0.05	0.075	0.1	0.125	0.15	0.175	0.2	0.25	0.3	0.35	0.4	0.5	0.625	0.75	1	
5°	−10.739	−2.829	−1.269	−0.711	−0.452	−0.311	−0.226	−0.171	−0.107	−0.072	−0.051	−0.038	−0.022	−0.012	−0.007	−0.002	5°
10°	−24.329	−9.063	−4.418	−2.568	−1.664	−1.159	−0.849	−0.649	−0.406	−0.274	−0.195	−0.144	−0.084	−0.046	−0.026	−0.007	10°
15°	−8.820	−10.613	−6.814	−4.444	−3.057	−2.206	−1.654	−1.279	−0.819	−0.561	−0.402	−0.298	−0.175	−0.097	−0.055	−0.014	15°
20°	8.750	−5.581	−6.719	−4.992	−3.845	−2.969	−2.327	−1.854	−1.233	−0.864	−0.628	−0.470	−0.279	−0.155	−0.088	−0.021	20°
25°	19.778	1.104	−3.018	−3.728	−3.479	−3.006	−2.535	−2.125	−1.508	−1.096	−0.816	−0.620	−0.375	−0.210	−0.188	−0.026	25°
30°	26.222	6.375	0.605	−1.480	−2.170	−2.285	−2.166	−1.965	−1.539	−1.184	−0.914	−0.712	−0.443	−0.250	−0.140	−0.026	30°
35°	30.160	10.034	3.629	0.825	−0.504	−1.118	−1.367	−1.427	−1.305	−1.095	−0.892	−0.719	−0.465	−0.267	−0.147	−0.020	35°
40°	32.709	12.541	5.909	2.775	1.092	0.148	−0.384	−0.671	−0.868	−0.843	−0.740	−0.634	−0.434	−0.255	−0.137	−0.005	40°
45°	34.440	14.289	7.581	4.304	2.443	1.307	0.592	0.139	−0.323	−0.480	−0.502	−0.467	−0.349	−0.211	−0.108	0.018	45°
50°	35.672	15.546	8.818	5.482	3.532	2.292	1.467	0.905	0.249	−0.060	−0.195	−0.240	−0.219	−0.137	−0.058	0.051	50°
55°	36.579	16.476	9.747	6.387	4.395	3.101	2.213	1.583	0.795	0.370	0.141	0.022	−0.055	−0.038	0.009	0.092	55°
60°	37.263	17.182	10.457	7.090	5.079	3.756	2.832	2.162	1.288	0.780	0.477	0.296	0.129	0.080	0.090	0.141	60°
65°	37.794	17.728	11.012	7.644	5.624	4.286	3.348	2.649	1.720	1.154	0.797	0.567	0.323	0.211	0.183	0.197	65°
70°	38.214	18.161	11.451	8.085	6.063	4.718	3.764	3.056	2.093	1.488	1.091	0.824	0.516	0.347	0.283	0.258	70°
75°	38.563	18.509	11.805	8.442	6.420	5.072	4.112	3.397	2.412	0.782	1.357	1.062	0.703	0.486	0.387	0.324	75°
80°	38.829	18.793	12.095	8.735	6.714	5.366	4.403	3.683	2.686	2.038	1.593	1.278	0.880	0.622	0.492	0.392	80°
85°	39.059	19.028	12.335	8.978	6.959	5.610	4.647	3.924	2.919	2.260	1.803	1.473	1.045	0.752	0.597	0.462	85°
90°	39.251	19.225	12.536	9.182	7.165	5.817	4.853	4.130	3.120	2.454	1.987	1.647	1.197	0.878	0.699	0.532	90°

项目2 拱 坝 设 计

表 2.8－3　固端等厚圆拱应力系数表（均布径向荷载、拱端上游侧 $\sigma_{a\pm}'$）

φ_a	\multicolumn{15}{c	}{T/r}	φ_a'
	0.025	0.05	0.075	0.1	0.125	0.15	0.175	0.2	0.25	0.3	0.35	0.4	0.5	0.625	0.75	1	
5°	−22.540	−5.832	−2.605	−1.464	−0.933	−0.645	−0.471	−0.358	−0.226	−0.154	−0.111	−0.083	−0.050	−0.030	−0.018	−0.008	5°
10°	−59.359	−19.932	−9.471	−5.454	−3.523	−2.453	−1.800	−1.374	−0.869	−0.594	−0.429	−0.321	−0.195	−0.115	−0.072	−0.029	10°
15°	−44.228	−28.005	−16.219	−10.164	−6.858	−4.898	−3.655	−2.820	−1.811	−1.248	−0.904	−0.680	−0.414	−0.244	−0.152	−0.062	15°
20°	−16.918	−23.355	−17.925	−12.951	−9.468	−7.103	−5.473	−4.318	−2.849	−1.996	−1.461	−1.106	−0.680	−0.403	−0.252	−0.102	20°
25°	2.056	−13.554	−14.395	−12.386	−10.098	−8.142	−6.592	−5.388	−3.721	−2.679	−1.995	−1.528	−0.952	−0.569	−0.356	−0.143	25°
30°	13.673	−4.924	−9.083	−9.553	−8.815	−7.745	−6.673	−5.714	−4.202	−3.144	−2.403	−1.872	−1.191	−0.721	−0.454	−0.181	30°
35°	20.960	1.397	−4.210	−6.116	−6.551	−6.341	−5.863	−5.297	−4.201	−3.802	−2.608	−2.079	−1.362	−0.840	−0.532	−0.211	35°
40°	25.758	5.868	−0.350	−2.983	−4.127	−4.535	−4.556	−4.377	−3.783	−3.148	−2.588	−2.123	−1.442	−0.910	−0.583	−0.228	40°
45°	29.055	9.052	2.572	−0.416	−1.951	−2.744	−3.116	−3.238	−3.098	−2.753	−2.369	−2.009	−1.425	−0.925	−0.599	−0.231	45°
50°	31.416	11.376	4.781	1.618	−0.130	−1.150	−1.746	−2.078	−2.293	−2.208	−2.005	−1.768	−1.319	−0.885	−0.580	−0.217	50°
55°	33.162	13.113	6.465	3.214	1.351	0.200	−0.534	−1.004	−1.474	−1.599	−1.557	−1.440	1.140	−0.794	−0.528	−0.187	55°
60°	34.484	14.440	7.769	4.472	2.546	1.319	0.500	−0.059	−0.704	−0.986	−1.077	−1.065	−0.910	−0.662	−0.445	−0.142	60°
65°	35.517	15.474	8.793	5.473	3.511	2.239	1.369	0.753	−0.009	−0.406	−0.599	−0.675	−0.650	−0.501	−0.338	−0.083	65°
70°	36.332	16.295	9.610	6.277	4.296	2.997	2.095	1.444	0.602	0.124	−0.146	−0.291	−0.377	−0.321	−0.214	−0.012	70°
75°	36.988	16.956	10.271	6.932	4.939	3.625	2.702	2.028	1.133	0.599	0.272	0.074	−0.104	−0.131	−0.078	0.067	75°
80°	37.523	17.496	10.812	7.470	5.471	4.147	3.212	2.523	1.593	1.018	0.650	0.411	0.160	0.062	0.065	0.153	80°
85°	37.966	17.943	11.260	7.917	5.914	4.585	3.642	2.943	1.989	1.387	0.988	0.719	0.410	0.252	0.211	0.244	85°
90°	38.336	18.317	11.635	8.292	6.288	4.954	4.007	3.301	2.332	1.709	1.289	0.997	0.643	0.436	0.355	0.337	90°

表 2.8-4　固端等厚圆拱应力系数表（均布径向荷载，拱端下游侧 $\sigma_{a下}'$）

φ_a	T/r																			φ_a
	0.025	0.05	0.075	0.1	0.125	0.15	0.175	0.2	0.25	0.3	0.35	0.4	0.5	0.625	0.75	1				
5°	25.282	6.496	2.959	1.707	1.121	0.799	0.603	0.473	0.319	0.233	0.179	0.144	0.101	0.072	0.056	0.038				5°
10°	82.753	24.727	11.561	6.718	4.421	3.153	2.377	1.866	1.256	0.916	0.706	0.566	0.397	0.283	0.218	0.148				10°
15°	99.699	43.602	23.011	14.011	9.421	6.791	5.151	4.059	2.740	2.000	1.542	1.238	0.857	0.618	0.476	0.314				15°
20°	87.708	50.032	31.208	20.783	14.684	10.897	8.415	6.709	4.590	3.374	2.611	2.100	1.475	1.052	0.810	0.552				20°
25°	74.547	47.186	33.370	24.449	18.443	14.306	11.387	9.274	6.514	4.859	3.794	3.068	2.168	1.552	1.197	0.816				25°
30°	65.234	42.107	31.775	24.951	19.973	16.238	13.399	11.216	8.177	6.240	4.943	4.036	2.884	2.079	1.609	1.100				30°
35°	58.957	37.543	29.035	23.717	19.798	16.731	14.275	12.289	9.343	7.333	5.921	4.899	3.558	2.594	2.019	1.388				35°
40°	54.645	33.972	26.363	21.927	18.765	16.290	14.266	12.578	9.949	8.043	6.637	5.580	4.139	3.061	2.402	1.665				40°
45°	51.601	31.271	24.110	20.161	17.470	15.416	13.745	12.338	10.087	8.382	7.068	6.044	4.591	3.455	2.739	1.910				45°
50°	49.380	29.217	22.287	18.608	16.200	14.419	12.998	11.812	9.903	8.421	7.244	6.297	4.901	3.761	3.017	2.142				50°
55°	47.714	27.639	20.833	17.304	15.063	13.454	12.201	11.172	9.534	8.255	7.222	6.372	5.077	3.975	3.231	2.328				55°
60°	46.437	26.408	19.670	16.228	14.087	12.584	11.441	10.520	9.080	7.968	7.065	6.313	5.139	4.103	3.380	2.475				60°
65°	45.437	25.433	18.734	15.343	13.261	11.825	10.753	9.904	8.606	7.622	6.827	6.163	5.111	4.156	3.470	2.583				65°
70°	44.641	24.650	17.973	14.611	12.566	11.172	10.146	9.346	8.146	7.257	6.547	5.957	5.017	4.148	3.508	2.656				70°
75°	43.996	24.012	17.348	14.005	11.982	10.614	9.618	8.849	7.718	6.898	6.254	5.723	4.880	4.093	3.503	2.696				75°
80°	43.468	23.487	16.830	13.497	11.488	10.138	9.160	8.412	7.329	6.558	5.963	5.479	4.716	4.004	3.463	2.708				80°
85°	43.031	23.050	16.397	13.070	11.070	9.730	8.764	8.032	6.980	6.244	5.685	5.236	4.539	3.891	3.397	2.695				85°
90°	42.664	22.683	16.031	12.708	10.712	9.379	8.422	7.699	6.668	5.957	5.425	5.003	4.357	3.764	3.312	2.663				90°

注　本表应力系数，未计入拱圈曲率影响及基础变形影响。

项目2 拱坝设计

表 2.9-1 固端等厚圆拱应力系数表（温度荷载、拱冠上游侧 $\sigma_{0\pm}'$）

φ_a	T/r																φ_a
	0.025	0.05	0.075	0.1	0.125	0.15	0.175	0.2	0.25	0.3	0.35	0.4	0.5	0.625	0.75	1	
5°	−27.318	−17.164	−12.317	−9.623	−7.924	−6.756	−5.903	−5.255	−4.334	−3.712	−3.263	−2.924	−2.446	−2.061	−1.803	−1.479	5°
10°	6.335	−7.200	−7.719	−6.973	−6.186	−5.519	−4.971	−4.523	−3.841	−3.351	−2.984	−2.699	−2.288	−1.947	−1.714	−1.418	10°
15°	22.891	4.814	−0.964	−2.814	−3.390	−3.508	−3.450	−3.327	−3.036	−2.764	−2.531	−2.336	−2.032	−1.764	−1.573	−1.320	15°
20°	20.885	10.838	4.705	1.479	−0.185	−1.081	−1.554	−1.807	−1.991	−1.995	−1.936	−1.857	−1.695	−1.523	−1.386	−1.193	20°
25°	15.871	11.266	7.262	4.367	2.429	1.159	0.327	−0.224	−0.841	−1.124	−1.251	−1.300	−1.300	−1.239	−1.167	−1.042	25°
30°	11.861	9.716	7.484	5.512	3.924	2.707	1.796	1.118	0.237	−0.260	−0.548	−0.717	−0.877	−0.931	−0.927	−0.877	30°
35°	9.019	7.951	6.736	5.525	4.422	3.470	2.679	2.034	1.095	0.490	0.097	−0.164	−0.458	−0.618	−0.681	−0.705	35°
40°	7.013	6.445	5.766	5.041	4.324	3.653	3.049	2.518	1.669	1.059	0.625	0.314	−0.073	−0.320	−0.441	−0.535	40°
45°	5.573	5.253	4.860	4.421	3.963	3.510	3.077	2.674	1.980	1.432	1.010	0.688	0.255	−0.051	−0.218	−0.373	45°
50°	4.510	4.321	4.085	3.814	3.521	3.218	2.918	2.625	2.089	1.632	1.256	0.952	0.514	0.178	−0.021	−0.223	50°
55°	3.704	3.591	3.445	3.273	3.083	2.881	2.674	2.466	2.065	1.703	1.386	1.117	0.704	0.362	0.146	−0.090	55°
60°	3.085	3.013	2.921	2.810	2.685	2.549	2.407	2.259	1.965	1.685	1.428	1.200	0.829	0.502	0.281	0.025	60°
65°	2.596	2.551	2.492	2.419	2.336	2.243	2.145	2.040	1.826	1.612	1.409	1.222	0.902	0.600	0.386	0.122	65°
70°	2.205	2.176	2.138	2.090	2.033	1.970	1.901	1.827	1.671	1.510	1.352	1.201	0.932	0.663	0.462	0.200	70°
75°	1.887	1.869	1.844	1.812	1.773	1.729	1.681	1.629	1.515	1.394	1.272	1.152	0.930	0.696	0.513	0.262	75°
80°	1.624	1.613	1.597	1.576	1.550	1.519	1.486	1.448	1.365	1.275	1.181	1.087	0.906	0.706	0.542	0.307	80°
85°	1.406	1.399	1.389	1.375	1.357	1.336	1.312	1.285	1.225	1.158	1.086	1.012	0.866	0.698	0.555	0.339	85°
90°	1.221	1.218	1.212	1.202	1.190	1.176	1.159	1.140	1.096	1.046	0.991	0.934	0.817	0.678	0.554	0.359	90°

表 2.9-2　固端等厚圆拱应力系数表（温度荷载、拱冠下游侧 $\sigma_{0下}'$）

φ_a	T/r																φ_a
	0.025	0.05	0.075	0.1	0.125	0.15	0.175	0.2	0.25	0.3	0.35	0.4	0.5	0.625	0.75	1	
5°	−51.239	−23.329	−15.100	−11.211	−8.952	−7.478	−6.440	−5.671	−4.607	−3.905	−3.408	−3.038	−2.522	−2.112	−1.840	−1.502	5°
10°	−64.829	−29.563	−18.251	−13.068	−10.164	−8.326	−7.063	−6.146	−4.906	−4.107	−3.552	−3.144	−2.584	−2.146	−1.859	−1.507	10°
15°	−49.320	−31.113	−20.647	−14.944	−11.557	−9.373	−7.868	−6.779	−5.319	−4.394	−3.759	−3.298	−2.675	−2.197	−1.888	−1.514	15°
20°	−31.750	−26.081	−20.012	−15.492	−12.345	−10.136	−8.541	−7.354	−5.733	−4.697	−3.985	−3.470	−2.779	−2.255	−1.921	−1.521	20°
25°	−20.722	−19.396	−16.851	−14.228	−11.979	−10.173	−8.749	−7.625	−6.008	−4.929	−4.173	−3.620	−2.875	−2.310	−1.951	−1.526	25°
30°	−14.278	−14.125	−13.228	−11.980	−10.670	−9.452	−8.380	−7.465	−6.039	−5.017	−4.271	−3.712	−2.943	−2.350	−1.973	−1.526	30°
35°	−10.340	−10.466	−10.204	−9.675	−9.004	−8.285	−7.581	−6.927	−5.805	−4.928	−4.249	−3.719	−2.965	−2.367	−1.980	−1.520	35°
40°	−7.791	−7.959	−7.924	−7.725	−7.408	−7.019	−6.598	−6.171	−5.368	−4.676	−4.097	−3.634	−2.934	−2.355	−1.970	−1.505	40°
45°	−6.060	−6.211	−6.252	−6.196	−6.057	−5.860	−5.622	−5.361	−4.823	−4.313	−3.859	−3.467	−2.849	−2.311	−1.941	−1.482	45°
50°	−4.828	−4.954	−5.015	−5.018	−4.968	−4.875	−4.747	−4.595	−4.251	−3.893	−3.552	−3.240	−2.719	−2.237	−1.891	−1.449	50°
55°	−3.921	−4.024	−4.086	−4.113	−4.105	−4.066	−4.001	−3.917	−3.705	−3.463	−3.216	−2.978	−2.555	2.138	−1.824	−1.408	55°
60°	−3.237	−3.318	−3.376	−3.410	−3.421	−3.411	−3.382	−3.338	−3.212	−3.053	−2.880	−2.704	−2.371	−2.020	−1.743	−1.359	60°
65°	−2.706	−2.772	−2.821	−2.856	−2.876	−2.881	−2.871	−2.851	−2.780	−2.679	−2.560	−2.433	−2.177	−1.889	−1.650	−1.303	65°
70°	−2.286	−2.339	−2.382	−2.415	−2.437	−2.449	−2.450	−2.444	−2.407	−2.345	−2.266	−2.176	−1.984	−1.753	−1.550	−1.242	70°
75°	−1.947	−1.991	−2.028	−2.058	−2.080	−2.095	−2.102	−2.103	−2.088	−2.051	−2.000	−1.938	−1.797	−1.614	−1.446	−1.176	75°
80°	−1.671	−1.707	−1.738	−1.765	−1.786	−1.801	−1.811	−1.817	−1.814	−1.795	−1.764	−1.722	−1.620	−1.478	−1.341	−1.108	80°
85°	−1.441	−1.472	−1.498	−1.522	−1.541	−1.557	−1.567	−1.576	−1.581	−1.573	−1.554	−1.527	−1.455	−1.347	−1.236	−1.038	85°
90°	−1.249	−1.275	−1.297	−1.318	−1.335	−1.350	−1.361	−1.370	−1.380	−1.379	−1.370	−1.353	−1.303	−1.222	−1.134	−0.968	90°

项目2 拱坝设计

表 2.9-3　　固端等厚圆拱应力系数表（温度荷载、拱端下游侧 $\sigma_{a,\text{上}}'$）

φ_a	T/r																		φ_a
	0.025	0.05	0.075	0.1	0.125	0.15	0.175	0.2	0.25	0.3	0.35	0.4	0.5	0.625	0.75	1			
5°	−63.040	−26.332	−16.438	−11.964	−9.433	−7.812	−6.685	5.858	−4.726	−3.987	−3.468	−3.083	−2.550	−2.130	−1.851	−1.508			5°
10°	−99.859	−40.432	−23.304	−15.954	−12.023	−9.620	−8.014	−6.874	−5.369	−4.427	−3.786	−3.321	−2.695	−2.215	−1.905	−1.529			10°
15°	−84.728	−48.505	−30.052	−20.664	−15.358	−12.065	−9.869	−8.320	−6.311	−5.081	−4.261	−3.680	−2.914	−2.344	−1.985	−1.562			15°
20°	−57.418	−43.855	−31.758	−23.451	−17.968	−14.270	−11.687	−9.818	−7.349	−5.829	−4.818	−4.106	−3.180	−2.503	−2.085	−1.602			20°
25°	−38.444	−34.054	−28.228	−22.886	−18.598	−15.309	−12.806	−10.888	−8.221	−6.512	−5.352	−4.528	−3.452	2.669	−2.189	−1.643			25°
30°	−26.827	−25.424	−22.916	−20.053	−17.315	−14.912	−12.887	−11.214	−8.707	−6.977	−5.760	−4.872	−3.691	−2.821	−2.287	−1.681			30°
35°	−19.540	−19.103	−18.043	−16.616	−15.051	−13.508	−12.077	−10.797	−8.701	−7.135	−5.965	−5.079	−3.862	−2.940	−2.365	−1.711			35°
40°	−14.742	−14.632	−14.183	−13.483	−12.627	−11.702	−10.770	−9.877	−8.283	−6.981	−5.945	−5.123	−3.942	−3.010	−2.416	−1.728			40°
45°	−11.445	−11.448	−11.261	−10.916	−10.451	−9.911	−9.330	−8.738	−7.598	−6.586	−5.726	−5.009	−3.925	−3.025	−2.432	−1.731			45°
50°	−9.084	−9.124	−9.052	−8.882	−8.630	−8.317	−7.960	−7.578	−6.793	−6.041	−5.362	−4.768	−3.819	−2.985	−2.413	−1.717			50°
55°	−7.338	−7.387	−7.368	−7.286	−7.149	−6.967	−6.748	−6.504	−5.974	−5.432	−4.914	−4.440	−3.640	−2.894	−2.361	−1.687			55°
60°	−6.016	−6.060	−6.064	−6.028	−5.954	−5.848	−5.714	−5.559	−5.204	−4.819	−4.434	−4.065	−3.410	−2.762	−2.278	−1.642			60°
65°	−4.983	−5.026	−5.040	−5.027	−4.989	−4.928	−4.845	−4.747	−4.509	−4.239	−3.958	−3.675	−3.150	−2.601	−2.171	−1.583			65°
70°	−4.168	−4.205	−4.223	−4.223	−4.204	−4.170	−4.119	−4.056	−3.898	−3.709	−3.503	−3.291	−2.877	−2.421	−2.047	−1.512			70°
75°	−3.512	−3.544	−3.562	−3.568	−3.561	−3.542	−3.512	−3.472	−3.367	−3.234	−3.085	−2.926	−2.604	−2.231	−1.911	−1.433			75°
80°	−2.977	−3.004	−3.021	−3.030	−3.029	−3.020	−3.002	−2.977	−2.907	−2.815	−2.707	−2.589	−2.340	−2.038	−1.768	−1.347			80°
85°	−2.534	−2.557	−2.573	−2.583	−2.586	−2.582	−2.572	−2.557	−2.511	−2.446	−2.369	−2.281	−2.090	−1.848	−1.622	−1.256			85°
90°	−2.164	−2.183	−2.198	−2.208	−2.212	−2.213	−2.207	−2.199	−2.168	−2.124	−2.068	−2.003	−1.857	−1.664	−1.478	−1.163			90°

表 2.9-4　固端等厚圆拱应力系数表（温度荷载、拱端下游侧 $\sigma_{a下}'$）

φ_a	\multicolumn{15}{c}{T/r}	φ_a
	0.025	0.05	0.075	0.1	0.125	0.15	0.175	0.2	0.25	0.3	0.35	0.4	0.5	0.625	0.75	1	
5°	−15.218	−14.006	−10.874	−8.793	−7.379	−6.368	−5.611	−5.027	−4.181	−3.600	−3.178	−2.856	−2.399	−2.028	−1.777	−1.462	5°
10°	42.253	4.227	−2.272	−3.782	−4.079	−4.014	−3.837	−3.634	−3.244	−2.917	−2.651	−2.434	−2.103	−1.817	−1.615	−1.352	10°
15°	59.199	23.102	9.178	3.511	0.921	−0.376	−1.063	−1.441	−1.760	−1.833	−1.815	−1.762	−1.633	−1.482	−1.357	−1.186	15°
20°	47.208	29.532	17.375	10.283	6.184	3.730	2.201	1.209	0.090	−0.459	−0.746	−0.900	−1.025	−1.048	−1.023	−0.948	20°
25°	34.047	26.686	19.537	13.949	9.943	7.139	5.173	3.774	2.014	1.026	0.437	0.068	−0.332	−0.548	−0.636	−0.684	25°
30°	24.734	21.607	17.942	14.451	11.473	9.071	7.185	5.716	3.677	2.407	1.586	1.036	0.384	−0.021	−0.224	−0.400	30°
35°	18.457	17.043	15.202	13.217	11.298	9.564	8.061	6.789	4.843	3.500	2.564	1.899	1.058	0.494	0.186	−0.112	35°
40°	14.145	13.472	12.530	11.427	10.265	9.123	8.052	7.078	5.449	4.210	3.280	2.580	1.639	0.961	0.569	0.165	40°
45°	11.101	10.771	10.277	9.661	8.970	8.249	7.531	6.838	5.587	4.549	3.711	3.044	2.091	1.355	0.906	0.419	45°
50°	8.880	8.717	8.454	8.108	7.700	7.252	6.784	6.312	5.403	4.588	3.887	3.297	2.401	1.661	1.184	0.642	50°
55°	7.214	7.139	7.000	6.804	6.563	6.287	5.987	5.672	5.034	4.422	3.865	3.372	2.577	1.875	1.398	0.828	55°
60°	5.937	5.908	5.837	5.728	5.587	5.417	5.227	5.020	4.580	4.135	3.708	3.313	2.639	2.003	1.547	0.975	60°
65°	4.937	4.933	4.901	4.843	4.761	4.658	4.539	4.404	4.106	3.789	3.470	3.163	2.611	2.056	1.637	1.083	65°
70°	4.141	4.150	4.140	4.111	4.066	4.005	3.932	3.846	3.646	3.424	3.190	2.957	2.517	2.048	1.675	1.156	70°
75°	3.596	3.512	3.515	3.505	3.482	3.447	3.404	3.349	3.218	3.065	2.897	2.723	2.380	1.993	1.670	1.196	75°
80°	2.968	2.987	2.997	2.997	2.988	2.971	2.746	2.913	2.829	2.725	2.606	2.479	2.216	1.904	1.630	1.208	80°
85°	2.531	2.550	2.564	2.570	2.570	2.563	2.550	2.532	2.480	2.411	2.328	2.236	2.039	1.791	1.564	1.195	85°
90°	2.164	2.183	2.198	2.208	2.212	2.212	2.208	2.199	2.168	2.124	2.068	2.003	1.857	1.664	1.479	1.163	90°

项目 2 拱 坝 设 计

(3) 应力系数 σ' 乘以荷载强度 (或折算水头) p,即得应力 σ,即:

拱冠上游侧 $\sigma_{0\text{上}} = p \cdot \sigma_{0\text{上}}'$

拱冠下游侧 $\sigma_{0\text{下}} = p \cdot \sigma_{0\text{下}}'$

拱端上游侧 $\sigma_{a\text{上}} = p \cdot \sigma_{a\text{上}}'$

拱端上游侧 $\sigma_{a\text{下}} = p \cdot \sigma_{a\text{下}}'$

2. 坝体应力计算

(1) 荷载计算。计算各层拱圈所受荷载见表 2.10。

表 2.10   拱圈水压力、泥沙压力计算表（正常蓄水位 388m）

项 目	高 程						
	392.50	385.00	376.60	368.20	359.80	351.40	343.00
拱厚 T/m	3	4.6	6	7.2	8.2	9.6	11
平均半径 r/m	71	62.8	54.3	46.6	35.6	24.04	12.65
厚径比 T/r	0.042	0.073	0.110	0.155	0.230	0.399	0.870
平均半中心角 φ_a/(°)	54	54	49	44.5	37.5	34.5	30
上游水深 $h_{\text{上}} = Z_{\text{上}} - Z$/m	0	3	11.4	19.8	28.2	36.6	45
上游沙荷强度 P_s/kPa	0	0	0	0	15.54	36.60	57.66
水沙荷强度 $P_a = \gamma_0 h_{\text{上}} + P_s$/kPa	0	29.43	111.83	194.24	292.18	395.65	499.11

注 不计浪压力；淤沙高程 366.00m

(2) 应力计算。计算过程及结果见表 2.11~表 2.13。

表 2.11   拱圈水压应力计算表

项 目		高程/m						
		392.50	385.00	376.60	368.20	359.80	351.40	343.00
拱厚 T/m		3	4.6	6	7.2	8.2	9.6	11
平均半径 r/m		71	62.8	54.3	46.6	35.6	24.04	12.65
厚径比 T/r		0.042	0.073	0.110	0.155	0.230	0.399	0.870
平均半中心角 φ_a/(°)		54	54	49	44.5	37.5	34.5	30
拱水沙荷强度 P_a(表 2.10)/kPa		0	29.43	111.83	194.24	292.18	395.65	499.11
拱冠	$\sigma_{0\text{上}}'$	30.53	17.83	13.40	10.40	6.83	2.84	0.77
	$\sigma_{0\text{上}} = p_a \cdot \sigma_{0\text{上}}'$/kPa	0	524.73	1498.52	2020.09	1995.58	1123.64	384.31
	$\sigma_{0\text{下}}'$	22.91	10.28	4.3	1.16	−0.87	−0.719	−0.09
	$\sigma_{0\text{上}} = p_a \cdot \sigma_{0\text{下}}'$/kPa	0	302.54	480.86	225.31	−254.19	−284.47	−44.91
拱端	$\sigma_{a\text{上}}'$	19.52	6.99	0.91	−2.82	−4.11	−2.08	−0.32
	$\sigma_{a\text{上}} = p_a \cdot \sigma_{a\text{上}}'$/kPa	0	205.71	101.76	547.75	−1200.85	−822.95	−159.71
	$\sigma_{a\text{下}}'$	34.01	21.38	17.65	15.08	10.93	4.9	1.36
	$\sigma_{a\text{上}} = p_a \cdot \sigma_{a\text{下}}'$/kPa	0	629.21	1973.80	2929.13	3193.52	1938.68	678.78

表 2.12　　　　　　　　　　　　　拱圈温度应力计算表

项 目		高程/m						
		392.50	385.00	376.60	368.20	359.80	351.40	343.00
拱厚 T/m		3	4.6	6	7.2	8.2	9.6	11
平均半径 r/m		71	62.8	54.3	46.6	35.6	24.04	12.65
厚径比 T/r		0.042	0.073	0.110	0.155	0.230	0.399	0.870
平均半中心角 $\varphi_a/(°)$		54	54	49	44.5	37.5	34.5	30
均匀温降 $t=-47/(T+3.39)/℃$		-7.36	-5.88	-5.01	-4.44	-4.06	-3.62	-3.27
温度折算水头 $p_t=-a_c E t \dfrac{T}{r}/kPa$		19.78	27.47	35.27	44.04	59.76	92.44	182.07
拱冠	$\sigma_{0上}'$	3.63	3.46	3.7	3.42	1.93	-0.16	-0.9
	$\sigma_{0上}=p_a \cdot \sigma_{0上}'/kPa$	71.81	95.05	130.50	150.63	115.34	-14.79	-163.86
	$\sigma_{0下}'$	-3.99	-4.08	-5	-5.81	-5.77	-3.72	-1.76
	$\sigma_{0上}=p_a \cdot \sigma_{0下}'/kPa$	-78.932	-112.08	-176.35	-255.90	-344.83	-343.87	-320.44
拱端	$\sigma_{a上}'$	-7.38	-7.38	-8.79	-9.8	-9.01	-5.08	-2
	$\sigma_{a上}=p_a \cdot \sigma_{a上}'/kPa$	-146.00	-202.73	-310.02	-431.63	-538.46	-469.59	-364.14
	$\sigma_{a下}'$	7.17	7.02	7.95	8.11	6.03	1.9	-0.31
	$\sigma_{a上}=p_a \cdot \sigma_{a下}'/kPa$	141.84	192.84	280.39	357.20	360.37	175.63	-56.44

表 2.13　　　　　　　　　　　应力迭加并分析　　　　　　　　　　　单位：kPa

计算情况：正常情况Ⅰ

部 位		高 程						
		392.50	385.00	376.60	368.20	359.80	351.40	343.00
拱冠	上游面	71.81	619.78	1629.02	2170.72	2110.92	1108.85	220.45
	下游面	-78.932	190.46	304.51	-30.59	-599.02	-628.34	-365.35
拱座	上游面	-146	2.98	-208.26	116.12	-1739.31	-1292.54	-523.85
	下游面	141.84	822.05	2254.19	3286.33	3553.89	2114.31	622.34

注 1. 应力以压应力为正。
　　2. 拱圈压力＝由水沙荷载引起的应力（表2.11）＋由温度变化引起的应力（表2.12）。

3. 计算结果分析

（1）最大压应力3.55MPa，出现在5/7坝高（由顶拱向下起算）的拱端下游面，允许应力值为4.0MPa，符合应力控制条件。

（2）最大拉应力1.74MPa（拉应力为负），出现在5/7坝高（由顶拱向下起算）的拱端上游面，允许应力值为2.0MPa，符合应力控制要求。

4. 应力计算成果分析

本工程计算了三种荷载工况下拱坝的应力，分别是：

（1）基本组合：

正常情况Ⅰ　　正常水位时的水压力＋自重＋泥沙压力＋温降

正常情况Ⅱ　　死水位时相应的水压力＋自重＋泥沙压力＋温升

(2) 特殊组合：

非正常情况Ⅰ　　　校核洪水位时相应的水压力＋自重＋泥沙压力＋温升

坝体拉应力由正常情况Ⅰ控制，最大值为 1.74MPa，符合应力控制的要求。坝体压应力由非常情况Ⅰ控制，最大值为 3.85MPa，符合应力控制的要求。

任务 2.2　拱坝泄洪设计

单元任务目标：完成拱坝泄洪设计。

任务执行过程引导：确定泄水方式；孔口布置；确定定型设计水头；形成溢流剖面；消能防冲设计。

提交成果：溢流剖面设计计算成果；溢流坝剖面设计图。

拱坝泄洪方式的选择，应根据泄洪量的大小，结合工程具体情况确定。除有明显合适的岸边溢洪道外，宜首先研究采用拱坝坝身泄洪的可行性。但由于拱坝在平面上呈拱形，坝体较薄，下泄水流有向心集中的特点，使水流入水处单宽流量增大，加剧下游消能防冲的困难。与呈直线布置的溢流重力坝相比，更应重视消能设计。

2.2.1　拱坝坝身泄水方式

常用的拱坝泄流方式有：坝顶泄流（自由跌流式、鼻坎挑流式）、坝身孔口泄流、坝面泄流、坝肩滑雪道泄流、坝后厂顶溢流（厂前挑流）等。

1. 自由跌落式

对于比较薄的双曲拱坝或小型拱坝，常采用坝顶自由跌流的方式，如图 2.28 所示。溢流头部通常采用非真空的标准堰型，这种型式适用于基岩良好、单宽泄洪量较小的情况。由于下落水舌距坝脚较近，坝下必须设有防护设施，堰顶设或不设闸门，视水库淹没损失和运用条件而定。

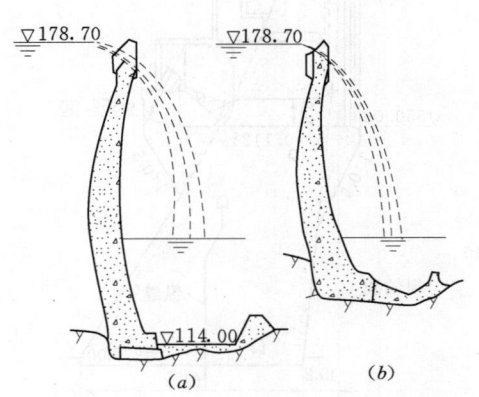

图 2.28　布桑拱坝的自由跌流与护坦布置（单位：m）

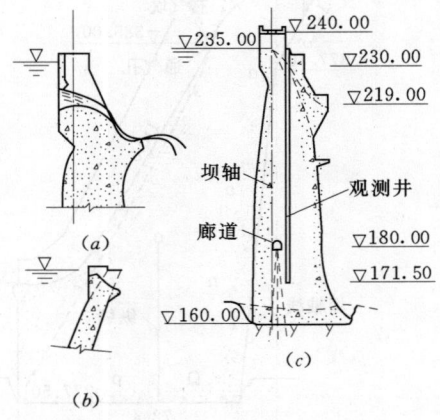

图 2.29　拱坝溢流表孔挑流坎（单位：m）
(a) 带胸墙的坝顶表孔挑流鼻坎；(b) 坝顶表孔挑流鼻坎；(c) 流溪河拱坝溢流表孔

2. 鼻坎挑流式

为了使泄水跌落点远离坝脚,常在溢流堰顶曲线末端以反弧段连接成为挑流鼻坎,如图 2.29 所示。挑流鼻坎多采用连续式结构,挑坎末端与堰顶之间的高差一般不大于 6~8m,为堰顶设计水头 H_d 的 1.5 倍左右;坎的挑角 $10°≤α≤25°$;反弧半径 R 与 H_d 大致接近,最后应由水工模型试验来确定。差动式齿坎可促使水流在空中扩散,增加与空气的摩擦,减小单位面积的入水量;但在构造与施工上都较复杂,又易受气蚀破坏。溢流段的布置,有的工程是沿全坝顶,有的只布置在坝顶中部。溢流顶高程,有的同高,有的中间低而两侧稍高,小流量时由中间过水,大流量时中部流量大于两岸,以利于消能。堰顶可设闸门或者不设。

对于单宽流量较大的重力拱坝,可采用水流沿坝面下泄,经鼻坎挑流或底流水跃的消能方式。图 2.30 为我国白山单曲三心圆重力拱坝下游立视、溢流坝段和泄洪中孔坝段的剖面图,最大坝高 149.5m,在坝顶中部设 4 个表孔,每孔宽 12m,采用挑流消能,最大单宽泄流量 140m³/(s·m)。

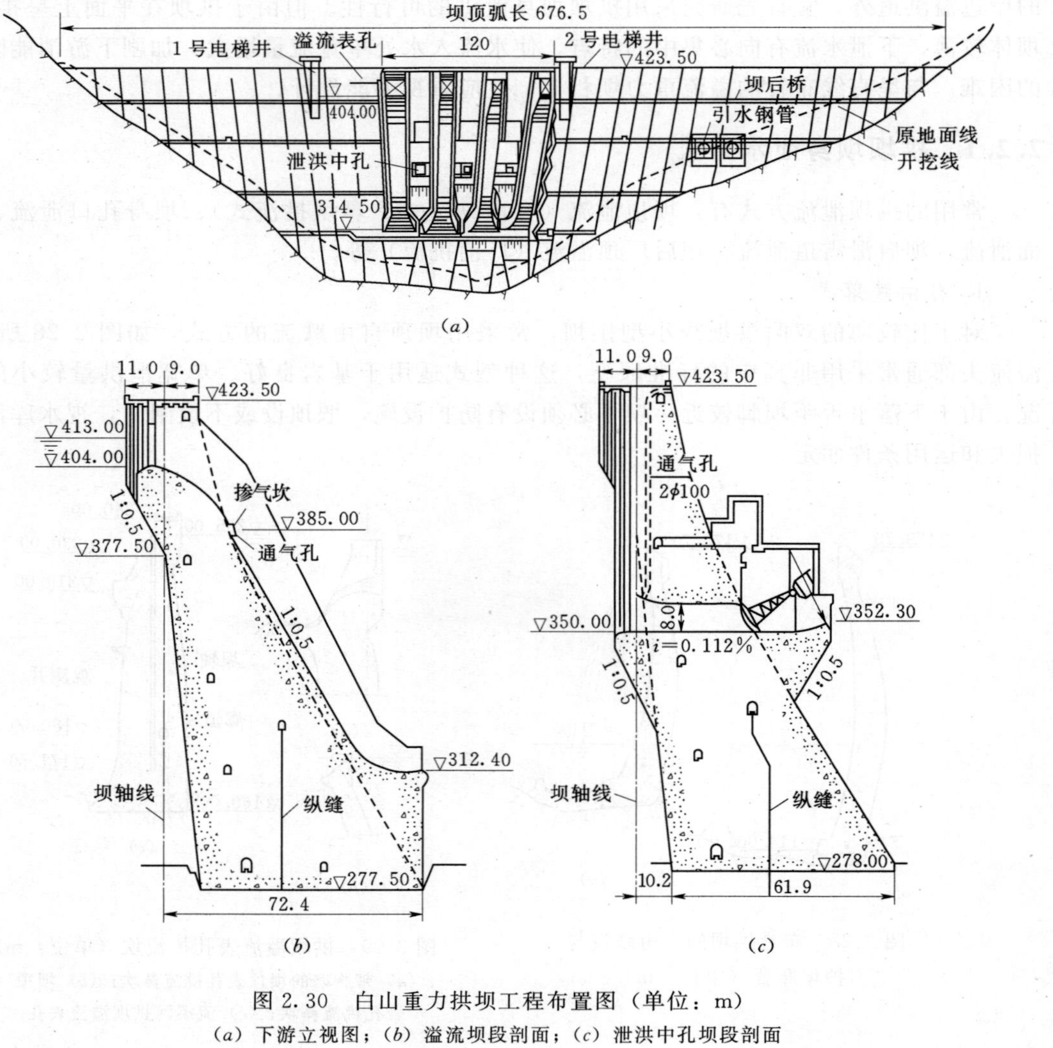

图 2.30 白山重力拱坝工程布置图(单位:m)
(a)下游立视图;(b)溢流坝段剖面;(c)泄洪中孔坝段剖面

3. 滑雪道式

滑雪道式泄洪是拱坝特有的一种泄洪方式，其溢流面由溢流坝顶和与之相连接的泄槽组成，而泄槽为坝体轮廓以外的结构部分。水流过坝以后，流经泄槽，由槽尾端的挑流鼻坎挑出，使水流在空中扩散，下落到距坝较远的地点。挑流鼻坎一般都比堰顶低很多，落差较大，因而挑距较远，是其优点。但滑雪道各部分的形状、尺寸必须适应水流条件，否则容易产生气蚀破坏。所以，滑雪道溢流面的曲线形状、反弧半径和鼻坎尺寸等都需经过试验研究来确定。滑雪道的底板可设置于水电站厂房的顶部（图2.31）或专门的支承结构上（图2.32），前者的溢流段和水电站厂房等主要建筑物集中布置，对于溢洪量大而河谷狭窄的枢纽是比较有利的。滑雪道也可设在岸边，一般多采用两岸对称布置，也有只布置在一岸的。滑雪道式适用于泄洪量大、较薄的拱坝。

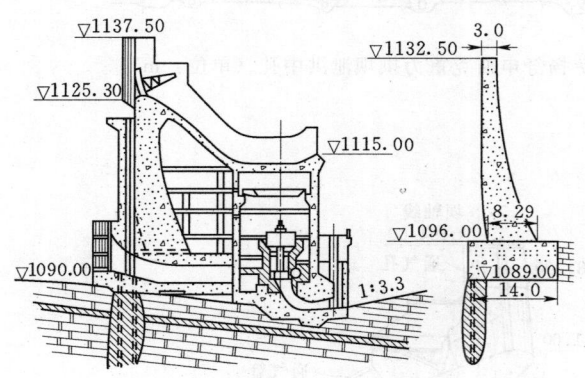
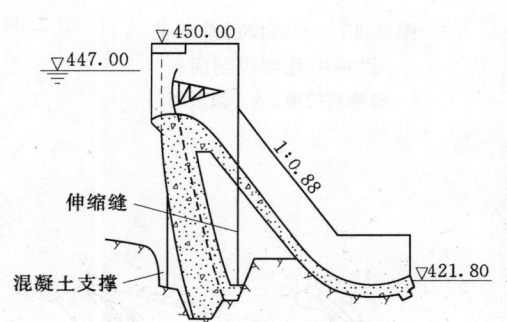

图2.31 修文水电站拱坝剖面图（单位：m）　　图2.32 泉水拱坝表孔滑雪道（单位：m）

4. 坝身泄水孔式

坝身泄水孔是指位于水面以下一定深度的中孔（大致位于坝体中部高程，进水口水头不大于60m）或底孔（大致位于坝体中、下部高程，进水口水头大于60m），中孔多用于泄洪；底孔多用于放空水库，辅助泄洪和排沙以及施工导流。坝身泄水孔一般都是压力流，比坝顶溢流流速大，挑射距离远。

泄水中孔一般设置在河床中部的坝段，以便于消能与防冲。也有的工程将泄水中孔分设在两岸坝段，在河床中部布置电站厂房。泄水中孔孔身一般可做成水平或近乎水平、上翘和下弯三种型式。对于设置在河床中部的泄水中孔，通常多布置成水平的，如：白山拱坝共有3个出口断面为宽6m、高7m的泄水中孔，分别布置在4个表孔之间，如图2.30 (a)、(c)所示，但也有采用上翘式的，如：莫桑比克的卡博拉巴萨双曲拱坝，高164m，坝身设有8个出口断面为宽6m、高7.8m的上翘式中孔，如图2.33所示。

对重力拱坝，一般采用下弯式，如：俄罗斯的萨扬舒申斯克重力拱坝，高242m，坝身设有11个出口断面为宽5m、高6m的下弯式中孔及两层导流孔（最后用混凝土封堵），如图2.34所示。

对于设置在两岸坝段的泄水中孔，通常也采用下弯式，与重力拱坝下弯式不同之处在于，出口后与滑雪道的泄槽相衔接。我国紧水滩双曲拱坝，高102m，左、右岸对称设置了中、浅孔各1个，如图2.35所示。东江、泉水双曲拱坝也采用了这种形式。

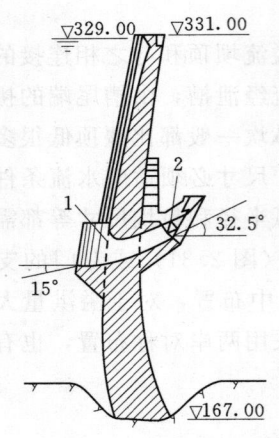

图 2.33 卡博拉巴萨双曲
拱坝中孔坝段剖面
1—检修闸门槽；2—弧形闸门

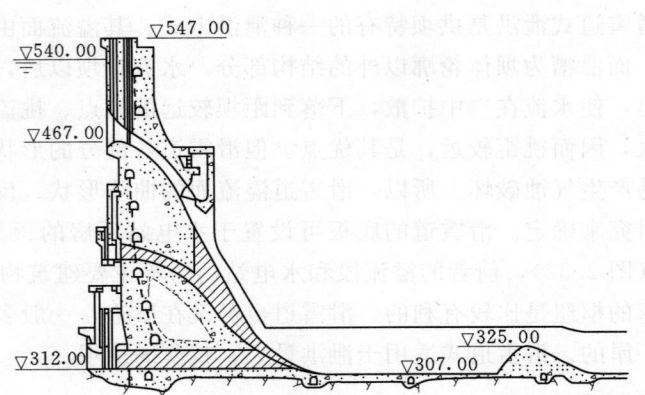

图 2.34 萨扬舒申斯克重力拱坝泄洪中孔（单位：m）

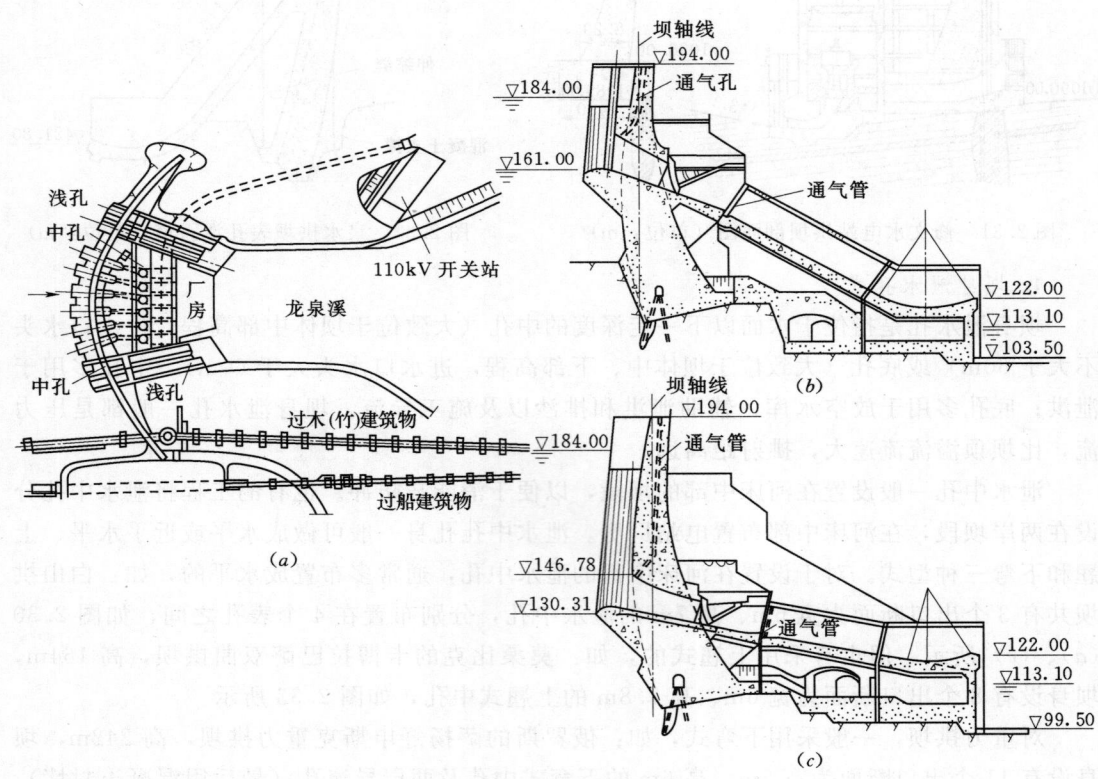

图 2.35 紧水滩双曲拱坝（单位：m）
(a) 枢纽布置；(b) 浅孔剖面；(c) 中孔剖面

泄水孔的工作闸门大多采用弧形闸门，布置在出口，进口设事故检修闸门。这样不仅便于布置闸门的提升设备，而且结构模型试验成果表明，在泄水孔口末端设置闸墩及挑流鼻坎后，由于局部加厚了孔口附近的坝体，可显著改善孔口周边的应力状态，对于孔底的拱应力也有所改善。实践证明，孔口对坝体应力的影响是局部的，拉应力可能使孔口边缘开裂，但只限于孔口附近，不致危及坝的整体安全。对于局部应力的影响，可在孔口周围布置钢筋。

由于拱坝较薄，中孔断面一般采用矩形。为使孔口泄流保持压力流，避免发生负压，应将出口断面缩小，出口高为孔身高度的70%~80%。为使水流平顺，提高泄水能力，进口及沿程体形宜做成曲线形。对大、中型工程，还应通过水工模型试验研究确定。

底孔处于水下更深处，孔口尺寸往往限于高压闸门的制作和操作条件而不能太大。目前深孔闸门的作用水头已达154m。在薄拱坝内，多采用矩形断面。对重力拱坝等较厚的坝体，可以采用圆形断面，以渐变段与闸门段的矩形断面相连接。

拱坝的坝身泄水还可将上述各种型式结合使用，如：坝顶溢流可以同时设置坝身泄水孔。当泄洪流量大，坝身泄水不能满足要求时，还可布置泄洪隧洞或岸边溢洪道。

2.2.2 拱坝的消能与防冲

拱坝的消能方式主要有以下几种：

（1）跌流消能。水流从坝顶表孔直接跌落到下游河床，利用下游水垫消能。跌流消能最为简单，但由于水舌入水点距坝趾较近，需要采取相应的防冲措施，法国的乌格朗拱坝利用下游施工围堰做成二道坝，抬高下游水位，如图2.36所示；美国的卡尔德伍德拱坝，在跌流的落水处建戽斗，并在其下游设置了二道坝，运用情况良好，如图2.37所示。

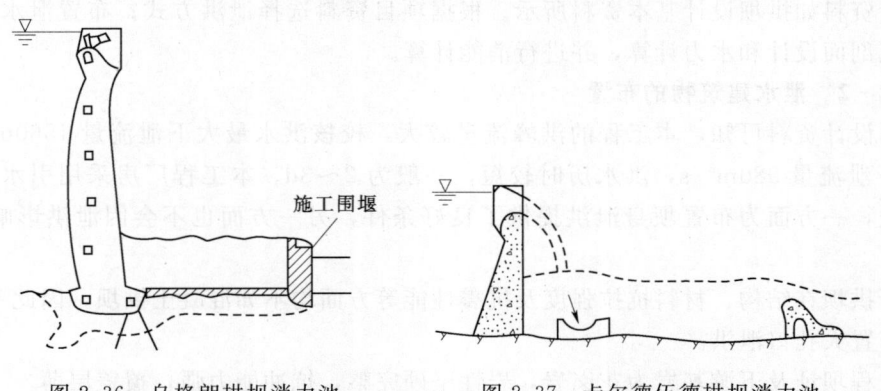

图2.36 乌格朗拱坝消力池　　　　图2.37 卡尔德伍德拱坝消力池

（2）挑流消能。鼻坎挑流式、滑雪道式和坝身泄水孔式大都采用各种不同形式的鼻坎，使水流扩散、冲撞或改变方向，在空中消减部分能量后再跌入水中，以减轻对下游河床的冲刷。

泄流过坝后向心集中是拱坝泄水的一个特点。对于中、高拱坝，可利用这个特点，在拱冠两侧各布置一组溢流表孔或泄水孔，使两侧挑射水流在空中对冲，并沿河槽纵向扩散，从而消耗大量能量，减轻对下游河床的冲刷。但应注意必须使两侧闸门同步开启，否则射流将直冲对岸，危害更甚。我国紧水滩双曲拱坝是岸坡滑雪道式对冲消能的一例（图2.35）；在中孔泄洪布置上，如卡博拉巴萨拱坝（图2.33），将8个上翘式中孔分为两组，对称布置于拱冠两侧，每一组孔口自相平行，两组孔的轴线在平面上以8°角相交，水舌在空中对撞，消能效果良好。

近年来，不少中、高拱坝，特别是在大泄洪流量情况下，采用高低坎大差动形式，形成水股上下对撞消能。这种消能形式不仅把集中的水流分散成多股水流，而且由于通气充分，有利于减免气蚀破坏。但上述对撞水流造成的"雾化"程度更甚于其他的挑流方式，必须加以控制，必要时采取一定的防护措施。

(3) 底流消能。对重力拱坝，有的也可采用底流消能，如前所述的萨扬舒申斯克重力拱坝（图 2.34），高 242m，采用下弯式中孔，泄流沿下游坝面流入设有二道坝的收缩式消力池，池的上游端宽 123m，下游端宽 97m，长约 130m，二道坝下游护坦长 235m，末端设有齿墙，单宽流量为 139$m^3/(s·m)$，运用情况良好。

其他如窄缝式挑坎消能、反向防冲堰消能工等曾在有些工程中采用，也取得了良好效果。

拱坝河谷一般比较狭窄，不仅要防止过坝水流冲刷岸坡，而且要注意当泄流量集中在河床中部时，避免两侧形成强力回流，淘刷岸坡，以保证坝体稳定。

泄水拱坝的下游一般都需采取防冲加固措施，如护坦、护坡、二道坝等。护坦、护坡的长度、范围以及二道坝的位置和高度等，应由水工模型试验确定。

任务案例 2-2 拱坝泄洪设计

2-2-1 项目任务

设计资料如拱坝设计基本资料所示。根据项目资料选择泄洪方式；布置泄水建筑物；进行溢流剖面设计和水力计算，并进行消能计算。

2-2-2 泄水建筑物的布置

根据设计资料可知，本工程的洪峰流量较大，校核洪水最大下泄流量 1560m^3/s，设计洪水下泄流量 980m^3/s，洪水历时较短，一般为 2~3d。本工程厂房采用引水式布置，远离坝址，一方面为布置坝身泄洪提供了良好条件，另一方面也不会因泄洪影响厂房的运行。

砌石拱坝在结构、材料抗拉强度及抗震性能等方面均不如混凝土拱坝，因此一般不宜在坝身布置大孔口泄洪。

该工程坝址及下游基岩为花岗岩，岩性坚硬完整，抗冲能力强，覆盖层薄。

根据以上几方面的考虑，枢纽的泄洪方式采用坝顶高挑坎泄洪。在坝顶布置 10 孔泄水闸，每孔净宽 5m，正常挡水高度 3m，闸门采用钢筋混凝土闸门，双吊点螺杆式启闭机，整个坝顶的溢流布置结构简单，运行和维修均方便可靠。在布置上应注意以下几个因素：

(1) 坝顶溢洪道尽量布置在河床主河道上，使下泄水流方向与原河床主流方向尽量一致。

(2) 尽量加大溢流前缘的长度，以降低孔口高度，减小单宽流量。溢流前缘的长度以不冲刷两岸岸坡为限。

(3) 选择适当的溢流坝坝顶半径，减少对河床及岩坡的冲刷，溢流中心线与下游河道主流线一致。

(4) 由于拱坝坝身较薄，溢流坝断面应选用较瘦型断面，以便坝顶布置。

堰顶高程为385m，坝轴线处溢流前缘长度61.5m，坝顶溢流的结构形式如图2.38和图2.39所示。

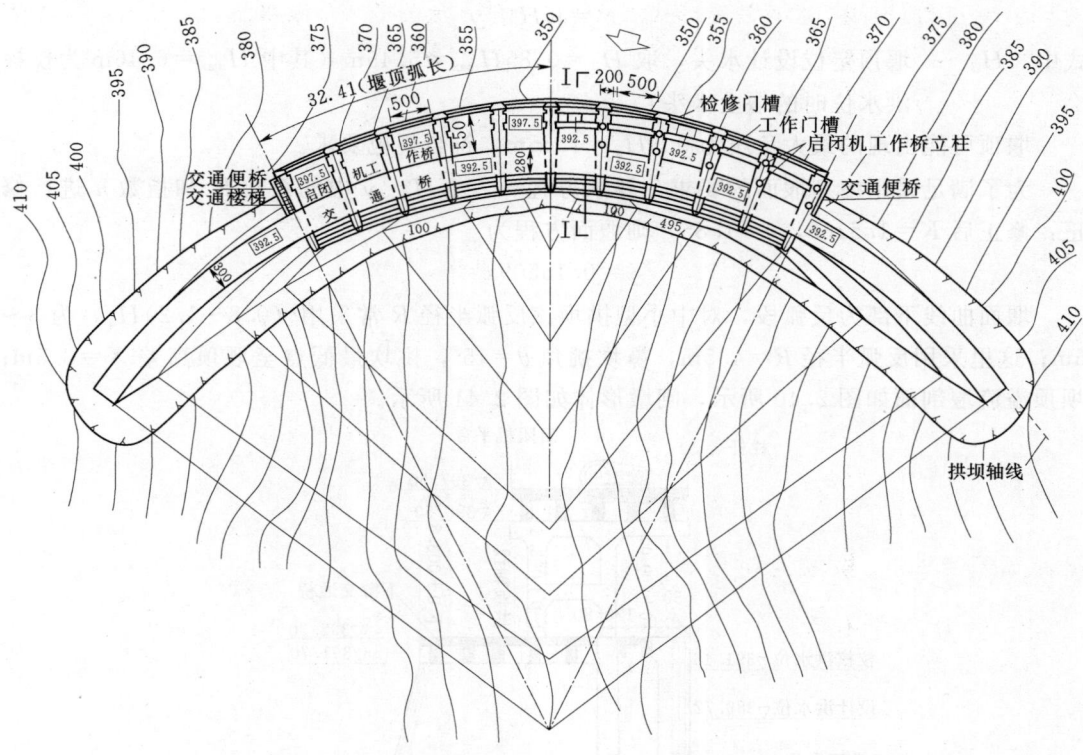

图2.38 坝顶溢流俯视图（结构尺寸：cm，其他：m）

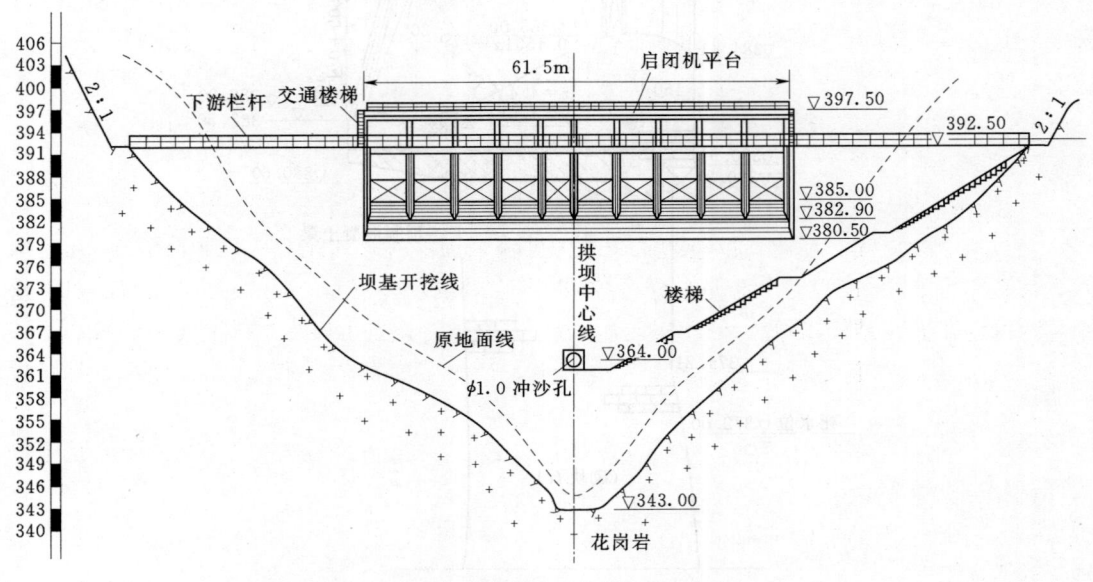

图2.39 拱坝下游立视图（单位：m）

2-2-3 坝顶顶端溢流剖面设计及水力计算

（1）堰面曲线，采用幂曲线。

$$x^n = K H_d^{n-1} y$$

式中 H_d——堰顶定位设计水头，取 $H_d = 0.85 H_{max} = 5.49$m（其中 $H_{max} = 6.46$m 为校核洪水位时的堰上水头）。

堰顶可能出现的最大负压为 $0.3 H_d = 1.65$m，符合规范要求。

为了满足采用瘦型堰面的要求，要求方程 $x^n = K H_d^{n-1} y$ 中的系数 K 和指数 n 进行修正：修正后 $K = 1.5163$，$n = 1.85$，则堰面方程为

$$y = 0.15509 x^{1.85}$$

堰面曲线下部为反弧段，对中小型拱坝该反弧半径 R 常采用 $(0.8 \sim 1.2) H_d$，为 $3 \sim 6$m；这里采用反弧半径 $R = 4.5$m，鼻坎挑角 $\theta = 15°$，挑坎最低点至堰顶高差 $X = 2.5$m；坝顶溢流堰剖面如图 2.40 所示，闸墩形体如图 2.41 所示。

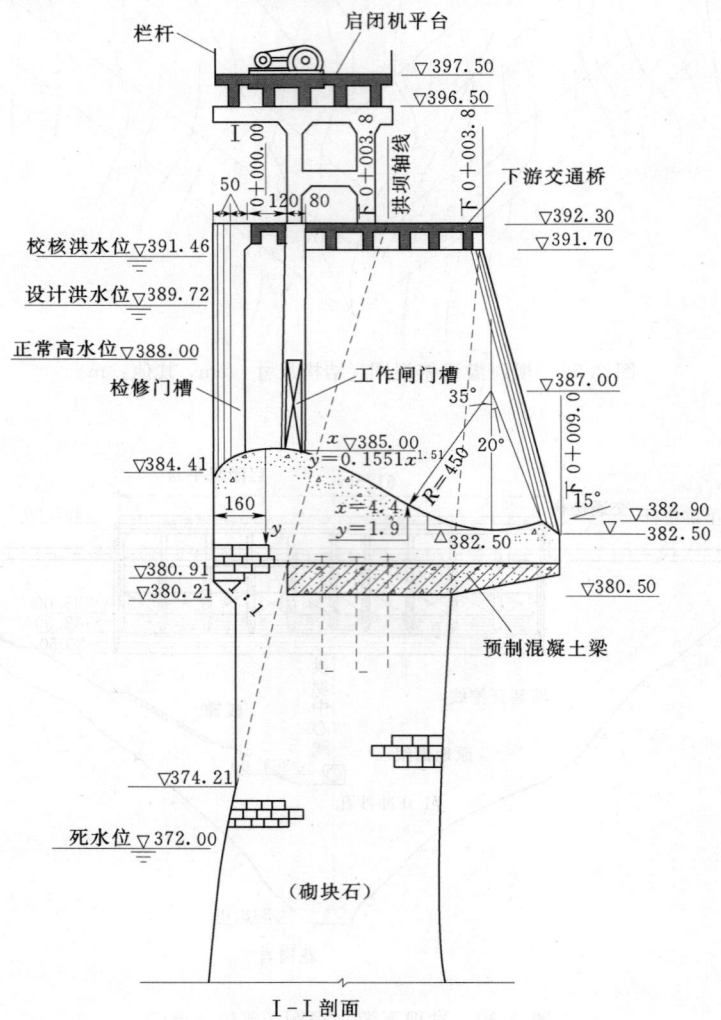

图 2.40 坝顶溢流剖面图（高程、桩号单位：m，尺寸单位：cm）

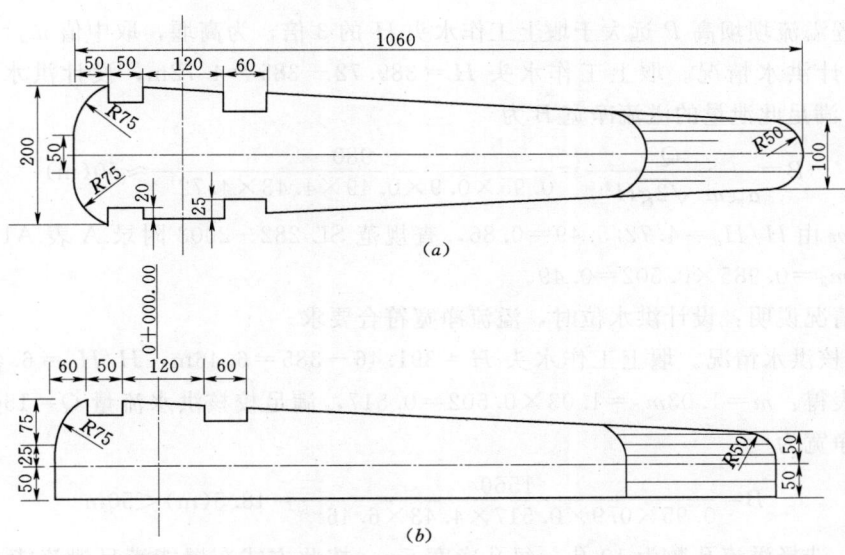

图 2.41 闸墩形体图（高程、桩号单位：m；尺寸单位：cm）
(a) 中闸墩形体图；(b) 边闸墩形体图

溢流堰头部曲线坐标 $\dfrac{x^2}{(aH_d)^2}+\dfrac{bH_d-y}{(bH_d)^2}=1$，见表 2.14。

表 2.14　　　　　　　　　　　　溢流堰头部曲线坐标值

x	0.00	−0.20	−0.40	−0.60	−0.80	−0.10	−0.12	−0.14	−0.16
y	0.00	0.007	0.03	0.07	0.12	0.20	0.30	0.46	0.9

注　$a=0.29$，$a/b=0.87+3a$，$b=0.167$，则

堰面曲线　　　　　　　　　　　$x^n = KH_d^{n-1}y$

原点上游曲线　　　　$\dfrac{x^2}{1.592^2}+\dfrac{(0.917-y)^2}{0.917^2}=1$

取 $K=1.5163$，$n=1.85$，则

$$y=0.15509x^{1.85}$$

（2）坝顶泄流能力计算。闸门挡水高度 3cm，溢流净宽 $5m\times 10=50m$，采用实用堰流公式

$$Q=\alpha_n \varepsilon m B\sqrt{2g}H_0^{3/2}$$

式中　α_n——水流向心折减系数，一般可取 $\alpha_n=0.95$；

　　　ε——侧收缩系数，根据闸墩厚及墩头形状而定，初设时一般取 $0.9\sim 0.95$，这里取 $\varepsilon=0.9$；

　　　B——溢流净宽；

　　　H_0——溢流堰顶总水头，可近似取 $H_0\approx H$；

　　　m——流量系数，可由 H_0/H 查《混凝土拱坝设计规范》附录 A 表 A1.1-3。

在 $H=H_d$（堰顶工作水头等于堰面设计水头）时，$m=m_d$。通常，对于高堰，即 $P/H>3$（P 为上游堰高，即溢流坝坝高）时，$m_d=0.49\sim 0.516$；对于低堰，即 $P/H\leqslant 3$ 时，$m_d=0.46\sim 0.49$。

本工程溢流坝坝高 P 远大于堰上工作水头 H 的 3 倍，为高堰，取中值 $m_d=0.502$。

1）设计洪水情况。堰上工作水头 $H=389.72-385=4.72\text{m}$，设计洪水流量 $Q=980\text{m}^3/\text{s}$，满足此泄量的溢流净宽 B 为

$$B=\frac{Q}{\alpha_n\varepsilon m\sqrt{2g}H^{1.5}}=\frac{980}{0.95\times0.9\times0.49\times4.43\times4.72^{1.5}}\approx50(\text{m})$$

其中 m 由 $H/H_d=4.72/5.49=0.86$，查规范 SL 282—2003 附录 A 表 A1.1-3 得：$m=0.985m_d=0.985\times0.502=0.49$。

上述情况说明：设计洪水位时，溢流净宽符合要求。

2）校核洪水情况。堰上工作水头 $H=391.46-385=6.46\text{m}$，$H/H_d=6.46/4.72=1.36$，查表得：$m=1.03m_d=1.03\times0.502=0.517$，满足校核洪水流量 $Q=1560\text{m}^3/\text{s}$ 所需的溢流净宽为

$$B=\frac{1560}{0.95\times0.9\times0.517\times4.43\times6.46^{1.5}}=48.5(\text{m})<50\text{m}$$

结论：选择溢流孔数为 10 孔，每孔净宽 5m，按此方式布置能满足泄流能力的要求。设计洪水流量下的单宽泄流量 $q_{设}=980/50=19.6\text{m}^3/\text{s}$，校核洪水流量下的单宽泄流量 $q_{校}=1560/50=31.2\text{m}^3/\text{s}$，均在合适范围。

2-2-4 拱坝坝顶挑流消能计算

（1）拱坝坝顶开敞式低落差挑坎的挑距 L 可采用下式计算：

$$L=\frac{\alpha_0}{g}\left[v_1^2\sin\theta\cos\theta+v_1\cos\theta\sqrt{v_1^2\sin^2\theta+2g(h_1+h_2)}\right]$$

其中
$$v_1=1.1\varphi\sqrt{2gH_0},\quad \varphi=1-\frac{0.00275}{[q/(\sqrt{g}H_0^{1.5})]^{0.746}}$$

式中 α_0——水流向心对挑距的影响系数，一般 $\alpha_0=0.9\sim0.95$，本工程取 $\alpha_0=0.92$；

v_1——挑坎处水面流速；

H_0——库水面至挑坎顶高差；

φ——堰面流速系数；

h_2——坎顶至下游河床面高差，如果冲坑已形成，作为计算坑冲进一步发展时，可算至坑底；

h_1——坎顶平均水深 $h(h=q/v_1)$ 在垂直方向的投影，$h_1=h\cos\theta$。

（2）冲坑深计算。最大冲坑水垫厚度 t_k 按下式估算：

$$t_k=\alpha_1\alpha_2 q^{0.5}H^{0.25}$$

最大冲坑深度 t_k'

$$t_k'=\alpha_1\alpha_2 q^{0.5}H^{0.25}-H_2$$

式中 α_1——冲坑系数，坚硬完整的基岩 $\alpha_1=0.7\sim1.1$，坚硬但完整较差的 $\alpha_1=1.1\sim1.4$，软弱破碎的 $\alpha_1=1.4\sim1.8$，本工程根据地质条件取 $\alpha_1=1.4$；

α_2——水流分散程度影响系数：分散充分，$\alpha_2=0.8\sim1.1$；分散较好，$\alpha_2=1.1\sim1.4$；分散欠佳，$\alpha_2=1.4\sim1.7$；水流集中，$\alpha_2=1.7\sim2.0$；本工程根据实际情况取 $\alpha_2=1.4$；

H——上下游水位差；

H_2——相应于下泄流量 Q 的下游水深。

（3）设计洪水情况的挑流计算。单宽流量 $q=980/50=19.6\ \mathrm{m^3/(s \cdot m)}$，库水面至挑坎顶高差 $H_0=389.72-382.9=6.82\mathrm{m}$，流速系数为

$$\varphi = 1 - \frac{0.00275}{\left(\dfrac{19.6}{\sqrt{9.8 \times 6.82^{1.5}}}\right)^{0.746}} = 0.99$$

因此 $\qquad v_1 = 1.1 \times 0.99 \times \sqrt{2 \times 9.8 \times 6.82} = 12.6\ (\mathrm{m/s})$

坎顶平均水深 $\qquad h = q/v_1 = 19.6/12.6 = 1.56\ (\mathrm{m})$

$$h_1 = h\cos\theta = 1.56 \times \cos15° = 1.51\ (\mathrm{m})$$

$$h_2 = 382.9 - 346 = 36.9\ (\mathrm{m})$$

挑距 $L = \dfrac{0.92}{9.8} \times (12.6^2 \times \sin15°\cos15° + 12.6 \times \cos15° \sqrt{12.6^2 \times \sin^2 15° + 19.6 \times 38.41}) = 35.3\ (\mathrm{m})$ 冲坑深 $t_k' = 1.4 \times 1.4 \times 19.6^{0.5} \times (389.72-360.3)^{0.25} - (360.3-346) = 5.9\ (\mathrm{m})$。

（4）校核洪水位情况下的挑流计算（略）。

（5）坝顶高挑坎挑流消能评价。拱坝溢流道位置较高，本工程采用了低落差挑坎挑流消能。从计算出的挑距、冲坑深、冲坑后坡等水力要素看，挑距较理想，冲坑也不太深。而基础为花岗岩，坚硬完整，冲坑后坡都在 0.2 以内（表 2.15），可认为冲坑不会危及坝身安全，因此下游暂不设二道坝。运行中应加强观测，如果冲坑的发展超过一定的限度，可以再考虑以混凝土衬砌冲刷坑的某些部位，以减轻冲坑深度的进一步发展。

表 2.15　　　　　　　　　　　　　挑流计算成果表

洪水频率	设计洪水（$P=3.3\%$）	校核洪水（$P=0.33\%$）
下泄流量/($\mathrm{m^3 \cdot s^{-1}}$)	980	1560
挑距 L/m	35.3	44.9
下游水深/m	14.3	17
冲坑深 t_k/m	5.9	6.3
冲坑后坡 t_k/L	$0.17 < [i] = 0.2$	$0.14 < [i]$

坝顶设闸控制，可以防止或减轻小流量时水舌不能起挑的现象，防止了直接冲刷坝脚。

任务 2.3　拱坝构造和地基处理

单元任务目标： 完成拱坝细部构造与地基处理方案设计。

任务执行过程引导： 确定坝体排水管幕的布置；确定基础廊道的布置；确定防渗帷幕的位置、深度、厚度；确定坝基排水孔幕的布置；形成坝基防渗与排水布置图。

提交成果： 包含有细部构造的坝体剖面图；坝基防渗帷幕与坝基排水布置详图。

2.3.1 拱坝构造

2.3.1.1 拱坝分缝与接缝处理

拱坝是整体结构，为便于施工期间混凝土散热和降低收缩应力，防止混凝土产生裂缝，需要分段浇筑，各段之间设有收缩缝，在坝体混凝土冷却到年平均气温左右，混凝土充分收缩后，再灌浆封填，以保证坝的整体性。

收缩缝有横缝和纵缝两类，如图 2.42 所示。横缝是径向的，间距一般取 15～20m。在变半径的拱坝中，为了使横缝与径向一致，必然会形成一个扭曲面。有时为了简化施工，对不太高的拱坝也可以中间高程处的径向为准，仍用铅直平面来分缝。横缝底部缝面与地基面的夹角不得小于 60°，并应尽可能接近正交。缝内设铅直向的梯形键槽，以提高坝体的抗剪强度。拱坝厚度较薄，一般可不设纵缝，对厚度大于 40m 的拱坝，经分析论证，可考虑设置纵缝。相邻坝块间的纵缝应错开，纵缝的间距为 20～40m。为方便施工，一般采用铅直纵缝，到缝顶附近应缓转与下游坝面正交，避免浇筑块出现尖角。

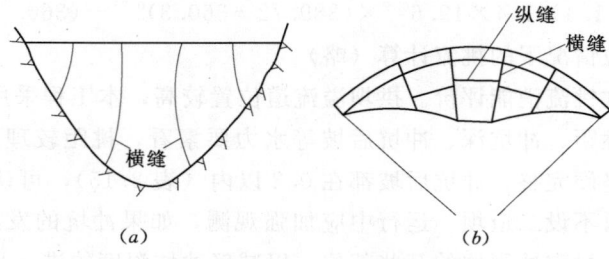

图 2.42 拱坝的横缝和纵缝

收缩缝是两个相邻坝段收缩后自然形成的冷缝，缝的表面做成键槽，预埋灌浆管与出浆盒，在坝体冷却后进行压力灌浆。收缩缝的灌浆工艺和重力坝相同。

横缝上游侧应设置止水片。止水片可与上游止浆片结合。止水的材料和做法与重力坝相同。

2.3.1.2 坝顶

拱坝坝顶的结构型式和尺寸应按使用要求来决定。当无交通要求时，非溢流坝的顶宽不宜小于 3m。溢流坝段坝顶工作桥、交通桥的尺寸和布置必须能满足泄洪、闸门启闭、设备安装、运行操作、交通、检修和观测等的要求。地震区的坝顶工作桥、交通桥等结构应尽量减轻自重，以提高结构的抗震性能。

2.3.1.3 廊道与排水

坝内应设置基础灌浆廊道，对于中、低高度的薄拱坝，也可不设廊道，而将检查、观测、交通和坝缝灌浆等工作移到坝后桥上进行，桥宽一般为 1.2～1.5m，上下层间隔 20～40m，在与坝体横缝对应处留有伸缩缝，缝宽 1～3cm。

无冰冻地区的薄拱坝其坝身可不设排水管。对较厚的或建在寒冷地区的薄拱坝，则要求和重力坝一样布置排水管，一般间距为 2.5～3.5m，管内径为 15～20cm。如图 2.43 所示为我国响洪甸重力拱坝最大剖面的廊道及排水管布置图。

2.3.1.4 重力墩

重力墩是拱坝坝端的人工支座,可用于以下情况:河谷形状不规则,为减小宽高比,避免岸坡的大量开挖;河谷有一岸较平缓,用重力墩与其他坝段(如重力坝或土坝)或岸边溢洪道相连接等。如图2.44所示是我国龙羊峡水电站的枢纽布置图,在其左、右坝肩设置重力墩后,坝体可基本保持对称。通过重力墩可将坝体传来的作用力传到基岩。

2.3.2 拱坝的地基处理

拱坝的地基处理和岩基上的重力坝基本相同,但要求更为严格,特别是对两岸坝肩的处理尤为重要。

(1)坝基开挖。根据坝址具体地质情况,结合坝高,选择新鲜、微风化或弱风化中下部的基岩作为建基面。在开挖过程中还应注意以下几点:拱端开挖应注意前述拱端布置原则;河床段利用岩面的上、下游高差不应过大,宜略向上游倾斜;整个坝基利用岩面的纵坡应平顺,无突变。

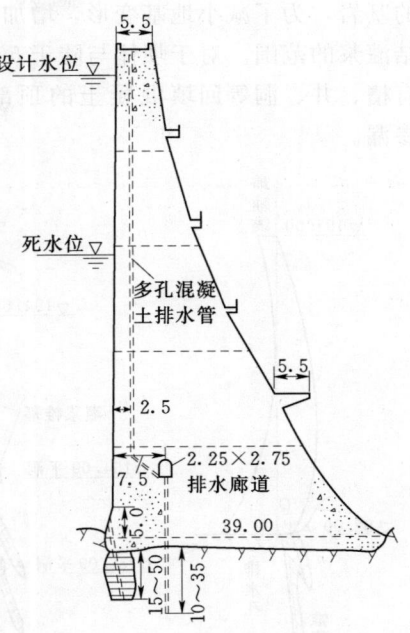

图2.43 重力拱坝的廊道与排水管布置(单位:m)

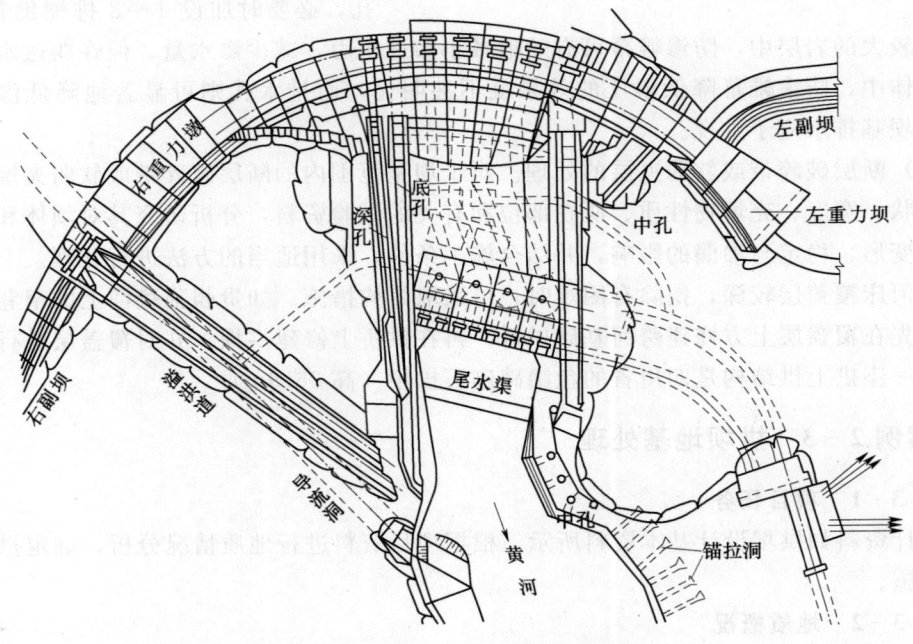

图2.44 龙羊峡水电站枢纽布置

(2)固结灌浆和接触灌浆。拱坝坝基的固结灌浆孔一般按全坝段布置。对于比较坚硬完整的基岩,也可以只在坝基的上游侧和下游侧设置数排固结灌浆孔。对节理、裂隙发育的基岩，为了减小地基变形，增加岩体的抗滑稳定性，还需在坝基外的上、下游侧扩大固结灌浆的范围。对于坝体与陡于 50°～60°的岸坡间，与上游侧的坝基接触面以及基岩中所有槽、井、洞等回填混凝土的顶部，均需进行接触灌浆，以提高接触面的强度，减少渗漏。

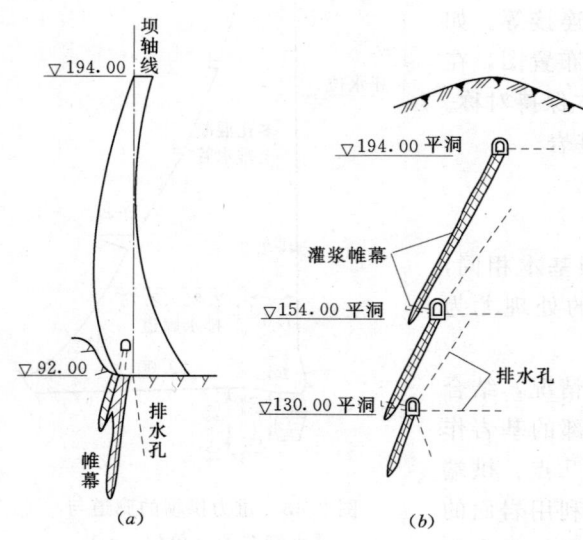

图 2.45　拱坝基岩帷幕灌浆与排水孔布置（单位：m）
(a) 坝体剖面；(b) 坝肩（基岸）剖视

帷幕线的位置与拱座及坝基应力情况有关，一般布置在压应力区，且靠近上游坝面。防渗帷幕还应深入两岸山坡内，深入长度与方向应根据工程地质、水文地质、地形条件、拱座的稳定情况和防渗要求等来确定，并与河床部位的帷幕保持连续性。

防渗帷幕一般采用水泥灌浆，在水泥灌浆达不到防渗要求时，可采用化学材料补充灌浆，但应注意防止污染环境。帷幕灌浆一般在廊道中进行，两岸山坡内的帷幕灌浆，可在岩体内开挖的平洞中进行，如图 2.45 所示。

(3) 坝基排水。在防渗帷幕的下游侧应布置坝基排水，设 1 排主排水孔，必要时加设 1～3 排辅助排水孔。在裂隙较大的岩层中，防渗帷幕可有效地减小渗透压力，减少渗水量。但在弱透水性的微裂隙岩体中，防渗帷幕降低渗压的效果就不甚明显，而排水孔则可显著地降低渗压，因此，对坝基排水应予重视。

(4) 断层破碎带或软弱夹层的处理。对于坝基范围内的断层破碎带或软弱夹层，应根据其产状、宽度、充填物性质、所在部位和有关的试验资料，分析研究其对坝体和地基的应力、变形、稳定与渗漏的影响，并结合施工条件，采用适当的方法进行处理。

当河床覆盖层较深，挖除有困难时，可采取结构措施。如贵州猫跳河上的窄巷口双曲拱坝，先在覆盖层上方修建跨河基础拱桥，再在拱桥上修建拱坝，并对覆盖层进行防渗处理；另一座拱上拱结构是四川省的鱼鳞碑砌石拱坝（高 36.9m）。

任务案例 2-3　拱坝地基处理

2-3-1　项目任务

设计资料如拱坝设计基本资料所示。根据项目资料进行地质情况分析，确定拱坝地基处理措施。

2-3-2　地质概况

(1) 坝基岩性为中粗粒似斑状黑云母花岗岩，坚硬、块状结构，风化层较浅，并有石英岩脉、辉绿岩侵入，与围岩接触胶结良好。

(2) 坝址附近的断层规模较小，倾角较大，对坝肩稳定影响不大。未发现控制性的缓倾角结构面。

(3) 岩体风化深度。根据钻孔资料分析,弱风化顶板埋深较浅,如左岸为3m;河床为弱风化出露,右岸为2m。弱风化岩层厚度,左岸为24m,河床为14m,右岸为4m。

(4) 岩体渗透情况。基岩透水性受区域断裂破碎带影响。坝基弱风化岩透水性也很不均一,左岸透水性较强。据钻孔压水资料分析:$\omega \leqslant 0.03L/(min \cdot m \cdot m)$线,右岸埋深15m左右,河床埋深25m左右,左岸埋深30m左右。坝址处工程地质剖面如图2.46所示。

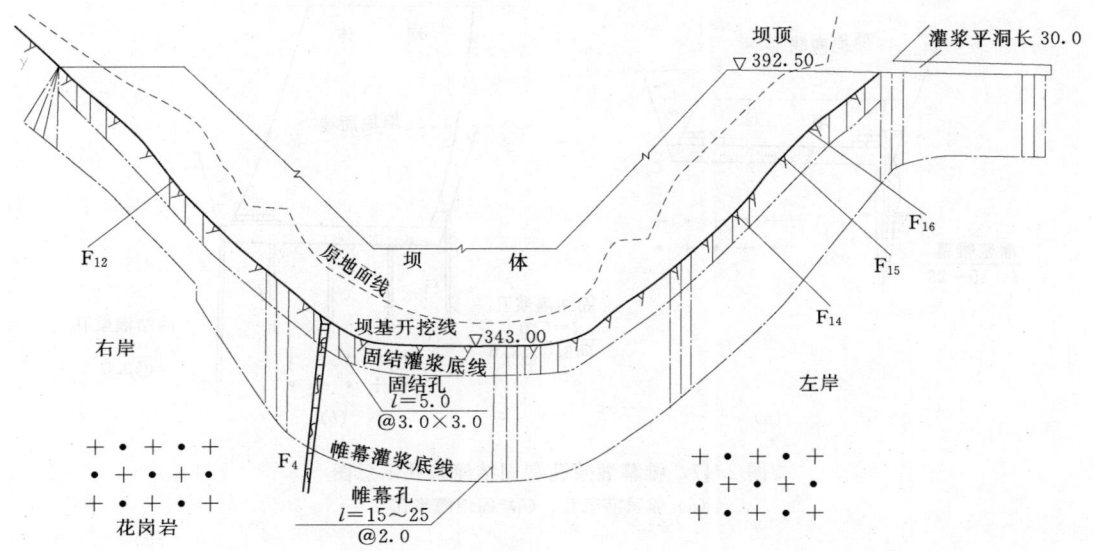

图2.46 基础处理展示图

2-3-3 基坑开挖

(1) 基岩面利用标准。拱坝建基面弱风化岩中部岩石,要求岩石强度大于60MPa,变形模量在100MPa以上,岩体裂隙大部分不张开,无夹泥,对于埋藏较浅的缓倾角夹泥裂隙或破碎带予以挖除。基岩面平均开挖深度:右岸为6m,河床为5m,左岸为10m。

(2) 开挖形式。拱座面按径向开挖。沿轴线方面岩石面呈连续斜面,尽量减少出现大的台阶。开挖边坡:覆盖面、全风化岩1∶1,弱风化岩3∶1,微风化、新鲜岩4∶1或垂直边坡。

(3) 开挖爆破。上部每次爆破厚度不限,但在接近利用岩面时预留1m厚的保护层;然后用小炮浅孔爆破、人工开挖(风铲凿去),以免造成基岩面起伏过大和岩面松动。

(4) 断层破碎带处理。对于断层破碎带宽度小于0.3m的不进行挖槽处理,仅清除松动的岩块及夹泥。宽度大于0.3m的断层破碎带进行挖槽处理,挖槽深度等于破碎带宽度,两边坡度不大于60°,上下游槽长外伸坝角0.5m。断层槽要求尽早回填C15混凝土。

2-3-4 灌浆

(1) 防渗帷幕。由一排孔组成,幕底深达相对隔水层$\omega \leqslant 0.03L/(min \cdot m \cdot m)$线处,最大幕深25m,约为1/2坝高。钻孔基本为垂直孔,孔距2m,在断层带处加密孔距,为了避免与坝体施工互相干扰,将帷幕轴线布于上游坝踵外 0.5m 处。对于绕坝渗漏,右岸基岩较完整无需更多处理,对于渗透性较大的左岸坝头进行灌浆,做一排帷幕,如图 2.47(a)所示。

(2) 固结灌浆。为了减少表层渗漏、降低扬压力及提高坝基承载力,进行固结灌浆。孔距 3m×3m,坝基下孔深为 5m,下游坝趾外一排孔深 8m,如图 2.47(b)所示。

(3) 砌体和岸坡接触处设置预埋接触灌浆系统。

(4) 坝体防渗灌浆。在坝体距上游 1/3 处断面内,布设压水检查孔兼作防渗灌浆孔。

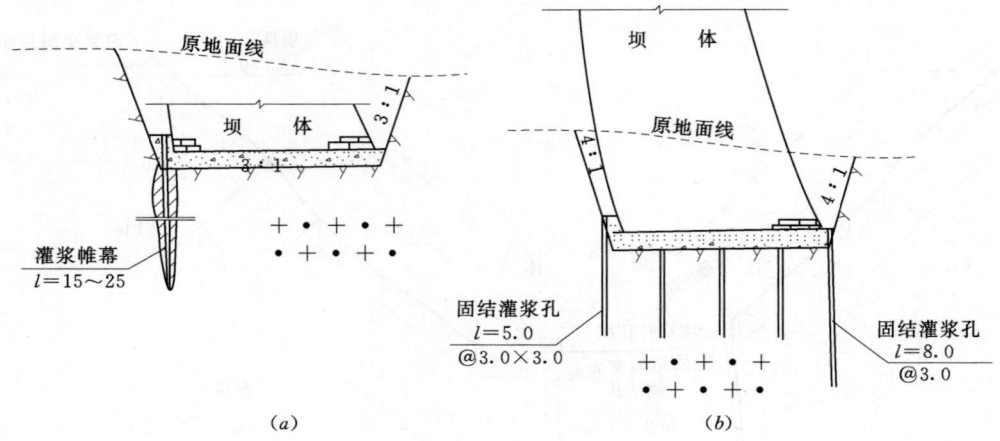

图 2.47 帷幕灌浆孔和固结灌浆孔示意图
(a) 帷幕灌浆孔;(b) 固结灌浆孔

2-3-5 排水系统

为了降低两岸坝肩渗透压力,于两岸坝趾附近设水平排水孔,基本孔距 4m,孔深 10~15m。充分利用岸边的探洞作为帷幕灌浆和排水洞,内设排水孔。

【项目小结】拱坝具有抗震性好,综合安全性高,超载能力强且较为经济的坝工结构。本项目以实际工程初步设计展开,结合拱坝的基本概念、原理、计算,通过拱坝布置、坝肩稳定分析、坝体应力分析、拱坝泄洪设计及地基处理等基本内容的实际分析和计算,使读者理论联系实际,更好地掌握拱坝设计的基本方法和理论。

项 目 自 测 题

一、填空题

1. 温升对_____不利,温降对_____不利。
2. 拱坝的应力分析方法有_____、_____、_____、_____和_____等。
3. 拱坝坝体任意点有 6 个变位,其中 3 个为线变位,3 个为角变位。拱冠梁法考虑了其中的_____调整。

二、选择题

1. 在 V 形或接近 V 形河谷中,多采用_____。

A. 等半径拱坝　　　　　　　　B. 变半径、变中心角拱坝
C. 等中心角拱坝　　　　　　　D. 双曲拱坝

2. 拱坝的_____泄洪方式，其溢流面曲线由溢流坝顶和紧接其后的泄槽组成。
A. 自由跌流式　B. 鼻坎挑流式　C. 滑雪道式　D. 坝身泄水孔

3. 拱坝应力计算的拱冠梁法仅需满足_____变位协调。
A. 径向　　　B. 切向　　　C. 竖向　　　D. 三个方向的角变位

4. 与重力坝相比，拱坝的_____荷载上升为主要荷载。
A. 扬压力　　B. 自重　　　C. 温度荷载　D. 浪压力

5. 拱坝非溢流坝段坝顶宽度应根据剖面设计，满足运行、交通要求确定，不宜小于_____。
A. 3m　　　B. 4m　　　C. 5m　　　D. 6m

6. 设计拱坝悬臂梁断面时，在满足施工期自重拉应力控制标准及坝表孔布置的要求下，可选取较大的下游面倒悬度（水平比垂直）。面的悬臂梁上游倒悬度不宜大于_____。
A. 0.3:1　　B. 0.2:1　　C. 0.4:1　　D. 0.5:1

7. 拱坝体型设计要求拱圈内弧与该高程可利用岩体等高线间的夹角宜大于或等于_____。
A. 10°　　　B. 20°　　　C. 30°　　　D. 45°

三、思考题

1. 拱坝具有哪些特点？
2. 拱坝对坝址地形条件和地质条件的要求是什么？
3. 拱坝设计荷载和重力坝设计荷载特点有何区别？为什么？
4. 拱圈中心角如何确定？
5. 对拱坝布置有何要求？拱坝布置的步骤是什么？
6. 拱坝为什么在稍低于年平均温度时进行封拱？
7. 纯拱法进行应力分析的原理是什么？
8. 拱冠梁法的基本原理是什么？
9. 拱坝坝肩岩体滑动面型式有哪些？
10. 坝肩岩体稳定分析的方法有哪几种？适用条件如何？
11. 改善坝肩岩体稳定的措施有哪些？
12. 拱坝坝身泄流方式有哪几种？各自的优缺点是什么？
13. 拱坝坝体为什么分缝？有几种类型？接缝如何处理？
14. 拱坝地基处理和重力坝地基处理有何区别？

四、计算题

已知资料：坝址可利用基岩的地形平面图（图 2.48），两岸基岩坚硬、完整，岩性均匀，无重大地质构造裂缝，拟建浆砌石拱坝，坝顶高程 140m，河岸可利用基岩面最低处高程 98.0m。

成果要求：

(1) 作出拱坝平面布置图。

(2) 绘出拱冠梁铅直面剖面图（定为双曲拱坝）和各高程拱圈圆心位置的连线在铅直面上的投影，标明拱冠梁主要参数。

(3) 列出拱坝的主要参数表（表 2.16）。

(4) 用拱冠梁法进行拱坝应力计算。

表 2.16　　　　　　　　　　　　　　拱坝主要参数表

高程/m	弦长/m	中心角/(°)	外半径/m	内半径/m	拱厚/m	上游偏距/m	下游偏距/m

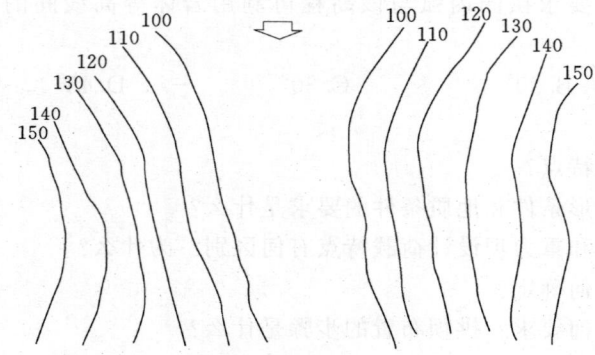

图 2.48　地址可利用基岩面地形图 (1∶1000)

项目3 土石坝设计

项目及其要求

土石坝是指由当地土料、石料或混合料,经过抛填、碾压方法堆筑成的坝,是历史最为悠久的一种坝型,是世界坝工建设中应用最为广泛和发展最快的一种坝型。据不完全统计,我国兴建的各种类型的坝共有8.48万余座,其中95%以上为土石坝。目前世界最高的土石坝,同时也是世界最高的挡水坝是位于塔吉克斯坦阿姆河支流瓦赫什河上的罗贡坝,最大坝高335m,坝顶长660m,坝顶宽20m,底宽1500m,坝体体积7550万m^3,库容133亿m^3,水电装机360万kW,工程主要任务是灌溉与发电。世界第二高坝是位于塔吉克斯坦境内瓦赫什河的布利桑京峡谷的努列克土质心墙土石坝,最大坝高300m,坝顶长704m,库容105亿m^3,为季调节水库。

土石坝设计基本资料

1. 地形、地质资料

(1) 地形资料。坝址地形图如图3.1所示。

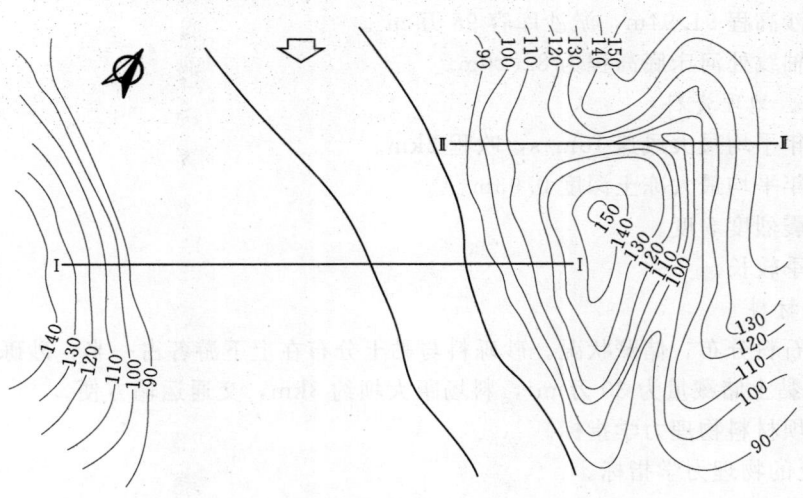

图 3.1 坝址地形图

(2) 地质资料。坝基为砂卵石,层厚4~8m,渗透系数$8×10^{-2}$cm/s。砂卵石下为花岗片麻岩,微风化层深1~2m,两岸为花岗片麻岩,微风化层深1~2m,地层分布见坝轴线地质剖面图,如图3.2所示。

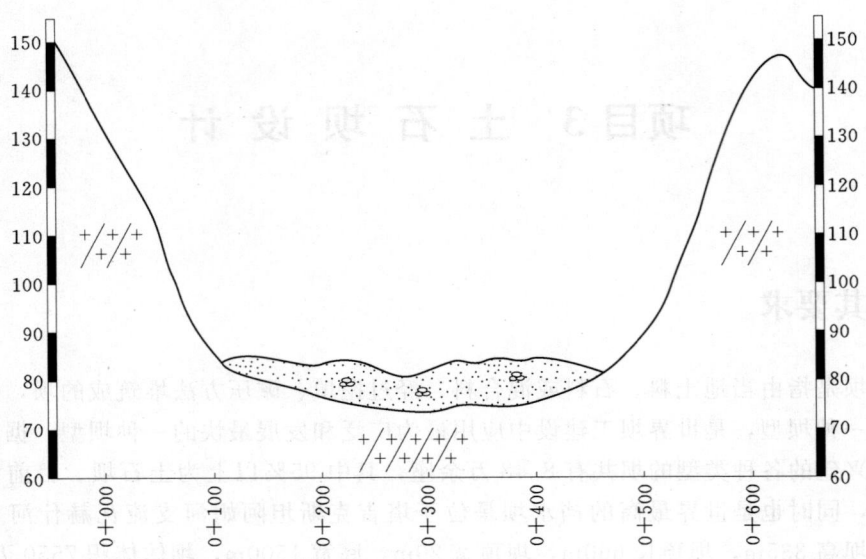

图 3.2 坝轴线地质剖面图（单位：m；纵：横为 1:5）

2. 水文、水利计算资料

(1) 正常蓄水位 116.70m，库容 1240 万 m^3。

(2) 100 年一遇设计洪水位 117.90m，下游水位 84.70m。

(3) 500 年一遇校核洪水位 119.60m，库容 1420 万 m^3，下游水位 84.70m。

(4) 设计下泄流量 110m^3/s，最大下泄流量 150m^3/s。

(5) 死水位 93.60m，死库容 115 万 m^3。

(6) 淤沙高程 91.94m，淤沙库容 98 万 m^3。

(7) 坝轴线处河床底高程为 82.20m。

3. 气象、地理资料

(1) 多年平均最大风速 15m/s，吹程 2km。

(2) 多年平均最大冻土深度 0.93m。

(3) 地震烈度 5 度。

(4) 雨季较长。

4. 建筑材料

(1) 土石料分布、储藏状况。砂砾料与黏土分布在上下游各占一半，砂砾料储藏量为 600 万 m^3，黏土储藏量为 30 万 m^3，料场距大坝约 3km，交通运输方便。

(2) 筑坝材料物理力学指标。

1) 黏土的物理力学指标。

①天然状态下主要物理力学指标：黏粒含量 30%~40%；天然含水量 23%~24%；塑性指数 15~17；不均匀系数 50；有机质含量 0.4%；水溶盐含量 2%；塑限 17%~19%；比重 2.7~2.72。

②扰动后主要物理力学指标：干重度 16.50kN/m^3；饱和重度 20.60kN/m^3；浮重度 10.60kN/m^3；渗透系数 $2×10^{-6}$ cm/s。

2) 砂砾石物理力学指标。

①主要物理力学指标：渗透系数 3×10^{-3} cm/s；内摩擦角：水上 $\varphi_1=29°$，$\varphi_1'=32°$；水下 $\varphi_2=27°$，$\varphi_2'=30°$（φ_1、φ_2 表示总应力强度指标；φ'、φ_2' 表示有效应力强度指标）；比重 2.7，不均匀系数 $\eta=15$。

②不同砾石含量设计干重度参考见表 3.1。

表 3.1　　　　　　　　不同砾石含量设计干重度参考表

大于 5mm 的含砾量 P/%	10～20	21～30	31～40	41～50	51～60	61～70
设计干重度 /（kN·m^{-3}）	17.00	17.50	18.50	19.00	19.50	20.00

项目实施方法及目标

1. 项目实施方法

项目实训主要分为四个阶段，具体表现为：

第一阶段是项目实训的准备阶段，尽快准备项目实训所需要资料和实训计算、绘图工具。

第二阶段是设计计算阶段，这是项目实训一个非常重要的阶段。在这个阶段中要尽快熟悉计算理论，并快速实施具体的计算。在这个过程中，可能会遇到许多问题，因此在本阶段要培养学生解决问题的能力。通过这一阶段的实训，使学生的专业技能得到较大提高。

第三阶段是绘制图纸阶段。这一阶段是将第二阶段的成果用图纸的形式表达出来。

第四阶段是设计计算报告的编写。设计计算报告是设计成果的重要体现，报告编写要符合规定要求。

2. 项目教学目标

"土石坝设计"课程教学目标包括知识目标、技能目标和态度目标三个方面。技能目标是核心目标，知识目标是基础目标，态度目标贯穿整个实训过程，是项目实训的重要保证，成功取决于过程和细节。

（1）知识目标。

1）熟悉土石坝概念、特点和类型。

2）掌握土石坝基本剖面和实用剖面拟定。

3）掌握土石坝构造要求。

4）了解土石坝对地基的要求和地基处理方法。

（2）技能目标。

1）会正确运用有关规范、手册等资料进行基本设计计算。

2）能拟定土石坝剖面，能进行荷载计算和稳定计算。

3）能编写设计报告及绘制初步设计图纸。

（3）态度目标。

1) 不缺席、不迟到，认真严肃进行设计。
2) 按设计进度完成任务、上交设计成果。
3) 培养团队精神，与项目其他角色人员共同探讨问题，切磋提升技能水平。
4) 克服实训中遇到的困难，培养顽强的职业精神。

成果提交要求

1. 编写设计报告（1 份）

设计报告包括说明和计算两大方面：说明部分应全面介绍设计内容、意图和有关计算成果等；计算部分应包括计算方法、过程、成果等。说明部分撰写力求简明扼要、条理清楚，并附有必要的图表，便于工程施工，书写规范；计算部分应做到：计算方法正确、参数取值合理，严格执行国家和行业现行的技术标准和规范；数据真实、可靠，公式选用合适，计算结果正确、可信；既要保证工程安全，又要做到经济适用。设计报告一般包括摘要、正文、小结、附录、参考文献等部分。

2. 绘制设计图（A1 图不少于 3 张）

图纸是工程师的语言，是工程设计的主要成果，绘图是学生必备的一项基本技能。绘制的工程图应符合工程制图标准。要求投影正确，线条尺寸标注齐全、规范，图面排列整齐，布局合理、匀称，清洁美观。

任务 3.1　土石坝坝型选择

单元任务目标：根据项目基本地质资料分析，结合当地交通现状，从而选择土石坝的类型以及土石坝各组成部分的材料。

任务执行过程引导：掌握土石坝的设计要求，熟悉土石坝的类型及选择方法，根据项目实际情况选择合适坝型。

3.1.1　设计要求

为使土石坝能安全有效地工作，在设计方面的一般要求：

（1）坝身、坝顶不能泄洪。
（2）需有适宜的坝坡维持坝坡及坝基的稳定性。
（3）设置良好的防渗和排水措施，控制渗流及防止渗透变形。
（4）根据现场的土料条件，选择好土料的填筑标准，防止过大的沉陷。
（5）采取适当的构造措施，保护坝顶、坝坡免受自然现象的破坏，提高坝运行的可靠性、耐久性。
（6）提高土石坝机械化施工的水平。

3.1.2　土石坝的类型

1. 按坝高分类

土石坝按坝高可分为低坝、中坝和高坝。SL 274—2020《碾压式土石坝设计规范》规定：高度在30m以下的为低坝，高度在30~70m的为中坝，高度超过70m的为高坝。土石坝的坝高应从坝体防渗体（不含混凝土防渗墙、灌浆帷幕、截水墙等坝基防渗设施）底部或坝轴线部位的建基面算至坝顶（不含防浪墙），取其大者。

2. 按施工方法分类

土石坝按其施工方法可分为碾压式土石坝、水力冲填坝、水中填土坝、定向爆破堆石坝和混凝土面板堆石坝等，应用最广的是碾压式土石坝。

(1) 碾压式土石坝。分层铺填土石料，分层压实填筑，坝体质量良好，目前最为常用，世界上现有的高土石坝都是碾压式的。本次任务主要讲述碾压式土石坝。

按照土料在坝身内的配置和防渗体所用的材料种类，碾压式土石坝可分为以下几种主要类型：

1) 均质坝 [图3.3 (a)]。坝体基本上由均一的黏性土料筑成，整个剖面起防渗和稳定作用。

2) 黏土心墙坝和黏土斜墙坝 [图3.3 (b)、(c)]。用透水性较好的砂石料做坝壳，以防渗性能较好的土质做防渗体。设在坝体中央或稍向上游倾斜的称为心墙坝或斜心墙坝；设在靠近上游面的称为斜墙坝。

3) 人工材料心墙坝和斜墙坝 [图3.3 (j)、(k)、(l)]。防渗体由沥青混凝土、钢筋混凝土或其他人工材料构成，其余部分用土石料构成。

4) 多种土质坝 [图3.3 (d)、(e)]。坝身由几种不同的土料构成。

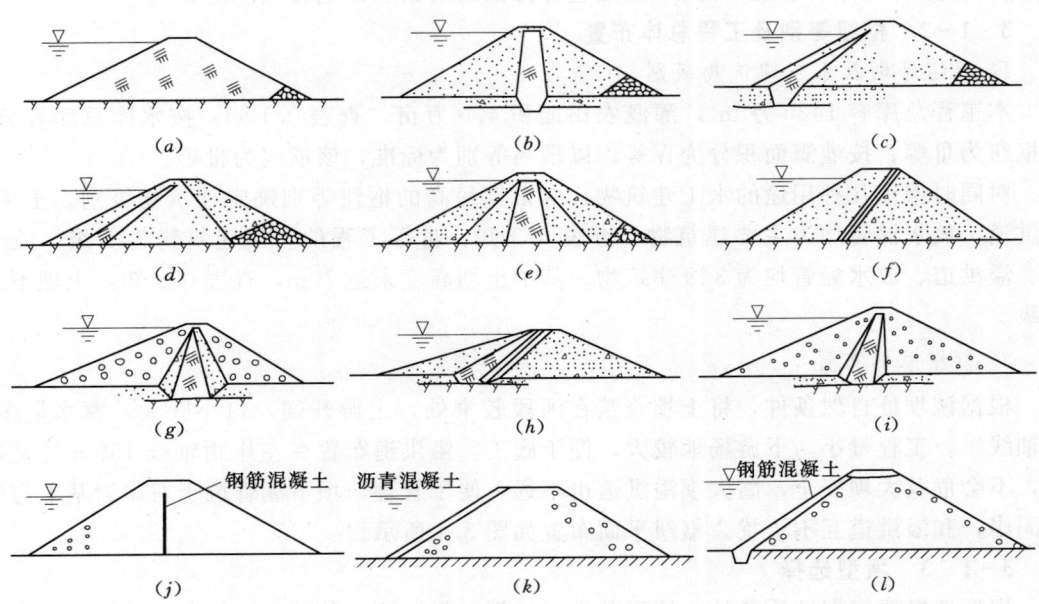

图3.3 土石坝的类型

(a) 均质坝；(b) 黏土心墙坝；(c) 黏土斜墙坝；(d) 多种土质坝；(e) 多种土质坝；(f) 土石混合坝；(g) 黏土心墙土石混合坝；(h) 黏土斜墙土石混合坝；(i) 黏土斜心墙土石混合坝；(j) 钢筋混凝土心墙坝；(k) 沥青混凝土斜墙坝；(l) 钢筋混凝土斜墙坝

(2) 水力冲填坝。水力充填坝是以水力为动力完成土料的开采、运输和填筑全班工序而建成的坝。其施工方法是用机械抽水到高出坝顶的土场，以水冲击土料形成泥浆，然后通过泥浆泵将泥浆送到坝址，再经过沉淀和排水固结而筑成坝体。这种坝因筑坝质量难以保证，目前在国内外很少采用。

(3) 水中填土坝。用易于崩解的土料，一层一层倒入由许多小土堤分隔围成的静水中填筑而成的坝。这种施工方法无需机械压实，而是靠土的重量进行压实和排水固结。该法施工受雨季影响小，工效较高，且不用专门碾压设备，但由于坝体填土干重度低、抗剪强度小、要求坝坡缓、工程量大等原因，仅在我国华北黄土地区、广东含砾风化黏性土地区曾用此法建造过一些坝，并未得到广泛的应用。

(4) 定向爆破堆石坝。定向爆破堆石坝是按预定要求埋设炸药，使爆出的大部分岩石抛填到预定的地点而堆成的坝。这种坝填筑防渗部分比较困难。

(5) 混凝土面板堆石坝。混凝土面板堆石坝是用堆石或砂砾石分层碾压堆筑成坝体，并用混凝土面板作防渗体的坝的统称。对坝体主要用砂砾石填筑的坝，也可称为混凝土面板砂砾石坝。

任务案例 3-1 土石坝坝型选择

3-1-1 项目任务

设计资料如土石坝设计基本资料所示。根据项目资料，结合地形条件、地质条件、筑坝材料、施工条件、气候条件及坝基处理等方面的因素选择土石坝坝型。

3-1-2 枢纽等别及工程总体布置

1. 枢纽等别及水工建筑物级别

本工程总库容 1420 万 m^3，灌溉农田面积 4.5 万亩，查表 0.1 知：按水库总库容分，该枢纽为Ⅲ等；按灌溉面积分为Ⅳ等。以最高等别为标准，该枢纽为Ⅲ等。

对同时保证几种用途的水工建筑物，应根据最高的枢纽等别确定建筑物级别。土坝、溢洪道、放水涵管均为主要建筑物，查表 0.2 知：Ⅲ等工程的主要建筑物为 3 级，故土坝、溢洪道、放水涵管均为 3 级建筑物。其中土坝高度未达 70m，查表 0.3 知：土坝不必提级。

2. 枢纽总体布置

根据该坝址自然条件，将土坝修筑在河段较窄处，上游开阔，口小肚大，蓄水量多，坝轴线短，工程量小。下游场地较大，便于施工。溢洪道布置在左岸距轴线 150m 的垭口处，不会危及大坝安全，离大坝溢洪道也不远，便于管理。坝下涵管位于右岸岩基上与灌区同岸，和溢洪道互不干扰。枢纽平面布置如图 3.4 所示。

3-1-3 坝型选择

坝型选择要根据地质条件、地形条件、筑坝材料、施工条件、气候条件及坝基处理等各种因素进行比较，选定技术上可靠、经济上合理的坝型。

(1) 地质条件。由于坝址河床覆盖的是砂卵石，厚度 4~8m，如果修建混凝土坝，需大量开挖，并相应增加混凝土方量，且施工时排水困难，故不宜修建刚性坝，而适于修建土石坝。由于坝基砂卵石参透系数为 8×10^{-2} cm/s，透水性较强，如果修建均质砂坝，坝

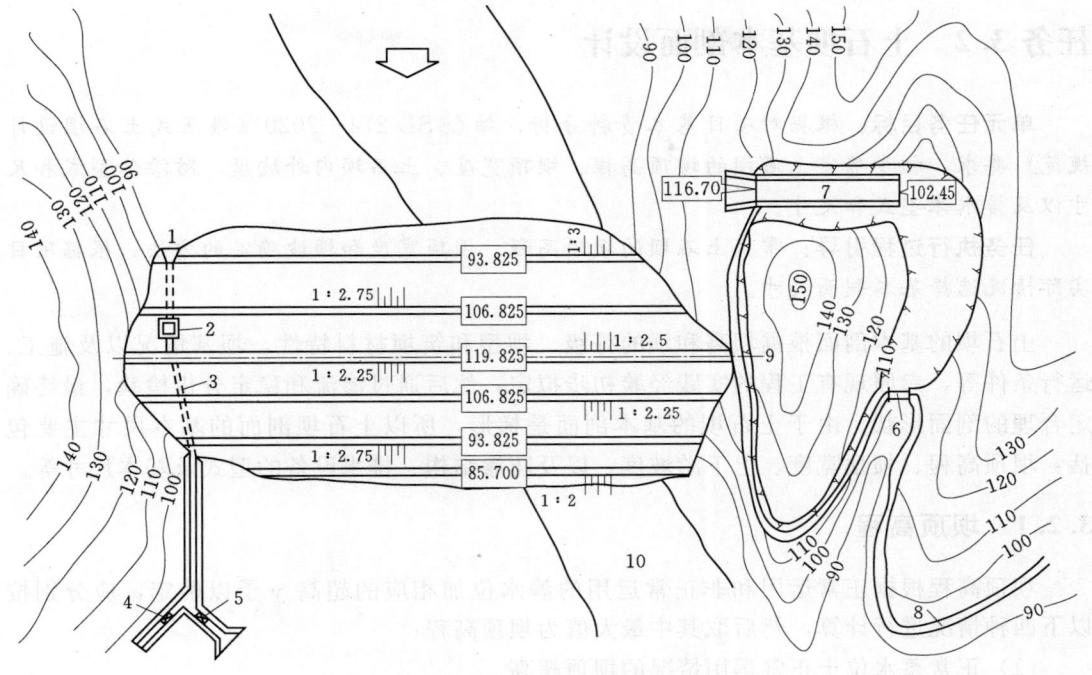

图 3.4　枢纽平面布置图

1—进水口；2—启闭塔；3—输水洞；4—分水闸；5—泄水闸；6—桥；
7—溢洪道；8—公路；9—坝轴线；10—永兴河

基和坝体漏水较多，故也不宜修建均质砂坝。

（2）地形条件。左岸有一高程适宜、距坝轴线不远且易解决洪水归河的天然垭口，是修建溢洪道的好地方，为修建土石坝提供了有利的泄洪条件。

（3）筑坝材料。黏土储量仅为 30 万 m^3，不够修均质坝。砂砾料储量为 600 万 m^3，但渗透系数为 $3×10^{-3}$ cm/s，而均质坝的渗透系数要求一般大于 $1×10^{-4}$ cm/s，故不宜修均质砂坝。

（4）施工条件。该地雨季较长，较大降雨以后不能马上施工，故不宜修建黏土均质坝。由于施工单位对土心墙和均质坝有较丰富的施工经验，故在同等条件下优先选择土心墙坝和均质坝。由于混凝土斜墙坝容易因坝体沉陷而开裂，又根据经验知，混凝土斜墙坝和混凝土心墙坝比黏土心墙坝和黏土斜墙坝造价高，故不宜修建混凝土心墙坝和混凝土斜墙坝。由于缺乏堆石坝的施工机械和经验，也不宜修建堆石坝。

（5）综合分析。该坝区适宜修建黏土心墙坝或黏土斜墙坝，进一步比较：①黏土斜墙坝比黏土心墙施工干扰少；②黏土心墙坝比黏土斜墙坝用的黏土少，从气候条件看，该地区雨季较长，更宜修心墙坝；③黏土心墙坝比黏土斜墙坝适应变形能力强；④黏土心墙坝冬季施工暖棚跨度比斜墙坝小，移动和升高方便些；⑤黏土心墙坝抗震性能比黏土斜墙坝好；⑥黏土心墙坝与两岸的连接较黏土斜墙坝方便；⑦该坝址上、下游都有料场，黏土心墙坝的施工干扰相对较少。

综合考虑该坝型为黏土心墙坝。

任务 3.2　土石坝基本剖面设计

单元任务目标：根据对项目基本资料分析，结合 SL 274—2020《碾压式土石坝设计规范》要求，初步确定土石坝的坝顶高程、坝顶宽度、土石坝内外坡度、防渗体型式和尺寸以及排水体型式和尺寸。

任务执行过程引导：掌握土石坝的坝顶高程、坝顶宽度和坝坡确定的方法；根据项目实际情况选择基本剖面尺寸。

土石坝的基本剖面根据坝高和坝的等级、坝型和筑坝材料特性，坝基情况以及施工、运行条件等，参照现有工程的实践经验初步拟定，然后通过渗流和稳定分析检验，最终确定合理的剖面形状。由于土石坝的基本剖面是梯形，所以土石坝剖面的基本尺寸主要包括：坝顶高程、坝顶宽度、上下游坡度，以及防渗结构、排水设备的型式及基本尺寸等。

3.2.1　坝顶高程

坝顶高程根据正常运用和非正常运用的静水位加相应的超高 y 予以确定，应分别按以下四种情况进行计算，然后取其中最大值为坝顶高程：

（1）正常蓄水位＋正常运用情况的坝顶超高。

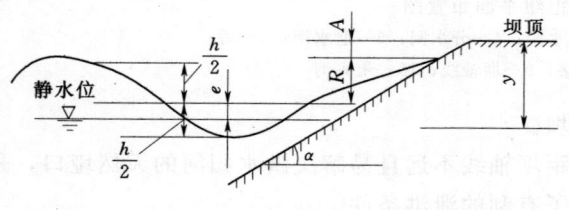

图 3.5　坝顶超高计算

（2）设计洪水位＋正常运用情况的坝顶超高。

（3）校核洪水位＋非正常运用情况的坝顶超高。

（4）正常蓄水位＋非正常运用情况的坝顶超高＋地震安全加高（地震区）。

坝顶在静水位以上的超高 y 按式（3.1）计算，坝顶超高计算如图 3.5 所示。

$$y = R + e + A \tag{3.1}$$

$$e = \frac{Kv^2 D}{2gH_m}\cos\beta \tag{3.2}$$

式中　y——坝顶超高，m；

　　　R——波浪在坝坡上的最大爬高，m；

　　　e——最大风壅水面高度，m；

　　　D——风区长度，m，取值方法见重力坝；

　　　H_m——坝前水域平均水深，m；

　　　K——综合摩阻系数，一般取 $K = 3.6 \times 10^{-6}$；

　　　β——风向与水域中心线（或坝轴线法线）的夹角，(°)；

　　　v——计算风速，m/s，正常运用条件下的 1、2 级坝，采用多年平均最大风速的 1.5～2.0 倍；正常运用条件下的 3、4、5 级坝，采用多年平均最大风速的

1.5 倍;非正常运用条件下,采用多年平均最大风速;

A——安全加高,m,根据坝的等级和运用情况,按表 3.2 确定。

表 3.2 安全加高 A 单位:m

运用情况		坝的级别			
		1	2	3	4、5
设计		1.5	1.0	0.7	0.5
校核	山区、丘陵区	0.7	0.5	0.4	0.3
	平原、滨海区	1.0	0.7	0.5	0.3

确定波浪爬高 R,它与坝前的波浪要素(波高和波长)、坝坡坡度、坡面糙率、坝前水深、风速等因素有关。《碾压式土石坝设计规范》推荐采用莆田试验站公式。

(1) 波浪的平均爬高 R_m。当坝坡系数 $m=1.5\sim5.0$ 时,平均爬高 R_m 计算公式为

$$R_m = \frac{K_\Delta K_w}{\sqrt{1+m^2}}\sqrt{h_m L_m} \tag{3.3}$$

当 $m \leqslant 1.25$ 时, $$R_m = K_\Delta K_w R_0 h_m \tag{3.4}$$

当 $1.25 < m < 1.5$ 时,按直线内插法求得。

式中 R_0——无风情况下,平均波高 $h_m=1.0$m,$K_\Delta=1$ 时的爬高值,可查表 3.3;

K_Δ——斜坡的糙率渗透性系数,根据护面的类型查表 3.4;

K_w——经验系数,按表 3.5 确定;

m——单坡的坡度系数,若单坡坡角为 α,则 $m=\cot\alpha$;

h_m、L_m——平均波高和波长,m,采用莆田试验站公式计算。

表 3.3 R_0 值

m	0	0.5	1.0	1.25
R_0	1.24	1.45	2.20	2.50

表 3.4 糙率渗透系数 K_Δ

护面类型	K_Δ	护面类型	K_Δ
光滑不透水护面(沥青混凝土)	1.00	砌石护面	0.75~0.80
混凝土板护面	0.90	抛填两层块石(不透水基础)	0.60~0.65
草皮护面	0.85~0.90	抛填两层块石(透水基础)	0.50~0.55

表 3.5 经验系数 K_w

$\dfrac{v_0}{\sqrt{gH}}$	≤1	1.5	2.0	2.5	3.0	3.5	4.0	≥5.0
K_w	1	1.02	1.08	1.16	1.22	1.25	1.28	1.33

1) 平均波高 h_m 用式 (3.5) 计算,即

$$\frac{gh_m}{v_0^2} = 0.13 \times \text{th}\left[0.7\times\left(\frac{gH_m}{v_0^2}\right)^{0.7}\right] \times \text{th}\left\{\frac{0.0018\times\left(\frac{gD}{v_0^2}\right)^{0.45}}{0.13\times\text{th}\left[0.7\times\left(\frac{gH_m}{v_0^2}\right)^{0.7}\right]}\right\} \tag{3.5}$$

2) 平均波长 L_m 由平均周期 T_m 和平均水深 H_m 决定,即

$$T_m = 4.438 h_m^{0.5} \tag{3.6}$$

当 $\dfrac{H_m}{L_m} \geqslant 0.5$ 时,称为深水波,其波长与周期有关,即

$$L_m = \dfrac{gT_m^2}{2\pi} \approx 1.56 T_m^2 \tag{3.7}$$

当 $\dfrac{H_m}{L_m} < 0.5$ 时,称为浅水波,其波长与周期和水深都有关,即

$$L_m = \dfrac{gT_m^2}{2\pi} \times \text{th}\, \dfrac{2\pi H_m}{L_m} \tag{3.8}$$

当 $\dfrac{gD}{v_0^2} \leqslant 1760 \left\{ \text{th}\left[0.7 \times \left(\dfrac{gH}{v_0^2}\right)^{0.7} \right] \right\}^{\frac{1}{0.45}}$ 时,式 (3.5) 可简化为

$$\dfrac{gh_m}{v_0^2} = 0.0018 \left(\dfrac{gD}{v_0^2}\right)^{0.45} \tag{3.9}$$

(2) 设计爬高 R。不同累计频率的爬高 R_P 与 R_m 的比,可根据爬高统计分布表(见表 3.6)确定。设计爬高值按建筑物级别而定,对于 1、2、3 级土石坝取累计频率 $P=1\%$ 的爬高值 $R_{1\%}$;对 4、5 级坝取 $P=5\%$ 的 $R_{5\%}$。

表 3.6   爬高统计分布 (R_P/R_m)

h_m/H	$P/\%$									
	0.1	1	2	4	5	10	14	20	30	50
<0.1	2.66	2.23	2.7	1.0	1.84	1.64	1.53	1.39	1.22	0.96
0.1～0.3	2.44	2.08	1.94	1.80	1.75	1.57	1.48	1.36	1.21	0.97
>0.3	2.3	1.86	1.76	1.65	1.61	1.48	1.39	1.31	1.19	0.99

当风向与坝轴的法线成一夹角 β 时,波浪爬高应乘以折减系数 K_β,其值由表 3.7 确定。

表 3.7   斜向坡折减系数 K_β

$\beta/(°)$	0	10	20	30	40	50	60
K_β	1	0.98	0.96	0.92	0.87	0.82	0.76

由式 (3.1)～式 (3.8),按正常蓄水位、设计洪水位、校核洪水位、考虑地震四种工况分别计算比较,取大值。

当坝顶上游设防浪墙时,坝顶超高可改为对防浪墙顶的要求。但此时在正常运用条件下,坝顶应高出静水位 0.5m,在非正常运用条件下,坝顶应不低于静水位。

3.2.2 坝顶宽度

坝顶宽度应根据运行、施工、构造、交通和人防等要求综合确定。如无特殊要求,高坝可选用 10～15m,中低坝可选用 5～10m。

坝顶宽度必须考虑心墙和斜墙顶部以及反滤层的需求。寒冷地区还需有足够的宽度以保护黏性土料防渗体免受冻害。

3.2.3 坝坡

坝坡应根据坝型、坝高、坝的等级、坝体和坝基材料的性质、坝所承受的荷载以及施工和运用条件等因素，经技术经济比较确定。一般情况下，确定坝坡可参考以下规律：

(1) 在满足稳定要求的前提下，尽可能采用较陡的坝坡，以减少工程量。

(2) 从坝体的上部到下部，坝坡逐步放缓，以满足抗渗稳定和结构稳定性的要求。

(3) 均质坝的上下游坝坡常比心墙坝的坝坡缓。

(4) 心墙坝两侧坝壳采用非黏性土料，土体颗粒的内摩擦角大，透水性大，上下游坝坡可陡些，坝体剖面较小，但施工干扰大。

(5) 黏土斜墙坝的上游坝坡比心墙坝的坝坡缓，而下游坝坡可比心墙坝陡些，施工干扰小，斜墙易断裂。

(6) 土料相同时上游坡缓于下游坡，原因是上游坝坡经常浸在水中，土的抗剪强度低，库水位下降时易发生渗流破坏。

(7) 黏性土料的坝坡与坝高有关，坝高越大则坝坡越缓；而砂或砂砾料坝体的坝坡与坝高关系不大。通常用黏性土料做成的坝坡，常沿高度分成数段，每段10～30m，从上而下逐渐放缓，相邻坡率差值取0.25或0.5。砂土和砂砾料坝体可不变坡，但一般也常采用变坡形式。

(8) 碾压堆石坝的坝坡比土坝陡。

土石坝坝坡确定的步骤是：根据经验用类比法初步拟定，再经过核算、修改以及技术经济比较后确定。坝坡经验值见表3.8。

表3.8 坝坡经验值

类型			上游坝坡	下游坝坡
土坝坝高/m	<10		1:2.00～1:2.50	1:1.50～1:2.00
	10～20		1:2.25～1:2.75	1:2.00～1:2.50
	20～30		1:2.50～1:3.00	1:2.25～1:2.75
	>30		1:3.00～1:3.50	1:2.50～1:3.00
分区坝	心墙坝	堆石（坝壳）	1:1.70～1:2.70	1:1.50～1:2.50
		土料（坝壳）	1:2.00～1:3.00	1:2.00～1:3.00
	斜墙坝		石质比心墙坝缓0.2；土质缓0.5	取值比心墙坝可适当偏陡

过去土石坝的设计规定"每隔15～30m设置一条马道"，根据目前大坝建设的发展，上游坝坡除观测需要外，已趋向不设马道，下游坝坡也趋向于不设和少设马道。如果根据坝面排水、检修、观测、道路、增加护坡和坝基稳定等的不同需要而必须设置马道时，其设置宽度不小于1.5～2.0m。根据施工交通要求，下游坝坡可设置倾斜马道。马道一般设在坡度变化处。

任务案例3-2 土石坝基本剖面确定

3-2-1 项目任务

设计资料如土石坝设计基本资料所示。根据项目资料及所选坝型，确定坝顶宽度、坝顶高程、上下游坝坡，初步拟定坝体剖面。

3-2-2 剖面拟定

1. 坝顶高程

（1）按式（3.1）计算正常运用情况（设计洪水位）下的坝顶超高。

1）按式（3.3）～式（3.9）及表3.3～表3.7计算波浪爬高R。

已知土坝采用砌石护面，查表3.4得：与坝坡糙率有关的系数$K_\Delta=0.75\sim0.80$，采用0.80；已知风速$v=15\times1.5=22.5\text{m/s}$；坝前水深$H=117.90-82.20=35.70(\text{m})$；取$g$为$9.81\text{m/s}^2$，求得：$\frac{v}{\sqrt{gH}}=22.5/\sqrt{9.81\times35.70}=1.202$，查表3.5得经验系数$K_w=1.01$；取风向与坝轴垂线的夹角为$0°$，查表3.7得折减系数$K_\beta=1$。初拟坝坡$m=2.5$，吹程$D=2000\text{m}$，则代入公式，算得平均波高为$h_m=0.4816\text{m}$，平均波长$L_m=12.040\text{m}$；将以上各值代入式（3.3）得

$$R_m=\frac{0.8\times1.01\times1}{\sqrt{1+2.5^2}}\times\sqrt{0.4816\times12.040}=0.7226(\text{m})$$

设计爬高值的积累概率P按工程等级确定。对于1、2、3级土石坝取$P=1\%$的爬高值$R_{1\%}$，该土坝属于2级，故$P=1\%$；根据$h_m=0.4816\text{m}$，$H=35.70\text{m}$，得$h_m/H=0.4816/35.70=0.0135$，查表3.6得$R/R_m=2.23$，则$R=2.23R_m=2.23\times0.7226=1.611(\text{m})$。

因马道位于静水位下，$117.90-106.825=11.075(\text{m})>1.2h_m=1.2\times0.4816=0.5779(\text{m})$，故不考虑马道的影响。

2）按式（3.2）计算风壅水面高度e。取$K=3.6\times10^{-6}$，水库的平均水深H近似取为$35.70/2=17.85(\text{m})$，则

$$e=\frac{3.6\times10^{-6}\times22.5^2\times2000}{2\times9.81\times17.85}\times\cos0°=0.010(\text{m})$$

3）安全加高。按3级坝和正常运用情况查表3.2得$A=0.7\text{m}$。

因此，正常运用情况（设计洪水位）下坝顶超高$y=1.611+0.010+0.7=2.321(\text{m})$。

计算非正常运用条件下的坝顶超高：非正常运用情况下的坝顶超高计算公式与正常情况下一样，所不同的是风速采用多年平均最大风速$v=15\text{m/s}$，坝前水深$H=119.60-82.20=37.40(\text{m})$，水库平均水深$H/2=37.40/2=18.7(\text{m})$。算得非正常情况下的坝顶超高为$y=1.021+0.004+0.4=1.425(\text{m})$。

（2）坝顶高程及坝高。正常运用条件下坝顶高程为$117.90+2.321=120.221(\text{m})$；非正常运用条件下坝顶高程为$119.60+1.425=121.025\text{m}$，取$121.10\text{m}$；考虑在上游侧设置$1.1\text{m}$高的防浪墙，用防浪墙顶部高程代替坝顶高程，则坝顶高程为$121.10-1.1=120.00(\text{m})$，坝高为$120.00-82.20=37.80(\text{m})$。以坝高的$1\%$为预留沉陷值，则施工高程为$120.00+37.80\times1\%=120.38(\text{m})$。

2. 坝顶宽度

根据规范规定：如无特殊要求，对中低坝可选用$5\sim10\text{m}$。该坝高37.80，无交通要求，确定顶宽为7m。

3. 坝坡及平台

(1) 坝坡。参考已建工程，初拟上游坝坡由上而下为 1∶2.5、1∶2.75、1∶3；下游坝坡由上而下为 1∶2.25、1∶2.5、1∶75。

(2) 平台。在上、下游变坡处设平台，宽 2m；下游平台上设集水沟。

则初拟坝体剖面如图 3.6 所示。

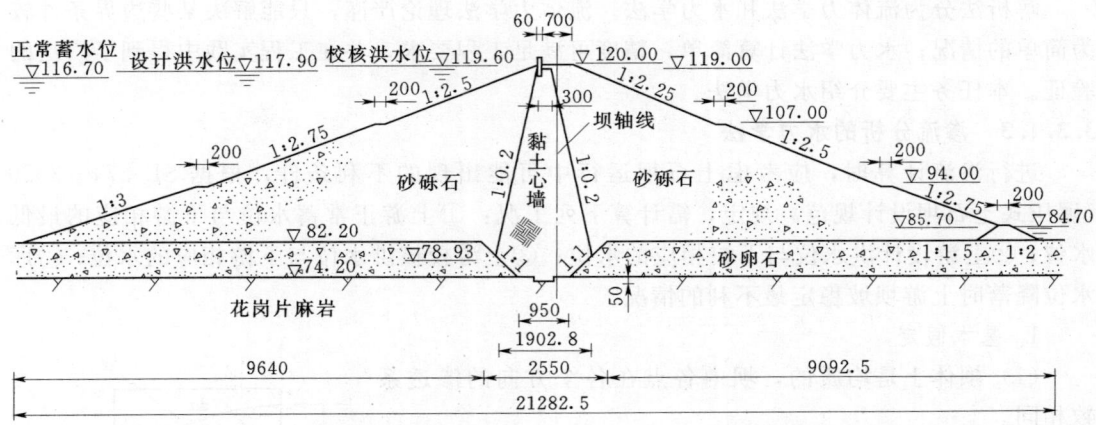

图 3.6 初拟坝体剖面图（尺寸单位：cm，高程单位：cm）

任务 3.3 土石坝实用剖面设计

单元任务目标：根据项目各组成部分的材料物理指标，计算通过坝体和坝基的渗流量，确定坝体浸润线的位置；在此基础上，对坝体进行稳定分析，从而确定滑裂面的形状，验算所拟定的剖面是否经济安全。

任务执行过程引导：掌握土石坝的渗流分析和稳定分析的方法；根据项目实际情况确定土石坝实用剖面。

提交成果：坝体实用剖面图，相关计算成果。

3.3.1 土石坝渗流分析

3.3.1.1 渗流分析的目的

(1) 计算通过坝体和坝基的渗流量，以便估算水库渗漏损失和确定坝体排水设备的尺寸。

(2) 确定坝体浸润线的位置，为坝坡稳定分析提供依据。

(3) 确定坝坡出逸段和下游地基表面的出逸坡降，以及不同土层之间的渗透坡降，判断该处的渗透稳定性。

3.3.1.2 渗流计算的方法

土石坝渗流分析通常是把一个实际比较复杂的空间问题近似转化为平面问题。土石坝的渗流分析方法主要有手绘流网法、实验法、数值法和解析法四种。

手绘流网法是一种简单易行的方法，能够求渗流场内任一点渗流要素，并具有一定的精度，但在渗流场内具有不同土质，且其渗透系数差别较大的情况下较难应用。

遇到复杂地基或多种土质坝，可用电模拟实验法，它能解决三维问题，但需要一定的设备。近年来，由于计算机和有限元等数值分析法的发展，数值法在土石坝渗流分析中得到了广泛应用。国内常用的商业软件有 ANSYS、GEO-SLOPE 和北京理正等。

解析法分为流体力学法和水力学法。流体力学法理论严谨，只能解决某些边界条件较为简单的情况；水力学法计算简单，精度可满足工程要求，并在工程实践中得到了广泛的验证。本任务主要介绍水力学法。

3.3.1.3 渗流分析的水力学法

进行渗流计算时，应考虑土石坝运行中可能出现的不利条件。根据 SL 274—2020《碾压式土石坝设计规范》规定，需计算下列工况：①上游正常蓄水位与下游相应的最低水位；②上游设计洪水位与下游相应的水位；③上游校核洪水位与下游相应的水位；④库水位降落时上游坝坡稳定最不利的情况。

1. 基本假定

（1）坝体土是均质的，坝内各点在各个方向的渗透系数相同。

（2）渗流是层流，符合达西定律，$v=KJ$。

（3）渗流是渐变流，过水断面上各点的坡降和流速是相等的。

2. 渗流计算基本公式

对于不透水地基上矩形土体内的渗流，如图 3.7 所示。

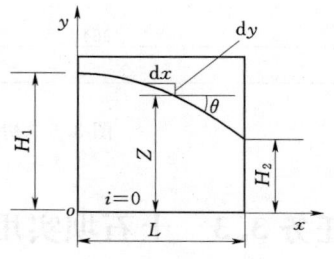

图 3.7 不透水地基上矩形土体的渗流计算图

应用达西定律，并假定任一铅直过水断面内各点的渗透坡降相等，对不透水地基上的矩形土体，流过断面上的平均流速为

$$v=-K\frac{\mathrm{d}y}{\mathrm{d}x}=-KJ \tag{3.10}$$

单宽流量

$$q=vy=-Ky\frac{\mathrm{d}y}{\mathrm{d}x} \tag{3.11}$$

自上游向下游积分

$$q=\frac{K(H_1^2-H_2^2)}{2L} \tag{3.12}$$

自上游向区域中某点（x,y）积分，得浸润线方程

$$y=\sqrt{H_1^2-\frac{2q}{K}x} \tag{3.13}$$

由上式可知，浸润线是一个二次抛物线。当渗流量 q 已知时，即可绘制浸润线，若边界条件已知，即可计算单宽渗流量。

3. 均质土石坝的渗流计算

（1）不透水地基上均质土石坝的渗流计算。

1）以下游有水而无排水设备或设有贴坡排水的情况。如图 3.8 所示，过 B' 点作铅垂

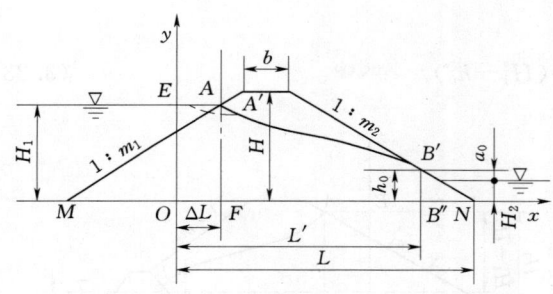

图 3.8 不透水地基上均质土坝的渗流计算图

线将坝体分为两部分,用虚拟矩形 $AEOF$ 代替三角形 AMF。

等效矩形宽度 $\Delta L = \lambda H_1$,λ 值由下式计算

$$\lambda = \frac{m_1}{2m_1+1} \quad (3.14)$$

式中 m_1——上游坝面的边坡系数,如为变坡则取平均值;

H_1——上游水深,m。

①上游坝体段计算。

$$q_1 = K\frac{H_1^2-(H_2+a_0)^2}{2L'} \quad (3.15)$$

式中 a_0——浸润线出逸点在下游水面以上高度,m;

K——坝身土料渗透系数;

H_1——上游水深,m;

H_2——下游水深,m。

②下游坝体段计算,下游水位以上部分单宽渗流量(图 3.9)为

$$q_2' = K\frac{a_0}{m_2+0.5} \quad (3.16)$$

下游水位以下部分单宽渗流量为

$$q_2'' = K\frac{a_0 H_2}{(m_2+0.5)a_0+\dfrac{m_2 H_2}{1+2m_2}} \quad (3.17)$$

通过下游坝体总单宽渗流量为

$$q_2 = q_2'+q_2'' = K\frac{a_0}{m_2+0.5}\left(1+\frac{H_2}{a_0+a_m H_2}\right) \quad (3.18)$$

其中

$$a_m = \frac{m_2}{2(m_2+0.5)^2} \quad (3.19)$$

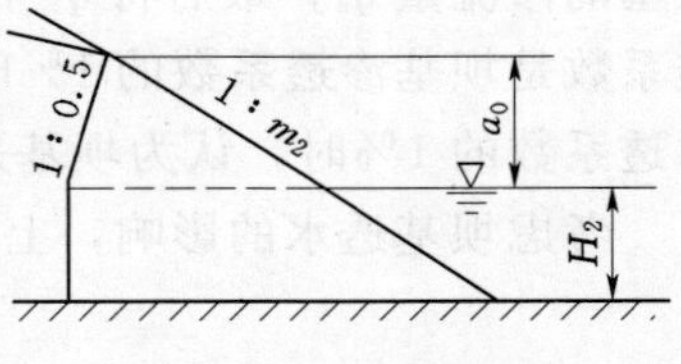

根据水流连续条件

$$q_1 = q_2 = q \quad (3.20)$$

图 3.9 下游楔形体渗流计算图

可求两个未知数渗流量 q 和逸出点高度 a_0。

可由式(3.13)确定浸润线。上游坝面附近的浸润线需进行适当修正,自 A 点作与坝坡 AM 正交的平滑曲线,曲线下端与计算求得的浸润线相切于 A' 点。

当下游无水时,以上各式中的 $H_2=0$;当下游有贴坡排水时,因贴坡式排水基本上不影响坝体浸润线的位置,所以计算方法与下游不设排水时相同。

2)下游有褥垫排水。如图 3.10 所示,浸润线为抛物线,其方程为

$$L' = \frac{y^2-h_0^2}{2h_0}+x \quad (3.21)$$

$$h_0 = \sqrt{L'^2+H_1^2}-L' \quad (3.22)$$

通过坝身的单宽渗流量为

$$q=\frac{h}{2L'}(H_1^2-h_0^2) \quad (3.23)$$

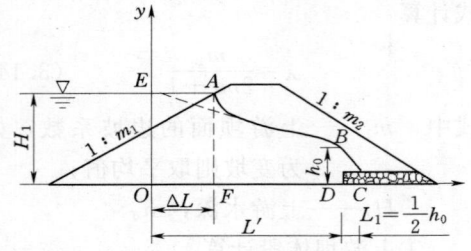

图 3.10 有褥垫排水时渗流计算图

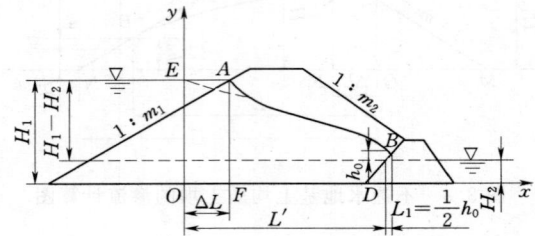

图 3.11 有棱体排水时渗流计算图

3) 土石坝下游有棱体排水。如图 3.11 所示，当下游无水时，按上述褥垫式排水情况计算。

当下游有水时，将下游水面以上部分按照褥垫式下游无水情况处理，即

$$y=\sqrt{H_1^2-\frac{2q}{k}x} \quad (3.24)$$

$$q=\frac{h}{2L'}[H_1^2-(H_2+h_0)^2] \quad (3.25)$$

$$h_0=\sqrt{L'^2+(H_1-H_2)^2}-L' \quad (3.26)$$

(2) 有限深透水地基上均质土石坝的渗流计算。对坝体和地基渗透系数相近的均质土坝，可先假定地基不透水，按上述方法确定坝体的渗流量 q_1 和浸润线；坝体浸润线可不考虑坝基渗透的影响，仍用地基不透水情况下算出的结果，然后再假定坝体不透水，计算坝基的渗流量 q_2；最后将 q_1 和 q_2 相加，即可近似地得到坝体坝基的渗流量。当坝体的渗透系数是坝基渗透系数的 1% 时，认为坝体是不透水的。反之，当坝基的渗透系数是坝体渗透系数的 1% 时，认为坝基是不透水地基。

考虑坝基透水的影响，上游面的等效矩形宽度应按下式计算

$$\Delta L=\frac{\beta_1\beta_2+\beta_3\dfrac{K_T}{K}}{\beta_1+\dfrac{K_T}{K}} \quad (3.27)$$

其中 $\beta_1=\dfrac{2m_1H_1}{T}+\dfrac{0.44}{m_1}-0.12, \beta_2=\dfrac{m_1H_1}{1+2m_1}, \beta_3=m_1H_1+0.44T$

式中 T——透水地基厚度；

K_T——透水地基的渗透系数。

下游无水时，通过坝体和坝基的单宽渗流量为

$$q=q_1+q_2=K\frac{H_1^2}{2L'}+K_T\frac{TH_1}{L'+0.44T} \quad (3.28)$$

下游有水时，通过坝体和坝基的单宽渗流量为

$$q=K\frac{H_1^2-H_2^2}{2L'}+K_T\frac{H_1-H_2}{L'+0.44T}T \quad (3.29)$$

浸润线仍按式（3.13）计算，式中的 q 用坝身的渗流量 q_1 代入。

用这种近似方法计算的渗流量比实际值小，浸润线比实际的高。

4. 心墙坝的渗流计算

有限深透水地基上的心墙坝，一般都做有截水槽以拦截透水地基渗流。心墙土料的渗透系数 K_e 常比坝壳土料的渗透系数小得多，故可近似地认为上游坝壳中无水头损失，心墙前的水位仍为水库的水位。计算时一般分下述两段。

（1）心墙、截水墙段。其土料一般是均一的，可取平均厚度 δ 进行计算。若心墙后的浸润线高度为 h，则通过心墙、截水墙的渗流量 q_1 为

$$q_1 = K_e \frac{(H_1+T)^2 - (h+T)^2}{2\delta} \tag{3.30}$$

式中符号意义如图 3.12 所示。

（2）下游坝壳和坝基段。由于心墙后浸润线的位置较低，可近似地取浸润线末端与堆石棱体的上游相交，然后分别计算坝体和坝基的渗流量，可得

$$q_2 = K \frac{h^2 - H_2^2}{2L} + K_T T \frac{h}{L+0.44T} \tag{3.31}$$

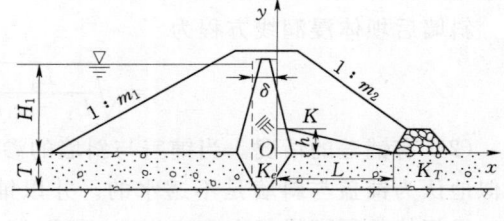

图 3.12 心墙坝渗流计算图

按连续性 $q_1 = q_2 = q$，可由式（3.30）和式（3.31）求得 q 和 h。心墙后的浸润线可按式（3.32）近似计算

$$y = \sqrt{h^2 - \frac{h^2}{L}x} \tag{3.32}$$

取 $T=0$，即可得到不透水地基心墙坝的渗流量计算公式。当下游有水时，可近似地假定浸润线逸出点在下游水面与堆石棱体内坡的交点处，用上述同样的方法进行计算。

5. 斜墙坝的渗流计算

有限深透水地基上的斜墙土坝，一般同时设有截水墙或铺盖。前者用于地基透水层较薄时截断透水地基渗流；后者用于透水地基较厚时延长渗径、减少渗透坡降，防止渗透变形。两种结构的布置如图 3.13 所示。

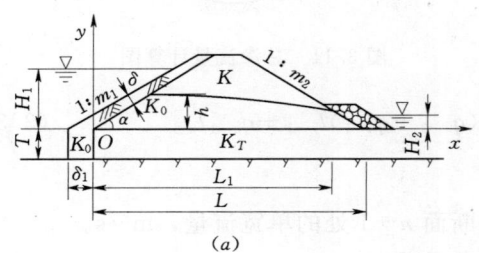
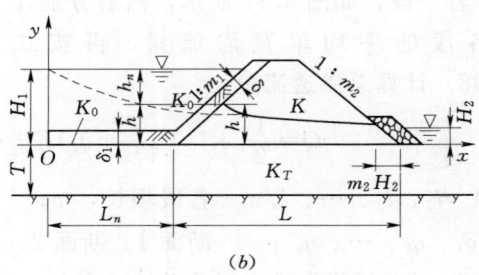

图 3.13 透水地基斜墙土坝渗流计算
(a) 设有截水墙；(b) 设有铺盖

（1）有截水墙的情况。它与心墙土坝的情况类似，也可分为两段：斜墙和截水墙段、

坝体和坝基段。计算前一段时，取斜墙和截水墙的平均厚度分别为 δ 和 δ_1。当斜墙后浸润线起点距坝底面的高度为 h 时，可取该点以下斜墙及截水墙上下游面水头差都为 H_1-h [图 3.13 （a）]，则通过第一段的渗流量 q_1 可近似地用下式计算

$$q_1 = \frac{K_0(H_1^2-h^2)}{2\delta \sin\alpha} + \frac{K_0(H_1-h)}{\delta}T \tag{3.33}$$

计算第二段，即斜墙后的坝体和坝基段，当下游无排水或只设贴坡排水时，渗流量 q_2 为

$$q_2 = \frac{K(h^2-H_2^2)}{2(L-m_2H_2)} + \frac{K_T(h-H_2)}{l+0.44T}T \tag{3.34}$$

根据 $q_1=q_2=q$，可由式（3.33）和式（3.34）求得 q 和 h。当 $T=0$ 时，也可得出不透水地基上斜墙坝的渗流量计算公式。

斜墙后坝体浸润线方程为

$$y = \sqrt{\frac{L_1}{L_1-m_1h}h^2 - \frac{h^2}{L_1-m_1h}x} \tag{3.35}$$

（2）有铺盖的情况。当铺盖与斜墙的渗透系数比坝体和坝基的渗透系数小很多时，可近似地认为铺盖与斜墙是不透水的。并以铺盖末端为分界线，将渗流区分为两段进行计算。设坝体的浸润线起点高度为 h，可取第一段的水头损失为 H_1-h [图 3.13 （b）]，则两段的渗流量计算公式为

$$q_1 = K_T \frac{H_1-h}{L_n+0.44T}T \tag{3.36}$$

$$q_2 = K\frac{h^2-H_2^2}{2(L-m_2H_2)} + K_T\frac{h-H_2}{L+0.44T}T \tag{3.37}$$

同理取 $q_1=q_2=q$，求解两式可得出 q 和 h。斜墙后坝体浸润线方程用式（3.35）求得。

6. 总渗流量的计算

计算总流量时，应根据地形、地质、防渗排水的变化情况，将土石坝沿坝轴线分为若干段，如图 3.14 所示，然后分别计算各段的平均单宽渗流量，再按式（3.38）计算总渗透流量。

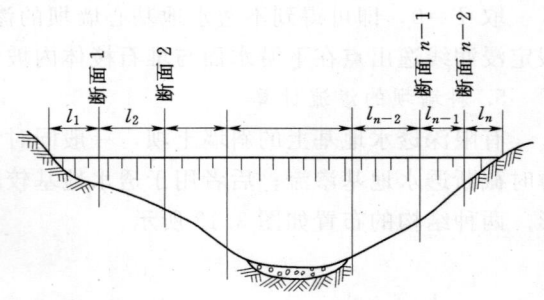

图 3.14　总渗流量计算图

$$Q = \frac{1}{2}[q_1l_1 + (q_1+q_2)l_2 + \cdots + (q_{n-2}+q_{n-1})l_{n-1} + q_{n-1}l_n] \tag{3.38}$$

式中　l_1、l_2、$\cdots$、l_n——各段坝长，m；

q_1、q_2、$\cdots$、q_{n-1}——断面 1、断面 2、$\cdots$、断面 $n-1$ 处的单宽流量，m^3/s。

7. 土石坝的渗透变形及其防止措施

（1）渗透变形的型式。渗透变形是土体在渗透水流作用下的破坏变形，它与土料性质、土粒级配、水流条件以及防渗排水设施有关，一般有以下几种型式：

1）管涌。在渗流作用下，坝体或坝基中的细小颗粒被渗流带走逐步形成渗流通道的

现象称为管涌，常发生在坝的下游坡或闸坝下游地基面渗流逸出处。没有黏聚力的无黏性砂土、砾石砂土中容易出现管涌；黏性土的颗粒之间存在黏聚力（或称黏结力），渗流难以把其中的颗粒带走，一般不易发生管涌。

2）流土。在渗流作用下，成块土体被掀起浮动的现象称为流土。它主要发生在黏性土及均匀非黏性土体的渗流出口处。发生流土时的水力坡降称为流土的破坏坡降。

3）接触冲刷。当渗流沿两种不同土壤的接触面流动时，把其中细颗粒带走的现象，称为接触冲刷。接触冲刷可能使临近接触面的不同土层混合起来。

4）接触流土和接触管涌。渗流方向垂直于两种不同土壤的接触面时，例如在黏土心墙（或斜墙）与坝壳砂砾料之间，坝体或坝基与排水设施之间，以及坝基内不同土层之间的渗流，可能把其中一层的细颗粒带到另一层的粗颗粒中去，称为接触管涌。当其中一层为黏性土，由于含水量增大黏聚力降低而成块移动，甚至形成剥蚀时，称为接触流土。

(2) 渗透变形形式的判别。试验研究表明，土壤中的细颗粒含量是影响土体渗透性能和渗透变形的主要因素。南京水利科学研究院进行了大量研究，结论是粒径在 2mm 以下的细颗粒含量 $P_g>35\%$ 时，孔隙填充饱满，易产生流土；$P_g<20\%$ 时，孔隙填充不足，易产生管涌；$25\%<P_g<35\%$ 时，可能产生管涌或流土。并提出产生管涌或流土的细颗粒临界含量与孔隙关系为

$$P_g=\alpha\frac{\sqrt{n}}{1+\sqrt{n}} \tag{3.39}$$

式中　P_g——粒径等于或小于 2mm 的细颗粒临界含量；

　　　α——修正系数，取 $0.95\sim1.0$；

　　　n——土壤孔隙率，%。

1）当土体细颗粒含量大于 P_g 时，可能产生流土。

2）当土体细颗粒含量不小于 P_g 时，则可能产生管涌。

(3) 渗透变形的临界坡降和容许坡降。

1）产生管涌的临界坡降 J_c 和容许坡降 $[J]$。当渗流方向为由下向上时，根据土粒在渗流作用下的平衡条件，在非黏土中产生管涌的临界坡降 J_c，可用南京水利科学研究院的经验公式推算，适用于中小型工程及初步设计。

$$J_c=\frac{42d_3}{\sqrt{\dfrac{K}{n^3}}} \tag{3.40}$$

式中　d_3——相应于粒径曲线上含量为 3% 的粒径，mm；

　　　K——渗透系数，cm/s；

　　　n——土壤孔隙率，%。

容许渗透坡降 $[J]$，可根据建筑物的级别和土壤的类型，选用安全系数 $2\sim3$。

2）产生流土的临界坡降 J_B 和容许坡降 $[J_B]$。当渗流自下向上作用时，常采用根据极限平衡得到的太沙基公式计算，即

$$J_B = (G-1)(1-n) \tag{3.41}$$

式中　G——土粒比重；

　　　N——土的孔隙率；

　　　J_B——一般在 0.8~1.2 变化。

南京水利科学研究院建议把上式乘以 1.17。容许渗透坡降 $[J_B]$ 也要采用一定的安全系数，对用黏性土，可用 1.5；对于非黏性土，可用 2.0~2.5。

对于无黏性土，当无实验资料时，各种渗透变形的允许渗透坡降可由表 3.9 选用经验值。当实际渗透坡降小于允许值时，将不会发生相应的渗透变形。

表 3.9　　　　　　　　　　　无黏性土允许渗透坡降经验值

允许渗透坡降	渗 透 变 形					
	流土型			过渡型	管涌型	
	$C_u \leqslant 3$	$3 < C_u \leqslant 5$	$C_u > 5$		连续级配	不连续级配
$[J]$	0.25~0.35	0.35~0.50	0.50~0.80	0.25~0.40	0.15~0.25	0.10~0.20

（4）防止渗透变形的工程措施。为防止渗透变形，常采用的工程措施有：全面截阻渗流，延长渗径；设置排水设施，设置反滤层；设排渗减压井。

反滤层的作用是滤土排水，它是提高抗渗破坏能力，防止各类渗透变形，特别是防止管涌的有效措施。在任何渗流流入排水设施处一般都要设置反滤层。

砂石反滤层的结构：反滤层一般由 2~3 层不同粒径的非黏性土、砂和砂砾石组成。层次排列应尽量与渗流的方向垂直，各层次的粒径则按渗流方向逐层增加，如图 3.15 所示。

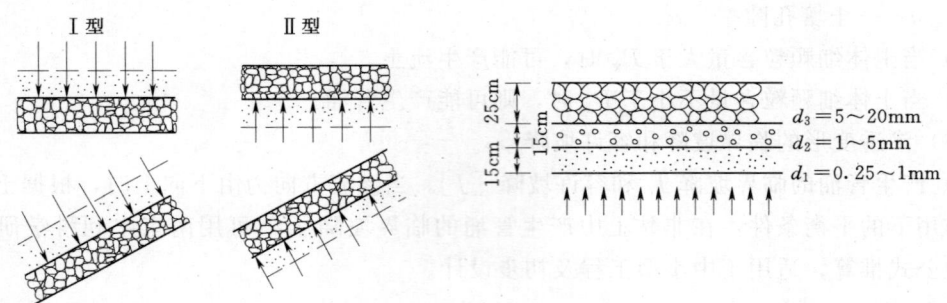

图 3.15　反滤层布置图

砂石反滤层的设计原则：被保护土壤的颗粒不得穿过反滤层，各层的颗粒不得发生移动。相邻两层间，较小的一层颗粒不得穿过较粗一层的孔隙；反滤层不能被堵塞，而且应具有足够的透水性，以保证排水畅通。应保证耐久、稳定。

砂石反滤层的材料：质地坚硬，抗水性和抗风化能满足工程条件要求；具有要求的级配；具有要求的透水性；粒径小于 0.075mm 的颗粒含量应不超过 5%。

土工织物已广泛应用于坝体排水反滤以及作为坝体和渠道的防渗材料。在土坝坝体底部或在靠下游边坡的坝体内部沿水平方向铺设土工织物，可提高土体抗剪强度，增加边坡稳定性，详见 GB 50290—1998《土工合成材料应用技术规范》。

3.3.2 土石坝稳定分析

3.3.2.1 稳定计算的目的

稳定分析是确定坝体设计剖面经济安全的主要依据。由于土石坝体积大、坝体重，不可能产生水平滑动，其失稳形式主要是坝坡滑动或坝坡与坝基一起滑动。

土石坝稳定计算的目的是保证土石坝在自重、孔隙压力、外荷载的作用下，具有足够的稳定性，不致发生通过坝体或坝基的整体或局部剪切破坏。

3.3.2.2 滑裂面的形状及工作情况

坝坡稳定计算时，应先确定滑裂面的形状，土石坝滑坡的形式与坝体结构、土料和地基的性质以及坝的工作条件密切相关，图 3.16 所示为各种可能的滑裂面形式。

1. 曲线滑裂面

当滑裂面通过黏性土的部位时，其形状常是上陡下缓的曲面，由于曲线近似圆弧，因而在实际计算中常用圆弧表示，如图 3.16（a）、（b）所示。

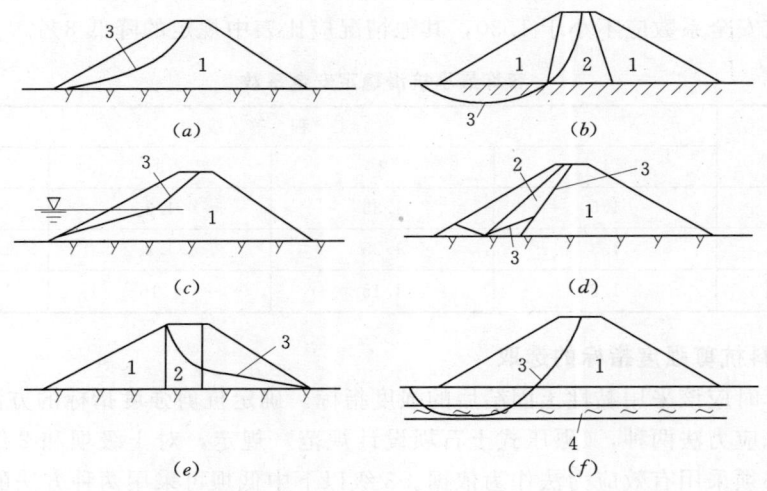

图 3.16 滑裂面形式

（a）、（b）圆弧滑裂面；（c）、（d）折现滑裂面；（e）、（f）复合滑裂面

1—坝壳；2—防渗体；3—滑裂面；4—软弱层

2. 直线或折线滑裂面

滑裂面通过无黏性土时，滑裂面的形状可能是直线形或折线形。当坝坡干燥或全部浸入水中时呈直线形，当坝坡部分浸入水中时呈折线形，如图 3.16（c）所示。斜墙坝的上游坡失稳时，通常是沿着斜墙与坝体交界面滑动，如图 3.16（d）所示。

3. 复合滑裂面

当滑裂面通过性质不同的几种土料时，可能是由直线和曲线组成的复合形状滑裂面，如图 3.16（e）、（f）所示。

3.3.2.3 稳定安全系数标准

1. 稳定计算情况

（1）正常运用情况。

1）上游为正常蓄水位、下游为相应的最低水位，或上游为设计洪水位、下游为相应的最高水位，坝内形成稳定渗流时，上、下游坝坡的稳定计算。

2）水库水位位于正常水位和设计水位之间的正常降落，上游坝坡的稳定计算。

（2）非正常运用情况Ⅰ。

1）施工期，考虑孔隙压力时的上、下游坝坡稳定计算。

2）水库水位非正常降落，如自校核洪水位降落至死水位以下，以及大流量快速泄空等情况下的上游坝坡稳定计算。

3）校核洪水位下有可能形成稳定渗流时的下游坝坡稳定计算。

（3）非正常运用情况Ⅱ。正常运用情况遇到地震时，上、下游坝坡稳定验算。

2. 稳定安全系数标准

采用计入条块间作用力计算方法时，坝坡的抗滑稳定安全系数应不小于表3.10规定的数值。采用不计入条块间作用力的瑞典圆弧法计算坝坡稳定时，对1级坝，正常应用情况下最小稳定安全系数应不小于1.30，其他情况应比表中规定的降低8%。

表3.10　　　　　　　　　　　容许最小抗滑稳定安全系数

运用条件	工 程 等 级			
	1	2	3	4、5
正常运用	1.5	1.35	1.3	1.25
非正常运用Ⅰ	1.3	1.25	1.2	1.15
非正常运用Ⅱ	1.2	1.15	1.15	1.1

3.3.2.4 土料抗剪强度指标的选取

稳定计算时应该采用黏性土固结后的强度指标。确定抗剪强度指标的方法有前述的有效应力法和总应力法两种，《碾压式土石坝设计规范》规定，对1级坝和2级以下高坝在稳定渗流期必须采用有效应力法作为依据。3级以下中低坝可采用两种方法的任一种。

土料的抗剪强度指标 φ 为颗粒间的内摩擦角，c 为黏聚力。对同一种土料，其抗剪强度指标 φ、c，并不是常量，其与土的性质、土料的固结度、应力历史、荷载条件等诸多因素有关。

1. 黏性土的抗剪强度选用

施工期与竣工时，按不排水剪或快剪测定的指标 φ、c 进行总应力分析，但实际上施工期，孔隙水压力会部分消散，故按总应力分析偏于保守。

稳定渗流期：采用有效应力强度指标进行有效应力分析具有良好的精度。

水库水位降落期：上游坝坡的控制情况，适宜采用有效应力分析。

对于重要的工程，抗剪强度指标的选择应注意填土的各向性、应力历史等。

2. 非黏性土的抗剪强度选用

非黏性土的透水性强，其抗剪强度取决于有效法向应力和内摩擦角，一般通过排水剪确定强度指标。

非黏性土的抗剪强度的选取，浸润线以上的土体，采用湿土的抗剪强度；浸润线以下的土体，采用饱和土的抗剪强度。

3.3.2.5 稳定分析方法

1. 圆弧滑动稳定计算

土石坝设计中目前最广泛应用的圆弧滑动计算方法有瑞典圆弧法和简化的毕肖普（Bishop）法。

(1) 瑞典圆弧法。如图 3.17 所示，是不计条块间作用力的方法，计算简单，已积累了丰富的经验，但理论上有缺陷，且孔隙压力较大和地基软弱时误差较大。其基本原理是将滑动面上的土体按一定宽度分为若干个铅直土条，不计条块间作用力，计算各土条对滑动圆心的抗滑力矩和滑动力矩，再分别取其总和，其比值即为该滑动面的稳定安全系数。

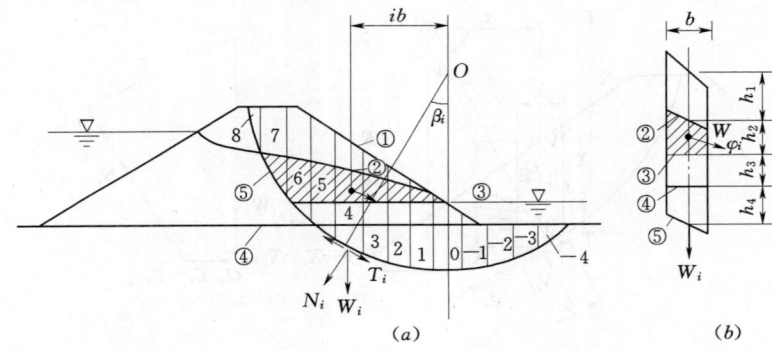

图 3.17　圆弧滑动计算简图
①—坝坡线；②—浸润线；③—下游水面；④—地基面；⑤—滑裂面

计算步骤：

1) 确定圆心、半径，绘制圆弧。

2) 将土条编号。为便于计算，土条宽度取 $b=0.1R$（圆弧半径）。各块土条编号的顺序为：零号土条位于圆心之下，向上游（对下游坝坡而言）各土条的顺序为 1、2、3、…往下游的顺序为 -1、-2、-3、…

3) 计算各土条重量。计算抗滑力时，浸润线以上部分用湿重度，浸润线以下用浮重度；计算滑动力时，下游水面以上部分用湿重度，下游水面以下部分用饱和重度。

4) 计算稳定安全系数。计算公式为

$$K=\frac{\sum\{[(W_i\pm V)\cos\beta_i-ub\sec\beta_i-Q\sin\beta_i]\tan\varphi'_i+C'_i b\sec\beta_i\}}{\sum[(W_i\pm V)\sin\beta_i+M_c/R]} \quad (3.42)$$

式中　W_i——土条重量，kN；

Q、V——水平和垂直地震惯性力（向上为负，向下为正），kN；

u——作用于土条底面的孔隙压力，kN/m²；

β_i——条块重力线与通过此条块底面中点的半径之间的夹角；

b——土条宽度，m；

C'_i、φ'_i——土条底面的有效应力抗剪强度指标；

M_c——水平地震惯性力对圆心的力矩，kN·m；

R——圆弧半径，m。

(2) 简化的毕肖普法。如图 3.18 所示，该法近似考虑了土条间相互作用力的影响，能反映土体滑动土条之间的客观状况，但计算比瑞典圆弧法复杂。图中 E_i 和 X_i 分别表示土条间的法向力和切向力；W_i 为土条自重，在浸润线上、下分别按湿重度和饱和重度计算；N_i 和 T_i 分别为土条底部的总法向力和总切向力，其他符号意义同上。为使问题可解，毕肖普假设 $X_i = X_{i+1}$，即略去土条间的切向力，使计算工作量大为减少，而成果与精确法计算的仍很接近，故称简化的毕肖普法。计算公式为

$$K = \frac{\sum\{[(W_i \pm V)\sec\beta_i - ub\sec\beta_i]\tan\varphi'_i + c'_i b\sec\beta_i][1/(1+\tan\beta_i\tan\varphi'_i/K)]\}}{\sum[(W_i \pm V)\sin\beta_i + M_c/R]} \quad (3.43)$$

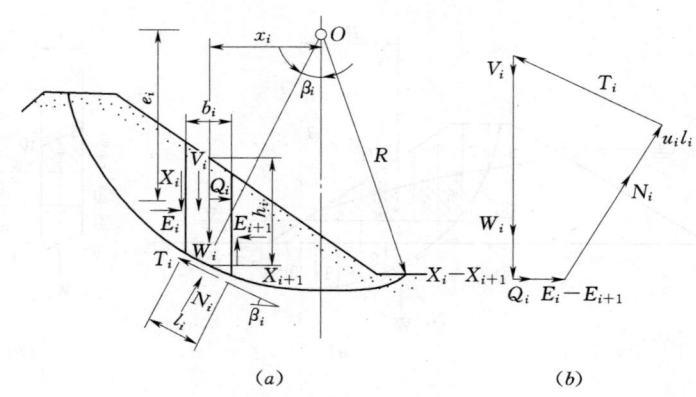

图 3.18 简化的毕肖普法

(3) 考虑渗透动水压力时的坝坡稳定计算。当坝体内有渗流作用时，还应考虑渗流对坝坡稳定的影响。在工程中常采用替代法。例如，在计算滑动力矩时，可将下游水位以上、浸润线与滑弧间包围的土体在计算滑动力矩时用饱和重度，而计算抗滑力矩时则用浮重度，浸润线以上仍用湿重度计算，下游水位以下土体仍用浮重度计算，其稳定安全系数表达式为

$$K = \frac{\sum b_i(\gamma_m h_{1i} + \gamma' h_{2i})\cos\beta_i \tan\varphi_i + \sum c_i l_i}{\sum b_i(\gamma_m h_{1i} + \gamma_{sat} h_{2i})\sin\beta_i} \quad (3.44)$$

式中　γ_m——土体的湿重度，kN/m³；

γ'——土体的浮重度，kN/m³；

γ_{sat}——土体的饱和重度，kN/m³；

h_1、h_2——浸润线以上和浸润线与滑弧之间的土条高度，m。

替代法适用于浸润面与滑动面大致平行，而且 β_i 角较小的情况，因而是近似的。

(4) 最危险圆弧位置的确定。如图 3.19 所示，首先由下游坝坡中点 a 引出两条直线，一条是铅直线，另一条与坝坡线成 85°角，再以 a 为圆心，以 $R_内$、$R_外$ 为半径（$R_内$、$R_外$ 由表 3.11 查得）作两个圆弧，得到扇形 $bcdf$，然后按图示作直线 M_1M_2 并延长使其与扇形相交，交点为 eg。最危险的滑弧圆心就在扇形面中的 eg 线附近。

表 3.11　$R_内$、$R_外$ 值

坝坡	1:1	1:2	1:3	1:4
$R_内/H$	0.75	0.75	1.0	1.5
$R_外/H$	1.5	1.75	2.3	3.7

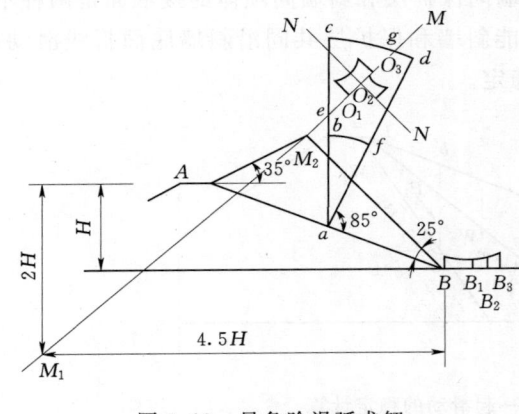

图 3.19　最危险滑弧求解

计算最小稳定安全系数的步骤为：

1) 首先在 eg 线上假定几个圆心 O_1、O_2、O_3 等，从每个圆心作滑弧通过坝脚点，按公式分别计算其 K_c 值。按比例将 K_c 值画在相应的圆心上，绘制 K_c 值的变化曲线，可找到该曲线上的最小 K_c 值，例如 O_2 点。

2) 再通过 eg 线上 K_c 最小的点 O_2，作 eg 垂线 N-N。在 N-N 线上取数点为圆心，画弧仍通过 B 点，求出 N-N 线上最小的 K_c 值。一般认为该 K_c 值即为通过 B 点的最小安全系数，并按比例画在 B 点。

3) 根据坝基土质情况，在坝坡上或坝脚外，再选数点 B_1、B_2、B_3 等，仿照上述方法，求出相应的最小安全系数 K_{c1}、K_{c2}、K_{c3} 等，并标注在相应点上，与 B 点的 K_c 连成曲线找到 K_{cmin}。一般至少要计算 15 个滑弧才能得到答案。

2. 非圆弧滑动稳定计算

非黏性土坝坡，例如心墙的上、下游坡和斜墙坝的下游坝坡，以及斜墙坝的上游保护层和保护层连同斜墙一起滑动时，常形成折线滑动面。

折线法常采用两种假定：滑楔间作用力为水平向，采用与圆弧滑动法相同的安全系数；滑楔间作用力平行滑动面，采用与毕肖普法相同的安全系数。

(1) 非黏性土坝坡部分浸水的稳定计算。如图 3.20 所示，对于部分浸水的非黏性土坝坡，由于水上与水下土的物理性质不同，滑裂面不是一个平面，而是近似折线面。图中 ADC 为一滑裂面，折点 D 在上游水位处；用铅直线 DE 将滑动土体分为两块，重为 W_1、W_2；假设条块间的作用力为 P_1，方向平行于 DC；两块土体底面的抗剪强度指标分别为 $\tan\varphi_1$、$\tan\varphi_2$。

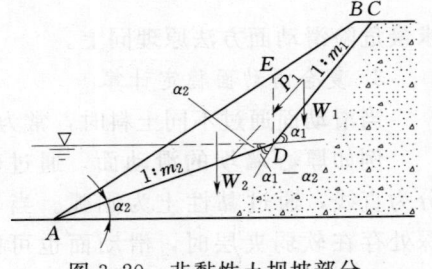

图 3.20　非黏性土坝坡部分浸水的稳定计算

土块 $BCDE$ 沿 CD 滑动面的力平衡式为

$$P_1 - W_1\sin\alpha_1 + \frac{1}{K}W_1\cos\alpha_1\tan\varphi_1 = 0 \tag{3.45}$$

土体 ADE 沿 AD 滑动面的力平衡式为

$$\frac{1}{K}[W_2\cos\alpha_2 + P_1\sin(\alpha_1-\alpha_2)]\tan\varphi_2 - W_2\sin\alpha_2 - P_1\cos(\alpha_1-\alpha_2) = 0 \tag{3.46}$$

联立以上两式，可以求得安全系数 K。

坝坡最危险滑动面的稳定安全系数：先假定α_2和上游水位不变的情况下，一般至少假设三个α_1才能求出最危险的α_1。同理求最危险的水位和α_2。最危险的水位和α_1、α_2对应的滑动面的安全系数即为最小稳定安全系数。

（2）斜墙坝上游坝坡的稳定计算。斜墙坝上游坝坡的稳定计算，包括保护层沿斜墙和保护层连同斜墙沿坝体滑动两种情况，因为斜墙同保护层和斜墙同坝体的接触面是两种不同的土料填筑的，接触面处往往强度低，有可能斜墙和保护层共同沿斜墙底面折线滑动，如图3.21所示，对厚斜墙还应计算圆弧滑动稳定。

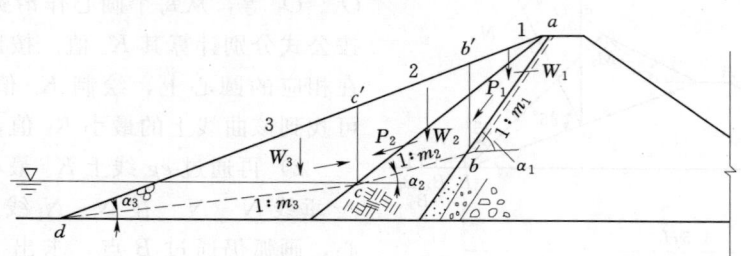

图3.21　斜墙同保护层一起滑动的稳定计算

设试算滑动面$abcd$，将滑动土体分成三块。土体重量为W_1、W_2、W_3，滑面折线与水平面的夹角分别为α_1、α_2、α_3，P_1、P_2分别沿着α_1、α_2的方向。分别对三块土体沿滑动面方向建立力平衡方程

$$P_1 - W_1 \sin\alpha_1 + \frac{1}{K} W_1 \cos\alpha_1 \tan\varphi_1 = 0 \qquad (3.47)$$

$$P_2 - P_1 \cos(\alpha_1 - \alpha_2) - W_2 \sin\alpha_2 - \frac{1}{K}\{[W_2 \cos\alpha_2 + P_1 \sin(\alpha_1 - \alpha_2)]\tan\varphi_2 + c_2 l_2\} = 0 \qquad (3.48)$$

$$P_2 \cos(\alpha_2 - \alpha_3) - W_3 \sin\alpha_3 - \frac{1}{K}[W_3 \cos\alpha_3 + P_2 \sin(\alpha_2 - \alpha_3)]\tan\varphi_3 = 0 \qquad (3.49)$$

求最危险滑动面方法原理同上。

3. 复合滑动面稳定计算

当滑动面通过不同土料时，常为由直线与圆弧组合的形式。

例如厚心墙坝的滑动面，通过砂性土部分为直线，通过黏性土为圆弧。当坝基下不深处存在软弱夹层时，滑动面也可能通过软弱夹层而形成如图3.22所示的复合滑动面。

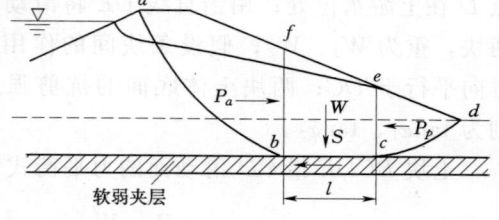

图3.22　复合滑动面

计算时，可将滑动土体分为三个区，在左侧有主动土压力P_a，在右侧有被动土压力P_p，并假定它们的方向均水平，中间土体重G，同时在bc面上有抗滑力$S = G\tan\varphi + cl$，则安全系数K可表示为

$$K = \frac{P_p + S}{P_a} \qquad (3.50)$$

任务案例 3-3 土石坝实用剖面确定

3-3-1 项目任务

根据已初步拟定的土石坝基本剖面,对坝体进行渗流计算和坝坡稳定校核,确定土石坝的实用剖面。

3-3-2 坝体渗流计算

根据坝体渗流计算的水位组合情况,本项目以上游为校核洪水位119.60m,下游为最高水位84.70m为例计算坝体渗流情况。

1. 分段情况

根据坝轴线地质剖面图的地形、地质情况,沿坝轴线分三段进行计算,中间段(0+100～0+400),选取1-1断面进行渗流计算;左段(0+440～0+540)的地形、地质及水头情况与右段(0+020～0+100)大体相同,断面2-2的渗漏与断面3-3的渗漏量基本相同,故只计算2-2断面,如图3.23所示。

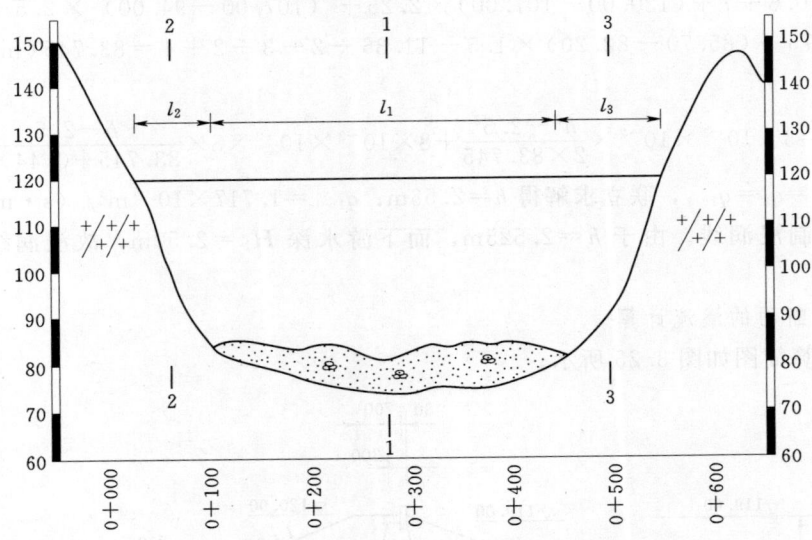

图3.23 总渗漏量计算图(单位:m,纵:横为1:5)

2. 1-1断面的渗流计算

(1) 计算简图如图3.24所示。

(2) 单宽渗流量。已知心墙渗透系数 $K_e = 2 \times 10^{-6}$ cm/s;坝前水深 $H_1 = 37.40$ m;地基厚度 $T = 8$ m;心墙的平均厚度为

$$\delta = \left[\frac{(19.028+3)\times(119.00-78.93)}{2} + \frac{(19.028+9.5)\times(78.93-74.2)}{2}\right]$$
$$\div (119.00-74.2) = 11.36(\text{m})$$

将 δ 代入式(3.30)得

$$q_1 = 2\times 10^{-6}\times 10^{-2}\times \frac{(37.40+8)^2-(h+8)^2}{2\times 11.36}$$

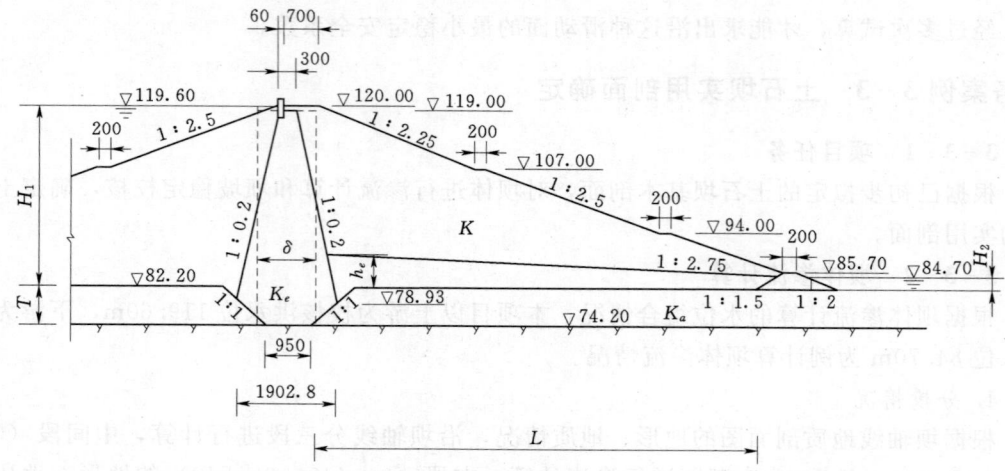

图 3.24 1—1 断面渗流计算简图 (尺寸单位: cm; 高程单位: m)

另: 已知坝壳渗透系数 $K=3\times10^{-3}$ cm/s; 下游水深 $H_2=84.70-82.20=2.50$m; 计算长度 $L=0.6+7+(120.00-107.00)\times2.25+(107.00-94.00)\times2.5+(94.00-85.70)\times2.75-(85.70-82.20)\times1.5-11.36\div2-3\div2+4=83.745$(m); 代入式 (3.31) 得

$$q_2=3\times10^{-3}\times10^{-2}\times\frac{h^2-2.5^2}{2\times83.745}+8\times10^{-2}\times10^{-2}\times8\times\frac{h-2.5}{83.745+0.44\times8}$$

因为 $q_1=q_2=q_{1-1}$, 联立求解得 $h=2.53$m; $q_{1-1}=1.717\times10^{-6}$ m³/(s·m)。

(3) 绘制浸润线。由于 $h=2.525$m, 而下游水深 $H_2=2.50$m, 故浸润线近似一条直线。

3.2—2 断面的渗流计算

(1) 计算简图如图 3.25 所示。

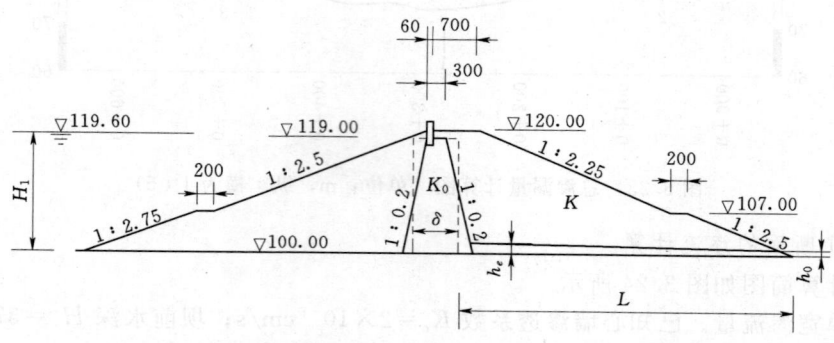

图 3.25 2—2 断面渗流计算图 (尺寸单位: cm; 高程单位: m)

(2) 单宽渗流量。上游水位 119.60m, 下游无水, 坝底高程为 100m, 无排水设备。已知心墙的渗透系数 $K_e=2\times10^{-6}$ cm/s; 上游水深 $H_1=119.60-100=19.60$(m), 心墙的平均厚度为 $\delta=[(119.00-100)\times0.2\times2+3+3]\div2=6.8$(m), 代入式 (3.30) 得

$$q_1=2\times10^{-6}\times10^{-2}\times\frac{19.60^2-h^2}{2\times6.8}$$

另：已知坝壳渗透系数 $K=3\times10^{-3}$cm/s；下游坝系数 $m_2=2.5$，计算长度 $L=0.6+7+(120.00-107.00)\times2.25+2+(107.00-100)\times2.5-6.8\div2-3\div2=51.45$（m），代入下式计算通过下游坝壳单宽渗流量（用 h 代替式中 H_1）

$$q_2=K\frac{h^2}{\sqrt{L^2-m^2h^2}+L}=\frac{3\times10^{-3}\times10^{-2}\times h^2}{\sqrt{51.45^2-2.5^2h^2}}$$

因为 $q_1=q_2=q_{2-2}$，联立求解得 $h=1.390$m；$q_{2-2}=5.621\times10^{-7}$m³/(s·m)。

(3) 浸润线绘制：代入式 (3.32)，得心墙后的浸润线方程如下：

$$y=\sqrt{1.390^2-\frac{1.390^2}{51.45}x}$$

4. 总渗流量计算

根据上述计算可得：$q_{1-1}=1.717\times10^{-6}$m³/(s·m)，$q_{2-2}=q_{3-3}=5.621\times10^{-7}$m³/(s·m)，$l_1=440-100=340$（m），$l_2=100-20=80$（m），$l_3=540-440=100$（m），则总渗流量为

$$\begin{aligned}Q&=q_{1-1}l_1+q_{2-2}l_2+q_{3-3}l_3\\&=1.717\times10^{-6}\times340+5.621\times10^{-7}\times(80+100)\\&=6.850\times10^{-4}(\text{m}^3/\text{s})=59.180(\text{m}^3/\text{d})\end{aligned}$$

5. 校核

(1) 渗漏量。大坝在校核洪水位的库容为 1420 万 m³，而每日渗漏量仅为 59.426m³，故满足防渗要求。

(2) 渗透稳定。渗流逸出点的实际渗透坡降为

$$J=\Delta H/\Delta L$$

已知 $\Delta H=h-H_2=2.525-2.5=0.025$(m)；$\Delta L$ 近似取计算长度 $L=83.745$m，则

$$J=0.025/83.745=3.00\times10^{-4}$$

对比表 3.9，J 远小于无黏性土渗透坡降经验值，故不会发生渗透变形。

3-3-3 坝坡稳定计算

根据稳定计算的工况，本项目水位组合情况，以上游水位大约在坝底以上 1/3 坝高处的上游坝坡为例计算坝坡稳定情况。

1. 坝坡稳定安全系数计算

(1) 假定上游水位为 95.50m，按式 (3.45)、式 (3.46) 计算安全系数。已知：$\varphi_1=29°$，$\varphi_2=27°$；假设 $\alpha_1=34°$，$\alpha_2=10°$，为计算方便上游坡取平均值

$$\begin{aligned}m&=[(120.00-107.00)\times2.5+2+(107.00-94.00)\times2.75+2\\&+(94.00-82.20)\times3]\div(120.00-82.20)=2.8479\end{aligned}$$

其计算简图如图 3.26 所示。取单宽，重量 W_1、W_2 分别由下式计算

$$W_1=面积_{BCDE}\times1\times\gamma_1,W_2=面积_{EDN}\times1\times\gamma_1+面积_{NDA}\times1\times\gamma_2$$

其中

$$面积_{BCDE}=面积_{BNDC}-面积_{EDN}$$

$$面积_{BNDC}=\frac{1}{2}(BC+ND)\times(120.00-95.50)=12.25(BC+ND)$$

$$面积_{EDN}=\frac{1}{2}ND\times ED,面积_{NDA}=\frac{1}{2}ND\times H$$

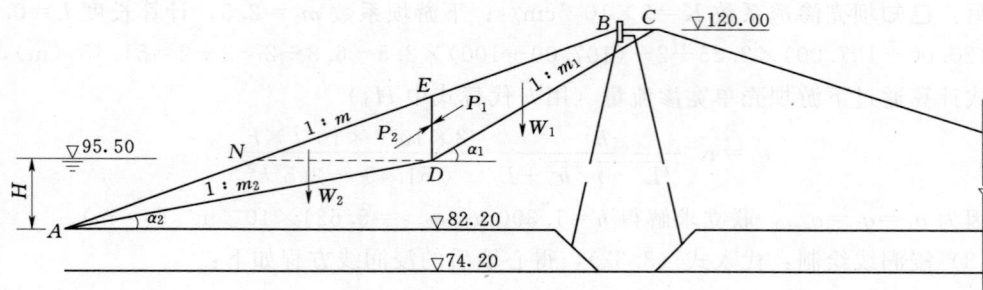

图 3.26 稳定计算简图（上游水位在坝底以上 1/3 坝高处的上游坝坡）

$$ED = \frac{H \times m_2}{m} - H = H\left(\frac{m_2}{m} - 1\right)$$

已知：$m_2 = \cot 10°$；$H = 95.50 - 82.20 = 13.30 (\text{m})$；$m = 2.8479$，则

$$ED = 13.30\left(\frac{\cot 10°}{2.8479} - 1\right) = 13.185 (\text{m})$$

由于 $(120.00 - 95.50)m_1 = 24.5 \times \cot 34° = 36.3227 (\text{m})$

$(120.00 - 95.50 - ED)m = (24.5 - 13.185) \times 2.8479 = 32.2240 (\text{m})$

所以 $BC = 36.3277 - 32.2240 = 4.0987 (\text{m})$

在 $\triangle EDN$ 中 $ND = m \times ED = 2.8479 \times 13.185 = 37.5496 (\text{m})$

于是得 面积$_{BNDC} = 12.25 \times (4.0987 + 37.5496) = 510.192 (\text{m}^2)$

$$\text{面积}_{EDN} = \frac{1}{2} \times 37.5496 \times 13.185 = 247.5457 (\text{m}^2)$$

$$\text{面积}_{BCDE} = 510.192 - 247.5457 = 262.646 (\text{m}^2)$$

$$\text{面积}_{NDA} = \frac{1}{2} \times 37.5496 \times 13.3 = 249.705 (\text{m}^2)$$

由于一般砂砾类土保持含水量在 3%～10%，取 $\omega = 5\%$；已知干重度 $\gamma_d = 20 \text{kN/m}^3$，则湿重度为

$$\gamma_1 = \gamma_d(1 + \omega) = 20 \times (1 + 5\%) = 21 (\text{kN/m}^3)$$

已知比重 $G = 2.70$，水重度 $\gamma_w = 9.81 \text{kN/m}^3$，孔隙率

$$n = 1 - \frac{\gamma_d}{G\gamma_w} = 1 - 20/(2.70 \times 9.81) = 0.2449$$

则浮重度为

$$\begin{aligned}\gamma_2 &= \gamma_d - (1-n)\gamma_w \\ &= 20 - (1 - 0.2449) \times 9.81 \\ &= 12.5925 (\text{kN/m}^3)\end{aligned}$$

则 $W_1 = 262.646 \times 21 = 5515.566 (\text{kN})$

$W_2 = 247.5457 \times 21 + 249.705 \times 12.5925 = 8342.912 (\text{kN})$

代入安全系数计算公式得：

$$\begin{cases} P_1 - 5515.566 \times \sin 34° + \dfrac{1}{K} 5515.566 \times \cos 34° \tan 29° = 0 \\ \dfrac{1}{K} 8342.912 \times \cos 10° \tan 27° + \dfrac{1}{K} P_1 \sin(34° - 10°) \tan 27° - 8342.912 \times \sin 10° - P_1 \cos(34° - 10°) = 0 \end{cases}$$

整理后得 $K^2 - 1.5989K + 0.1231 = 0$

$$K = \frac{1.5989 \pm \sqrt{1.5989^2 - 4 \times 0.1231}}{2} = \begin{cases} 1.518 \\ 0.081(舍去) \end{cases}$$

（2）假定上游水位为95.50m、93.50m、96.50m，再假定不同α_1、α_2分别计算K值，最后得到当上游水位为95.50时，$\alpha_1 = 30°$，$\alpha_2 = 18°$，$K_{\min} = 1.440$。

2. 结论

依据上述计算步骤和方法，分别计算正常工作条件和非正常运用条件下的最小稳定系数。计算的结果为：该坝在正常工作条件下的最小稳定安全系数为1.44，大于规范定的数值1.20；在非正常运用条件下的最小稳定系数为1.206，大于规范规定的数值1.10。因此，所拟定的土坝断面尺寸是合理的。

任务3.4 土石坝构造和地基处理

3.4.1 土石坝的构造

土石坝的构造主要包括坝顶、防渗体、排水设施、护坡与排水等部分。

3.4.1.1 坝顶

坝顶护面材料应根据当地材料情况及坝顶用途确定，宜采用砂砾石、碎石、单层砌石，或沥青混凝土等柔性材料。

坝顶面可向上、下游侧或下游侧放坡，坡度宜根据降雨强度，多为2%~3%，并做好向下游的排水系统。坝顶上游侧宜设防浪墙，墙顶应高于坝顶1.0~1.2m，墙底必须与防渗体紧密结合。防浪墙应坚固且不透水。

3.4.1.2 防渗体

设置防渗设施的目的：减少通过坝体和坝基的渗流量；降低浸润线，增加下游坝坡的稳定性；降低渗透坡降，防止渗透变形。防渗体主要是心墙、斜墙、铺盖、截水墙等，它的结构尺寸应能满足防渗、构造、施工和管理方面的要求。

1. 黏土心墙

心墙一般布置在坝体中部，有时稍偏上游并稍倾斜，如图3.27所示。

心墙坝顶部厚度一般不小于3m，底部厚度不宜小于作用水头的1/4。黏土心墙两侧边坡多在1:0.15~1:0.3。心墙的顶部应高出设计洪水位0.3~0.6m，且不低于校核水位，当有可靠的防浪墙时，心墙顶部高程也不应低于设计洪水位。心墙顶与坝顶之间应设有保护层，厚度不小于该地区的冰结或干燥深度，同时按结构要求不宜小于1m。心墙与坝壳之间应设置过渡层，岩石地基上的心墙，一般还要设混凝土垫座，或修建1~3道混凝土齿墙。齿墙的高度为1.5~2.0m，切入岩基的深度常为0.2~0.5m，有时还要在下部进行帷幕灌浆。

2. 黏土斜墙

顶厚（指与斜墙上游坡面垂直的厚度）也不宜小于3m，底厚不宜小于作用水头的1/5。

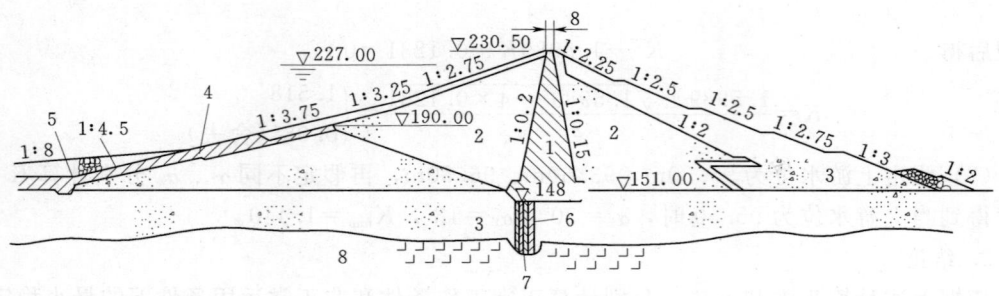

图 3.27 黏土心墙土石坝
1—黏土心墙；2—半透水料；3—砂卵石；4—施工时挡土黏土斜墙；5—盖层；
6—混凝土防渗墙；7—灌浆帷幕；8—玄武岩

墙顶应高出设计洪水位 0.6~0.8m，且不低于校核水位。同样，如有可靠的防浪墙，斜墙顶部也不应低于设计洪水位。斜墙顶部和上游坡都必须设保护层，厚度不得小于冰冻和干燥深度，一般为 2~3m。一般下游坝坡不宜陡于 1:2.0，上游坝坡常在 1:2.5 以上。斜墙与保护层以及下游坝体之间，应根据需要分别设置过渡层，如图 3.28 所示。

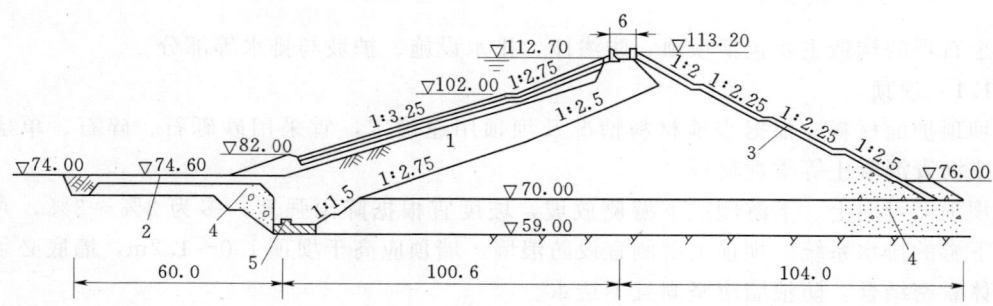

图 3.28 黏土斜墙土坝
1—黏土斜墙；2—铺盖；3—坝坡；4—砂砾石；5—混凝土盖板齿墙

3.4.1.3 排水设施

由于在土石坝中渗流不可避免，所以土石坝应设置坝体排水，用以降低浸润线，改变渗流方向，防止渗流溢出处产生渗透变形，保护坝坡土不产生冻胀破坏。常用的坝体排水有以下几种形式。

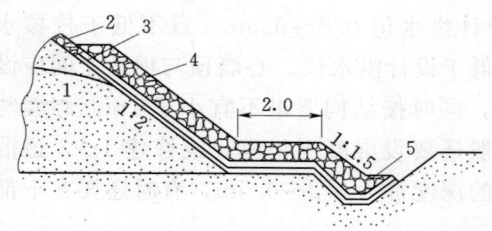

图 3.29 贴坡排水
1—浸润线；2—护坡；3—反滤层；
4—排水；5—排水沟

1. 贴坡排水

如图 3.29 所示，贴坡排水可以防止坝坡土发生渗透破坏，保护坝坡免受下游波浪淘刷，对坝体施工干扰较小，易于检修，但不能有效地降低浸润线，多用于浸润线很低和下游无水的情况。土质防渗体分区坝常用这种排水体。

贴坡排水设计应遵守下列规定：顶部高程

应高于坝体浸润线的逸出点,超过的高度应使坝体浸润线在该地区的冻结深度以下,1、2级坝不小于2.0m,3、4、5级坝不小于1.5m,并应超过波浪沿坡面的爬高;底部应设排水沟和排水体,材料应满足防浪护坡的要求。

2. 棱体排水

如图3.30所示,棱体排水可降低浸润线,防止渗透变形,保护下游坝脚不受尾水淘刷,且有支撑坝体增加稳定的作用。但石料用量较大、费用较高,对坝体施工有干扰,检修也较困难。

棱体排水设计应遵守下列规定:在下游坝脚处用块石堆成棱体,顶部高程应超出下游最高水位,超过的高度,1、2级坝不小于1.0m,3、4、5级坝不小于0.5m,超出高度应大于波浪沿坡面的爬高;顶部高程应使坝体浸润线距坝面的距离大于该地区的冻结深度;顶部宽度应根据施工条件及检查观测需要确定但不宜小于1.0m;应避免在棱体上出现锐角。

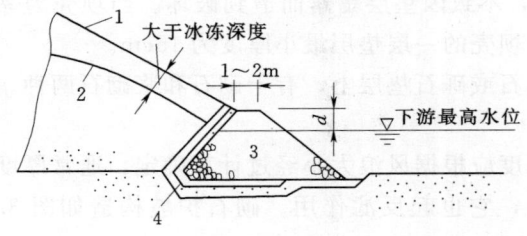 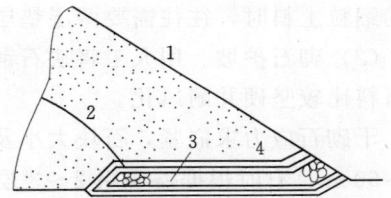

图3.30 棱体排水 　　　　　　　　图3.31 褥垫排水
1—坝坡;2—浸润线;3—堆石棱体;4—反滤层　　1—坝坡;2—浸润线;3—褥垫排水;4—反滤层

3. 褥垫排水

如图3.31所示,褥垫排水伸展到坝体内的排水设施,在坝基面上平铺一层厚0.4~0.5m的块石,并用反滤层包裹。褥垫伸入坝体内的长度应根据渗流计算确定,对黏性土均质坝为坝底宽的1/2,对砂性土均质坝为坝底宽的1/3。

当下游水位低于排水设施时,褥垫排水降低浸润线的效果显著,还有助于坝基排水固结。但当坝基产生不均匀沉陷时,褥垫排水层易遭断裂,而且检修困难,施工时有干扰。

4. 综合式排水

在实际工程中常根据具体情况采用几种排水形式组合在一起的综合式排水,如图3.32所示。

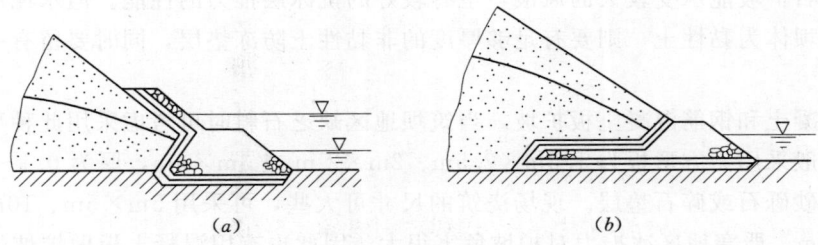

图3.32 综合式排水
(a) 贴坡+棱体;(b) 褥垫+棱体

3.4.1.4 护坡与坝坡排水

护坡的形式、厚度及材料粒径应根据坝的等级、运用条件和当地材料情况，根据以下因素进行技术经济比较确定。上游护坡应考虑：波浪淘刷；顺坝水流冲刷；漂浮物和冰层的撞击及冻冰的挤压。下游护坡应考虑：冻胀、干裂及蚁、鼠等动物的破坏；雨水、大风、水下部位的风浪、冰层和水流的作用。

1. 上游护坡

上游护坡的型式有堆石（抛石）、干砌石、浆砌石、预制或现浇的混凝土或钢筋混凝土板（或块）、沥青混凝土、其他型式（如水泥土）。

护坡的范围：上部自坝顶起，如设防浪墙时应与防浪墙连接；下部至死水位以下不宜小于2.50m，4、5级坝可减至1.50m，最低水位不确定时应护至坝脚。

（1）抛石（堆石）护坡。它是将适当级配的石块倾倒在坝面垫层上的一种护坡。其优点是施工速度快，节省人力，但工程量比砌石护坡大。堆石厚度一般认为至少要包括2～3层块石，这样便于在波浪作用下自动调整，不致因垫层暴露而遭到破坏。当坝壳为黏性小的细粒土料时，往往需要两层垫层，靠近坝壳的一层垫层最小厚度为15cm。

（2）砌石护坡。用人工将块石铺砌在碎石或砾石垫层上，有干砌石和浆砌石两种。要求石料比较坚硬并耐风化。

干砌石应力求嵌紧，石块大小及护坡厚度应根据风浪大小经过计算确定，通常厚度为20～60cm。有时根据需要用2～3层的垫层，它也起反滤作用。砌石护坡构造如图3.33所示。

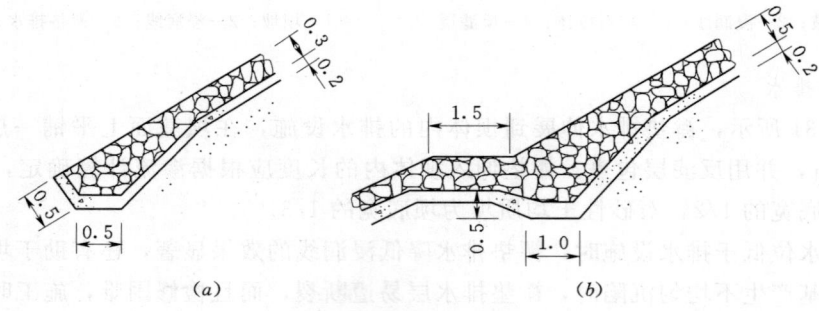

图 3.33 砌石护坡构造
(a) 马道；(b) 护坡坡角

浆砌块石护坡能承受较大的风浪，也有较好的抗冰层推力的性能。但水泥用量大，造价较高。若坝体为黏性土，则要有足够厚度的非黏性土防冻垫层，同时要留有一定缝隙以便排水通畅。

（3）混凝土和钢筋混凝土板护坡。当筑坝地区缺乏石料时可考虑采用此种型式。预制板的尺寸一般采用：方形板为1.5m×2.5m，2m×2m或3m×3m，厚为0.1～0.2m。预制板底部设砂砾石或碎石垫层。现场浇筑的尺寸可大些，可采用5m×5m、10m×10m甚至20m×20m。严寒地区冰推力对护坡危害很大，因此也有用混凝土板做护坡的，但其垫层厚度要超过冻深，如图3.34所示。

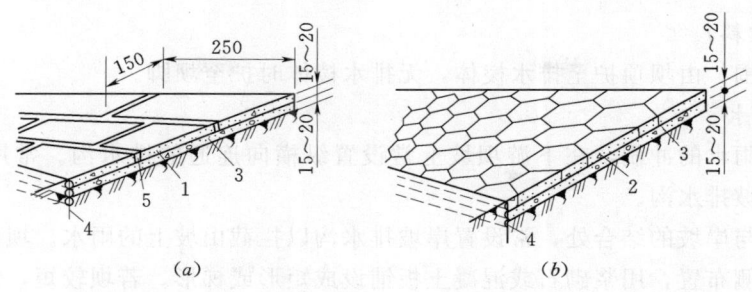

图 3.34 混凝土板护坡
(a) 矩形板；(b) 六角形板
1—矩形混凝土板；2—六角形混凝土板；3—碎石或砾石；4—木挡柱；5—结合缝

（4）水泥土护坡。将粗砂、中砂、细砂掺上 7%～12%的水泥（重量比），分层填筑于坝面作为护坡，称为水泥土护坡。它是随着土石坝逐层填筑压实的，每层压实后的厚度不超过 15cm。这种护坡厚度 0.6～0.8m，相应的水平宽度 2～3m，如图 3.35 所示。

（5）渣油混凝土护坡。在坝面上先铺一层厚 3cm 的渣油混凝土（夯实后的厚度），上铺 10cm 的卵石做排水层（不夯），第三层铺 8～10cm 的渣油混凝土，夯实后在第三层表面倾倒温度为

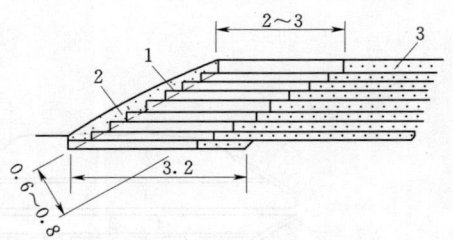

图 3.35 水泥土护坡
1—土壤水泥护坡；2—潮湿土壤保护层；3—压实的透水土料

130～140℃ 的渣油砂浆，并立即将 0.5m×1.0m×0.15m 的混凝土板平铺其上，板缝间用渣油砂浆灌满。这种护坡在冰冻区试用成功，如图 3.36 所示。

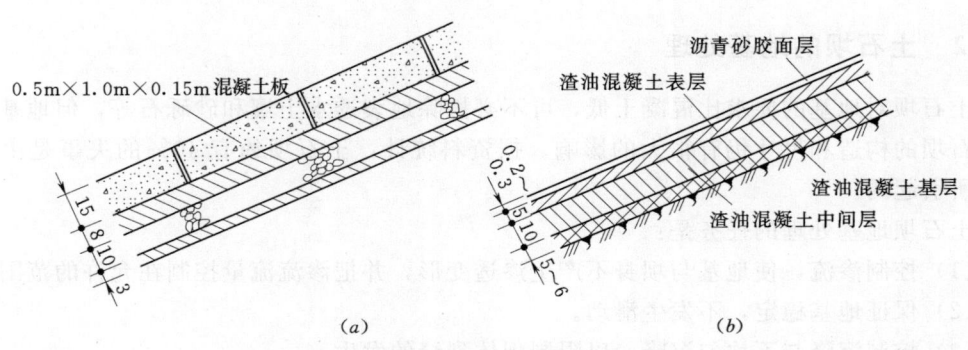

图 3.36 渣油混凝土护坡
(a) 坝体（有盖面）；(b) 坝体（无盖面）

以上各种护坡的垫层按反滤层要求确定。垫层厚度一般对砂土可用 15～30cm 以上，卵砾石或碎石可用 30～60cm 以上。

2. 下游护坡

下游护坡形式有干砌石，堆石、卵石和碎石、草皮，钢筋混凝土框格填石，其他形式

（如土工合成材料）。

护坡的范围：由坝顶护至排水棱体，无排水棱体时护至坝脚。

3. 坝坡排水

为了防止雨水的冲刷，在下游坝坡上常设置纵横向连通的排水沟。常用的形式有纵沟、横沟和岸坡排水沟。

沿土石坝与岸坡的结合处，常设置岸坡排水沟以拦截山坡上的雨水。坝面上的纵向排水沟沿马道内侧布置，用浆砌石或混凝土板铺设成矩形或梯形。若坝较短，纵向排水沟拦截的雨水可引至两岸的排水沟排至下游。若坝较长，则应沿坝轴线方向每隔 50～100m 设一横向排水沟，以便排除雨水。排水沟的横断面，一般深 0.2m、宽 0.3m，如图 3.37 所示。

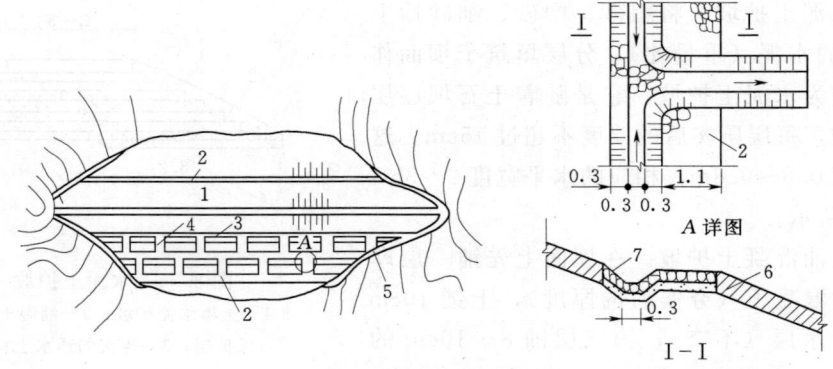

图 3.37 排水沟布置与构造
1—坝顶；2—马道；3—纵向排水沟；4—横向排水沟；5—岸坡排水沟；6—草皮护坡；7—浆砌石排水沟

3.4.2 土石坝的地基处理

土石坝对地基的要求比混凝土低，可不必挖除地表透水土壤和砂砾石等，但地基性质对土石坝的构造和尺寸仍有很大的影响。据资料统计，土石坝约有 40% 的失事是由地基问题所引起的。

土石坝地基处理的任务是：

（1）控制渗流，使地基与坝身不产生渗透变形，并把渗流流量控制在允许的范围内。

（2）保证地基稳定，不发生滑动。

（3）控制沉降与不均匀沉降，以限制坝体裂缝的发生。

3.4.2.1 砂砾石地基的处理

砂砾石地基处理的主要问题是地基透水性大。处理的目的是减少地基的渗流量并保证地基和坝体的抗渗稳定。处理方法是"上防下排"，上防包括水平和垂直防渗措施，下排主要是排水减压。

1. 垂直防渗设施

垂直防渗措施能够截断地基渗流，可靠而有效地解决地基渗流问题。

(1) 黏土截水墙。当覆盖层深度在 15m 以内时，可开挖深槽直达不透水层或基岩，槽内回填黏性土而成截水墙（也称截水槽），心墙坝、斜墙坝常将防渗体向下延伸至不透水层而成截水墙，如图 3.38 所示。

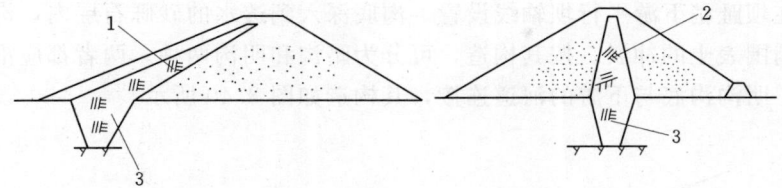

图 3.38 透水地基截水墙
1—黏土斜墙；2—黏土心墙；3—黏土截水墙

截水墙结构简单、工作可靠、防渗效果好，得到了广泛的应用。缺点是槽身挖填和坝体填筑不便同时进行，若汛前要达到一定的坝高拦洪度汛，工期较紧。

(2) 混凝土防渗墙。用钻机或其他设备沿坝轴线方向造成圆孔或槽孔，在孔中浇混凝土，最后连成一片，成为整体的混凝土防渗墙，适用于透水层深度大于 50m 的情况，如图 3.39 所示。

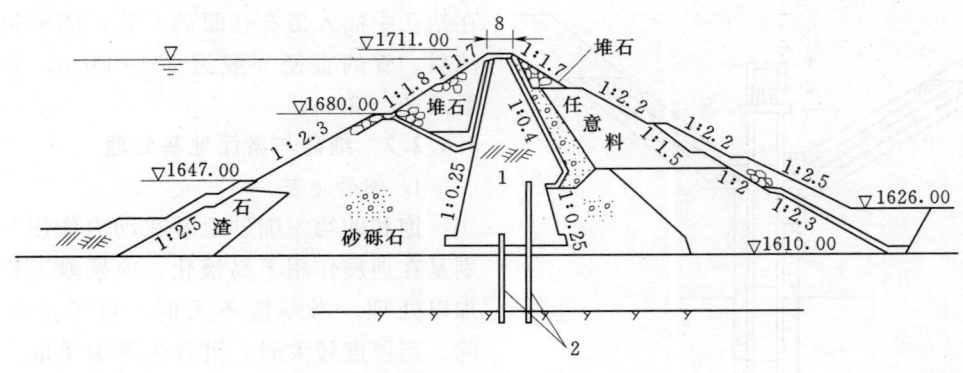

图 3.39 混凝土防渗墙
1—黏土心墙；2—混凝土防渗墙

(3) 帷幕灌浆。当砂卵石层很厚时，用上述处理方法都较困难或不够经济，可采用灌浆帷幕防渗。

帷幕灌浆的施工方法是：采用高压定向喷射灌浆技术，通过喷嘴的高压气流切割地层成缝槽，在缝槽中灌压水泥砂浆，凝结后形成防渗板墙。其特点是可以处理较深的砂砾石地基，但对地层的可灌性要求高，地层的可灌性：$M<5$，不可灌；$M=5\sim10$，可灌性差；$M>10\sim15$，可灌水泥黏土砂浆或水泥砂浆。

2. 上游水平防渗铺盖

铺盖是一种由黏性土做成的水平防渗设施，是斜墙、心墙或均质坝体向上游延伸的部分。当采用垂直防渗有困难或不经济时，可考虑采用铺盖防渗。防渗铺盖构造简单、造价低，但它不能完全截断渗流，只是通过延长渗径的办法，降低渗透坡降，减小渗透流量，但防渗效果不如垂直防渗体。

3. 下游排水减压措施

常用的排水减压设施有排水沟和排水减压井。

排水沟在坝趾稍下游平行坝轴线设置，沟底深入到透水的砂砾石层内，沟顶略高于地面，以防止周围表土的冲淤。按其构造，可分为暗沟和明沟两种。两者都应沿渗流方向按反波层布置，明沟沟底与下游的河道连接，其构造如图3.40所示。

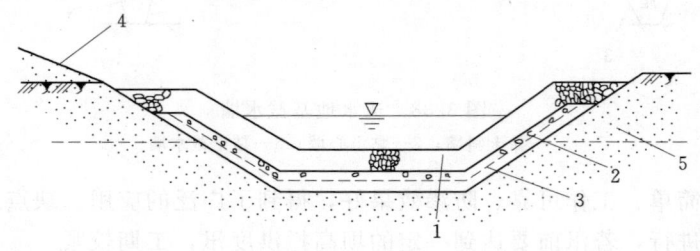

图 3.40 排水沟
1—干砌石；2—碎石；3—粗砂；4—坝坡；5—砂砾石层

排水减压井将深层承压水导出水面，然后从排水沟中排出，其构造如图3.41所示。在钻孔中插入带有孔眼的井管，周围包以反滤料，管的直径一般为20~30cm，井距一般为20~30m。

3.4.2.2 细砂与淤泥地基处理

1. 细砂地基

饱和的均匀细砂地基在动力作用下，特别是在地震作用下易液化，应采取工程措施加以处理。当厚度不大时，可考虑将其挖除。当厚度较大时，可首先考虑采取人工加密措施，使之达到与设计地震烈度相适应的密实状态，然后采取加盖重、加强排水等附加防护设施。

2. 淤泥地基

淤泥层地基天然含水量大，重度小，抗剪强度低，承载能力小。当埋藏较浅且分布范围不大时，一般应把它全部挖除；当埋藏较深，分布范围又较宽时，则常采用压重法或设置砂井加速排水固结。压重施加于坝趾处。

砂井排水法是在坝基中钻孔，然后在孔中填入砂砾，在地基中形成砂桩的一种方法。设置砂井后，地基中排除孔隙水的条件

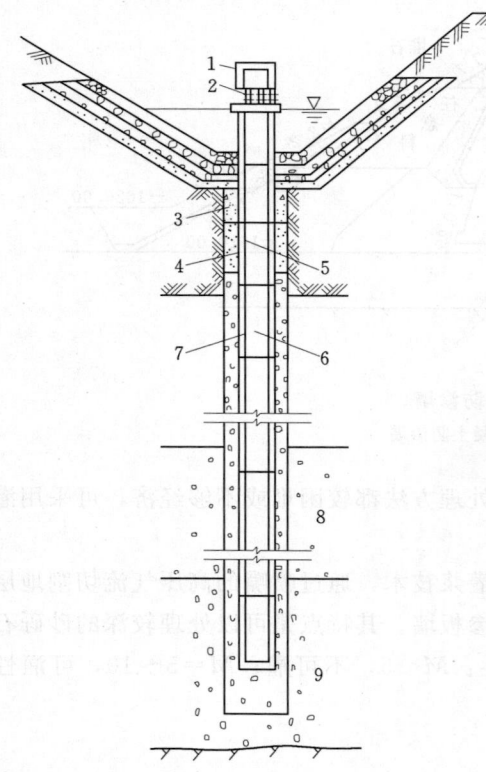

图 3.41 减压井布置
1—井帽；2—钢丝出水口；3—回填混凝土；
4—回填砂；5—上升管；6—穿孔管；
7—反滤层；8—砂砾；9—砂卵石

大为改善,可有效地增加地基土的固结速度。

3.4.2.3 软黏土和黄土地基处理

软黏土层较薄时,一般全部挖除。当土层较薄而其强度并不太低时,可只将表面较薄的可能不稳定的部位挖除,换填较高强度的砂,称为换砂法。

黄土地基在我国西北部地区分布较广,其主要特点是浸水后沉降较大。处理的方法一般有:预先浸水,使其湿陷加固;将表层土挖除,换土压实;夯实表层土,破坏黄土的天然结构,使其密实等。

任务案例 3-4 土石坝构造设计和地基处理

3-4-1 项目任务

设计资料如土石坝设计基本资料所示。根据项目资料及所选坝型,确定土石坝的细部构造,并针对地基特点确定地基处理办法。

3-4-2 土石坝构造设计

1. 坝顶

坝顶上面用碎石铺设路面。坝顶向下游倾斜3%的坡度,上游侧设1.2m高的防浪墙,下游侧设缘石,如图3.42所示。

2. 坝体防渗

坝的防渗采用黏土心墙防渗体。心墙顶高程119.00m,高出设计洪水位11m,顶部保护层厚度为120.00−119.00=1m,大于多年平均最大冰冻厚度0.93m。心墙顶宽3m,自顶向下逐渐加厚,边坡为1:0.2。计算点作用水头 $H=119.60-82.20=37.40$m,根据经验取允许渗透坡降 $[J]=4$,底部厚度 19.028m $>H/[J]=37.40/4=9.350$m,满足要求。心墙两侧设0.4m厚的粗砂为过渡层。以上如图3.43所示。

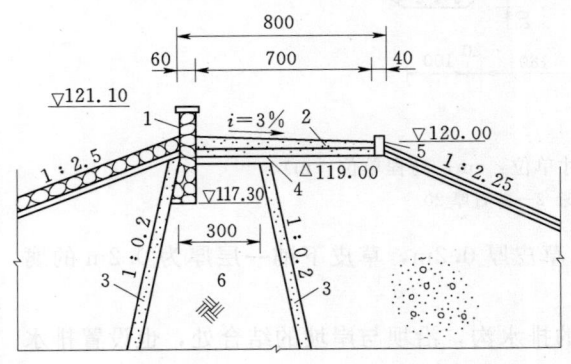

图 3.42 坝顶构造图(尺寸单位:cm;高程单位:m)
1—防浪墙;2—C10混凝土路面厚20;3—粗砂厚40;
4—砂石垫层厚30;5—路肩石;6—心墙

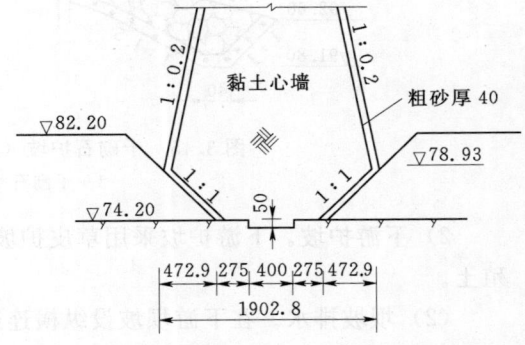

图 3.43 防渗体(尺寸单位:cm;高程单位:m)

3. 坝基防渗

坝基防渗采用黏土截水墙,上部厚度与心墙厚为19.028m,下部厚度取为9.5m $>H/4=$ 9.35m。为加强截水墙与岩石的连接,在截水墙底部再挖 $4m\times0.5m$ 的齿墙,截水槽开挖边坡为1:1,两侧设0.4m厚的粗砂层,如图3.43所示。

4. 坝体排水设备

采用堆石棱体排水设备。排水体顶部高程为85.7m,高出下游最高水位1m,顶宽2m,内坡1:1.5,外坡1:2,如图3.44所示。

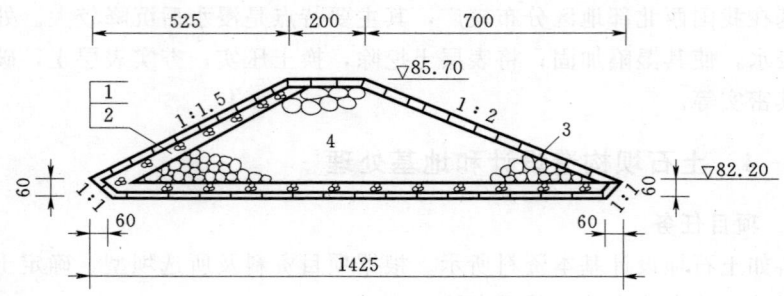

图3.44 棱体排水(尺寸单位:cm;高程单位:m)
1—碎石厚20;2—卵石厚40;3—干砌块石厚35;4—堆石

5. 护坡及坝坡排水

(1) 护坡。

1) 上游护坡。上游坝面设干砌石护坡,厚度0.50m,下面设厚度0.20m的碎石层。护坡范围上至坝顶,下至死水位以下1m,如图3.45所示。

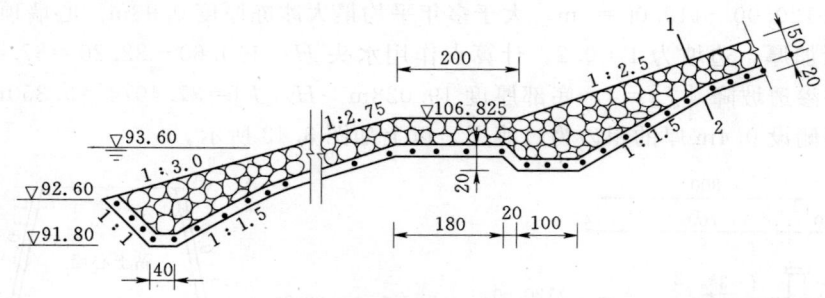

图3.45 干砌石护坡(尺寸单位:cm;高程单位:m)
1—干砌石厚50;2—碎石厚20

2) 下游护坡。下游护坡采用草皮护坡。草皮厚0.2m,草皮下铺一层厚为0.2m的腐殖土。

(2) 坝坡排水。在下游坝坡设纵横连通的排水沟,沿坝与岸坡的结合处,也设置排水沟。坝面上的纵向排水沟沿坝轴线方向每隔100m设一条横向排水沟,如图3.46所示。

3-4-3 地基处理

1. 土坝与坝基的连接

筑坝前将坝基范围内的表层腐殖土、稀泥、草皮、乱石等清除掉。清基深度0.3~1.0m。

本工程的地基防渗采用黏土截水墙,防渗体与基岩连接时,把岩基开挖至新鲜岩面,并使岩面平整,在岩石表面喷一层砂浆之后回填黏土。

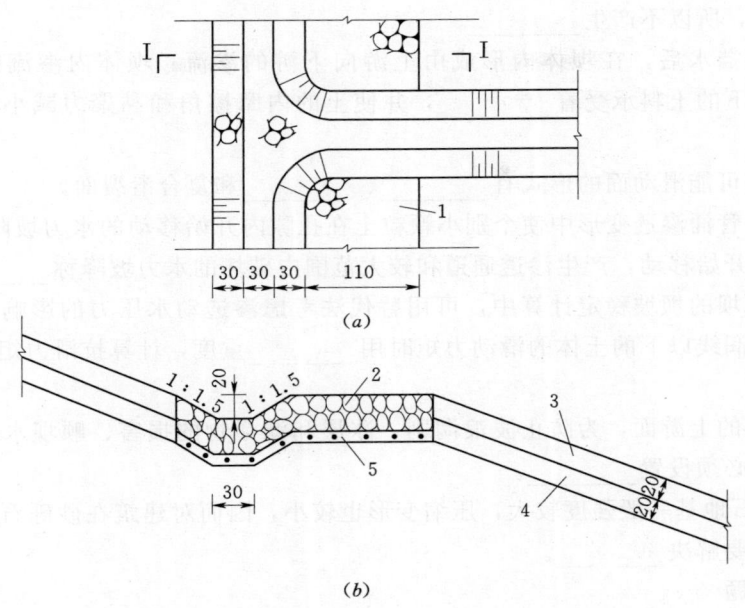

图 3.46 排水沟（单位：cm）
(a) 平面图；(b) Ⅰ-Ⅰ剖面图
1—马道；2—浆砌石排水沟；3—草皮；4—腐殖土；5—碎石

2. 土坝与两岸的连接

两岸岸坡应进行清基，开挖后的岸坡不应陡于1∶0.5～1∶0.75，心墙与岸坡连接处的断面应扩大1/3。如两岸山坡有强风化层时，可采用截水槽方式将心墙伸入到弱风化层内。

【项目小结】 土石坝是世界各国普遍采用的一种坝型。本项目从实际工程出发，结合土石坝的基本概念、类型、工作特点，对坝型选择、坝体剖面设计、坝体的渗流分析、坝坡稳定分析、土石坝构造设计和地基处理等内容进行分析，理论联系实际，让读者更好地掌握土石坝设计的基本方法和理论。

项 目 自 测 题

一、填空题

1. 在土石坝的坝顶高程计算中，超高值 $y=$ _____。公式中各字母代表的含义是：_____、_____、_____。

2. 碾压式土石坝上下游坝坡常高程每隔10～30m设置_____，宽度不小于1.5～2.0m，一般设在_____。

3. 当有可靠防浪墙时，心墙顶部高程应_____，否则，心墙顶部高程应不低于_____。

4. 由于填筑土石坝坝体的材料为_____，抗剪强度低，下游坝坡平缓，坝体体积和重量都较大，所以不产生_____。

5. 土石坝挡水后，在坝体内形成由上游向下游的渗流。坝体内渗流的水面线称为_____，其下的土料承受着_____，并使土的内摩擦角和黏聚力减小，对坝坡稳定_____。

6. 土石坝可能滑动面的形式有_____、_____和复合滑裂面。

7. 土石坝管涌渗透变形中使个别小颗粒土在孔隙内开始移动的水力坡降称_____；使更大的土粒开始移动，产生渗透通道和较大范围内破坏的水力坡降称_____。

8. 在土石坝的坝坡稳定计算中，可用替代法考虑渗透动水压力的影响，在计算下游水位以上，浸润线以下的土体的滑动力矩时用_____重度，计算抗滑力矩时用_____重度。

9. 土石坝的上游面，为防止波浪淘刷、冰层和漂浮物的损害、顺坝水流的冲刷等对坝坡的危害，必须设置_____。

10. 砂砾石地基一般强度较大，压缩变形也较小，因而对建筑在砂砾石地基土石坝的地基处理，主要解决_____。

二、选择题

1. 土石坝的黏土防渗墙顶部高程应_____。
A. 高于设计洪水位　　B. 高于设计洪水位加一定超高，且不低于校核洪水位
C. 高于校核洪水位　　D. 高于校核洪水位加一定超高

2. 关于土石坝坝坡，下列说法不正确的有_____。
A. 上游坝坡比下游坝坡陡
B. 上游坝坡比下游坝陡
C. 黏性土料做成的坝坡，常做成变坡，从上到下逐渐放缓，相邻坡率差为 0.25 或 0.5
D. 斜墙坝与心墙坝相比，其下游坝坡宜偏陡些，而上游坝坡可适当放缓些

3. 砂砾石地基处理主要是解决渗流问题，处理方法是"上堵下排"，属于上堵的措施有_____。
A. 铅直方向的黏土截水墙、混凝土防渗墙、板桩
B. 止水设备
C. 排水棱体
D. 坝体防渗墙

4. 黏性土不会发生_____。
A. 管涌　　B. 流土　　C. 管涌或流土　　D. 不确定

5. 一般坝面不允许溢流的坝型是_____。
A. 拱坝　　B. 浆砌石坝　　C. 土石坝　　D. 混凝土重力坝

6. 黏性土的填筑标准是_____。
A. 最优含水率　　B. 孔隙率　　C. 相对密度　　D. 设计干重度及相应的含水率

三、思考题

1. 土石坝的特点是什么？试与重力坝、拱坝进行比较。

2. 土石坝的主要类型有哪些？各有哪些优缺点？
3. 土石坝的基本剖面为什么是梯形的？
4. 确定土石坝坝顶高程和重力坝坝顶高程的不同点是什么？
5. 土石坝的上、下游坝坡通常采用值的范围如何？为什么上游坝坡比下游坝坡平缓？
6. 土石坝为什么要设防渗体？防渗体有哪些形式？
7. 土坝排水设备的作用是什么？常用的坝体排水有哪些形式？
8. 土石坝为什么要设置反滤层？设置反滤层应遵循什么原则？通常应在什么部位设置反滤层？
9. 渗流分析的任务是什么？常用的理论方法是什么？
10. 土石坝渗流变形有哪几类？各自的特点是什么？
11. 防止渗流变形的措施有哪些？
12. 重力坝与土石坝的稳定概念有什么不同？影响土石坝稳定的因素有哪些？
13. 怎样确定滑弧的最小稳定安全系数？
14. 为什么要进行地基处理？
15. 简述土坝砂卵石地基的处理方法。

四、计算题

1. 某均质土坝建在不透水地基上，坝高37m，坝顶宽4m，上游坝坡为1:3，下游坝坡为1:2.5，坝前水深为33m，下游无水，坝体土料渗透系数$K=6\times10^{-8}$m/s，且下游无排水设施，求单位坝长的渗流量及浸润线方程。

2. 某均质土坝修建在不透水土基上，坝体土料渗透系数$K=1\times10^{-5}$cm/s，坝体断面尺寸如图3.47所示，试计算坝体的单宽渗透流量，并按比例画出坝体浸润线。

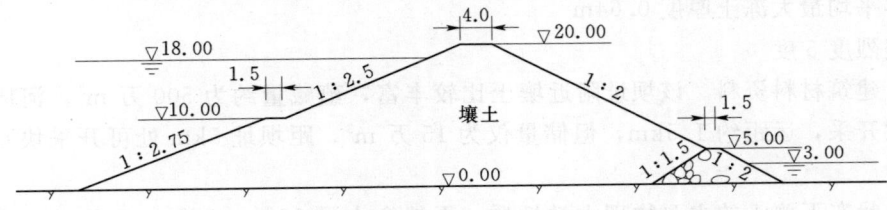

图3.47 均质坝坝体断面示意图

3. 某均质土坝设计的资料和要求如下。
（1）设计资料。
1）地形资料。坝址地形图如图3.48所示。
2）地质资料。水库位于山区峡谷内，两岸地势高峻，河谷为老年期梯形河谷，库区及坝址一带均为第四纪周口店原生黄土，库区底部有深6~8m的第三纪三趾马红色黏土，为一天然隔水层，河槽底部有深4~5m的砂卵石。砂卵石浮重度为10.2kN/m³，内摩擦角为30°，黏聚力为0，渗透系数为1.7×10^{-3}cm/s；坝基红黏土浮重度为10.06kN/m³，内摩擦角为20°，黏聚力为21kPa。
（2）水文水利计算资料。
正常高水位：526.00m

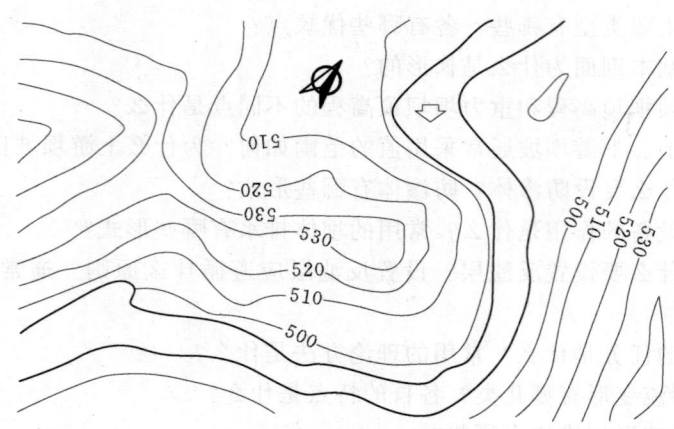

图 3.38 均质坝地形图

设计洪水位：527.90m，相应下游水位为 495.90m
校核洪水位：528.60m，相应下游水位为 496.40m
死水位：516.62m
总库容：569 万 m^3
溢洪道宽 20m，堰顶高程为 526.00m
灌溉引水量 $2m^3/s$，浇地 4.5 万亩
气象地理资料：
水库最大吹程 1.7km；
多年平均最大风速 11m/s
多年平均最大冻土厚度 0.64m
地震烈度 5 度

（3）建筑材料资料。该坝址附近壤土比较丰富，蕴藏量约为 500 万 m^3，河床中有砂砾料可供开采，运距约 1.5km，但储量仅为 15 万 m^3，距坝址 5km 处可开采块石，交通较方便。

天然状态下壤土的主要物理力学性质：天然含水量 16%～18%，天然重度为 $15kN/m^3$，比重为 2.7，塑限含水量 17%，塑性指数 16，易溶盐含量 0.5%，有机质含量 0.4%；

壤土试验有关指标：干重度为 $16.5kN/m^3$，浮重度为 $10.6kN/m^3$，饱和重度为 $20.6kN/m^3$，内摩擦角为 18°，渗透系数为 $2.4×10^{-3}$cm/s，黏聚力为 19kPa。

可供作堆石体的石料指标：比重为 2.71，干重度为 $19.5kN/m^3$，浮重度为 $12.3kN/m^3$，饱和重度为 $22.30kN/m^3$，湿重度为 $20.30kN/m^3$，内摩擦角为 31°，渗透系数为 $2×10^{-2}$cm/s。

（4）设计内容。分析资料，确定坝轴线，确定枢纽等别和建筑物级别，拟定大坝的剖面尺寸，渗透计算，稳定计算，确定大坝的细部构造。

（5）成果要求。设计说明书一份，设计图一张。

项目 4 河岸溢洪道设计

项目及其要求

在水利枢纽中，必须设置泄水建筑物。溢洪道是一种最常见的泄水建筑物，用于排泄水库的多余水量，必要时放空水库以及施工期导流，以满足安全和其他要求。常用的泄水建筑物有河床式溢洪道、河岸式溢洪道。对于土石坝及某些轻型坝等水利枢纽，常在坝体以外的岸边或天然垭口布置溢洪道，称为河岸溢洪道。

溢洪道设计基本资料

溢洪道设计基本资料见项目三"土石坝设计"的土石坝设计基本资料。

项目实施方法及目标

1. 项目实施方法

项目实训分为四个阶段：

第一阶段是项目实训的准备阶段，尽快准备项目实训所需的资料和实训计算、绘图工具。

第二阶段是设计计算阶段，是项目实训一个非常重要的阶段。在这个阶段中要尽快熟悉计算理论，并快速实施具体的计算。在这个过程中，可能会遇到许多问题，因此在本阶段要培养学生解决问题的能力。通过这一阶段的实训，令学生的专业技能得到较大提高。

第三阶段是绘制图纸阶段，是将第二阶段的成果用图纸的形式表达出来的阶段。

第四阶段是设计计算报告的编写。设计计算报告是设计成果的重要体现，报告编写要符合规定要求。

2. 项目教学目标

"溢洪道设计"课程教学目标包括知识目标、技能目标和态度目标三个方面。技能目标是核心目标，知识目标是基础目标，态度目标贯穿整个实训过程，是项目实训的重要保证。

（1）知识目标。

1）熟悉溢洪道的作用、类型和组成。

2）掌握溢洪道水力计算方法。

3）了解溢洪道细部构造要求。

4）掌握消能计算方法。

（2）技能目标。

1）能够正确运用有关规范、手册等资料进行基本设计计算。

2) 基本掌握溢洪道布置、水力计算和消能防冲计算的方法。
3) 能够使用绘图工具和计算机绘制图纸。
(3) 态度目标。
1) 不缺席、不迟到，认真严肃进行设计。
2) 按设计进度完成任务、提交设计成果。
3) 培养团队精神，与项目其他角色人员共同探讨问题，切磋提升技能水平。
4) 克服实训中遇到的困难，培养顽强的职业精神。

成果提交要求

1. 设计报告

设计报告包括计算和说明两大部分。说明部分应全面表达设计者的设计思想、方法和分析能力，包含对设计成果、采用的设计参数和理论依据的充分说明。要求章节分明、简明扼要、文理通顺，既有计算成果，又有分析论证和明确结论，必要时，使用附表和插图（应按比例绘制）。计算部分是设计者的设计程序、设计成果的来源，要求详细列出所有计算过程。计算过程尽量列表计算，附计算草图；列出计算成果，并说明成果是否合理，如不合理叙述可做改动的步骤；计算方法要求正确，参数取值合理，数据真实可靠，计算结果正确可信。

2. 设计图纸

设计图纸主要包括溢洪道的平面布置图、溢洪道的总剖视图、细部构造图等。绘图应符合制图标准和相关规范，要求制图正确、布局合理、主次分明、比例适当、线条清晰、尺寸齐全，必要时应有简明注解。

3. 成果说明

要求简要说明计算成果及合理性，或设计的不足和可以进一步改进的地方，并对设计过程进行总结。

任务 4.1　溢洪道布置

单元任务目标：根据对项目实际坝址地形图分析和泄洪能力要求，确定溢洪道平面布置和各部分尺寸拟定。

任务执行过程引导：根据工程地形、地质条件，选择溢洪道形式，并确定溢洪道布置方案，同时选择适合的结构型式。

提交成果：溢洪道布置图、相关说明。

溢洪道可以与坝体结合在一起，也可以设在坝体以外。混凝土坝一般适于经坝体溢洪或泄洪，如各种溢流坝。此时，坝体既是挡水建筑物，又是泄水建筑物，枢纽布置紧凑、管理集中，这种布置一般是经济合理的。但对于土石坝、堆石坝以及某些轻型坝，一般不容许从坝身溢流或大量泄流；或当河谷狭窄而泄流量大，难于经混凝土坝泄放全部洪水时，需要在坝体以外的岸边或天然垭口处建造溢洪道（通常称河岸溢洪道）或开挖泄水隧洞。河岸溢洪道按其结构型式可分为正槽溢洪道（图 4.1）、侧槽溢洪道（图 4.2）、井式溢洪道（图 4.3）和虹吸式溢洪道（图 4.4）等。

项目 4 河岸溢洪道设计

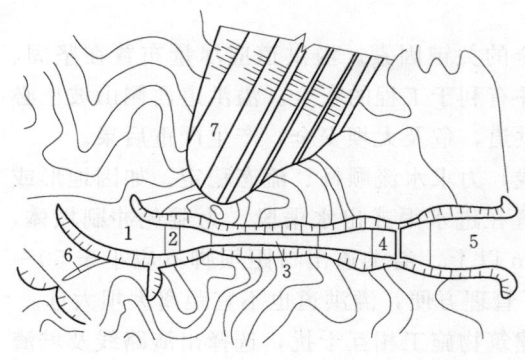

图 4.1 正槽溢洪道
1—进水渠；2—控制段；3—泄槽；4—消能防冲段；
5—出水渠；6—非常溢洪道；7—土石坝

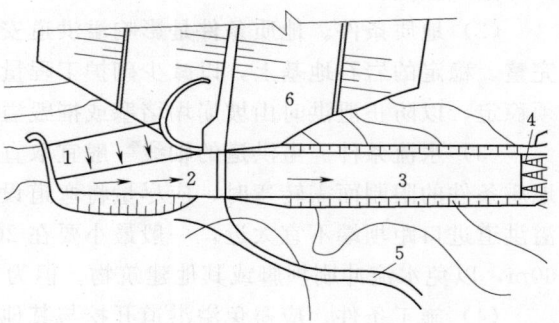

图 4.2 侧槽溢洪道
1—溢流堰；2—侧槽；3—泄水槽；4—出口消能段；
5—上坝公路；6—土石坝

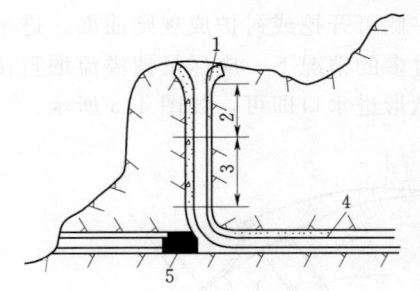

图 4.3 井式溢洪道
1—环形溢流堰；2—渐变段；3—竖井；4—泄
水隧洞；5—导流洞（后期封堵）

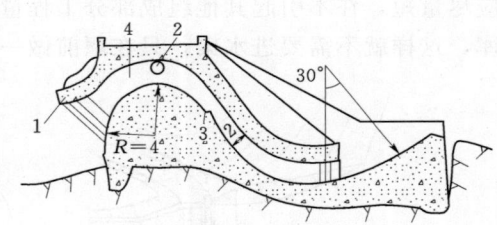

图 4.4 虹吸式溢洪道
1—遮檐；2—通气孔；3—挑流坎；
4—曲管

在实际工程中，正槽溢洪道被广泛应用。正槽溢洪道，过堰水流与泄槽轴线方向一致，其水流平顺，超泄能力大，并且结构简单，运行安全可靠，是一种采用最多的河岸溢洪道型式。故本项目中仅实施正槽溢洪道的设计。正槽溢洪道一般由进水渠、控制段、泄槽、消能防冲设施及出水渠等部分组成。溢洪道的布置应根据地形、地质、工程特点、枢纽布置、坝型、施工及运用条件、经济指标等因素进行全面考虑。

河岸溢洪道的位置选择是否得当，对水库工程的安全和造价有很大影响。溢洪道位置选择主要应考虑以下条件。

（1）地形条件。地形条件是决定溢洪道形式和布置的主要因素。较理想的地形条件是：离大坝不远的库岸有通向下游的马鞍形山垭口，垭口后面有长度不大的冲沟直通河道，出口离下游坝脚较远。这对工程的经济、安全及管理运用均有利，且易于解决下泄水流的归河问题。如果坝肩具有有利的地形条件，且高程适宜，可将溢洪道布置在坝肩上。这种布置形成工程量省，对于土石坝枢纽还具有利用其开挖料做筑坝材料的优点，是常见的布置形式。

当两岸山坡陡峻时，可将溢流堰沿岸坡等高线方向布置，即采用侧槽式溢洪道，以减少开挖工程量。

（2）地质条件。地质条件是影响溢洪道安全的关键因素。溢洪道应尽量布置在坚固、完整、稳定的岩石地基上，以减少砌护工程量并有利于工程的安全。溢洪道西侧山坡也必须稳定，以防止泄洪时山坡崩塌堵塞或摧毁溢洪道，危及大坝安全，产生严重后果。

（3）水流条件。溢洪道的轴线一般宜取直线，力求水流顺畅、流态稳定。如因地形或地质条件的限制而需转弯时，应尽量将弯道设置在进水渠或出水渠段。为避免冲刷坝体，溢洪道进口距坝端不宜太近，一般最小要在20m以上。溢洪道出口距坝脚不应小于50～60m，以免水流冲刷坝脚或其他建筑物。但为了管理方便，溢洪道也不宜距离大坝太远。

（4）施工条件。应避免溢洪道开挖与其他建筑物施工相互干扰，选择出渣路线及堆渣场所便于布置，并尽量利用开挖土石料填筑坝体。

4.1.1 进水渠

在溢流堰前宜设置不小于2～3倍堰前水深的渐变段或直线翼墙。当进口布置在坝肩时，靠坝一侧应设置顺应水流的曲面导水墙，靠山一侧可开挖或衬护成规则曲面。进水渠长度应尽量短，在不引起其他组成部分工程量增加过多的情况下，应尽量使溢流堰直接面临水库，这样就不需要进水渠，只在堰前做一个喇叭形进水口即可，如图4.5所示。

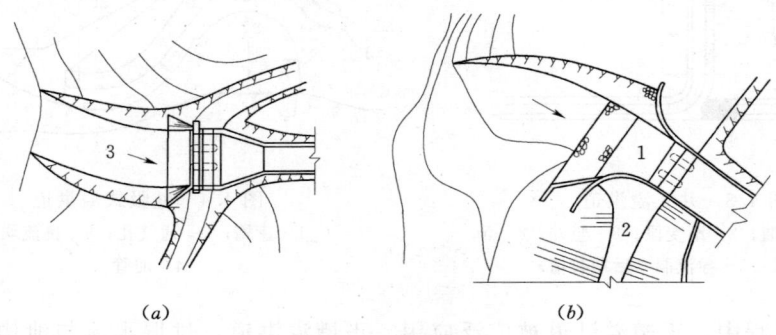

图4.5 溢洪道引水渠型式
1—喇叭形进水口；2—土坝；3—引水渠

进水渠底板为等宽或顺水流方向收缩，进口底宽与溢流堰宽之比宜在1.5～3。渠道设计流速宜采用3～5m/s。岩基上进水渠的横断面接近矩形，边坡根据稳定要求确定，新鲜岩石一般为1∶0.1～1∶0.3，风化岩石可用1∶0.5～1∶1.0。在土基上采用梯形，边坡一般选用1∶1.5～1∶2.5。

进水渠的纵断面一般做成平底坡或坡度不大的逆坡。进水渠与控制段之间设置渐变段，采用圆弧翼墙或扭曲面翼墙。

4.1.2 控制段

溢洪道的控制段包括两部分：溢流堰和两侧连接建筑物。溢流堰是溢洪道控制水库的水位和下泄流量的关键部位。溢流堰的位置是溢洪道纵断面图的最高点。在平面上常设于坝轴线附近以利于上坝交通的布置，同时还应注意使整个溢洪道的工程量最少。对溢流堰设计的基本要求是要有足够的泄水能力，而溢流堰的型式、基本尺寸和布置方式是决定性因素。

4.1.2.1 溢流堰的型式

溢流堰应根据地形、地质条件、运用要求，通过技术经济比较选定。通常选用开敞式或带胸墙孔口式的宽顶堰 $[2.5H<\delta<10H$，图 4.6 $(a)]$、实用堰 $[0.67H<\delta<2.5H$，图 4.6 $(b)]$、驼峰堰（图 4.7）、折线形堰。开敞式溢流堰具有较大的超泄能力，宜优先选用。

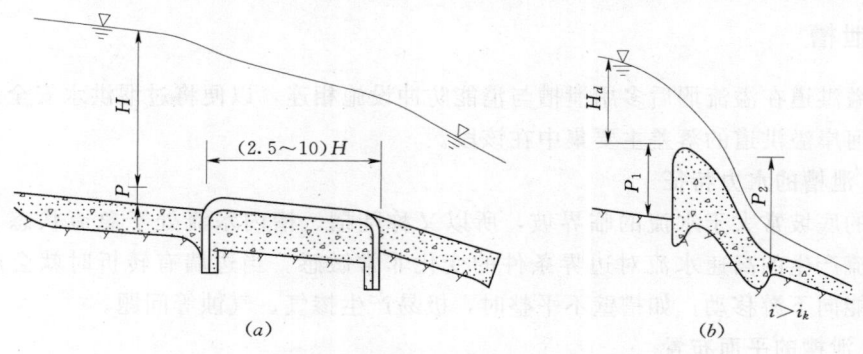

图 4.6 宽顶堰、实用堰示意图
（a）宽顶堰；（b）实用堰

开敞式实用堰，堰顶下游堰面宜优先采用 WES 型幂曲线，堰顶上游可采用双圆弧、三圆弧或椭圆曲线。当采用低实用堰时，上游堰高 $P_1 \geqslant 0.3H_d$，下游堰高 $P_2 \geqslant 0.6H_d$，H_d 为堰面曲线的定型设计水头。堰面曲线下接直线段，坡度一般陡于 1:1。

堰高小于 3m 的低堰，可采用宽顶堰或驼峰堰。驼峰堰的堰面曲线如图 4.7 所示，其体型参数见表 4.1。

表 4.1　　　　　　　　　　驼峰堰体型参数

类　型	上游堰高 P_1	中圆弧半径 R_1	上、下圆弧半径 R_2	总长度 L
a 型	$0.24H_d$	$2.5P_1$	$6P_1$	$8P_1$
b 型	$0.34H_d$	$1.05P_1$	$4P_1$	$6P_1$

中、小型水库溢洪道，特别是小型水库溢洪道常不设闸门，堰顶高程就是水库的正常蓄水位；溢洪道设闸门时，堰顶高程低于水库的正常蓄水位。堰顶是否设置闸门，应从工程安全、洪水调度、水库运行、工程投资等方面论证确定。

当水库水位变幅较大时，常采用带胸墙的溢流堰。这种布置型式，堰顶高程比开敞式的要低，在库水位较低时即可泄流，因而有利于提高水库的汛期限制水位，充分发挥水库效益；此外，还可以减小闸门尺寸。但在高水位时，超泄能力不如开敞式溢流堰大。

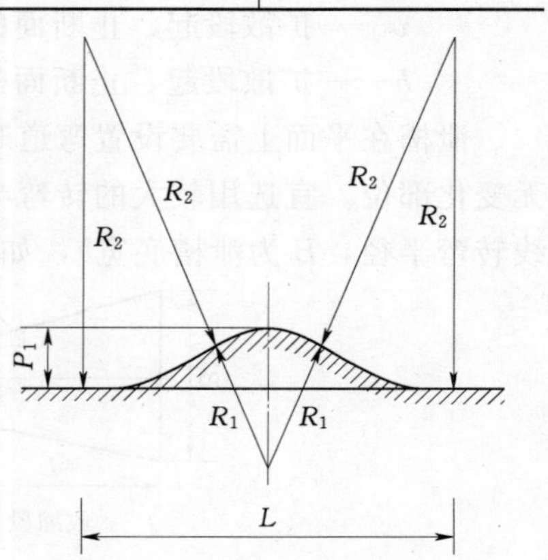

图 4.7 驼峰堰剖面示意图

4.1.2.2 溢流孔口尺寸的拟定

溢洪道的溢流孔口尺寸主要由溢流堰堰顶高程和溢流前沿宽度确定，与溢流重力坝基本相同。但由于溢洪道出口一般离坝脚较远，其单宽流量可以选取大一些。闸墩的型式和尺寸应满足闸门（包括门槽）、交通桥和工作桥的布置、水流条件、结构及运行检修等的要求。当有防洪抢险要求时，交通桥与工作桥必须分开设置，桥下净空应满足泄洪、排凌及排漂要求。

溢流堰的前缘长度和孔口尺寸的拟定以及单宽流量的选择，与溢流重力坝基本相同。但由于溢洪道出口一般离坝脚较远，其单宽流量可以比溢流重力坝所采用的数值大一些。

4.1.3 泄槽

正槽溢洪道在溢流堰后多用泄槽与消能防冲设施相连，以便将过堰洪水安全地泄向下游河道。河岸溢洪道的落差主要集中在该段。

4.1.3.1 泄槽的水力特征

泄槽的底坡常大于水流的临界坡，所以又称陡槽。槽内水流处于急流状态、紊动剧烈，由急流产生的高速水流对边界条件的变化非常敏感。当边墙有转折时就会产生冲击波，并可能向下游移动；如槽壁不平整时，极易产生掺气、气蚀等问题。

4.1.3.2 泄槽的平面布置

泄槽在平面上宜尽可能采用直线、等宽、对称布置，力求使水流平顺、结构简单、施工方便。当泄槽的长度较大，地形、地质条件不允许做成直线，或为了减少开挖工程量、便于洪水归河和有利于消能等原因，常设置收缩段、扩散段或弯道段。

收缩段的收缩角（泄槽中心线与边墙的夹角）越小，冲击波也越小。一般收缩角小于 11.25°，也可以通过近似计算确定。

扩散段的扩散角应保证水流扩散时不能脱离边界，避免产生竖轴漩涡。一般按直线扩散的扩散角 $\theta \leqslant 6° \sim 8°$。初步设计时，扩散角 θ 可根据下式计算选用

$$\tan\theta \leqslant \frac{1}{KFr}, \quad Fr = \frac{v}{\sqrt{gh}} \tag{4.1}$$

式中 Fr——扩散段起、止断面的平均弗劳德数；

K——经验系数，一般取 3.0；

v——扩散段起、止断面的平均流速，m/s；

h——扩散段起、止断面的平均水深，m。

泄槽在平面上需要设置弯道时，弯道段宜设置在流速小、水流比较平稳、底坡较缓且无变化部位。宜选用较大的转弯半径及合适的转角，相对半径可取 $R/B=6\sim10$（R 为轴线转弯半径，B 为泄槽底宽），如图 4.8 所示。

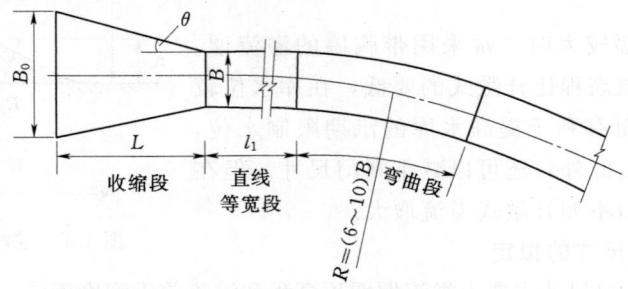

图 4.8 泄槽弯道段布置示意图

4.1.3.3 泄槽的纵剖面

泄槽的纵剖面应尽量按地形、地质以及工程量少、结构安全稳定、水流流态良好的原则进行布置。泄槽纵坡必须保证槽中的水位不影响溢流堰自由泄流，使水流处于急流状态。因此，泄槽纵坡必须大于水流临界坡度。常用的纵坡为1%～5%，有时可达10%～15%，坚硬的岩石上可以更大，实践中有用到1∶1的。

为了节省开挖方量，泄槽的纵坡通常随地形、地质条件而改变，但变坡次数不宜过多，而且在不同坡度连接处要用平滑曲面相连接，以免高速水流在变坡处发生脱离槽底引起负压或槽底遭到动水压力的破坏。

当坡度由陡变缓时，可采用半径为（6～12)h的反向弧段连接（h为反弧段水深），流速大者宜选用大值；当底坡由缓变陡时，可采用竖向射流抛物线连接，如图4.9所示。其抛物线方程可按下式计算

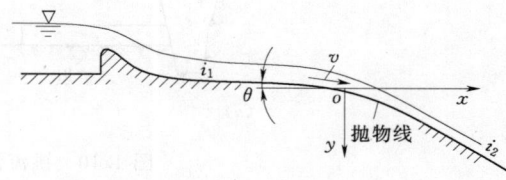

图4.9 变坡处的连接

$$y = x\tan\theta + \frac{x^2}{K(4H_0\cos^2\theta)} \tag{4.2}$$

式中　x、y——以缓坡泄槽末端为原点的抛物线横、纵坐标；

　　　θ——缓坡泄槽底坡坡角，(°)；

　　　H_0——抛物线起始断面比能，$H_0 = H + \frac{\alpha v^2}{2g}$；

　　　H——抛物线起始断面平均水深，m；

　　　v——抛物线起始断面平均流速，m/s；

　　　α——流速分布不均匀系数，通常取$\alpha=1.0$；

　　　K——系数，对于落差较大的重要工程，取$K=1.5$；对于落差较小者，取$K=1.1$～1.3。

4.1.3.4 泄槽的横剖面

泄槽横剖面形状在岩基上多做成矩形或近似于矩形，以使水流均匀分布和有利于下游消能，边坡坡比为1∶0.1～1∶0.3；在土基上则采用梯形，但边坡不宜太缓，以防止水流外溢和影响流态，为1∶1～1∶2。

4.1.4 消能防冲设施

溢洪道宣泄的洪水，单宽流量大，流速高，能量集中。因此，消能防冲设施应根据地形条件、地质条件、泄流条件、运行方式、下游水深及河床抗冲能力、消能防冲要求、下游水流衔接及对其他建筑物的影响等因素，通过技术经济比较选定。

河岸溢洪道一般采用挑流消能或底流消能。

挑流消能一般适用于较好岩石地基的高、中水头枢纽。挑坎下游常做一段短护坦以防止小流量时产生贴流而冲刷齿墙底脚。为避免在挑流水舌的下面形成真空，影响挑距，应采取通气措施，如图4.10所示。

底流消能一般适用于土基或破碎软弱的岩基上，如图4.11所示。

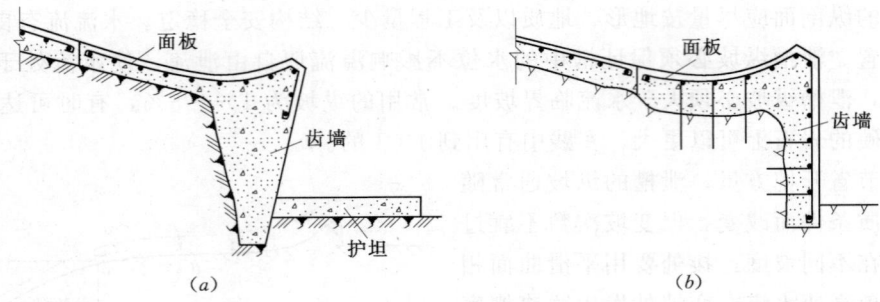

图 4.10 挑流消能鼻坎的型式

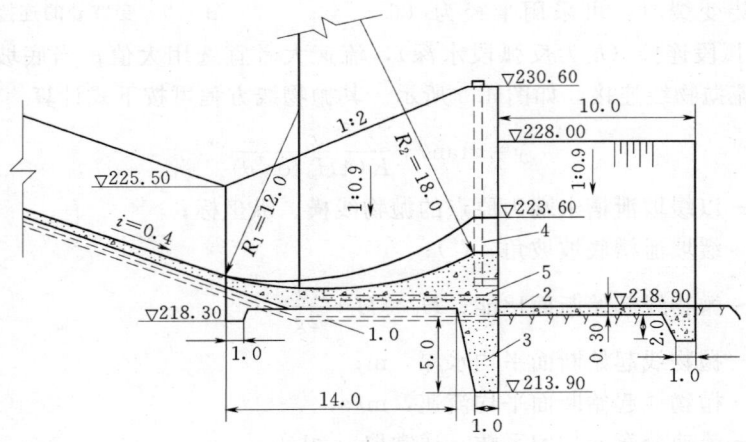

图 4.11 底流消能鼻坎的型式

4.1.5 出水渠

溢洪道下泄水流经消能后，不能直接泄入河道而造成危害时，应设置出水渠。选择出水渠线路应经济合理，其轴线方向应尽量顺应河势，利用天然冲沟或河沟。当溢洪道的消能设施与下游河道距离很近时，也可不设出水渠。

任务案例 4-1 溢洪道布置

4-1-1 项目任务

根据项目基本资料，完成溢洪道布置。

4-1-2 溢洪道布置

1. 形式选择

因为开敞式溢洪道泄洪能力大，工作可靠，结构简单，施工、管理和维修方便，水流条件较好，可省去闸门和启闭设备，所以选用开敞式溢洪道。

2. 位置选择

该坝址左岸距大坝 150m 处有一山谷垭口，是布置溢洪道较理想的位置，具体布置如

图 3.4 所示。

3. 结构形式选择

(1) 进口段。由于溢洪坝进口紧靠水库,水流条件较好,不需引水渠,仅做喇叭口式进口段。

(2) 控制段。控制段采用宽顶堰,堰顶高程为 116.70m,净宽 20m,顺水流方向长 9m。

(3) 陡槽段。陡槽段由渐变段和陡坡段组成。渐变段收缩角为 25°,长度为 11.291m,底坡为 0.05;陡坡段宽度为 15m,底坡为 0.125,长度为 116.384m,等宽、等坡。

(4) 消能段。采用挑流消能,挑射角为 25°,反弧半径为 8m,鼻坎高程为 102.45m。

(5) 出水渠。将冲沟稍加修理,使水流经冲沟水平顺地进入原河道。

选定的溢洪道布置如图 4.12 和图 4.13 所示。

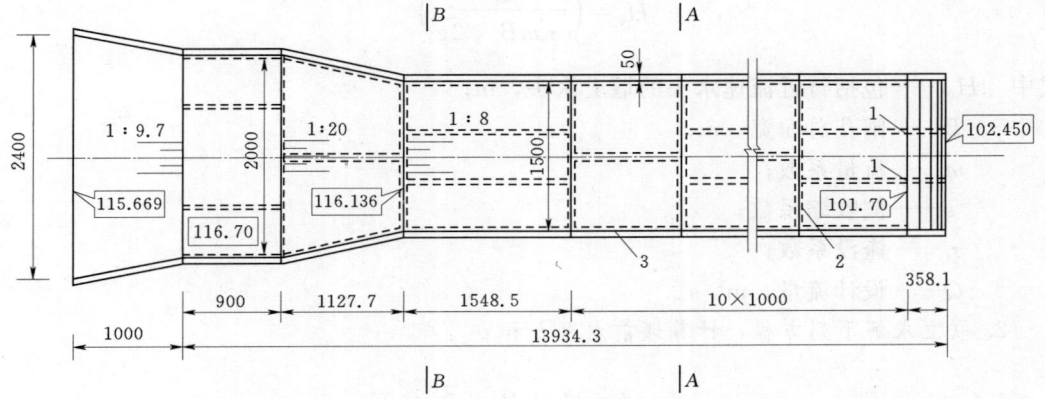

图 4.12 溢洪道平面图(A-A 剖视图、B-B 剖视图见图 4.24、图 4.25)
1—排水孔;2—横向排水;3—纵向排水

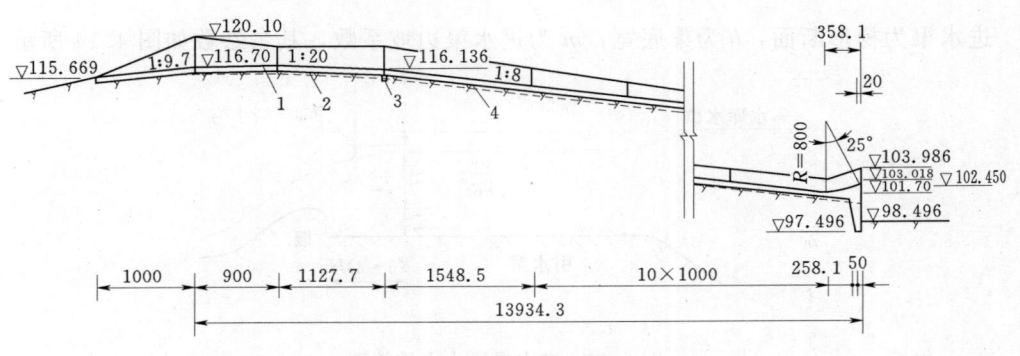

图 4.13 溢洪道纵剖面图
1—C10 混凝土;2—纵向排水沟;3—横向排水沟;4—花岗片麻岩

任务 4.2 溢洪道水力设计

单元任务目标:根据已拟定的溢洪道各部分的形状和尺寸,验算其泄流能力和进行水面线计算及消能计算，以判断方案布置是否合理。

任务执行过程引导：根据已选定溢洪道的方案，完成以下计算：①泄流能力计算；②水面线计算；③弯道水力计算；④消能防冲水力计算。

提交成果：溢洪道水力计算说明，计算简图。

4.2.1 进水渠水力计算

进水渠水力计算内容：根据渠内流速的大小，求库水位与下泄流量关系曲线，校核泄流能力；求渠内水面曲线，确定进水渠边墙高。

1. 根据堰流公式，求 H_0（已知 B、Q）

$$H_0 = \left(\frac{Q}{\varepsilon \sigma_s m B \sqrt{2g}}\right)^{2/3} \tag{4.3}$$

式中 H_0——包括行近流速水头的堰上水头，m；
  B——闸孔总净宽，m；
  m——流量系数；
  ε——侧收缩系数；
  σ_s——淹没系数；
  Q——设计流量，m^3/s。

2. 联立求解下列方程，计算堰前水深 h 和 v

$$\left.\begin{aligned} h &= H_0 + P_1 - \frac{v^2}{2g} \\ v &= \frac{Q}{\omega} = \frac{Q}{bh + mh^2} \end{aligned}\right\} \tag{4.4}$$

进水渠为梯形断面，b 为渠底宽，m 为进水渠边坡系数，其余参数如图 4.14 所示。

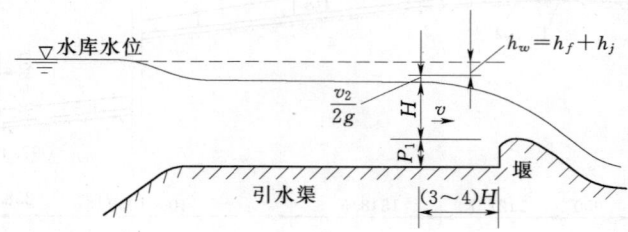

图 4.14 进水渠段水力计算图

3. 计算水库水位

(1) 当 $v \leqslant 0.5 \text{m/s}$ 时，进水渠水头损失很小，可忽略不计，则

水库水位＝堰顶高程＋H_0

(2) 当 $v = 0.5 \sim 3.0 \text{m/s}$，并且进水渠沿程断面糙率不变、平面布置比较顺直时，进水渠水头损失所占比重也很小，这时可按明渠均匀流公式进行近似计算，计算误差不大，且偏于安全。则

$$水库水位 = 堰顶高程 + H + \frac{\alpha v^2}{2g} + h_w \tag{4.5}$$

其中
$$h_w = h_f + h_j$$

$$h_f = \frac{v^2 n^2 L}{R^{4/3}}, \quad h_j = \xi \frac{v^2}{2g}$$

式中 h_w——进水渠总水头损失；

h_f——沿程水头损失；

h_j——局部水头损失；

ξ——局部水头损失系数；

L——进水渠长度，m；

α——动能修正系数，一般采用 $\alpha = 1.0$。

当进水渠流速 $v \geqslant 3.0\text{m/s}$，进水渠沿程断面糙率变化较大，则要用明渠非均匀流公式进行计算。

4.2.2 控制段水力计算

控制段水力计算主要是校核溢流堰过流能力。

溢流堰选用实用堰（$0.67H < \delta < 2.5H$）或宽顶堰（$2.5H < \delta < 10H$），其堰上水头 H_0 都可用公式计算，则上游堰高 $= h - H_0$。校核泄流能力可采用下式进行验算

$$Q = \varepsilon \sigma_s m B \sqrt{2g} H_0^{3/2} \tag{4.6}$$

当宽顶堰顺水流方向的长度 $\delta > 10H$ 时，水流流态已不属于宽顶堰流，而是明渠非均匀流，它的沿程水头损失已不能忽略。当一个平坡或缓坡接一陡坡时，渠中水流由缓流变为急流，在两坡的交接断面处，水深可以近似看成临界水深 h_k。对该情况可用下述方法求得其泄流量。

取两个断面，列能量方程如下：

$$h + \frac{v^2}{2g} = h_k + \frac{v_k^2}{2g} + h_f \tag{4.7}$$

式中 $h、v、h_k、v_k$——断面 2 和断面 1 的水深和流速；

h_f——两断面间的能量损失。

计算时，假定 h，按下式求流量 Q

$$Q = \varphi B h \sqrt{2g(H-h)} \tag{4.8}$$

式中 φ——流速系数，视进口形状而定，一般为 0.96 左右；

B——进口断面 2 的渠底宽；

H——库水位与渠底高差。

求得 Q 后，即可求得 $v、h_k、v_k$ 及 h_f，$v = \dfrac{Q}{Bh}$，$h_k = \sqrt{\dfrac{Q^2}{B_k^2 g}}$，$v_k = \dfrac{Q}{B_k h_k}$，$h_k = \dfrac{\bar{v}^2 n^2 L}{\bar{R}^{4/3}}$，$\bar{v}、\bar{R}$ 为两断面间的平均流速和水力半径，B_k 为断面 1 的渠底宽。

4.2.3 泄槽水力计算

泄槽水力计算是在确定了泄槽的纵向坡度及断面尺寸后,根据溢洪道的设计流量与校核流量,计算泄槽内水深和流速的沿程变化,即进行水面线计算,以便确定边墙高度,为边墙及衬砌的结构设计和下游消能计算提供依据。

1. 泄槽水面线的定性分析

计算水面线之前,必须先确定所要计算水面线的变化趋势,以及上下两断面的位置(定出水面线的范围)。以泄槽底坡线、均匀流的水面线($n-n$ 线)和临界水深的连线($k-k$ 线)为分界线,泄槽中可以发生 a_2 型壅水曲线、b_2 型降水曲线及 c_2 型壅水曲线,如图 4.15 所示。

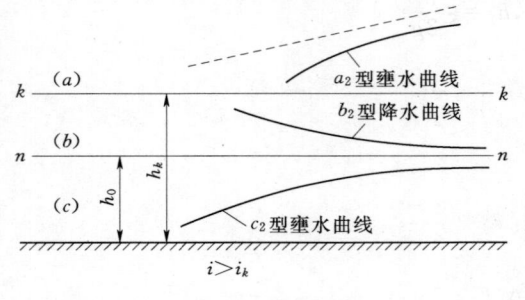

图 4.15 泄槽水面曲线图

2. 用分段求和法计算泄槽水面线

泄槽水面线计算的首要问题是确定起始断面,起始断面一般都在泄槽的起点,水面线的计算从该断面开始向下游逐段进行。起始断面的水深则与上游渠道情况有关:泄槽上游接宽顶堰、或缓坡明渠、或过渡段,如图 4.16 所示,起始断面水深等于临界水深 h_k;泄槽上游接实用堰,起始水深 h_c 可由堰前断面 0—0 与起始断面 c—c 的能量方程求得;泄槽上游接另一个泄槽,起始段水深由上游段泄槽水力计算求得。

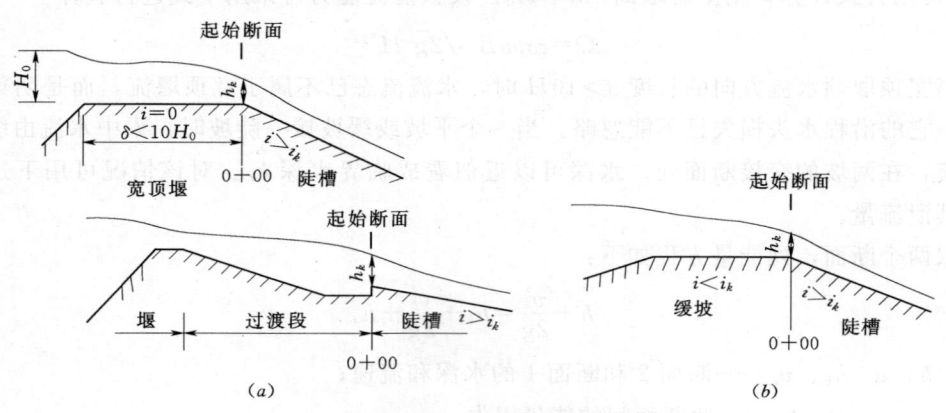

图 4.16 泄槽起始断面水深示意图

3. 泄槽水面线的计算及边墙高度的确定

泄槽水面线的计算采用分段求和法。计算步骤同引渠水面线计算所述,或参考有关水力学教材进行计算。水面线确定以后可根据槽内流速大小及公式,考虑施工方便,确定边墙高度。

任务案例 4-2 溢洪道水力计算

4-2-1 项目任务

根据项目基本资料及溢洪道布置情况,对溢洪道进行过流能力校核、泄槽水面线计算和消能防冲计算。

4-2-2 溢洪道水力计算

1. 宽顶堰

(1) 堰顶宽度。因堰后为陡槽段，不影响堰的过水能力，其流量按宽顶堰自由溢流公式计算。已知最大泄量 $Q_{泄}=150\text{m}^3/\text{s}$，堰顶高程为 116.70m，校核水位为 119.60m，溢流水深 $H=119.60-116.70=2.90\text{m}$；因溢洪道上游为水库，$v_0\approx 0$，故 $H_0=H=2.90\text{m}$；取流量系数 $m=0.350$，则溢洪道堰顶宽度为

$$B=\frac{Q_{泄}}{m\sqrt{2g}H_0^{\frac{3}{2}}}=\frac{150}{0.350\times\sqrt{2\times 9.81}\times 2.90^{\frac{3}{2}}}=19.5919(\text{m})$$

根据以上计算，选用溢洪道宽度为 20m。

(2) 顺水流方向长度。顺水流方向长度按水力学要求 $2.5H<\delta<10H$，取 $\delta=3H$，则

$$\delta=3\times 2.90=8.70(\text{m})$$

因此，选用顺水流方向长度为 9m。

2. 渐变段

(1) 渐变段长度。已知渐变段首端断面宽 $B=20\text{m}$，取末端断面宽 $b=15\text{m}$，渐变段收缩角为 25°，渐变段长度（水平投影长）为

$$L=\frac{B-b}{2\tan\frac{25°}{2}}=2.2554\times(20-15)=11.277(\text{m})$$

(2) 渐变段进口水深。为使堰顶洪水安全宣泄，渐变段的底坡 i 应大于或等于临界坡度 i_k，在这种情况下，渐变段进口水深 $h_1=h_k$。已知单宽流量 $q=150/20=7.5\text{m}^3/(\text{s}\cdot\text{m})$，流速分布不均匀系数 $\alpha=1.0\sim 1.1$，采用 1.1，渐变段断面为矩形，则临界水深

$$h_k=\sqrt[3]{\frac{\alpha q^2}{g}}=\sqrt[3]{\frac{1.1\times 7.5^2}{9.81}}=1.8476(\text{m})$$

其相应的水力要素

$$\omega_k=Bh_k=20\times 1.8476=36.952(\text{m}^2)$$

$$\chi_k=B+2h_k=20+2\times 1.8476=23.6952(\text{m})$$

$$R_k=\omega_k/\chi_k=36.952/23.6952=1.5595(\text{m})$$

已知糙率 $n=0.017$，则

$$C_k=\frac{1}{n}R_k^{\frac{1}{6}}=\frac{1}{0.017}\times 1.5595^{\frac{1}{6}}=63.3454(\text{m}^{\frac{1}{2}}/\text{s})$$

故临界坡度为

$$i_k=\frac{g\chi_k}{\alpha C_k^2 B_k}=\frac{9.81\times 23.6952}{1.1\times 63.3454^2\times 20}=2.633\times 10^{-3}$$

选用 $i=\dfrac{1}{20}=5\times10^{-2}>i_k=2.633\times10^{-3}$，属于陡坡，因此渐变段进口水深 $h_1=h_k=1.848\mathrm{m}$。

（3）渐变段出口水深。采用能量守恒公式进行试算

$$h_1+\dfrac{\alpha v_1^2}{2g}+iL=h_2+\dfrac{\alpha v_2^2}{2g}+h_f$$

$$h_f=\dfrac{\overline{v}^2 L}{\overline{C}^2 \overline{R}}$$

已知：进口水深 $h_1=1.848\mathrm{m}$，断面流速 $v_1=q/h_1=7.5/1.848=4.0584\mathrm{m/s}$；首末两端的落差 $iL=0.05\times11.277=0.5639\mathrm{m}$，则上式左边得

$$h_1+\dfrac{\alpha v_1^2}{2g}+iL=1.848+\dfrac{1.1\times4.0584^2}{2\times9.81}+0.5639=3.335(\mathrm{m})$$

设 $h_2=2.210\mathrm{m}$，则相应水力要素

$$\omega_2=bh_2=15\times2.210=33.150(\mathrm{m}^2)$$
$$v_2=Q/\omega_2=150/33.150=4.5249(\mathrm{m/s})$$
$$\chi_2=b+2h_2=15+2\times2.210=19.420(\mathrm{m})$$
$$\overline{\omega}=(\omega_1+\omega_2)/2=(36.9520+33.150)/2=35.051(\mathrm{m}^2)$$
$$\overline{\chi}=(\chi_1+\chi_2)/2=(23.6952+19.420)/2=21.5576(\mathrm{m})$$
$$\overline{R}=\overline{\omega}/\overline{\chi}=35.051/21.5576=1.6259(\mathrm{m})$$
$$\overline{C}=\dfrac{1}{n}\overline{R}^{\frac{1}{6}}=\dfrac{1}{0.017}\times1.6259^{\frac{1}{6}}=63.7872(\mathrm{m}^{\frac{1}{2}}/\mathrm{s})$$
$$\overline{v}=Q/\overline{\omega}=150/35.051=4.2795(\mathrm{m/s})$$

代入上式右边得

$$h_2+\dfrac{\alpha v_2^2}{2g}+h_f=2.210+\dfrac{1.1\times4.5249^2}{2\times9.81}+\dfrac{4.2795^2\times11.277}{63.7872^2\times1.6259}=3.389(\mathrm{m})$$

因为左边 3.335m≈右边 3.389m，故认为 $h_2=2.210\mathrm{m}$ 合适。

3. 陡坡段

（1）判别底坡类型。根据选定的溢洪道位置的落差取底坡 $i=\dfrac{1}{8}=0.125$；底宽 $B=15\mathrm{m}$；由水力学方法求得正常水深 $h_0=0.667\mathrm{m}$；单宽流量 $q=150/15=10\mathrm{m}^3/(\mathrm{s}\cdot\mathrm{m})$ 取 $\alpha=1.1$，则临界水深为

$$h_k=\sqrt[3]{\dfrac{1.1\times10^2}{9.81}}=2.238(\mathrm{m})$$

其相应的水力要素如下：

$$\chi_k=B+2h_k=15+2\times2.238=19.476(\mathrm{m})$$
$$\omega_k=Bh_k=15\times2.238=33.570(\mathrm{m}^2)$$
$$R_k=\omega_k/\chi_k=33.570/19.476=1.7237(\mathrm{m})$$
$$C_k=\dfrac{1}{n}R_k^{\frac{1}{6}}=\dfrac{1}{0.017}\times1.7237^{\frac{1}{6}}=64.411(\mathrm{m}^{\frac{1}{2}}/\mathrm{s})$$

$$B_k = 15\text{m}$$

则临界底坡为 $i_k = \dfrac{g\chi_k}{\alpha C_k^2 B_k} = \dfrac{9.81 \times 19.476}{1.1 \times 64.411^2 \times 15} = 2.791 \times 10^3$

由于 $h_0 = 0.667\text{m} < h_k = 2.238\text{m}$，$i = 0.125 > 2.791 \times 10^{-3}$，故由于陡坡，水流为急流，水面曲线为 b_2 型降水曲线。

（2）陡坡长度。已知堰顶高程为 116.70m；收缩段落差 $\Delta H = 11.277 \times 0.05 = 0.5639\text{m}$，由于鼻坎高程为 102.450m；挑射角 $\theta = 25°$；反弧半径 $R = 8\text{m}$（见消能计算）；反弧段最低点高程为 $102.450 - (R - R\cos\theta) = 102.450 - (8 - 8 \times \cos25°) = 101.7005\text{m}$；陡坡总跌差 $p = 116.70 - 0.5639 - 101.7005 = 14.4356\text{m}$；底坡 $i = 0.125$，则陡坡长度为

$$L_s = \sqrt{p^2 + \left(\dfrac{p}{i}\right)^2} = \sqrt{14.4356^2 + \left(\dfrac{14.4356}{0.125}\right)^2} = 116.384(\text{m})$$

（3）水面曲线。用分段求和法计算水面曲线。陡坡水平投影长为

$$L = \sqrt{116.384^2 - 14.4356^2} = 115.485(\text{m})$$

将全长分为三段，见表 4.2。

表 4.2　　　　　　　　　陡 坡 分 段 表

段 号	1-2	2-3	3-4
距离/m	20	50	45.485

利用下式进行计算 1-2 段水面曲线

$$E_{s1} + i\Delta L = E_{i2} + \overline{J}\Delta L$$

已知 $h_1 = 2.210\text{m}$，则 $A_1 = b_1 h_1 = 15 \times 2.210 = 33.150(\text{m})$；$\chi_1 = b_1 + 2h_1 = 15 + 2 \times 2.210 = 19.420(\text{m})$；$R_1 = A_1/\chi_1 = 33.150/19.420 = 1.707(\text{m})$；$v_1 = Q/A_1 = 150/33.150 = 4.5249(\text{m/s})$，流速分布不均匀系数 α 采用 1.1；该断面的断面单位动能 $\alpha_1 v_1^2/2g = 1.1 \times 4.5249^2/(2 \times 9.81) = 1.1479(\text{m})$；该断面单位能量 $E_{s1} = 1.1479 + 2.210 = 3.3579(\text{m})$；底坡 $i = 0.125$；$\Delta L = 20\text{m}$，代入上式左边得

$$3.3579 + 20 \times 0.125 = 5.8579(\text{m})$$

假设 $h_2 = 1.108\text{m}$，则 $A_2 = 15 \times 1.108 = 16.620(\text{m}^2)$；$\chi_2 = 15 + 2 \times 1.108 = 17.2160(\text{m})$；$R_2 = 16.620/17.2160 = 0.9654(\text{m})$；$C_2 = \dfrac{1}{0.017} \times 0.9654^{\frac{1}{6}} = 58.4793(\text{m}^{\frac{1}{2}}/\text{s})$；$v_2 = 150/16.620 = 9.0253(\text{m/s})$；$\alpha_2 v_2^2/2g = 1.1 \times 9.0253^2/(2 \times 9.81) = 4.5669(\text{m})$，该断面单位能 $E_{s2} = 1.108 + 4.5669 = 5.6749(\text{m})$；$\overline{R} = (R_1 + R_2)/2 = (1.707 + 0.9654)/2 = 1.3362(\text{m})$；$\overline{v} = (v_1 + v_2)/2 = (4.5249 + 9.0253)/2 = 6.7751(\text{m/s})$；$C_1 = \dfrac{1}{0.017} \times 1.707^{\frac{1}{6}} = 64.3068(\text{m}^{\frac{1}{2}}/\text{s})$；$\overline{C} = (C_1 + C_1)/2 = (64.3068 + 58.4793)/2 = 61.3931(\text{m}^{\frac{1}{2}}/\text{s})$；$\overline{J} = \overline{v}/\overline{C}^2 \overline{R} = 6.7751^2/(61.3981^2 \times 1.3362) = 0.0091$，代入上式右边得

$$5.6749 + 0.0091 \times 20 = 5.8569(\text{m})$$

$5.8579\text{m} \approx 5.8569\text{m}$，说明 $h_2 = 1.108\text{m}$ 合适，不需再试算。

对于 2-3、3-4 两段，按同样方法进行试算，其结果列于表 4.3。

表 4.3　　　　　　　　　　　分段求和计算陡坡水面曲线试算表

断面	h/m	E_s/m	ΔL/m	$E_{s1}+i\Delta L$/m	$\overline{J}$	$\overline{J}\Delta L$/m	$E_{s2}+\overline{J}\Delta L$/m
1—1	2.210	3.3579	20	5.8579	0.0091	0.1820	5.8569
2—2	1.108	5.6749					
3—3	0.790	9.7733	50	11.9249	0.0430	2.150	11.9233
4—4	0.718	11.5934	45.485	15.4589	0.0846	3.7963	15.3897

（4）流速及掺气水深。已知各断面水深 h 后，便可算出各过水断面面积 ω 及流速 v，用公式计算出掺气高度，水深加掺气高度等于掺气水深，计算结果列于表 4.4。现以陡坡末端为例，说明计算方法。

表 4.4　　　　　　　　　　　　断面流速及掺气水深

断　面　号	1	2	3	4
断面距离/m	0	20	70	115.485
水深/m	2.210	1.1080	0.790	0.7180
过水断面面积/m²	33.150	16.620	11.850	10.770
流速/(m·s⁻¹)	4.5249	9.0253	12.6582	13.9276
掺气水深/m	2.310	1.208	0.890	0.818

考虑掺气后得水深按下式计算

$$h_b = h(1+\xi v/100)$$

已知断面水深 $h=0.718$m，过水面积 $\omega=bh=15\times0.718=10.770$(m²)，流速 $v=Q/\omega=150/10.770=13.9276$(m/s)，系数 ξ 一般为 1.0～1.4，当流速大于 20m/s 时宜采用较大值，本设计采用 $\xi=1$，则

$$h_b = 0.718\times(1+1\times13.9276/100)=0.818(\text{m})$$

（5）陡坡允许流速的选定。混凝土标号为 C10，平均水深 0.4m 时的允许流速 $v_{允}=18$m/s$>v_{末}=13.9276$m/s，故满足要求。

（6）边墙高度。溢洪道边墙高度，应按计算出来的最大水深加一定超高。一般混凝土护面的陡坡，超高采用 30～50cm，本设计采用 0.5m。

根据计算结果绘制水面曲线，如图 4.17 所示。

4. 消能段

（1）形式选择。因溢洪道下游为岩基，附近没有其他建筑物，故选用挑流消能。

（2）计算尾水位。

1）选定计算断面。由坝址地形图可知，距溢洪道出口 225m 的冲沟变化较小，该段平均比降为

$$i=(100-90)/225=0.0444$$

在该段内实测三个断面，选定代表性较好距溢洪道出口 90m 的断面作为计算断面，如图 4.18 所示，用水面坡降延长法将计算断面的水位流量关系推引到溢洪道出口断面。

项目 4 河岸溢洪道设计

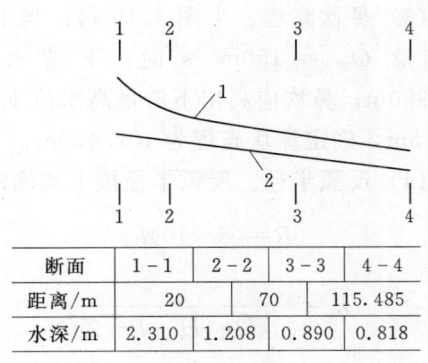

断面	1-1	2-2	3-3	4-4
距离/m		20	70	115.485
水深/m	2.310	1.208	0.890	0.818

图 4.17 水面曲线（垂直：水平为 1:100）
1—水面曲线；2—陡坡底板
距离由 1-1 开始算起

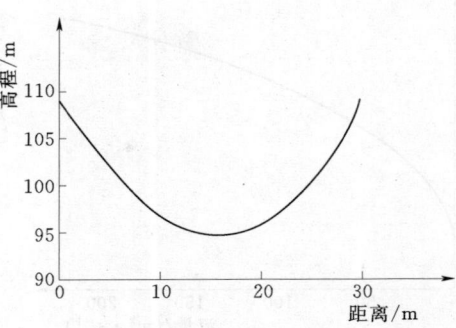

图 4.18 计算断面图

2) 绘制溢洪道出口水位-流量关系曲线。用均匀流公式计算流量

$$Q = \omega v$$

$$v = \frac{1}{n} R^{\frac{2}{3}} i^{\frac{1}{2}}$$

已知平均比降 $i = 0.0444$，根据冲沟构造和覆盖情况查《水力学》教材得：糙率 $n = 0.033$，则

$$v = \frac{1}{0.033} R^{\frac{2}{3}} \times 0.0444^{\frac{1}{2}} = 6.3852$$

水力半径用下式计算

$$R = \omega / \chi$$

先假定计算断面的各级水位，再从该断面图 4.18 上量出河道过水断面面积 ω 和湿周 χ，然后代入上式求得 v 和 Q。

溢洪道出口与计算断面的水面差 $iL = 0.0444 \times 90 = 3.9960 \text{m}$；溢洪道出口断面水位 $H_{出口} = $ 计算断面水位 $+ iL$，计算结果列于表 4.5，并绘制溢洪道出口水位-流量关系曲线，如图 4.19 所示。

表 4.5 计算断面水力要素及溢洪道出口断面水位

计算断面水位 /m	ω /m²	χ /m	R /m	$R^{\frac{2}{3}}$	$v = 6.3852 R^{\frac{2}{3}}$ /(m·s⁻¹)	Q /(m³·s⁻¹)	溢洪道出口断面水位/m
94.5						0	98.496
95.0	1.50	6	0.250	0.3969	2.5343	3.8015	98.996
95.5	5.50	8.20	0.6707	0.7662	4.8923	26.9077	99.496
96.0	10.50	10	1.050	1.0331	6.5966	69.2643	99.996
96.5	14.50	13	1.1154	1.0755	6.8673	99.5759	100.496
97.0	20.50	16	1.2813	1.1797	7.5326	154.4183	100.996
97.5	27.50	19.60	1.40	1.2533	8.0026	220.0715	101.496

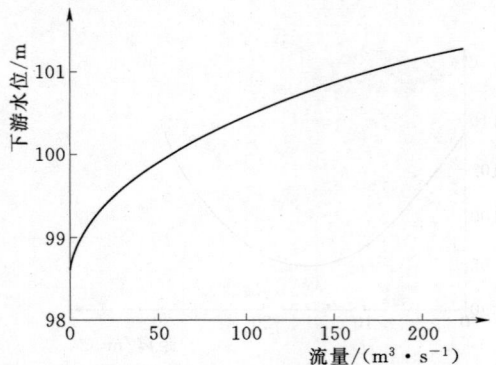

图 4.19 溢洪道出口水位-流量曲线图

(3) 鼻坎高程。由图 4.19 得：当下泄最大流量 $Q_泄 = 150\text{m}^3/\text{s}$ 时，下游水位为 100.950m；鼻坎应高出下游最高水位 1~2m，取 1.5m，确定鼻坎高程为 102.450m。

(4) 反弧半径。反弧半径按下式确定

$$R=(8\sim10)h_c$$

$$h_c=\frac{q}{\varphi\sqrt{2g(H+P-Z)}}$$

已知鼻坎前沿宽度为 15m，下泄量 $Q=150\text{m}^3/\text{s}$，则单宽流量 $q=150/15=10\text{m}^3/(\text{s}\cdot\text{m})$；堰上水深 $H=119.60-116.70=2.90\text{m}$；堰顶高程为 116.70m；溢洪道出口的地面高程为 98.496m；堰顶与下游河床的高差 $P=116.70-98.496=18.204\text{m}$；坎顶高程为 102.450m，坎顶与出口地面的高差 $Z=102.450-98.496=3.954\text{m}$；流速系数按下式计算

$$\varphi=1-\frac{0.0077}{(q^{\frac{2}{3}}/S_0)^{1.15}}$$

$$S_0=\sqrt{P_0+B_0}$$

其中堰顶与坎顶的高差 $P_0=116.70-102.450=14.250\text{m}$，溢流区的水平投影 $B_0=9.0+11.277+115.485+8\sin25°+0.2=139.343\text{m}$，则

$$S_0=\sqrt{14.250^2+139.343^2}=140.0697(\text{m})$$

$$\varphi=1-\frac{0.0077}{(10^{\frac{2}{3}}/140.0697)^{1.15}}=0.6126$$

将上述诸值代入 h_c 式得

$$h_c=\frac{10}{0.6126\times\sqrt{2\times9.81\times(2.90+18.204-3.954)}}=0.8899(\text{m})$$

$$R=(8\sim10)\times0.8899=7.1192\sim8.899(\text{m})$$

取反弧半径 $R=8\text{m}$。

(5) 挑射角。挑射角一般为 20°~35°，参照已建工程取为 25°。

(6) 挑距和冲刷坑深。挑距和冲刷坑计算参见"重力坝设计"和"拱坝设计"消能部分内容，计算过程略。

算得：挑距 $L=18.511\text{m}$，冲刷坑深 $t'_k=5.760\text{m}$。

(7) 校核。因为挑射距离 $L=18.511\text{m}>2.5t'_k=2.5\times5.76=14.4\text{m}$，所以满足要求。消能计算简图如图 4.20 所示。

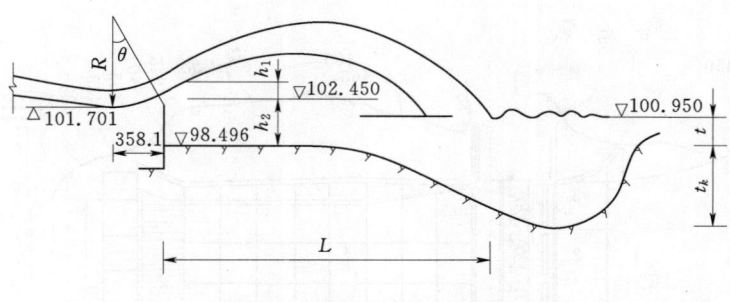

图 4.20　挑流消能计算简图

任务 4.3　溢洪道结构设计

4.3.1　进水渠衬砌

进水渠一般不做衬护，当岩性差，为防止严重风化剥落或为降低渗透压力时，应进行衬护；衬护可采用混凝土、浆砌块石或干砌块石护面，底板衬砌厚度可按构造要求确定，混凝土衬砌厚度可取 30cm，必要时还要进行抗渗和抗浮稳定验算。

混凝土衬砌的分缝应满足结构布置要求。分块尺寸应考虑气候特点、地基约束情况、混凝土施工条件、比照类似工程经验确定。其纵横缝间距可采用 10～15m。

4.3.2　控制段

控制堰的结构型式，可采用分离式或整体式。分离式适用于岩性比较均匀的地基，整体式适用于岩性均匀性较差的地基。

必要时，分离式底板应设置垂直水流方向的纵缝，缝的位置和间距应根据地基、结构、气候和施工条件确定，缝内均应设置止水。

4.3.3　泄槽的底板

为了保护泄槽地基不受高速水流的冲刷破坏及风化破坏，泄槽底部通常都需衬砌。

影响泄槽衬砌可靠性的因素是多方面的，而且作用在底板上的荷载不易精确计算。因此泄槽底板的稳定主要依靠防渗、排水、止水、锚筋等工程措施来解决。

衬砌可以用混凝土、水泥浆砌条石或块石等型式。

大、中型工程，由于槽内流速较高，一般用混凝土衬砌，厚度不小于 0.3m。靠近衬砌的表面沿纵横向需配置温度钢筋，含筋率约 0.1%。土基上泄槽通常用混凝土衬砌，衬砌厚度一般要比岩基上的大，通常为 0.3～0.5m，需要双向配筋，各向含筋率约为 0.1%。

（1）分缝与止水。衬砌上应设置横缝和纵缝。衬砌的纵、横缝一般用平缝，当地基不均匀性明显时，横缝可采用搭接缝或键槽缝，如图 4.21（a）、（b）所示。纵横缝的间距应考虑气候特点、地基约束情况、混凝土施工（特别是温度）条件，根据类似工程的经验

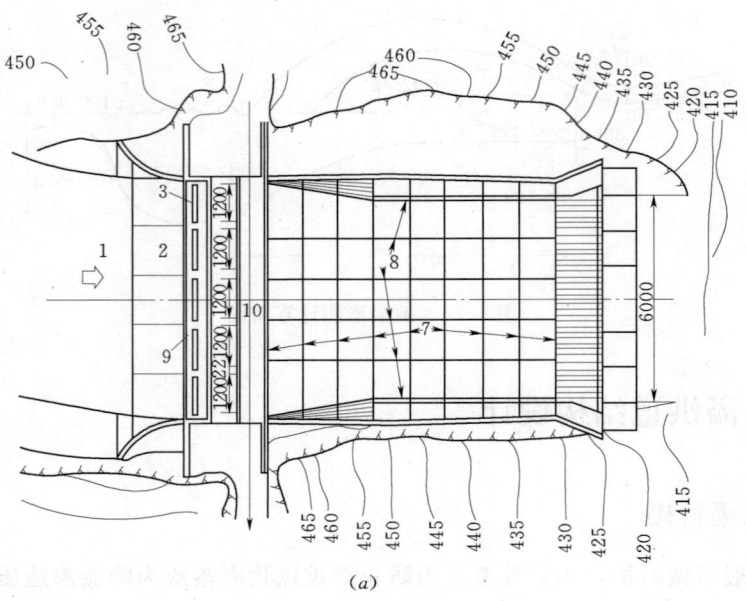

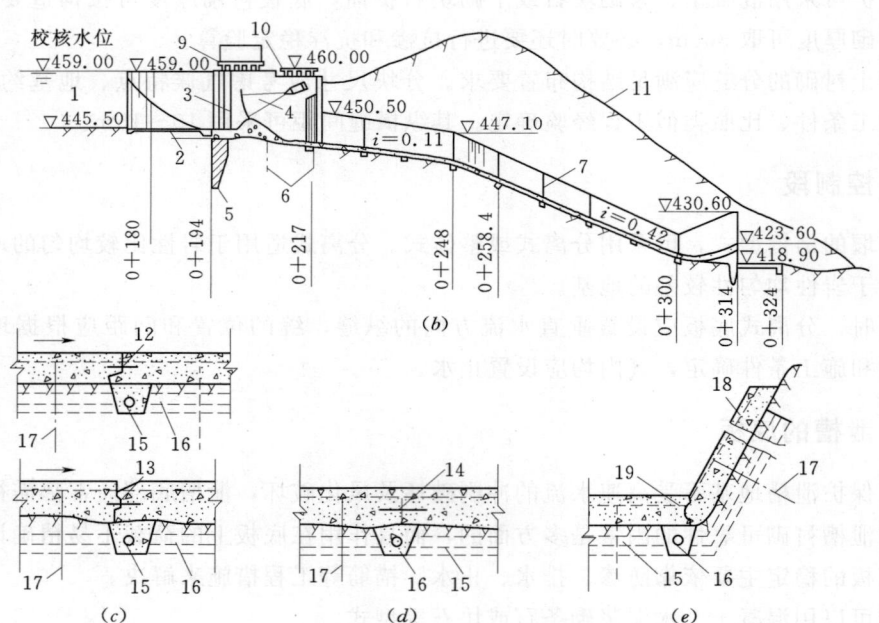

图 4.21 岩基上泄槽的构造（高程、桩号单位：m，尺寸单位：cm）
(a) 平面布置图；(b) 纵剖面图；(c) 横缝构造；(d) 纵缝构造；(e) 边墙缝
1—进水渠；2—混凝土护底；3—检修门槽；4—工作闸门；5—帷幕；6—排水孔；7—横缝；8—纵缝；
9—工作桥；10—公路桥；11—开挖线；12—搭接线；13—键槽缝；14—平接缝；
15—横向排水管；16—纵向排水管；17—锚筋；18—通气孔；19—边墙缝

确定，其大小一般采用 10～15m。一般情况下，横缝要求比纵缝严格，陡坡段要比缓坡段严格，地质条件差的部位要比地质条件好的部位严格。土基对混凝土板伸缩的约束力比岩

项目4 河岸溢洪道设计

基小,所以可以采用较大的分块尺寸,纵、横缝的间距可用 15m 或稍大,以增加衬砌的稳定性和整体性。混凝土衬砌的横缝必须用搭接的形式,有时还在下块的上游侧设置齿墙,以防止衬砌沿地基面滑动,如图 4.21（a）所示。齿墙应配置足够数量的钢筋齿墙,以保证强度。如果衬砌不够稳定或为了增加衬砌的稳定性,也可以在地基中设锚筋桩,以加强衬砌与地基的结合。纵缝有时也做成搭接式,缝中设止水填料,并设水平止水片,如图 4.21（b）所示。

接缝处衬砌表面应结合平整,特别要防止下游表面高出上游表面。衬砌分缝的缝宽随分块大小及地基的不同而变化,一般采用 1~2cm,缝内必须做好止水,止水效果越良好,作用在底板上向上的脉动压力越小,底板的稳定性越高。对于平行水流方向的纵缝,可适当降低要求,一般可用平接式,如图 4.21（d）所示,但缝内必须做好止水。

(2) 衬砌的排水。纵缝和横缝下面应设置排水设施,且互相连通渗水集中到纵向排水内排向下游。纵向排水通常是在沟槽内放置缸瓦管,管径视渗水大小确定,一般采用 10~20cm。周围用 1~2cm 的卵石或碎石填满,顶部盖混凝土板或沥青油毛毡等。当流量较小时,纵向排水也可以在岩基上开槽沟,沟内填不易风化的砾石或碎石,上盖水泥袋,再浇混凝土。横向排水通常是在岩石上开挖沟槽,尺寸视渗水大小而定,一般采用 0.3m×0.3m。纵向排水管至少应有两排,以确保排水通畅。

(3) 底板锚固。在岩基上应注意将表面风化破碎的岩石挖除。有时用锚筋将衬砌和岩基连在一起,以增加衬砌的稳定性。锚筋的直径、间距和插入深度与岩石性质、节理构造有关。一般每平方米的衬砌范围约需 $1cm^2$ 的钢筋。钢筋直径不宜太小,通常采用 25mm 或更大,间距为 1.5~3.0m,插入深度为 40~60 倍的钢筋直径。对较差的岩石应通过现场试验确定。

对于可能发生不均匀沉陷或不设锚筋的泄槽底板,应在底板的上游端设置齿墙,并采用上下游板块的全搭接横缝。或在板块的上下游端均设齿墙,但不应只在板块下游端设置齿墙,因为在下游端设齿墙,易在横缝处形成突坎,造成气蚀,而且会使水流钻入下游板块底部,抬动底板。齿墙的作用是阻滑、嵌固、减少纵向渗流。

(4) 泄槽边墙的构造。泄槽边墙的构造基本与底板相同。边墙的横缝间距与底板一致。缝内设止水,其后设排水并与底板下的排水管连通。在排水管靠近边墙顶部的一端设通气孔以便排水通畅。边墙顶部应设马道,以利交通。边墙本身不设纵缝,但多在与边墙接近的底板上设置纵缝。边墙的断面型式,根据地基条件和泄槽断面形状而定,岩石良好,可采用衬砌式,厚度一般不小于 0.3m,当岩石较弱时,需将边墙做成重力式挡土墙,其顶宽应不小于 0.5m。

4.3.4 消能段

1. 挑流鼻坎

挑流鼻坎顺水流向纵缝的间距可采用 10~15m。挑流鼻坎一般不设垂直水流方向的结构缝。

挑坎的结构型式一般有重力式和衬砌式两种,后者适用坚硬完整岩基。在挑坎的末端做一道深齿墙,以保证挑坎的稳定,图 4.22 为某一差动式挑流鼻坎细部图。齿墙的深度根据冲刷坑的形状和尺寸决定，一般可达7～8m。若冲坑加深，齿墙也应加深。

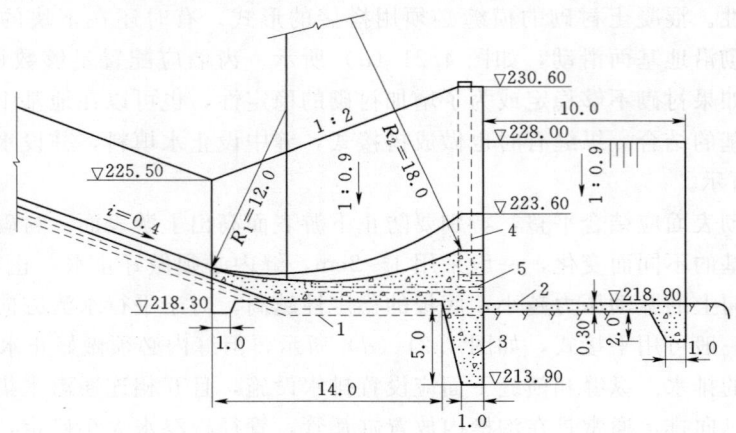

图4.22 溢洪道差动式挑流鼻坎布置图（单位：m）
1—纵向排水；2—护坦；3—混凝土齿墙；4—$\phi 50cm$通气孔；5—$\phi 10cm$排水管

挑坎与岩基常用锚筋连为一体。在挑坎的下游常做一段短护坦。

2. 底流消能

消力池的护坦也需要分缝，缝距10～15m，缝中设置止水。垂直水流方向的缝宜采用半搭接缝或键槽缝，顺水流向的缝宜采用键槽缝。

任务案例4-3 溢洪道构造设计

4-3-1 项目任务

根据项目基本资料，对溢洪道进行构造设计，包括设计底板厚度和构造、排水设备、边墙构造及消能结构设计。

4-3-2 构造设计

1. 底板厚度

由于影响底板稳定最主要的是浮托力和地下水渗透压力，受很多因素影响，数值相差很大。因此，在任意假定基础上的稳定计算的意义不大。参照已建工程，决定底板采用厚40cm素混凝土。

2. 底板构造

分缝采用错缝布置，横缝间距为10m，做成搭接缝。纵缝一块设于中部，另一块分别设于距边墙5m处，做成键槽缝。缝宽3cm，缝内设止水，止水用沥青砂板，止水的施工质量需严格保证，如图4.12、图4.13和图4.23所示。

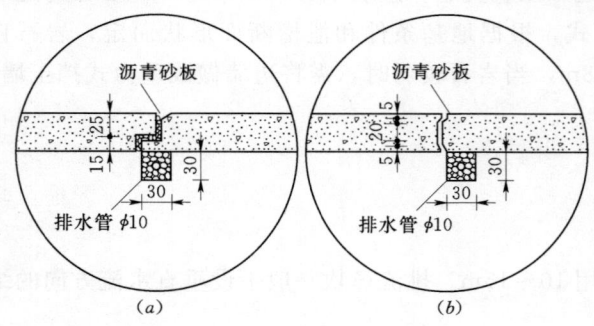

图4.23 底板分缝构造详图
（a）详图A；（b）详图B

3. 底板的排水设备

底板下不做垫层，纵、横向排水

均在岩面上开挖沟槽，沟槽内放置缸瓦管，直径10cm，周围填不易风化的碎石，顶部用沥青油毛毡盖好，如图4.24和图4.25所示。

4. 边墙构造

边墙的横缝间距和底板一致，缝内设止水，其后设排水并与底板下的横向排水管连通。为了排水畅通，在排水管顶部设置通气孔，泄槽两侧设置平台，如图4.23～图4.25所示。

5. 挑坎结构

挑坎采用衬砌式，如图4.26所示。

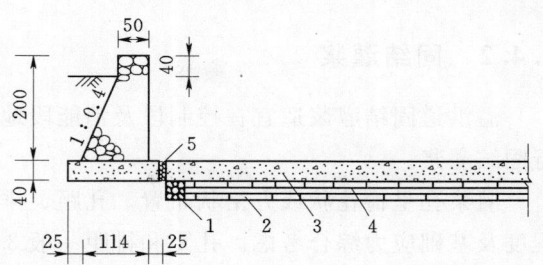

图 4.24 A-A 剖视图
1—纵向排水；2—横向排水；3—C10混凝土；
4—缸瓦管；5—沥青砂板

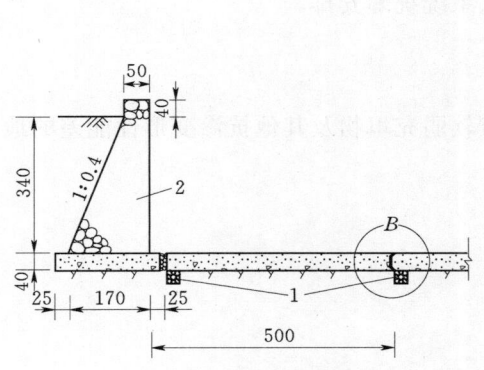

图 4.25 B-B 剖视图
1—纵向排水；2—浆砌块石

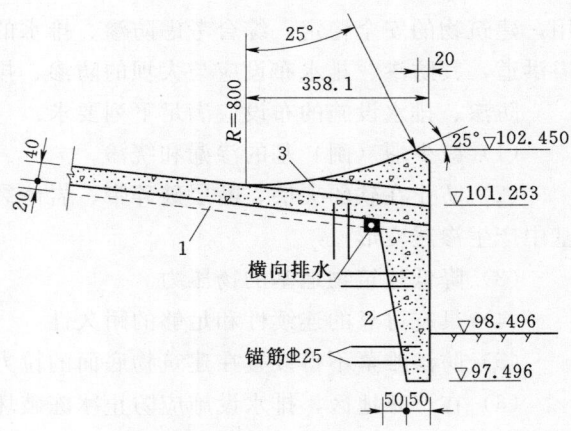

图 4.26 挑流鼻坎详图
1—纵向排水孔；2—C10混凝土；3—排水孔30×30

任务 4.4 溢洪道地基及边坡处理

4.4.1 地基开挖

溢洪道的建基面，应根据建筑物对地基的要求，结合地质条件、工程处理措施等综合研究确定。重要部位的地基应开挖至弱风化的中部至上部岩层；不衬砌的泄槽应开挖至坚硬、完整的新鲜或微风化岩层；对易风化、易泥化的基岩，应提出相应的施工保护措施。

建筑物的基坑形状，应根据地形、地质条件及上部结构要求确定，开挖面宜连续平顺。控制段的基坑宜略向上游倾斜，若受地形地质条件限制，高差过大或略向下游倾斜时，可以开挖成带钝角的台阶状。

泄槽的衬砌段与不衬砌段应平顺连接。

4.4.2 固结灌浆

溢洪道固结灌浆适宜在控制段及消能段地基范围内进行。当基岩条件好时，可以不进行固结灌浆。

灌浆孔呈梅花状或方格状布置。孔距、排距和孔深应根据岩体的破碎程度、节理发育程度及基础应力综合考虑。孔距和排距一般3~4m，孔深3~5m。

钻孔方向垂直于基岩面。当存在裂隙时，为了提高灌浆效果，钻孔方向尽可能正交于主要裂隙面。灌浆时先用稀浆，而后逐步加大浆液的稠度，灌浆压力无混凝土盖重时一般为0.1~0.3MPa，有混凝土盖重时一般为0.2~0.5MPa，以不掀动岩石为限。

4.4.3 地基防渗与排水

溢洪道地基的防渗、排水设计应根据工程地质和水文地质条件，建筑物的重要性及作用，建筑物的安全稳定，综合考虑防渗、排水的相互作用，确定相应的措施。靠近坝肩的溢洪道，其防渗、排水布设应与大坝的防渗、排水系统统筹安排。

防渗、排水设施的布设应满足下列要求：

（1）减少堰（闸）基的渗漏和绕渗。

（2）防止在软弱夹层、断层破碎带、岩体裂隙软弱充填物及其他抗渗变形性能差的地基中产生渗透变形。

（3）降低建筑物地基的扬压力。

（4）具有可靠的连续性和足够的耐久性。

（5）防渗帷幕不得设置在建筑物底面的拉力区。

（6）在严寒地区，排水设施应防止冰冻破坏。

1. 地基防渗

控制段的防渗措施宜采用水泥灌浆帷幕，也可以根据条件采用混凝土齿墙、防渗墙、水平防渗铺盖或其组合措施。防渗帷幕的范围为：当地基下相对隔水层埋藏较深或分布无规律时，可采用悬挂式帷幕，帷幕深度为0.3~0.7倍堰基面以上最大水深。当坝基下有明显隔水层且埋深较浅时，防渗帷幕应深入到隔水层内2~3m。相对隔水层的透水率的控制标准为小于5Lu防渗帷幕伸入两侧岸坡的范围、深度以及方向应根据工程地质及水文地质条件确定，宜延伸至正常蓄水位与相对隔水层范围线相交处。靠近坝肩的溢洪道，其防渗帷幕应与大坝帷幕衔接，形成整体防渗系统。

帷幕灌浆宜设置一排灌浆孔。当地质条件较差，岩体破碎，裂隙发育或可能发生渗透变形地段，可以增加至两排，且与第一排孔相间布置。帷幕孔距一般为1.5~3m，排距比孔距略小。钻孔的方向宜采用铅直或略向上游倾斜，应使钻孔尽量穿过岩体的层面和主要裂隙，但是不宜倾向下游。

帷幕灌浆必须在有一定厚度混凝土盖重及固结灌浆后进行，以保证岩体的灌浆压力。帷幕灌浆的压力应通过试验确定，通常在灌浆孔表层部分灌浆压力不小于0.2~0.5MPa，孔底部分不宜小于0.4~0.8MPa，但以不抬动岩体为原则。

2. 地基排水

溢洪道的地基排水与帷幕灌浆相结合是降低地基渗透压力的重要措施。地基排水设施应能够有效排泄通过建筑物地基、岸坡及衬砌接缝的渗水，充分降低渗透压力，其布置应遵循下列原则：

（1）以排水廊道或集水沟为主导，形成完整的排水系统。

（2）各部位（如控制段、泄槽）地基的渗水可以分段分级引导至集水廊道或集水沟。

（3）排水系统出口应能顺利地将渗水排出。

（4）应考虑防止排水失效的措施，设置必要的检测设施。

溢洪道的堰（闸）基底宜设一排主排水孔。通常布置在帷幕孔下游的廊道或集水沟内，与帷幕灌浆孔的间距在基底面不宜小于 2m。主排水孔距为 2～3m，孔深应根据防渗帷幕和固结灌浆深度及地质条件确定，深度为防渗帷幕深度的 0.4～0.6 倍，且不小于固结灌浆孔的深度。

泄槽底板下的排水设施，应根据具体条件布设。

（1）泄槽底板下，宜设置纵、横向排水沟（管），构成互相贯通的沟网系统。

（2）纵、横向排水沟（管）的间距宜与底板纵、横缝相对应，但是不宜骑缝布设。

（3）对于规模较大的溢洪道，宜优先选用在边墙地基或泄槽底板下设置一条或多条纵向集水廊道的形式。

挑流鼻坎基底有自流排渗条件时，其排水设施宜与泄槽底板下的排水系统相应布设，并与其纵、横排水沟或廊道连通，经鼻坎基底或坎体通向下游。

溢洪道的边墙（重力式或贴坡式），可设置与底板排水沟相通的墙后排水系统。对有防渗要求的边墙，水面线以下部位不应设明排水孔；无防渗要求的边墙或护底，可以设明排水孔。排水孔、排水沟（管）应采取防止淤塞的措施，有泥化夹层出露部位，软弱基岩的排水垫层或墙后回填土埋设的排水管，均应设置反滤层。

4.4.4　边坡开挖与处理

溢洪道开挖边坡坡度，应根据岩体质量、岩体结构特征、边坡高度和施工方法等条件，通过工程类比方法选择，并进行稳定复核。

边坡加固措施，根据稳定分析成果，可分别采用削坡减载、锚喷、锚杆、锚筋桩、抗滑桩、预应力锚索等措施。

边坡开挖宜分级设置马道，马道的布设应考虑边坡岩体结构、边坡高度、坡度等。边坡马道分级高度可以选用 10～30m，马道宽度 1.5～3m，结合交通道路的马道可以适当加宽。边坡表面进行防护处理时，可以根据地质条件分别采用植被、砌石、挂网锚固喷浆或喷混凝土等措施。溢洪道的边坡应设置排水设施。宜沿边坡走向结合马道的位置布设纵、横排水沟排除地表水。

【项目小结】本项目从实际工程出发，结合土石坝枢纽的设计，介绍了河岸溢洪道的作用、类型和运用条件，并对溢洪道进水渠、控制段、泄槽、消能防冲设施及尾水渠的设计原理和方法进行了介绍；理论联系实际，让读者更好地掌握溢洪道设计的基本方法和理论。

项目自测题

一、填空题

1. 河岸溢洪道一般适用于_____以及_____等水利枢纽。
2. 选择溢洪道位置时，主要考虑的因素是_____、_____、_____、_____和_____。
3. 正槽溢洪道一般由_____、_____、_____、_____和_____组成。
4. 正槽溢洪道泄槽的平面布置应尽量采用直线、等宽和对称，而实际工程中经常采用收缩段是为了_____；采用弯曲段是为了_____；采用扩散段是为了_____。
5. 正槽溢洪道的溢流堰常用型式有_____、_____，也可采用_____。
6. 泄槽衬砌的接缝形式有：①_____，简图是_____；②_____，简图是_____；③_____，简图是_____。
7. 当河岸溢洪道下游采用挑流消能时，其挑流坎的结构型式一般有：①_____，简图是_____，适用于_____；②_____，简图是_____，适用于_____。

二、思考题

1. 溢洪道在水利枢纽中的作用是什么？
2. 河岸溢洪道分为哪几种主要型式？其运用特点如何？

项目5 水 闸 设 计

项目及其要求

水闸是一种利用闸门的启闭来调节水位、控制流量,以满足水利事业的各种要求的低水头水工建筑物,多修建在软土地基上,具有挡水和泄(引)水的双重功能。在防洪、灌溉、供水、治涝、航运、发电、挡潮、冲沙等水利工程中的应用十分广泛。

水闸设计基本资料

某水闸建在某渠道上,闸址地理位置如图5.1所示。该闸的主要作用是:①防洪,当河流水位较高时,关闸挡水,以防止河流的高水入侵渠道下游两岸的低田,保护下游的农田和村镇,保护农田面积为41万亩;②灌溉,灌溉期引河水北调,以灌溉渠道两岸的农田,灌溉面积8.3万亩;③引水冲淤,在枯水季节,引水北上至下游的港口,以冲淤保港。

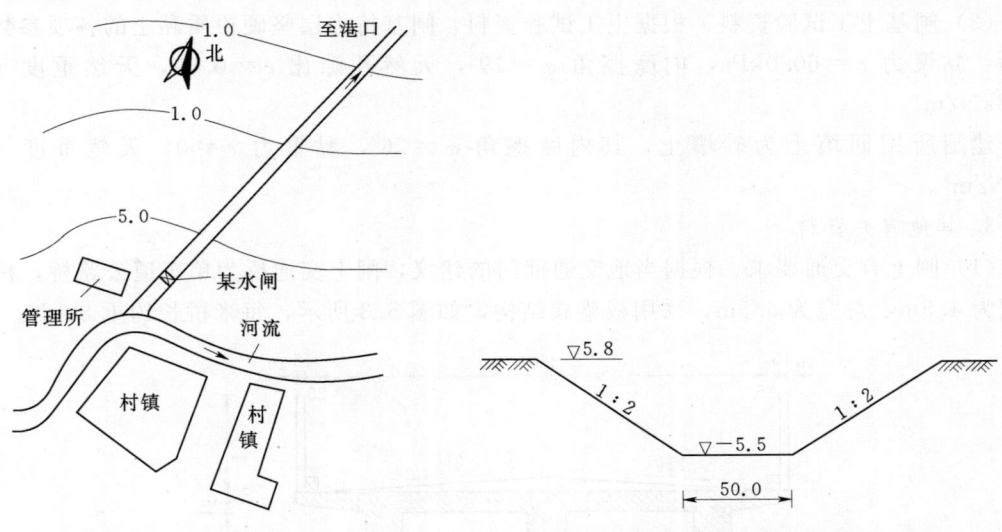

图5.1 闸址位置示意图　　　图5.2 渠道典型断面示意图(单位:m)

1. 规划数据

渠道为人工渠道,其断面尺寸如图5.2所示。闸址附近渠道底高程为-5.5m,底宽50m,两岸边坡均为1:2。

该闸的主要设计水位组合有以下几方面:

(1) 孔口设计水位、流量。根据规划要求,在灌溉期水闸自流引河水灌溉,引水流量为300m³/s,此时相应的水位:闸上游水位为1.83m,闸下游水位为1.78m。

冬春的枯水季节，由该闸自流引水送至下游的港口冲淤保港，引水流量为100m³/s，此时相应的水位：闸上游水位为1.44m，闸下游水位为1.38m。

（2）闸身稳定计算水位组合。

设计情况：上游水位4.3m，浪高0.8m；下游水位1.0m。

校核情况：上游水位4.7m，浪高0.5m；下游水位1.0m。

（3）下游水位—流量关系。见表5.1。

表5.1　　　　　　　　　　下游水位—流量关系

$Q/(m^3 \cdot s^{-1})$	0.0	50.0	100.0	150.0	200.0	250.0	300.0
$H_下/m$	1.00	1.20	1.38	1.54	1.66	1.74	1.78

2. 地质资料

（1）闸基土质分布情况。根据钻探报告，闸基土质分布情况见表5.2。

表5.2　　　　　　　　　　闸基土层分布

层序	高程/m	土质情况	标准贯入击数/击
Ⅰ	5.75～−3.60	重粉质壤土	9～13
Ⅱ	−3.60～−5.30	松散粉壤土	8
Ⅲ	−5.30～−21.30	坚硬粉质黏土（局部含铁锰结核）	15～21

（2）闸基土工试验资料。根据土工试验资料，闸基持力层坚硬粉质黏土的各项参数指标为：黏聚力$c=60.0$kPa，内摩擦角$\varphi=19°$，天然孔隙比$e=0.69$，天然重度$\gamma=20.3$kN/m³。

建闸所用回填土为砂壤土，其内摩擦角$\varphi=26°$，黏聚力$c=0$，天然重度$\gamma=18$kN/m³。

3. 其他有关资料

（1）闸上有交通要求。根据当地交通部门的建议，闸上交通桥为单车道公路桥，桥面净宽为4.5m，总宽为5.5m，采用板梁式结构，如图5.3所示，每米桥长约重80kN。

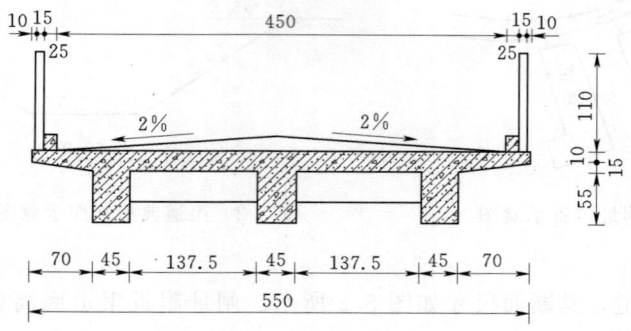

图5.3　交通桥断面（单位：cm）

（2）闸门采用平面钢闸门，尺寸自定，由工厂加工制造。

（3）该地区地震设计烈度为6度，根据《水工建筑物抗震设计规范》可不进行抗震计算。

（4）该地区风速资料不全，在进行浪压力计算时，建议取 $L_m/h_l=10$ 计算。

（5）河流左岸的防洪堤的级别是 3 级。

项目实施方法及目标

1. 项目实施方法

项目实训主要分为四个阶段，具体为：

第一阶段是实训的准备阶段，尽快准备项目实训所需的资料和实训计算、绘图工具。

第二阶段是设计计算阶段。在这个阶段中要尽快熟悉计算理论，并快速实施具体的计算。在这个过程中，可能会遇到许多问题，因此在本阶段要培养学生解决问题的能力。通过这一阶段的实训，使学生的专业技能得到较大提高。

第三阶段是绘制图纸阶段。这一阶段是将第二阶段的成果用图纸的形式表达出来。

第四阶段是设计计算报告的编写。设计计算报告是设计成果的重要体现，报告编写要符合规定要求。

2. 项目教学目标

（1）知识目标。

1）掌握水闸孔口尺寸的确定方法。

2）掌握水闸的消能防冲设计。

3）掌握水闸的防渗排水设计。

4）掌握水闸的构造及布置。

5）理解水闸的稳定性分析方法。

6）理解水闸地基处理方法。

（2）技能目标。

1）能根据工程基本资料及要求，进行水闸结构布置。

2）根据工程资料及要求，能正确进行水闸消能防冲和防渗排水设计。

3）能根据工程基本资料和水闸设计规范要求，进行水闸的结构设计。

4）能根据工程基本资料和基本要求，合理选择水闸地基处理方法。

（3）态度目标。

1）与人沟通、与人交往能力，具有团队协作精神。

2）勤于思考、做事认真的良好作风。

3）具有吃苦耐劳的职业素养。

4）具有规范意识、成本意识、质量意识、安全意识。

5）工作中勇于科学探索、开拓创新精神。

6）自我学习和持续发展能力。

成果提交要求

1. 设计报告

设计报告包括计算和说明两大部分。说明部分应全面表达设计者的设计思想和方法，包含对设计成果、采用的设计参数和理论依据的充分说明。要求章节分明、简明扼要、文理通顺,既有计算成果,又有分析论证和明确结论,必要时,使用附表和插图(应按比例绘制)。计算部分是表达设计者的设计程序、设计成果的来源,要求详细列出所有计算过程。计算过程尽量列表计算,附计算草图;列出计算成果,并说明成果是否合理,如不合理,应该如何改动。要求计算方法正确,参数取值合理,数据真实可靠,计算结果正确可信。

2. 设计图纸

设计图纸主要包括水闸的平面布置图,纵、横剖面图,各建筑物结构图,绘图应符合制图标准和相关规范,要求制图正确、布局合理、主次分明、比例适当、线条清晰、尺寸齐全,并应有"说明"。

3. 成果说明

要求简要说明计算成果及合理性,或设计的不足和可以进一步改进的地方,并对设计过程进行总结。

任务 5.1 水闸知识的基本认识

单元任务目标:对水闸有初步认识。

任务执行过程引导:了解水闸类型、作用、工作特点及各部分组成。

5.1.1 水闸的作用与分类

(1)按水闸所承担的任务分类(图 5.4)。

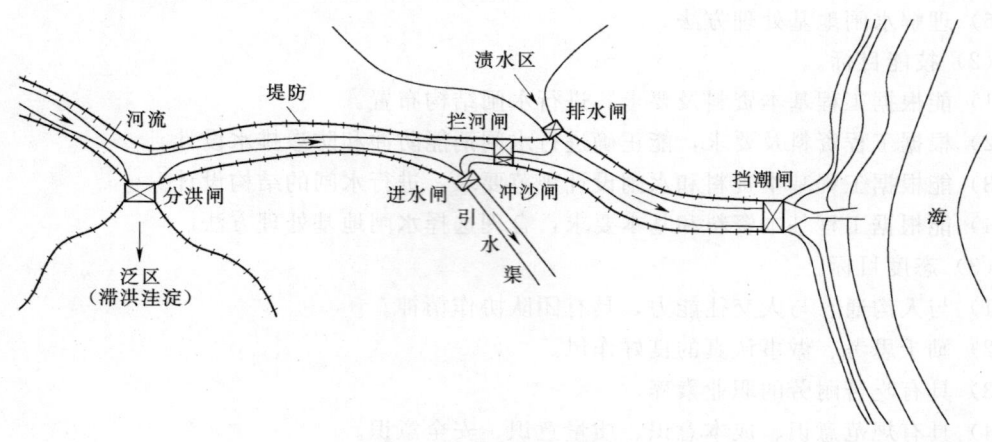

图 5.4 水闸的分类及位置示意

1)进水闸(或取水闸)。建在河道、水库或湖泊的岸边,用来控制引水流量,以满足灌溉、发电或供水的需要。又称取水闸或渠首闸。

2)节制闸。拦河或在渠道上建造。枯水期用以拦截河道,抬高水位,以利上游取水或航运要求;洪水期则开闸泄洪,控制下泄流量。位于河道上的节制闸称为拦河闸。

3)冲沙闸(或排沙闸)。多建在多泥沙河流上的引水枢纽或渠系中沉沙池的末端,也可设在引水渠内布置有节制闸的分水枢纽处,并常与节制闸并排布置。用于排除进水闸、节制闸前河道或渠系中沉积的泥沙,防止闸前河段或渠道的淤积。也可利用泄水闸排沙。

4) 分洪闸。建造在天然河道的一侧,用来将超过下游河道安全泄量的洪水泄入预定的湖泊、洼地,及时削减洪峰,保证下游河道的安全。

5) 排水闸。在江河沿岸建造。外河水位上涨时关闸以防河水倒灌,外河水位较低时开闸排除其附近低洼地区的积水,防止农田涝渍。因此,排水闸具有闸身高度较大而闸底板高程较低的特点,且受双向水头作用。

6) 挡潮闸。建在入海河口附近,涨潮时关闸不使海水沿河上溯,退潮时开闸泄水,以达到挡潮、排水和蓄淡的目的。挡潮闸具有双向挡水的特点。

(2) 按闸室结构型式分类。

1) 开敞式水闸。闸室上面不填土、不封闭的水闸,应用较为普遍。又可分为无胸墙和有胸墙两种型式。一般有泄洪、排水、过木等要求时,多采用不带胸墙的开敞式水闸,多用于拦河闸、排冰闸等;当上游水位变幅大,而下泄流量又有限制时,为避免闸门过高,常采用带胸墙的开敞式水闸,如进水闸、排水闸、挡潮闸多用这种形式。

2) 涵洞式水闸。闸(洞)身上面填土封闭的水闸,又称封闭式水闸,常用于穿堤取水或排水的水闸。洞内水流可以是有压的或者是无压的,它与涵洞的结构形式基本相同。不同的是,涵洞式水闸设有闸门及启闭设备,而涵洞则没有。

(3) 按过闸流量大小分类。可将水闸分为大、中、小型三种。过闸流量在 $1000m^3/s$ 以上的为大型水闸,$1000 \sim 100m^3/s$ 的为中型水闸,小于 $100m^3/s$ 的为小型水闸。

(4) 其他类型水闸。国内已建的其他类型的水闸有:水力自控翻板闸、橡胶水闸、灌注桩水闸、装配式水闸等,在此不作详细介绍。

5.1.2 水闸的工作特点与设计要点

(1) 防渗方面。由于上下游水位差的作用,水将通过地基和两岸向下游渗透。渗流会引起水量损失,同时地基土在渗流作用下,容易产生渗透变形。严重时闸基和两岸的土壤会被淘空,危及水闸安全。渗流对闸室和两岸连接建筑物的稳定也不利。因此,应妥善进行防渗设计。

(2) 稳定方面。关门挡水时,水闸上、下游较大的水位差造成较大的水平推力,使水闸有可能沿闸基面产生向下游的滑动,同时,渗流将对水闸底部施加向上的渗透压力,减少了水闸的有效重量,从而降低了水闸的抗滑稳定性。因此,水闸必须具有足够的重量维持自身的稳定。

(3) 消能防冲方面。水闸开闸泄水时,在上、下游水位差的作用下,过闸水流往往具有较大的动能,流态也较复杂,而土质河床的抗冲能力较低,可能引起冲刷。此外,水闸下游常出现波状水跃和折冲水流,会进一步加剧对河床和两岸的淘刷。因此,设计水闸除应保证闸室具有足够的过水能力外,还必须采取有效的消能防冲措施,以防止渠道、河道产生有害的冲刷。

(4) 沉降方面。土基上建闸,由于土基的压缩性大,抗剪强度低,在闸室的重力和外部荷载作用下,可能产生较大的沉降影响正常使用,尤其是不均匀沉降会导致水闸倾斜,甚至断裂。在水闸设计时，必须合理地选择闸型、构造，安排好施工程序，采取必要的地基处理等措施，以减小地基沉降。

5.1.3 水闸的组成

如图 5.5 所示，水闸一般由上游连接段、闸室段及下游连接段三部分组成。

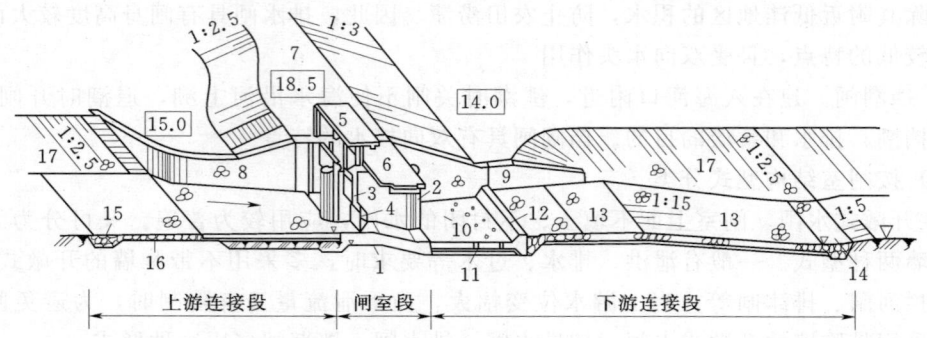

图 5.5 水闸的组成
1—闸室底板；2—闸墩；3—胸墙；4—闸门；5—工作桥；6—交通桥；7—堤顶；8—上游翼墙；
9—下游翼墙；10—护坦；11—排水孔；12—消力坎；13—海漫；14—下游防冲槽；
15—上游防冲槽；16—上游护底；17—上、下游护坡

（1）上游连接段。主要是引导水流平顺、均匀地进入闸室，避免对闸前河床及两岸产生有害冲刷，减少闸基或两岸渗流对水闸的不利影响。一般由铺盖、上游翼墙、上游护底、防冲槽（或防冲齿墙）及两岸护坡等部分组成。铺盖紧靠闸室底板，主要起防渗、防冲作用；上游翼墙的作用是引导水流平顺地进入闸孔、侧向防渗、防冲和挡土的作用；上游护底、防冲槽及两岸护坡用来防止进闸水流冲刷河床、破坏铺盖，保护两侧岸坡。

（2）闸室段。是水闸的主体部分，起挡水和调节水流作用。它包括底板、闸墩、闸门、胸墙、工作桥和交通桥等。底板是水闸闸室基础，承受闸室全部荷载并较均匀地传给地基，兼起防渗和防冲作用；闸墩的主要作用是分隔闸孔，支撑闸门，承受和传递上部结构荷载；闸门则用于控制水位和调节流量；工作桥和交通桥用来安装启闭设备、操作闸门和联系两岸交通。

（3）下游连接段。主要用来消能、防冲及安全排出流经闸基和两岸的渗流。一般包括消力池、海漫、下游防冲槽、下游翼墙及两岸护坡等。消力池主要用来消能，兼有防冲作用；海漫的作用是继续消除水流余能、扩散水流、调整流速分布、防止河床产生冲刷破坏；下游防冲槽是用来防止下游河床冲坑继续向上游发展的防冲加固措施；下游翼墙则用来引导过闸水流均匀扩散，保护两岸免受冲刷；两岸护坡用来保护岸坡，防止水流冲刷。

5.1.4 水闸的设计内容

水闸设计的内容有：闸址选择，水闸等级划分及洪水标准确定，水闸枢纽布置，确定孔口形式和尺寸，消能防冲设计，防渗排水设计，闸室布置，稳定计算，沉降计算，结构计算，地基处理及两岸连接建筑物设计等。

5.1.4.1 闸址选择

闸址应根据水闸的功能、特点、运用要求及区域经济条件，综合考虑地形、地质、水文、水流、施工、管理、潮汐、泥沙、冻土、冰情、周围环境等因素，经技术经济比较后选定。

闸址选择时，应具体注意以下几个方面的问题：

（1）地形地质方面。闸址宜避开活动断裂带，选择在地形开阔、岸坡稳定、岩土坚实和地下水水位较低的地点。特别应考虑选在地质条件良好的天然地基。

（2）水流条件方面。应考虑建闸后，过闸水流平顺，流量分布均匀，不出现偏流和危害性冲刷或淤积。

（3）施工管理方面。应考虑材料来源较近，施工导流易解决，对外交通、场地布置、基坑排水、施工水电供应方便及水闸建成后工程管理维修方便、防汛抢险易进行的地点。

另外，选择闸址还要考虑占用土地及拆迁房屋少；尽量利用周围已有公路、航运、动力、通信等公用设施；有利于绿化、净化、美化环境和生态环境保护；有利于开展综合经营等。

5.1.4.2 水闸等级划分及洪水标准

1. 工程等别及建筑物级别

根据 SL 265—2016《水闸设计规范》规定，水闸工程等别、建筑物级别和洪水标准、设计使用年限及耐久性要求、安全监测设计应分别符合 SL 252《水利水电工程等级划分及洪水标准》、SL 654《水利水电工程合理使用年限及耐久性设计规范》、SL 725《水利水电工程安全监测设计规范》的规定。水利水电工程分等指标见表 5.3。

表 5.3 水利水电工程分等指标

工程等别	工程规模	水库总库容 /$10^8 m^3$	防洪			治涝	灌溉	供水		发电
			保护人口 /10^4 人	保护农田面积 /10^4 亩	保护区当量经济规模 /10^4 人	治涝面积 10^4 亩	灌溉面积 10^4 亩	供水对象重要性	年引水量 $10^8 m^3$	发电装机容量 /MW
Ⅰ	大(1)型	≥10	≥150	≥500	≥300	≥200	≥150	特别重要	≥10	≥1200
Ⅱ	大(2)型	<10, ≥1.0	<150, ≥50	<500, ≥100	<300, ≥100	<200, ≥60	<150, ≥50	重要	<10, ≥3	<1200, ≥300
Ⅲ	中型	<1.0, ≥0.10	<50, ≥20	<100, ≥30	<100, ≥40	<60, ≥15	<50, ≥5	比较重要	<3, ≥1	<300, ≥50
Ⅳ	小(1)型	<0.1, ≥0.01	<20, ≥5	<30, ≥5	<40, ≥10	<15, ≥3	<5, ≥0.5	一般	<1, ≥0.3	<50, ≥10
Ⅴ	小(2)型	<0.01, ≥0.001	<5	<5	<10	<3	<0.5		<0.3	<10

注 1. 水库总库容指水库最高水位以下的静库容；治涝面积指设计治涝面积；灌溉面积指设计灌溉面积；年引水量指供水工程渠首设计年均引（取）水量。
2. 保护区当量经济规模指标仅限于城市保护区；防洪、供水中的多项指标满足 1 项即可。
3. 按供水对象的重要性确定工程等别时，该工程应为供水对象的主要水源。

拦河闸永久性水工建筑物的级别，应根据其所属工程的等别，按表 5.4。

拦河闸永久性水工建筑物按表 5.4 规定为 2 级、3 级，但校核洪水过闸流量分别大于 5000m^3/s、1000m^3/s 时，其建筑物级别可提高一级，但洪水标准可不提高。

2. 洪水标准

平原区水闸的洪水标准应根据所在河流流域防洪规划规定的防洪任务，以近期防洪目标为主,并考虑远景发展要求,综合分析确定。

表 5.4 永久性水工建筑物级别

工 程 等 别	主要建筑物	次要建筑物	工 程 等 别	主要建筑物	次要建筑物
Ⅰ	1	3	Ⅳ	4	5
Ⅱ	2	3	Ⅴ	5	5
Ⅲ	3	4			

山区、丘陵区水利水电枢纽中的水闸,其洪水标准应与所属枢纽中永久性建筑物的洪水标准一致。永久性建筑物的洪水标准应按国家现行规范的规定确定。

任务案例 5-1 水闸的基本设计

5-1-1 项目任务

设计资料如项目基本资料所示,根据相关资料内容进行闸址初步选定,确定水闸等级。

5-1-2 闸址初步选定和确定水闸等级

1. 闸址初步选定

根据前面有关闸址选择时应注意的内容和设计资料给出的相关资料,设计资料中建议闸址位置,基本适合建闸。

2. 确定水闸等级

根据设计资料中给出的过闸流量 300m³/s,查表 5.3 和表 5.4,确定水闸枢纽工程Ⅲ等,水闸按 3 级建筑物设计。并且设计资料中给出胜利河左岸的防洪堤的级别是 3 级,本闸满足"位于防洪(挡潮)堤上的水闸,其级别不得低于防洪(挡潮)堤的级别要求"这一条规定。

任务 5.2 水闸水力设计

单元任务目标:完成水闸的基本设计。

任务执行过程引导:掌握水闸孔口尺寸的确定方法;掌握水闸的消能防冲设计。

提交成果:水闸孔口尺寸和水闸的消能防冲设计计算成果。

5.2.1 闸孔设计

5.2.1.1 闸孔型式选择

闸孔型式有宽顶堰孔口、低堰孔口和胸墙式孔口三种型式,如图 5.6 所示。

(1) 宽顶堰孔口。即宽顶堰不设胸墙的型式,实际工程中采用较多。其主要优点是结构简单,施工方便,泄流能力比较稳定;其缺点是自由泄流时流量系数较小,比较容易产生波状水跃。可用作泄洪、冲沙、通航、排污、排冰等。

(2) 低堰孔口。即实用堰不设胸墙的型式,具体有 WES 低堰、梯形堰和驼峰堰等型式。其优点是自由泄流时流量系数较大,水流条件较好,泄流能力较强,且闸门高度可减小;缺点是泄流能力不如平底板孔口泄流时稳定,下游水位变化对泄流能力有显著的影响,同时施工也较平底板孔口复杂。当上游水位较高,为限制过闸单宽流量,需要抬高堰顶高程时,或由于地基表层松软,需要降低闸底高程以避免地基处理时,以及在多泥沙河道上有拦沙要求时,常选用这种形式。

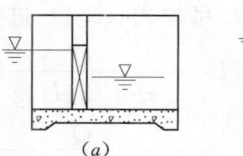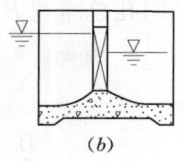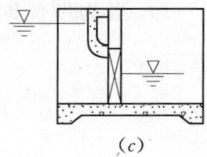

图 5.6　闸孔型式

(a) 宽顶堰孔口;(b) 低堰孔口;(c) 胸墙式孔口

(3) 胸墙式孔口。包括宽顶堰设胸墙及实用堰设胸墙的情况。在上游水位变幅较大,且高水位需要控制泄量时,则常于孔口顶部设胸墙形成孔口出流,可以减小闸门高度。

5.2.1.2　闸底板顶面高程的确定

闸底板顶面高程的确定关系闸孔型式和尺寸的确定,也直接影响整个水闸的工程量和造价。如将闸底板高程定得低些,闸前水深和过闸单宽流量都要大些,从而使闸孔总宽度缩短,减少工程投资。但是,闸底板高程定得太低,将增大闸身和两岸结构的高度,并增加基坑开挖和闸下消能防冲布置上的困难,可能反而增加工程投资。可见,闸底板高程的确定应依据河(渠)底高程、水流、泥沙、闸址地形、闸址地质等条件,结合水闸规模、所选用的堰型、门型,经技术经济比较确定。应将闸底板置于较为坚实的地基上,并应尽量利用天然地基。

5.2.1.3　过闸单宽流量的确定

过闸单宽流量的采用,对水闸的工程造价和下游消能防冲设施的安全运用都有直接的影响。所选单宽流量越大,所需要的闸孔净宽越小,闸的总宽便可以缩短,但过闸单宽流量越大,下游消能防冲越困难,则消能防冲设备的投资越大,工程总费用也不一定经济。故应综合考虑下游河床地质条件,上、下游水位差,下游尾水深度,闸室总宽度与河道宽度的比值,闸的结构构造特点和下游消能防冲设施等因素来确定。在不致造成下游消能防冲过大困难的条件下,一般选用较大的过闸单宽流量,但对其数值应有所限制。在水闸的可行性研究阶段,其过闸单宽流量可按下列数据选用:黏土地基,可取 $15\sim25\mathrm{m}^3/(\mathrm{s}\cdot\mathrm{m})$;壤土地基,可取 $15\sim20\mathrm{m}^3/(\mathrm{s}\cdot\mathrm{m})$;砂壤土地基,可取 $10\sim15\mathrm{m}^3/(\mathrm{s}\cdot\mathrm{m})$;粉砂、细砂、粉土和淤泥地基,可取 $5\sim10\mathrm{m}^3/(\mathrm{s}\cdot\mathrm{m})$。

5.2.1.4　过闸水位差的选用

过闸水位差的选用,关系水闸的上游淹没影响和工程造价。若采用较大的过闸水位差,虽可缩减闸孔总净宽,降低工程造价,但抬高了闸的上游水位,不仅要加高上游堤坝顶高程,而且有可能增加上游淹没损失。因此,选用水闸的过闸水位差时,应认真处理好水闸工程造价、上游堤防工程量及淹没影响等方面的关系。设计中应结合水闸所承担的任务、特点、运用要求等具体情况来选定,一般水闸的过闸水位差可采用 0.1~0.3m。

5.2.1.5　闸孔宽度确定

确定闸孔宽度时,首先要计算闸孔总净宽 B_0,然后根据运用要求选定每孔孔径 b,进而求得孔数 n,最后通过过流能力校核验证其经济合理性。

(1) 计算闸孔总净宽 B_0。闸孔总净宽 B_0 应根据下游闸槛型式和布置,上、下游水位衔接要求,泄流状态等因素计算确定。

1) 当为堰流时,闸孔总净宽 B_0 可按式(5.1)进行计算,计算示意图如图 5.7 所示。

$$B_0 = \frac{Q}{\sigma \varepsilon m \sqrt{2g} H_0^{3/2}} \quad (5.1a)$$

$$B_0 = \frac{Q}{\mu_0 h_s \sqrt{2g(H_0 - h_s)}} \quad (5.1b)$$

其中
$$\mu_0 = 0.877 + \left(\frac{h_s}{H_0} - 0.65\right)^2$$

式中　B_0——闸孔总净宽,m;

　　　Q——过闸流量,m³/s;

　　　H_0——计入行近流速水头的堰上水深,m;

　　　σ、ε、m——堰流淹没系数、侧收缩系数和流量系数,可由《水闸设计规范》的附表 A 中查得,设计时,要先拟定,后校核;

　　　g——重力加速度;

　　　μ_0——淹没堰流的综合流量系数。

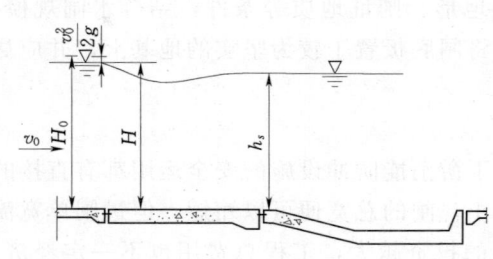

图 5.7　平底板堰流计算示意图

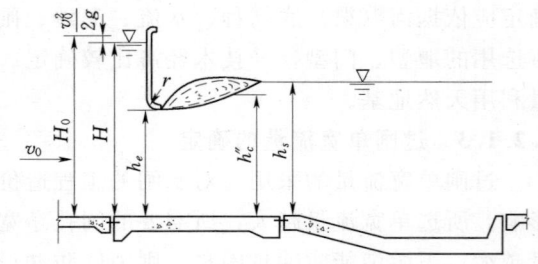

图 5.8　平底板孔流计算示意图

2) 当为孔流时,闸孔总净宽 B_0 可按式(5.2)计算。

$$B_0 = \frac{Q}{\sigma' \mu h_e \sqrt{2gH_0}} \quad (5.2)$$

式中　h_e——孔口高度,m;

　　　σ'、μ——孔流的淹没系数和流量系数,可由规范中查得。

对设有低堰或其他堰型的水闸闸孔总净宽计算,可参考有关水力学计算手册。

(2) 确定每孔孔径 b_0。选定 b_0 时要综合考虑闸的地基条件、运用要求、闸门结构型式、启闭机容量,以及闸门的制作、运输、安装等因素,进行综合分析确定。选用的闸孔孔径应符合国家现行的 SL 74—2019《水利水电工程钢闸门设计规范》等所规定的闸门孔口尺寸系列标准。

(3) 确定闸孔数目 n。选定每孔孔径 b_0 后,则所需闸孔数目为 $n \approx B_0/b_0$,n 值取略大于计算值的整数,但总净宽不宜超过计算值的 3%~5%。当闸孔孔数少于 8 孔时,n 值最好采用单数,以使过闸水流匀称。

(4) 确定闸室总宽度 B。最后确定闸室总宽度 B 为 $nb_0 + (n-1)d_z + 2d_b$,其中 d_z 为中墩厚;d_b 为边墩厚。从过水能力和消能防冲两方面考虑,闸室总宽度 B 值应与上、下游河道或渠道宽度相适应。一般闸室总宽度应等于或大于 0.6~0.85 倍的河(渠)道宽度，河（渠）道宽度较大时，取较大值。

(5) 过流能力校核。按拟定的闸孔尺寸，考虑闸墩形状等的影响，进一步验算水闸的过水能力。一般实际过流量与设计过流量的差值不得超过±5%，否则需调整闸孔尺寸，直至满足要求为止。

5.2.2 消能防冲设计

水闸泄水时，部分势能转为动能，流速增大，具有较强的冲刷能力，而土质河床一般抗冲能力较低。因此，为了保证水闸的安全运行，必须采取适当的消能防冲措施，搞好水闸的消能防冲设计。

5.2.2.1 水闸的泄流特点及消能方式的选择

1. 水闸的泄流特点

(1) 水流形式复杂。初始泄流时，闸下水深较浅，随着闸门开度的增大而逐渐加深，闸下出流由孔流到堰流，由自由出流到淹没出流都会发生，水流形态比较复杂。因此，消能设施应在任意工作情况下，均能满足消能的要求并与下游水流很好的衔接。

(2) 闸下易形成波状水跃。上、下游水位差较小，出闸水流的弗劳德数较低（$F_r=1\sim1.7$），容易发生波状水跃，特别在平底板的情况下更是如此。此时无强烈的水跃旋滚，水面波动，消能效果差，具有较大的冲刷能力。另外，水流处于急流状态，不易向两侧扩散，致使两侧产生回流，缩小河槽过水有效宽度，局部单宽流量增大，严重冲刷下游河道。

(3) 闸下易出现折冲水流。一般水闸的宽度较上下游河道窄，水流过闸时先收缩而后扩散。若工程布置或运行操作不当，出闸水流不能均匀扩散，使主流集中，蜿蜒蛇行，左冲右撞，形成折冲水流，冲毁消能防冲设施和下游河道。

2. 消能方式的选择

水闸消能方式一般有底流式、挑流式和面流式三种，我国水闸多修建在平原地区的土基上，最常用的是底流式消能。平原土基上的水闸，河床及岸坡的抗冲能力较低，且承受水头不高，闸下跃前水流弗劳德数较低，故宜采用底流式消能；当水闸承受较高水头，且闸下河床及岸坡为坚硬岩体时，可采用挑流式消能；当水闸闸下尾水深度较深、且变化较小，河床及岸坡抗冲能力较强时，可采用面流式消能。在夹有较大砾石的多泥沙河流上的水闸，不宜设消力池，可采用抗冲耐磨的斜坡护坦与下游河道连接，末端应设防冲墙。在高速水流部位，还应采取抗冲磨与抗气蚀的措施。

5.2.2.2 水闸消能防冲设施的布置与构造

这里主要介绍底流式消能。底流式消能的作用是通过增加下游水深，保证产生淹没式水跃，防止土基冲刷破坏。消能防冲设施主要由消力池、海漫、防冲槽等部分组成。

1. 底流式消能工

(1) 布置型式。底流式消能主要有下挖式消力池、突槛式消力池和综合式消力池三种型式，如图5.9所示。当闸下尾水深度小于跃后水深时，可采用下挖式消力池消能。消力池可采用斜坡面与闸底板相连接，斜坡面的坡度不宜陡于1:4；当闸下尾水深度略小于跃后水深时，可采用突槛式消力池消能；当闸下尾水深度远小于跃后水深，且计算消力池深度又较深时，可采用下挖式消力池与突槛式消力池相结合的综合式消力池消能。当水闸上、下游水位差较大,且尾水深度较浅时,宜采用二级或多级消力池消能。对于大型多孔闸,可根据需要设置隔墩或导墙进行分区消能防冲布置。

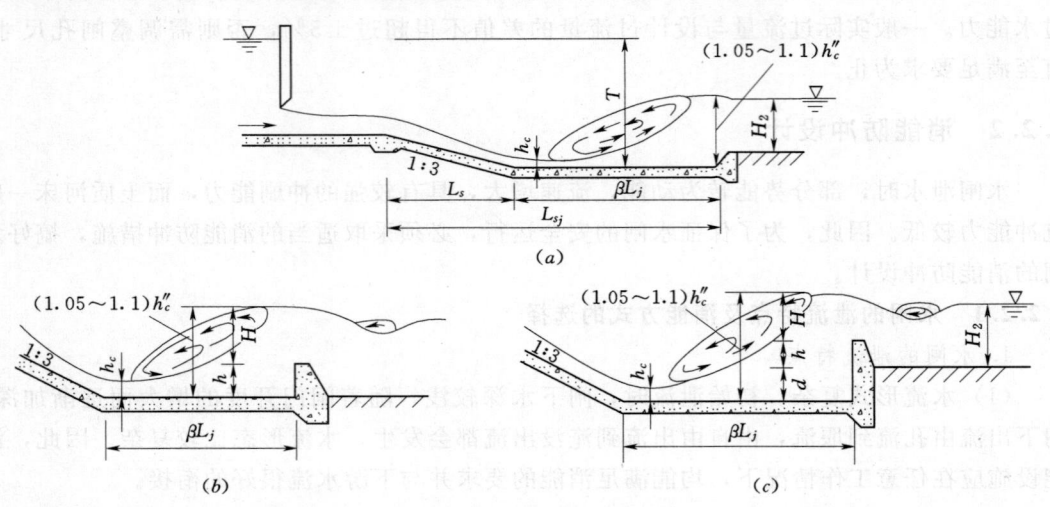

图 5.9 消力池型式示意图
(a) 下挖式;(b) 突槛式;(c) 综合式

(2) 尺寸确定。消力池的尺寸主要包括深度、长度和底板厚度等。计算步骤:首先分析下游水流的衔接形式,判断是否要建消力池,再选定消力池型式,经过水力计算,最终确定池深、池长。

1) 消力池深度。可按式 (5.3) 计算。

$$d = \sigma h_c'' - h_s - \Delta Z \tag{5.3}$$

式中 d——消力池深度,m;
σ——水跃淹没系数,对采用 1.05~1.10;
h_c''——跃后水深,m;
h_s——出池河床水深,m;
ΔZ——出池落差,m。

2) 消力池的长度。可按式 (5.4) 和式 (5.5) 计算。

$$L_{sj} = L_s + \beta L_j \tag{5.4}$$

$$L_j = 0.69(h_c'' - h_c) \tag{5.5}$$

式中 L_{sj}——消力池长度,m;
L_s——消力池斜坡段水平投影长度,m;
β——水跃长度校正系数,可采用 0.7~0.8;
L_j——水跃长度,m。

3) 消力池底板厚度。可根据抗冲和抗浮要求,按照有关公式计算。一般大中型水闸为 0.5~1.0m,长消力池可自上而下逐渐减薄,采用不同的厚度。末端厚度,可采用计算厚度的一半,但不宜小于 0.5m,个别大型水闸可更厚。小型水闸一般是等厚的,可减薄,但也不宜小于 0.3m。大型水闸的消力池深度和长度,在初步设计阶段,应进行水工模型试验验证。

4)构造要求及措施。

①消力池底板(即护坦)。承受水流的冲击力、水流脉动压力和底部扬压力等作用,应具有足够的重量、强度和抗冲耐磨的能力,目前一般用 C25 混凝土浇筑而成。底板一般按构造配置 Φ10~12@250~300 的构造钢筋,大型水闸消力池的顶、底面均需配筋,中、小型的可只在顶面配筋。为了降低护坦底部的渗透压力,可在水平护坦的中后部设置排水孔,孔下铺设反滤层,排水孔孔径一般为 50~100mm,间距 1~3m,呈梅花形布置。

②分缝与止水。消力池与闸底板、翼墙、海漫之间以及消力池本身顺水流方向均应分缝,以适应不均匀沉陷和温度变形。缝距为 10~20m,地基差时为 8~12m,靠近翼墙的消力池缝距应取得小一些。垂直水流方向通常不设缝,以保证其整体稳定性。缝宽 20~25mm,缝的位置如在闸基防渗范围内,缝中应设止水;否则,不用设止水,但一般都铺设沥青油毛毡。

③尾槛和齿墙。消力池末端通常还设有尾槛,其作用是壅高池内水位,形成水跃,缩短水跃长度,将出流挑向水面,调整出池水流的流速分布,减小下游河床的冲刷。尾槛可分为连续式的实体槛和差动式的齿槛两大类。为增强护坦的抗滑稳定性,常在消力池的末端设置齿墙,墙深一般为 0.8~1.5m,宽为 0.6~0.8m。

2. 辅助消能工

主要有消力墩、消力齿等辅助消能工,如图 5.10 所示。设置其目的是使水流受阻,促使

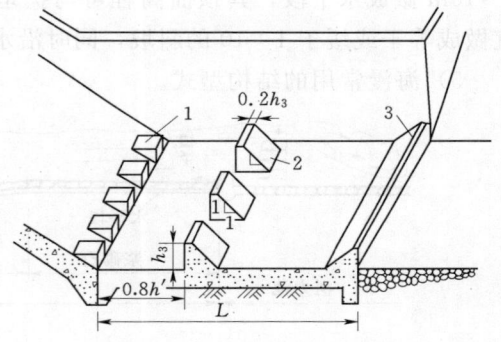

图 5.10 消力池辅助消能工
1—消力齿;2—消力墩;3—尾槛

水流撞击,形成涡流,加强紊动扩散,稳定水跃,减小消力池尺寸,提高消能效果,节省工程量。辅助消能工的消能效果与其自身形状、尺寸、在池中的布置情况及池中水深、泄量变化等因素有关,应慎重布置。对于大型水闸,应通过水工模型试验来进行布置。

3. 海漫及防冲槽

紧接护坦后还要采取海漫等防冲加固措施,以使水流均匀扩散,调整流速分布逐步接近天然河道的水流形态。

(1)海漫。

1)海漫的作用。是进一步消除水流剩余能量,保护消力池后面的一段河床不受冲刷,保证消力池的安全。

2)对海漫的要求。海漫应具有一定的柔性,以适应下游河床可能的冲刷变形;具有一定的透水性,以便使渗水自由排出,降低扬压力;具有一定的表面粗糙性,以利进一步消除余能;具有与水流流速相适应的抗冲能力,以保证海漫本身不致被水流冲动,从而达到保护河床的目的。

3)海漫长度计算。海漫的长度应根据可能出现的不利的水位、流量组合情况按下式进行计算确定。

$$L_p = K_s \sqrt{q_s \sqrt{\Delta H'}} \tag{5.6}$$

式中 L_p——海漫长度，m；

　　K_s——海漫长度计算系数，可由表 5.5 查得；

　　q_s——消力池末端单宽流量，m³/(s·m)；

　　$\Delta H'$——闸孔泄水时的上、下游水位差，m。

此式适用于 $\sqrt{q_s \sqrt{\Delta H'}} = 1 \sim 9$ 且消能扩散良好的情况。

表 5.5　　　　　　　　　　　　　K_s 值

河床土质	粉砂、细砂	中砂、粗砂、粉质壤土	粉质黏土	坚硬黏土
K_s	14～13	12～11	10～9	8～7

4) 海漫的布置和构造，如图 5.11 所示。海漫一般采用整体向下游倾斜的形式或将前 5～10m 做成水平段，其顶面高程可与护坦齐平或在消力池尾槛顶以下 0.5m，水平段后宜做成等于或缓于 1:10 的斜坡，同时沿水流方向在平面上向两侧逐渐扩散。

5) 海漫常用的结构型式。

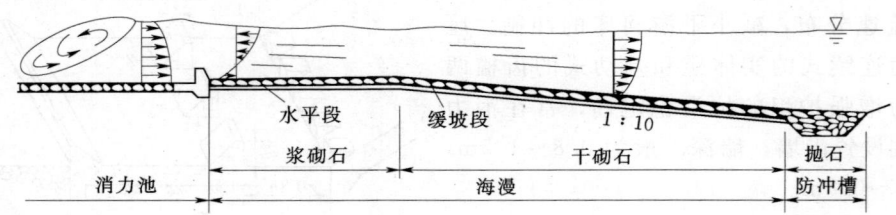

图 5.11　海漫布置示意

①干砌石海漫。一般由粒径大于 300mm 的块石砌成，厚度为 0.3～0.5m，下面铺设垫层，厚度为 100～150mm，其抗冲流速为 2.5～4.0m/s，为了增大其抗冲能力，可每隔 6～10m 设一浆砌石梗。常用在海漫后段。

②浆砌石海漫。常以粒径大于 300mm 的块石，用强度等级 M5 或 M8 的水泥砂浆砌筑而成，厚度为 0.3～0.5m，砌石设排水孔，下面铺设反滤层或垫层。其抗冲流速可达 3～6m/s，但柔性和透水性较差。一般用于海漫的前部水平段。

③混凝土海漫。整个海漫由边长为 2～5m、厚度为 0.1～0.2m 的板块拼铺而成，板中有排水孔，下面铺设反滤层或垫层。其抗冲流速可达 6～10m/s。通常采用斜面式或垛式拼铺形式，以增加表面糙率。

④钢筋混凝土海漫。当出池水流的剩余能量较大时，可在尾槛下游 5～10m 范围内采用钢筋混凝土板海漫，板中有排水孔，下面铺设反滤层或垫层。

⑤其他形式海漫。铅丝石笼海漫等。

(2) 防冲槽。为了防止海漫末端处发生冲刷破坏，而危及海漫和消力池的稳定，进而危及闸室安全，常在海漫末端设置防冲槽或其他加固措施。

1) 防冲槽。在海漫末端挖槽抛填足够的粒径大于 30cm 的块石，以便当水流冲刷河床形成冲坑时，槽内石块便可沿着冲刷坑的上游斜坡陆续滚下，铺满整个上游斜坡，防止冲刷坑向上游扩展，保护海漫安全，如图 5.12 所示。

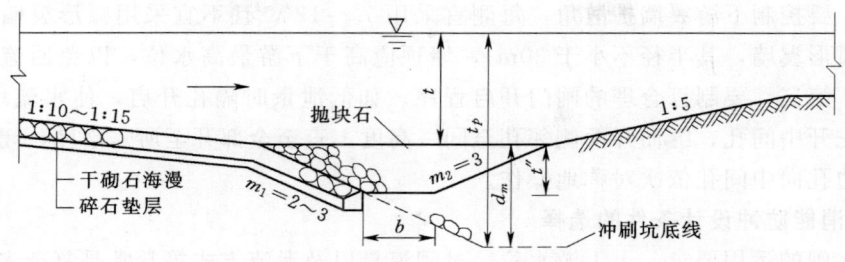

图 5.12 防冲槽

防冲槽的尺寸主要取决于抛石量的多少，而抛石体积可根据下游冲至最深时，石块坍塌铺满冲刷坑上游斜坡所需要的方量来定。已建工程多将防冲槽开挖成宽浅式的梯形断面，槽深一般取 1.5～2.5m，底宽 b 取 2～3 倍的槽深，防冲槽上下游边坡 m 按河床土质的安全坡度确定，一般为 1:2～1:4，两侧边坡坡度可与两岸河坡相同。

2）其他防冲加固设施。主要有齿墙、板桩、沉井等形式。对于冲坑深度较小的工程，可以采用深度为 1～2m 的防冲齿墙代替防冲槽；若冲深较大，河床为粉、细砂时，采用板桩、井柱或沉井等形式的防冲加固设施较安全，此时应尽量缩短海漫长度，减小工程量。

（3）上游河床和上下游岸坡的防护。为了避免水流对上游河床及上、下游岸坡的冲刷，一般上游河床在靠近铺盖的一段需要防护，其长度为上游水深的 3～5 倍。上游岸坡在对应铺盖和护底的范围内都要进行防护。护底护坡在靠近铺盖和闸室的一段距离内，由于流速较大，防护材料一般都用浆砌块石，其他部分用干砌块石。下游岸坡的防护长度应大于河底防护长度，护坡材料同上游岸坡。必要时上游护底首端宜增设防冲槽，其深度较小，一般采用 1.0～1.5m。

上、下游护坡的顶部应在最高水位以上。砌石护坡、护底的厚度通常为 0.3～0.5m，下面铺设卵石及砂垫层，厚度均为 10cm，防止岸坡土壤在水位降落时被渗透水流带出。护坡每隔 8～10m 常设置混凝土埂（或浆砌石埂）一道，在护坡坡脚处应做混凝土齿墙嵌入土中，以增加护砌的稳定性。若护坡改用现浇混凝土，其厚度一般采用 0.2～0.3m，寒冷地区宜加厚至 0.3～0.5m，若改用预制混凝土板铺砌，其厚度一般采用 0.1～0.2m。

近年来，有的水闸工程也有采用土工织物进行护岸和防冲的。防护用土工合成材料主要有无纺土工织物、织造土工织物、土工膜、土工格室、三维植被网等，有时也需用土工格栅、土工网等加筋。

（4）波状水跃、折冲水流的防止措施。

1）波状水跃的防止措施。若水闸底板采用低实用堰型，则有助于消除波状水跃。对于平底板水闸，可在消力池斜坡段的顶部上游预留一段 0.5～1.0m 宽的平台，其上设置一道小槛，使水流越槛入池，促成底流式水跃。槛高约为闸孔出流的第一共轭水深的 1/4。小槛迎水面做成斜坡，以减弱水流的冲击作用，槛底设排水孔。如将小槛改成齿形槛分水墩，效果会更好。

2）折冲水流的防止措施。可从三方面入手：首先，在平面布置上尽量使上游引河具有较长的直线段,并能在上游两岸对称布置翼墙,出闸水流与原河床主流的位置和方向一致;其次,要控制下游翼墙扩散角,每侧宜采用 7°～12°,且不宜采用弧形翼墙(大型水闸如采用弧形翼墙,其半径不小于 30m),墙顶应高于下游最高水位,以免回流由墙顶漫向消力池;第三,要制订合理的闸门开启程序、如低泄量时隔孔开启,使水流均匀出闸,或开闸时先开中间孔,继而开两侧邻孔至同一高度,直至全部开至所需高度,闭门与之相反,由两边孔向中间孔依次对称地操作。

5.2.2.3 消能防冲设计条件的选择

由于水闸的运用要求、上下游水位、过闸流量以及泄流方式等常常是复杂多变的,这就要求消能防冲设施必须在各种可能出现的水力条件下,都能满足消散动能与均匀扩散水流的要求,且应与下游河道有良好的衔接。但是不同类型的水闸,其泄流特点各不相同,因而控制消能设计的水力条件也不尽相同。故应以闸门的开启程序、开启孔数和开启高度进行多种组合计算,进行分析比较确定。如拦河节制闸宜以在保持闸上最高蓄水位的情况下,排泄上游多余来水量为控制消能设计的水力条件;当闸的下游河道已渠化时,应考虑下一级的蓄水位对闸下水位的影响。又如分洪闸宜以闸门全开,通过最大分洪流量为控制消能设计的水力条件。再如排水闸(排涝闸)宜以冬、春季蓄水期通过排涝流量为控制消能设计的水力条件;挡潮闸宜以蓄水期排泄上游多余来水量时,有时需用闸门控制泄水,上、下游可能出现较大的水位差为控制消能设计的水力条件等。

任务案例 5-2 水闸的闸孔设计和消能防冲设计

5-2-1 项目任务

设计资料如项目基本资料所示,根据相关资料内容确定闸室结构型式,选择堰型,确定堰顶高程及孔口尺寸。

5-2-2 水闸孔口设计计算

1. 闸室结构型式

该闸建在人工渠道上,故宜采用开敞式闸室结构。

在运行中,该闸的挡水位达 4.3～4.7m,而泄水时上游水位为 1.44～1.83m,挡水时上游最高水位比泄水时上游最高水位高出 2.87m,故拟设置胸墙代替闸门挡水,以减小门高,减小作用在闸门上的水压力,减小启门力,并降低工作桥的高度,从而节省工程费用。

综上所述,该闸采用带胸墙的开敞式闸室结构。

2. 堰型选择及堰顶高程的确定

该闸建在少泥沙的人工渠道上,故宜采用结构简单、施工方便、自由出流范围较大的平底板宽顶堰。考虑到闸基持力层是坚硬粉质黏土(局部含铁锰结核),土质良好,承载能力大,并参考该地区已建工程的经验,拟取闸底板顶面(即堰顶)与渠道渠底齐平,高程为-5.5m。

3. 孔口尺寸的确定

(1)初拟闸孔尺寸。该闸的孔口尺寸必须满足引水灌溉和引水冲淤保港的要求。

1)引水灌溉。

上游水深 $\quad H = 1.83 + 5.5 = 7.33 \text{(m)}$
下游水深 $\quad h_s = 1.78 + 5.5 = 7.28 \text{(m)}$
上游行近流速计算
$$Q = 300 \text{m}^3/\text{s}$$
$$\omega = (b + mH)H = (50 + 2 \times 7.33) \times 7.33 = 473.96 \text{(m}^2\text{)}$$
$$v_0 = Q/\omega = 300/473.96 = 0.633 \text{(m/s)}$$
$$H_0 = H + \frac{\alpha v_0^2}{2g} \quad (\text{取} \alpha = 1.0) = 7.33 + \frac{0.633^2}{2 \times 9.8} = 7.35 \text{(m)}$$
$$\frac{h_s}{H_0} = \frac{7.28}{7.35} = 0.99 > 0.8$$

故属淹没出流。

根据 SL 265—2016 查附录 A 表 A.0.3 得，淹没系数 $\sigma_s = 0.36$。

对无坎宽顶堰，取 $m = 0.385$，假设侧收缩系数 $\varepsilon = 0.96$，由式（5.1）得
$$B_{01} = Q/(\sigma_s m \varepsilon \sqrt{2g} H_0^{3/2})$$
$$= \frac{300}{0.36 \times 0.385 \times 0.96 \times \sqrt{2 \times 9.81} \times 7.35^{3/2}}$$
$$= 25.54 \text{(m)}$$

2) 引水冲淤保港。
上游水深 $\quad H = 1.44 + 5.5 = 6.94 \text{(m)}$
下游水深 $\quad h_s = 1.38 + 5.5 = 6.88 \text{(m)}$
$$Q = 100 \text{m}^3/\text{s}$$
$$\omega = (b + mH)H = (50 + 2 \times 6.94) \times 6.94 = 443.3 \text{(m}^2\text{)}$$
$$v_0 = Q/\omega = 100/443.3 = 0.23 \text{m/s} < 0.5 \text{m/s}$$

可以忽略行近流速水头，
则 $\quad H_0 \approx H = 6.94 \text{m}$
$$\frac{h_s}{H_0} = \frac{6.88}{6.94} = 0.99 > 0.8$$

亦属淹没出流。

根据 SL 265—2016 查附录 A 表 A.0.3 得，得 $\sigma_s = 0.36$。

同样取 $m = 0.385$，并假定 $\varepsilon = 0.96$，则得
$$B_{02} = Q/(\sigma_s m \varepsilon \sqrt{2g} H_0^{3/2})$$
$$= \frac{100}{0.36 \times 0.385 \times 0.96 \times \sqrt{2 \times 9.81} \times 6.94^{3/2}}$$
$$= 9.28 \text{(m)}$$

比较 1)、2) 的计算结果，$B_{01} > B_{02}$，可见引水灌溉情况是确定闸孔尺寸的控制情况，故闸孔净宽 B_0 宜采用较大值 25.54m。

拟将闸孔分为 5 孔，取每孔净宽为 5.5m，则闸孔实际总净宽为 $B_0 = 5.5 \times 5 = 27.5 \text{m}$。

由于闸基土质条件较好，不仅承载能力较大，而且坚硬、紧密。为了减小闸孔总宽度，节省工程量，闸底板宜采用整体式平底板。拟将分缝设在各孔底板的中间位置。中墩采用钢筋混凝土结构，厚 1.1m，墩头、墩尾均采用半圆形，半径为 0.55m。

（2）复核过闸流量。根据初拟的闸孔尺寸，对于中孔，$b_0=5.5$m，$b_s=b_0+d_z=5.5+1.1=6.6$m，$b_0/b_s=5.5/6.6=0.833$，查 SL 265—2016 附录 A，并内插得 $\varepsilon_z=0.973$。

对于边孔，$b_0=5.5$m，$b_s=b_0+\dfrac{d_z}{2}+b_b=5.5+\dfrac{1.1}{2}+8.5=14.55$m，$b_0/b_s=0.38$，查 SL 265—2001 附录表 A，并内插得 $\varepsilon_b=0.917$，则

$$\bar{\varepsilon}=\dfrac{\varepsilon_z(N-1)+\varepsilon_b}{N}$$
$$=\dfrac{0.973\times(5-1)+0.917}{5}$$
$$=0.962$$

根据 SL 265—2001，对于无坎平底宽顶堰，取 $m=0.385$，则

$$Q=\sigma_s m\varepsilon B_0\sqrt{2g}H_0^{3/2}$$
$$=0.36\times0.385\times0.962\times27.5\times\sqrt{2\times9.81}\times7.35^{3/2}$$
$$=323.63(\text{m}^3/\text{s})$$

$$\left|\dfrac{Q_{\text{实}}-Q}{Q}\right|\times100\%=\left|\dfrac{323.63-300}{300}\right|\times100\%$$
$$=0.21\%<5\%$$

实际过流能力满足引水灌溉的设计要求。同样，可以验证初拟的闸孔尺寸亦符合引水冲淤保港的要求。因此，该闸的孔口尺寸确定为：共分 5 孔，每孔净宽 5.5m，4 个中墩各厚 1.1m。闸孔总净宽为 27.5m，闸室总宽度为 31.9m。

5-2-3 水闸的消能防冲设计

消能防冲设施包括消力池、海漫及防冲槽三部分，如图 5.13 所示。限于篇幅，消能计算不再详细列出，具体算法参见《工程水力学》教材、《水闸设计规范》中有关底流消能的计算方法，此处只给出参考结果。

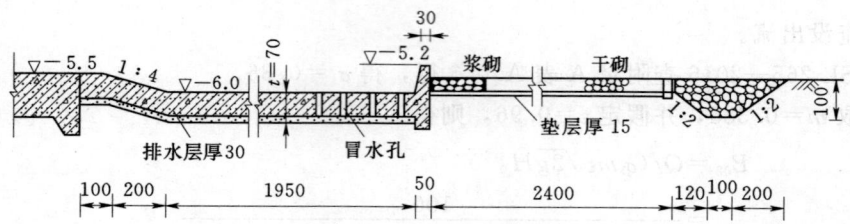

图 5.13 消力池、海漫、防冲槽布置（单位：cm）

（1）消力池的设计。

1）消力池池深：取池深 $d=0.5$m。

2）消力池长度：取消力池长为 21.5m。

3）消力池底板厚度计算：$t=0.65$m 取消力池底板厚为 0.7m，前后等厚。在消力池

底板的后半部设排水孔,孔径10cm,间距2m,呈梅花形布置,孔内填以砂、碎石。消力池与闸底板连接处留一宽为1.0m的平台,以便更好地促成出闸水流在池中产生水跃。消力池在平面上呈扩散状,扩散角取为10°。

(2) 海漫的设计。

1) 海漫的长度取为24m。

2) 海漫的布置和构造。由于下游水深较大,为了节省开挖量,海漫布置成水平的。海漫使用厚度40cm的块石材料,前8m采用浆砌块石,后16m采用干砌块石。浆砌块石海漫上设排水孔,干砌块石海漫上设浆砌块石格埂,格埂断面尺寸为40cm×60cm。海漫底部铺设15cm厚的砂砾垫层。

(3) 防冲槽的设计。海漫出口不形成冲刷坑,理论上可以不建防冲槽。但为了保护海漫头部,故在海漫末端建一构造防冲槽。防冲槽为倒梯形断面,其底宽1.0m,深1.0m,边坡1:2。槽中抛以块石。

任务5.3 水闸的防渗设计

单元任务目标:完成水闸的防渗设计。

任务执行过程引导:闸基防渗长度的确定;闸基防渗排水布置;闸基渗流计算;防渗及排水设施。

提交成果:闸基防渗计算;防渗排水设施成果。

水闸防渗排水设计的任务是经济合理地确定水闸的地下轮廓线并采取必要、可靠的防渗排水措施,以消除和减小渗流对水闸产生的不利影响,防止闸基和两岸产生渗透破坏,保证水闸的工作安全。

5.3.1 闸基防渗长度的确定

在上下游水位差 H 的作用下,水闸渗流的过程为上游水从河床入渗,绕过上游铺盖、板桩、闸底板经过反滤层由排水孔排至下游。其中铺盖、板桩和闸底板等不透水部分与地基的接触线称为地下轮廓线,即图5.14中0—1—2—3—…—16的折线。它是闸基渗流的第一根流线,其长度称为闸基防渗长度(又称渗径长度)。

在工程规划和可行性研究阶段,初步拟定的闸基防渗长度应满足:$L \geqslant CH$(C 为允许渗径系数值,可查表5.6)。若在工程初步设计或施工图设计阶段,还应采用改进阻力

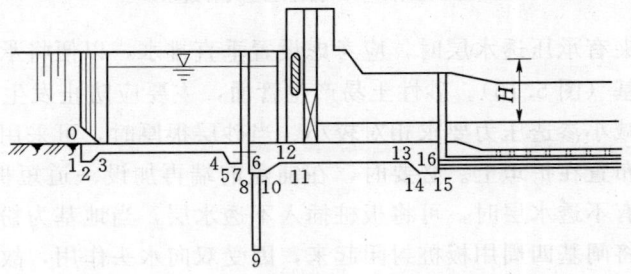

图 5.14 防渗长度示意图

系数法校验。

表 5.6   允许渗径系数值 C

排水条件	地基类别									
	粉砂	细砂	中砂	粗砂	中砾细砾	粗砾夹卵石	轻粉质砂壤土	轻砂壤土	壤土	黏土
有滤层	13～9	9～7	7～5	5～4	4～3	3～2.5	11～7	9～5	5～7	3～2
无滤层	—	—	—	—	—	—	—	—	7～4	4～3

5.3.2 闸基防渗排水布置

闸基防渗排水布置，即进行不同地基的地下轮廓布置。闸基防渗长度初步确定后，可根据地基特性，参考已建的工程经验确定闸基地下轮廓形状和尺寸。

1. 布置原则

闸基防渗排水布置的原则是"高防低排"，就是在高水位一侧布置铺盖、板桩、齿墙等防渗设施，以延长渗径，减小作用在底板上的渗透压力，降低闸基渗流的平均坡降。在低水位一侧布置排水孔、反滤层等排水设施，使没有堵住的渗透水流尽快地安全排走，以防渗流出口附近的土壤颗粒被渗透水流带走而发生渗透变形，减小闸底板上的渗透压力。

2. 不同地基地下轮廓线的布置

(1) 黏性土地基（图 5.15）。因黏性土不易发生管涌等渗透变形且摩擦力较小，因此，布置地下轮廓时，排水设施可前移到闸底板下，以降低底板下的渗透压力并有利于黏土加速固结，以提高闸室稳定性。防渗措施常采用水平铺盖，而不用板桩，以免破坏黏土的天然结构，在板桩与地基间造成集中渗流通道。

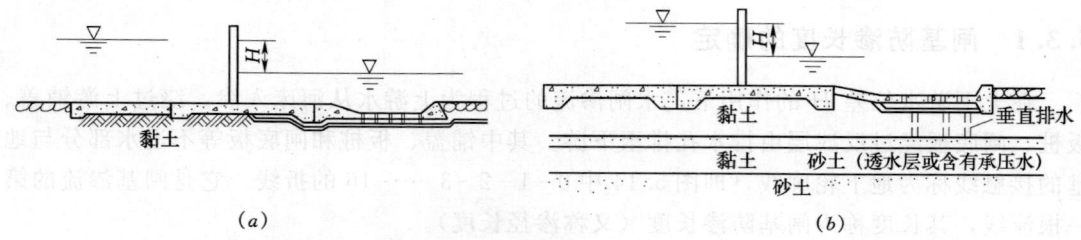

图 5.15 黏性土闸基防渗排水布置
(a) 黏性地基；(b) 黏性地基夹有透水砂层

黏性土地基内夹有承压透水层时，应考虑设置垂直排水，以便将承压水引出。

(2) 砂性土地基（图 5.16）。砂性土易产生管涌，主要应防止发生渗透变形。砂性土摩擦系数较大，对减小渗透压力要求相对较小。当砂层很厚时，可采用铺盖与板桩相结合的型式，排水设施布置在护坦上。必要时，在铺盖前端再加设一道短板桩，以加长渗径；当砂层较薄，下面有不透水层时，可将板桩插入不透水层，当地基为粉细砂土基时，为了防止地基液化，常将闸基四周用板桩封闭起来，因受双向水头作用，故水闸上下游均设有排水设施，而防渗设施无法加长。设计时应以水头差较大的一边为主，另一边为辅，并采取除降低渗压以外的其他措施，提高闸室的稳定性。

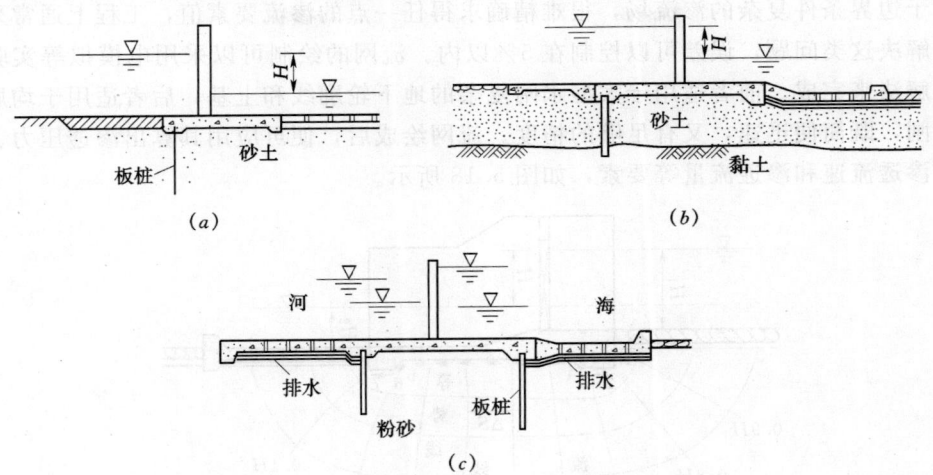

图 5.16　砂性土闸基防渗排水布置

(a) 砂层厚度较深时；(b) 砂层厚度较浅时；(c) 易液化粉细砂土地基

5.3.3　闸基渗流计算

闸基渗流计算的目的：求解渗透压力、渗透坡降、渗透流量等，并验算地基土在初步拟定的地下轮廓线下的抗渗稳定性。土基上闸基渗流计算主要采用直线比例法、流网法、改进阻力系数法等近似计算方法。

1. 直线比例法（渗径系数法）

直线比例法是假定渗流沿地下轮廓线流动时，其渗透水头是成直线比例逐渐减小的，即沿程渗透坡降的大小都是相同的。因此，当总水头 H 及防渗长度 L 已定时，便可按直线比例关系求出防渗长度上各点（即沿地下轮廓上各点）的渗透压力水头值，如图 5.17 所示。此法计算精度不高，特别是用该法进行渗透压力及出逸坡降计算时，误差较大。但由于此法具有一定的实践基础，又很简单，故在小型水闸设计中仍有使用。

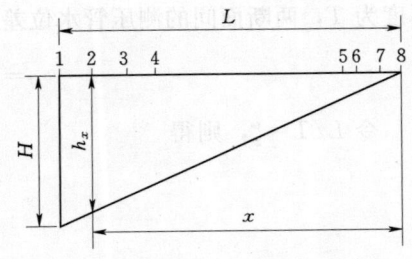

图 5.17　直线比例法计算渗透压强图

按照防渗长度确定的方法不同，直线比例法又分为勃莱法和莱因法两种。

(1) 勃莱法。假定闸基渗流沿防渗长度均匀地消减水头，即在单位长度上消减的水头是相同的，并假定防渗长度与水头的比值如不小于某一数值，闸基就不会产生渗透变形。

用勃莱法确定距地下轮廓线下游端为 x 处的渗透压力 h_x 时，可按式（5.7）计算

$$h_x = \frac{x}{L} H \tag{5.7}$$

(2) 莱因法。该法认为水平渗径不如铅直渗径的防渗效果好，并认为水平渗径的防渗效能只有垂直渗径的 1/3。因此，用该法计算渗透压力时，应先将 x、L 中的水平渗径长度除以 3 后，再加上垂直渗径长度，然后代入式（5.7）计算。

2. 流网法

对于边界条件复杂的渗流场，很难精确求得任一点的渗流要素值，工程上通常采用流网法来解决这类问题，误差可以控制在5%以内。流网的绘制可以采用电模拟等实验的方法或图解法来完成。前者适用于大型水闸复杂的地下轮廓线和土基，后者适用于均质地基上的水闸，既简便迅速，又有足够的精度。流网绘成后，便可应用其算出渗透压力、渗透坡降、渗透流速和渗透流量等要素，如图 5.18 所示。

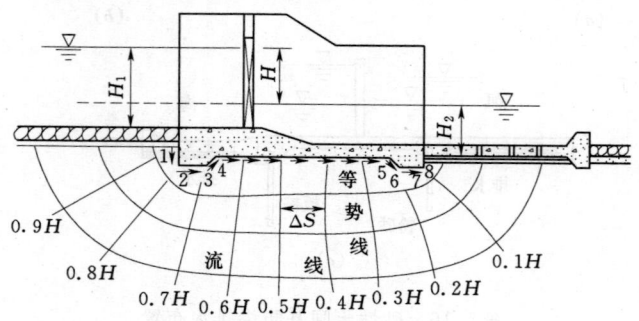

图 5.18 流网示意图

3. 改进阻力系数法

改进阻力系数法是在阻力系数法的基础上发展起来的，这两种方法的基本原理非常相似。主要区别是前者的渗流区划分比后者多，在进出口局部修正方面考虑得更详细些。因此，改进阻力系数法是一种精度较高的近似计算方法。

(1) 基本原理。如图 5.19 所示，有一简单的矩形断面渗流区，其长度为 L，透水土层厚度为 T，两断面间的测压管水位差为 h。根据达西定律，通过该渗流区的单宽渗流量 q 为

$$q = K \frac{h}{L} T \quad 或 \quad h = \frac{L}{T} \frac{q}{K} \tag{5.8}$$

令 $L/T = \zeta$，则得

$$h = \zeta \frac{q}{K} \tag{5.9}$$

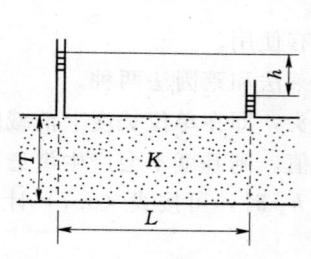

图 5.19 改进阻力系数法基本原理示意图

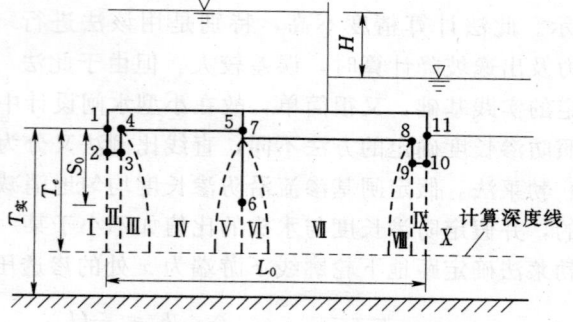

图 5.20 地下轮廓线简化示意图

式中 ζ——阻力系数，ζ 值仅与渗流区的几何形状有关，它是渗流边界条件的函数。

对于比较复杂的地下轮廓，需要把整个渗流区大致按等势线位置分成若干个典型渗流段。每个典型渗流段都可利用解析法或试验法求得阻力系数 ζ，其计算公式见表 5.7。图 5.20 所示的简化地下轮廓，可由 2、3、4、5、6、7、8、9、10 点引出等势线，将渗流区划分成 10 个典型流段，并按表 5.7 的公式计算出各段的 ζ_i。再由式（5.10）得到任一典型流段的水头损失 h_i。

$$h_i = \zeta_i \frac{q}{K} \tag{5.10}$$

对于不同的典型段，ζ 值是不同的，而根据水流的连续原理，各段的单宽渗流量应该相同。所以，各段的 q/K 值相同，而总水头 H 应为各段水头损失的总和，于是得

$$H = \sum_{i=1}^{m} h_i = \frac{q}{K} \sum_{i=1}^{m} \zeta_i \tag{5.11}$$

将式（5.10）代入式（5.11）得各段的水头损失为

$$h_i = \zeta_i \frac{H}{\sum\limits_{i=1}^{m} \zeta_i} \tag{5.12}$$

表 5.7 典型流段的阻力系数

区段名称	典型流段型式	阻力系数 ζ 的计算公式
进口段和出口段		$\zeta_0 = 1.5 \left(\dfrac{S}{T} \right)^{3/2} + 0.441$
内部垂直段		$\zeta_y = \dfrac{2}{\pi} \ln \cot \left[\dfrac{\pi}{4} \left(1 - \dfrac{S}{T} \right) \right]$
内部水平段		$\zeta_x = \dfrac{L - 0.7(S_1 + S_2)}{T}$

求出各段的水头损失后，再由出口处向上游方向依次叠加，即得各段分界点的渗压水头。两点之间的渗透压强可近似地认为呈直线分布。进、出口附近各点的渗透压强，有时需要修正。

（2）计算步骤。

1）确定地基计算深度。上述计算方法对地基相对不透水层较浅时可直接应用，但在相对不透水层较深时，须用有效深度 T_e 作为计算深度 T_c。T_e 可按式（5.13）计算确定。

$$\left. \begin{array}{l} T_e = 0.5 L_0，当 \dfrac{L_0}{S_0} \geqslant 5 \text{ 时} \\[2mm] T_e = \dfrac{5 L_0}{1.6 \dfrac{L_0}{S_0} + 2}，当 \dfrac{L_0}{S_0} < 5 \text{ 时} \end{array} \right\} \tag{5.13}$$

式中 L_0——地下轮廓的水平投影长度，m；

S_0——地下轮廓的铅直投影长度，m。

算出有效深度 T_e 后,再与相对不透水层的实际深度 $T_实$ 相比较,应取其中的小值作为计算深度 T_c。

2) 按地下轮廓形状将渗流区分成若干典型渗流段,利用表 5.7 计算各段的阻力系数 ζ_i,并计算各段的水头损失 h_i。

如果计算某一水平段的阻力系数值 $\zeta_x \leqslant 0$,说明此段水平距离太短,即可判断其为不合理,此时可将该水平段与附近的渗流段合并后再进行计算。

3) 以直线连接各分段计算点的水头值,便可绘出渗透压强分布图。

4) 对进、出口段水头损失值和渗透压强分布图形进行局部修正。计算公式为:

$$h_0' = \beta' h_0 \tag{5.14}$$

$$\beta' = 1.21 - \frac{1}{\left[12\left(\frac{T'}{T}\right)^2 + 2\right]\left(\frac{S'}{T} + 0.059\right)} \tag{5.15}$$

$$\Delta h = (1 - \beta') h_0 \tag{5.16}$$

式中 h_0'——进、出口段修正后的水头损失值,m;

h_0——按式 (5.12) 计算的水头损失值,m;

β'——阻力修正系数,当计算的 $\beta' \geqslant 1.0$ 时,则取 $\beta' = 1.0$;

S'——底板埋深与板桩入土深度之和,如图 5.21 (a) 所示,m;

T'——板桩另一侧地基透水层深度或齿墙底部至计算深度线的铅直距离,如图 5.21 所示,m;

Δh——修正后的水头损失减小值,m。

5) 当阻力修正系数 $\beta' < 1$ 时,除进、出口段的水头损失需进行修正外,在其附近的内部典型段内仍需修正,即把进出口段的水头损失减小值 Δh 分别按不同情况加在附近的几个典型段内。

① 当 $h_x \geqslant \Delta h$ 时,可按下式修正

$$h_x' = h_x + \Delta h$$

式中 h_x'——修正后的水平段水头损失值;

h_x——水平段的水头损失值。

② 当 $h_x < \Delta h$ 时,可按下面两种情况修正

当 $h_x + h_y \geqslant \Delta h$ 时

$$h_x' = 2h_x, h_y' = h_y + \Delta h - h_x$$

式中 h_y——内部铅直段的水头损失值;

h_y'——修正后的内部铅直段水头损失值。

当 $h_x + h_y < \Delta h$ 时

$$h_x' = 2h_x, h_y' = 2h_y, h_{CD}' = h_{CD} + \Delta h - (h_x + h_y)$$

式中 h_{CD}——CD 段的水头损失值;

h_{CD}'——修正后的 CD 段水头损失值,如图 5.21 所示。

6) 按式 (5.17) 计算出口段渗流坡降 J。

$$J = \frac{h_0'}{S'} \tag{5.17}$$

出口段和水平段的渗流坡降都应满足《水闸设计规范》规定的允许渗流坡降值[J]的要求,防止地下渗流冲蚀地基土并造成渗透变形。

5.3.4 防渗及排水设施

水闸的防渗设施包括水平防渗设施（铺盖）和垂直防渗设施（板桩、齿墙、防渗墙、灌注式水泥砂浆帷幕、高压喷射灌浆帷幕及垂直防渗土工膜等），而排水

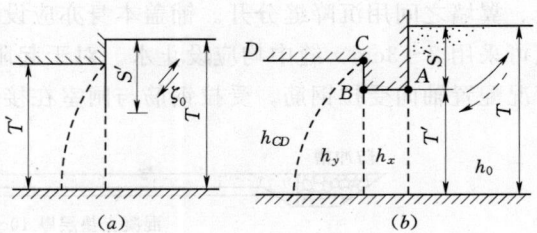

图 5.21 进出口修正计算示意图
(a) 有板桩的进出口渗流计算；(b) 有齿墙的进出口渗流计算

设施则是指铺设在护坦、浆砌石海漫底部或闸底板下游段起导渗作用的砂砾石层。排水体常与反滤层结合使用。

1. 铺盖

铺盖应有可靠的不透水性及一定的柔性，以适应地基变形，保证防渗作用。实际工程中常用的型式有黏土、混凝土、钢筋混凝土或土工膜防渗铺盖等。

(1) 黏土、黏壤土铺盖。这种铺盖的渗透系数应小于地基土的渗透系数1/100。铺盖的长度应由闸基防渗需要确定。铺盖的厚度应根据铺盖土料的允许水力坡降值计算确定，实际工程上游端一般采用0.6～0.8m，并逐渐向闸室方向加厚，靠近闸室处为1.0～1.5m。为了防止铺盖在施工期被损坏和运用时被水流冲刷，其上面应设置厚0.3～0.5m干砌块石或混凝土板保护层。保护层与铺盖间设置一两层砂砾石垫层。铺盖与闸室底板连接处是薄弱环节，应处理好，如图5.22所示。

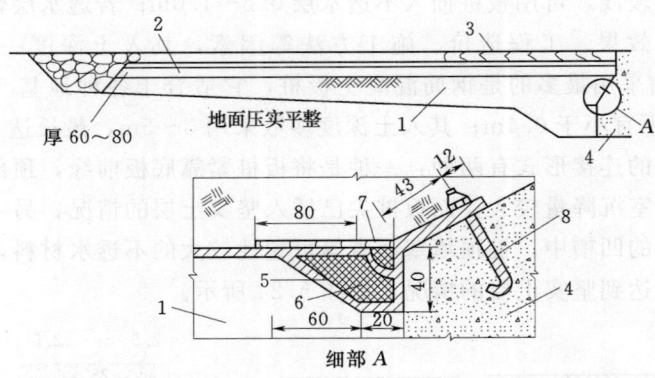

图 5.22 黏土铺盖构造（单位：cm）
1—黏土铺盖；2—垫层；3—浆砌块石保护层（或混凝土板）；
4—闸室底板；5—沥青麻袋；6—沥青填料；
7—木盖板；8—斜面上螺栓

(2) 混凝土或钢筋混凝土铺盖。如当地缺乏黏土、黏壤土，或要用铺盖兼作阻滑板以提高闸室抗滑稳定性时，可采用混凝土或钢筋混凝土铺盖（图5.23）。其厚度一般根据构造要求确定，最小厚度不宜小于0.4m，在与底板连接处应加厚至0.8～1.0m。铺盖与底

板、翼墙之间用沉降缝分开。铺盖本身亦应设温度沉降缝，靠近翼墙的缝距应小一些。缝宽可采用 2～3cm，缝中均应设止水。对于起阻滑作用的钢筋混凝土铺盖，则要根据受力情况配置轴向受拉钢筋。受拉钢筋与闸室在接缝处应采用铰接的构造型式。

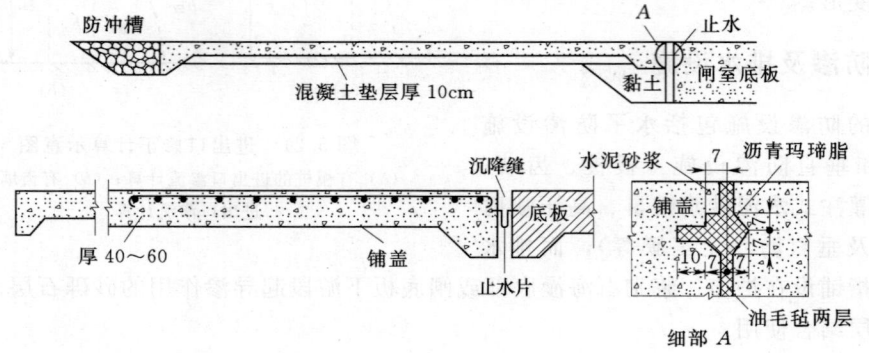

图 5.23　混凝土及钢筋混凝土铺盖构造（单位：cm）

（3）土工膜防渗铺盖。水闸防渗铺盖也可用土工膜代替传统的弱透水土料。用于防渗的土工合成材料主要有土工膜或复合土工膜，其厚度应根据作用水头，膜下土体可能产生裂隙宽度、膜的应变和强度等因素确定。防渗土工膜上部可采用水泥砂浆、砌石或预制混凝土块做防护层、上垫层，下部应设下垫层。

2. 板桩

板桩的作用随其位置不同而不同。一般设在闸底板上游端或铺盖前端，主要用以降低渗透压力，有时也设在底板下游端，以减小出口段坡降或出逸坡降。板桩长度与透水层深度有关，若透水层较浅，可用板桩插入不透水层 0.5～1.0m；若透水层较深，则采用悬挂式板桩，考虑防渗效果、工程造价、施工方法等因素，其入土深度一般为作用水头的 0.7～1.2 倍。目前采用最多的是钢筋混凝土板桩，它适合于各种地基。其最小厚度不宜小于 0.2m；宽度不宜小于 0.4m；其入土深度多数采用 3～5m，最长达 8m。

板桩与闸底板的连接形式有两种：一种是将板桩紧靠底板前缘，顶部嵌入黏土铺盖一定深度，适用于闸室沉降量较大，而板桩尖已插入坚实土层的情况；另一种是将板桩顶部嵌入底板底面特设的凹槽中，桩顶填塞沥青等可塑性较大的不透水材料，适用于闸室沉降量小而板桩桩尖未达到坚实土层的情况，如图 5.24 所示。

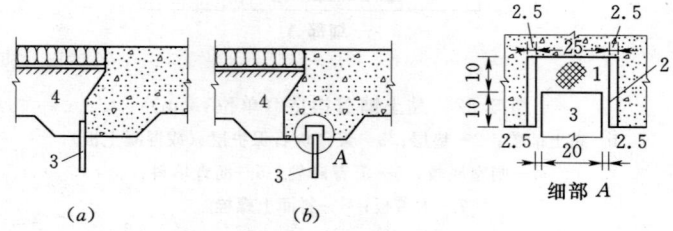

图 5.24　板桩与闸底板的连接形式（单位：cm）
(a) 顶部嵌入黏土；(b) 顶部嵌入底板凹槽
1—沥青；2—预制挡板；3—板桩；4—铺盖

3. 齿墙

闸底板的上、下游端一般都设有齿墙，它有利于抗滑稳定，并可延长渗径。齿墙深度一般为 0.5～1.5m，最大不宜超过 2.0m，否则施工困难。

根据具体情况，水闸的防渗设施还可采用混凝土防渗墙、水泥砂浆帷幕、高压喷射灌浆帷幕及垂直防渗土工膜等。

4. 排水设施

闸基设置排水设施的目的是将闸底渗透水流尽快排到下游，以减小渗透压力，因此要求排水设施透水性好，并与下游畅通。排水型式通常有：

（1）平铺式排水。即在护坦和浆砌石海漫的底部平铺反滤层，如图 5.25 所示。目前有些工程也采用在开挖好的地基上平铺 1～2 层 200～300g/m² 的土工布，并在土工布上平铺厚 15～30cm 的卵石、砾石或碎石做排水。

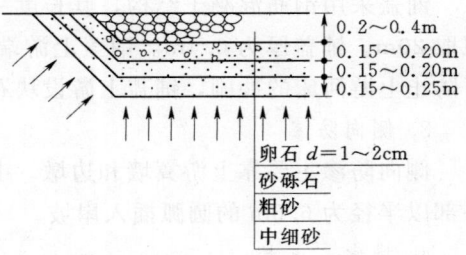

图 5.25 反滤层

（2）垂直排水。在地基内有承压水层时，用垂直排水可有效地降低承压水头。将排水井伸入该层内 0.3～0.5m，引出承压水，达到降压的目的。排水井的井径一般为 0.3m 左右，间距 3m 左右，内填滤料。

（3）水平带状排水。多用于岩基上。

5.3.5 水闸的侧向绕渗

水闸建成挡水后，除闸基渗流外，渗流还从上游高水位绕过翼墙、岸墙和刺墙等流向下游。绕渗对翼墙、岸墙施加水压力，影响其稳定性；在渗流出口处，以及填土与岸、翼墙的接触面上可能产生渗透变形。此外，它还会影响闸和地基的安全。因此，应做好侧向防渗排水设施。

（1）侧向绕渗计算。侧向绕渗具有自由水面，属于三维无压渗流。当河岸土质均一，在其下面有水平不透水层时，可将三维问题简化成二维问题，按与闸基有压渗流相似的方法或流网法或改进阻力系数法求解绕渗要素。如果墙后土层的渗透系数小于地基渗透系数，侧向绕渗压力可以近似地采用相对应部位的闸基扬压力计算值。

（2）侧向防渗措施。侧向防渗排水布置（包括刺墙、板桩、排水井等）应根据上下游水位、墙体材料和墙后土质以及地下水位变化等情况综合考虑，并应与闸基的防渗排水布置相适应，使在空间上形成防渗整体。

任务案例 5-3 水闸防渗设计

5-3-1 地下轮廓设计

对于黏性土地基，通常不采用垂直板桩防渗，故地下轮廓主要包括底板和防渗铺盖。

1. 底板

底板既是闸室的基础，又兼有防渗、防冲刷的作用。它既要满足上部结构布置的要求，又要满足稳定及本身的结构强度等要求。

(1) 底板顺水流方向的长度 L。闸室地板顺水流向长度要满足上部结构布置的要求和从稳定和地基承载力的要求，取 L 为 16m。

(2) 底板厚度 d。根据经验，底板厚度为 $\frac{1}{7} \sim \frac{1}{5}$ 单孔净跨，一般为 $1.0 \sim 2.0$m。故初拟 $d=1.2$m。

(3) 底板构造。底板采用钢筋混凝土结构，混凝土为 C25。上、下游两端各设 0.5m 深的齿墙嵌入地基。底板分缝中设以 V 形铜片止水。

2. 铺盖

铺盖采用钢筋混凝土结构，其长度一般为 2～4 倍闸上水头或 3～5 倍上下游水位差，拟取 20m。铺盖厚为 0.4m。铺盖上游端设 0.5m 深的小齿墙，其头部不再设防冲槽。为了防止上游河床的冲刷，铺盖上游设块石护底，厚 0.3m，其下设 0.2m 厚的砂石垫层。

3. 侧向防渗

侧向防渗主要靠上游翼墙和边墩。上游翼墙为反翼墙，收缩角取为 15°，延伸至铺盖头部以半径为 6.6m 的圆弧插入岸坡。

4. 排水、止水

为了减小作用于闸底板上的渗透压力，在消力池底板下布设反滤层，并设排水管。闸底板与铺盖、铺盖与上游翼墙、上游翼墙与边墙之间的永久性缝中，均设铜片止水。闸底板与消力池、消力池与下游翼墙、下游翼墙与边墙之间的永久性分缝，为了防止闸基土与墙后填土被水流带出，缝中铺贴沥青油毛毡。

5. 防渗长度验算

(1) 闸基防渗长度。必须的防渗长度为
$$L=C\Delta H$$
$\Delta H=3.7$m。当反滤有效时，$C=3$；当反滤失效时，$C=4$。因此 $L=11.1 \sim 14.8$m。

实际闸基防渗长度为
$$L'=0.4+0.5+0.7+19+1.3+1.0+0.7+13+0.7+1.0+0.7=39.0(\text{m})$$
$L'>L$，满足要求。

(2) 绕流防渗长度。必须的防渗长度为
$$L=C\Delta H$$
$\Delta H=3.7$m，$C=7$（回填土为壤土，且无反滤）。因此 $L=25.9$m。

实际防渗长度为
$$L'=\frac{20}{\cos 15°}+16=36.7(\text{m})$$
$L'>L$，满足防渗要求。

其地下轮廓布置如图 5.26 所示。

5-3-2 渗流计算

采用改进阻力系数法进行渗流计算。

1. 地下轮廓线的简化

为了便于计算，将复杂的地下轮廓进行简化。由于铺盖头部及底板上下游两端的齿墙

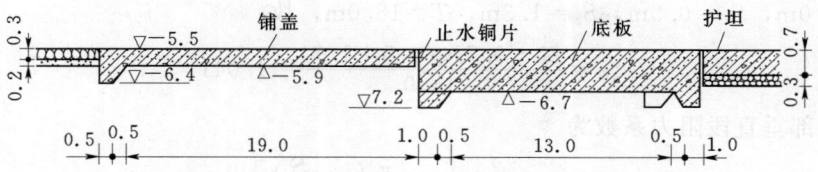

图 5.26 地下轮廓布置图（单位：m）

均较浅，可以将它们简化成短板桩，如图 5.27 所示。

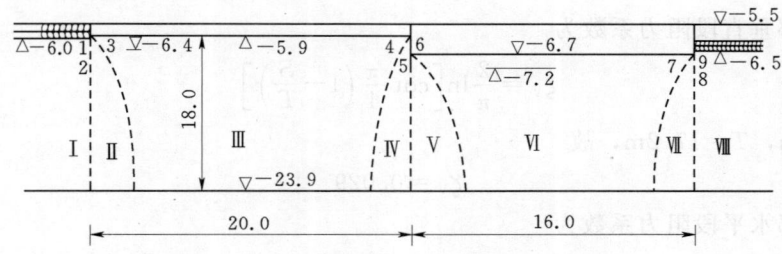

图 5.27 地下轮廓简化图（单位：m）

2. 确定地基的有效深度

根据钻探资料，闸基透水层深度很大。故在渗流计算中必须取一有效深度，代替实际深度。

由地下轮廓线简化图知：地下轮廓的水平投影长度 $L_0=16+20=36\text{m}$；地下轮廓的垂直投影长度 $S_0=1.7-0.4=1.3\text{m}$。$L_0/S_0=36/1.3=27.7>5$，故地基的有效深度 $T_e=0.5L_0=18\text{m}$。

3. 渗流区域的分段和阻力系数的计算

过地下轮廓的角点、尖点，将渗流区域分成八个典型段（图5.27）。Ⅰ、Ⅷ段为进出口段，Ⅱ、Ⅳ、Ⅴ、Ⅶ四段为内部垂直段，Ⅲ、Ⅵ则为内部水平段。

（1）进口段阻力系数为

$$\zeta_\text{Ⅰ}=1.5\left(\frac{S}{T}\right)^{3/2}+0.441$$

$S=0.4\text{m}$，$T=17.9\text{m}$，故

$$\zeta_\text{Ⅰ}=1.5\times\left(\frac{0.4}{17.9}\right)^{3/2}+0.441=0.446$$

（2）内部垂直段阻力系数为

$$\zeta_\text{Ⅱ}=\frac{2}{\pi}\ln\left[\cot\frac{\pi}{4}\left(1-\frac{S}{T}\right)\right]$$

$S=0.5\text{m}$，$T=18.0\text{m}$，故

$$\zeta_\text{Ⅱ}=0.028$$

（3）内部水平段阻力系数为

$$\zeta_\text{Ⅲ}=\frac{L-0.7(S_1+S_2)}{T}$$

$L = 20.0 \text{m}$，$S_1 = 0.5 \text{m}$，$S_2 = 1.3 \text{m}$，$T = 18.0 \text{m}$，故

$$\zeta_{\text{III}} = \frac{20 - 0.7 \times (0.5 + 1.3)}{18.0} = 1.041$$

(4) 内部垂直段阻力系数为

$$\zeta_{\text{IV}} = \frac{2}{\pi} \ln \left[\cot \frac{\pi}{4} \left(1 - \frac{S}{T} \right) \right]$$

$S = 1.3 \text{m}$，$T = 18.0 \text{m}$，故

$$\zeta_{\text{IV}} = 0.072$$

(5) 内部垂直段阻力系数为

$$\zeta_{\text{V}} = \frac{2}{\pi} \ln \left[\cot \frac{\pi}{4} \left(1 - \frac{S}{T} \right) \right]$$

$S = 0.5 \text{m}$，$T = 17.2 \text{m}$，故

$$\zeta_{\text{V}} = 0.029$$

(6) 内部水平段阻力系数为

$$\zeta_{\text{VI}} = \frac{L - 0.7(S_1 + S_2)}{T}$$

$L = 16.0 \text{m}$，$S_1 = 0.5 \text{m}$，$S_2 = 0.5 \text{m}$，$T = 17.2 \text{m}$，故

$$\zeta_{\text{VI}} = 0.890$$

(7) 内部垂直段阻力系数为

$$\zeta_{\text{VII}} = \frac{2}{\pi} \ln \left[\cot \frac{\pi}{4} \left(1 - \frac{S}{T} \right) \right]$$

$S = 0.5 \text{m}$，$T = 17.2 \text{m}$，故

$$\zeta_{\text{VII}} = 0.029$$

(8) 出口段阻力系数为

$$\zeta_{\text{VIII}} = 1.5 \left(\frac{S}{T} \right)^{3/2} + 0.441$$

$S = 0.7 \text{m}$，$T = 17.4 \text{m}$，则

$$\zeta_{\text{VIII}} = 0.453$$

$$\zeta = \sum_{i=1}^{8} \zeta_i = 2.988$$

4. 计算渗透压力

(1) 设计情况：$\Delta H = 4.3 - 1.0 = 3.3 \text{m}$。

1) 各段水头损失的计算 $h_i = \frac{\Delta H}{\zeta} \zeta_i$，则 $h_{\text{I}} = 0.49 \text{m}$，$h_{\text{II}} = 0.03 \text{m}$，$h_{\text{III}} = 1.15 \text{m}$，$h_{\text{IV}} = 0.08 \text{m}$，$h_{\text{V}} = 0.03 \text{m}$，$h_{\text{VI}} = 0.99 \text{m}$，$h_{\text{VII}} = 0.03 \text{m}$，$h_{\text{VIII}} = 0.50 \text{m}$。

2) 进出口水头损失的修正。进口处修正系数 β_1 为

$$\beta_1 = 1.21 - \frac{1}{\left[12 \left(\frac{T'}{T} \right)^2 + 2 \right] \left(\frac{S}{T} + 0.059 \right)}$$

$T' = 18.0 \text{m}$，$T = 17.9 \text{m}$，$S = 0.4 \text{m}$，则 $\beta_1 = 0.34 < 1.0$，应予修正。进口段的水头损

失修正为 $h'_I = \beta_1 h_I = 0.17\text{m}$，进口段水头损失的修正量为 $\Delta h = 0.49 - 0.17 = 0.32\text{m}$，修正量应转移给相邻各段，则

$$h'_{II} = 0.03 + 0.03 = 0.06(\text{m}), \quad h'_{III} = 1.15 + (0.32 - 0.03) = 1.44(\text{m})$$

同样对出口段修正如下

$$\beta_2 = 1.21 - \frac{1}{\left[12\left(\frac{T'}{T}\right)^2 + 2\right]\left(\frac{S}{T} + 0.059\right)}$$

$T' = 17.2\text{m}$，$T = 17.4\text{m}$，$S = 0.7\text{m}$，则 $\beta_2 = 0.475 < 1.0$，故亦需修正。
出口段的水头损失修正为

$$h'_{IX} = \beta_2 h_{IX} = 0.24\text{m}$$

修正量 $\Delta h = 0.50 - 0.24 = 0.26\text{m}$。该修正量亦应转移给相邻各段，则

$$h'_{VIII} = 0.03 + 0.03 = 0.06(\text{m})$$
$$h'_{VII} = 0.99 + (0.26 - 0.03) = 1.22(\text{m})$$

3) 计算各角隅点的渗压水头。由上游进口段开始，逐次向下游从作用水头值 ΔH 中相继减去各分段的水头损失值（也可由下游出口段从零开始，逐段累加各分段的水头损失值），即可求得各角隅点的渗压水头值

$$H_1 = 3.3\text{m}$$
$$H_2 = 3.3 - h'_I = 3.3 - 0.17 = 3.13(\text{m})$$
$$H_3 = H_2 - h'_{II} = 3.13 - 0.06 = 3.07(\text{m})$$
$$H_4 = H_3 - h'_{III} = 3.07 - 1.44 = 1.63(\text{m})$$
$$H_5 = H_4 - h'_{IV} = 1.63 - 0.08 = 1.55(\text{m})$$
$$H_6 = H_5 - h'_V = 1.55 - 0.03 = 1.52(\text{m})$$
$$H_7 = H_6 - h'_{VI} = 1.52 - 1.22 = 0.30(\text{m})$$
$$H_8 = H_7 - h'_{VII} = 0.30 - 0.06 = 0.24(\text{m})$$
$$H_9 = H_8 - h'_{VIII} = 0.24 - 0.24 = 0.00(\text{m})$$

4) 做出渗透压力分布图。根据以上算得的渗压水头值，并认为沿水平段水头损失呈线性变化，则做出渗透压力分布图，如图 5.28 所示。

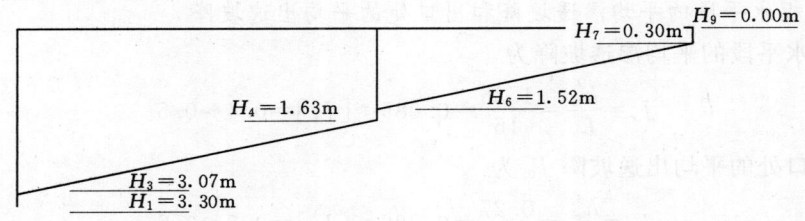

图 5.28　设计洪水位时渗透压力分布图

单位宽底板所受渗透压力

$$P_1 = \frac{1}{2}(H_6 + H_7) \times 16 \times 1 \times \gamma_w = \frac{1}{2} \times (1.52 + 0.30) \times 16 \times 1 \times 9.8 = 142.69(\text{kN})$$

单位宽铺盖所受的渗透压力

$$P_2 = \frac{1}{2}(H_3 + H_4) \times 20 \times 1 \times \gamma_w = \frac{1}{2} \times (3.07 + 1.63) \times 20 \times 1 \times 9.8 = 460.6 (\text{kN})$$

（2）同样的步骤可计算出校核情况下的渗透压力分布，即

$$\Delta H = 4.7 - 1.0 = 3.7 (\text{m})$$
$$H_1 = 3.7 \text{m}$$
$$H_2 = 3.51 \text{m}$$
$$H_3 = 3.44 \text{m}$$
$$H_4 = 1.83 \text{m}$$
$$H_5 = 1.74 \text{m}$$
$$H_6 = 1.70 \text{m}$$
$$H_7 = 0.34 \text{m}$$
$$H_8 = 0.27 \text{m}$$
$$H_9 = 0.00 \text{m}$$

根据以上计算做出渗透压力分布图，如图 5.29 所示。

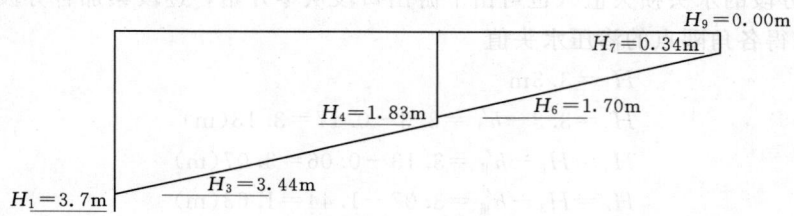

图 5.29 校核洪水位时渗透压力分布图

单位宽闸底板所受渗透压力 P_1' 为

$$P_1' = \frac{1}{2}(H_6 + H_7) \times 16 \times 1 \times \gamma_w = \frac{1}{2} \times (1.70 + 0.34) \times 16 \times 1 \times 9.8 = 159.94 (\text{kN})$$

单位宽铺盖所受渗透压力 P_2' 为

$$P_2' = \frac{1}{2}(H_3 + H_4) \times 20 \times 1 \times \gamma_w = \frac{1}{2} \times (3.44 + 1.83) \times 20 \times 1 \times 9.8 = 516.46 (\text{kN})$$

5. 闸底板水平段的平均渗透坡降和出口处的平均出逸坡降

闸底板水平段的平均渗透坡降为

$$J_x = \frac{h_{v1}'}{L_x} = \frac{1.36}{16} = 0.085 < [J_x] = 0.4 \sim 0.5$$

渗流出口处的平均出逸坡降 J_0 为

$$J_0 = \frac{h_{v2}'}{S} = \frac{0.27}{0.7} = 0.386 < [J_0] = 0.7 \sim 0.8$$

闸基防渗满足抗渗稳定的要求。

6. 翼墙、边墩后的绕流计算

两岸绕流实质是空间无压渗流问题，其计算是复杂的，可以参考谈松曦编《水闸设计》的有关内容进行这方面的计算，这里不展开。但对于一般的工程问题，当计算两岸墙后土层的渗透系数时，侧向渗透压力可近似地采用相对应部位的闸基扬压力计算值。在后

面的计算中,翼墙、边墩后的渗透压力均取用相应部位的闸基扬压力值。

任务 5.4 水闸结构设计

单元任务目标:完成水闸的结构设计。

任务执行过程引导:闸室结构布置主要包括底板、闸墩、胸墙、闸门、启闭机、工作桥和交通桥等部分结构的布置和尺寸的拟定。通过对闸室各部分构件进行结构计算,验算其强度,以便最后确定各构件的型式、尺寸及构造。上、下游翼墙,边墩或岸墙、刺墙和导流墙等的设计。

提交成果:闸室设计计算成果;水闸两岸连接建筑物设计计算成果;闸室平、剖面设计图。

5.4.1 闸室的布置与结构

水闸的闸室结构布置包括底板、闸墩、胸墙、闸门、启闭机、工作桥、交通桥等部分结构的布置和尺寸的初步拟定。应在保证稳定的前提下,尽量做到轻型化、整体性好、刚性大、布置匀称,并进行合理的分缝分块,使作用在地基单位面积上的荷载较小、较均匀,并能适应地基可能的沉降变形。

5.4.1.1 底板

闸室底板型式通常有平底板、钻孔灌注桩底板、低堰底板、箱式底板、斜底板、反拱底板等,可根据地基、泄流等条件进行选用。一般情况下,平底板使用较多,本节重点介绍平底板。

平底板按照闸墩与底板的连接方式又可分为整体式和分离式两种。

1. 整体式底板

闸墩与底板浇筑成整体的为整体式底板。整个底板起着承受荷载、传递荷载、防冲和防渗的作用。闸孔宽度较大时,一般沿水流方向设永久缝形成 2~4 孔一联的闸段,边闸段考虑到边荷载的影响,宜为单孔一联,如图 5.30 (a) 所示。缝中应设止水。缝可设在闸墩中间,其优点是闸室结构整体性好,缝间闸段各自独立,各闸段间有不均匀沉陷时,水闸仍能正常工作,且具有较好的抗震性能;缺点是缝墩施工工期较长,且比其他中墩厚,当缝墩较多时,将增加工程量和施工难度。且闸孔孔径过大时,底板应力很大,需配置较多的钢筋。这种底板适用于地质条件较差的地基或地震区。如果地基条件较好,相邻闸段不致出现不均匀沉降的情况下,也可将缝设在闸孔底板中间,如图 5.30 (b) 所示,可缩短工期,减小闸的总宽度和底板的跨中弯矩。但须确保闸门的启闭安全可靠。

底板顺水流方向的长度应根据闸室地基条件和上部结构布置要求,以满足闸室整体稳定和地基允许承载力为原则来分析确定。初拟时对于碎石土和砾(卵)石地基可取 (1.5~2.5) H (H 为水闸上下游最大水位差);砂土和砂壤土可取 (2.0~3.5) H;黏土取 (2.5~4.5) H。底板厚度必须满足强度和刚度的要求,大中型水闸可取闸孔净宽的 1/8~1/6,一般为 1~2m,最薄不小于 0.7m,小型水闸可薄至 0.3m。闸室底板应具有足够的整体性、坚固性、抗渗性和耐久性。常用钢筋混凝土结构,小型水闸也可用混凝土浇

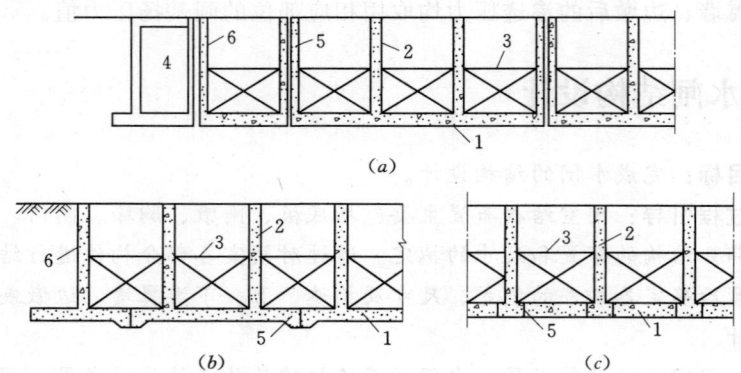

图 5.30 底板的分类
(a) 缝设在闸墩中间；(b) 缝设在闸孔底板中间；(c) 分离式底板
1—底板；2—闸墩；3—闸门；4—空箱式岸墙；5—温度沉降缝；6—边墩

筑，目前常用的强度等级为 C25。底板需要配筋。

2. 分离式底板

在闸墩两侧附近设缝，将底板与闸墩断开，称为分离式底板，如图 5.30 (c) 所示。缝中设止水。其闸室上部结构的重量将直接由闸墩或连同部分底板传给地基。中间底板仅起防冲、防渗和稳定的作用，其厚度根据自身稳定的需要确定。一般用混凝土或浆砌石建成，必要时加少量钢筋。优点是可缩短工期，减小闸的总宽度，工程量小；缺点是底板接缝较多，闸室结构的整体性较差，对地基要求较高。一般适用于地质条件较好、承载能力较大的地基。

5.4.1.2 闸墩

闸墩的结构型式应根据闸室结构抗滑稳定性和闸墩纵向刚度要求确定，一般宜采用实体式，常用混凝土、少筋混凝土或浆砌块石。闸墩的外形轮廓应满足过闸水流平顺、侧向收缩小、过流能力大的要求。上游可用半圆形，下游宜用流线形。

闸墩上游部分的顶面高程主要应满足两种运用情况：①挡水时，闸顶高程不应低于水闸正常蓄水位（或最高挡水位）加波浪计算高度与相应安全超高值之和；②泄水时，不低于设计洪水位（或校核洪水位）与相应安全超高值之和。下游部分的闸顶高程可适当降低，但应保证下游的交通桥底部高出泄洪水位 0.5m 以上及桥面能与闸室两岸道路衔接。

闸墩的长度一般取决于上部结构布置和闸门的型式，一般与底板等长或稍短些。闸墩上、下游面常为铅直面，如上部结构布置后闸墩有富裕，两端可做成 10∶1～5∶1 的竖坡。如上部结构布置不下，顶部可做成向外挑出的牛腿。通常弧形闸门的闸墩长度比平面闸门的闸墩长。

闸墩厚度应满足稳定和强度要求，根据闸孔孔径、受力条件、结构构造要求、闸门型式和施工方法等确定。根据经验，一般混凝土闸墩厚 1.0～1.6m，少筋混凝土闸墩厚 0.9～1.4m，钢筋混凝土闸墩厚 0.7～1.2m，浆砌石闸墩厚 0.8～1.5m。平面闸门的闸墩厚度主要受门槽深度控制，闸墩在门槽处的最小厚度主要是根据结构强度和刚度的需要确定，一般不宜小于 0.4m。弧形闸门的闸墩因没有门槽，可采用较小的厚度。兼作岸墙的边闸墩还应考虑承受侧向土压力的作用,其厚度应根据结构抗滑稳定性能和结构强度的需要计算确定。

平面闸门的门槽尺寸取决于闸门尺寸和支承型式。工作门槽深一般不小于 0.3m,宽 0.5~1.0m,最优宽深比宜取 1.6~1.8。检修门槽深一般为 0.15~0.25m,宽 0.15~0.30m。检修门槽与工作门槽之间应留 1.5~2.0m 净距以便安装和检修。弧形闸门的闸墩不需设主门槽。

5.4.1.3 胸墙

胸墙常用钢筋混凝土结构,做成板式或梁板式,如图 5.31 所示。孔径小于或等于 6.0m 时可采用板式,墙板也可做成上薄下厚的楔形板,其顶部厚度一般不小于 0.2m。孔径大于 6.0m 时,宜采用梁板式,它由墙板、顶梁和底梁组成,其板厚一般不小于 0.12m;顶梁梁高为胸墙跨度的 1/15~1/12,梁宽常取 0.4~0.8m;底梁由于与闸门顶接触,要求有较大的刚度,梁高为胸墙跨度的 1/9~1/8,梁宽为 0.6~1.2m。当胸墙高度大于 5.0m,且跨度较大时,可增设中梁及竖梁构成肋形结构。各结构尺寸应根据受力条件和边界支承情况计算确定。

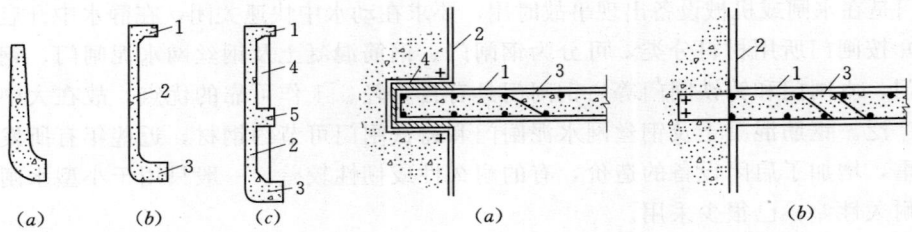

图 5.31 胸墙的结构形式
1—顶梁;2—墙板;3—底梁;
4—竖梁;5—中梁

图 5.32 胸墙的支承形式
(a) 简支式;(b) 固接式
1—胸墙;2—闸墩;3—钢筋;4—涂沥青

胸墙与闸墩的连接方式有简支式和固接式两种,如图 5.32 所示。简支式胸墙与闸墩分开浇筑,缝间涂沥青;也可将预制墙体插入闸墩预留槽内,成为活动胸墙。其优点是可避免在闸墩附近迎水面出现裂缝,但断面尺寸较大。固接式胸墙与闸墩整浇在一起,胸墙钢筋伸入闸墩内,形成刚性连接。其优点是断面尺寸小,可增强闸室的整体性,但受温度变化和闸墩变位的影响,易在胸墙支点附近的迎水面产生裂缝。整体式底板可用固接式,分离式底板多用简支式。

胸墙顶宜与闸顶齐平。胸墙底部高程应根据孔口流量要求计算确定,应不影响泄水。

胸墙相对于闸门的位置取决于闸门的型式。若采用弧形闸门,胸墙设在闸门上游侧;若采用平面闸门,胸墙可设在闸门上游侧,也可设在闸门下游侧,如图 5.33 所示。前者止水放在闸门前面启闭机螺杆或钢丝绳与吊耳等铁环不致因浸在水中而锈蚀,但其止水

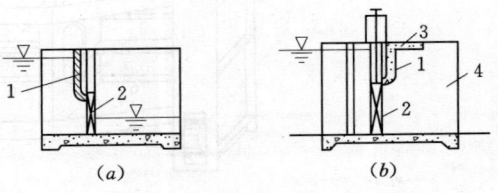

图 5.33 胸墙与闸门的相对位置
(a) 在闸门上游侧;(b) 在闸门下游侧
1—胸墙;2—闸门;3—工作桥;4—闸墩

设备较复杂,且易磨损。后者闸门紧靠胸墙,使止水设备简单,且止水效果好,只是对螺杆等防锈蚀不利。

5.4.1.4 闸门

闸门是水闸的一个重要组成部分,水闸利用它的启闭来达到控制水位和调节流量的目的。

1. 闸门的分类

(1) 按结构型式分类,可分为平面闸门、弧形闸门等。平面闸门是平板形式的门叶,按提升方式不同又可分为直升式和升卧式两种。弧形闸门的挡水面板是圆弧面,启闭时绕位于弧形挡水面圆心处的支承铰转动。与平面闸门相比,弧形闸门的主要优点是启门力小,可以封闭较大面积的孔口,无影响孔口水流状态的门槽,闸墩厚度较小,机架桥的高度较低,埋件少。其主要缺点是所需闸墩较长;不能提出孔口以外进行检修维护,也不能在孔口之间互换;总水压力集中于支铰处,闸墩受力复杂。

(2) 按工作性质分类,可分为工作闸门、检修闸门和事故闸门。工作闸门是水闸正常运行情况下使用,要求其在动水中启闭;检修闸门是检修时临时挡水用,通常在静水中启闭;事故闸门是在水闸或机械设备出现事故时用,要求在动水中快速关闭,在静水中开启。

(3) 按闸门所用材料分类,可分为钢闸门、钢筋混凝土及钢丝网水泥闸门、钢木混合结构闸门、木闸门和铸铁闸门等。钢闸门具有自重轻、工作可靠的优点,故在大中型水闸中应用广泛。钢筋混凝土及钢丝网水泥闸门和铸铁闸门可节约钢材,近些年有所发展,但有的较重,增加了启闭设备的造价,有的耐久性或韧性较差,一般只用于小型水闸。木闸门因其耐久性差,已很少采用。

2. 闸门的构造组成

闸门结构一般由活动部分、埋固部分和悬吊设备三部分组成。活动部分主要是由面板、梁格系统组成的门体结构;埋固部分是预埋在闸墩和胸墙等结构内部的固定构件;悬吊设备是指连接闸门和启闭设备的拉杆或牵引索等。

平面钢闸门的活动部分(也称门叶,如图 5.34 所示)由承重结构、支承移动装置

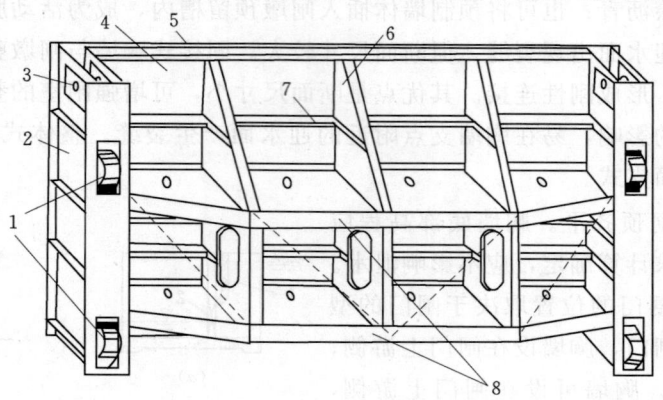

图 5.34 直升式平面钢闸门
1—主轮;2—支承边梁;3—吊耳;4—面板;5—顶梁;6—横向隔板
(竖直次梁);7—水平次梁;8—主梁

（或称行走支承）、止水装置及吊耳等组成，其中承重结构包括面板、梁格、竖向联结系、门背（纵向）联结系和支承边梁等。支承移动装置有轮式支承和滑块支承两种，常用的是轮式支承。弧形钢闸门的活动部分由弧形面板、主梁、次梁、竖向联结系（或隔板）、起重桁架、支臂和支铰等所组成，如图 5.35 所示。

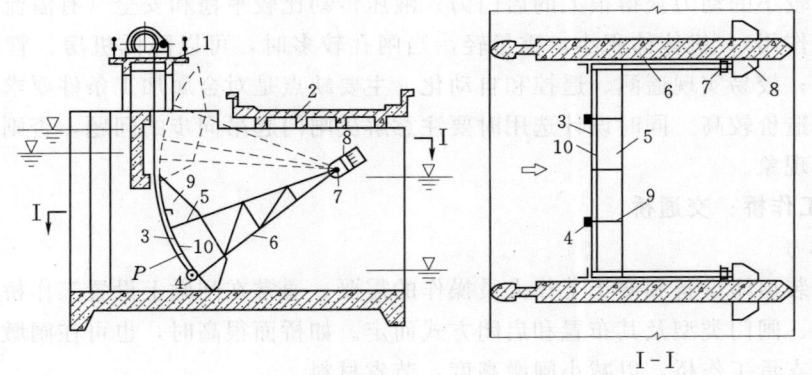

图 5.35 弧形钢闸门布置
1—工作桥；2—公路桥；3—面板；4—吊耳；5—主梁；6—支臂；
7—支铰；8—牛腿；9—竖隔板；10—水平次梁

闸门的基本尺寸根据孔口尺寸确定。露顶式闸门顶部应在可能出现的最高挡水位以上有 0.3~0.5m 的超高。

5.4.1.5 启闭机

闸门启闭机可分为固定式和移动式两种。常用的固定式启闭机有卷扬式、螺杆式和油压式三种。移动式一般有门架式和桥式两种。启闭机的型式应根据门型、尺寸及其运用条件等因素选定。所选用的启闭机的启闭力应大于等于计算的启闭力，同时应符合国家现行的 SL 41—2018《水利水电工程启闭机设计规范》所规定的启闭机系列标准。若要求短时间内全部均匀开启或多孔闸门启闭频繁时，每孔应设一台固定式启闭机。

1. 卷扬式启闭机

固定卷扬式启闭机广泛应用于大中型水闸，其定型产品有卷扬式平板闸门启闭机和卷扬式弧形闸门启闭机两种。主要由电动机、减速箱、传动轴和绳鼓所组成。绳鼓固定在传动轴上，围绕钢丝绳，钢丝绳连接在闸门吊耳上。启闭闸门时，通过电动机、减速箱和传动轴使绳鼓转动，进而钢丝绳牵引闸门升降，并通过滑轮组的作用，使用较小的钢丝绳拉力，便可获得较大启门力。固定卷扬式启闭机适用于闭门时不需施加压力，且要求在短时间内全部开启的闸门。一般每孔布置一台。

2. 螺杆式启闭机

螺杆式启闭机主要由摇柄、主机和螺杆组成。螺杆的下端与闸门的吊头连接，上端利用螺纹与承重螺母相扣合。当用机械或人力转动主机时，迫使螺杆连同闸门上下移动，从而启闭闸门。其优点是结构简单，使用方便，价格较低且易于制造；缺点是启闭速度慢，启闭力小，故只适用于小型水闸。当水压力较大，门重不足时，可通过螺杆对闸门施加压力，以便使闸门关闭到底。当螺杆长度较大（如大于 3m）时，可在胸墙上每隔一定距离设支撑套环，以防止螺杆受压失稳。其启门力一般为3~100kN。

3. 油压式启闭机

油压式启闭机主体由油缸和活塞组成。活塞经活塞杆或连杆和闸门连接，改变油管中的压力即可使活塞带动闸门升降，是一种比较理想的启闭设备。主要优点是利用液压原理，可以用较小的动力获得很大的启门力；液压传动比较平稳和安全（有溢流阀，超载时起自动保护作用）；机体体积小，重量轻，当闸孔较多时，可以降低机房、管路及工作桥的工程造价；较易实现遥测、遥控和自动化。主要缺点是对金属加工条件要求较高，质量不易保证，造价较高。同时设计选用时要注意解决闸门起吊同步的问题，否则会发生闸门歪斜卡阻的现象。

5.4.1.6 工作桥、交通桥

1. 工作桥

为了安装启闭设备和便于工作人员操作的需要，通常在闸墩上设置工作桥。桥的位置由启闭设备、闸门类型及其布置和启闭方式而定。如桥面很高时，也可在闸墩上部另建支柱或排架来支承工作桥，以减小闸墩高度，节省材料。

工作桥的高程与闸门和启闭设备的型式、闸门高度有关，一般应使闸门开启后，门底高于上游最高水位，以免阻碍过闸水流。对于平面直升门，若采用固定启闭设备，桥的高度（即横梁底部高程与底板高程的差值）为门高的两倍加上1.0~1.5m的富余高度；若采用活动式启闭设备，则桥高可以低些，但也应大于1.7倍的闸门高度。对于弧形闸门及升卧式平面闸门，工作桥高度可以降低很多，具体应视工作桥的位置及闸门吊点位置等条件而定。

大中型水闸的工作桥一般采用板梁结构，小型水闸多采用板式结构。工作桥的总宽度取决于启闭机的类型、容量和操作需要。大型水闸总宽度在2.5~4.5m，小型水闸在2.0~2.5m。

2. 交通桥

为建闸后便于行人或车辆通行，通常也在闸墩上设置交通桥。交通桥的位置应根据闸室稳定及两岸交通连接的需要而定，一般布置在闸墩的下游侧。交通桥的梁（板）底高程应高出最高洪水位0.5m以上；如果有流冰，则应高出流冰面以上0.2m。交通桥可根据闸孔孔径、设计荷载标准等具体条件来选用板式、梁板式或板拱式，有条件时，可采用预制构件，现场吊装。仅供人畜通行的交通桥，其宽度常不小于3m；行驶汽车等的交通桥，按交通部制定的相应规范进行设计。

5.4.1.7 分缝与止水

1. 分缝

闸室分缝如图5.36所示，除了闸室本身分缝以外，凡是相邻结构荷重相差悬殊或结构较长、面积较大的地方也要设缝分开，如铺盖与闸室底板、翼墙的连接处以及消力池与闸室底板、翼墙的连接处要分别设缝。另外，翼墙本身较长，混凝土铺盖、消力池的护坦在面积较大时也需设缝，以防产生不均匀沉陷。缝的间距一般为15~20m，缝宽2~3cm。

2. 止水

凡具有防渗要求的缝，都应设止水。按照止水设备的方向，有铅直止水和水平止水两

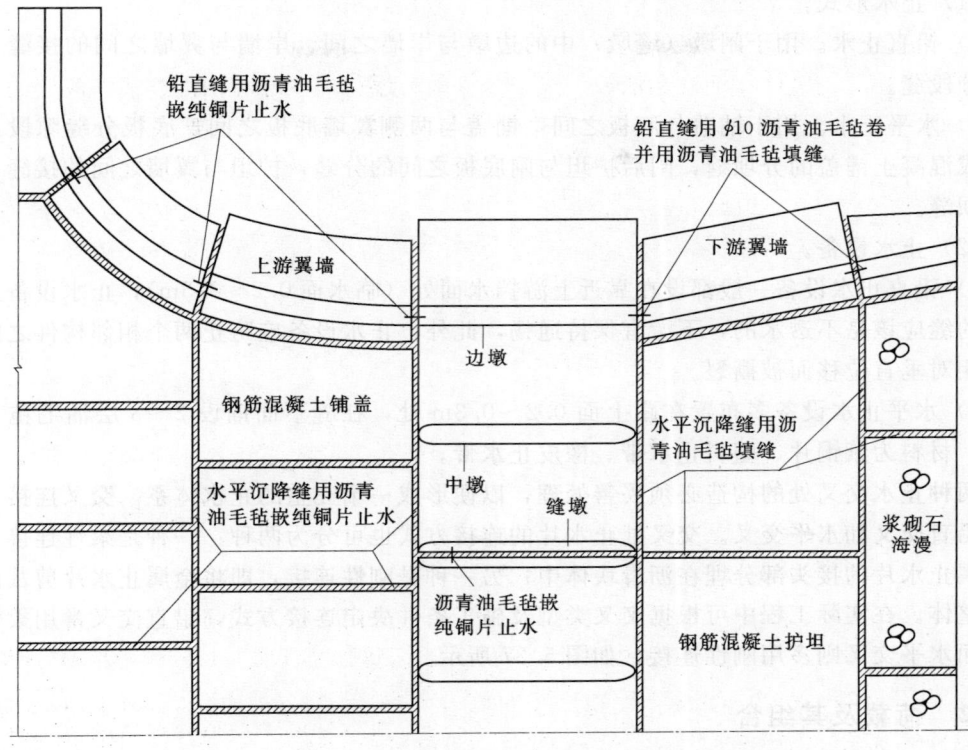

图 5.36 水闸的分缝与止水布置

种。前者设在缝墩中、边墩与翼墙之间以及各段翼墙之间等，后者设在铺盖、消力池底板与闸底板、翼墙之间，闸底板与铺盖、消力池底板间的分缝处等，止水布置如图 5.37 所示。

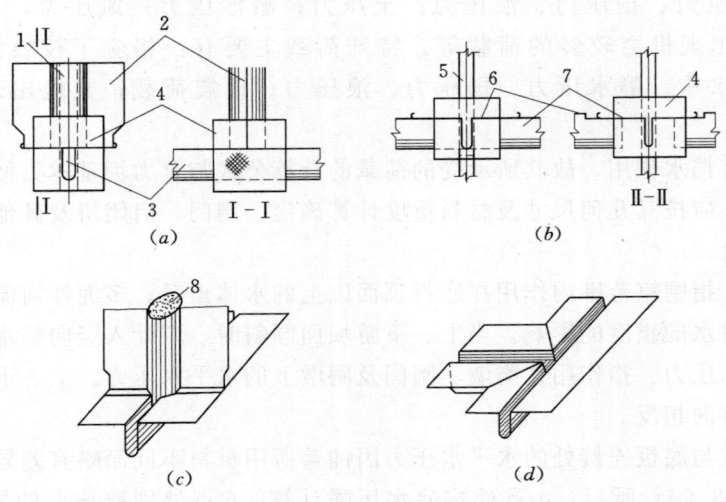

图 5.37 止水及止水交叉构造

(a) 铅直交叉柔性连接；(b) 铅直交叉刚性连接；(c) 水平交叉柔性连接；(d) 水平交叉刚性连接

1—铅直缝；2—铅直止水片；3—水平止水片；4—沥青块体；5—接缝；
6—纵向水平止水；7—横向水平止水；8—沥青柱

(1) 止水形式。

1) 铅直止水。用于闸墩（缝墩）中的边墩与岸墙之间、岸墙与翼墙之间的接缝、翼墙的分段缝。

2) 水平止水。用于铺盖与底板之间，铺盖与两侧翼墙底板之间，底板分缝隙段，混凝土或混凝土铺盖的分坝缝，闸后护坦与闸底板之间的分缝，护坦与翼墙之间的接缝，护坦分坝缝。

(2) 止水设备。

1) 铅直止水设备一般都设在靠近上游挡水面处（临水面 0.2～0.5m），止水设备上游部分的缝应该是不透水的，下游宜保持通畅，此外，止水设备应防止两个相邻构件之间因发生相对垂直位移而被撕裂。

2) 水平止水设备多布置在距上面 0.2～0.3m 处，在缝下面铺设 2～3 层油毛毡或沥青片。材料为紫铜片、塑料止水带、橡皮止水带。

两种止水交叉处的构造必须妥善处理，以便形成一个完整的止水体系。交叉连接有两类：铅直交叉和水平交叉。交叉处止水片的连接方式也可分为两种：一种是柔性连接，即将金属止水片的接头部分埋在沥青块体中；另一种是刚性连接，即将金属止水片剪裁后焊接成整体。在实际工程中可根据交叉类型及施工条件决定连接方式，铅直交叉常用柔性连接，而水平交叉则多用刚性连接，如图 5.37 所示。

5.4.2 荷载及其组合

5.4.2.1 荷载

作用在水闸上的荷载可分为基本荷载和特殊荷载两类。基本荷载主要有：水闸结构及其上部填料和永久设备的自重；相应于正常蓄水位或设计洪水位情况下水闸底板上的水重、静水压力、扬压力、浪压力；土压力；淤沙压力；风压力；冰压力；土的冻胀力；其他出现机会较多的荷载等。特殊荷载主要有：相应于校核洪水位情况下水闸底板上的水重、静水压力、扬压力、浪压力；地震荷载；其他出现机会较少的荷载等。

因水闸具有挡水作用，故其所承受的荷载的计算公式与重力坝基本类似。

(1) 自重。应按其几何尺寸及材料重度计算确定。闸门、启闭机及其他永久设备应尽量采用实际重量。

(2) 水重。指闸室范围内作用在底板顶面以上的水体重量。多泥沙河流上的水闸，还应考虑含沙量对水的重度的影响。当上、下游坝面倾斜时，应计入竖向静水压力。

(3) 水平水压力。指作用在胸墙、闸门及闸墩上的水平水压力。上、下游的水平水压力数值不同，方向相反。

作用在铺盖与底板连接处的水平水压力因铺盖所用材料不同而略有差异。当为黏土铺盖时，如图 5.38 (a) 所示，a 点处按静水压强计算，b 点处则取该点的扬压力强度值，两点之间以直线相连进行计算。当为混凝土或钢筋混凝土铺盖时，如图 5.38 (b) 所示，止水片以上的水平水压力仍按静水压力分布计算，止水片以下按梯形分布计算，c 点的水平水压力强度等于该点的浮托力强度值加上 e 点的渗透压力强度值，d 点则取该点的扬压力强度值，c 点、d 点之间按直线连接计算。

底板上下游浅齿内侧斜面上的水平水压力因方向相反，数值相差不多，一般略而不计。

（4）扬压力。包括渗透压力和浮托力两部分。底板底部某一点的浮托力强度值等于该点与下游水位间的高差乘以水的重度。

（5）浪压力。根据规范，平原地区水闸按重力坝章节中莆田试验站的公式进行计算。

（6）土压力。应根据填土性质、挡土高度、填土内的地下水位、填土顶面坡角及超荷载等计算确定。对于向外侧移动或转动的挡土结构，可按主动土压力计算；对于保持静止不动的挡土结构，可按静止土压力计算。

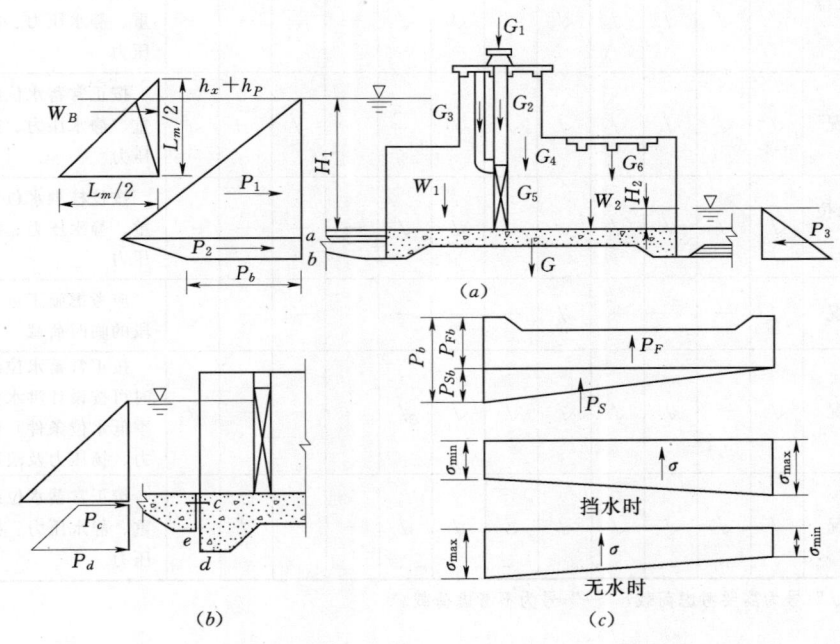

图 5.38 闸室的作用力

P_1、P_2、P_3—水压力；W_B—波浪压力；G—底板重；G_1—启闭机重；G_2—工作桥重；G_3—胸墙重；G_4—闸墩重；G_5—闸门重；G_6—交通桥重；W_1、W_2—水重；P_F—浮托力；P_S—渗透压力；σ—地基反力；P_b—扬压力；h_P—波浪高度；h_z—波浪中心线高度；L_m—波浪长度；P_c、P_d—c 点、d 点的水压力强度

（7）淤沙压力、地震荷载、冰压力的计算同重力坝。

5.4.2.2 荷载组合

水闸在施工、运用及检修过程中，各种作用荷载的大小、分布及出现的概率情况是经常变化的。因此，设计水闸时，应将可能同时作用的各种荷载进行组合。荷载组合分为基本组合与特殊组合两类。基本组合由基本荷载组成，特殊组合由基本荷载和一种或几种特殊荷载组成。但地震荷载只许与正常蓄水位情况下的相应荷载组合。

每种组合中所包含的计算情况及每种情况中所涉及的荷载参见表 5.8，计算闸室稳定和应力时的荷载组合可按此表采用，必要时也可考虑其他的可能的不利组合。

表 5.8　　　　　　　　　　　荷 载 组 合 表

荷载组合	计算情况	自重	水重	静水压力	扬压力	土压力	淤沙压力	风压力	浪压力	冰压力	土的冻胀力	地震荷载	其他	说　明
基本组合	完建情况	√	—	—	—	√	—	—	—	—	—	—	√	必要时，可考虑地下水产生的扬压力
	正常蓄水位情况	√	√	√	√	√	√	√	—	—	—	—	√	按正常蓄水位组合计算水重、静水压力、扬压力及浪压力
	设计洪水位情况	√	√	√	√	√	√	√	√	—	—	—	—	按设计洪水位组合计算水重、静水压力、扬压力及浪压力
	冰冻情况	√	√	√	√	√	√	—	—	√	√	—	—	按正常蓄水位组合计算水重、静水压力、扬压力及冰压力
特殊组合	校核洪水位情况	√	√	√	√	√	√	√	√	—	—	—	—	按校核洪水位组合计算水重、静水压力、扬压力及浪压力
	施工情况	√	—	—	—	√	—	—	—	—	—	—	√	应考虑施工过程中各个阶段的临时荷载
	检修情况	√	—	√	√	√	√	√	—	—	—	—	—	按正常蓄水位组合（必要时可按设计洪水位组合或冬季低水位条件）计算静水压力、扬压力及浪压力
	地震情况	√	√	√	√	√	√	√	√	—	—	√	—	按正常蓄水位组合计算水重、静水压力、扬压力及浪压力

注　表中"√"号为需要考虑荷载；"—"号为不考虑荷载。

5.4.3　水闸的稳定分析及地基处理

5.4.3.1　闸室的稳定性及安全指标

（1）土基上的闸室稳定计算应满足：①在各种计算情况下，闸室平均基底应力不大于地基允许承载力，最大基底应力不大于地基允许承载力的 1.2 倍；②闸室基底应力的最大值与最小值之比不大于《水闸设计规范》规定的允许值；③沿闸室基础底面的抗滑稳定安全系数，应不小于《水闸设计规范》规定的允许值。

（2）岩基上的闸室稳定计算应满足：①在各种计算情况下，闸室最大基底应力不大于地基允许承载力；②在非地震情况下，闸室基底不出现拉应力；在地震情况下，闸室基底拉应力不大于 100kPa；③沿闸室基底面的抗滑稳定安全系数不小于《水闸设计规范》规定的允许值。

（3）对于土质地基，在竖向荷载作用下，可按限制塑性区开展深度的方法计算地基容许承载力；在竖向和水平向荷载共同作用下，可按 CK 法验算地基的整体稳定，也可用汉森公式计算地基的容许承载力。对于碎石土地基的容许承载力可根据碎石土的密实度查表确定。对于岩石地基，地基的容许承载力可根据岩石类别及其风化程度查表确定。详细计算见《水闸设计规范》的附录 H。

5.4.3.2 闸室稳定计算

计算时取两相邻顺水流向永久缝之间的闸段作为计算单元。

1. 闸室基底应力验算

（1）当结构布置及受力情况对称时，按下式计算

$$\sigma_{\min}^{\max} = \frac{\sum G}{A} \pm \frac{\sum M}{W} \quad (\text{kPa}) \tag{5.18}$$

式中 $\sigma_{\min}^{\max}$——闸室基底应力的最大值或最小值；

$\sum G$——作用在闸室上的所有竖向荷载总和，kN；

$\sum M$——作用在闸室上的所有竖向和水平向荷载对于基础底面垂直水流方向的形心轴的力矩和，kN·m；

A——闸室基础底面的面积，m^2；

W——闸室基础底面对于该底面垂直水流方向的形心轴的截面矩，m^3。

（2）当结构布置及受力情况不对称时，按下式计算

$$\sigma_{\min}^{\max} = \frac{\sum G}{A} \pm \frac{\sum M_x}{W_x} \pm \frac{\sum M_y}{W_y} \quad (\text{kPa}) \tag{5.19}$$

式中 $\sum M_x$、$\sum M_y$——作用在闸室上的所有竖向和水平向荷载对于基础底面形心轴 x、y 的力矩和，kN·m；

W_x、W_y——闸室基础底面对于该底面形心轴 x、y 的截面矩，m^3。

2. 闸室抗滑稳定验算

（1）土基上的水闸，一般情况下闸基面的法向应力较小，不会发生深层滑动，故只验算其在荷载作用下沿基底面的抗滑稳定。但当地基面的法向应力较大时，还需要核算深层抗滑稳定性。闸室沿基底面的抗滑稳定计算公式为

$$K_C = \frac{f \sum G}{\sum H} \tag{5.20}$$

$$K_C = \frac{\tan\varphi_0 \sum G + c_0 A}{\sum H} \tag{5.21}$$

式中 K_C——沿闸室基底面的抗滑稳定安全系数；

f——闸室基底面与地基之间的摩擦系数，可查《水闸设计规范》；

$\sum H$——作用在闸室上的全部水平向荷载，kN；

φ_0——闸室基底面与土质地基之间的摩擦角，(°)，可查《水闸设计规范》；

c_0——闸室基底面与土质地基之间的黏聚力，kPa，可查《水闸设计规范》。

式（5.20）由于计算简便，故在水闸设计中，特别是在水闸的初步设计阶段，采用其进行闸室抗滑稳定计算的较多。但其 f 值的取用较困难，并有一定的任意性。式（5.21）是根据现场混凝土板的抗滑试验资料进行分析研究后提出来的，既考虑了混凝土板底面与地基土之间的摩阻力，也考虑了两者之间的黏聚力对闸室抗滑稳定的影响，故其计算成果能够比较真实地反映黏性土地基上水闸的实际运用情况，更具合理性。黏性土地基上的大

型水闸宜按此公式计算。

(2) 对于土基上采用钻孔灌注桩基础的水闸，若验算沿闸室底板底面的抗滑稳定性，还应计入桩体材料的抗剪断能力。

(3) 岩基上沿闸室基底面的抗滑稳定计算可按式（5.20）或式（5.22）进行。

$$K_C = \frac{f'\sum G + c'A}{\sum H} \quad (5.22)$$

式中　　f'——闸室基底面与岩石地基之间的抗剪断摩擦系数，可查《水闸设计规范》；

c'——闸室基底面与岩石地基之间的抗剪断黏聚力，kPa，可查《水闸设计规范》。

式（5.22）中不仅考虑了闸室基底与岩石地基之间的摩阻力，也考虑了客观存在于闸室基底与岩石地基之间的黏聚力，因此按此公式计算更加合理。

当闸室承受双向水平向荷载作用时，应验算其合力方向的抗滑稳定性，其抗滑稳定安全系数应按土基或岩基分别不小于规范规定的允许值。

5.4.3.3　提高闸室抗滑稳定性的措施

当沿闸室基底面抗滑稳定安全系数计算值小于允许值时，可在原有结构布置的基础上，结合工程的具体情况，采用下列一种或几种抗滑措施：①将闸门位置移向低水位一侧，或将水闸底板向高水位一侧加长，以增加水重；②适当增大闸室结构尺寸；③增加闸室底板的齿墙深度；④增加铺盖长度或帷幕灌浆深度，或在不影响防渗安全的条件下将排水设施向水闸底板靠近；⑤利用钢筋混凝土铺盖作为阻滑板，但闸室自身的抗滑稳定安全系数不应小于 1.0（计算由阻滑板增加的抗滑力时，阻滑板效果的折减系数可采用 0.80），阻滑板应满足抗裂要求；⑥增设钢筋混凝土抗滑桩或预应力锚固结构。

当利用钢筋混凝土铺盖作为阻滑板时，则在闸室与阻滑板之间必须用钢筋铰连接，以保证阻滑板与闸室底板起共同抗滑作用。

5.4.3.4　闸基沉降计算

由于土基压缩变形大，容易引起较大的闸基沉降。较大的均匀沉降可能会使闸顶部高程不足；过大的不均匀沉降将会导致闸室倾斜、产生裂缝，甚至止水断裂破坏，严重地影响水闸正常工作。因此，应计算闸基的沉降，以便了解和分析地基的变形情况，做出合理的地基处理方案。计算时应选择有代表性的计算点进行。然后用分层综合法计算其最终沉降量 s_∞：

$$s_\infty = m \sum_{i=1}^{n} \frac{e_{1i} - e_{2i}}{1 + e_{1i}} h_i \quad (5.23)$$

式中　　s_∞——土质地基最终沉降量，m；

m——地基沉降量修正系数，可取 1.0~1.6（坚实地基取小值，软土地基取大值）；

n——土质地基压缩计算深度范围内的土层数；

e_{1i}——基础底面以下第 i 层土在平均自重应力作用下，由压缩曲线查得的相应孔隙比；

e_{2i}——基础底面以下第 i 层土在平均自重应力加平均附加应力作用下，由压缩曲线查得的相应孔隙比；

h_i——基础底面以下第 i 层土的厚度，m。

当软土地基上的水闸地基沉降计算不满足规范规定的允许值时，可以考虑采用以下一种或几种措施：①采用沉降缝隔开；②改变基础型式或刚度；③调整基础尺寸与埋置深度；④必要时对地基进行人工加固；⑤安排合适的施工程序，严格控制施工速度；⑥变更结构型式（采用轻型结构或静定结构等）或加强结构刚度。

5.4.3.5 地基处理

水闸设计应尽可能利用天然地基。但对于淤泥质土，高压缩性黏土和松砂等地基，只采取改进上部结构的措施不能满足稳定和沉降要求时，则需进行必要的地基处理。常用的方法见表5.9。

表5.9 土基常用处理方法

处理方法	基本作用	适用范围	主要设计内容	说 明
换土垫层法	改善地基应力分布，减少沉降量，适当提高地基稳定性和抗渗稳定性	厚度不大的软土地基	确定垫层厚度、宽度及所用材料	用于深厚的软土地基时，仍有较大的沉降量
桩基础	增加地基承载力，减少沉降量，提高抗滑稳定性	较深厚的松软地基，尤其适用于上部为松软土层、下部为硬土层的地基	确定桩型、桩的根数和尺寸、进行平面布置和桩的结构计算等	①桩尖未嵌入硬土层的摩擦桩，仍有一定的沉降量；②用于松砂、砂壤土地基时，应注意渗透变形问题
沉井基础	除与桩基础作用相同外，对防止地基渗透变形有利	适用于上部为软土层或粉细砂层、下部为硬土层或岩层的地基	进行平面布置，确定分节浇筑高度、下沉系数、是否封底及结构尺寸等	不宜用于上部夹有蛮石、树根等杂物的松软地基或下部为顶面倾斜度较大的岩基
强力夯实法	增加地基承载力，减少沉降量，提高抗振动液化的能力	透水性较好的松软地基，尤其适用于稍密的碎石土或松砂地基	夯点布置，确定锤重及落距、夯点夯击遍数、每遍击数和前后两遍的间歇时间及有效加固深度等	用于淤泥或淤泥质土地基时，需采用有效的排水措施
振动水冲法	增加地基承载力，减少沉降量，提高抗振动液化的能力	松砂、软弱的砂壤土或砂卵石地基	进行振冲孔布置，确定振冲孔孔距、孔深、选用的填料及挤扩成桩的桩径等	①处理后地基的均匀性和防止渗透变形的条件较差；②用于不排水抗剪强度小于20kPa的软土地基时，处理效果不显著
预压加固法	对地基进行预压，增加地基承载力，减少沉降量，提高抗滑稳定性	透水性较好的松软地基	确定预压堆石（或土）的范围、荷重、分层堆筑的每层高度及间歇时间等	对含水量较大的黏性土地基可设砂井改善排水条件

注 1. 深层搅拌法、高压喷射法等其他处理方法，经论证后也可采用。
　　2. 各种地基处理方法中涉及的具体设计可参考有关资料。

5.4.4 闸室的结构计算

闸室是一空间结构，受力比较复杂，一般都将其分解成底板、闸墩、胸墙、工作桥及交通桥等若干构件分别计算，并在单独计算时，考虑它们之间的相互作用。这里主要介绍闸墩和底板。

5.4.4.1 闸墩的结构计算

闸墩结构计算主要包括闸墩水平截面上的正应力和剪应力计算、平面闸门门槽或弧形闸门支座的应力计算。

计算时应考虑的工作情况有运用期和检修期两种。

运用期：①两边闸门都关闭时，闸墩受水压力、自重、上部结构及设备重作用。根据不同的水位，分别属于设计情况或校核情况，应验算平面闸门闸墩墩底应力和门槽应力，弧形闸门闸墩墩底应力、牛腿强度及牛腿附近闸墩的拉应力集中现象。当计入纵向地震力时则为校核情况；②一孔全开泄水、邻孔关闭或局部开启时，闸墩承受纵、横向水压力及其他荷载，应验算双向受力的墩底边缘应力。

检修期：相邻闸孔一孔关门检修、一孔开门放水时，闸墩承受纵、横向水压力及其他荷载，属校核情况，应验算双向受力的墩底边缘应力。

1. 闸墩水平截面上的正应力和剪应力

闸墩水平截面上的正应力和剪应力（主要是墩底）主要包括纵向（顺水流方向）和横向（垂直水流方向）两个方向，如图 5.39 所示。闸墩每个高程的应力都不同，而最危险的断面则是闸墩与底板的接触面，因此，主要以墩底截面为控制应力截面，将闸墩视为固结于闸底板上的悬臂结构，近似按材料力学中的偏心受压公式进行应力分析。

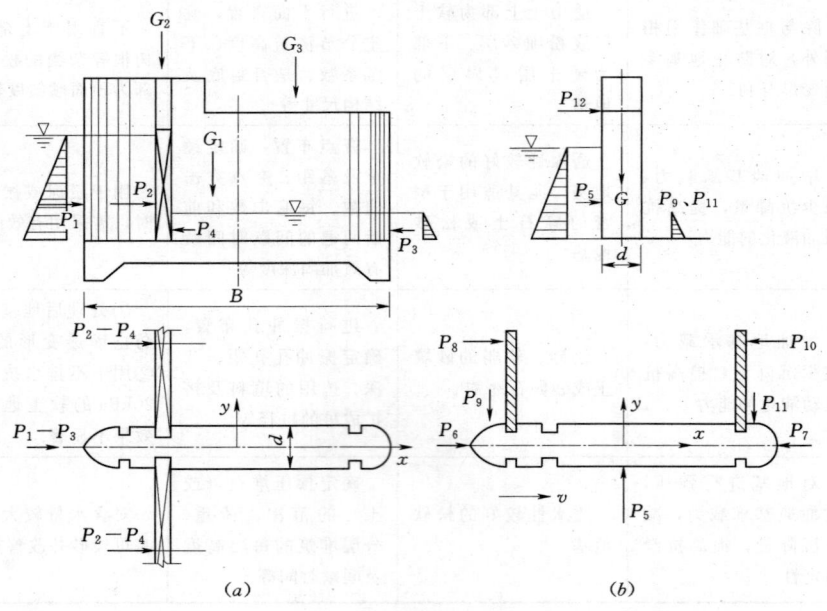

图 5.39 闸墩结构计算
$P_1 \sim P_4$—运行期上、下游顺水流流向水压力；$P_5 \sim P_{11}$—检修期作用于闸墩不同部位的水压力；
P_{12}—交通桥上车辆制动力；G_1—闸墩自重；G_2—工作桥重；G_3—交通桥重

（1）闸墩水平截面上的正应力计算。可按材料力学的偏心受压公式计算闸墩水平截面上的正应力 σ，即

$$\sigma = \frac{\sum G}{A} \pm \frac{\sum M_x}{I_x} y \pm \frac{\sum M_y}{I_y} x \tag{5.24}$$

式中　ΣG——计算截面以上竖向力的总和，kN；

　　　　A——计算截面的面积，m^2；

ΣM_x、ΣM_y——计算截面以上各力对截面形心轴 x、y 轴的力矩总和，kN·m；

　　　I_x、I_y——计算截面对其形心轴 x、y 轴的惯性矩，m^4；

　　　　x、y——计算点至形心轴沿 x、y 轴向的距离，m。

（2）闸墩水平截面上的剪应力计算。计算截面上顺水流方向和垂直水流方向的剪应力为

$$\left. \begin{array}{l} \tau_x = \dfrac{Q_x S_x}{I_x d} \quad (\mathrm{kPa}) \\[6pt] \tau_y = \dfrac{Q_y S_y}{I_y B} \quad (\mathrm{kPa}) \end{array} \right\} \tag{5.25}$$

式中　Q_x、Q_y——计算截面上顺水流方向和垂直水流方向的剪力，kN；

　　　S_x、S_y——计算点以外的面积对形心轴 x、y 轴的面积矩，m^3；

　　　　d——闸墩厚度，m；

　　　　B——闸墩长度，m。

对缝墩或一侧闸门开启另一侧闸门关闭的中墩，各水平力对水平截面形心还将产生扭矩 M_T，位于 y 轴边缘的最大扭剪应力 $\tau_{T\max}$ 可近似用下式计算。

$$\tau_{T\max} = \dfrac{M_T}{0.3 B d^2} \tag{5.26}$$

2. 平面闸门闸墩的门槽应力计算

平面闸门门槽颈部因受闸门传来的水压力而产生拉应力，过去常假定该拉应力完全由钢筋承担，以致造成浪费。实际上应考虑闸墩水平截面上的剪应力影响，它承担着一部分拉应力，这样可以减少钢筋用量。门槽颈部应力分析，目前还没有较完善的方法。

下面介绍一种用材料力学法计算的方法。

如图 5.40 所示，取 1m 高的闸墩作为计算单元。由左、右侧闸门传来的水压力为 P，在计算单元上、下水平截面上将产生剪力 $Q_上$ 和 $Q_下$，剪力差 $Q_下 - Q_上$ 应等于 P。假设剪应力在上、下水平截面上呈均匀分布，并取门槽前的闸墩作为脱离体，由力的平衡条件可求得此 1m 高门槽颈部所受的拉力 P_1 为

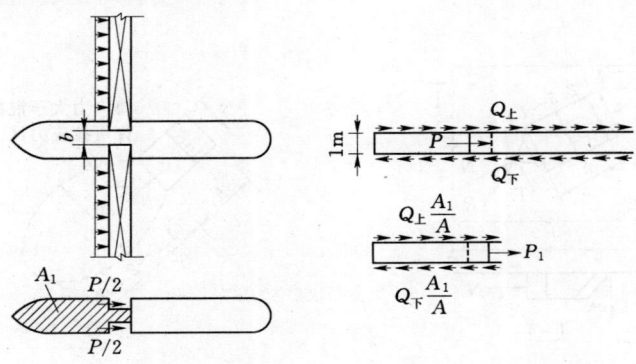

图 5.40　门槽应力计算

$$P_1 = (Q_下 - Q_上)\frac{A_1}{A} = P\frac{A_1}{A} \quad (\text{kN}) \tag{5.27}$$

式中 A_1——门槽颈部以前闸墩的水平截面积，m^2；

A——闸墩的水平截面积，m^2。

从式（5.27）可以看出，门槽颈部所受拉力 P_1 与门槽的位置有关，门槽越靠下游，P_1 越大。

1m 高闸墩在门槽颈部所产生的拉应力 σ_1 为

$$\sigma_1 = \frac{P_1}{b} \quad (\text{kPa}) \tag{5.28}$$

式中 b——门槽颈部厚度，m。

当 σ_1 小于混凝土的容许拉应力时，可按构造要求进行配筋；否则，应按实际受力情况配筋。

由于水压力是沿闸墩高度变化的，因此，应在高度方向分段进行上述计算。

由于门槽承受的荷载是由滚轮或滑块传来的集中力，故还应验算混凝土的局部承压强度或配以一定数量的构造钢筋。

对于实体闸墩，除闸墩底部及门槽外，一般不会超过闸墩材料的容许应力，只需配置构造钢筋。

3. 弧形闸门支座处应力计算

弧形闸门的支承铰有两种布置形式：一种是在闸墩上直接布置铰座；另一种是将铰座布置在伸出于闸墩体外的牛腿上。后者结构简单，制造安装方便，应用较多。

牛腿轴线呈斜向布置，与闸门关闭时的门轴作用力方向接近，一般为 1∶2.5～1∶3.5，宽度 b 不小于 50～70cm，高度 h 不小于 80～100cm，端部做成 1∶1 的斜坡。牛腿承受力矩、剪力和扭矩作用，可按短悬臂梁计算内力并据以配置钢筋和验算牛腿与闸墩的接触面积。

当闸门关闭挡水时，由弧形闸门门轴传给牛腿的作用力 R 为闸门全部水压力合力的一半，该力可分为法向力 N 和切向力 T（图 5.41）。分析时可将牛腿视为短悬臂梁，计算它在 N 与 T 两力作用下的受力钢筋，并验算牛腿与闸墩相连处的面积是否满足要求。分力 N 对牛腿引起弯矩和剪力，分力 T 则使牛腿产生扭矩和剪力。有关牛腿配筋计算可参阅有关书籍。

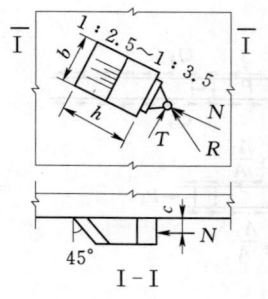

图 5.41 牛腿计算

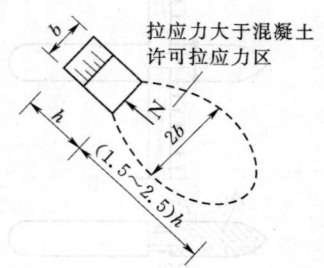

图 5.42 牛腿附近的闸墩拉应力

作用在弧形闸门上的水压力通过牛腿传递给闸墩，远离牛腿部位的闸墩应力仍可用前述方法进行计算，但牛腿附近的应力集中现象则需采用弹性理论进行分析。现介绍偏光弹性试验法。

分力 N 会使闸墩产生相当大的拉应力。三向偏光弹性试验结果表明：仅在牛腿前（靠闸门一边）的约 2 倍牛腿宽，1.5～2.5 倍牛腿高范围内（图 5.42 虚线范围）的主拉应力大于混凝土的容许应力，需要配置受力钢筋；其余部位的拉应力较小，一般小于混凝土的容许拉应力，可按构造配筋或不配筋。在牛腿附近闸墩需配置的受力钢筋面积 A_g 可近似地按式（5.29）计算。

$$A_g = \frac{KN'}{R_g} \tag{5.29}$$

式中　N'——大于混凝土容许拉应力范围内的拉应力总和（即图 5.42 虚线范围内的总拉力），该值为 (70%～80%)N，kN；

　　　K——强度安全系数；

　　　R_g——受拉钢筋设计强度，MPa。

有人把闸墩当作底部固定的矩形板，用有限元法分别计算各种单位荷载作用下闸墩各点的应力，并编制了计算用表，可供使用。上述成果，只能作为中、小型弧形门闸墩牛腿附近的配筋依据，对于重要及大型水闸，需要直接通过模型试验确定支座及支座附近闸墩内的应力状态，并依此配置钢筋。

5.4.4.2　整体式底板内力计算

闸底板是整个闸室结构的基础，是全面支承在地基上的一块受力条件复杂的弹性基础板。实际工程中，一般近似地简化成平面问题，采用"截板成梁"的方法进行计算。因底板在顺水流方向的弯曲变形远较垂直水流方向小，故一般沿垂直水流方向截取单位宽度的板条作为梁来进行计算。由于闸门前后水重相差悬殊，底板所受荷载不同，常以闸门为界，分别在闸门上下游段的中间处截取单宽板条及墩条。

土基上的闸底板按照不同的地基情况可以采用不同的计算方法：对黏性土地基或相对紧密度 $D_r > 0.5$ 的非黏性土地基，采用弹性地基梁法；对 $D_r \leq 0.5$ 的非黏性土地基，采用反力直线分布法；对小型水闸，常采用倒置梁法。根据经验，重要的大型水闸宜按弹性地基梁法设计，反力直线分布法校核。

岩基上的闸底板的应力分析，可按弹性地基梁法中的基床系数法计算。因为岩基弹性模量较大，其单位面积上的沉降变形与所受压力之间的关系比较符合文克尔假定。

1. 倒置梁法

倒置梁法假定闸室地基反力沿顺水流方向呈直线分布，垂直水流方向为均匀分布，并把地基反力当作荷载、底板当作梁、闸墩当作支座，按倒置的连续梁计算底板内力。作用在梁上的荷载有底板自重 q_1、水重 q_2、扬压力 q_3 及地基反力 σ。把上述铅直荷载进行叠加，便得到倒置梁上的均布荷载 $q = q_3 + \sigma - q_1 - q_2$。用结构力学法计算连续梁的内力，进而配筋。

倒置梁法的优点是计算简便。缺点是：①没有考虑底板与地基变形的协调作用；②假定底板在垂直水流方向地基反力为均匀分布，有时与实际情况出入较大；③支座反力与闸墩铅直荷载不相等。因此该法计算成果的误差较大,只在软弱地基上的小型水闸设计中使用。

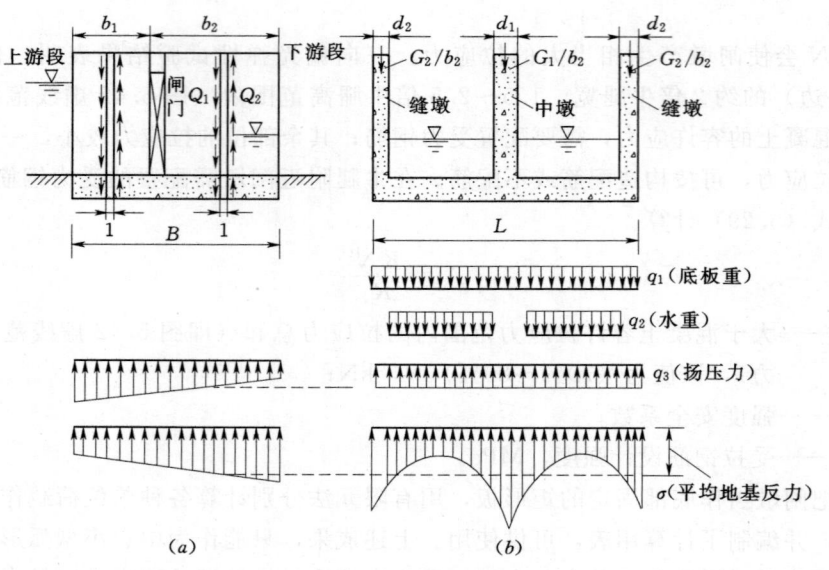

图 5.43 闸底板结构计算

2. 反力直线分布法（荷载组合法或截面法）

反力直线分布法仍假定闸室地基反力在顺水流方向按直线变化规律分布,在垂直水流方向呈均匀分布。在截取单宽板条计算时,不把闸墩当作底板的支座,而认为闸墩是作用在底板上的荷载,按截面法计算其内力。并考虑上部结构与底板的整体作用,即采用所谓的不平衡剪力分配法。该法计算简单,比倒置梁法有改进之处。但未考虑底板与地基变形协调条件,且未有考虑边荷载对底板内力的影响。

反力直线分布法的具体计算方法和步骤如下：

（1）用偏心受压公式计算闸底在顺水流向的地基反力。

（2）计算不平衡剪力。由于在顺水流向闸室所受的荷载,无论在数值上或它们的分布情况都是不同的,而地基反力是连续变化的,所以,当"截板成条"时,作用在单宽板条（包括底板和闸墩）上的铅垂荷载不能平衡,即在单宽板条两侧必然作用有剪力 Q_1 及 Q_2,并由 Q_1 及 Q_2 的差值来维持板条上力的平衡,差值 $\Delta Q = Q_1 - Q_2$,称为不平衡剪力,如图 5.43（a）所示。通常可根据静力平衡条件,采用作图法或数值积分法求得。

作用在单宽板条上的荷载有：底板自重 q_1、水重 q_2、中墩重 G_1/b_i 及缝墩重 G_2/b_i,中墩及缝墩重中包括其上部结构及设备自重在内,在底板的底面有扬压力 q_3 及地基反力 σ,如图 5.43（b）所示。以下游段为例,对所截取的单宽板条进行力的分析,取 $\sum F_y = 0$,则有

$$G_1/b_2 + 2G_2/b_2 + \Delta Q + (q_1 + q_2' - q_3 - \sigma)L = 0 \qquad (5.30)$$

由式（5.30）便可求出 ΔQ。式中 $q_2' = q_2(L - 2d_2 - d_1)/L$,并假定 ΔQ 的方向向下,若算得结果为负值,则 ΔQ 的实际作用方向应向上。

(3) 将不平衡剪力在底板和闸墩上进行分配。不平衡剪力 ΔQ 应由底板和闸墩共同承担,每部分所承担的剪力数值的大小,可通过剪力分布图确定。如图 5.44 所示,其截面上的剪力分布近似地用下列材料力学公式计算。

$$\tau_y = \frac{\Delta Q}{bI} S \quad \text{或} \quad b\tau_y = \frac{\Delta Q}{I} S \quad (5.31)$$

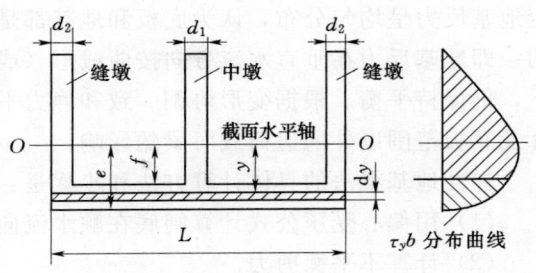

图 5.44 不平衡剪力 ΔQ 分配计算

式中 ΔQ——不平衡剪力,kN;

b——截面在 y 处的宽度,底板部分 $b=L$,闸墩部分 $b=d_1+2d_2$,m;

I——截面惯性矩,m^4;

S——计算截面以下的面积对全截面形心轴的面积矩,m^3。

当截面比较简单时,可直接用下列积分法求得底板和闸墩所承担的不平衡剪力 $\Delta Q_{板}$ 和 $\Delta Q_{墩}$ 为

$$\begin{aligned}\Delta Q_{板} &= \int_f^e \tau_y L \, dy = \int_f^e \frac{\Delta Q S}{IL} L \, dy = \frac{\Delta Q}{I} \int_f^e S \, dy \\ &= \frac{\Delta Q}{I} \int_f^e (e-y) L \left(y + \frac{e-y}{2}\right) dy \\ &= \frac{\Delta Q}{2I} L \left(\frac{2}{3} e^3 - e^2 f + \frac{1}{3} f^3\right) \\ \Delta Q_{墩} &= \Delta Q - \Delta Q_{板}\end{aligned} \quad (5.32)$$

根据经验,一般底板分担不平衡剪力的 10%~15%,闸墩分担不平衡剪力的 85%~90%。

中墩集中力 $\quad P_1 = \dfrac{G_1}{b_2} + \Delta Q_{墩} \left(\dfrac{d_1}{2d_2+d_1}\right)$

缝墩集中力 $\quad P_2 = \dfrac{G_2}{b_2} + \Delta Q_{墩} \left(\dfrac{d_2}{2d_2+d_1}\right)$ (5.33)

(4) 计算作用在单宽板条上的荷载。将分配给闸墩上的不平衡剪力与闸墩及其上部结构的重量作为梁的集中力,并将 P_1 和 P_2 化为局部均布荷载,其强度分别为 $p_1 = P_1/d_1$、$p_2 = P_2/d_2$。则作用在单宽板条上的均布荷载 q 为

$$q = q_3 + \sigma - q_1 - q_2' - \frac{\Delta Q_{板}}{L} \quad (5.34)$$

静定结构计算底板内力,据以验算强度和进行配筋。

3. 弹性地基梁法

采用弹性地基梁法分析闸底板的应力时,还应考虑可压缩土层厚度 T 与弹性地基梁半长 $L/2$ 之比值的影响。当 $2T/L < 0.25$ 时,可按基床系数法(文克尔假定)计算;当 $2T/L > 2.0$ 时,可按半无限深的弹性地基梁法计算;当 $2T/L = 0.25 \sim 2.0$ 时,可按有限深的弹性地基梁法计算。

弹性地基梁法认为在顺水流方向的地基反力仍是直线变化,但在垂直水流方向不再假

定地基反力呈均匀分布，认为底板和地基都是弹性体，由于两者紧密接触，故变形是相同的，即地基反力在垂直水流方向按曲线形（或弹性）分布。同时梁在荷载及地基反力作用下，仍保持平衡。根据变形协调一致和静力平衡条件，求解地基反力和梁的内力，并且还计及底板范围以外的边荷载对梁的影响。

弹性地基梁法的具体计算方法和步骤是：
（1）用偏心受压公式计算闸底在顺水流向的地基反力。
（2）计算不平衡剪力。
（3）不平衡剪力在底板和闸墩上进行分配。
（4）计算作用在弹性地基梁上的荷载。由中墩或缝（边）墩传来的集中力 P_1、P_2 仍用式（5.33）计算。作用在梁上的均布荷载 q 按下式计算：

$$q = q_1 + q_1' - q_3 + \frac{\Delta Q_板}{L} \tag{5.35}$$

底板自重 q_1 的取值，当采用弹性地基梁法计算时，不论是黏性土地基还是砂性土地基，都可不考虑闸室底板自重 q_1；但当不计底板自重致使作用在梁上的均布荷载 q 为负值时，则仍应考虑底板自重的影响，考虑的百分数则以使作用在基底面上的均布荷载 q 值等于零为限度确定。

（5）考虑边荷载对地基梁的影响。边荷载是指计算闸段的底板两侧的闸室或边闸墩（岸墙）以及墩（墙）后回填土作用于地基上的荷载。如图 5.45 所示，计算闸段左侧的边荷载为其相邻闸孔的闸基压应力，右侧的边荷载为回填土的重力以及侧向土压力所产生的弯矩。

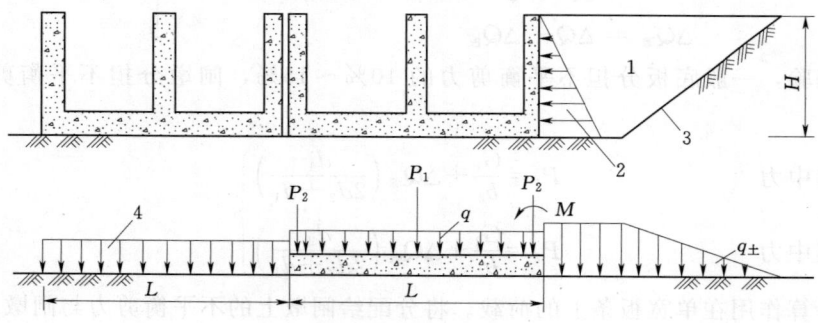

图 5.45 边荷载示意图
1—回填土；2—侧向土压力；3—开挖线；4—相邻闸孔的闸基压应力

《水闸设计规范》规定，无需考虑边荷载是在计算闸段底板浇筑之前还是之后施加的问题，边荷载计算百分数见表 5.10。

表 5.10　　　　　　　　　　边 荷 载 计 算 百 分 数

地基类别	边荷载使计算闸段底板内力减少	边荷载使计算闸段底板内力增加
砂性土	50%	100%
黏性土	0	100%

注　1. 对于黏性土地基上的老闸加固，边荷载的影响可按本表规定适当减小。
　　2. 计算采用的边荷载作用范围可根据基坑开挖及墙后土料回填的实际情况研究确定，通常可采用弹性地基梁长度的1倍或可压缩层厚度的1.2倍。

(6) 计算地基反力及梁的内力。根据 $2T/L$ 判别所需采用的计算方法，然后利用已编制好的数表计算地基反力和梁的内力，进而验算强度并进行配筋。

5.4.5 两岸连接建筑物设计

5.4.5.1 两岸连接建筑物的布置

1. 闸室与河岸的连接型式

水闸闸室与两岸（或堤、坝等）的连接型式主要与地基及闸身高度有关。当地基较好、闸身高度不大时，可用边墩直接与河岸连接；当闸身较高、地基软弱的条件下，可在边墩外侧设置轻型岸墙，边墩只起支承闸门及上部结构的作用，而土压力全由岸墙承担。这种连接型式可以减少边墩和底板的内力，同时还可使作用在闸室上的荷载比较均衡，可减少不均匀沉降。当地基承载力过低，可采用护坡岸墙的结构型式，如图 5.46 所示。

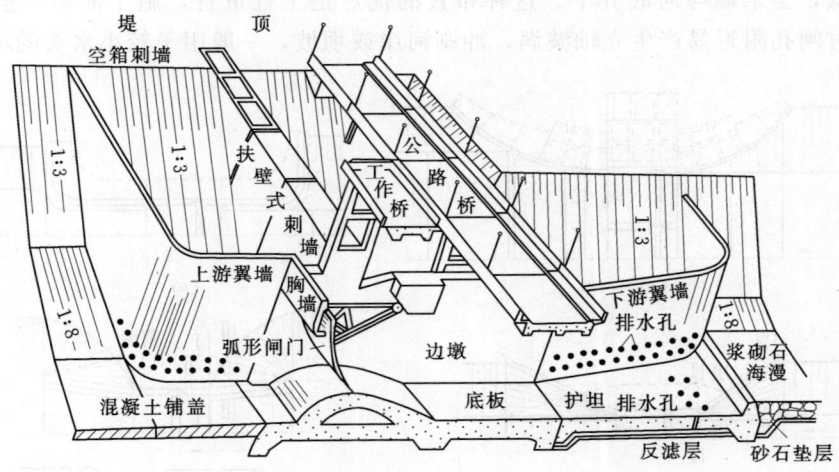

图 5.46 护坡岸墙连接型式

护坡岸墙的优点：边墩既不挡土，也不设岸墙挡土。因此，闸室边孔受力状态得到改善，适用于软弱地基。缺点：防渗和抗冻性能较差。为了挡水和防渗需要，在岸坡段设刺墙，其上游设防渗铺盖。

2. 上下游翼墙的平面布置

上游翼墙应与闸室两端平顺连接，其顺水流方向的投影长度应大于或等于铺盖长度。下游翼墙的平均扩散角每侧宜采用 $7°\sim 12°$，其顺水流方向的投影长度大于或等于消力池长度。上、下游翼墙的墙顶高程应分别高于上、下游最不利的运用水位。翼墙分段长度应根据结构和地基条件确定，可采用 15～20m。建筑在软弱地基或回填土上的翼墙分段长度可适当缩短。

翼墙的平面布置通常有以下几种形式：

(1) 圆弧形翼墙 [图 5.47 (a)]。从边墩开始，向上、下游用圆弧形的铅直翼墙与河岸连接。上游圆弧半径为 15～30m，下游圆弧半径为 30～40m。其优点是水流条件好；缺点是施工复杂，工程量大。适用于上下游水位差及单宽流量较大、闸身高、地基承载力较低的大中型水闸。

(2) 反翼墙 [图 5.47 (b)]。翼墙自闸室向上、下游延伸一段距离，然后转弯 90°插入堤岸，墙面铅直，转弯半径 2~5m。这种布置形式的防渗效果和水流条件均较好，但工程量较大，一般适用于大中型水闸。对于渠系小型水闸，为节省工程量，可采用一字形布置型式，即翼墙自闸室边墩上下游端垂直插入堤岸。这种布置形式进出水流条件较差。

(3) 扭曲面翼墙 [图 5.47 (c)]。翼墙迎水面是由与闸墩连接处的铅直面，向上、下游延伸而逐渐变为倾斜面，直至与其连接的河岸（或渠道）的坡度相同为止。翼墙在闸室端为重力式挡土墙断面形式，另一端为护坡形式。这种布置形式的水流条件好，且工程量小，但施工较为复杂，应保证墙后填土的夯实质量，否则容易断裂。这种布置形式在渠系工程中应用较广。

(4) 斜降翼墙 [图 5.47 (d)]。在平面上呈八字形，随着翼墙向上、下游延伸，其高度逐渐降低，至末端与河底齐平。这种布置的优点是工程量省，施工简单，但防渗条件差，泄流时闸孔附近易产生立轴漩涡，冲刷河岸或坝坡，一般用于较小水头的小型水闸。

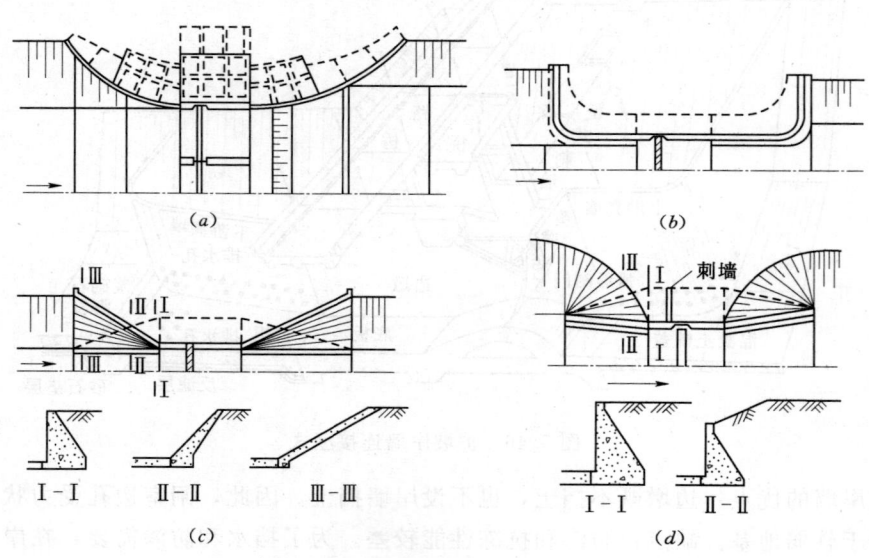

图 5.47 翼墙平面布置型式

5.4.5.2 两岸连接建筑物的结构型式

两岸连接建筑物的受力状态和结构型式与一般挡土墙基本相同，常用的结构型式有重力式、半重力式、衡重式、悬臂式、扶壁式、空箱式和连拱空箱式等，但在水闸工程中应用最多的是重力式、扶壁式和空箱式三种。

(1) 重力式。如图 5.48 所示，用混凝土或浆砌石等材料筑成，主要依靠自重来维持稳定的一种结构型式。其优点是可就地取材，结构简单，施工方便；缺点是材料用量大。适用于地基较好，墙高为 6m 以下的挡土墙。墙身较高时，可用混凝土做成半重力式的。

为了增强墙的耐久性，浆砌石结构的墙顶需设置高约 0.3m 的混凝土盖帽。为了改善地基压力分布，底板也常用混凝土浇筑

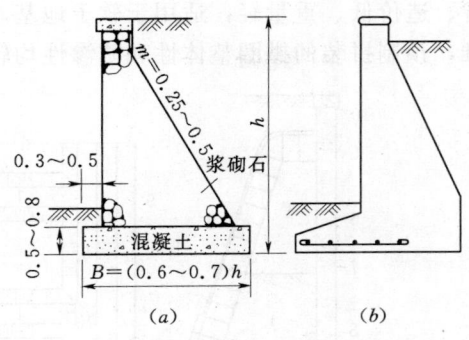
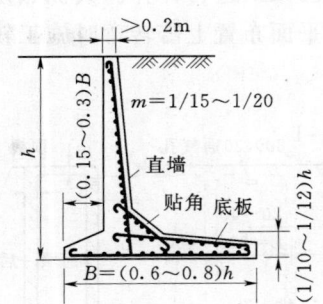

图 5.48 重力式挡土墙（单位：m）　　　图 5.49 悬臂式挡土墙（单位：m）

（2）悬臂式。如图 5.49 所示，由直墙和底板组成的主要利用底板上的填土维持稳定的一种钢筋混凝土的轻型挡土结构。其断面用作翼墙时为倒 T 形，用作岸墙时则为 L 形。其优点是结构尺寸小，自重轻，构造简单。但建筑高度不能太高，适宜高度为 6～10m。

（3）扶壁式。如图 5.50 所示，通常采用钢筋混凝土修建，也是一种轻型结构，它由直墙、扶壁及底板三部分组成，利用扶壁和直墙共同挡土，并可利用底板上的填土维持稳定，适用于墙高大于 10m 的坚实或中等坚实的地基上的情况。

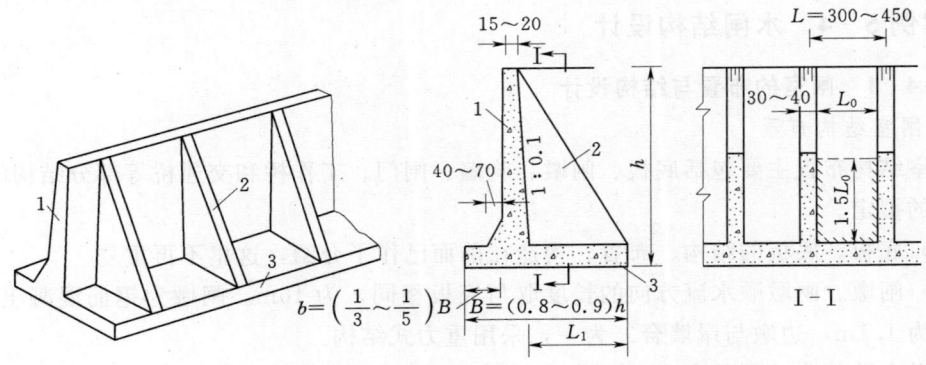

图 5.50　扶壁式挡土墙（单位：m）
1—直墙；2—扶壁；3—底板

（4）空箱式。如图 5.51 所示，也是一种轻型结构，由顶板、底板、前墙、后墙、扶壁和隔墙等组成，箱内不填土或填少量的土，但可以进水，主要依靠墙体本身的重量和箱内部分土重或水重维持其稳定性。其特点是作用于地基上的单位压力较小，且分布均匀，故适用于墙的高度很大且地基允许承载力较低的情况。但其结构复杂，需用较多的钢筋和木材，施工麻烦，造价较高。因此，在某些较差的松软地基上采用扶壁式挡土墙还不能满足设计要求的情况下，宜采用空箱式挡土墙。

（5）连拱空箱式。如图 5.52 所示，是空箱式挡土墙的一种型式，它由底板、前墙、隔墙和拱圈等部分组成。其特点是后墙用拱圈代替，充分利用材料的抗压性能。底板和拱圈一般为混凝土结构，前墙和隔墙多采用浆砌石结构。拱圈净跨一般为 2～3m，矢跨比常为 0.2～0.3，厚度为 0.1～0.2m。拱圈的强度计算可选取单宽拱条，按支承在隔墙（扶壁）上的两铰拱进行计算。其优点是钢筋省、造价低、重量轻，适用于软土地基。缺点是挡土墙在平面布置上需转弯时施工较为困难，预制拼装的拱圈整体性和防渗性均较差。

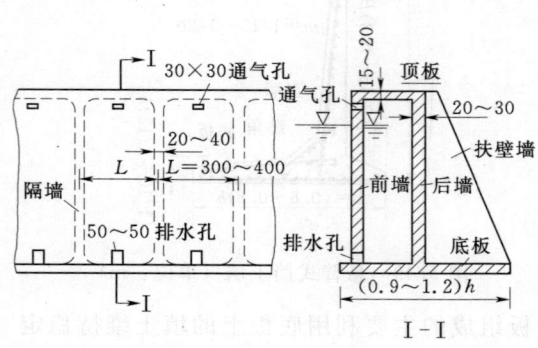

图 5.51 空箱式挡土墙

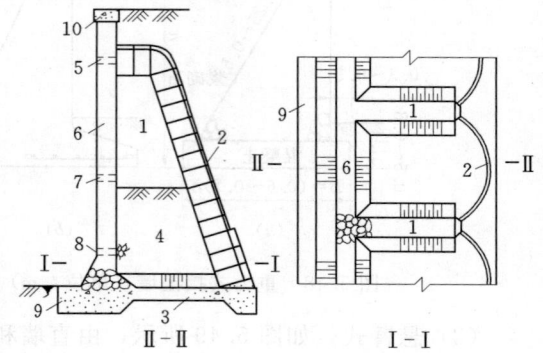

图 5.52 连拱空箱式挡土墙
1—隔墙；2—预制混凝土拱圈；3—底板；4—填土；
5—通气孔；6—前墙；7—进水孔；8—排水孔；
9—前趾；10—盖顶

任务案例 5–4 水闸结构设计

5–4–1 闸室的布置与结构设计

1. 闸室结构布置

闸室结构布置主要包括底板、闸墩、胸墙、闸门、工作桥和交通桥等部分结构的布置和尺寸的拟定。

（1）底板。底板的结构、布置、构造在前面已作了介绍，这里不再重复。

（2）闸墩。闸墩顺水流方向的长度取与底板相同，为 16m。闸墩为钢筋混凝土结构，中墩厚为 1.1m，边墩与岸墙合二为一，采用重力式结构。

闸墩上游部分的顶部高程在泄洪时应高于设计或校核洪水位加安全超高；关门时应高于设计或校核洪水位加波浪计算高度加安全超高，即

$$\nabla_1 = 4.3 + 0.8 + 0.7 = 5.8 \text{(m)}\text{（设计洪水位时）}$$
$$\nabla_2 = 4.7 + 0.5 + 0.5 = 5.7 \text{(m)}\text{（校核洪水位时）}$$

闸墩上游部分的顶部高程取 ∇_1、∇_2 中较大者，即为 5.8m。

闸墩下游部分的顶部高程只要比下游最高水位适当高些，不影响泄流即可，可大大低于上游部分的高度，而其上设排架搁置公路桥。初拟闸墩下游部分顶部高程为 2.5m，其上设 3 根 0.7m×0.67m、高 1.8m 的柱子，柱顶设 0.7m×0.7m、长 4.7m 的小横梁，梁顶高程即为 2.5+1.8+0.7=5.0m。梁上搁公路桥，桥面高程为 5.80m，与两岸大堤相平。

闸墩上设两道门槽（检修门门槽、工作门门槽）。检修门门槽在上游，槽深 0.3m，宽 0.2m。工作门门槽深 0.3m，宽 0.6m。下游不设检修门。闸墩上、下游头部均为半圆形，$R=0.55$m。

(3) 胸墙。为了保证起吊闸门的钢丝绳不浸在水中,胸墙设在工作闸门的上游侧。

胸墙顶与闸墩上游部分顶部同高,取为 5.8m。胸墙底部高程应以不影响引水为准。∇_{ZB} = 堰顶高程 + 堰顶下游水深 + δ = -5.5 + 7.28 + 0.3 = 2.08m,取胸墙底部高程为 2.1m,则胸墙高度为 5.8 - 2.1 = 3.7m。

胸墙采用钢筋混凝土板梁式结构,简支于闸墩上,上梁尺寸为 0.3m×0.5m,下游尺寸为 0.4m×0.8m,板厚 20cm,下梁下端的上游面做成圆弧形,以利过水。

(4) 工作桥。

1) 启闭机选型。闸门采用平面滚轮钢闸门,为潜孔式。门顶应高出胸墙底缘 0.2m,即其高程为 2.3m,门高 2.3+5.5=7.8m,门宽 5.5+2×0.2=5.9m。根据经验公式 $G = 0.073 K_1 K_2 K_3 A^{0.93} H_s^{0.79}$ 初估闸门自重。$A = 53.82 m^2$,$H_s = 10.2 m$;对于工作闸门 $K_1 = 1.0$;$H/B = 7.8/7.1 = 1.1$,$1 < H/B < 2$,$K_2 = 1.0$;$H_s = 10.2m < 60m$,$K_3 = 1.0$。则闸门自重 $G = 0.073 \times 1.0 \times 1.0 \times 1.0 \times 53.82^{0.93} \times 10.2^{0.79} = 18.62t = 182.4 kN$,取门重 $G = 200 kN$。根据经验公式,初估启门力 $F_Q = (0.1 \sim 0.2) P + 1.2G$,闭门力 $F_w = (0.1 \sim 0.2) P - 0.9G$。其中 G 为闸门的重力,P 为作用在门上的总水压力(图 5.53)。不计浪压力的影响,作用在每米宽门上游面的水压力 $P_上 = \frac{1}{2} \times 9.8 \times (2.6 + 10.2) \times 7.6 = 476.7 kN$;作用在每米宽门下游面的水压力 $P_下 = \frac{1}{2} \times 9.8 \times 6.5 \times 6.5 = 207.0 kN$,则门上总的水压力为

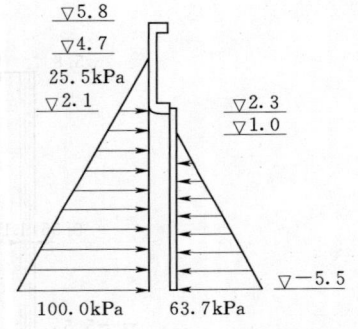

图 5.53 门上水压力作用图

$$P = P_上 \times 6.5 - P_下 \times 6.5 = 1753.1 (kN)$$
$$F_Q = 0.10 \times 1753.1 + 1.2 \times 200.0 = 415.3 (kN)$$
$$F_w = 0.10 \times 1753.1 - 0.9 \times 200.0 = -4.69 (kN)$$

$F_w < 0$,表示闸门能靠自重关闭,不需加压重块帮助关闭。根据计算所需的启门力 $F_Q = 415.3 kN$,初选双吊点手摇电动两用卷扬式启闭机。

2) 工作桥的尺寸及构造。工作桥的宽度不仅要满足启闭机布置的要求,且两侧应留有足够的操作宽度。B = 启闭机宽度 + 2×操作宽度 + 2×栏杆柱宽 + 2×栏杆外富裕宽度 = 1.962 + 2×0.8 + 2×0.15 + 2×0.05 = 3.962m,取工作桥净宽 4.0m。工作桥为板梁式结构,预制装配。两根主梁高 0.8m,宽 0.35m,中间活动铺板厚 6cm,其结构如图 5.54 所示。为了保证启闭机的机脚螺栓安置在主梁上,主梁间的净距为 1.5m。在启闭机机脚螺栓处,设两根横梁。横梁宽 30cm,高 50cm。

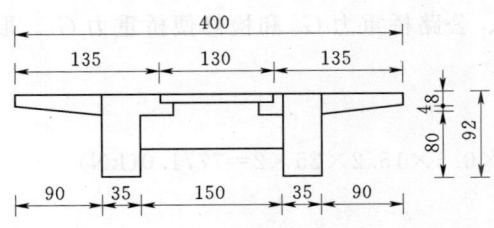

图 5.54 工作桥结构图(单位:cm)

工作桥设在实体排架上,排架的厚度为闸墩门槽处的颈厚即 50cm。排架顶部高程为 ∇ = 胸墙底缘高程 + 门高 + 富裕高度 = 2.1 + 7.8 + 0.6 = 10.5m。

(5) 检修便桥。为了便于进行检修、观测,在检修门门槽处设置有检修便桥。桥宽 1.5m,桥身结构仅为两根嵌置于闸墩内的钢筋混凝土简支梁。梁中间铺设厚 6cm 的钢筋混凝土板。

(6) 交通桥。在工作桥的下游侧布置公路桥,桥身结构为钢筋混凝土板梁结构,桥面总宽 5.5m。其结构构造及尺寸如图 5.54 所示。

2. 闸室稳定计算

取中间一个独立的闸室单元进行分析,闸室结构布置如图 5.55 所示。

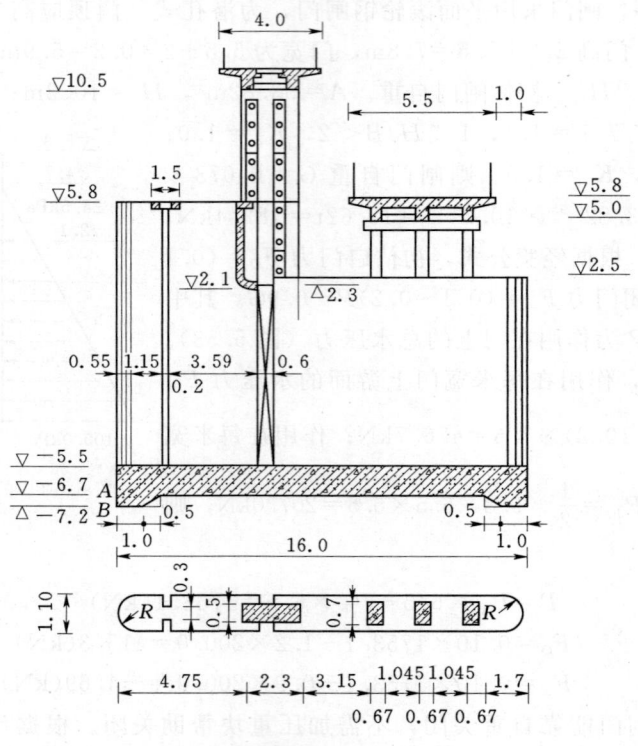

图 5.55 闸室结构布置图(单位:m)

(1) 荷载。

1) 完建期的荷载。完建期的荷载主要包括闸底板重力 G_1、闸墩重力 G_2、闸门重力 G_3、胸墙重力 G_4、工作桥及启闭机设备重力 G_5、公路桥重力 G_6 和检修便桥重力 G_7。取混凝土、钢筋混凝土的重度为 $25kN/m^3$。

底板重力为

$$G_1 = 16 \times 1.2 \times 15.2 \times 25 + \frac{1}{2} \times (1+1.5) \times 0.5 \times 15.2 \times 25 \times 2 = 7771.0 \text{(kN)}$$

每个闸墩重

$$G_2' = \frac{1}{2} \times 3.14 \times 0.55^2 \times 11.3 \times 25 + \frac{1}{2} \times 3.14 \times 0.55^2 \times 8.0 \times 25 + 4.2 \times 1.1 \times 11.3 \times 25$$
$$- 2 \times 0.2 \times 0.3 \times 11.3 \times 25 + 2.3 \times 1.1 \times 11.3 \times 25 - 2 \times 0.3 \times 0.6 \times 11.3 \times 25 + 2.3 \times 0.5$$
$$= 134.2 + 95.0 + 1271.3 + 748.1 + 1969.0 = 4217.6 \text{(kN)}$$

每个闸室单元有两个中墩,则闸墩重力为

$$G_2 = 2G_2' = 8435.2 \text{kN}$$

闸门重力为

$$G_3 = 200.0 \times 2 = 400.0 (\text{kN})$$

胸墙重力为

$$G_4 = 0.3 \times 0.5 \times 13 \times 25 + 0.4 \times 0.8 \times 13 \times 25 + 0.2 \times (3.7 - 0.4 - 0.3) \times 13 \times 25$$
$$= 347.7 (\text{kN})$$

工作桥及启闭机设备重力如下:
工作桥重力

$$G_5' = 2 \times 0.92 \times 0.35 \times 15.2 \times 25 + \frac{1}{2}(0.08 + 0.12) \times 0.9 \times 15.2 \times 2 \times 25 + 0.15$$
$$\times 0.12 \times 15.2 \times 2 \times 25 + 0.06 \times 1.3 \times 15.2 \times 25$$
$$= 356.4 (\text{kN})$$

考虑到栏杆及横梁重力等,取 $G_5' = 410.0 \text{kN}$。

启闭机机身重 40.7kN,考虑到机架混凝土及电机重,每台启闭机重 48.0kN。启闭机重力

$$G_5'' = 2 \times 48.0 = 96.0 (\text{kN})$$
$$G_5 = G_5' + G_5'' = 506 (\text{kN})$$

公路桥每米重约 80kN,考虑到栏杆重,则公路桥重为

$$G_6 = 80 \times 15.2 + 50 = 1266.0 (\text{kN})$$

检修便桥重力

$$G_7 = 0.25 \times 0.4 \times 13.0 \times 25 \times 2 + 0.06 \times 1.5 \times 13 \times 25 = 94.3 (\text{kN})$$

考虑到栏杆重力,取 $G_7 = 155.0 \text{kN}$。
完建情况下作用荷载和力矩计算见表 5.11。

表 5.11　完建情况下作用荷载和力矩计算表(对底板上游端 B 点求力矩)

部 位		重力/kN	力臂/kN	力矩/(kN·m^{-1})	
				↻	↺
底板		7771.0	8.0	62168.0	
闸墩	(1)	268.4	0.32	85.9	
	(2)	2542.6	2.65	6737.9	
	(3)	1496.2	5.90	8827.6	
	(4)	3938.0	11.25	44302.5	
	(5)	190.0	15.68	2979.2	
闸门		400.0	5.79	2316.0	
工作桥		410.0	5.90	2419.0	
启闭机		96.0	5.90	566.4	

续表

部 位	重力/kN	力臂/kN	力矩/(kN·m^{-1}) ↻	↺
公路桥	1266.0	12.25	15508.4	
检修便桥	155.0	1.80	279.0	
胸墙	347.7	4.79	1665.5	
合计	18880.9		147855.5	

2）设计洪水情况下的荷载。在设计洪水位下，闸室的荷载除了闸室结构的重力外，还包括闸室内水的重力、浪压力、水压力、扬压力等。

闸室内水的重力

$$W_1 = 4.69 \times 9.8 \times 13 \times 9.8 + 7.6 \times 0.8 \times 13 \times 9.8 + 6.5 \times 13 \times 9.91 \times 9.8$$
$$= 5855.6 + 774.6 + 8206.5$$
$$= 14836.7 \text{(kN)}$$

水平水压力：首先计算波浪要素。由设计资料知：$h_l = 0.8$m，$L_l/h_l = 10$，上游 $\overline{H} = 9.8$m，则上游波浪中心线雍高为

$$h_0 = \frac{\pi h_l^2}{L_l} \text{cth} \frac{2\pi \overline{H}}{L_l}$$

$$h_0 = \frac{\pi \times 0.8^2}{8} \times \text{cth} \frac{2\pi \times 9.8}{8} = 0.25 \text{(m)}$$

波浪破碎的临界水深

$$H_{lj} = \frac{L_l}{4\pi} \ln \frac{L_l + 2\pi h_l}{L_l - 2\pi h_l}$$

$$H_{lj} = \frac{8}{4\pi} \times \frac{8.0 + 2\pi \times 0.8}{8.0 - 2\pi \times 0.8} = 0.94 \text{(m)}$$

可见，上游平均水深大于 $L_l/2$，且大于 H_{ji}，故为深水波。因此

$$P_1 = \frac{1}{2} \times 4 \times 9.8 \times (4 + 0.25 + 0.8) \times 15.2 + \frac{1}{2} \times (4 \times 9.8 + 10 \times 9.8) \times 6 \times 15.2$$
$$= 1504.5 + 6256.3 = 7760.8 \text{(kN)}(\rightarrow)$$

$$P_2 = \frac{1}{2} \times (8.33 \times 9.8 + 9.75 \times 9.8) \times 1.5 \times 15.2 = 2019.9 \text{ (kN)} (\rightarrow)$$

$$P_3 = \frac{1}{2} \times 7.5 \times 73.5 \times 15.2 = 4189.5 \text{ (kN)} (\rightarrow)$$

$$P_4 = \frac{1}{2} \times (7.5 \times 9.8 + 8.44 \times 9.8) \times 0.7 \times 15.2 = 831.0 \text{ (kN)} (\rightarrow)$$

浮托力

$$F = 7.7 \times 9.8 \times 16 \times 15.2 + 2 \times \frac{1}{2} \times (1.0 + 1.5) \times 0.5 \times 9.8 \times 15.2 = 18538.0 \text{(kN)}(\uparrow)$$

$$U = 0.30 \times 9.8 \times 16 \times 15.2 + \frac{1}{2} \times 1.22 \times 9.8 \times 16 \times 15.2 = 2168.8 \text{(kN)}(\uparrow)$$

设计洪水情况下的荷载和力矩计算见图 5.56 和表 5.12。

项目 5 水 闸 设 计

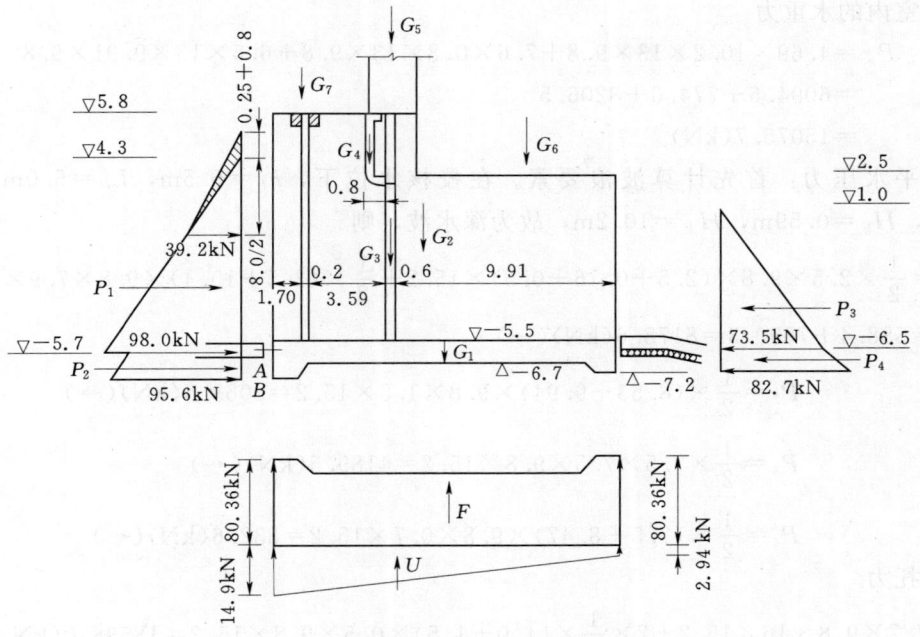

图 5.56 设计洪水位时荷载图

表 5.12　　　　　设计洪水下荷载、力矩计算表（对 B 点求矩）

荷载名称	竖向力 /kN		水平力 /kN		力臂 /m	力矩/(kN·m)		备注
	↓	↑	→	←		↻	↺	
闸室结构重力	18880.9					147855.5		录自表 5.11
上游水压力			1504.5		9.18	13811.3		
			6256.3		4.07	25463.1		
			2019.9		0.73	1474.5		
下游水压力				4189.5	3.2		13406.4	
				831.0	0.34		282.5	
浮托力		18538.0			8.0	148304.0		
渗透压力		715.0			8.0	5720.0		
		1453.8			5.33	7748.8		
水重力	5855.6				2.35	13760.7		
	774.6				5.09	3942.7		
	8206.5				11.05	90681.8		
合计	33717.6	20706.8	9765.1	5020.5		296989.6	175461.7	
	13010.8 (↓)		4744.6 (→)			121527.9 (↻)		

3) 校核洪水情况的荷载。校核洪水位时情况的荷载，与设计洪水位情况下相似，所不同的是浪压力、水压力、扬压力是相应校核水位下的浪压力、水压力、扬压力。

闸室内的水重力

$$P_v = 4.69 \times 10.2 \times 13 \times 9.8 + 7.6 \times 0.8 \times 13 \times 9.8 + 6.5 \times 13 \times 9.91 \times 9.8$$
$$= 6094.6 + 774.6 + 8206.5$$
$$= 15075.7 (\text{kN})$$

水平水压力：首先计算波浪要素。在校核水位下，$h_l = 0.5\text{m}$，$L_l = 5.0\text{m}$，$h_0 = 0.16\text{m}$，$H_{lj} = 0.59\text{m}$，$H_上 = 10.2\text{m}$，故为深水波，则

$$P_1 = \frac{1}{2} \times 2.5 \times 9.8 \times (2.5 + 0.16 + 0.5) \times 15.2 + \frac{1}{2} \times (2.5 + 10.4) \times 9.8 \times 7.9 \times 15.2$$
$$= 588.4 + 7590.3 = 8178.6 (\text{kN})(\rightarrow)$$

$$P_2 = \frac{1}{2} \times (8.53 + 9.94) \times 9.8 \times 1.5 \times 15.2 = 2063.5 (\text{kN})(\rightarrow)$$

$$P_3 = \frac{1}{2} \times 7.5 \times 7.5 \times 9.8 \times 15.2 = 4189.5 (\text{kN})(\leftarrow)$$

$$P_4 = \frac{1}{2} \times (7.5 + 8.47) \times 9.8 \times 0.7 \times 15.2 = 832.6 (\text{kN})(\leftarrow)$$

浮托力

$$F = 7.7 \times 9.8 \times 16 \times 15.2 + 2 \times \frac{1}{2} \times (1.0 + 1.5) \times 0.5 \times 9.8 \times 15.2 = 18538.0 (\text{kN})(\uparrow)$$

渗透压力

$$U = 0.34 \times 9.8 \times 16 \times 15.2 + \frac{1}{2} \times 1.36 \times 9.8 \times 16 \times 15.2 = 810.3 + 1620.7$$
$$= 2431.0 (\text{kN})(\uparrow)$$

校核洪水情况下的荷载和力矩计算见图5.57和表5.13。

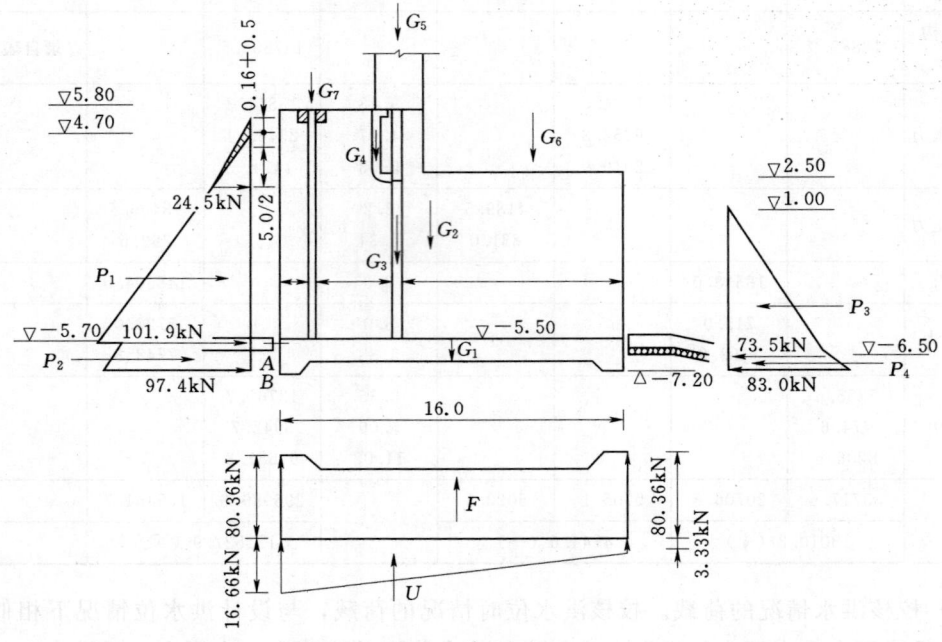

图 5.57 校核洪水位时荷载图

项目 5 水 闸 设 计

表 5.13   校核洪水情况下荷载、力矩计算表（对 **B** 点求矩）

荷载名称	竖向力/kN ↓	竖向力/kN ↑	水平力/kN →	水平力/kN ←	力臂 /m	力矩/(kN·m) ↻	力矩/(kN·m) ↺	备注
闸室结构重力	18880.9					147855.5		录自表 5.11
上游水压力			588.4 7590.3 2063.5		10.45 4.64 0.73	6148.8 35219.0 1506.4		
下游水压力				4189.5 832.6	3.2 0.34	13406.4 283.0		
浮托力		18538.0			8.0	148304.0		
渗透压力		810.3 1620.7			8.0 5.33	6482.4 8638.3		
水重力	6094.6 774.6 8206.5				2.35 5.09 11.05	14322.3 3942.7 90681.8		
合计	33956.6	20969.0	10242.2	5022.1		299676.5	177114.1	
	12987.6 (↓)		5220.1 (→)			122562.4 (↻)		

（2）稳定计算。

1）完建期。闸室基地压力计算

$$P_{\min}^{\max} = \frac{\Sigma G}{A}\left(1 \pm 6\frac{e}{B}\right)$$

$$e = \frac{B}{2} - \frac{\Sigma M}{\Sigma G}$$

由表 5.11 可知，$\Sigma G = 18880.9$ kN，$\Sigma M = 147855.5$ kN·m，另外，$B = 16$ m，$A = 16 \times 15.2 = 243.2$ m^2，则

$$e = \frac{16}{2} - \frac{147855.5}{18880.9} = 0.169(\text{m})（偏上游）$$

$$P_{\min}^{\max} = \frac{18880.9}{243.2} \times \left(1 \pm 6 \times \frac{0.169}{16}\right) = \begin{matrix}82.56(\text{kPa})（上游端）\\ 72.72(\text{kPa})（下游端）\end{matrix}$$

地基承载力验算。由上可知

$$\overline{P} = \frac{1}{2}(P_{\max} + P_{\min}) = \frac{1}{2}(82.56 + 72.72) = 77.64(\text{kPa})$$

持力层为坚硬粉质黏土，$N_{63.5} = 15 \sim 21$ 击，查表得地基允许承载力 $[R]' = 350$ kPa。因为基础的宽度远大于 3.0m，故地基允许承载力应修正。

$$[R] = [R]' + m_B \gamma_s (B - 3) + m_D \gamma_p (D - 1.5)$$

其中：$B = 8$m，$D = 1.5$m；为安全起见，取 $m_B = 0.2$，$m_D = 1.0$，$\gamma_p = \gamma_s = \frac{(G-1)\gamma}{1 + e_1} = $

$$\frac{(2.74-1)\times 9.8}{1+0.69}=10.09\text{kN/m}^3\text{（浮重度）}。$$

$$[R]=350+0.2\times 10.09\times(8-3)+1.0\times 10.09\times(1.5-1.5)$$
$$=360.1(\text{kPa})$$

$[R]>\overline{P}$，地基承载力满足要求。

不均匀系数计算。由上可知

$$\eta=\frac{P_{\max}}{P_{\min}}=1.135<[\eta]=2.5$$

基底压力不均匀系数满足要求。

2）设计洪水情况。闸室地基压力计算。由表 5.12 可知：$\sum G=13010.8\text{kN}$，$\sum M=121527.9\text{kN}\cdot\text{m}$，则

$$e=\frac{16}{2}-\frac{121527.9}{13010.8}=-1.34(\text{m})\text{（偏下游）}$$

$$P_{\min}^{\max}=\frac{13010.8}{243.2}\times\left(1\pm 6\times\frac{1.34}{16}\right)=\begin{matrix}80.25(\text{kPa})\text{（下游端）}\\ 26.75(\text{kPa})\text{（上游端）}\end{matrix}$$

地基承载力验算

$$\overline{P}=53.5\text{kN/m}^2$$

地基承载力满足要求。

不均匀系数为

$$\eta=\frac{80.25}{26.75}=3.0>[\eta]=2.5$$

但根据规范规定，对于地基较好，结构简单的中型水闸，$[\eta]$ 的采用值可适当增大。本闸基土质很好，在设计洪水情况下，$[\eta]$ 可采用 3.0；在校核洪水情况下，$[\eta]$ 可采用 3.5。故基底压力不均匀系数满足要求。

闸室抗滑稳定分析：临界压应力

$$P_{kp}=A\gamma B\tan\varphi+2c(1+\tan\varphi)$$

其中：$A=1.75$，$\gamma=10.09\text{kN/m}^3$，$B=16\text{m}$，$\varphi=19°$，$c=60\text{kPa}$，则

$$P_{kp}=2508.5\text{kPa}>P_{\max}=80.25\text{kPa}$$

故闸室不会发生深层滑动，仅需作表层抗滑稳定分析

$$K_c=\frac{\tan\varphi_0\sum G+c_0 A}{\sum H}$$

其中：φ_0 取 $0.9\varphi=17.1°$；c_0 取 $\frac{1}{3}c=20.0\text{kPa}$。由于本闸齿墙较浅，可取 $A=243.2\text{m}^2$，则

$$K_c = \frac{\tan 17.1° \times 13010.8 + 20.0 \times 243.2}{4744.6} = 18.7 > [K_c] = 1.25$$

闸室抗滑稳定性满足要求。

3) 校核洪水情况。闸室基地压力计算。由表 5.13 可知：$\sum G = 12987.6 \text{kN}$，$\sum M = 122562.4 \text{kN·m}$，$\sum H = 5220.1 \text{kN}$，则

$$e = \frac{16}{2} - \frac{122562.4}{12987.6} = -1.44 \text{m（偏下游）}$$

$$P_{\min}^{\max} = \frac{12987.6}{243.2} \times \left(1 \pm 6 \times \frac{1.44}{16}\right)$$

$$= \frac{82.24 \text{kPa（下游端）}}{24.57 \text{kPa（上游端）}}$$

地基承载力验算

$$\overline{P} = \frac{1}{2}(82.24 + 24.57) = 53.41 \text{kPa} < [R]$$

故地基承载力满足要求。

不均匀系数计算

$$\eta = \frac{82.24}{24.57} = 3.25 < 3.5$$

故地基压力不均匀系数亦满足要求。

闸室抗滑稳定分析。显然 $P_{\max} < P_{kp}$，不必验算深层抗滑稳定性，仅需验证表层抗滑稳定性，即

$$K_c = \frac{\tan\varphi_0 \sum G + c_0 A}{\sum H} = \frac{\tan 17.1° \times 12987.6 + 20.0 \times 243.2}{5220.1} = 17.0 > [K_c] = 1.10$$

故闸室抗滑稳定性亦满足要求。

对标准贯入击数大于 10 击的黏性土等地基上的水闸，可不计算地基的沉降。

用同样的方法和步骤，可以分析边孔闸室的各种稳定条件也是能满足要求的。为了节省篇幅，本项目不详列出（以后的闸室结构分析计算也省略边孔的有关分析计算）。

5-4-2 闸室结构计算

1. 闸墩结构计算

（1）闸墩应力计算。

1）闸墩底面正应力计算。将闸墩视为固支于闸底板的悬臂梁。分别对完成期、设计洪水情况、校核洪水情况三种工况进行计算。计算结果是校核洪水情况下在闸墩下游端部出现最大纵向正应力，其值为 $\sigma_{\max} = 512.6 \text{kPa}$。三种情况下闸墩底部截面的纵向正应力均为无拉应力出现。

墩底截面的横向正应力计算仍可按材料力学偏心受压公式计算。但由于闸室下游一侧没有检修门槽，中墩的荷载基本是对称的，横向正应力基本为压应力，且其值一般也不超过混凝土的抗压强度，故本例不计算墩底截面的横向正应力。

2) 墩底水平截面上剪应力计算。在校核洪水情况下作用在闸墩上的水平力最大，此时闸墩水平截面上的剪力 q 亦最大，故选校核洪水位情况为墩底水平截面剪应力的计算情况。

3) 门槽应力计算，在校核洪水位情况下水平向水压力最大，这是门槽颈部应力计算不利情况，故门槽应力计算选校核洪水情况为计算情况。

$$\sigma_{max} = 138.62\text{kPa}(顶部压力)$$
$$\sigma_{min} = -432.0\text{kPa}(底部压力)$$

(2) 闸墩配筋计算。

1) 墩身配筋。在三种计算情况下，闸墩底部截面上的纵向正应力均未出现拉应力，而最大压应力也小于混凝土的容许抗压强度，故闸墩墩身不必配置纵向受力钢筋。但为了防止温度变化等对闸墩的不利影响，并加强闸墩与底部的连接，需配置构造钢筋。竖向配置⌀12 的钢筋，每米 3 根，其下端插入底板 50cm；水平方向采用⌀8 的分布钢筋，每米 4 根。

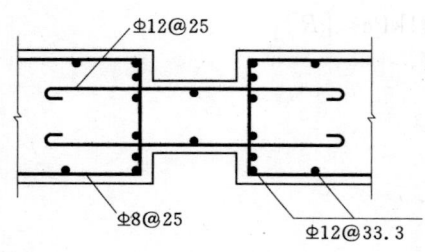

图 5.58　门槽配筋图

2) 门槽配筋。门槽底部出现拉应力，其最大值低于混凝土的允许抗拉强度。顶部为压应力，其最大值也小于混凝土的抗压强度。故门槽处也不必配置水平向受力钢筋，仅需配置构造钢筋。门槽处水平向采用⌀12 的钢筋，间距与闸墩内水平向分布钢筋间距相同，即每米 4 根，如图 5.58 所示。

2. 底板结构计算

采用弹性地基梁法对底板进行结构计算，计算结果是底层选用⌀22@200，面层选用⌀14@200，顺水流向的架立钢筋选用⌀10@350。

限于篇幅，胸墙、工作桥、交通桥、工作桥排架、交通桥排架、上下游翼墙等的结构计算就不一一介绍了。

5-4-3　两岸连接建筑物设计

水闸两端与河岸或堤、坝等建筑物的连接处，需设置连接建筑物，它们包括上、下游翼墙、边墩或岸墙、刺墙和导流墙等。其作用是：①挡住两侧填土，维持土坝及两岸的稳定；②引导水流平顺进闸，并使出闸水流均匀扩散；③阻止侧向绕渗，防止与其相连的岸坡或土坝产生渗透变形；④保护两岸或土坝边坡不受过闸水流的冲刷；⑤在软弱地基上设有独立岸墙时，可减少地基沉降对闸身应力的影响，改善闸室受力状况。

两岸连接建筑物的工程量占水闸总工量的 15%～40%，闸孔越少，所占比重越大。因此，应十分重视其形式选择和布置。

由于该工程闸基土质条件较好，承载能力较大，边墩与岸墙合二为一，既挡土，又挡水，以节省工程量。

(1) 边墙断面拟定。边墙为重力式结构，顶部高程为 5.8m，墙底高程为 -5.5m，底板底面高程为 -6.7m。墙顶垂直段宽 0.8m，高 0.8m（对应公路桥部分，墙顶垂直段部分厚 0.3m，以便留出 0.5m 宽搁置交通桥。但这一差异对整个边墙而言是十分微小的，故在计算中可忽略这一差异，而认为边墙自上游至下游断面形状一样）。墙背坡度为 1:0.5。边墙的前趾也是闸室底板，长 3.25m，后趾长 0.2m。边墙的断面形状及尺寸如图 5.59 所示。

(2) 墙身截面强度验算。完建期未放水，墙后回填土到顶，土压力较大，而墙前无水压力，此时墙底截面上的弯矩最大，故此种情况是墙底截面强度验算的最不利情况。取单宽墙段进行计算，具体计算不再展开。

(3) 边墙稳定分析。

1) 完建期。完建期墙后填土到顶，尚未放水，可近似按平面问题考虑，取单宽墙段分析。主要荷载有边墙结构重力、上部结构重力、土重力及土压力。完建期作用在单宽墙段上的荷载及力矩的计算见图 5.60 和表 5.14。

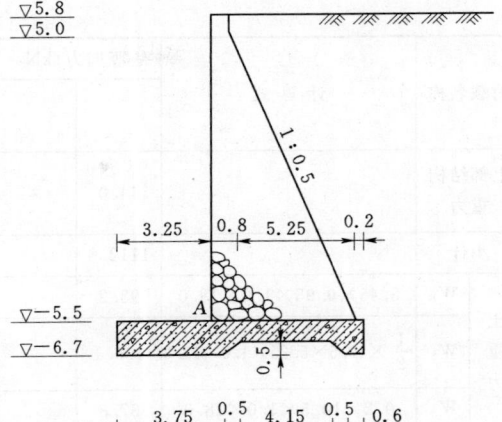

图 5.59 边墙结构图（单位：m）

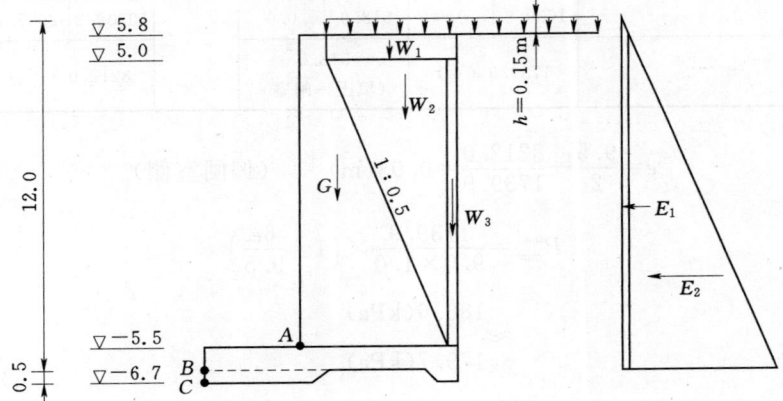

图 5.60 完建期边墙荷载图

表 5.14　　　　完建期边墙荷载及力矩计算表（对 B 点求矩）

荷载名称	计算式	竖向力/kN	水平力/kN 填土~闸室	水平力/kN 闸室~填土	力臂/m	力矩/(kN·m) ↻	力矩/(kN·m) ↺	备注
墙身重力	0.8×1.0×11.3×23.0	207.9			3.65	758.8		
	$\frac{1}{2}$×1.05×5.25×1.0×23.0	634.0			5.8	36677.2		
	0.7×9.5×1.0×25.0	166.3			4.75	789.0		
	3.75×0.5×1.0×25.0	46.9			1.88	88.2		
底板重力	$\frac{1}{2}$×0.5×0.5×1.0×25.0	3.1			3.92	12.2		
	0.6×0.5×1.0×25.0	7.5			9.20	69.0		
	$\frac{1}{2}$×0.5×0.5×1.0×25.0	3.1			8.73	27.1		

续表

荷载名称		计 算 式	竖向力/kN	水平力/kN		力臂/m	力矩/(kN·m)		备注
				填土～闸室	闸室～填土		↻	↺	
上部结构重力			44.0			3.5	154.0		
小计			1112.8				5576.4		
土重力	W_1	$5.45\times0.95\times1.0\times18.0$	93.2			6.78	631.9		
	W_2	$\frac{1}{2}\times10.5\times5.25\times1.0\times18.0$	496.1			7.56	3745.6		
	W_3	$0.2\times10.5\times1.0\times18.0$	37.8			9.40	355.3		
土压力	E_1	$0.15\times12.0\times1.0\times18.0\times k_a$		12.6		6.0	75.6		$k_a=$ $\tan^2\left(45°-\frac{26°}{2}\right)$
	E_2	$\frac{1}{2}\times12.0^2\times1.0\times18.0\times k_a$		505.4		4.0	2021.6		
合计			1739.9	0.0	518.0	0.0	10309.2	2097.2	
			1739.9(↓)	518.0 (填土～闸室)			8212.0(↻)		

$$e=\frac{9.5}{2}-\frac{8212.0}{1739.9}=0.03(\mathrm{m})\quad(\text{偏闸室侧})$$

$$P_{\min}^{\max}=\frac{1739.9}{9.5\times1.0}\times\left(1\pm\frac{6e}{9.5}\right)$$

$$\approx\frac{186.6(\mathrm{kPa})}{179.7(\mathrm{kPa})}$$

$$\overline{P}=\frac{186.6+179.7}{2}=183.1(\mathrm{kPa})$$

$$\eta=\frac{186.6}{179.7}=1.04$$

$$\varphi'=0.9\varphi=17.1°$$

$$c'=\frac{1}{3}c=20.0\mathrm{kPa}$$

$$K_c=\frac{\tan17.1°\times1739.9+9.5\times1.0\times20.0}{518.0}=1.40$$

可见：$\overline{P}<[R]$，地基承载力符合要求；$\eta<[\eta]=3.0$，不均匀系数满足要求；$K_c<[K_c]=1.25$，边墙抗滑稳定符合要求。

2）设计洪水情况。在设计洪水情况下，边墙受力发生改变。除了结构本身的重力荷载外，还有水的作用。另外闸门关闭挡水，边墙除了受横向力作用外，还有纵向的水推力，整个边墙成一个空间受力整体。边墙的作用荷载及力矩计算（对边墙底板形心轴求矩）见图5.61与表5.15。

项目5 水闸设计

表5.15　设计洪水情况下边墙作用荷载及力矩计算表（对底板形心求矩）

荷载名称	计算式	竖向力/kN ↓	竖向力/kN ↑	顺流向水平力/kN 上游~下游	顺流向水平力/kN 下游~上游	垂直流向水平力/kN 闸室~填土	垂直流向水平力/kN 填土~闸室	力臂/m x	力臂/m y	力矩 M_x/(kN·m) ⤴	力矩 M_x/(kN·m) ⤵	力矩 M_y/(kN·m) ⤴	力矩 M_y/(kN·m) ⤵	备注
墙身重力	11.3×0.8×16×23.0	3326.7						-1.1	0.0				3659.4	
	1/2×10.5×5.25×16×23.0	10143.0						1.05	0.0			10650.2		
底板自重	0.7×9.5×16×25.0	2660.0						0.0	0.0			0.0		
	3.75×0.5×16×25.0	750.0						-2.88	0.0				2160.0	
	1/2×0.5×0.5×16×25.0	50.0						0.83	0.0					
	1/2×0.5×0.5×16×25.0	50.0						3.98	0.0				41.5	
	0.6×0.5×16×25.0	120.0						4.45	0.0					
胸墙重力	347.7/4	86.9						-1.25	3.21			199.0		
检修便桥重力	155.0/4	38.38						-1.25	6.25			534.0		
公路桥重力	1266.0/4	316.5						-1.25	-4.25	1345.1		278.9		
工作桥重力	410.0/4	102.5						-1.25	2.1			242.5		
启闭机重力	96.0/4	24.0						-1.25	2.1			215.3		
工作桥排架重力	1.7×0.5×2.3×25.0	135.1						-1.25	2.1			50.3		
												283.7		

续表

荷载名称		计算式	竖向力/kN		顺流向水平力/kN		垂直流向水平力/kN		力臂/m		力矩 M_x/(kN·m)		力矩 M_y/(kN·m)		备注
			↓	↑	上游~下游	下游~上游	闸室~填土	填土~闸室	x	y	↶	↷	↶	↷	
土重力	W_1	0.95×16×5.45×18.0	1491.1						2.03	0.0				3026.9	$\gamma_土=$ 18kN/m³ $\gamma_浮=$ 10kN/m³
	W_2	1/2(5.25+3.71)×3.09×16×18.0	3986.8						2.29	0.0				9129.8	
	W_3	1/2×3.71×7.41×16×10.0	2199.3						3.31	0.0				7338.6	
	W_4	0.2×3.09×16×18.0+0.2×7.41×16×10.0	415.1						4.65	0.0				1930.2	
土压力	E_1	0.15×12×16×18.0×k_a						202.2	−6.0	0.0				1213.2	按朗肯公式计算土压力系数 $k_a=$ $\tan^2(45°-26°32'/2)$ $=\tan^2 32°$ $=0.39$
	E_2	1/2×3.89²×16×18.0×k_a						849.8	−9.41	0.0				7767.7	
	E_3	3.89×8.11×16×10.0×k_a						1968.6	−4.06	0.0				7992.5	
	E_4	1/2×8.11²×16×10.0×k_a						2025.1	−2.70	0.0					
扬压力		79.5×9.5×16		12084.0					0.0	0.0					
水重力		6630.2/4+8206.5/4	1657.6 2051.6						−3.31 −3.31	5.26 −3.05	8718.7	6257.5	5188.3 6421.5		
墙前水压力		1/2×9.8×10.5²×5.49				2965.8			3.5	0.0				10380.3	底板止水以近似按净水压力计算
墙后水压力		1/2×9.8×8.112×16			2517.3		5156.5		2.4	0.0				6041.5	
		1/2×9.8×8.11²×16							−2.70	0.0				13922.6	

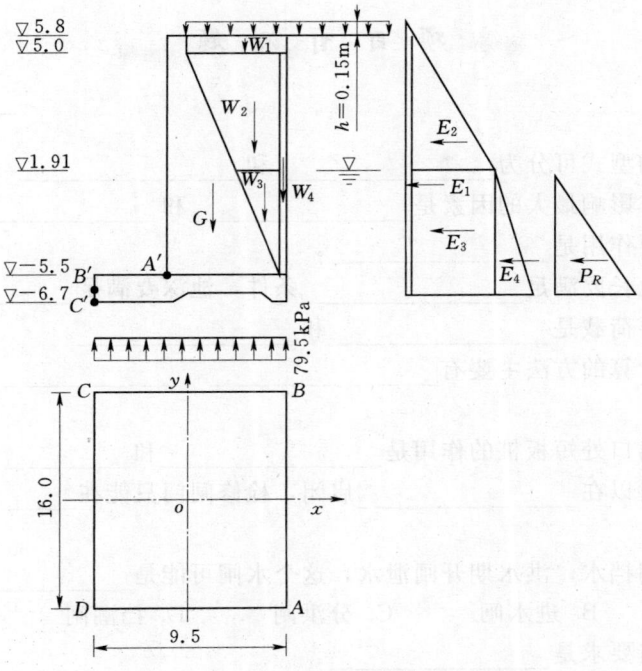

图 5.61 设计洪水情况边墙荷载图

墙后地下水位近似按相应处底板下的扬压力值推算。边墙上游端 $H_上=1.0+1.52=2.52$ (m)；边墙下游端 $H_下=1.0+0.30=1.30$m，则墙后的平均地下水位 $\overline{H}\dfrac{H_上+H_下}{2}=1.91$ (m)。边墙底板所受扬压力的平均值为 79.5kPa。

$$P=\dfrac{\sum G}{A}\pm\dfrac{\sum M_x}{J_x}\dfrac{B}{2}\pm\dfrac{\sum M_y}{J_y}\times\dfrac{L}{2}$$

$$=\dfrac{17521.0}{9.5\times 16}\pm\dfrac{6\times 1953.9}{9.5\times 16^2}\pm\dfrac{6\times 5563.4}{16\times 9.5^2}=115.3\pm 4.8\pm 23.1$$

则 $P_A=97.0$kPa，$P_B=87.4$kPa，$P_C=133.6$kPa，$P_D=143.2$kPa。

$$\overline{P}=115.3\text{kPa}<[R]$$

$$\eta=\dfrac{143.2}{87.4}=1.64<[\eta]$$

$$K_c=\dfrac{\tan 17.1°\times 17521.0+9.5\times 16\times 20.0}{\sqrt{856.6^2+4746.1^2}}=1.75>[K_c]=1.25$$

可见，边墙地基的承载力，基底压力不均匀系数及边墙的抗滑稳定性均符合要求。

3) 校核洪水情况，校核洪水情况与设计洪水情况边墙的受力相似，只是：①墙前水位有所变化，门上游为 4.70m，门下游为 1.0m；②墙后地下水位改变了：$\overline{H}=2.02$m；③平均扬压力值为 80.56kPa。校核洪水时的具体计算不再展开。

项 目 自 测 题

一、填空题

1. 水闸按结构型式可分为＿＿＿＿＿＿＿＿和＿＿＿＿＿＿＿＿。
2. 对水闸工作影响最大的因素是＿＿＿＿＿＿＿＿和＿＿＿＿＿＿＿＿。
3. 闸室的主要作用是＿＿＿＿＿＿＿＿。
4. 消力池的池长要满足＿＿＿＿＿＿＿＿条件,池深要满足＿＿＿＿＿＿＿＿条件。
5. 胸墙的主要荷载是＿＿＿＿＿＿＿＿和＿＿＿＿＿＿＿＿。
6. 闸基渗流计算的方法主要有＿＿＿＿＿＿＿＿、＿＿＿＿＿＿＿＿、＿＿＿＿＿＿＿＿。
7. 闸基渗流出口处短板桩的作用是＿＿＿＿＿＿＿＿和＿＿＿＿＿＿＿＿。
8. 工作闸门可以在＿＿＿＿＿＿＿＿启闭,检修闸门只能在＿＿＿＿＿＿＿＿启闭。

二、选择题

1. 枯水期下闸挡水,洪水期开闸泄水,这个水闸可能是＿＿＿＿＿＿＿＿。
   A. 节制闸　　　B. 进水闸　　　C. 分洪闸　　　D. 挡潮闸
2. 海漫的构造要求是＿＿＿＿＿＿＿＿。
   A. 光滑性　　　B. 粗糙性　　　C. 透水性　　　D. 柔性
3. 翼墙的平面布置型式有＿＿＿＿＿＿＿＿等。
   A. 圆弧式　　　B. 扭曲面式　　C. 反翼墙　　　D. 扶壁式
4. 可能设排水孔的位置是＿＿＿＿＿＿＿＿。
   A. 上游翼墙　　B. 下游翼墙　　C. 铺盖　　　　D. 护坦
5. 水闸的消能设施是＿＿＿＿＿＿＿＿。
   A. 消力池　　　B. 铺盖　　　　C. 海漫　　　　D. 防冲槽

三、思考题

1. 水闸是如何分类的?
2. 水闸的各组成部分及作用是什么?
3. 水闸的工作特点是什么?
4. 水闸最常见的消能方法及主要消能设施有哪些?
5. 增加闸室稳定的措施有哪些?
6. 闸门分类有哪些?

四、计算题

1. 某节制闸位于人工河道上。河底宽 32.0m,河底高程为 80m,边坡为 1:2.5,孔口设计水位、流量分别为:闸上水位 85m,闸下水位 84.6m,下泄流量 75.7m³/s,试确定该闸的孔口尺寸。
2. 采用第 1 题资料,并补充消能设计水位:闸上水位为 2.0m,闸下水位为 0.0m,下泄流量为 75.7m³/s。试进行消力池设计。
3. 仍用第 1、2 题中的有关资料,并补充下列资料:

(1) 稳定计算水位组合：闸上水位 2.5m，闸下水位 0.5m。

(2) 据钻探报告：水闸地基土自高程 $-2.50 \sim -18.50$m 间为砂壤土，渗透系数为 $K=2.4\times10^{-4}$cm/s。自高程 -18.5m 以下为坚硬粉质黏土，渗透系数 $K=1\times10^{-6}$cm/s。试拟定地下轮廓线，并用直线比例法和改进阻力系数法计算闸底板下的渗透压力分布。

4. 如图 5.62 所示，某水闸为不设胸墙的平底板宽顶堰，上游水头 $H_1=12.5$m，下游水头 $H_2=2.5$m，地下轮廓线布置如下图所示，闸基土允许渗透坡降 $[J]=0.6$，试用直线比例法计算闸底板上的渗透压力并校核闸基土的抗渗稳定性。

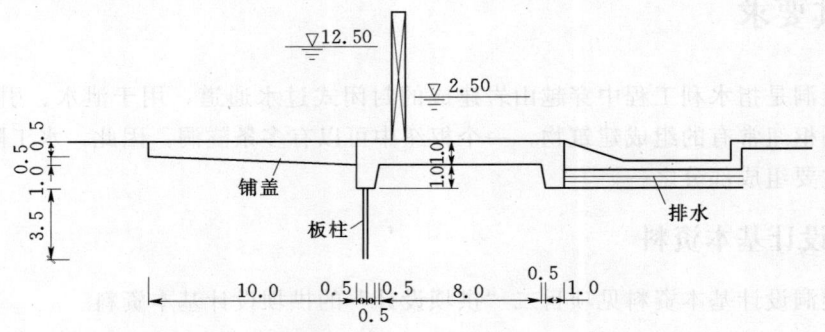

图 5.62 水闸地下轮廓线布置图

项目6 水工隧洞设计

项目及其要求

水工隧洞是指水利工程中穿越山岩建成的封闭式过水通道,用于泄水、引水或输水,是山区水利枢纽常有的组成建筑物,一个枢纽中可以有多条隧洞。因此,水工隧洞是水利枢纽中的重要组成部分之一。

水工隧洞设计基本资料

水工隧洞设计基本资料见项目二"拱坝设计"的拱坝设计基本资料。

项目实施方法及目标

1. 项目实施方法

项目实训分为四个阶段:

第一阶段是项目实训的准备阶段,尽快准备项目实训所需的资料和实训计算、绘图工具。

第二阶段是设计计算阶段,是项目实训一个非常重要的阶段。在这个阶段中要尽快熟悉计算理论,并快速实施具体的计算。在这个过程中,可能会遇到许多问题,因此在本阶段要培养学生解决问题的能力。通过这一阶段的实训,使学生的专业技能得到较大提高。

第三阶段是绘制图纸阶段,是将第二阶段的成果用图纸的形式表达出来的阶段。

第四阶段是设计计算报告的编写。设计计算报告是设计成果的重要体现,报告编写要符合规定要求。

2. 项目教学目标

"水工隧洞设计"课程教学目标包括知识目标、技能目标和态度目标三个方面。技能目标是核心目标,知识目标是基础目标,态度目标贯穿整个实训过程,是项目实训的重要保证。

(1) 知识目标。

1) 熟悉水工隧洞的类型和特点。

2) 熟悉水工隧洞选线和布置。

3) 掌握细部构造要求。

(2) 技能目标。

1) 能够正确运用有关规范、手册等资料进行基本设计计算。

2) 基本掌握水工隧洞布置和衬砌稳定分析的方法。

3）能够使用绘图工具和计算机绘制图纸。
（3）态度目标。
1）不缺席、不迟到，认真严肃进行设计。
2）按设计进度完成任务、提交设计成果。
3）培养团队精神，与项目其他角色人员共同探讨问题，切磋提升技能水平。
4）克服实训中遇到的困难，培养顽强的职业精神。

成果提交要求

1. 设计报告

设计报告包括计算和说明两大部分。说明部分应全面表达设计者的设计思想、方法和分析能力，包含对设计成果、采用的设计参数和理论依据的充分说明。要求章节分明、简明扼要、文理通顺，既有计算成果，又有分析论证和明确结论，必要时，使用附表和插图（应按比例绘制）。计算部分是设计者的设计程序、设计成果的来源，要求详细列出所有计算过程。计算过程尽量列表计算，附计算草图；列出计算成果，并说明成果是否合理，如不合理，叙述可做改动的步骤；计算方法要求正确，参数取值合理，数据真实可靠，计算结果正确可信。

2. 设计图纸

设计图纸主要包括隧洞的平面布置图、隧洞洞线剖面图、进出口断面图、细部构造图等。绘图应符合制图标准和相关规范，要求制图正确、布局合理、主次分明、比例适当、线条清晰、尺寸齐全，必要时应有简明注解。

3. 成果说明

要求简要说明计算成果及合理性，或设计的不足和可改进的地方，并对设计过程进行总结。

任务 6.1 水工隧洞的选线与布置

单元任务目标：完成水工隧洞的选线与布置。
任务执行过程引导：确定隧洞类型，根据地形和地质条件进行隧洞选线和工程布置。
提交成果：隧洞布置图纸，相关计算成果。

水工隧洞是在水利枢纽中为了灌溉、发电、城镇供水、泄洪、排沙、防空水库以及施工导流等目的，通过开挖而修建在岩、土体之中的取水及泄水建筑物。

6.1.1 水工隧洞的类型、组成及工作特点

6.1.1.1 水工隧洞的类型

水工隧洞因担负任务性质的不同，可分为取水及泄水两大类。如水电站的输水隧洞、灌溉和引（供）水隧洞、泄洪隧洞、排沙隧洞、排水隧洞、导流隧洞、水库放空隧洞等。按工作时水力条件的不同，可分为有压及无压两种。取水隧洞用来从水库取出用于灌溉、发电、工业用水、生活用水等所需的水量，工作时为有压或无压状态。发电隧洞常是有压

的。泄水隧洞可配合溢洪道宣泄部分洪水，可用以排沙、泄放水电站尾水以及放空水库等，工作时可以是有压的或无压的。渠道上的水工隧洞，一般不控制流量，只起输水作用，有的还有通航任务，通常都是无压的。有压隧洞工作时，内壁各个部分均作用有较大的内水压力。无压隧洞工作时水流不充满全部断面，保持一定净空，具有自由水面。在隧洞的同一段中，必须避免有压流和无压流交替出现的工作状态，以防止出现振动、气蚀。

6.1.1.2 水工隧洞的组成和工作特点

水工隧洞一般由进口段、洞身段和出口段组成，如图6.1所示。

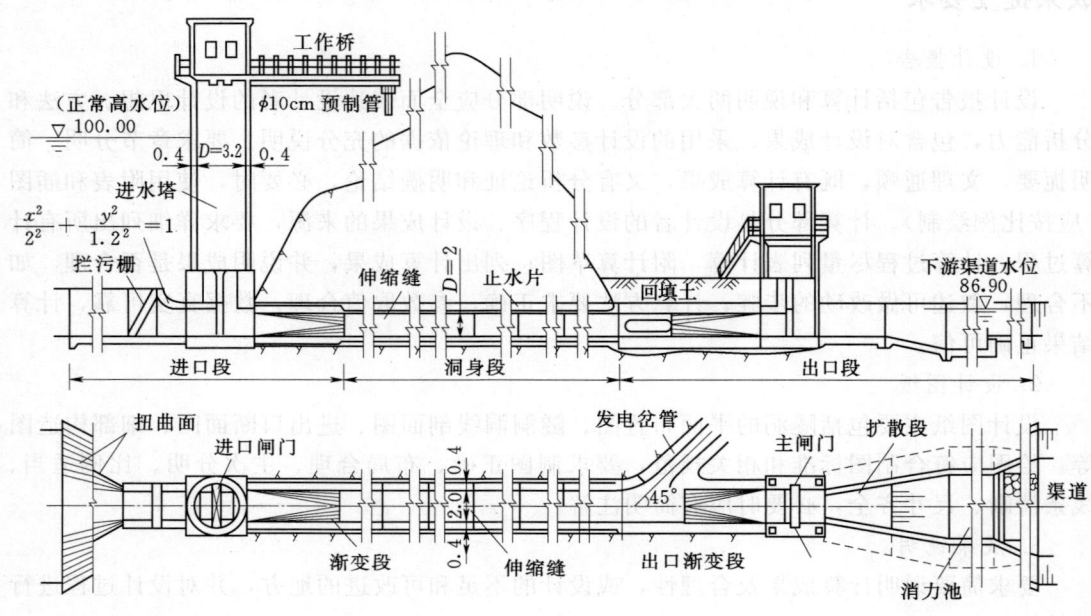

图 6.1 水工隧洞布置图（单位：m）

水工隧洞是地下建筑物，其设计、建造和运行条件，与承担类似任务的建于地面的水工建筑物相比有以下几个特点。

1. 结构特点

隧洞洞身是在岩层中开凿而成的。开凿后，隧洞周围岩体的应力平衡状态受到破坏，岩体可能产生变形和崩塌，常需设置临时性支护或永久性衬砌，以承受围岩压力，保持围岩的稳定，围岩压力与岩体承载能力的大小，主要取决于地质条件。此外，对有压隧洞，衬砌还要承受较大的内水压力及外水压力，故衬砌应有足够的强度与抗渗性。因此，应使隧洞尽量避开软弱岩层和不利的地质构造。

2. 水流特点

隧洞身位于深水下，工作闸门是高压闸门，开启时，洞内流速很高，如果过水轮廓体形设计不合理或过流面上有不平整体存在就会产生气蚀破坏，故要求过水轮廓应有合理的形式和尺寸，并采取必要的措施，如设通气孔等，以免引起气蚀和振动。

泄水隧洞的水流流速高、单宽流量大、能量集中，在出口处有较强的冲刷能力，必须采取有效的消能防冲措施。

3. 施工特点

隧洞洞身断面小，施工场地狭窄，洞线长，施工作业工序多，干扰大，工期一般较长。尤其是兼有导流任务的隧洞，其施工进度往往控制着整个工程的工期。因此，加快施工进度在隧洞工程建设中需要引起足够的重视。地下工程与地面工程不同，如果在运用中出现问题或过水断面不足，要进行加固或扩大断面是很困难的。因此，必须保证质量，安全可靠，并留有一定余地。

6.1.2 水工隧洞的选线与工程布置

线路选择与工程布置是隧洞设计的关键问题。我国已建的隧洞工程实践证明，布置上所造成的缺陷是难以弥补的，故必须高度重视隧洞线路选择与工程布置。这两个问题是一项工作的两个方面，是紧密联系、相互兼顾的。

6.1.2.1 水工隧洞的线路选择

隧洞的路线选择涉及工程造价、施工难易、工程进度、运行可靠性等方面。影响隧洞线路选择的因素很多，如地质、地形、施工条件等。隧洞的线路选择主要考虑以下几个方面的因素。

1. 地质条件

隧洞路线应选在地质构造简单、岩体完整稳定、岩石坚硬的地区，尽量避开不利的地质构造，要尽量避开地下水位高、渗水严重的地段。洞线要与岩层、构造断裂面及主要软弱带走向有较大的交角，对胶结紧密的厚岩层走向，其夹角不宜小于30°，对薄层以及层间连接较弱，其夹角不小于45°。在高地应力地区，洞线应与最大水平应力方向尽量一致，以减少隧洞的侧向围岩压力。隧洞应有足够的覆盖厚度，对于有压隧洞，当考虑弹性抗力时，围岩的最小覆盖厚度不小于3倍洞径。

在隧洞的进、出口处，围岩的厚度往往较薄，一般情况下，进、出口顶部的岩体厚度不宜小于1倍的洞径或洞宽。

2. 地形条件

隧洞的路线在平面上应尽量短而直。如因地形、地质、枢纽布置等原因需要转弯时，对于低流速的隧洞弯道曲率半径不应小于5倍洞径或洞宽，转弯转角不宜大于60°，弯道两端的直线段长度也不宜小于5倍的洞径或洞宽。高流速的隧洞应避免设置曲线段。

3. 水流条件

隧洞的进口应力求水流顺畅，减少水头损失。水流应与下游河道平顺衔接，与土石坝下游坝脚及其建筑物保持足够距离，防止出现冲刷。

4. 施工条件

洞线选择应考虑施工出渣通道及施工场地布置问题。对于长隧洞，还应注意利用地形、地质条件布置施工支洞、斜洞、竖井，增加总工作面，加快施工进度。

此外，洞线选择应满足枢纽总体布置和运行要求，避免在隧洞施工和运行中对其他建筑物产生干扰。如渠道上的输水隧洞，其洞线选择要与整个输水渠道线路布置统筹考虑。

6.1.2.2 水工隧洞的工程布置

水工隧洞布置的主要内容是：根据枢纽任务，通过技术经济比较，确定是一洞专用，还是合二为一,或一洞多用;选定闸门在隧洞中的位置;确定进、出口布置及进、出口高程;拟定纵剖面布置。

1. 多用途隧洞的布置

为了减小工程量,降低工程造价,往往考虑一洞多用或临时任务与永久任务相结合的布置方式。

(1) 泄洪洞与导流洞合一布置。在已建工程中较常采用。导流洞的进口高程较低,而泄洪洞进口高程可以较高,常在施工导流任务完成后,将导流洞前段堵塞,而在原导流洞口的上方另设进口,由上部进口向后,隧洞底坡设计为抛物线形式,然后再接一反弧段与原导流洞相衔接。这种布置形式在工程上常形象地称为龙抬头形式。如图6.2所示。

(2) 泄洪洞与发电洞合一布置。泄洪洞与发电洞的合一布置是在洞前段共用一洞,在后段分岔为两个洞分别来泄洪与发电。对于泄洪量大、经常使用的泄洪洞或重要的水电站,不宜采用这种布置方式。

(3) 发电与灌溉隧洞合一布置。发电与灌溉隧洞合一布置,水轮机尾水后接灌溉渠道,利用发电尾水进行灌溉。由于发电是经常性的,而灌溉用水是季节性的,所以应在发电尾水的后面设置一弃水设施,将不需灌溉时的发电尾水排入下游河道。

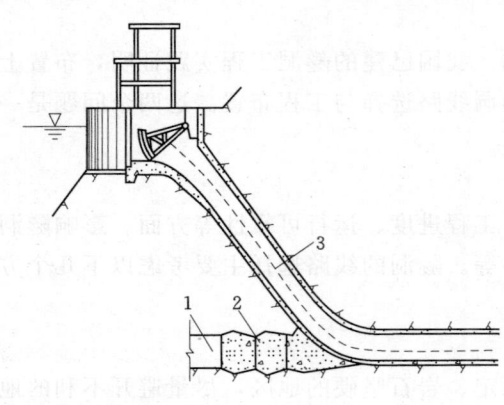

图6.2 泄洪洞与导流洞合一布置
1—导流洞;2—混凝土堵头线;3—泄洪洞

2. 闸门位置布置

闸门在隧洞中的位置选择,应根据隧洞担负的任务、所选定的水流状态(有压或无压)、地形及地质条件、运用管理的要求等,通过技术经济比较后确定。水工隧洞中的闸门按其工作性质分为工作闸门、检修闸门及事故闸门。

工作闸门主要用于调节流量和控制孔口,应能在动水中启闭。它可以布置在进口、出口或洞中其他适宜位置上。工作闸门布置在进口,隧洞一般为无压流,其优点是:工作闸门与检修闸门均在首部,运用管理方便。工作闸门如布置在出口,则全洞为有压流,其优点是:洞内水流平稳,门后通气条件好,便于部分开启调节流量;缺点是:检修闸门与工作闸门分设于隧洞首尾,管理不便。具体布置如图6.3所示。

检修闸门是在检修主闸门或洞身需要挡水时采用的,设于工作闸门的上游。如设在进口处,整个隧洞洞身的检修更为方

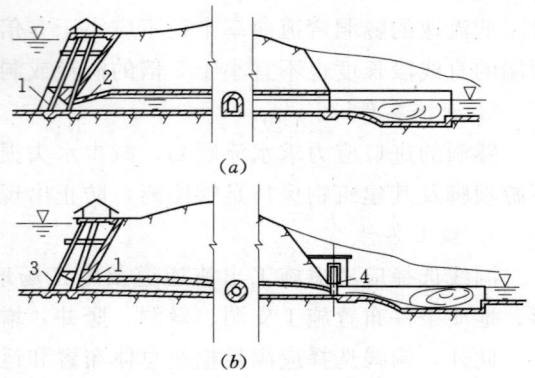

图6.3 水工隧洞闸门位置布置示意图
(a) 无压隧洞闸门布置;(b) 有压隧洞闸门布置
1—检修门槽;2—工作门槽;3—拦污栅;4—工作门

便。有时根据下游水位情况,在隧洞出口处也设有叠梁检修闸门。检修闸门一般在静水中启闭。

事故闸门是在工作闸门、隧洞及设备发生事故时,能在动水中关闭的闸门。当需快速关闭时,也称为快速闸门。

3. 隧洞进、出口的布置

(1) 隧洞进口高程的确定。隧洞进口高程应根据隧洞的用途及实际运用要求来确定,发电引水隧洞的进口,顶部高程应在水库最低工作水位以下 0.5~1.0m,底部应高出水库淤沙高程最少 1.0m 以上;灌溉隧洞的进口高程应保证在水库最低工作水位时,能引入设计流量,应满足引水高程的要求,并应与下游灌区布置在同一侧;排沙洞应设置在需要排沙的发电、灌溉引水洞进口附近,其高程宜较低;用于放空水库和施工导流的隧洞进口高程一般都较低。

隧洞进口的进水方式有深式和表孔溢流式两种。深式进水口可以是无压的或有压的,这种布置形式与重力坝上的泄水孔布置形式相似,如图 6.3 所示。表孔溢流式进口布置方式与岸边溢洪道相似,只是用隧洞代替了泄槽,泄水时,洞内为无压流,如图 6.2 所示。

(2) 隧洞的出口布置。隧洞的出口布置应保证水流下泄安全及出流平稳,对于有压隧洞,出口断面面积应小于洞身断面积,以保持洞内有较大的正压。出口的断面积宜收缩为洞身断面的 80%~90%,收缩方式采用洞顶压坡的形式。

隧洞的出口应通过技术经济比较选择消能防冲方式。对于高流速、高水头、大流量的泄水隧洞,常为挑流消能。

4. 进口高程

隧洞进口高程主要是根据其所担负的任务确定的。例如,发电隧洞,其进口顶部高程应保证上游在最低运行水位时能引取发电所需的流量;灌溉隧洞应保证上游为最低工作水位时,能引入设计流量等。有压隧洞进水口,应保证在上游最低运行水位以下有足够的淹没深度,以免产生贯通式漏斗漩涡,引起振动,降低水轮机处理。从防止产生贯通式漏斗漩涡考虑,最小淹没深度可按下式估算

$$S = Cvd^{\frac{1}{2}} \tag{6.1}$$

式中 S——上游最低运行水位至进口顶部的淹没深度,m;
      v——闸孔断面平均流速,m/s;
      d——闸孔高度,m;
      C——系数,对称水流取 0.55,复杂边界和侧向水流取 0.73。

为保证进水口内为压力流考虑,最小淹没深度 S 按下式估算

$$S = K\left(\Delta h_1 + \Delta h_2 + \Delta h_3 + \Delta h_4 + \Delta h_5 + \frac{v_5^2}{2g}\right) \tag{6.2}$$

式中 K——安全系数,应不小于 1.5;
      $\Delta h_1 \sim \Delta h_5$——拦污栅、喇叭段、闸门槽、压力管道渐变段及沿程水头损失值,可按 SL

285—2003《水利水电工程进水口设计规范》或有关水力学手册介绍的公式计算；

v_5——隧洞平均流速，m/s。

S 的最小值不应小于 1.5～2m，进口底板应高于水库淤积高程。对于多种用途的隧洞，进口高程的选择应照顾到各方面的要求。

5. 隧洞纵坡和洞内压力余幅（有压隧洞）或空间余幅（无压隧洞）

隧洞纵坡的选择主要考虑水力条件、运行维修及施工条件，并通过技术经济比较选定。纵坡沿程不宜变化过多，一般不宜设平坡，要避免设反坡。对于有压隧洞，其纵坡主要从施工运输、排水及检修等方面考虑。

在选择隧洞进、出口高程及纵坡时，对有压隧洞，还应使洞顶有一定的压力裕幅。一般在最不利的运行条件下，隧洞全线洞顶以上的压力裕幅不宜小于 2m 水头。对于长隧洞，该值还需适当增加。若不满足上述要求，可采取降低隧洞设置高程、收缩出口断面尺寸等措施，以提高洞身压力。对于无压隧洞，为保证其无压状态，洞的断面尺寸和纵坡应按最大流量设计，并在水面以上留出必要的净空裕幅。净空面积应不小于断面面积的 15%，且水面上净空裕幅不小于 40cm。对于高速无压隧洞，应考虑掺气的影响，掺气后水面以上的净空面积应为断面面积的 15%～25%，且水面线不超出直墙范围（圆拱直墙式）。渠道上的无压隧洞有通航任务时，水面上的净空尚应满足通航要求。

任务案例 6-1 隧洞的选线及布置

6-1-1 项目任务

设计资料如拱坝设计基本资料所示，根据项目资料进行隧洞线路选择并确定隧洞工程布置。

6-1-2 隧洞选线

该拱坝枢纽工程隧洞选线时符合以下要求：

（1）洞线布置在完整坚固的岩层之中，避开不利的地质构造带（区）。围岩的厚度大于 3 倍洞径，且大于 0.4 倍的内水压力水头；局部接近于地表（山沟）的洞段，考虑采用明管连接。

（2）洞线尽量取直，必要的转弯处，转弯半径大于 5 倍洞径，转角不大于 60°。

（3）压力隧洞的顶部低于最低压力线（考虑负水锤影响）2m 以上。

6-1-3 布置

（1）该工程的有压引水隧洞全长约 3.5km，发电引水有压洞的纵坡一般可取 0.2%～0.5%，则该工程取为 $i=0.4\%$，以便出渣及排水。

（2）进水口洞顶高程一般应低于死水位 1～2m，该工程死水位为 372.0m。取进口洞顶高程为 370.5m，低于死水位 1.5m；发电引水洞进口底缘高程一般应高于水库淤积高程 1m 以上。该工程淤积高程 365.99m，取进口洞底高程为 367.00m。发电引水遂洞的纵剖面如图 6.4 所示。

（3）进水口设在库区合适的地形处，由坝址修建 2km 施工公路至进水口。

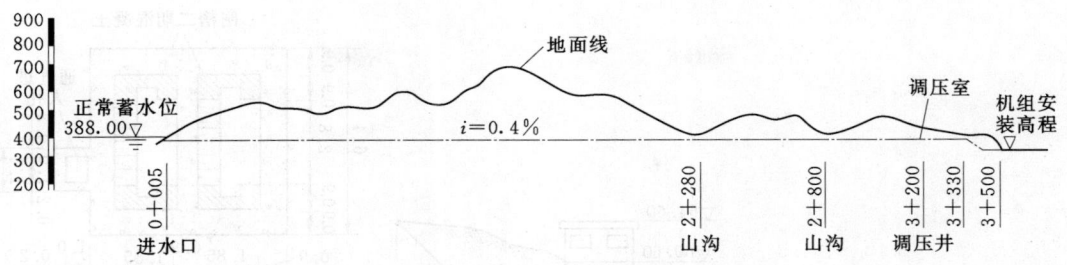

图 6.4 压力隧洞纵剖面图(单位:m)

任务 6.2 水工隧洞构造设计

单元任务目标:完成隧洞的构造设计。

任务执行过程引导:根据地形、地质条件确定进口建筑物形式,洞身段的形式和构造及出口段和消能方案选择设计。

提交成果:进、出口段布置图纸,洞身尺寸相关图纸,消能方案及布置图纸,相关计算成果。

隧洞进口建筑物一般包括拦污设施、入口段、闸门段、渐变段、通气孔、平压管和上部结构。出口建筑物主要决定于隧洞的功用,对于有压隧洞,一般包括工作闸门及消能设施。

6.2.1 进口段的形式和构造

6.2.1.1 进口建筑物的形式

按进口位置和闸门位置,进口建筑物有竖井式、塔式及岸塔式(包括斜坡式)三种基本形式及其组合形式。

1. 竖井式进水口

竖井式是在进口附近的岩层中开凿竖井,井底设置闸门,顶部安装启闭设备,拦污栅设于洞外。其特点是,构造简单可靠,不受风浪、冰冻影响,但竖井前的进口段检修时,需在入口处另设检修闸门(或叠梁)。适用于岩体完整、稳定、坚固的岸坡。布置如图 6.5 所示。

2. 塔式进水口

塔式是在山坡前独立于水库中的框架式塔 [图 6.6(a)] 或封闭式塔 [图 6.6(b)],塔底设置检修闸门或检修闸门与工作闸门。封闭式塔身横断面为方形或圆形,这种形式也可成分层取水式进口,沿塔身不同高程分别设置进水口,根据水库水位的变化启用不同的进水口,以引取表层湿度较高的库水,以利灌溉。塔式的优点是,可在任何水位下检修,方便可行,但造价较高,且需设工作桥与岸坡连接。当工作水头较低或根据运用条件只需在进口处设置一道闸门时,可采用图示的框架式进口塔。这种形式构造简单、施工方便,但只能在低水位时进行维修。

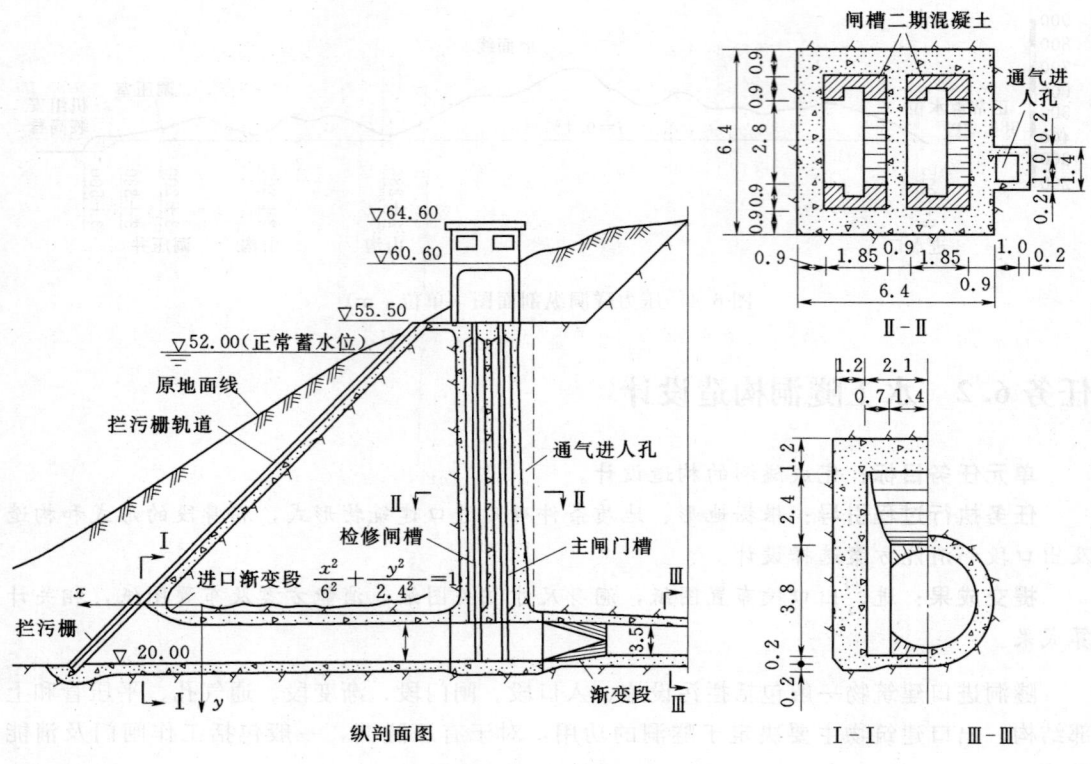

图 6.5 竖井式进水口（单位：m）

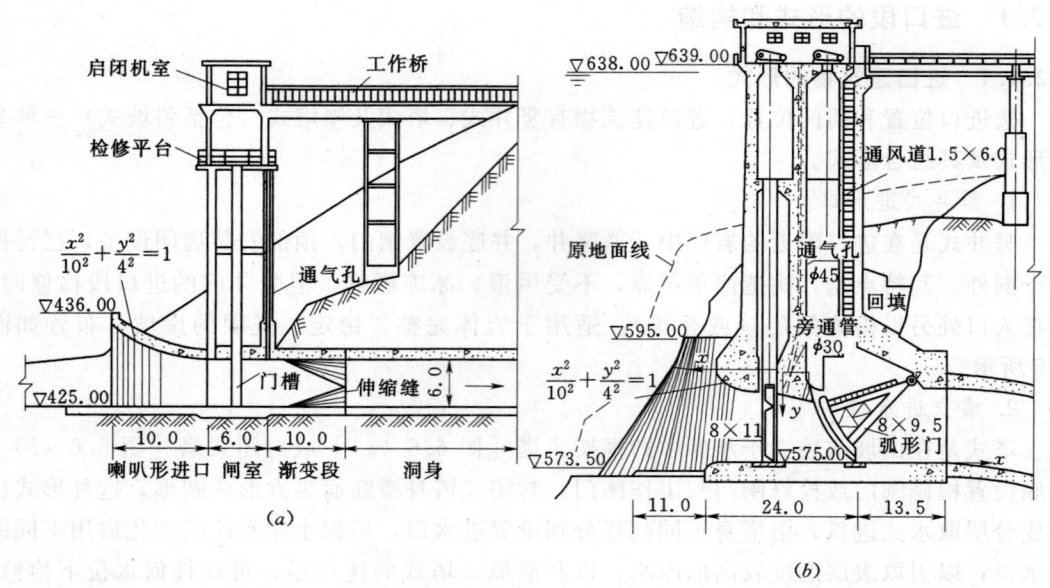

图 6.6 塔式进水口（单位：m）
(a) 框架塔式进水口；(b) 封闭塔式进水口

项目6 水工隧洞设计

3. 岸塔式进水口

岸塔式是将控制塔斜靠在洞口岩坡上的进口建筑物。由于塔身斜靠岩坡,容易满足稳定要求,对岸坡也起一定支撑作用,施工、安装及维修均较方便。由于闸门斜放,故面积较大,不仅启门力大,且难以靠自重下降。岸塔结构可以是框架式,也可以是封闭式,前者只能设一道闸门,后者可设两道闸门,而且也可在不同高程设置进水口,成为分层取水式,引取水库表层温度高的库水。这种形式适用于岸坡较陡、岩石坚固的情况。布置如图6.7所示。

4. 斜坡式进水口

斜坡式进水口是在较完整的岩坡上进行平整、开挖、护砌而修建的一种进水口。优点是,结构简单,施工、安装方便,稳定性好,工程量小。缺点是,由于闸门倾斜,闸门不易依靠自重下降。斜坡式进口一般只用于中、小型工程。布置如图6.8所示。

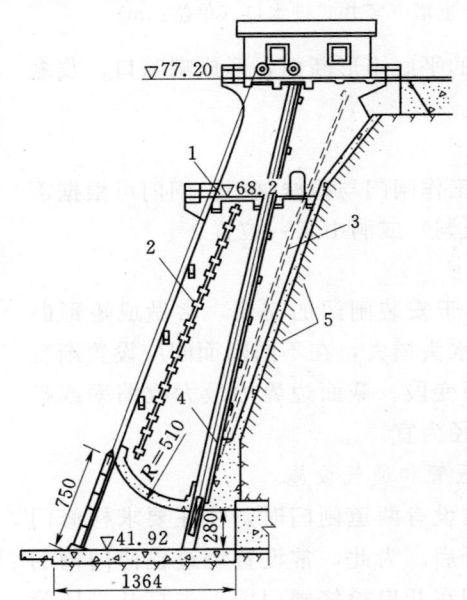

图6.7 岸塔式进水口(单位:cm)
1—清污台;2—固定拦污格栅;3—通气孔;
4—闸门轨道;5—锚筋

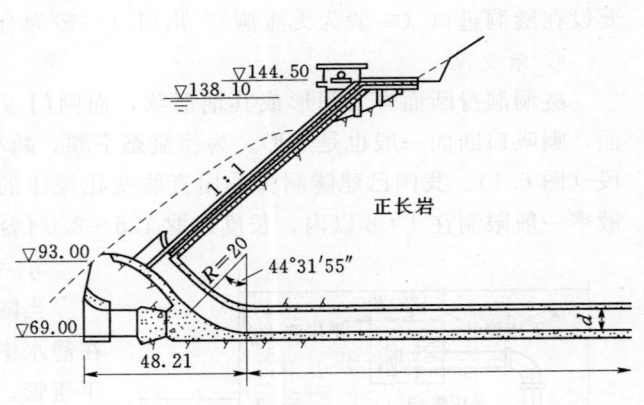

图6.8 斜坡式进水口(单位:m)

5. 组合式进水口

在实际工程中常根据地形、地质、施工等具体条件采用。如半竖井半塔式进水口(图6.9),下部靠岸的塔式进水口等。

进水口建筑物内容的学习还可参考教材《水电站》的相关章节。

6.2.1.2 水工隧洞进口段的组成及构造

水工隧洞进口段的组成包括拦污栅、进水喇叭口、闸门室、渐变段、平压管和通气设施等。

1. 拦污栅

进口处的拦污栅是为了防止水库中的漂浮物进入隧洞。泄水隧洞一般不设拦污栅,如需拦截大浮沉物时可设粗栅，避免浮沉物进入隧洞卡堵闸门槽。发电引水隧洞进口应设细栅，避免污物堵塞破坏阀门与水轮机叶片。

2. 进水喇叭口

隧洞进水口一般均做成断面逐渐缩小的喇叭形。进水口是隧洞最容易产生气蚀破坏的部位之一。如设计不当，在水头高、流速大的情况下，会导致水流与边界分离而形成低压区，进而产生空穴，造成气蚀破坏，故应特别注意其体形设计。

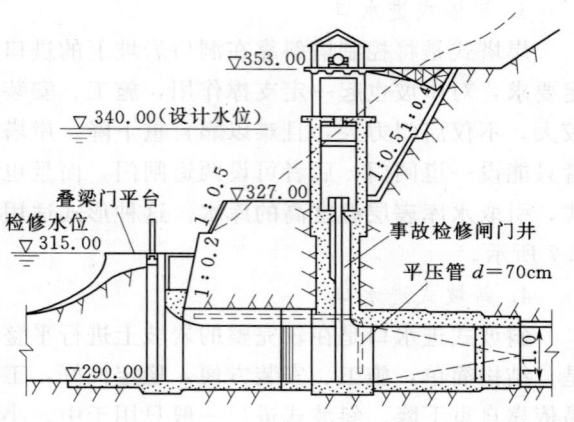

图 6.9 上塔下竖井式进水口（单位：m）

隧洞进口为顶板和边墙顺水流方向三向逐渐收缩的平底矩形断面，形成喇叭口。收缩曲线常采用 1/4 椭圆曲线。如图 6.5 所示。

3. 闸门室

闸室段包括闸门、门槽、启闭设备等。闸门分为工作闸门与检修闸门。闸门可根据需要设在隧洞进口（一般为无压洞）、出口（一般为有压洞）或洞中某一位置。

4. 渐变段

隧洞洞身断面多为圆形或其他形状，而闸门段由于安装闸门的需要，常做成矩形断面，喇叭口断面一般也是矩形。为使流态平顺，减小水头损失，在不同断面间应设置渐变段（图 6.1）。我国已建隧洞多采用直线变化规律的渐变段。截面边界的最大收缩率或扩散率一般限制在 1:8 以内，长度以取 1.5~2.0 倍洞径为宜。

5. 平压管和通气设施

当隧洞设有两道闸门时，往往要求检修门在静水中开启。为此，常设置绕过检修门槽的平压管。即在开启检修闸门前，先打开平压管阀门，将上游水引入两道闸门间，使检修闸门前后的水压力平衡，以减小启门力，具体布置如图 6.10 所示。平压管直径根据灌水时间确定。

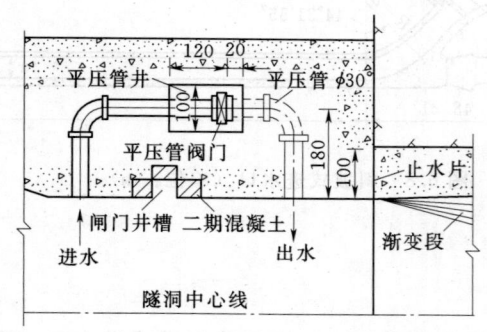

图 6.10 平压管构造图

平压设施也可采用设在闸门上的短管或窗孔，也可将闸门分为上、下两节，开启时将上节提升一定距离形成矩形孔口充水，待闸门前后水压力平衡后，即可将整个闸门提起。

通气设施是向深式引（泄）水隧洞闸门后通气的管道空洞设施，又称通气管或通气孔。其作用是：①在工作闸门各级开度下承担补气任务；②检修时，在下放检修闸门后，放空洞内水流时补气；③检修完成后，向检修闸门和工作闸门之间充水时，通气孔用以排气。

通气孔的上部进口必须与闸门启闭机室分开设置。通气孔风速应保持在 20m/s 左右。

6.2.2　洞身段的形式与构造

6.2.2.1　洞身断面形式及尺寸

隧洞洞身断面形式选择涉及因素很多，为满足水力条件，要求洞身断面具有平顺的轮廓，力求减小水头损失，能以最经济的断面通过设计流量；为满足静力条件，应根据围岩特性、地应力的分布特点，选择合理的断面形状和几何尺寸，以改善围岩受力条件，保持围岩稳定；同时还应照顾到施工方便诸方面的要求。

1. 有压隧洞的断面形式及尺寸

有压隧洞承受的荷载主要是内水压力。圆形断面受力条件好，其水力特性也最佳，与其他形式断面相比，面积一定时过水能力最大。施工较方便，最适用于掘进机开挖。当洞径和内、外水压力不大时，也可采用更便于施工的其他断面形式。洞身断面尺寸应根据隧洞用途通过计算确定。考虑到施工的需要，圆形有压隧洞，其内径不宜小于 1.8m。

有压隧洞的断面尺寸应根据泄流能力要求以及沿程压坡线情况来确定。

2. 无压隧洞的断面形式及尺寸

无压隧洞洞身的断面形式在很大程度上决定于围岩特性和地应力分布情况，如图 6.11 所示，常采用城门洞形（圆拱直墙形）、马蹄形、蛋形及圆形等断面形式。

城门洞形断面 [图 6.11 (d)、(e)、(i)、(j)] 的优点是圆拱适宜承受铅直围岩压力，便于开挖和衬砌，应用较广，适用于垂直山岩压力较大，而无侧向山岩压力或侧向山岩压力很小的情况；马蹄形 [图 6.11 (f)、(h)] 及蛋形断面适用于岩石比较软弱破碎，垂直山岩压力和侧向山岩压力均较大的情况；圆形断面 [图 6.11 (a)、(b)、(c)、(g)、(k)、(l)] 适用围岩条件较差，且外水压力较大，用掘进机施工的情况。

无压隧洞的断面尺寸主要根据其泄流能力要求及洞内水面线来确定。流速较低、通气良好的隧洞，要求水面以上净空不小于洞身断面面积的 15%～25%，冲击波波峰高不应超过城门洞形断面的直墙范围。在确定隧洞断面尺寸时，还应考虑洞内施工和检查维修等对最小尺寸的要求。

6.2.2.2　洞身衬砌

1. 衬砌的功用

衬砌是指沿隧洞开挖断面四周或一部分做成的人工护壁，主要功用有：①阻止围岩变形的发展，保证围岩的稳定；②承受围岩压力、内水压力和其他荷载；③防止渗漏；④保护围岩免受水流、空气、温度、干湿变化等的冲蚀破坏；⑤平整围岩，减小表面糙率。

隧洞衬砌并不是在任何情况下都是必需的。如果围岩坚硬完整、透水性小，且内水外渗不致影响相邻建筑物及围岩和山坡的稳定时，通过技术分析比较，也可采用不衬砌隧洞。不衬砌隧洞可显著缩短工期，减小投资，提前发挥工程效益。不衬砌隧洞用于导流、低流速放空时，有明显的经济效益，应优先研究不衬砌的可能性，但不衬砌隧洞水头损失较大。

2. 衬砌的类型及基本尺寸

(1) 抹平衬砌（也称护面或平整衬砌）。用混凝土、喷混凝土和浆砌石做成的护面，它不承受荷载，仅起到平整隧洞表面、减小糙率、防止渗漏、保护岩石不受风化的作用。

(2) 单层衬砌。用混凝土[图 6.11 (a)]、钢筋混凝土[图 6.11 (b)、(c)、(d)]或浆砌石等做成。单层衬砌适用于中等地质条件，隧洞断面较大，水头及流速较高的情况，混凝土和单层钢筋混凝土衬砌的厚度不宜小于 25cm，双层钢筋混凝土衬砌的厚度不宜小于 30cm，由计算核定。

(3) 喷锚衬砌。喷锚支护是喷混凝土支护、锚杆支护、喷混凝土锚杆支护、喷混凝土锚杆钢筋网支护和喷混凝土锚杆钢拱架支护等支护型式的统称。适用于不同地层、不同断面大小、不同用途的地下洞室。喷锚支护可在洞室开挖后，紧随开挖面适时喷上一层混凝

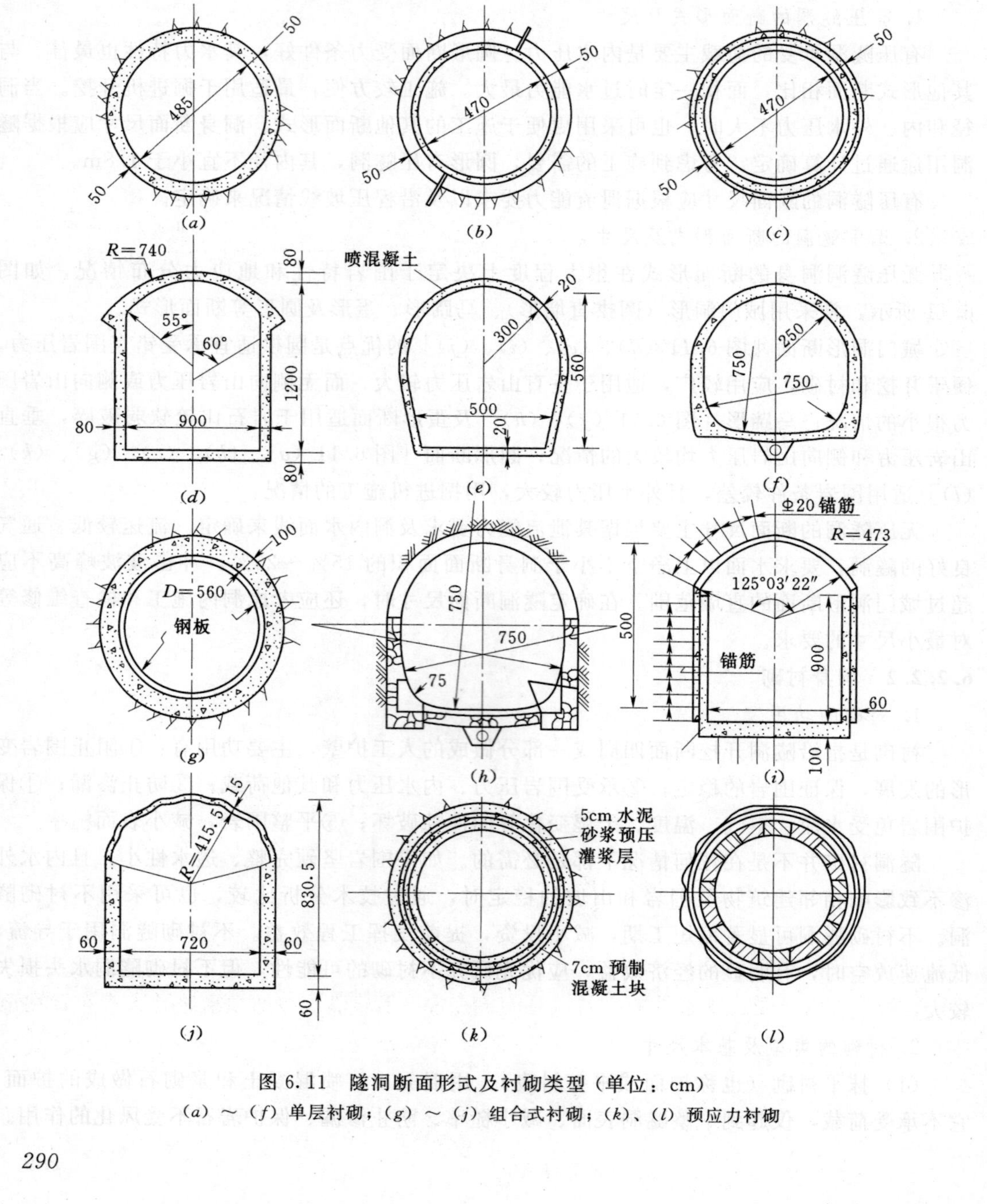

图 6.11 隧洞断面形式及衬砌类型（单位：cm）
(a)～(f) 单层衬砌；(g)～(j) 组合式衬砌；(k)、(l) 预应力衬砌

土（3～5cm），必要时加设锚杆以稳定岩体，作为临时支撑，以后再加喷混凝土至设计厚度。喷锚支护可用作临时支护，也可用作永久性支护结构。

（4）预应力衬砌。预应力衬砌是对混凝土、钢筋混凝土衬砌的外壁施加预压应力，以便在运用时抵消内水压力产生的拉应力［图 6.11（k）、（l）］。预应力衬砌多用于高水头有压隧洞。

（5）组合式衬砌。在开挖断面周边不同部位采用不同的衬砌材料组合而成。如内层为钢板、钢筋网喷浆，外层为混凝土或钢筋混凝土［图 6.11（g）］；如顶拱为混凝土，边墙和底板采用浆砌石［图 6.11（h）］；顶拱为喷锚支护，边墙及底板为混凝土及钢筋混凝土［图 6.11（i）］等。

3. 衬砌的构造

（1）分缝及止水。混凝土及钢筋混凝土衬砌，需根据结构特点、施工方法、浇筑能力、构造破碎带位置以及温度收缩影响等进行分缝，并根据相应要求，对接缝进行处理。

衬砌施工时需分段、分块进行，形成纵向和环向施工缝。环向施工缝的间距根据浇筑能力决定。纵向施工缝必须设在衬砌拉应力较小的部位，缝面需严格处理，以保证衬砌结构的整体性。在隧洞穿过断层、破碎带处、岩性变化处以及竖井与平洞交会处，或其他可能发生较大相对变位处，应设置永久性变形缝，以适应不均匀沉降和相对变形。为防止混凝土因干缩和温度应力而产生裂缝，沿洞线方向应设置永久性横向伸缩缝，其间距一般为 6～12m，并根据需要做好止水处理，如图 6.12 所示。

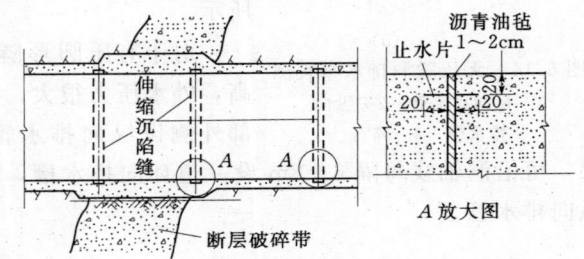

图 6.12 伸缩沉陷缝

（2）灌浆。隧洞灌浆分为回填灌浆和固结灌浆两种，具体布置如图 6.13 所示。

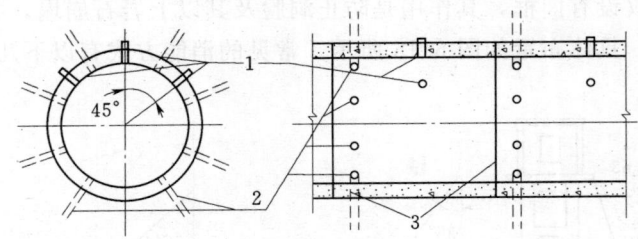

图 6.13 灌浆孔布置图
1—回填灌浆孔；2—固结灌浆孔；3—伸缩缝

回填灌浆的作用是堵塞衬砌与岩石之间的空隙，使衬砌与岩石紧密结合，以改善衬砌的受力条件。由于受施工条件的限制，衬砌顶部常不易填满，故回填灌浆孔大多布置在顶拱中心角 90°～120°范围内，孔距和排距一般为 2～6m，灌浆压力一般为 0.2～0.3MPa，灌浆孔应深入岩石 5cm 以上。

固结灌浆的目的是加固围岩，提高围岩的承载力和不透水性。固结灌浆的参数，可通过工程类比法或现场实验决定。一般排距为2~4m，每排不宜少于6孔，做对称布置。深入围岩的孔深约等于隧洞半径，灌浆压力为1.5~2.0倍内水压力。固结灌浆应在回填灌浆7~14d之后进行。

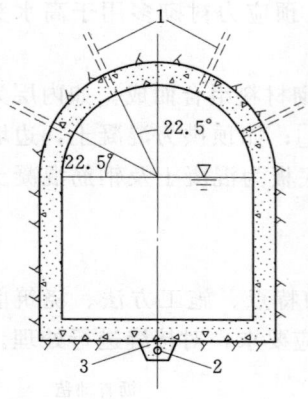

图6.14 无压隧洞排水布置图
1—径向排水管；2—纵向排水管；3—碎石

(3) 防渗和排水。根据隧洞沿线的工程地质和水文地质条件以及隧洞的水力条件等，针对具体情况可采取堵（如衬砌、灌浆）、截（如设防渗帷幕）、排（如设排水孔）等措施，以改善衬砌结构和围岩的工作条件。

设置排水是为了降低作用在衬砌外壁上的外水压力。对于无压隧洞衬砌，当地下水位较高时，外水压力成为衬砌的主要荷载。可在洞底设纵向排水管通向下游，或在洞内水面线以上，通过衬砌设置排水孔，将地下水直接引入洞内，排水孔间距、排距以及孔深一般为2~4m。具体布置如图6.14所示。

对于有压圆形隧洞，可不设置排水设备。当外水位很高，外水压力很大，对衬砌设计起控制作用时，可在衬砌底部外侧设纵向排水管，通至下游，必要时，为提高排水效果，可沿洞轴线每隔6~8m设一道环向排水槽，环向排水槽可用砾石铺筑，将渗水汇入纵向排水管。

6.2.3 出口段及消能设施

出口建筑物的形式和布置主要决定于隧洞的功用及出口附近的地形、地质条件。对于有压泄水隧洞，出口段的体型对有压洞的压力状态起控制作用。为了使洞身不出现负压，其出口断面应逐渐收缩，使出口断面小于洞身断面，但不宜收缩过多，以免降低泄流能力。有压隧洞的出口常设有工作闸门及启闭机室，闸门前有渐变段，出口之后即为消能设施。无压隧洞出口仅设有门框，其作用是防止洞脸及其以上岩石崩塌，并与扩散消能设施的两侧边墙相衔接，具体布置如图6.15所示。常见的消能方式有以下几种。

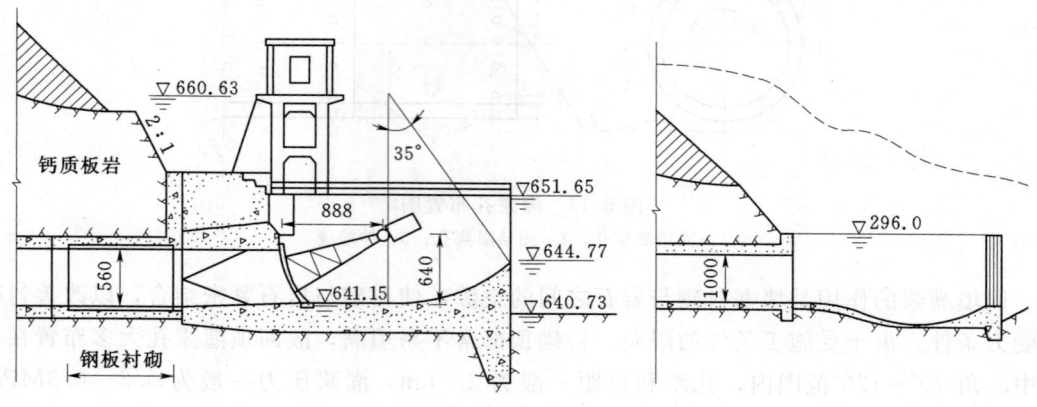

图6.15 有压隧洞与无压隧洞的出口形式

1. 底流消能

当隧洞出口高程接近下游水位时，也可采用扩散式底流水跃消能。底流消能具有工作可靠、消能比较充分、对下游水面波动影响范围小的优点，但缺点是开挖量大、施工复杂、材料用量多、造价高。

2. 挑流消能

当隧洞出口高程高于或接近下游水位，且地形、地质条件允许时，采用挑流消能比较经济合理，因为它结构简单，施工方便，国内外泄洪、排沙隧洞广泛采用这种消能方式。目前挑流鼻坎的方式主要有横向扩散挑坎、斜切式挑流鼻坎、收缩式窄缝挑坎。

3. 洞中突扩消能

洞中突扩消能也称为孔板消能，是在有压隧洞中设置过流断面较小的孔板，利用水流流经孔板时突缩和突扩造成的漩滚，在水流内部产生摩擦和碰撞，消减大量能量，如图6.16所示。如黄河小浪底水利枢纽将导流洞改建为压力泄洪洞，采用多级孔板消能方案，消能效果显著。

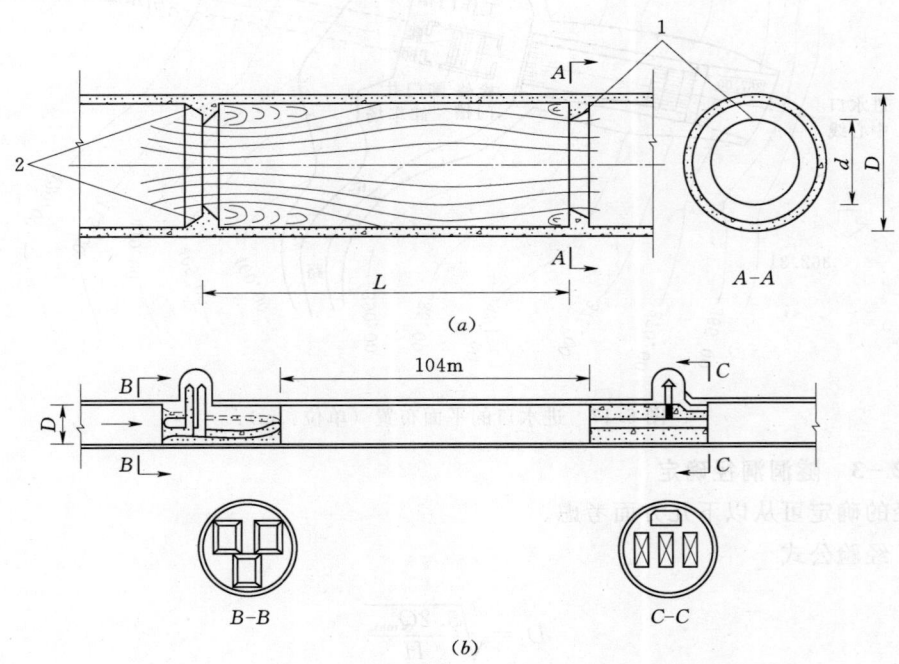

图 6.16 洞中突扩消能布置图
(a) 多级孔板消能；(b) 麦加泄洪洞突扩消能
1—孔板；2—消涡环

任务案例 6-2 水工隧洞构造设计

6-2-1 项目任务

设计资料如拱坝设计基本资料所示。根据项目资料进行隧洞构造设计，包括进口段设计、隧洞洞径的确定以及水头损失计算。

6-2-2 进口段设计

本工程进水口处地质条件较好,所以拟设计成竖井式进口。进水口由喇叭段、闸门井和渐变段组成,设拦污栅一道,底部高程为367.0m,拦污栅面积根据最大流量 $14m^3/s$ 时过栅流速 v 不大于 $1m/s$ 确定。工作闸门采用潜孔平面定轮钢闸门,配备 QPQ2×63T 双吊点启闭机一台及相应的启闭房一座。进水口的布置如图6.17~图6.20所示。

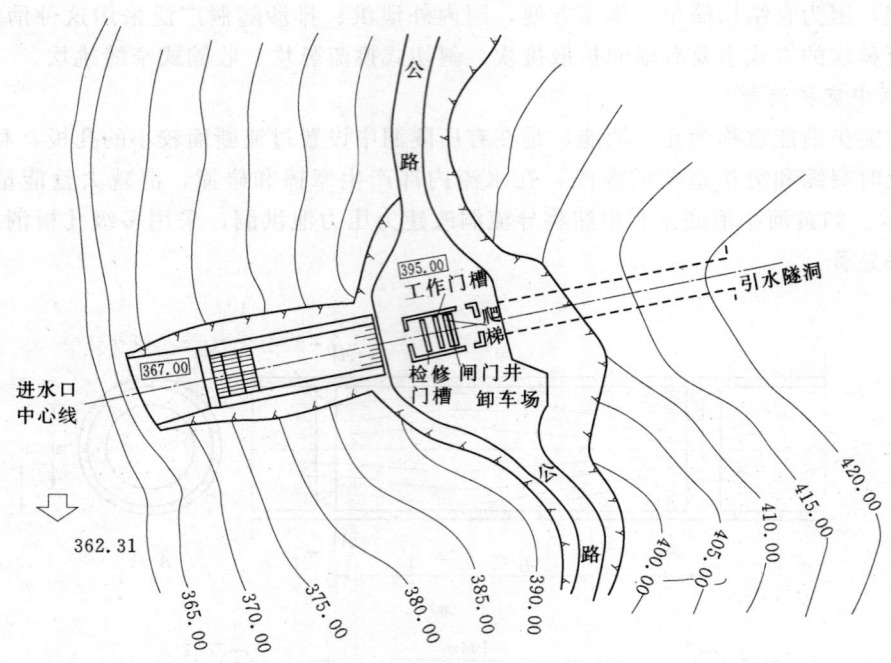

图6.17 进水口的平面布置(单位:m)

6-2-3 隧洞洞径确定

洞径的确定可从以下几方面考虑。

(1) 经验公式

$$D_1 = \sqrt[7]{\frac{5.2Q_{max}^3}{H}} \tag{6.3}$$

式中 Q_{max}——最大引用流量,本工程为 $14m^3/s$;
H——隧洞设计水头。

由于洞线有一定纵坡,调压之前隧洞各断面处的工作水头为20~40m。代入上式计算合适的洞径为2.33~2.6m,暂取2.5m。

(2) 钢筋混凝土衬砌的有压发电引水隧洞的经济流速为 $2~4m/s$;若取 $v=3m/s$,则按过流 $Q=14m^3/s$ 求得洞径 $D=2.44m$。但一般洞线越长,水头越低,其经济流速应选的小些。

(3) 发电隧洞洞径的选择应使总水头损失不宜过大,一般总水头损失不宜超过设计

项目 6 水工隧洞设计

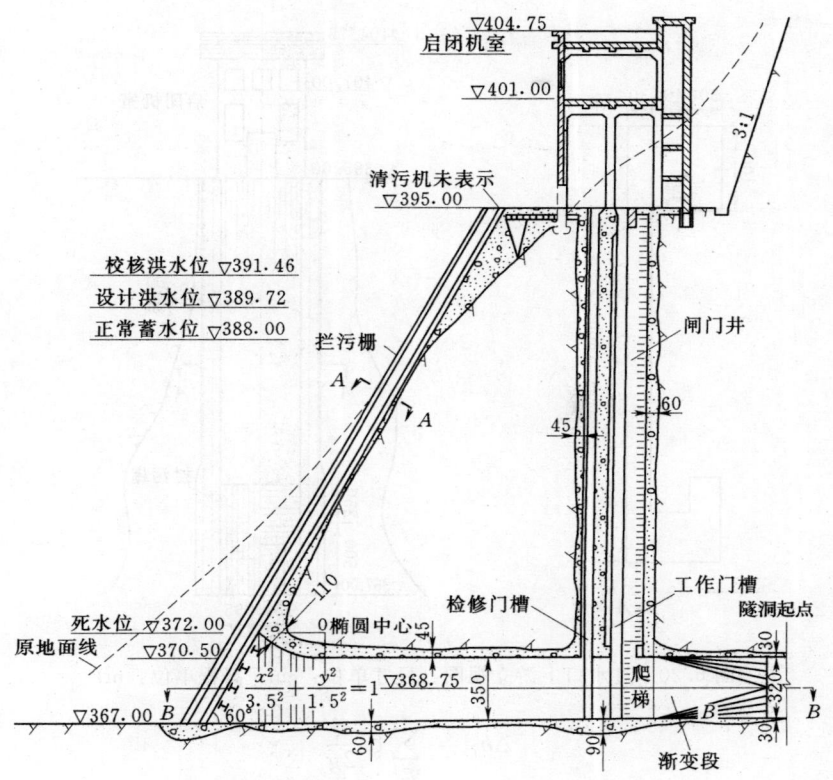

图 6.18 进水口纵剖面（尺寸单位：cm，高程单位：m）

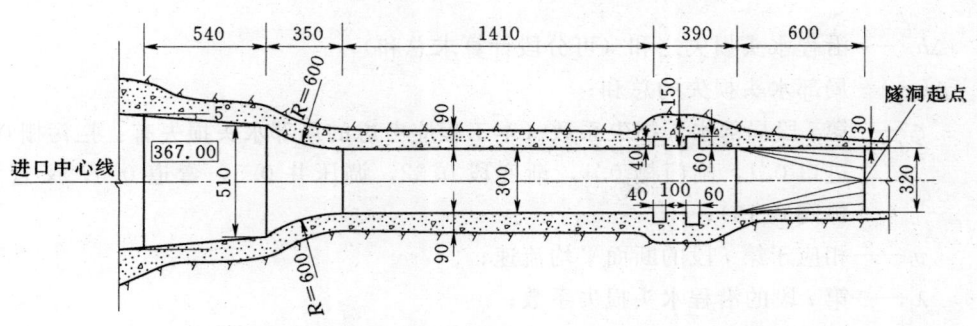

图 6.19 进水口水平剖面（B—B）（尺寸单位：cm；高程单位：m）

水头的 5%～10%。本工程电站的设计水头为 70m。本工程洞径的确定主要受该条件控制。

6-2-4 隧洞水头损失计算

参考《水力学》水头损失的计算方法，则隧洞的总水头损失为

$$\Delta h = \Delta h_i + \Delta h_j \tag{6.4}$$

$$\Delta h_i = \sum_{i=1}^{m}\left(\lambda_i \frac{l_i}{D_i}\frac{v_i^2}{2g}\right) = \sum_i \frac{n_i^2 l_i}{R_i^{4/3}} v_i \tag{6.5}$$

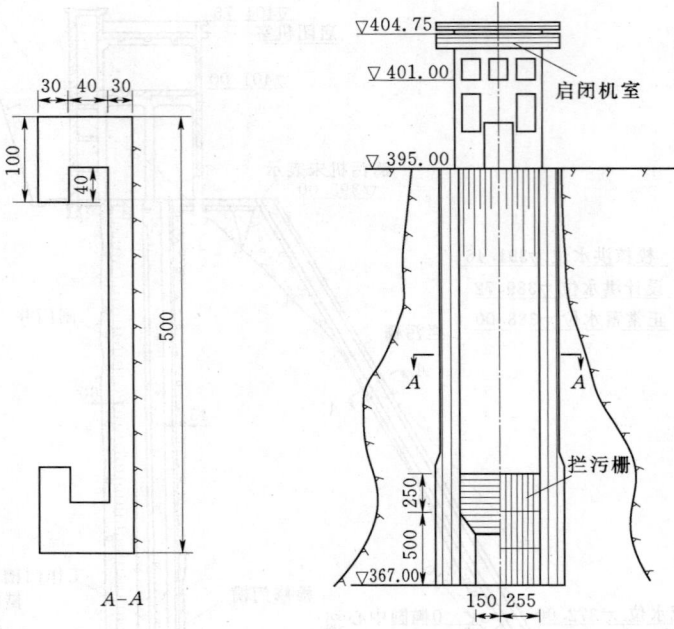

图 6.20 进水口上游立视图（尺寸单位：cm；高程单位：m）

$$\Delta h_j = \sum_{i=1}^{m} \zeta_i \frac{v_i^2}{2g} \tag{6.6}$$

$$\lambda = \frac{8g}{C^2}, \quad C = \frac{1}{n} R^{1/6} \tag{6.7}$$

式中　Δh_i——沿程水头损失之和（可分段计算求总和）；

Δh_j——局部水头损失的总和；

ζ_i——第 i 段局部水头损失系数（本工程应考虑的局部水头损失有：拦污栅 0.57，进口 0.1，闸门槽 0.1，渐变段 0.32，调压井 0.5，弯道 0.6，叉管 0.1，蝶阀 0.13）；

v_i——相应于第 i 段的断面平均流速；

λ_i——第 i 段的沿程水头损失系数；

n——糙率（钢管 $n=0.012$，钢筋混凝土衬砌 $n=0.013$，喷混凝土 $n=0.02$，不衬砌段 $n=0.025\sim0.3$）；

R——水力半径，$R=\omega/\chi$；

l_i——第 i 段隧洞的长度。

本工程隧洞长 3.5km，由于地质条件不同，对于地质条件较好的洞段（约 1.5km）采用喷混凝土衬砌厚 10cm，其余部分用钢筋混凝土衬砌。根据上述公式分别计算出每千米长隧洞的沿程水头损失 Δh_i 及总的局部水头损失 Δh_j 列于表 6.1，再求出总的水头损失 Δh。从表 6.1 中可以看出：当洞径增大（流速减小）时，水头损失迅速减小。

根据表 6.1 中的计算结果，最后确定取洞径为 3m，断面平均流速为 1.9m/s，总水头损失为 5.1m，约占总水头的 7%。

表 6.1 每千米长有压洞的沿程水头损失及总局部水头 单位：m

洞径 D/m	糙率 n			不衬砌		断面平均流速 $v/(\text{m}\cdot\text{s}^{-1})$	局部水头损失总和 Δh_j
	钢管 0.012	钢筋混凝土 0.013	喷混凝土 0.02	0.025	0.03		
3	0.763	0.895	2.117	3.31	4.768	1.9	0.55
3.5	0.334	0.392	0.927	1.45	2.09	1.4	0.3

任务 6.3　水工隧洞结构计算

单元任务目标：熟悉水工隧洞结构计算的方法。

任务执行过程引导：计算作用在衬砌上的荷载，根据计算工况选取计算荷载组合，进行衬砌结构计算。

提交成果：隧洞衬砌布置图纸，相关计算成果。

6.3.1　隧洞衬砌的荷载及其组合

6.3.1.1　荷载

作用在隧洞衬砌上的荷载，分为基本荷载和特殊荷载两类。基本荷载是长期或经常作用在衬砌上的荷载，包括衬砌自重、围岩压力、设计条件下的内水压力、稳定渗流情况下的外水压力、预应力等。特殊荷载即出现概率较小的、不经常作用在衬砌上的荷载，包括校核洪水位时的内水压力和相应的外水压力、地震荷载、灌浆压力、温度荷载等。

隧洞衬砌的荷载计算取单位洞长为计算对象。

1. 衬砌自重

衬砌重力指隧洞沿轴线 1m 长的衬砌的重力，它均匀作用在衬砌厚度的平均线上。厚度计算中应计入超挖回填部分，其平均超挖一般为 0.1~0.3m，在进行衬砌计算时则不计超挖。

单位面积自重

$$g = \gamma_c \delta \tag{6.8}$$

式中　γ_c——衬砌材料的重度，kN/m^3，混凝土为 $24kN/m^3$，钢筋混凝土为 $25kN/m^3$；
　　　δ——衬砌厚度，应考虑超挖回填的影响，m。

2. 内水压力

内水压力垂直作用于衬砌内壁，是有压隧洞的主要荷载，其数值可根据隧洞压坡线确定。如为发电隧洞，应计入水击引起的压力增值。对于无压隧洞，则根据洞内水面线按静水压力计算。对于有压隧洞，内水压力可分解为两部分相叠加：均匀内水压力加非均匀内水压力，如图 6.21 所示。

均匀内水压力是由洞顶内壁以上的水头产生的，计算式为

$$p_1 = \gamma h \tag{6.9}$$

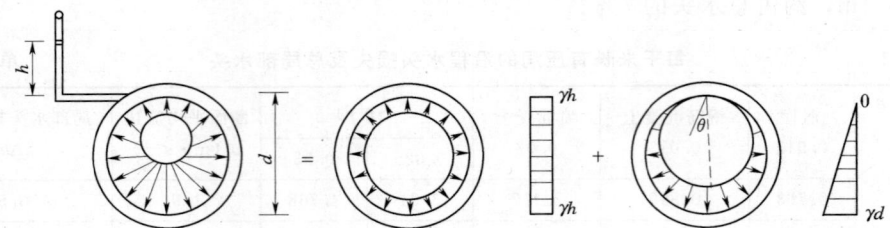

图 6.21 有压隧洞内水压力计算图

式中 γ——水的重度，kN/m^3；

h——高出衬砌内壁顶点以上的内水压力水头，m。

非均匀内水压力是指洞内充满水，洞顶处水压力为零，洞底处的水压力为 $2\gamma R_i$ 时的水压力，计算式为

$$p_2 = \gamma R_i (1 - \cos\theta) \tag{6.10}$$

式中 R_i——衬砌内半径，m；

θ——计算点半径与洞顶半径的夹角。

非均匀内水压力的合力，方向向下，数值等于单位洞长内的总水重。

3. 外水压力

外水压力是指作用于衬砌外壁上的水压力。它等于衬砌外壁的水头值。对于无压隧洞，一般采用在衬砌外壁布置排水措施来消除外水压力。对于有压隧洞，外水压力有抵消内水压力的作用，需要慎重考虑。

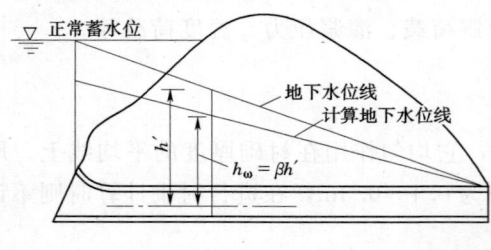

图 6.22 外水压力计算图

外水压力值主要取决于地下水面线，故也称为地下水压力。地下水面线是决定外水压力的基本资料，应根据水文地质条件、工程布置，并考虑工程投入运行后可能引起的地下水位变化等因素分析确定。对一般水文地质条件较简单的隧洞，目前均采用地下水位线以下的水柱高度乘以相应的折减系数的方法：将地下水位线以下的水柱乘以相应折减系数 β_e，如图 6.22 所示。外水压力值可按下式计算

$$p_e = \beta_e \gamma_w H_e \tag{6.11}$$

式中 p_e——作用在衬砌结构外表面的地下水压力，kN/m^2；

β_e——外水压力折减系数，取值见表 6.2；

γ_w——水的重度，kN/m^3；

H_e——地下水位线至隧洞中心的作用水头，内水外渗时取内水压力水头，m。

折减系数 β_e 与围岩和衬砌的相对透水性及两者的结合程度有关，与有无排水措施有关，是一综合性指标，取值变化范围较大，难以掌握。SL 279—2016《水工隧洞设计规范》建议根据地下水活动状态及对围岩稳定的影响程度来选用 β_e 值，见表 6.2。

项目6 水工隧洞设计

表 6.2 外水压力折减系数 β_e 选用表

级别	地下水活动状况	地下水对围岩稳定的影响	β_e
1	洞壁干燥或潮湿	无影响	0~0.2
2	沿结构面有渗水或滴水	风化结构面充填物质,地下水降低结构面的抗剪强度,对软弱岩体有软化作用	0.1~0.4
3	沿裂隙或软弱结构面有大量滴水、线状流水或喷水	泥化软弱结构面充填物质,地下水降低结构面的抗剪强度,对中硬岩体有软化作用	0.25~0.6
4	严重滴水,沿软弱结构面有小量涌水	地下水冲刷结构面中充填物质,加速岩体风化,对断层等软弱带软化泥化,并使其膨胀崩解,以及产生机械管涌。有渗透压力,能鼓开较薄的软弱层	0.4~0.8
5	严重股状流水,断层等软弱带有大量涌水	地下水冲刷携带结构面充填物质,分离岩体,有渗透压力,能鼓开一定厚度的断层等软弱带,能导致围岩塌方	0.65~1

注 当有内水荷载组合时,β_e 取较小值;无内水荷载组合时,β_e 取较大值。

4. 围岩压力

在岩体中开挖隧洞,破坏了岩体的平衡状态,引起围岩的应力重新分布,围岩发生变形,甚至塌落,衬砌承受的这些可能崩塌围岩的压力称为围岩压力,也称山岩压力。围岩压力按作用的方向可分为作用于衬砌顶部的垂直围岩压力和作用于衬砌两侧的侧向围岩压力。

对于不同的围岩类别,用不同的方法来估算围岩压力:①对于Ⅰ类围岩,可不计围岩压力;②对于Ⅱ、Ⅲ类围岩,可用经验估算法来估算围岩压力,在隧洞开挖后,应根据补充的地质资料和实际情况,进行必要的修正;③对于Ⅳ、Ⅴ类围岩,可按松散介质平衡理论,采用塌落拱法估算围岩压力;④块状、中厚层或厚层状结构的围岩,可根据围岩中不稳定块体的重量来确定围岩压力;⑤对于不能形成稳定塌落拱的浅埋隧洞,围岩压力可按隧洞拱顶上复岩体的重量来估算;⑥采用喷锚支护或钢支撑等围岩加固措施,已使围岩处于稳定状态,可少计或不计围岩压力。围岩分类见表 6.3。

表 6.3 围岩稳定类别表

围岩类别	围岩稳定程度	毛洞围岩稳定能力和变形特征	与工程的关系
Ⅰ	稳定	成形好,无坍塌掉块现象,可长期稳定,深埋或高地应力区,可能有岩爆	不支护,常可不衬砌,允许开挖较大的隧洞
Ⅱ	基本稳定	围岩整体能维持较长时间稳定,局部可能有掉块,平缓岩层顶板易局部坍落	一般不支护,个别岩块锚固,考虑围岩松动压力,部分衬砌
Ⅲ	稳定性差	围岩稳定受软弱结构面组合控制,洞顶局部坍落,毛洞短时间内可维持稳定,裂隙发育段自稳能力差完整的较软岩石稳定性好,软岩具流变特征,可能产生塑性变形	一般需部分支护或喷锚加固,需考虑围岩松动压力并予衬砌,注意偏压

续表

围岩类别	围岩稳定程度	毛洞围岩稳定能力和变形特征	与工程的关系
Ⅳ	不稳定	毛洞围岩自稳能力差,自稳时间很短,顶拱常有坍落,边墙也有失稳现象,时间效应明显,可能产生较大规模变形破坏,软岩流变显著,可能产生塑性变形	开挖后需支护或及时喷锚加固,全部衬砌,考虑围岩松动压力,注意偏压,注意施工期安全
Ⅴ	极不稳定	围岩不能自稳,边墙、顶拱极易坍塌变形,经常是边挖边塌,甚至出现冒顶或地表下陷,变形破坏严重	围岩成洞条件差,开挖后必须及时支护,全部加固衬砌,应采用妥善措施确保施工和运行期安全

下面仅介绍经验估算法。围岩压力视为均布,计算公式如下

$$q=(0.2\sim 0.3)\gamma_R B \qquad (6.12)$$
$$e=(0.05\sim 0.10)\gamma_R H \qquad (6.13)$$

式中 q、e——垂直均布及侧向均布围岩压力强度,kN/m^2;

γ_R——岩体重度,kN/m^3;

B、H——洞室的开挖宽度及高度,m。

5. 弹性抗力

当衬砌承受荷载后,向围岩方向变形时,会受到围岩的抵抗,这种抵抗力称为弹性抗力。弹性抗力是当衬砌受力后向围岩变形,围岩反作用于衬砌,而使衬砌受到的被动抗力。弹性抗力的存在,对于衬砌是有利的。影响弹性抗力的因素主要是围岩的岩性、构造、强度及厚度,同时还必须保证衬砌与围岩紧密结合。

围岩的弹性抗力计算式为

$$p_0=K\delta \qquad (6.14)$$

式中 p_0——围岩的弹性抗力强度,kN/m^2;

δ——围岩受力面的法向位移,cm;可根据衬砌的荷载(包括弹性抗力在内),经计算求得;

K——围岩的弹性抗力系数,kN/m^3。

弹性抗力的存在要求围岩有足够的厚度,对于有压隧洞,只有在围岩厚度大于 3 倍开挖洞径时,才可考虑弹性抗力。对于无压隧洞,如果两侧有足够的厚度且无不利的滑动面时,可以考虑弹性抗力。为有效地利用弹性抗力,常对围岩进行灌浆加固并填实衬砌与围岩间的空隙。由于弹性抗力对于衬砌是有利的,对弹性抗力的估算不能过高。

6. 其他荷载

灌浆压力、温度荷载、地震荷载等一些其他荷载,或为施工期临时作用或对衬砌影响较小或出现概率很小,故在设计中较少考虑。

6.3.1.2 荷载组合

设计中常考虑的荷载组合有:

(1) 正常运用情况:围岩压力+衬砌自重+宣泄设计洪水时内水压力+外水压力。

(2) 施工、检修情况:围岩压力+衬砌自重+可能出现的最大外水压力。

(3) 非正常运用情况：围岩压力＋衬砌自重＋宣泄校核洪水时内水压力＋外水压力。

正常运用情况属于基本组合，在衬砌设计时往往以正常运用情况来确定衬砌的厚度、材料强度等级和配筋量，用其他情况来作校核。

6.3.2 衬砌结构计算

衬砌结构计算的目的是确定衬砌厚度、材料强度等级以及配筋量。衬砌结构计算的对象是根据隧洞沿线荷载、断面形状与尺寸的不同将其分为若干段，每段选取一代表的单位洞长。

衬砌结构计算步骤主要包括：选择衬砌型式并初步拟定其厚度；分别计算单位洞长上各种荷载产生的内力，并按不同的荷载组合叠加；进行强度校核、确定配筋量，判定初拟衬砌厚度是否合理并进行修改。当前，隧洞的结构计算有以下三类方法。

1. 弹性理论分析法

弹性理论分析法仅能对某些特定条件下的隧洞给出理论解。例如，对于内水压力为主要荷载的Ⅰ、Ⅱ类围岩的圆形隧洞，考虑围岩为联合承载作用时，可以采用这种方法计算。该法由于只能用于某些特定条件，故使用受到较大限制。

2. 有限元法

有限元法是将围岩作为承载结构，衬砌与围岩作为整体研究的方法，其对复杂的岩体结构基本上能模拟，并能得出较为实际的结果。有限元法的计算成果正确与否，取决于原始参数和计算模型，由于岩体状态复杂、多变，岩体力学的测试技术还不够先进，选择围岩计算参数还较困难，因而使得原始参数及计算模型难以精确确定，这种方法仍在继续研究发展中。

3. 结构力学方法

结构力学方法是将衬砌与围岩相互分开，以研究衬砌本身为主。该法假定围岩开挖后形成破坏拱、作用在衬砌上的荷载就是破坏拱以下的岩体重力及内外水压力等。围岩的作用是以弹性抗力的形式施加给衬砌，并按文克尔假定考虑，与实际出入较大。随着计算机及计算技术的发展，目前已可由计算机进行迭代计算，自动求得弹性抗力分布，不需再做任何假定。

结构力学方法存在的主要缺点是，仅能求得衬砌的应力，而不能求出围岩的应力，也无法对围岩的稳定进行分析。其次，这种方法将围岩与衬砌相互分开，衬砌消极地随受假定的坍塌荷载，不仅使衬砌断面设计过大，也无法反映隧洞开挖后即所采取的加固措施和大限度发挥围岩的自承作用。此外，弹性抗力系数的理论假定也与实际不符。

尽管结构力学方法存在上述问题，但由于其在多年应用过程中已形成了一套完整的体系，在一定程度上反映了隧洞工作状态，并为广大设计人员所熟悉。

任务案例 6-3 隧洞衬砌的结构计算

6-3-1 项目任务

设计资料如拱坝设计基本资料所示。根据项目资料进行隧洞衬砌的结构计算，包括荷载计算和内力计算，并根据计算结果确定衬砌方式。

6-3-2 隧洞衬砌结构计算

1. 荷载组合

（1）正常运用情况：山岩压力＋衬砌自重＋设计洪水位的内水压力＋可能的最小外水压力。

（2）检修情况：山岩压力＋衬砌自重＋可能出现的最大外水压力。

（3）非正常运用情况：山岩压力＋衬砌自重＋校核洪水位的内水压力＋相应的外水压力。

2. 基本资料

承载衬砌的洞段采用 C20 钢筋混凝土，重度 $25kN/m^3$。钢筋采用Ⅱ级钢筋，岩体重度 $\gamma_1 = 28\ kN/m^3$。隧洞为 4 级水工建筑物，钢筋混凝土强度安全系数 $K=1.5$，抗裂安全系数 $K_f = 1.2$。

根据荷载和围岩特性的不同，隧洞应取若干个特征断面进行计算，以确定其衬砌厚度及配筋。作为示例，这里给出一个横断面的计算结果。

该断面的内水压力水头 $p=30m$（已计入水击压力）$=294kPa$，围岩坚固系数 $f_k = 2$，单位弹性抗力系数 $K_0 = 2000N/cm^2$，外水压力折减系数 $\beta_e = 0.5$。

3. 衬砌厚度 δ

根据经验尺寸拟定

$$\delta = \left(\frac{1}{8} \sim \frac{1}{12}\right)D$$

式中 D——洞径。

取 $\delta = \frac{1}{10}D = 0.3m$。确定衬砌厚度 $\delta = 30cm$，考虑隧洞超挖 20cm，隧洞的实际开挖宽度 $3+(0.3+0.2)\times 2 = 4m$。

4. 隧洞衬砌的结构计算

（1）荷载计算。

1）围岩压力。根据式（6.12）：

$$q = 0.2\gamma_1 B = 0.2 \times 28 \times 4 = 22.4(kN/m^2)$$

若按普氏公式计算

$$q = 0.7\gamma_1 h = 0.7 \times 28 \times 1 = 19.6(kN/m^2)$$

式中 h——塌落拱高度，$h = b/f_k = 2/2 = 1m$。

综合评定后，取 $q = 20kN/m^2$。

2）衬砌自重。沿衬砌轴线每米长自重 $g = \gamma_k h$，考虑超挖，$h = 0.5m$，$g = 25 \times 0.5 = 12.5 kN/m^2$。

3）内水压力。选取典型计算断面洞内满水的内水压力水头 $p = 30m$ 水头（已计入水击压力）$= 294 kN/m^2$。

（2）内力计算。本工程衬砌结构计算采用结构力学法，正常运用情况各截面的 $\sum M$、$\sum N$ 值列于表 6.4。

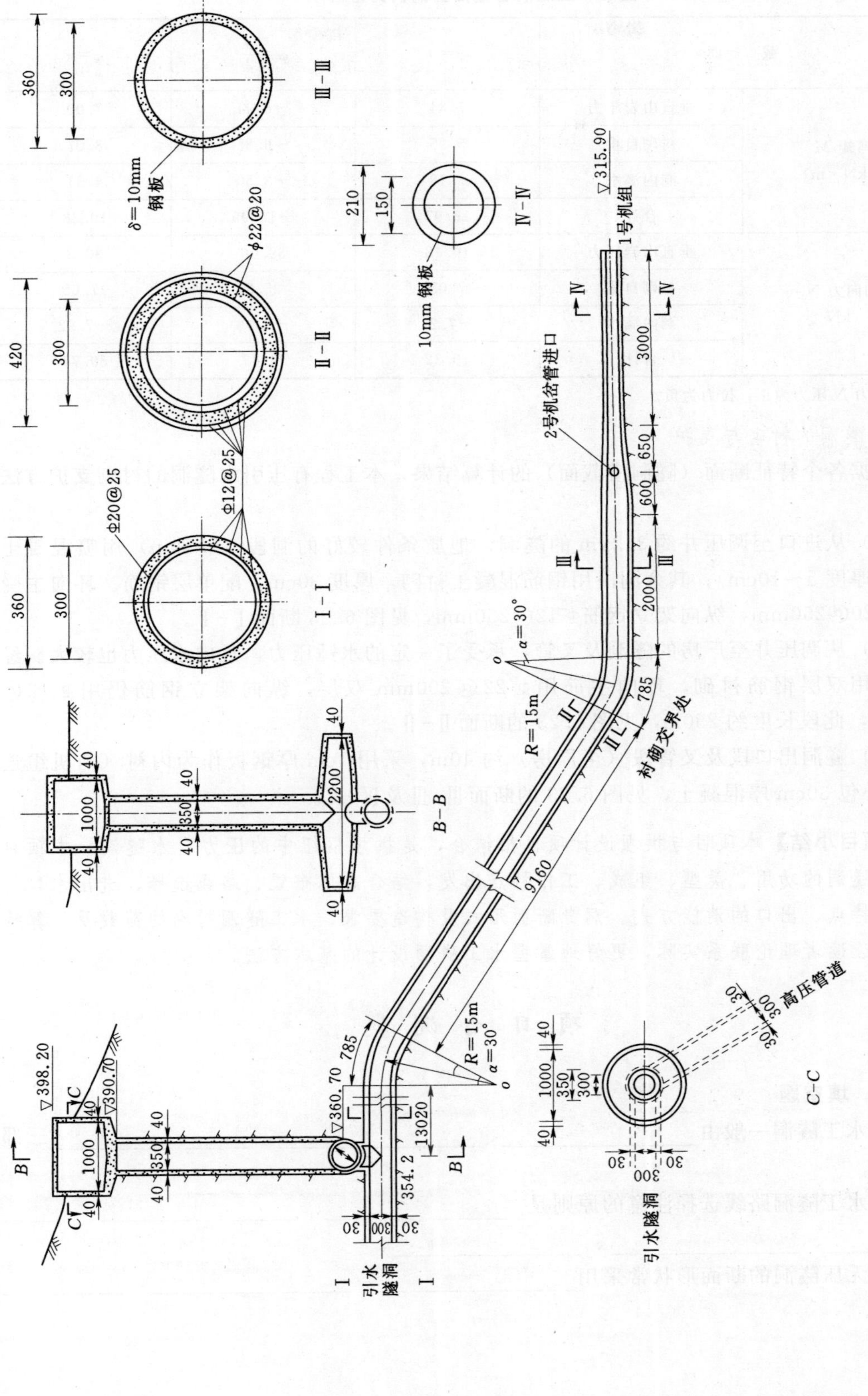

项目 6 水工隧洞设计

图 6.23 隧洞横剖面及调压室（尺寸单位：mm，高程单位：m）

表 6.4 圆形有压隧洞各截面上的内力汇总表

截面		$\varphi=0$	$\varphi=\dfrac{\pi}{2}$	$\varphi=\pi$
弯矩 M /(kN·m)	垂直山岩压力	7.84	-6.94	7.00
	衬砌自重	5.95	-6.55	8.07
	洞内满水	3.18	-3.50	4.31
	合计	16.97	-16.99	19.38
轴向力 N /kN	垂直山岩压力	10.48	39.06	30.6
	衬砌自重	7.08	35.3	47.05
	洞内满水	-7.24	-3.19	-7.92
	合计	10.32	71.17	69.73

注 轴力 N 压力为正,拉力为负。

5. 隧洞的衬砌与支护

根据各个特征断面(隧洞横截面)的计算结果,本工程有压引水隧洞的衬砌支护方法如下:

(1) 从进口至调压井约 3.2km 的隧洞,地质条件较好的洞段(1.5km)用喷混凝土支护(厚度 5~10cm);其余洞段用钢筋混凝土衬砌,厚度 30cm,配单层钢筋。环向主受力筋Ф20@250mm,纵向架立钢筋Ф12@250mm,见图 6.23 断面Ⅰ-Ⅰ。

(2) 从调压井至厂房的隧洞及叉管,承受了一定的水锤压力,且内水压力也较大。经计算采用双层钢筋衬砌,环向主筋用Ф22@200mm 双层,纵向架立钢筋仍用Ф12@250mm,此段长度约 250m,见图 6.23 的断面Ⅱ-Ⅱ。

(3) 隧洞出口段及叉管段(至厂房)约 40m,采用 1cm 厚钢板作为内衬(与机组连接),外包 30cm 厚混凝土,见图 6.23 的断面Ⅲ-Ⅲ及Ⅳ-Ⅳ。

【项目小结】本项目与拱坝设计项目相结合,是拱坝枢纽中的压力引水隧洞。本项目从水工隧洞的功用、类型、组成、工作特点出发,结合总体布置、路线选择、进出水口的形式和特点、出口的消能方式、洞身断面形式及构造要求、水工隧洞衬砌的荷载及计算等内容,让读者理论联系实际,更好地掌握水工隧洞设计的基本方法。

项 目 自 测 题

一、填空题

1. 水工隧洞一般由_____、_____、_____三部分组成。

2. 水工隧洞路线选择注意的原则是_____、_____、_____、_____、_____。

3. 无压隧洞的断面形状常采用_____、_____、_____、_____。

二、判断题

1. 无压隧洞要避免有压流和无压流交替出现的状态。（ ）
2. 有压隧洞断面一般为圆形。（ ）
3. 隧洞的衬砌主要为了防渗。（ ）
4. 圆拱的中心角越小，产生的拱角推力就越大。（ ）
5. 隧洞衬砌的变形缝是为了防止不均匀沉陷而设置。（ ）
6. 隧洞的固结灌浆与回填灌浆两者的作用是一样的。（ ）
7. 围岩弹性抗力不是独立的荷载，而是依附于其他荷载产生的。（ ）

三、思考题

1. 水工隧洞布置时如何将"临时变永久"？
2. 水工隧洞有哪些特点？
3. 深式进水口建筑物有哪些形式？各自有哪些优、缺点以及适用什么情况？
4. 简述隧洞衬砌的作用以及类型。
5. 什么是围岩压力？围岩压力的大小与什么因素有关？
6. 隧洞衬砌结构计算要考虑哪些工况？要考虑哪些荷载的组合？
7. 简述弹性抗力的定义以及产生的条件。

项目 7 渠系建筑物设计

项目及其要求

渠系建筑物是在输配水渠道中,为准确调节水位、控制流量、分配水量、穿越各种障碍,满足灌溉、水力发电、工业及生活用水的需要,在渠道上兴建的水工建筑物,主要有控制建筑物、泄水建筑物、交叉建筑物、落差建筑物、量水建筑物、防沙建筑物、专门建筑物和利民建筑物等。

渠系建筑物设计基本资料 1

1. 工程概况

马清河灌区位于界荣山以南、马清河以北,(20m 等高线以下的)总面积约 12 万亩。年平均气温 16.5℃,多年平均年蒸发量 1265mm,多年平均年降水量 101.2mm。降雨年内分配极不均匀,农作物生产期间的降雨量见表 7.1,其地形如图 7.1 所示。

表 7.1 马清河灌区降雨量统计表(设计年)

月	3	4			5			6			7			8			9		
旬	下	上	中	下	上	中	下	上	中	下	上	中	下	上	中	下	上	中	下
降雨量/mm	7.5		10.5		6.3			22.5		15		12.9		19.1		20.7	10.5	12.9	18

灌区人口总数约 8 万,劳动力 1.9 万。申溪以西属兴隆乡,以东属大胜乡。土地利用率 80%。根据农业规划,界荣山上以林、牧、副业为主,马头山以林业为主,20m 等高线以下则以大田作物为主,种植小麦、玉米、杂粮等作物。

灌区上游土质属中壤,下游龙尾河一带属轻砂壤土。地下水埋深一般为 4~5m,土壤及地下水的 pH 值属中性,无盐碱化威胁。

界荣山、龙尾山属土质丘陵,表土属中黏壤土,地表 5~6m 以下为岩层,申溪及吴家沟等沟溪有岩石露头,马头山陈村以南至马清河边岩石遍布地表。吴家沟等溪沟纵坡较大,下切较深,一般为 7~8m,上游宽 50~60m,下游宽 79~90m,遇暴雨时易暴发洪水。近年来,已在各沟、溪上游修建多处小型水库,山洪已基本得到控制,对灌区无威胁。

马清河灌区为马清河流域规划组成部分。根据规划要求,已在兴隆峪上游 20km 处建大型水库一座,坝顶高程 50.2m,正常水位 43.0,兴利库容 $1.2 \times 10^8 m^3$,总库容 $2.3 \times 10^8 m^3$。马清河灌区拟在该水库下游 A-A 断面处修建拦河式取水枢纽,引取水库发电尾

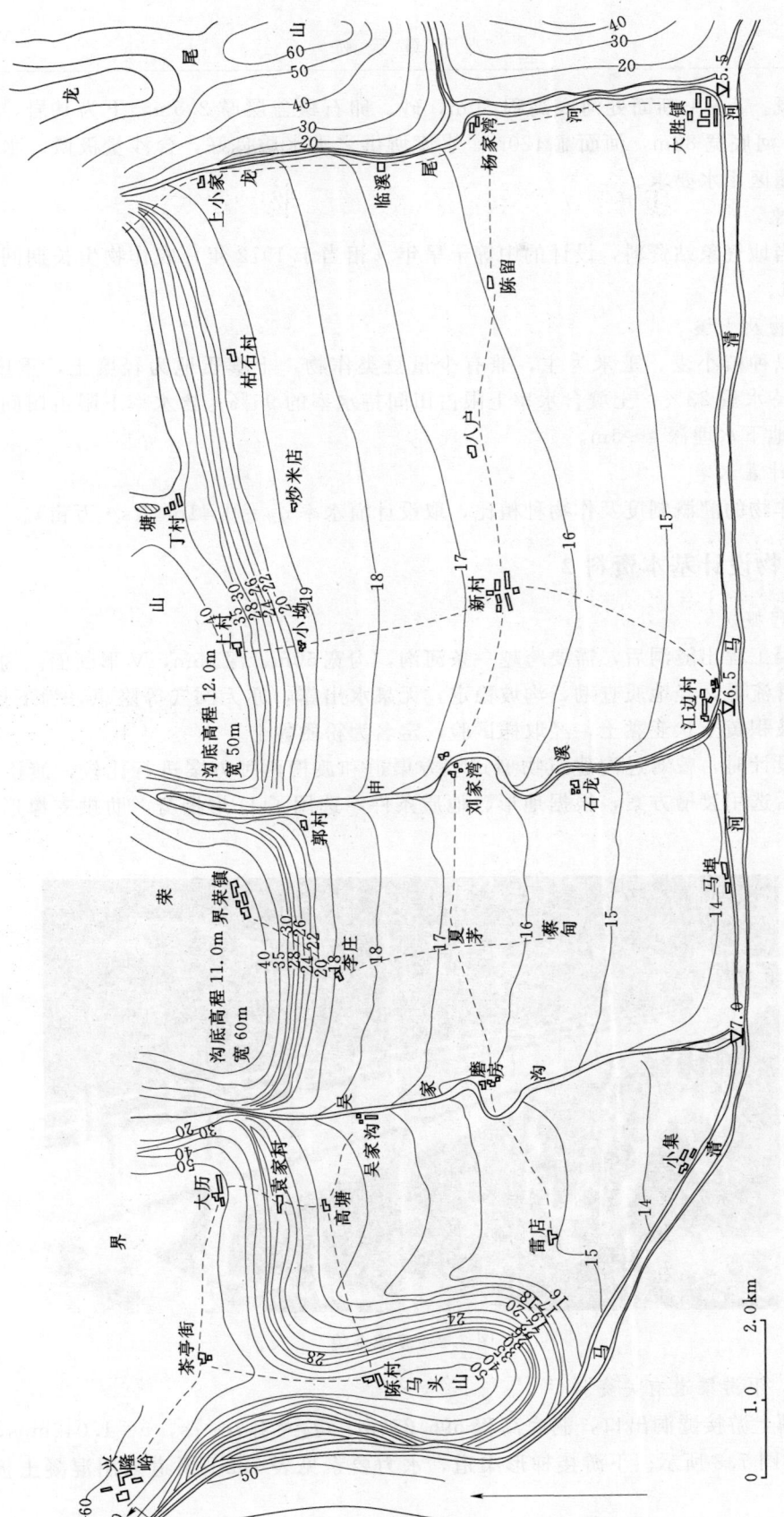

图 7.1 马清河灌区现状图

水进行灌溉。$A-A$ 断面处河底高程 30m，砂、卵石覆盖层厚 2.5m，下为基岩，河道比降 1/100，河底宽 82m，河面宽 120m。水库所供之水水质良好，含沙量极微，水量亦能完全满足灌区用水要求。

2. 气象

根据当地气象站资料，设计的中等干旱年（相当于 1972 年）农作物生长期间旬降雨量见表 7.1。

3. 作物及土壤

灌区以种植小麦、玉米为主，兼有少量豆类作物，土壤质地为轻壤土，重度 1.4t/m^3，田间持水量 23%；土壤含水率上限占田间持水率的 95%；含水率下限占田间持水率的 50%。地下水埋深 4～5m。

4. 设计灌水率

根据作物的灌溉制度及作物种植比，取设计灌水率 $q_设 = 0.41 m^3/(s \cdot 万亩)$。

渠系建筑物设计基本资料 2

1. 工程概况

某干渠工程出隧洞后，需要跨越一条河沟，沟宽 50m、深 25m，V 形断面。沟道纵坡 1/70，无常流量，经地质查勘，沟坡稳定，无泉水出露，亦无洞穴等隐患，为下更新统-中更新统坡积黄土状亚黏土，经取样试验，定名为粉质黏土。

初步设计时，曾对过沟建筑物型式填方渠道和渡槽两种方案进行比较，渡槽优于填方，故最后选用渡槽方案，根据地形、地质条件，选用了 U 形槽身，肋拱支撑形式，如图 7.2 所示。

图 7.2 渡槽全貌

2. 上、下游渠道有关资料

该渡槽上游接隧洞出口，洞底高程 696.255m。$Q_设 = 4.7 m^3/s$，$v = 1.042 m/s$，$h_设 = 1.53m$，如图 7.3 所示。下游接梯形渠道，水力要素见表 7.2。渠道采用混凝土板衬砌，渡槽出口沿山绕行,紧接弯道。故糙率用的稍大一点,如图 7.4 所示。

图 7.3 渡槽进口前接隧洞

图 7.4 渡槽出口

表 7.2 渠道水力要素表

流量 /(m³·s⁻¹)	纵坡 i	底宽 b/m	堤高 H/m	边坡 $m_内$	边坡 $m_外$	堤顶宽/m 左	堤顶宽/m 右	糙率 n	水深 h/m	渠口宽 B/m
$Q_设$=4.7	1/3500	2	2.3	1	1.5	2.5	1.5	0.020	1.64	6.6
$Q_加$=6.0	1/3500	2	2.3	1	1.5	2.5	1.5	0.020	1.86	6.6

注 1. $Q_设$ 为渠道设计流量,$Q_加$ 为渠道加大流量。
2. 规划时渡槽允许水头损失值为 $[\Delta Z]=0.35\text{m}$。

3. 建筑材料及安全系数

(1) 混凝土及钢筋混凝土。采用 SL 191—2008《水工混凝土结构设计规范》。

1) 混凝土特性指标按表 7.3 采用。

表 7.3 混凝土特性指标 单位:MPa

混凝土标号	轴心抗压 f_c	轴心抗拉 f_t	弹性模量 E_c
C20	9.6	1.10	2.55×10^4
C25	11.9	1.27	2.80×10^4

混凝土重度 $\gamma_h=24\text{kN/m}^3$;钢筋混凝土重度 $\gamma_h=25\text{kN/m}^3$。

2) 钢筋采用 Ⅰ 级钢筋 (HPB235)。钢筋设计强度 $f_y=f'_y=210\text{MPa}$,钢筋弹性模量 $E_g=2.1\times10^5\text{MPa}$。

3) 安全系数。4 级建筑物设计,其安全系数按表 7.4 采用。

表 7.4 建筑物安全系数

名称	受力特征	安全系数 基本	安全系数 特殊
混凝土	按抗压强度计算的受力构件,局部承压	1.60	1.45
	按抗拉强度计算的受压、受弯、受拉构件	2.50	2.10
钢筋混凝土	轴心受压构件,偏心受压构件,局部承载,斜截面受剪,受拉	1.50	1.40
	轴心受拉、受弯,偏心受拉构件	1.40	1.35
钢筋混凝土抗裂	轴心受拉,小偏心受拉构件	1.15	
	受弯,偏心受压,小偏心受拉构件	1.05	

4) 混凝土线膨胀系数 $\alpha_c = 1 \times 10^{-5}$。

(2) 浆砌石。排架基础墩及拱墩台采用 M7.5 砂浆砌块石,特性见表 7.5。

表 7.5　　　　　　　　　　浆砌石允许强度特性表　　　　　　　　　　单位:kPa

重　度 /(kN·m^{-3})	压应力 [σ_c]	拉应力 [σ_t]	弯曲拉应力 [σ_{wl}]	直接剪应力 [σ_j]	安全系数 K
23	1000	80	140	80	3

4. 填土与地基

根据土壤及地基等实验报告:$\gamma_{\pm} = 16 \text{kN/m}^3$,$[\varphi] = 20.8°$,$c = 23 \text{kPa}$。地基承载力 $[R] = 210 \text{kPa}$,基础与地基摩擦系数 $f = 0.3$;砌体稳定安全系数:$[K]_{\text{滑}} = 1.3$,$[K]_{\text{倾}} = 1.5$。

5. 其他荷载

人群荷载(及人行桥上活荷载)为 2.5kN/m^2。基本风压 $W_0 = 0.35 \text{kPa}$。

气象资料:最高月平均温度 30℃,最低月平均温度 0℃。

项目实施方法及目标

1. 项目实施方法

项目教学法、案例教学法、角色扮演教学法。

2. 项目教学目标

(1) 知识目标。

1) 掌握渠道的主要形式及总体布置。

2) 熟悉渡槽的主要形式及总体布置。

3) 熟悉倒虹吸管的构造组成和布置。

4) 熟悉其他渠系建筑物的构造组成和布置。

(2) 技能目标。

1) 能根据工程基本资料及要求,进行渠道的设计和总体布置。

2) 能根据工程基本资料要求,进行渡槽的形式选择及总体布置。

3) 能根据工程基本资料和基本要求,进行倒虹吸管的结构布置。

4) 能根据工程基本资料和基本要求,进行其他渠系建筑物的结构布置。

(3) 态度目标。

1) 与人沟通、与人交往能力,具有团队协作精神。

2) 勤于思考、认真做事的良好作风。

3) 具有吃苦耐劳的职业素养。

4) 具有规范意识、成本意识、质量意识、安全意识。

5) 工作中勇于科学探索、开拓创新精神。

6) 自我学习和持续发展能力。

成果提交要求

1. 设计报告

设计报告包括计算和说明两大部分。说明部分应全面表达设计者的设计思想、方法和

项目7 渠系建筑物设计

分析能力，包含对设计成果、采用的设计参数和理论依据的充分说明。要求章节分明、简明扼要、文理通顺，既有计算成果，又有分析论证和明确结论，必要时，使用附表和插图（应按比例绘制）。计算部分是表达设计者的设计程序、设计成果的来源。要求详细列出所有计算过程。计算过程尽量列表计算，附计算草图；列出计算成果，并说明成果是否合理，如不合理，叙述可做改动的步骤；计算方法正确，参数取值合理，数据真实可靠，计算结果正确可信。

2. 设计图纸

设计图纸主要包括建筑物的平面布置图，典型剖面图纸等。绘图应符合制图标准和相关规范，要求制图正确、布局合理、主次分明、比例适当、线条清晰、尺寸齐全，必要时应有简明注解。

3. 成果说明

要求简要说明计算成果及合理性，或设计的不足和可以进一步改进的地方，并对设计过程进行总结。

任务7.1 渠系建筑物基础知识认知

单元任务目标：对渠系建筑物有初步认知。

任务执行过程引导：了解渠系建筑物的种类、作用及特点。

1. 渠系建筑物的种类和作用

渠系建筑物的种类较多，按其主要作用可分为以下几种：

（1）控制建筑物。主要作用是调节各级渠道的水位和流量，以满足各级渠道的输水、配水和灌水要求，如进水闸、节制闸、分水闸等。

（2）泄水建筑物。主要作用是保护渠道及建筑物安全，用以排放渠中余水、入渠的洪水或发生事故时的渠水，如退水闸、溢流堰、泄水闸等。

（3）交叉建筑物。渠道经过河谷、洼地、道路、山丘等障碍时所修建的建筑物，主要作用是跨越障碍、输送水流，如渡槽、倒虹吸管、桥梁、涵洞、隧洞等。常根据建筑物运用要求、交叉处的相对高程，以及地形、地质、水文等条件，经比较后合理选用。

（4）落差建筑物。渠道通过地面坡度较大的地段时，为使渠底纵坡符合设计要求，避免深挖高填，调整渠底比降，将渠道落差集中所修建的建筑物，如跌水、陡坡等。

（5）量水建筑物。为了测定渠道流量，达到计划用水、科学用水而修建的专门设施，如量水堰、量水槽、量水喷嘴等。工程中，常利用符合水力计算要求的渠道断面或渠系建筑物进行量水，如水闸、渡槽、陡坡、跌水、倒虹吸等。

（6）防沙建筑物。为了防止和减少渠道的淤积，在渠首或渠系中设置冲沙和沉沙设施，如冲沙闸、沉沙池等。

（7）专门建筑物。方便船只通航的船闸、利用落差发电的水电站和水力加工站等。

（8）利民建筑物。根据群众需要，结合渠系布局，修建方便群众出行、生产的建筑物，如行人桥、踏步、码头、船坞等。

2. 渠系建筑物的布置原则

在渠系建筑物的布置工作中，一般应当遵循以下原则：

（1）布局合理，效益最佳。渠系建筑物的位置和型式，应根据渠系平面布置图、渠道纵横断面图以及当地的具体情况，合理布局，使建筑物的位置和数量恰当，水流条件好，工程效益最大。

（2）运行安全，保证需求。满足渠道输水、配水、量水、泄水和防洪等要求，保证渠道安全运行，提高灌溉效率和灌水质量，最大限度地满足作物需水要求。

（3）联合修建，形成枢纽。渠系建筑物尽可能集中布置，联合修建，形成枢纽，降低造价，便于管理。

（4）独立取水，便于管理。结合用水要求，最好做到各用水单位有独立的取水口，减少取水矛盾，便于用水管理。

（5）方便交通，便于生产。在满足灌溉要求的同时，应考虑交通、航运和群众生产、生活的需要，为提高劳动效率和建设新农村创造条件。

3. 渠系建筑物的特点

在灌区工程中，渠系建筑物是重要组成部分，其主要特点如下：

（1）量大面广、总投资多。渠系建筑物的分布面广，数量较大，总工程量和投资往往很大。如韶山灌区的总干渠和北干渠上，渠系建筑物的造价为枢纽工程造价的 6.3 倍。所以应对渠系建筑物的布局、选型和构造设计进行深入研究和决策，降低工程总造价。

（2）同类建筑物较为相似。渠系建筑物一般规模较小、数量较多，同一类型的建筑物工作条件、结构型式、构造尺寸较为相近。因此，在同一个灌区，应尽量利用同类建筑物的相似性，采用定型设计和预制装配式结构，简化设计和施工程序，确保工程质量，加快施工进度和便于维修运用。对于规模较大、技术复杂的建筑物，应进行专门的设计。

（3）受地形环境影响较大。渠系建筑物的布置，主要取决于地形条件，与群众的生产、生活环境密切相关。例如渡槽的布置既要考虑长度最短，又要考虑与进出口渠道平顺连接，这样将会增加填方渠道与两岸连接的长度，多占用农田及多拆迁房屋，影响群众切身利益。所以，进行渠系建筑物布置时，必须深入实地进行调查研究。

4. 渠系建筑物的定型设计

渠系建筑物一般多为小型建筑物，在其设计过程中，可以直接使用定型设计图集中的尺寸和结构，不再进行复杂的水力和结构计算。采用定型设计，不仅可以缩短设计时间，而且可以保证工程质量，加快施工进度，节省工程费用。

实际工程中，建筑物轮廓和控制性尺寸的确定，常以简单的水力计算为主进行验算。对一般构件的构造和尺寸，可参考工程设计经验拟定。

为了总结灌区渠系建筑物的建设经验，提高工程设计质量，促进水利建设，更好地发挥工程效益，我国已经出版了多种渠系建筑物设计图册。这些图册中的设计图件，都经过实践的检验，它们技术先进，经济合理，运行安全可靠，在同类建筑物中具有一定典型性和代表性。在使用定型设计图件时，一定要根据各地区的具体条件，因地制宜，取其所长。

任务 7.2 渠道设计

单元任务目标：掌握渠道的主要形式及总体布置。
任务执行过程引导：掌握渠道选线的原则及渠道断面设计的方法。
提交成果：渠道布置图纸，渠道横、纵断面图，相关计算成果。

渠道是灌溉、发电、航运、给水、排水等水利工程中广为采用的输水建筑物。渠道遍布整个灌区，线长面广，其规划和设计是否合理，将直接关系土方量的大小、渠系建筑物的多少、施工和管理的难易以及工程效益的大小。因此，一定要搞好渠道的规划布置和设计工作。灌溉渠系一般可分为干、支、斗、农、毛五级渠道，构成灌溉系统，如图 7.5 所示。其中，前四级为固定渠道，后者多为临时性渠道。一般干、支渠主要起输水作用，称为输水渠道；斗、农渠主要起配水作用，称为配水渠道。

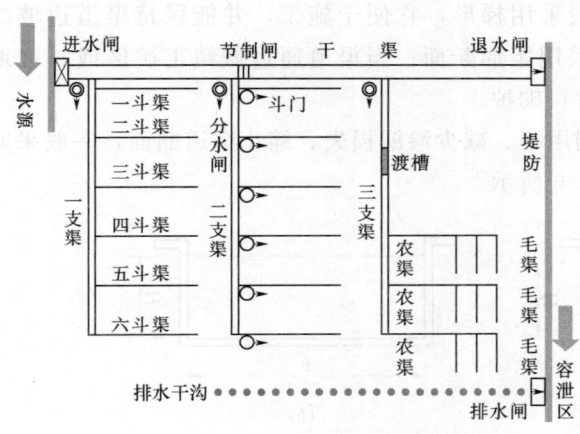

图 7.5　灌区渠系布置示意图

渠道设计的任务是在完成渠系布置之后，推算各级渠道的设计流量，确定渠道的纵横断面形状、尺寸、结构和空间位置等。

7.2.1　渠道的选线

渠道的线路选择，关系灌区合理开发、渠道安全输水及降低工程造价等关键问题，应综合考虑地形、地质、施工条件及挖填平衡、便于管理养护等因素。

（1）地形条件。渠道顺直，应尽量与道路、河流正交，减少工程量。在平原地区，渠道线路最好选为直线，并力求选在挖方与填方相差不大的地方。如不能满足这一条件，应尽量避免深挖方和高填方地带，转弯也不应过急，对于有衬砌的渠道，转弯半径应不小于 2.5B（B 为渠道水面宽度）；对于不衬砌的渠道，转弯半径应不小于 5B。在山坡地区，渠道线路应尽量沿等高线方向布置，以免过大的挖填方量。当渠道通过山谷、山脊时，应对高填、深挖、绕线、渡槽、穿洞等方案进行比较，从中选出最优方案。

（2）地质条件。渠道线路应尽量避开渗漏严重、流沙、泥泽、滑坡以及开挖困难的岩层地带，必须通过时，应比较确定。如采取防渗措施以减少渗漏，采用外绕回填或内移深挖以避开滑坡地段，采用混凝土或钢筋混凝土衬砌以保证渠道安全运行等方案。

（3）施工条件。应全面考虑施工时的交通运输、水和动力供应、机械施工场地、取土和弃土的位置等条件，改善施工条件，确保施工质量。

（4）管理要求。渠道的线路选择要与行政区划和土地利用规划相结合，确保每个用水单位均有独立的用水渠道，以便于运用和管理维护。

渠道的线路选择必须重视野外踏勘工作，从技术、经济等方面仔细分析比较。

7.2.2 渠道的纵、横断面设计

渠道的断面设计包括横断面设计和纵断面设计,两者是互相联系、互为条件的。在实际设计中,纵、横断面设计应交替,并且反复进行,最后经过分析比较确定。

合理的渠道断面设计,应满足以下几方面的具体要求:①有足够的输水能力,以满足灌区用水需要;②有足够的水位,以满足自流灌溉的要求;③有适宜的流速,以满足渠道不冲、不淤或周期性冲淤平衡,以满足纵向稳定要求;④有稳定边坡,以保证渠道不坍塌、不滑坡;⑤有合理的断面结构型式,以减少渗透损失,提高灌溉水利用系数;⑥尽可能在满足输水的前提下,兼顾蓄水、养殖、通航、发电等综合利用要求;⑦尽量做到工程量最小,以有效地降低工程总投资;⑧施工容易,管理方便。

7.2.2.1 渠道横断面设计

1. 渠道横断面的形状

常见的有梯形、矩形、U形等。一般采用梯形,它便于施工,并能保持渠道边坡的稳定;在坚固的岩石中开挖渠道时,宜采用矩形断面;当渠道通过城镇工矿区或斜坡地段,渠宽受到限制时,可采用混凝土等材料砌护。

为了提高渠道的稳定性、提高水的利用率、减少渗漏损失、缩小渠道断面,一般采取各种防渗措施,防渗渠道断面形式如图 7.6 所示。

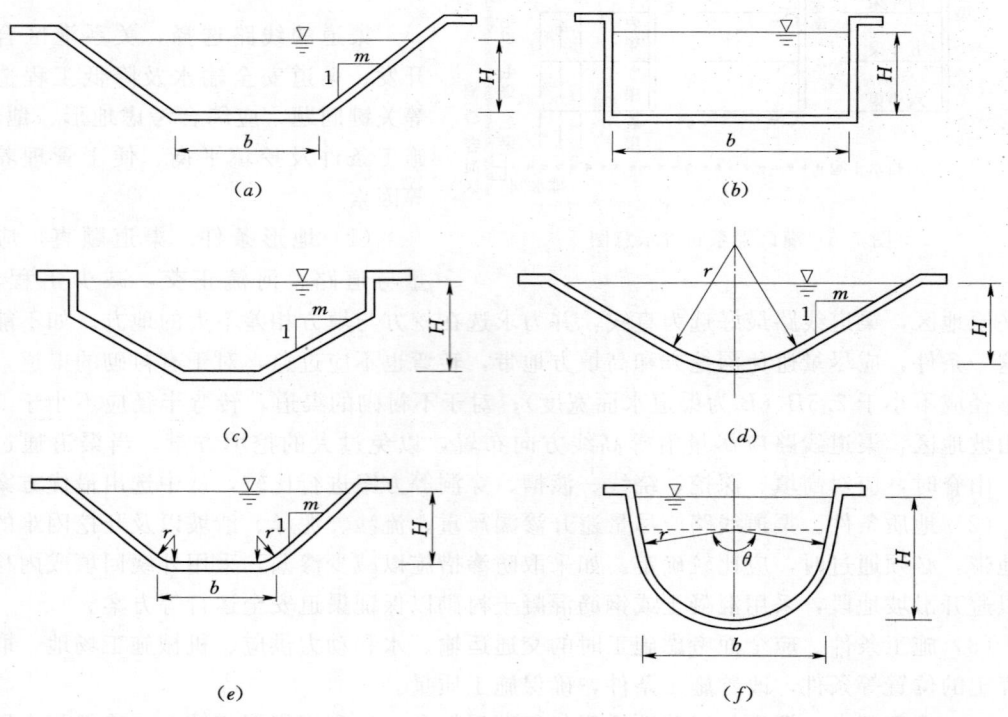

图 7.6 (一) 防渗渠道横断面示意图
(a) 梯形断面;(b) 矩形断面;(c) 复合断面;(d)、(e) 弧形底梯形断面;(f) U 形断面

项目 7 渠系建筑物设计

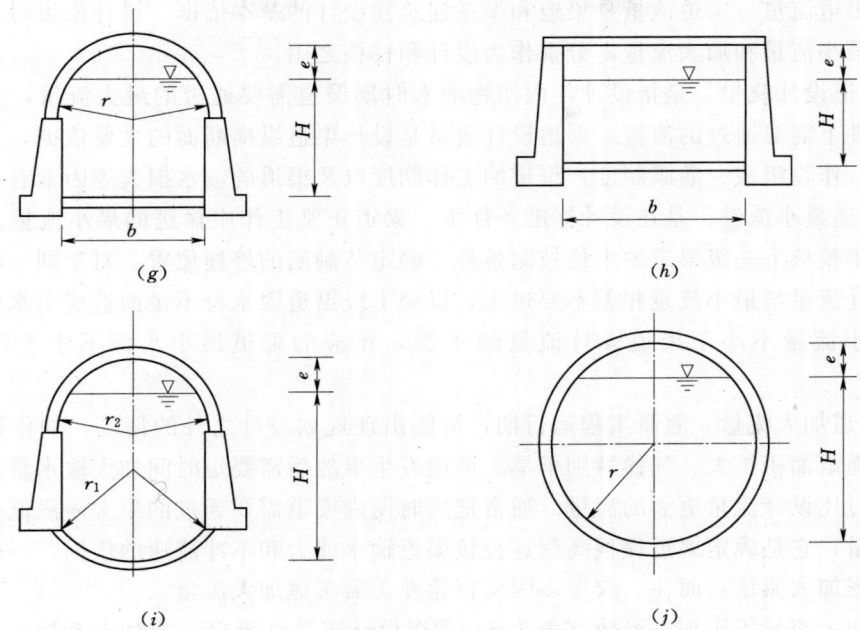

图 7.6（二） 防渗渠道横断面示意图
（g）城门洞形断面暗渠；（h）、（j）箱形断面暗渠；（i）正反拱形断面暗渠

2. 渠道横断面结构

渠道横断面结构有挖方断面、填方断面和半挖半填断面三种形式，如图 7.7 所示，主要是渠道过水断面和渠道沿线地面的相对位置不同造成的。规划设计中，常采用半挖半填的结构形式，或尽量做到挖填平衡，以避免深挖、高填，以减少工程量，降低工程费用。

3. 渠道横断面设计

渠道横断面设计的主要内容是确定渠道设计参数，通过水力计算确定横断面尺寸。对于梯形渠道，横断面设计参数主要包括渠道流量、边坡系数、糙率、渠底比降、断面宽深比以及渠道的不冲、不淤流速等。当渠道的设计参数已确定时，即可根据明渠均匀流公式确定渠道横断面尺寸。

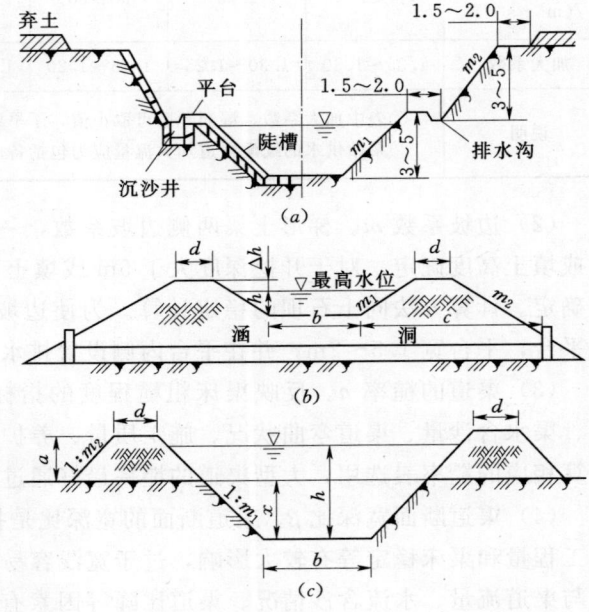

图 7.7 渠道横断面结构示意图
（a）挖方；（b）填方；（c）半挖半填

4. 渠道设计参数

(1) 渠道流量。渠道流量是渠道和渠系建筑物设计的基本依据。设计渠道时，需要设计流量、最小流量和加大流量，分别作为设计和校核之用。

1) 渠道设计流量。是指设计年内作物灌水时期渠道需要通过的最大流量，是渠道正常工作条件下需要通过的流量。渠道设计流量是设计渠道纵横断面的主要依据，与渠道的灌溉面积、作物组成、灌溉制度、渠道的工作制度以及渠道的输水损失等因素有关。

2) 渠道最小流量。是在设计标准条件下，渠道正常工作中输送的最小流量。渠道最小流量用于校核下一级渠道的水位控制条件，确定节制闸的修建位置。对于同一条渠道而言，其设计流量与最小流量相差不要过大，以免下级渠道因水位不足而造成引水困难。一般渠道最小流量不小于渠道设计流量的40%，相应的渠道最小水深不小于设计水深的70%。

3) 渠道加大流量。灌溉工程运行期，可能出现规划设计之外的情况，如作物种植比例变更、灌溉面积扩大、气候特别干旱、渠道发生事故后需要短时间加大输水量等，都需要渠道通过比设计流量更大的流量。通常把短时期内渠道需要通过的最大灌溉流量称为渠道加大流量，它是确定渠道堤顶高程、校核渠道输水能力和不冲流速的依据。一般干、支渠需要考虑加大流量，而斗、农渠多因实行轮灌无需考虑加大流量。

渠道加大流量等于加大系数（表7.6）乘以设计流量，即 $Q_{加大} = 加大系数 \times Q_{设计}$。

表 7.6 渠道流量加大系数表

设计流量 /(m³·s⁻¹)	<1	1~5	50~20	20~50	50~100	100~300	>300
加大系数	1.35~1.30	1.30~1.25	1.25~1.20	1.20~1.15	1.20~1.15	1.15~1.10	<1.05
说明	①表中加大系数，湿润地区可取小值，干旱地区可取大值；②泵站供水的续灌渠道加大流量应为包括备用机组在内的全部装机流量						

(2) 边坡系数 m。梯形土渠两侧边坡系数，一般取 1~2，应根据土质情况和开挖深度或填土高度确定。对于开挖深度大于 5m 或填土高度超过 3m 的土坡，必须根据稳定条件确定。计算方法同土石坝的稳定计算。为使边坡稳定和管理方便，每隔 4~6m 深应设一平台，平台宽 1.5~2m，并在平台内侧设置排水沟。

(3) 渠道的糙率 n。反映渠床粗糙程度的指标，影响因素主要有渠床状况、渠道流量、渠水含沙量、渠道弯曲状况、施工质量、养护情况。一般情况下，渠床糙率参考水力计算相应的糙率表选用，大型渠道的糙率最好通过试验确定。

(4) 渠道断面宽深比 β。渠道断面的宽深比是指底宽 b 和水深 h 的比值。宽深比对渠道工程量和渠床稳定等有较大影响，过于宽浅容易淤积，过于窄深又容易产生冲刷。宽深比与渠道流量、水流含沙情况、渠道比降等因素有关，比降小的渠道应选较小的宽深比，以增大水力半径，加快水流速度；比降大的渠道应选较大的宽深比，以减小流速，防止渠床冲刷。为了节省输水渠道土石方及衬砌工程量，尽量少占地，一般采用窄深式断面；而配水渠道为使水流较为稳定，不易产生冲刷和淤积，多采用宽浅式断面。一般情况下，流量大，含沙量小，渠床土质较差时多用宽浅式渠道；反之，宜采用窄深式渠道。对于中、小型渠道，可以根据渠道流量，参照表 7.7 所列经验数据选定。

表 7.7 渠道断面宽深比

设计流量/(m³·s⁻¹)	<1	1～3	3～5	5～10	10～30	30～60
宽深比 β	1～2	1～3	2～4	3～5	5～7	6～10

有通航要求的渠道，应根据船舶吃水深度、错船所需的水面宽度以及通航的流速要求等确定。渠道水面宽度应大于船舶宽度的 2.6 倍，船底以下水深应不小于 15～30cm。

(5) 渠道的不冲不淤流速。在稳定渠道中，允许的最大平均流速称为临界不冲流速，用 $v_{不冲}$ 表示；允许的最小平均流速称为临界不淤流速，用 $v_{不淤}$ 表示。为了维持渠床稳定，渠道通过设计流量时的平均流速（设计流速）$v_{设计}$ 应满足以下条件

$$v_{不淤} < v_{设计} < v_{不冲} \tag{7.1}$$

1) 渠道不冲流速。水在渠道中流动时，具有一定的能量，这种能量随水流速度的增加而增加，当流速增加到一定程度时，渠床上的土粒就会随水流移动，土粒将要移动而尚未移动时的水流速度就是临界不冲流速或简称不冲流速。一般渠道可按表 7.8 的数值选用，渠水含沙量越大，且渠床有薄层淤泥时，可将表中所列数值适当提高后选用。

表 7.8 渠道允许不冲流速 单位：m/s

防渗衬砌结构类别			$v_{不冲}$	防渗衬砌结构类别		$v_{不冲}$
土料	黏土、黏砂混合土		0.75～1.00	膜料（土料保护层）	砂壤土、轻壤土	<1.45
	灰土、三合土、四合土		<1.00		中壤土	<0.60
水泥土	现场填筑		<2.50		重壤土	<0.65
	预制铺砌		<2.00		黏土	<0.70
					砂砾料	<0.90
砌石	干砌卵石（挂淤）		2.50～4.00	沥青混凝土	现场浇筑	<3.00
	浆砌块石	单层	2.50～4.00		预制铺砌	<2.00
		双层	3.50～5.00	混凝土	现场浇筑	<8.00
	浆砌料石		4.00～6.00		预制铺砌	<5.00
	浆砌石板		<2.50		喷射法施工	<10.00

2) 渠道不淤流速。渠道水流的挟沙能力随流速减小而减少，当流速小到一定程度时，部分泥沙就开始在渠道内淤积。泥沙将要沉积而尚未沉积时的流速就是临界不淤流速或简称不淤流速。渠道不淤流速主要取决于渠道含沙情况和断面水力要素。含沙量很小的清水渠道虽无泥沙淤积威胁，但为了防止渠道杂草滋生，影响输水能力，要求大型渠道的平均流速不小于 0.5m/s，中、小型渠道的平均流速不小于 0.3～0.4m/s。

7.2.2.2 渠道纵断面设计

灌溉渠道不仅要满足输送设计流量的要求，而且要满足水位控制的要求。渠道纵断面设计的任务是根据灌溉水位要求确定渠道的空间位置。一般纵断面设计主要内容包括：确定渠道纵坡比降、设计水位线、最低水位线、最高水位线、渠底高程线、渠道沿程地面高

程线和堤顶高程线，绘制渠道纵断面图。渠道的纵断面如图7.8所示。

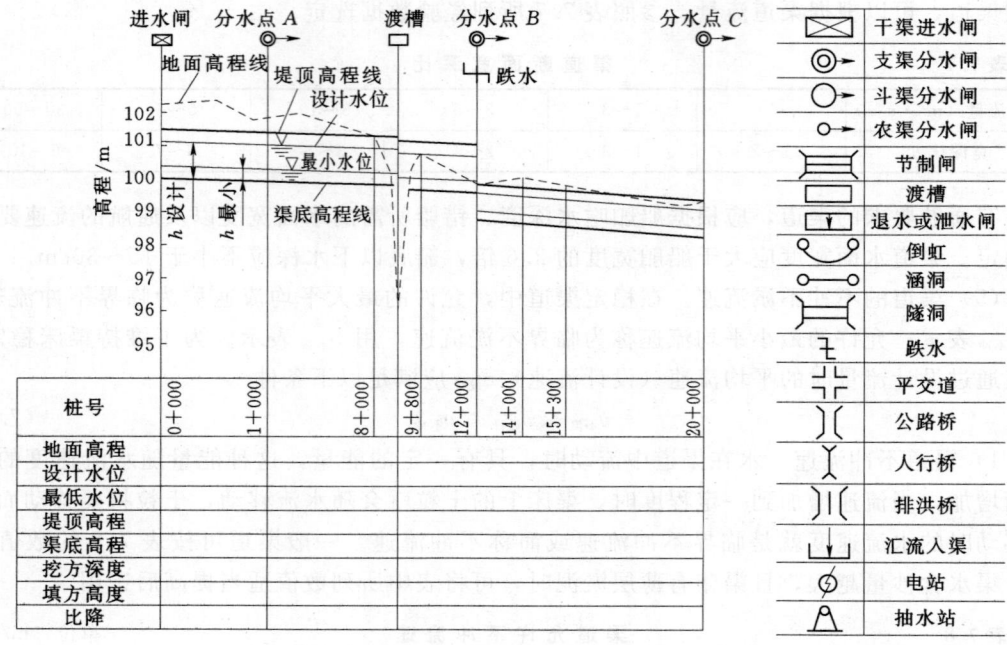

图7.8　渠道纵断面示意图与渠系建筑物图例

渠底纵坡比降是指单位渠长的渠底降落值。渠底比降不仅决定着渠道输水能力的大小、控制灌溉面积的多少和工程量的大小，而且还关系着渠道的冲淤、稳定和安全，必须慎重选择确定。在规划设计中，渠底比降应根据渠道沿线地面坡度、下级渠道分水口要求水位、渠床土质、渠道流量、渠水含沙量等情况，参照相似灌区的经验数值（表7.9），初选一个渠底比降，进行水力计算和流速校核，若满足水位和不冲不淤要求，便可采用。否则应重新选择比降，再计算校核，直至满足要求为止。

表7.9　　　　　　　　　　渠道比降一般数值

渠道级别	干　渠	支　渠	斗　渠	农　渠
丘陵灌区	1/2000～1/5000	1/1000～1/3000	土渠 1/2000；石渠 1/500	土渠 1/1000；石渠 1/300
平原灌区	1/5000～1/10000	1/3000～1/7000	1/2000～1/5000	1/1000～1/3000
滨湖灌区	1/8000～1/15000	1/6000～1/8000	1/4000～1/5000	1/2000～1/3000

渠道纵坡选择时应注意以下几项原则：

（1）地面坡度。渠道纵坡应尽量接近地面坡度，以避免深挖高填。

（2）地质情况。易冲刷的渠道，纵坡宜缓，地质条件较好的渠道，纵坡可适当陡一些。

（3）流量大小。流量大时纵坡宜缓，流量小时可陡些。

（4）含沙量。水流含沙量小时，应注意防冲，纵坡宜缓；含沙量大时，应注意防淤，纵坡宜陡。

(5) 水头大小。提水灌区水头宝贵,纵坡宜缓;自流灌区水头较富裕,纵坡可以陡些。

干渠及较大支渠,上、下游渠段流量变化较大时,可分段选择比降,而且下游段的比降应大些。支渠以下的渠道一般一条渠道只采用一个比降。

为了便于渠道的运用管理和保证渠道的安全,应设置一定的堤顶宽度和安全超高,参考表 7.10 选定。若渠道的堤顶有交通要求,则堤顶宽度应根据交通要求确定。

表 7.10　　　　　　　　　　堤顶宽度和安全超高数值

项目	田间毛渠	固定渠道流量/(m³·s⁻¹)						
		<0.5	0.5~1	1~5	5~10	10~30	30~50	>50
超高	0.1~0.2	0.2~0.3	0.2~0.3	0.4~0.4	0.4	0.5	0.6	0.8
顶宽	0.2~0.5	0.5~0.8	0.8~1	1~1.5	1.5~2	2~2.5	2.5~3	3~3.5

任务案例 7-1　渠道设计

7-1-1　项目任务

设计资料如项目基本资料 1 所示,根据相关资料内容,确定渠道布置,并设计渠道的纵、横断面。

7-1-2　各级渠道的规划布置

1. 初步拟定干渠渠线

根据马清河灌区地形图(图 7.1)及相关资料,灌区范围在 20m 等高线以下,干渠布置在高处,沿等高线布置,为使其能满足全灌区范围的自流灌溉,干渠布置在 24m 等高线处。

2. 初步确定干渠自河流引水的位置

根据初步确定的干渠位置,干渠的取水口大致在 24m 等高线与马清河相交的位置,在取水点下游约 100m 处筑坝挡水。干渠经过马头山时,有穿山和绕山两种方式,从经济上对比,1m 石洞≈8m 盘山石渠≈20m 盘山土渠。

根据项目图纸,穿山石洞长度约 1500m,修建盘山渠道长只约 3250m,故修盘山渠较为经济。考虑到是渠首段,流量大,易冲刷,故采用盘山石渠方案。

3. 布置支渠和支沟

支渠、支沟的布置要根据地形特点和行政区划确定。本次设计大致将灌区分为三大块,分别为马头山和吴家沟之间,吴家沟和申溪之间,申溪和龙尾河之间。马头山和吴家沟之间的部分,在地势相对高的中间垂直干渠布置支渠,在西边沿山谷布置支沟,东边利用天然的吴家沟作为支沟,对吴家沟进行裁弯取直。吴家沟和申溪之间的部分与前一部分类似,干渠布置与相对地势高处,两边利用天然河道作为支沟。申溪和龙尾河之间的部分,面积较大,布置两条支渠,将这部分均分,使每条支渠控制灌溉面积接近,且易于布置斗渠和农渠,支渠一条在西边地势最高处,另一条大致布置于第一条距龙尾河 1/2 处,在两支渠中间布置支沟,其余支沟利用天然河道。

四条支渠从西往东分别为一支渠、二支渠、三支渠、四支渠。这样布置，不仅方便利用地势实现自排，而且充分利用天然沟道。

4. 典型支渠布置

选择申溪与龙尾河之间部分的第三条支渠为典型支渠，布置斗、农级渠（沟）道，田间渠系纵向布置，斗、农渠和斗、农沟采用灌排相邻布置。为满足田园化要求，干、支、斗、农各级沟渠尽可能垂直布置，同一级沟渠控制面积也尽可能相等，以利轮灌组的划分。

5. 一般建筑物布置

干渠上的一般建筑物包括干渠通过自然沟道的建筑物（如渡槽等），干渠尾端的退水建筑物，干渠上的节制闸等；支渠上的一般建筑物包括支渠从干渠分水的分水建筑物（如分水闸），支渠尾端的退水建筑物，支渠穿路建筑物（如涵洞或渡槽、节制闸等）；斗渠上的一般建筑物包括分水斗门，过路建筑物，节制闸等。

6. 其他建筑物及安全措施

在渡槽上游处修筑泄洪闸，以保护渡槽，泄水直接排入天然河道；在干渠北侧开挖截流沟，防止降雨沿坡地直接入干渠，并在适当处将截流沟截取的雨水集中排入天然河道。

7-1-3 各级灌溉渠道设计的流量推求

1. 渠道编号及控制面积量取

如图 7.9 所示，对支沟、支渠及典型支渠所属的各级斗、农渠进行编号。在地形图上量各支渠控制的灌溉面积和渠道长度。

表 7.11　　　　　　　　各支渠控制面积计算表

支　渠	一支渠	二支渠	三支渠	四支渠	总计
量取的控制面积/万亩	1.89	2.75	3.33	3.52	11.49
量取的灌溉面积/万亩	1.51	2.20	2.66	2.82	9.19
实际灌溉面积/万亩	1.58	2.30	2.78	2.94	9.60

注　实际灌溉面积的转换系数是 1.04。

2. 确定渠道工作制度

根据灌区作物和灌溉制度，确定设计灌水率 $q_{设}=0.41\mathrm{m}^3/(\mathrm{s}\cdot 万亩)$。

灌区干、支渠续灌，斗、农渠轮灌。选择四支渠作为典型支渠，进行设计流量的推求。

轮灌分组采用集中编组。四支渠共有 12 条斗渠，每条斗渠有 6 条农渠，则每个轮灌组 6 条斗渠，每个斗渠有 3 条农渠。

农渠长度 990m，间距 330m；斗渠长度 1980m，间距 990m。

3. 典型支渠流量推求

（1）农渠的设计流量。四支渠田间净流量为

$$Q_{支田净}=A_{支}\, q_{设}=2.82\times 0.40=1.128(\mathrm{m}^3/\mathrm{s})$$

同时工作的斗渠有 6 条，同时工作的农渠有 3 条，所以，农渠的田间净流量为

$$Q_{农田净}=Q_{支田净}/(n\times k)=1.128/(6\times 3)=0.063(\mathrm{m}^3/\mathrm{s})$$

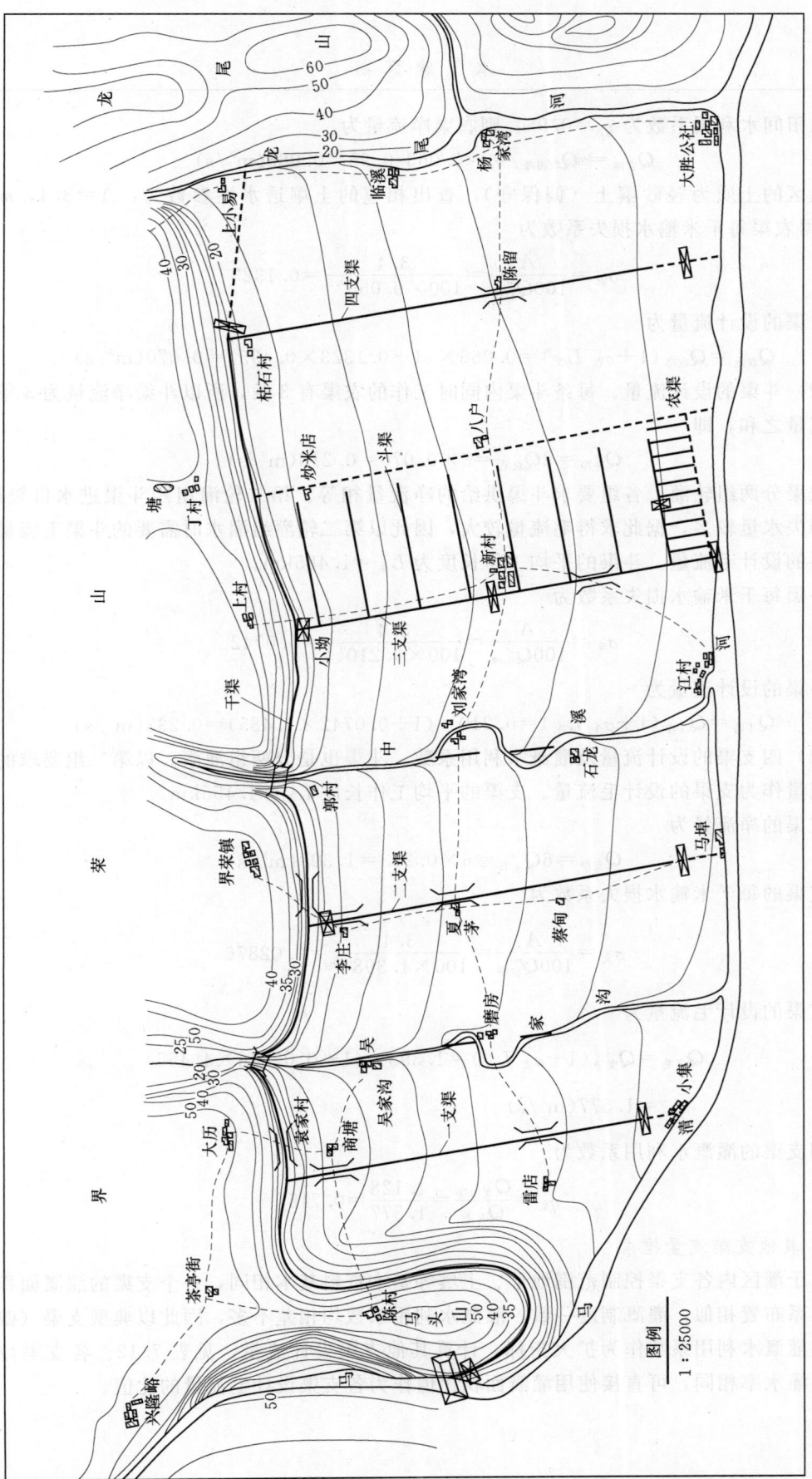

图 7.9 马清河灌区渠系规划布置图

取田间水利用系数为 $\eta_f=0.95$，则农渠净流量为
$$Q_{农净}=Q_{农田净}/\eta_f=0.063/0.95=0.066(\text{m}^3/\text{s})$$

灌区的土质为轻砂壤土（偏保守），查出相应的土壤透水性参数为：$A=3.4$，$m=0.5$，得农渠每千米输水损失系数为
$$\sigma_{农}=\frac{A}{100Q_{农净}^m}=\frac{3.4}{100\times 0.066^{0.5}}=0.1323$$

农渠的设计流量为
$$Q_{农毛}=Q_{农净}(1+\sigma_{农}L_{农})=0.066\times(1+0.1323\times 0.495)=0.070(\text{m}^3/\text{s})$$

（2）斗渠的设计流量。每条斗渠内同时工作的农渠有3条，所以斗渠净流量为3条农渠毛流量之和，即
$$Q_{斗净}=3Q_{农毛}=3\times 0.070=0.210(\text{m}^3/\text{s})$$

农渠分两组轮灌，各组要求斗渠供给的净流量相等。第二轮灌组距斗渠进水口较远，输水损失水量较多，据此求得毛流量较大，因此以第二轮灌组灌水时需要的斗渠毛流量作为斗渠的设计毛流量。斗渠的平均工作长度为 $L_{斗}=1.485\text{km}$。

斗渠每千米输水损失系数为
$$\sigma_{斗}=\frac{A}{100Q_{斗净}^m}=\frac{3.4}{100\times 0.210^{0.5}}=0.0742$$

斗渠的设计流量为
$$Q_{斗毛}=Q_{斗净}(1+\sigma_{斗}L_{斗})=0.210\times(1+0.0742\times 1.485)=0.233(\text{m}^3/\text{s})$$

（3）四支渠的设计流量及灌溉水利用系数。斗渠也是分两组灌溉，以第二组要求的支渠毛流量作为支渠的设计毛流量。支渠的平均工作长度 $L_{支}=4.455\text{km}$。

支渠的净流量为
$$Q_{支净}=6Q_{斗毛}=6\times 0.233=1.398(\text{m}^3/\text{s})$$

支渠的每千米输水损失系数为
$$\sigma_{支}=\frac{A}{100Q_{农净}^m}=\frac{3.4}{100\times 1.398^{0.5}}=0.02876$$

支渠的设计毛流量为
$$Q_{支毛}=Q_{支净}(1+\sigma_{支}L_{支})=1.398\times(1+0.02876\times 4.455)$$
$$=1.577(\text{m}^3/\text{s})$$

四支渠的灌溉水利用系数为
$$\eta_{支}=\frac{Q_{支田净}}{Q_{支毛}}=\frac{1.128}{1.577}=0.715$$

4．其他支渠流量推求

由于灌区内各支渠控制范围地形、土壤等基本资料基本相同，各个支渠的灌溉面积接近，渠系布置相似，灌溉制度一致，灌溉水利用系数均相差不多，因此以典型支渠（四支渠）的灌溉水利用系数作为扩大指标，计算其他支渠设计流量，见表7.12。各支渠控制范围内灌水率相同，可直接使用灌溉面积比值作为各支渠设计毛流量的比值。

项目 7 渠系建筑物设计

表 7.12 　　　　　　　　　各支渠设计流量表

支　　渠	一支渠	二支渠	三支渠	四支渠
灌溉面积/万亩	1.58	2.30	2.78	2.94
设计流量/$(m^3 \cdot s^{-1})$	0.848	1.234	1.491	1.577

5. 干渠各段流量推求

将干渠分成 $OABCD$ 段,其中 O 为渠首,A、B、C、D 分别为一、二、三、四支渠的分水点。在地图上量测各段距离,见表 7.13。

表 7.13 　　　　　　　　　干　渠　各　段　长　度

渠　　段	OA	AB	BC	CD
渠段长/km	6.6	3.1	4.1	4.0

(1) CD 段的设计流量。

$$Q_{CD净} = Q_{4支毛} = 1.577 \text{m}^3/\text{s}$$

$$\sigma_{CD} = \frac{A}{100 Q_{CD}^m} = \frac{3.4}{100 \times 1.577^{0.5}} = 0.0271$$

$$Q_{CD毛} = Q_{CD净}(1+\sigma_{CD}L_{CD}) = 1.577 \times (1+0.0271 \times 4.0) = 1.748 (\text{m}^3/\text{s})$$

(2) BC 段的设计流量。

$$Q_{BC净} = Q_{CD毛} + Q_{3支毛} = 1.748 + 1.491 = 3.239 (\text{m}^3/\text{s})$$

$$\sigma_{BC} = \frac{A}{100 Q_{BC}^m} = \frac{3.4}{100 \times 3.239^{0.5}} = 0.0189$$

$$Q_{BC毛} = Q_{BC净}(1+\sigma_{BC}L_{BC}) = 3.239 \times (1+0.0189 \times 4.1) = 3.490 (\text{m}^3/\text{s})$$

(3) AB 段的设计流量。

$$Q_{AB净} = Q_{BC毛} + Q_{2支毛} = 3.490 + 1.234 = 4.724 (\text{m}^3/\text{s})$$

$$\sigma_{AB} = \frac{A}{100 Q_{AB}^m} = \frac{3.4}{100 \times 4.724^{0.5}} = 0.0156$$

$$Q_{AB毛} = Q_{AB净}(1+\sigma_{AB}L_{AB}) = 4.724 \times (1+0.0156 \times 3.1) = 4.952 (\text{m}^3/\text{s})$$

(4) OA 段的设计流量。

$$Q_{OA净} = Q_{AB毛} + Q_{1支毛} = 4.952 + 0.848 = 5.800 (\text{m}^3/\text{s})$$

$$\sigma_{OA} = \frac{A}{100 Q_{OA}^m} = \frac{3.4}{100 \times 5.800^{0.5}} = 0.0141$$

$$Q_{OA毛} = Q_{OA净}(1+\sigma_{OA}L_{OA}) = 5.800 \times (1+0.0141 \times 6.6) = 6.340 (\text{m}^3/\text{s})$$

(5) 灌区灌溉水利用系数。

$$\eta_0 = \frac{Q_净}{Q_{OA毛}} = \frac{9.6 \times 0.40}{6.340} = 0.606$$

7-1-4 干渠纵横断面设计

1. 推求干渠沿线各支渠分水口要求干渠的控制水位

支级引水渠道的渠首应该具有的水位(即支渠分水口要求干渠提供的控制水位,保证其控制面积的田间能够灌上水)需要从田间参考点的地面高程开始,并考虑各种水头损失,自下而上逐级推算得出。每个支渠选两个参考点,一个最远点、一个最高点,算出最远点和最高点所要求的支渠进水口的水位,两者比较取大值,作为该支渠进水口的水位设计高程。

每一支渠分水口要求干渠的控制水位 $B_分$,按下式推算

$$B_分 = A_0 + h + \sum Li + \sum \varphi$$

式中　A_0——支渠灌溉范围内地面参考点的高程,m;

　　　h——所选参考点与该处末级固定渠道水面的高差,一般取 0.2m;

　　　L——支斗农各级渠道的长度,m;

　　　i——支斗农各级渠道的比降,可参考如下值:干渠 1/5000,支渠 1/2000,斗渠 1/1000,农渠 1/800,渡槽比降 1/1000~1/500;

　　　φ——由田间参考点到支渠渠首间渠道通过渠系建筑物的水头损失(包括支、斗、农三级),建筑物的类型及数量视具体情况而定,注意在统计时不要漏掉任何已布置的建筑物。φ 值的确定视不同建筑物而定,主要包括进水闸(或分水闸)、节制闸、渡槽、倒虹吸、公路桥(穿公路)等。

列表 7.14 推求 $B_分$。

表 7.14　　　　　　　　　　　　　　$B_分$ 点 计 算 表　　　　　　　　　　　　　　单位:m

控制点	A_0	h	支渠损失	斗渠损失	农渠损失	$\sum Li$	进水闸损失	节制闸损失	公路桥损失	$\sum \varphi$	$B_分$
1(1支渠高)	19.30	0.2	0.01	1.00	0.01	1.02	0.3	0.05	0	0.35	20.87
2(1支渠远)	13.30	0.2	2.48	1.15	0.62	4.25	0.3	0.12	0.06	0.48	18.23
3(2支渠高)	19.50	0.2	0.25	1.48	0.11	1.84	0.3	0.05	0.03	0.38	21.92
4(2支渠远)	14.15	0.2	2.48	1.55	0.54	4.57	0.3	0.12	0.06	0.48	19.40
5(3支渠高)	19.50	0.2	0.17	0.49	0.01	0.67	0.3			0.30	20.67
6(3支渠远)	14.30	0.2	2.48	1.68	0.95	5.11	0.3	0.12	0.06	0.48	20.09
7(4支渠高)	19.60	0.2	0.21	1.80	0.08	2.09	0.3	0.05	0	0.35	22.24
8(4支渠远)	14.20	0.2	2.48	1.80	1.03	5.31	0.3	0.12	0.03	0.45	20.16

2. 干渠设计水位线的确定

根据各支渠分水口要求干渠的水位控制高程 $B_分$,参照供水水源引水高程和干渠渠底比降,确定干渠的设计水位线。由上表可得四支渠分水口为最高的要求干渠控制水位,故由四支渠进口设计水位向前推,比降定位 1/5000,同时考虑渡槽、分水闸等水头损失。要使得干渠水面线可以控制所有支渠要求的水位。

将各支渠分水口要求干渠的水位控制高程 $B_分$ 按桩号点与设计水面线绘于图 7.10 上。

3. 渠道横断面的设计

(1)加大流量和最小流量。根据设计流量,求出加大流量和最小流量。其中 $Q_{加大}=1.2Q_{设计}$,$Q_{最小}=0.4Q_{设计}$,见表 7.15。

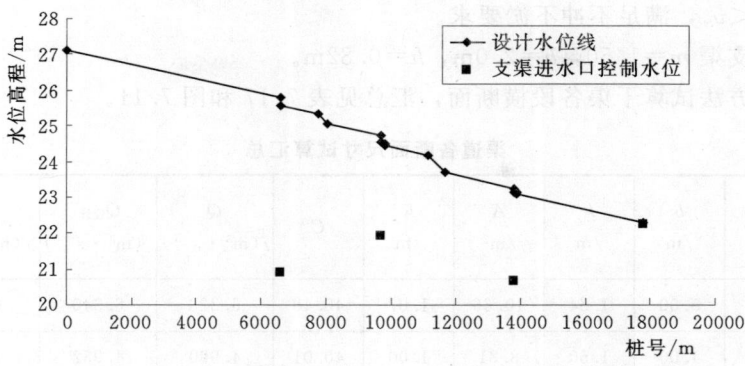

图 7.10 各控制点及干渠设计水位线示意图

表 7.15 渠道各段流量表 单位：m³/s

渠 段	设 计 流 量	加 大 流 量	最 小 流 量
OA	6.340	7.608	2.536
AB	4.952	5.942	1.981
BC	3.490	4.188	1.396
CD	1.748	2.098	0.699
典型支渠（四支渠）	1.577	1.892	0.631

（2）计算设计水深。以四支渠为例进行试算，根据经验确定基本参数：土渠断面，$n=0.025$；中壤土，边坡系数 $m=1.50$；比降 $i=0.0005$；设计流量 $1.577\text{m}^3/\text{s}$。

试算时先假设底宽及宽深比，选定渠道的底宽 $b=2.0\text{m}$，改变设计水深进行试算，计算渠道流量，校核渠道输水能力（$|Q-Q_{设计}|/Q_{设计}<0.05$），最后校核渠道流速，满足不冲不淤流速。见表 7.16。

表 7.16 四支渠横断面的试算

b /m	h /m	A /m²	R /m	C	Q /(m³·s⁻¹)	$Q_{设计}$ /(m³·s⁻¹)	v /(m·s⁻¹)	校核
2.00	0.70	2.14	0.47	35.30	1.158	1.577	0.54	0.2656
2.00	0.80	2.56	0.52	35.92	1.489	1.577	0.58	0.0556
2.00	0.85	2.78	0.55	36.21	1.672	1.577	0.60	0.0601
2.00	0.84	2.74	0.55	36.15	1.634	1.577	0.60	0.0364
2.00	0.83	2.69	0.54	36.10	1.597	1.577	0.59	0.0129
2.00	0.82	2.65	0.53	36.04	1.561	1.577	0.59	0.0102

通过试算可知，当 $b=2.0\text{m}$，水深 $h=0.82\text{m}$ 时，校核满足精度要求，其设计流速为 $v=0.59\text{m/s}$。

不冲流速 $v_{cs}=KQ^{0.1}$，取 $K=0.62$，$Q=1.561\text{m}^3/\text{s}$，算得 $v_{cs}=0.65\text{m/s}$。

不淤流速 $v_{cd}=C_0Q^{0.5}$，取 $C_0=0.4$，算得 $v_{cd}=0.50\text{m/s}$。

得 $v_{cd} < v < v_{cs}$，满足不冲不淤要求。

综上，四支渠 $m = 1.50$，$b = 2.0$m，$h = 0.82$m。

用同样的方法试算干渠各段横断面，汇总见表 7.17 和图 7.11。

表 7.17　　　　　　　　　渠道各断面尺寸试算汇总

渠段	m	b /m	h /m	A /m²	R /m	C	Q /(m³·s⁻¹)	$Q_{设计}$ /(m³·s⁻¹)	v /(m·s⁻¹)	校核
OA	1.25	5.00	1.54	10.66	1.07	40.48	6.328	6.340	0.59	0.0020
AB	1.25	4.00	1.50	8.81	1.00	40.01	4.990	4.952	0.57	0.0076
BC	1.25	3.00	1.40	6.65	0.89	39.22	3.478	3.490	0.52	0.0034
CD	1.50	2.00	1.10	4.02	0.67	37.45	1.745	1.748	0.43	0.0015
四支渠	1.50	2.00	0.82	2.65	0.53	36.04	1.561	1.577	0.59	0.0102

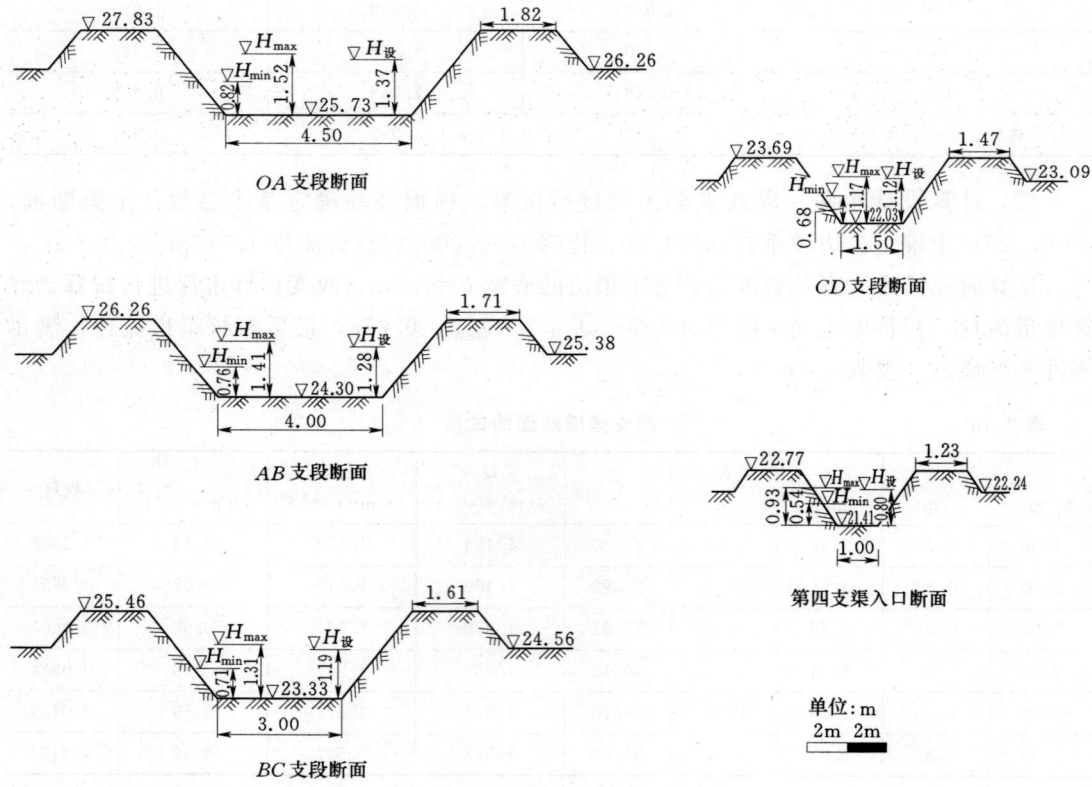

图 7.11　渠道横断面示意图

（3）计算加大水深和最小水深。根据已经确定的横断面参数代入加大流量和最小流量分别计算加大水深和最小水深，结果见表 7.18 和表 7.19。

项目 7 渠系建筑物设计

表 7.18　　　　　　　　　　　渠道各断面加大水深计算结果

渠段	m	b /m	H /m	A /m²	R /m	C	Q /(m³·s⁻¹)	$Q_{加大}$ /(m³·s⁻¹)	v /(m·s⁻¹)	校核
OA	1.25	5.00	1.71	12.21	1.17	41.03	7.646	7.608	0.63	0.0051
AB	1.25	4.00	1.65	10.00	1.08	40.50	5.949	5.942	0.59	0.0012
BC	1.25	3.00	1.54	7.58	0.96	39.71	4.166	4.188	0.55	0.0053
CD	1.50	2.00	1.21	4.62	0.73	37.92	2.110	2.098	0.46	0.0056
四支渠	1.50	2.00	0.91	3.06	0.58	36.53	1.906	1.892	0.62	0.0072

表 7.19　　　　　　　　　　　渠道各断面最小水深计算结果

渠段	m	b /m	H /m	A /m²	R /m	C	Q /(m³·s⁻¹)	$Q_{最小}$ /(m³·s⁻¹)	v /(m·s⁻¹)	校核
OA	1.25	5.00	0.92	5.66	0.71	37.80	2.553	2.536	0.45	0.0066
AB	1.25	4.00	0.90	4.61	0.67	37.42	1.999	1.981	0.43	0.0089
BC	1.25	3.00	0.85	3.45	0.60	36.77	1.395	1.396	0.40	0.0005
CD	1.50	2.00	0.68	2.05	0.46	35.17	0.694	0.699	0.34	0.0072
四支渠	1.50	2.00	0.50	1.38	0.36	33.78	0.624	0.631	0.45	0.0103

（4）横断面设计成果汇总。见表 7.20。

表 7.20　　　　　　　干渠各横断面及典型支渠横断面设计成果汇总表

渠段	底宽 b /m	边坡系数 /m	渠床糙率系数/n	渠底比降 /i	设计水深 /m	加大水深 /m	最小水深 /m
OA	5	1.25	0.025	0.0002	1.54	1.71	0.92
AB	4	1.25	0.025	0.0002	1.50	1.65	0.90
BC	3	1.25	0.025	0.0002	1.40	1.54	0.85
CD	2	1.50	0.025	0.0002	1.10	1.21	0.68
四支渠	2	1.50	0.025	0.0005	0.82	0.91	0.50

4. 渠道纵断面的设计

（1）设计水面线。各支渠控制面积内选择两个参考点，其中一个为高点、一个为远点。初步确定干渠比降，调整设计水面线使其尽量可以控制各支渠的参考点为宜。

（2）渠底高程线。设计横断面，得到设计水深 $h_{设}$。平行于设计水面线往下移 $h_{设}$ 的高度就是渠底高程。

（3）最小水位线。平行于渠底高程，上移 h_{min}（最小水深），得到最小水位线。

（4）最高水位线。平行于渠底高程，上移 h_{max}（最大水深），得到最高水位线。

（5）堤顶高程线。平行于最高水位线，上移安全超高 0.2m，得到堤顶高程线。

(6) 地面线。选择合适的地面高程放置渠线，使得渠道横断面半挖半填为宜。

(7) 标注。标注桩号、高程及各渠段的比降以及分水口和建筑物所在的位置。

表 7.21 渠道纵断面计算表

桩号	渠段标志		设计水面线/m	渠底高程/m	最低水位线/m	最高水位线/m	渠顶高程/m
0	渠首		27.10	25.56	26.48	27.27	27.90
6600	一支渠出水口	前	25.78	24.24	25.16	25.95	26.50
6600		后	25.58	24.08	24.98	25.73	26.34
7750	渡槽	进口	25.35	23.85	24.75	25.50	26.11
8050		出口	25.05	23.55	24.45	25.20	25.81
9700	二支渠进水口	前	24.72	23.22	24.12	24.87	25.48
9700		后	24.52	23.12	23.97	24.66	25.25
9800	公路	前	24.50	23.10	23.95	24.64	25.23
9800		后	24.45	23.05	23.90	24.59	25.18
11150	渡槽	进口	24.18	22.78	23.63	24.32	24.91
11650		出口	23.68	22.28	23.13	23.82	24.41
13800	三支渠进水口	前	23.25	21.85	22.70	23.39	23.98
13800		后	23.15	22.05	22.73	23.26	23.76
13900	公路	前	23.13	22.03	22.71	23.24	23.74
13900		后	23.08	21.98	22.66	23.19	23.69
17800	四支渠分水点		22.30	21.20	21.88	22.41	22.91

由表 7.21 可知，在三支渠进水口处出现逆坎，下游渠底要高于上游渠底 20cm，符合超高不大于 15~20cm 的规定。

渠道横断面设计图如图 7.11 所示，干渠纵断面设计图如图 7.12 和图 7.13 所示。

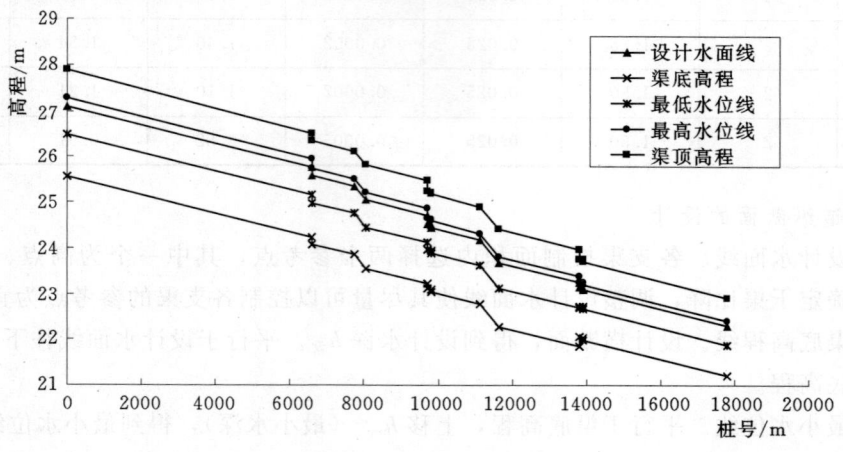

图 7.12 干渠纵断面示意图

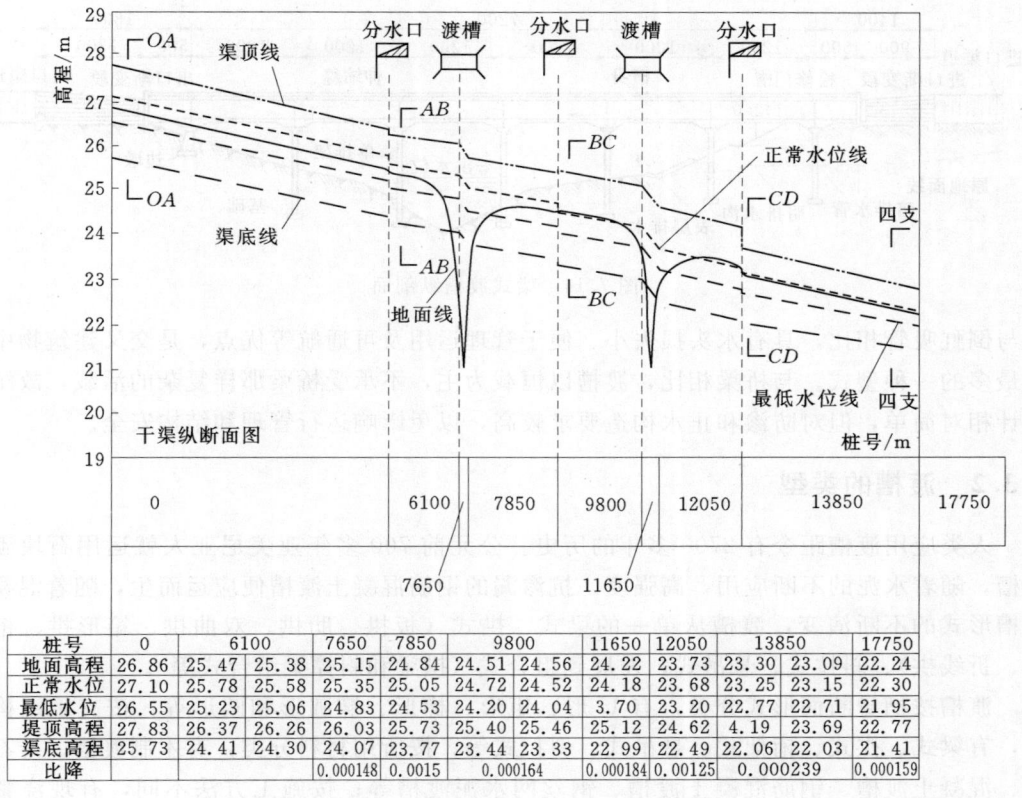

图 7.13 干渠纵断面图

桩号	0	6100	7650	7850	9800	11650	12050	13850	17750
地面高程	26.86	25.47	25.38	25.15	24.84	24.51	24.56	24.22	23.73	23.30	23.09	22.24
正常水位	27.10	25.78	25.58	25.35	25.05	24.72	24.52	24.18	23.68	23.25	23.15	22.30
最低水位	26.55	25.23	25.06	24.83	24.20	24.04	3.70	23.20	22.77	22.71	21.95
堤顶高程	27.83	26.37	26.26	26.03	25.73	25.40	25.46	25.12	24.62	4.19	23.69	22.77
渠底高程	25.73	24.41	24.30	24.07	23.77	23.44	23.33	22.99	22.49	22.06	22.03	21.41
比降		0.000148	0.0015		0.000164		0.000184	0.00125		0.000239	0.000159

任务 7.3 渡槽设计

单元任务目标：掌握渡槽的主要形式及总体布置。

任务执行过程引导：认识渡槽的作用、组成及类型，熟悉渡槽总体布置和水力计算，以及梁式渡槽的设计方法。

7.3.1 渡槽的作用及组成

渡槽是渠道跨越山谷、河流、道路等的架空输水建筑物，其主要作用是输送水流。根据水利工程的不同需要，渡槽还可以用于排洪、排沙、导流和通航等。

渡槽主要由槽身、支承结构、基础及进出口建筑物等部分组成，如图 7.14 所示。渠道通过进出口建筑物与槽身相连接，槽身置于支承结构上，槽中水重及槽重通过支承结构传给基础，再传至地基。为确保运行安全，渡槽进口处可设置闸门，在上游一侧配置泄水闸；为方便群众生产生活，可以在有拉杆渡槽的顶端设置栏杆、铺设人行道板，方便群众出行。

渡槽一般适用于跨越河谷（断面宽深、流量大、水位低）、宽阔滩地或洼地等情况。

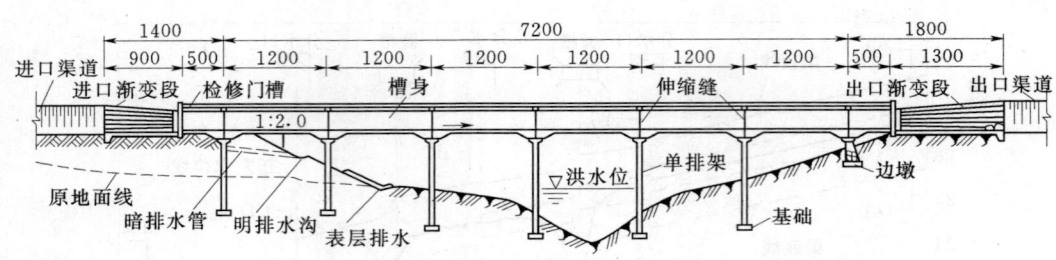

图 7.14 梁式渡槽纵剖面

它与倒虹吸管相比,具有水头损失小、便于管理运用及可通航等优点,是交叉建筑物中采用最多的一种型式。与桥梁相比,渡槽以恒载为主,不承受桥梁那样复杂的活载,故结构设计相对简单,但对防渗和止水构造要求较高,以免影响运行管理和结构安全。

7.3.2 渡槽的类型

人类应用渡槽距今有 2700 多年的历史。公元前 700 多年亚美尼亚人就运用石块砌造渡槽,随着水泥的不断应用,高强度、抗渗漏的钢筋混凝土渡槽便应运而生,随着混凝土渡槽形式的不断演变,渡槽从单一的梁式、拱式(板拱、肋拱、双曲拱、箱形拱、桁架拱、折线拱)、斜拉式、悬吊式,发展到组合式(拱梁和斜撑梁组合式等)。

渡槽按槽身断面形式分类,有 U 形、矩形、梯形、椭圆形和圆形等;按支承结构分类,有梁式、拱式、桁架式、悬吊式、斜拉式等;按所用材料分类,有木制渡槽、砖石渡槽、混凝土渡槽、钢筋混凝土渡槽、钢丝网水泥渡槽等;按施工方法不同,有现浇整体式、预制装配式及预应力渡槽。

7.3.3 渡槽的总体布置

渡槽的总体布置,主要包括槽址选择、渡槽选型、进出口布置等内容。一般是根据规划确定的任务和要求,进行勘探调查,取得较为全面的地形、地质、水文、建材、交通、施工和管理等方面的基本资料,通过经济技术分析,选出最优的布置方案。

渡槽总体布置的基本要求是:流量、水位满足灌区规划需要;槽身长度短,基础、岸坡稳定,结构选型合理;进出口与渠道连接顺直通畅,避免填方接头;少占农田,交通方便,就地取材等。

1. 基本资料

基本资料是渡槽设计的依据和基础,主要包括以下几个方面的内容:

(1) 灌区规划要求。在灌区规划阶段,渠道的纵横断面及建筑物的位置已基本确定,可据此得到渡槽上下游渠道的各级流量和相应水位、断面尺寸、渠底高程以及预留的渠道水流通过渡槽的允许水头损失值等。

(2) 设计标准。根据渡槽所属工程等别及其在工程中的作用和重要性确定。对于跨越铁路、重要公路以及墩架很高或跨度很大的渡槽,应采用较高的级别。对于跨越河道、山溪的渡槽,应根据其级别、地区的经验,并参考有关规定选择洪水标准计算决定相应的槽址洪水位、流量及流速等。凡能直接应用于渡槽设计的规范,如《水工混凝土结构设计规范》(SL 191—2008) 等的规定必须遵守。

(3) 地形资料。应有 1/200~1/2000 的地形图。测绘范围应满足渡槽轴线的修正和施工场地布置需要,在渡槽进出口及有关附属建筑物布置范围外,至少应有 50m 的富裕。对小型渡槽,也可只测绘渡槽轴线的纵剖面及若干横剖面图。跨越河道的渡槽,应加测槽址河床纵、横断面图。

(4) 地质资料。通过挖探及钻探等方法,探明地基岩土的性质、厚度、有无软弱层及不良地质隐患,观察河道及沟谷两岸是否稳定,并绘制沿渡槽轴线的地质剖面图;通过必要的土工试验,测定基础处岩土的物理力学指标,确定地基承载力等。

(5) 水文气象等资料。调查槽址区的最大风力等级及风向,最大风速及其发生频率;多年平均气温,月平均气温,冬夏季最高、最低气温,最大温差以及冰冻情况等。渡槽跨越河流时,应收集河流的水文资料及漂浮物情况等。

(6) 建筑材料。砂料、石料、混凝土骨料的储量、质量、位置与开采、运输条件,以及木材、水泥、钢材的供应情况等。

(7) 交通要求。槽下为通航河道或铁路、公路时,应了解船只、车辆所要求的净宽、净空高度;槽上有行人及交通要求时,要了解荷载情况及今后发展要求等。

(8) 施工条件。施工设备、施工技术力量、水电供应条件以及对外交通条件等。

(9) 运用管理要求。如运用中可能出现的问题以及对整个渠系的影响等。

以上各项资料并非每一渡槽设计全需具备。每项资料调查、收集的深度和广度,随工程规模的大小、重要性以及设计阶段的不同逐步深入。

2. 槽址选择

渡槽轴线及槽身起止点位置选择的基本要求是:渠线及渡槽长度较短,地质条件较好,工程量最省;槽身起止点尽可能选在挖方渠道上;进出口水流顺畅,运用管理方便;满足所选的槽跨结构和进出口建筑物的结构布置要求等。对地形、地质条件复杂、长度较大的渡槽,应通过方案比较,择优选用。

3. 渡槽选型

渡槽选型,应根据地形、地质、水流条件,建筑材料和施工技术等因素,综合研究决定。一般中小型渡槽,可采用一种类型的单跨或等跨渡槽。对于地形、地质条件复杂而长度较大的大中型渡槽,可选用一种或两种类型和不同跨度的布置方式,但变化不宜过多,以免影响槽墩受力状况和增加施工难度。具体选择时,应考虑以下几方面:

(1) 地形、地质条件。当地形平坦、槽高不大时,宜采用梁式渡槽;窄深的山谷地形,当两岸地质条件较好,且有足够强度与稳定性时,宜建大跨度单跨拱式渡槽;地形、地质条件比较复杂时,应进行具体分析。如跨越河道的渡槽,若河道水深流急、水下施工较难,而且滩地高大时,在河床部分可采用大跨度的拱式渡槽,在滩地则宜采用梁式或中小跨度的拱式渡槽。当地基承载能力较低时,可采用轻型结构或适当减小跨度。

(2) 建筑材料。当槽址附近石料丰富且质量符合要求时,应就地取材,优先采用石拱渡槽。由于这种渡槽对地基条件要求高,需要较多的人力。因此,应综合分析各种条件,采用经济合理的结构型式。

(3) 施工条件。如具备吊装设备和吊装技术,应尽可能采用预制构件装配的结构型式,以加快施工速度,节省劳力。同一渠系布置有多个渡槽时,应尽量采用同一种结构型式,以便利用同一套吊装设备,便于设计和施工定型化。

4. 进出口段布置

为了减小渡槽过水断面,降低工程造价,一般槽身纵坡较渠底坡度陡。为使渠道水流平顺地进入渡槽,避免冲刷和减小水头损失,渡槽进出口段布置应注意以下几方面:

(1) 与渠道直线连接。渡槽进出口前后的渠道上应有一定长度的直线段,与槽身平顺连接,在平面布置上要避免急转弯,防止水流条件恶化,影响正常输水,造成冲刷现象。对于流量较大、坡度较陡的渡槽,尤其要注意这一问题。

(2) 设置渐变段。为使水流平顺衔接,适应过水断面的变化,渡槽进出口均需设置渐变段。渐变段主要有扭曲面式、反翼墙式、八字墙式等。扭曲面式水流条件较好,应用也较多;八字墙式施工简单,小型渡槽使用较多。渐变段的长度 L_j 通常采用下列经验公式计算

$$L_j = C(B_1 - B_2) \quad (m) \tag{7.2}$$

式中　B_1——渠道水面宽度,m;

　　　B_2——渡槽水面宽度,m;

　　　C——系数,进口取 $C=1.5\sim2.0$,出口取 $C=2.5\sim3.0$。

对于中小型渡槽,进口渐变段长度可取 $L_1 \geq 4h_1$(h_1 为上游渠道水深);出口渐变段长度可取为 $L_2 \geq 6h_3$(h_3 为出口渠道水深)。如图 7.15 所示。

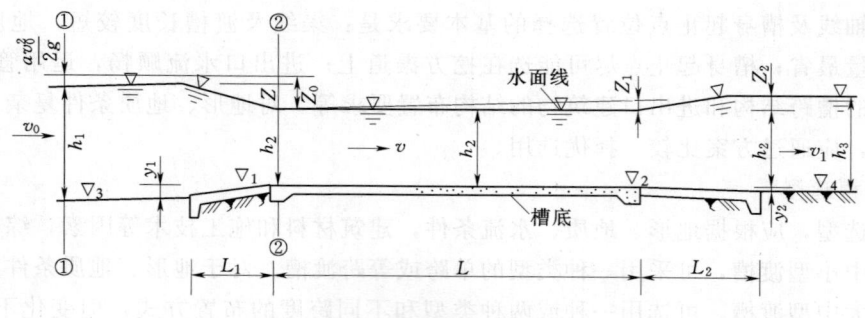

图 7.15　渡槽水力计算示意图

7.3.4　渡槽的水力计算

渡槽水力计算的目的,就是确定渡槽过水断面形状和尺寸、槽底纵坡、进出口高程,校核水头损失是否满足渠系规划要求。

渡槽的水力计算,是在槽址中心线及槽身起止点位置已选择的基础上进行的,所以上下游渠道的断面尺寸、水深、渠底高程和允许水头损失均要为已知。

1. 槽身断面尺寸的确定

槽身的过水断面尺寸,一般按设计流量设计,按最大流量校核,通过水力学公式进行计算。当槽身长度 $L \geq (15\sim20)h_2$(h_2 为槽内水深) 时,按明渠均匀流公式计算;当 $L <$

$(15\sim20)h_2$ 时，可按淹没宽顶堰公式进行计算。

槽身过水断面的深宽比选择，工程中多采用窄深式断面，一般矩形槽取 $0.6\sim0.8$，U形槽取 $0.7\sim0.8$。为防止风浪或其他原因而引起侧墙顶溢流现象，侧墙应有一定的超高 Δh，一般选用 $0.2\sim0.6\text{m}$，对于有通航要求的渡槽，超高值应根据通航要求确定。

2. 渡槽纵坡 i 的确定

进行渡槽的水力计算，首先要确定渡槽纵坡。在相同的流量下，纵坡的选择对渡槽过水断面大小、工程造价高低、水头损失多少、通航要求、水流冲刷及下游自流灌溉面积等有直接影响。因此，确定一个适宜的底坡，使其既能满足渠系规划允许的水头损失，又能降低工程造价，常常需要试算。一般初拟时，常采用 $i=1/500\sim1/1500$，槽内流速 $1\sim2\text{m/s}$；对于通航的渡槽，要求流速在 1.5m/s 以内，底坡 $i=1/3000\sim1/10000$。

3. 水头损失与水面衔接计算

水流通过渡槽时，由于克服局部阻力、沿程阻力以及水流能量的转换，都会产生水头损失，水流进出渡槽产生变化，这种水流现象可分为三段分析计算，如图 7.15 所示。

水流经过进口段时，随着过水断面的减小，流速逐渐加大，水流的位能一部分转化为动能，另一部分消耗于因水流收缩而产生的水头损失，因此形成进口段水面降落 Z；槽中基本保持均匀明流，水面坡等于槽底坡，产生沿程水头损失 Z_1；水流经过出口段时，随着过水断面的扩大，流速逐渐减小，水流的动能一部分消耗于因水流扩散而产生的水头损失，另一部分转化为位能，因此形成出口段水面回升 Z_2。水流经过渡槽的总水头损失，要求满足规划设计所允许的水头损失，其水头损失与水面衔接计算见表 7.22。

表 7.22　　　　　　　　　　渡槽水头损失与水面衔接计算

序号	项目名称	计算公式	备注
1	进口段水面降落值 Z	$Z=\dfrac{Q^2}{(\sigma\varphi\omega\sqrt{2g})^2}-\dfrac{v_0^2}{2g}$ 或 $Z=\dfrac{1+K_1}{2g}(v^2-v_0^2)$	σ、φ——侧收缩系数和流速系数，均可取 $0.9\sim0.95$；v_0、v——上游渠道与槽身的平均流速，m/s；ω——渡槽过水断面面积，m^2；K_1——进口段局部水头损失系数，与渐变段形式有关，见表 7.23
2	槽身段沿程降落值 Z_1	$Z_1=iL$	i——槽底比降；L——槽身长度
3	出口段水面回升值 Z_2	$Z_2=\dfrac{1-K_2}{2g}(v^2-v_1^2)$ $Z_2=\dfrac{1-K_2}{1+K_1}Z\approx\dfrac{1}{3}Z$	v、v_1——槽身与下游渠道的平均流速，m/s；K_2——出口段局部水头损失系数，常取 0.2。当上、下游渠道断面相等时，也可以按第二个式子计算
4	渡槽总水面降落值 ΔZ	$\Delta Z=Z+Z_1-Z_2\leqslant[\Delta Z]$	$[\Delta Z]$——规划所允许的水头损失
5	进口槽底高程	$\nabla_1=\nabla_3+y_1$	抬高值：$y_1=h_1-Z-h_2$
6	出口槽底高程	$\nabla_2=\nabla_1-Z_1$	
7	出口渠底高程	$\nabla_4=\nabla_2-y_2$	降低值：$y_2=h_3-Z_2-h_2$

表 7.23 进口段局部水头损失系数 K_1 值

渐变段形式	长扭曲面	八字斜墙	圆弧直墙	急变形式
渐变段示意图（渠道→渡槽）				
K_1	0.1	0.2	0.2	0.4

7.3.5 梁式渡槽设计

7.3.5.1 梁式渡槽的类型

梁式渡槽的槽身置于槽墩或槽架上，纵向受力与梁相同。梁式渡槽的槽身根据其支承位置的不同，可分为简支梁式、双悬臂梁式、单悬臂梁式和连续梁式等几种型式。前三种是较为常用的静定结构，连续梁式为超静定结构。

(1) 简支梁式渡槽。其特点是结构型式简单，施工吊装方便，但是跨中弯矩较大，整个底板受拉，不利于抗裂防渗。如图 7.16 所示，对于矩形槽身，跨度一般为 8~15m；U 形槽身，跨度为 15~20m；其经济跨度一般为墩架高度的 0.8~1.2 倍。槽身高度大、修建槽墩困难，宜采用较大的跨度；槽身高度较小且地基条件又较差，宜选用较小的跨度。

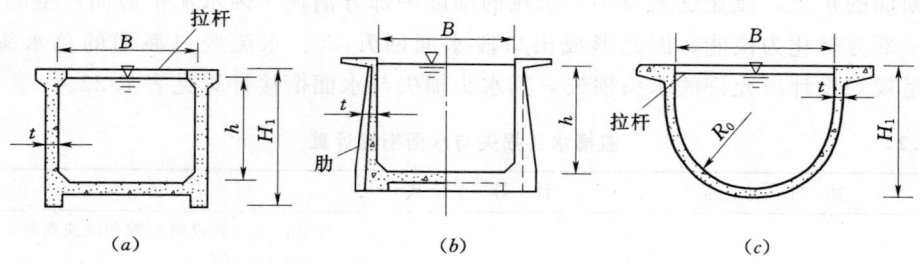

图 7.16 矩形、U 形槽身断面形式
(a) 设拉杆的矩形槽；(b) 设肋的矩形槽；(c) 设计拉杆的 U 形槽

(2) 双悬臂梁式渡槽 [图 7.17 (a)]。按照悬臂长度的大小，双悬臂梁式又可分为等跨度、等弯矩和不等跨不等矩三种型式，一般前两种情况较为常用。设一节槽身总长度为 L，悬臂长度为 B，对于等跨式 $B=0.25L$，在纵向均布荷载水重和自重的作用下，其跨中弯矩为零，底板全部位于受压区，有利于抗裂防渗。等弯矩式 $B=0.207L$，跨中弯矩与支座弯矩相等，结构受力合理，但需上、下配置受力钢筋，总配筋量不一定最小。双悬臂梁式渡槽的跨度较大，一般每节槽身长度为 25~40m，由于其重量大，施工吊装较困难，当悬臂顶端变形时，接缝处止水容易被拉裂。

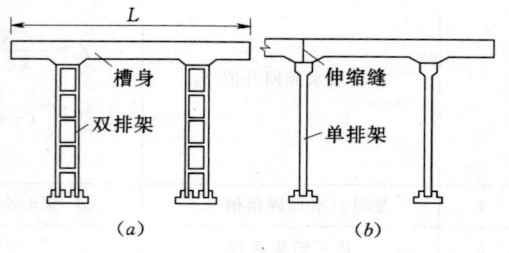

图 7.17 悬臂梁式渡槽
(a) 双悬臂梁式；(b) 单悬臂梁式

(3) 单悬臂梁式渡槽 [图 7.17 (b)]。一

般用在靠近两岸的槽身，或双悬臂梁向简支梁式过渡时采用。其悬臂的长度不宜过长，以保证槽身的另一端支承处有足够的压力。

（4）连续梁式渡槽。连续梁式渡槽为超静定结构，弯矩值较小，但是适应不均匀沉陷的能力较差。因此，应慎重选用。

7.3.5.2 槽身设计

1. 槽身横断面形式选择

在进行槽身横断面形式选择时，一般应考虑水力条件、结构受力、施工条件及通航要求等因素。一般大流量渡槽，多采用矩形断面；中小流量可采用矩形，也可采用 U 形断面。矩形槽身多用钢筋混凝土或预应力钢筋混凝土结构，U 形槽身还可采用钢丝网水泥或预应力钢丝网水泥结构。

对于中小型渡槽，流量较小而且又无通航要求时，可在槽顶设置拉杆，其间距一般为 1～2m，以改善槽身横向受力条件和增加侧墙稳定性；如有通航要求，则不能设置拉杆，而应适当加大侧墙厚度，也可做成变厚度侧墙。为了增加侧墙的稳定，也可沿槽长方向每隔一定距离加一道肋，构成肋板式槽身，如图 7.18 所示。肋间距可按侧墙高的 0.7～1.0 倍，肋的宽度一般不应小于侧墙厚度 t，肋的厚度一般为 $(2～2.5)t$。对于大流量（40～50m³/s 以上）的渡槽，或者因通航需要较大的槽宽时，为了减小底板厚度，可在底板下面设置边纵梁或中纵梁，而建成多纵梁式矩形槽，如图 7.19 所示。

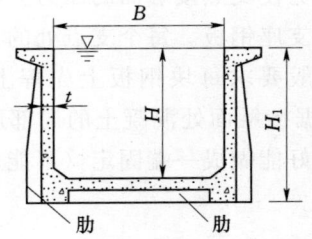
图 7.18 肋板式矩形槽身

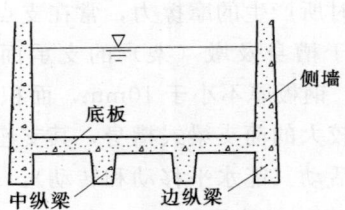
图 7.19 多纵梁式矩形槽身

槽身侧墙通常都作纵梁考虑，因为侧墙薄而高，所以应满足强度和稳定的要求，一般以侧墙厚度 t 与侧墙高 H_1 的比值 t/H_1 作为衡量指标，其经验数据可参考表 7.24。

表 7.24　　　　　　　　　　　槽身侧墙尺寸经验数据参考值

项　目　名　称	t/H_1	厚　度 t/cm
有拉杆矩形槽	1/12～1/16	10～20
有拉杆 U 形槽	1/10～1/15	5～10
肋板式矩形槽	1/18～1/21	12～15

钢筋混凝土 U 形渡槽，一般采用半圆形上加直段的断面形式。为了增加槽壳的纵向刚度以利于满足底部抗裂要求、便于布置纵向受力钢筋，常将槽底弧形段加厚，如图 7.20 所示，图中 s_0 是从 d_0 两端分别向槽壳外缘作切线的水平投影长度，可由作图求出，其他参数经验值参见表 7.25。

表 7.25   U 形 槽 经 验 参 数

参 数	h_0	A	b	c	d_0	t_0
经验数据	$(0.4\sim0.6)R_0$	$(1.5\sim2.5)t$	$(1\sim2)t$	$(1\sim2)t$	$(0.5\sim0.6)R_0$	$(1\sim1.5)t$

2. 槽身一般构造

槽身设计中,除了选择断面形式、确定断面尺寸外,还应注重槽身的分缝、止水以及与墩台的连接等一般构造。

(1) 分缝。为了适应槽身因温度变化引起的伸缩变形和允许的沉降位移,应在渡槽与进出口建筑物之间及各节槽身之间设置变形缝,缝宽一般为 3~5cm。

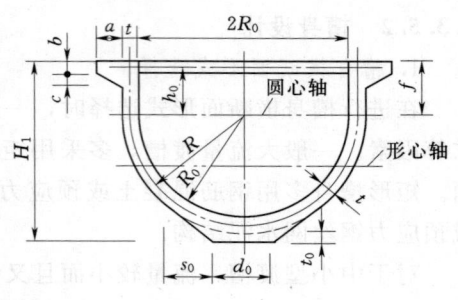

图 7.20 U 形槽身

(2) 止水。渡槽分缝应填堵止水材料,以适应变形和防止漏水,槽身接缝止水材料和构造型式较多,有橡皮压板式止水、塑料止水带压板式止水、沥青填料式止水、粘合式止水、套环填料式止水及木糠水泥填塞式止水等。

(3) 支座。梁式渡槽槽身搁置在墩架上,当跨径在 10m 以内时,一般不设专门的支座,直接支承在油毡或水泥砂浆的垫层上,垫层厚度不应小于 10mm,为防止支承处混凝土拉裂,可设置钢筋网进行加固。当跨径较大时,为使支点接触面的压力分布比较均匀并减小槽身摩擦时所产生的摩擦力,常在支点处设置支座钢板。每个支点处的支座钢板有两块,分别固定于槽身及墩(架)的支承面上,一般要求每块钢板上先焊上直径不小于 10mm 的锚筋,钢板厚不小于 10mm,面积大小根据接触面处混凝土的局部压力决定。对于跨度及纵坡较大的简支梁式槽身,其支座型式最好能做成一端固定(不能水平移动但可以转动)一端活动(能水平移动和转动)。

3. 槽身纵向结构计算

一般按满槽水情况设计。对矩形槽身,可将侧墙视为纵向梁,梁截面为矩形或 T 形,按受弯构件计算纵向正应力和剪应力,并进行配筋计算和抗裂验算。

4. 槽身横向结构计算

由于荷载沿槽长方向的连续性和均匀性,在槽身横向计算时,见表 7.26,通常可沿槽长方向取长度为 1m 的脱离体,按平面问题进行分析。

(1) 无拉杆矩形槽。对于无拉杆矩形槽身,侧墙可作为固定于底板上的悬臂板,侧墙和底板仍按刚性连接处理。

(2) 有拉杆矩形槽。其槽身横向结构计算时,假定设拉杆处的横向内力与不设拉杆处的横向内力相同,将拉杆"均匀化",拉杆截面尺寸一般较小,不计其抗弯作用及轴力对变位的影响,根据结构对称性。槽身设置拉杆后,可显著地减小侧墙和底板的弯矩。计算表明,侧墙底部和底板跨中的最大弯矩值均发生在满槽水深的情况,可以近似地将水位取至拉杆中心。有拉杆的矩形槽身属一次超静定结构,可按力矩分配法进行计算。但必须注意,求出拉杆拉力(拉杆"均匀化")以后,应再乘以拉杆的间距,才是拉杆的实际拉力。

表 7.26　　　　　　　　　　　　渡槽横断面结构计算简图一览表

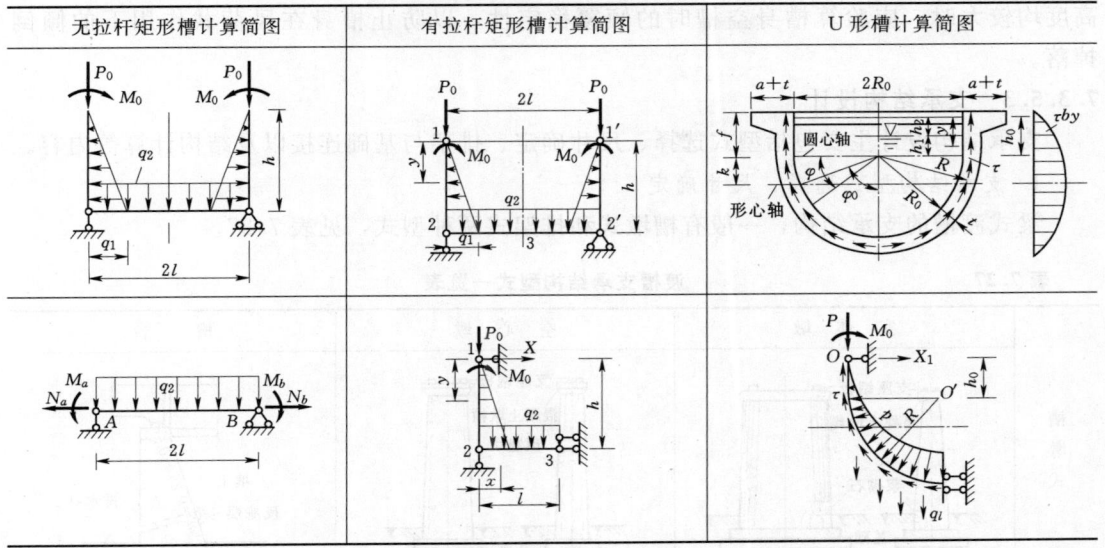

（3）U形槽。一般设有拉杆，横向结构计算时取单位长度槽身按平面问题分析。作用于单位长槽身的荷载有槽身、水的重力和两侧截面上的剪力，其剪力分布呈抛物线形，方向沿槽壳厚度中心线的切线方向，对槽壳产生弯矩和轴向力。该力产生的弯矩与其他荷载产生的弯矩的方向相反，起抵消作用。因其结构及荷载对称，取一半进行分析。

为使槽身便于支承在槽墩（架）上及增加U形槽身支承点处的刚度，常在支点处设支承肋，对于简支梁式槽身即为端肋。对于端肋，可以近似地视为一简支梁，梁高为端肋中部截面的高度，梁宽为端肋厚度，计算跨度取支承之间的距离 L，即可得图7.21（b）。假定槽身全部作用于两端肋简支梁上，荷载为均匀分布，取跨中最不利截面进行内力计算

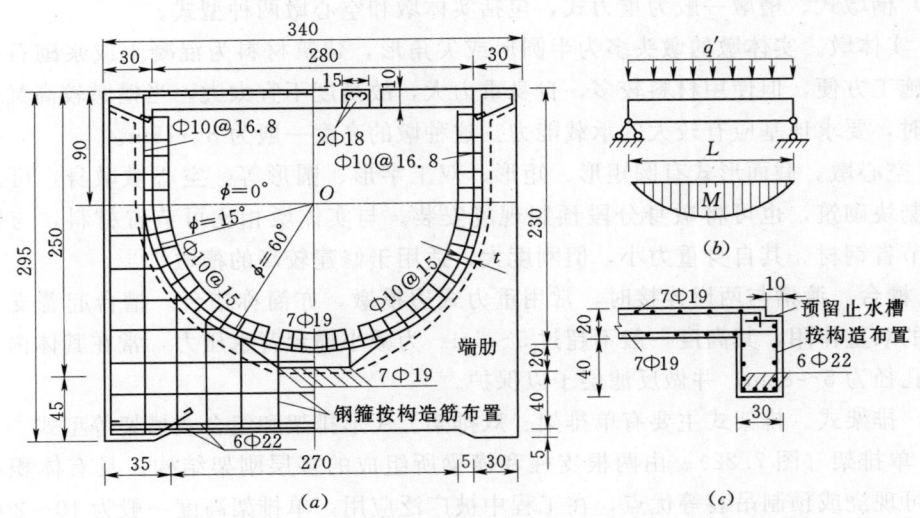

图 7.21　某U形槽身及端肋钢筋布置
（a）槽身及端肋钢筋布置；（b）端肋计算简图；（c）端肋Ⅰ-Ⅰ剖面图

及配筋。槽身及端肋配筋如图 7.21 所示。在风较大的地区，若槽身较轻，受风面积以及高度均较大时，应验算槽身空槽时的倾覆稳定性，以防止槽身在风荷载作用下的倾倒掉落。

7.3.5.3 支承结构设计

支承结构设计主要包括型式选择、尺寸确定、排架与基础连接以及结构计算等内容。

1. 支承结构型式选择、尺寸确定

梁式渡槽的支承结构，一般有槽墩式和排架式两种型式，见表 7.27。

表 7.27　　　　　　　　　渡槽支承结构型式一览表

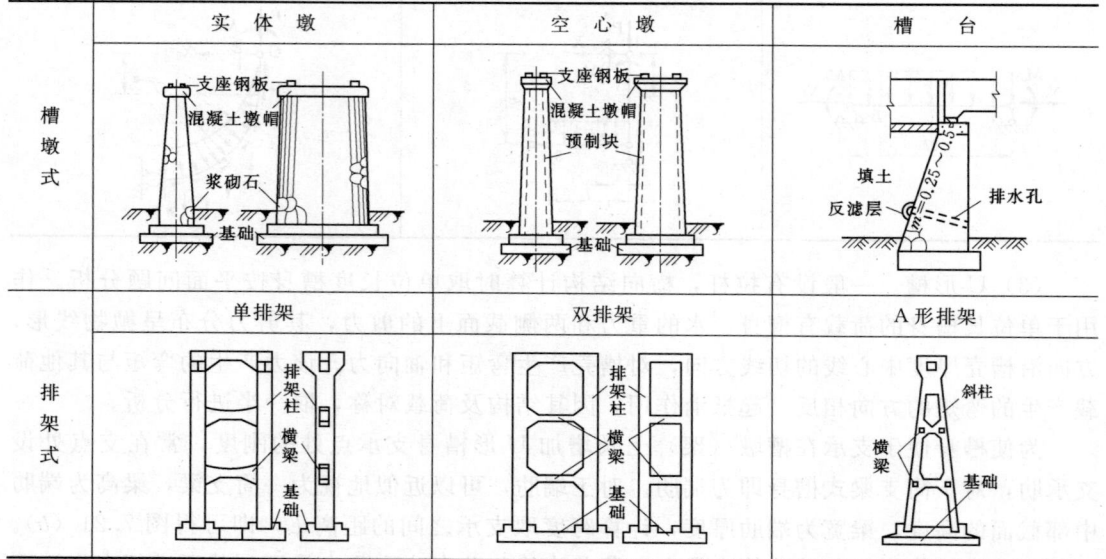

（1）槽墩式。槽墩一般为重力式，包括实体墩和空心墩两种型式。

1）实体墩。实体墩的墩头多为半圆形或尖角形，建筑材料为混凝土或浆砌石，构造简单，施工方便，但使用材料较多，自身重力大，故高度不宜太大，当槽墩较高又承受较大荷载时，要求地基应有较大的承载能力。这种墩的高度一般为 8～15m。

2）空心墩。截面形式有圆矩形、矩形、双工字形、圆形等。空心墩墩身，可采用混凝土预制块砌筑，也可将墩身分段预制现场安装。与实体墩相比可节省材料，与槽架相比，可节省钢材。其自身重力小，但刚度大，适用于修建较高的槽墩。

3）槽台。渡槽与两岸连接时，常用重力式边槽墩，亦简称槽台。槽台起着支承槽身和挡土的双重作用，其高度一般不超过 5～6m。为减小槽台背水压力，常在其体内设置排水孔，孔径为 5～8cm，并做反滤层予以保护。

（2）排架式。排架式主要有单排架、双排架、A 形排架和组合式槽架等型式。

1）单排架（图 7.22）。由两根支柱和横梁所组成的多层刚架结构。具有体积小、重量轻、可现浇或预制吊装等优点，在工程中被广泛应用。单排架高度一般为 10～20m。

2）双排架。由两个单排架及横梁组合而成，属于空间框架结构。在较大的竖向及水平荷载作用下，其强度、稳定性及地基应力均较单排架容易满足要求。可适应较大的高度，通常为 15～25m。

3) A 形排架。常由两片 A 字形单排架组成，其稳定性能好，适应高度大，但施工较复杂，造价也较高。

4) 组合式槽架。适用于跨越河道主河槽部分，在最高洪水位以下为重力式墩，其上为槽架，槽架可为单排架，也可为双排架。

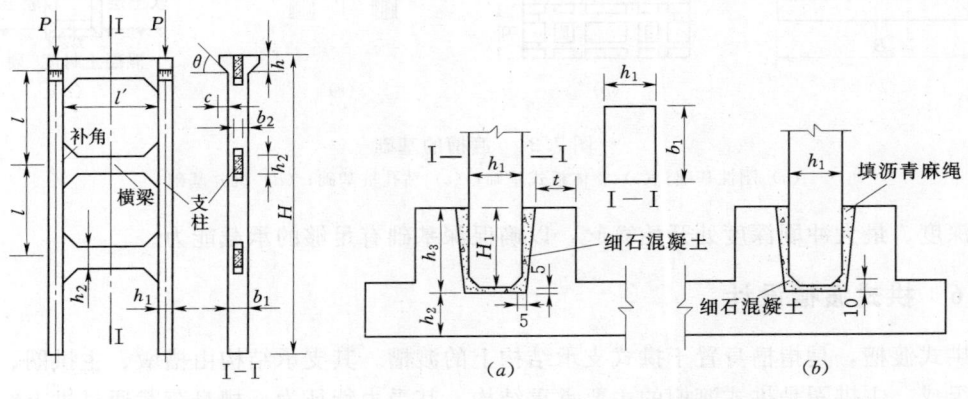

图 7.22　单排架构造　　　　图 7.23　排架与基础的连接形式
　　　　　　　　　　　　　　　　　(a) 固接；(b) 铰接

2. 排架与基础的连接

排架与基础的连接形式，通常有固接和铰接两种，如图 7.23 所示。一般现场浇筑时，排架与基础常整体结合，排架竖向钢筋直接伸入基础内，应按固结考虑。预制装配排架，根据排架吊装就位后的杯口处理方式而定。

3. 单排架结构计算

单排架的结构计算，一般分满槽水加横向风荷、空槽加横向风荷、施工吊装等情况进行，其计算简图由立柱和横梁的轴线所组成，其横向计算可采用"无剪力分配法"。荷载组合分为空槽加横向风荷和满槽（水）加横向风荷两种情况。前者往往对排架的内力及配筋起控制作用，而后者则对立柱的配筋起校核作用。

7.3.5.4　渡槽基础设计

渡槽基础，是将渡槽的全部重量传给地基的底部结构。渡槽基础的类型较多，根据埋置深度可分为浅基础和深基础，埋置深度小于 5m 时为浅基础，大于 5m 时为深基础；按照结构形式可分为刚性基础、整体板式基础、钻孔桩基础和沉井基础等，如图 7.24 所示。渡槽的浅基础一般采用刚性基础及整体板式基础，深基础多为钻孔桩基础和沉井基础。

对于浅基础，基底面高程（或埋置深度）一般应根据地形、地质、水文、气象条件和使用要求等条件选定。软土地基上基础埋置深度，一般为 1.5～2.0m。冰冻地区，基底面埋入冰冻层以下不少于 0.3～0.5m，以免因冰冻而降低地基承载力。耕作地区的基础，基础顶面应设在地面以下 0.5～0.8m。河槽中受到水流冲刷的基础，基底面应埋入最大冲刷线之下，以免基底受到淘刷而危及工程的安全。对于深基础，入土深度应从稳定坡线、耕

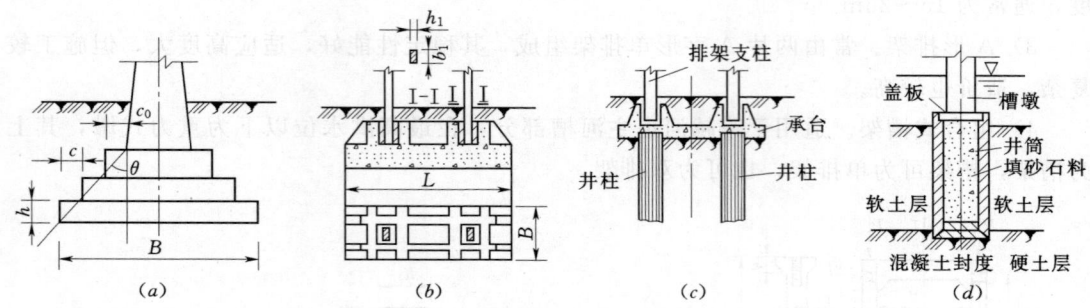

图 7.24 渡槽的基础
(a) 刚性基础；(b) 整体板式基础；(c) 钻孔桩基础；(d) 沉井基础

作层深度、最大冲刷深度处开始算起，以确保深基础有足够的承载能力。

7.3.6 拱式渡槽设计

拱式渡槽，是指槽身置于拱式支承结构上的渡槽。其支承结构由槽墩、主拱圈、拱上结构组成。主拱圈是拱式渡槽的主要承重结构，其受力特征为：槽身荷载通过拱上结构传给主拱圈，再由主拱圈传给槽墩或槽台。主拱圈主要承受压力，故可用石料或混凝土建造，并可采用较大的跨度，但拱圈对支座的变形要求严格。对于跨度较大的拱式渡槽应建在比较坚固的岩石地基上。

拱式渡槽按照主拱圈的结构型式，可分为板拱、肋拱、双曲拱及桁架拱等；拱式渡槽的拱上结构，有实腹式和空腹式两种，如图 7.25 和图 7.26 所示，是设置在主拱圈之上，用来传递槽身荷载的重要结构。

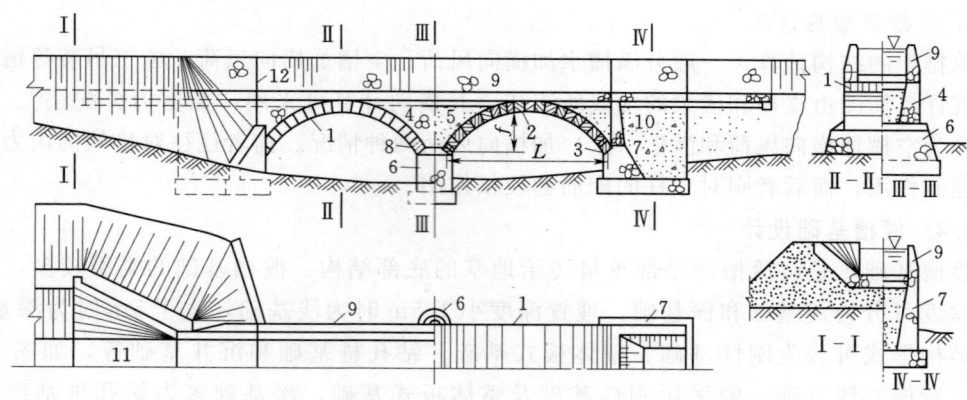

图 7.25 实腹式石拱渡槽
1—拱圈；2—拱顶；3—拱脚；4—边墙；5—拱上填料；6—槽墩；7—槽台；
8—排水管；9—槽身；10—垫层；11—渐变段；12—变形缝

(1) 板拱渡槽。渡槽的主拱圈横截面形状为矩形，结构型式像一块拱形的板，一般为实体结构，多采用粗料石或预制混凝土块砌筑，故常称石拱渡槽。对于小型渡槽，主拱圈也可采用砖砌。其主要特点是可以就地取材，结构简单，施工方便，故在水利工程中被广

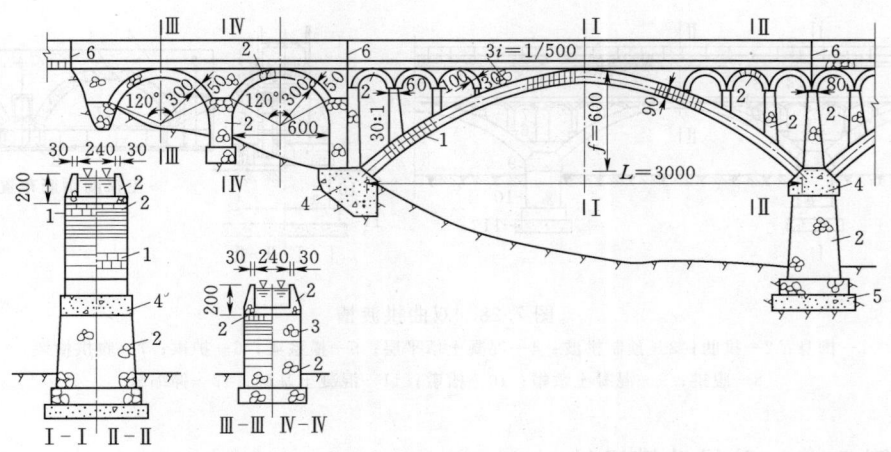

图 7.26 空腹式石拱式渡槽（单位：cm）
1—水泥砂浆砌条石；2—水泥砂浆砌块；3—水泥砂浆砌块石；
4—C20 混凝土；5—C10 混凝土；6—伸缩缝

泛采用。但因自重较大、对地基要求较高，一般用于较小跨度的渡槽。

（2）肋拱渡槽。其主拱圈由几根分离的拱肋组成，为了加强拱圈的整体性和横向稳定性，在拱肋间每隔一定的距离设置刚度较大的横系梁进行连接，拱上结构为排架式。当槽宽不大时，多采用双肋。肋拱渡槽一般采用钢筋混凝土结构，小跨度的拱圈也可采用少筋混凝土或无筋混凝土。对于大中跨径的肋拱结构可分段预制吊装拼接，无需支架施工。这种型式的渡槽外形轻巧美观，自重较轻，工程量较小，如图 7.27 所示。

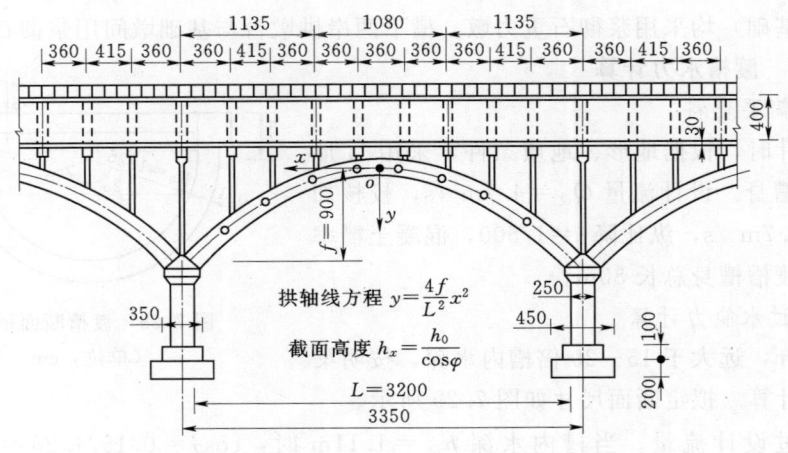

拱轴线方程 $y=\dfrac{4f}{L^2}x^2$

截面高度 $h_x=\dfrac{h_0}{\cos\varphi}$

图 7.27 肋拱渡槽

（3）双曲拱渡槽。双曲拱主要是由拱肋、拱波和横系梁（或横隔板）等部分组成。因主拱圈沿纵向是拱形，其横截面也是拱形，故称为双曲拱渡槽。双曲拱能够充分发挥材料的抗压性能，具有较大的承载能力，节省材料，造型美观，主拱圈可分块预制吊装施工，一般适用于修建大跨度渡槽，如图 7.28 所示。

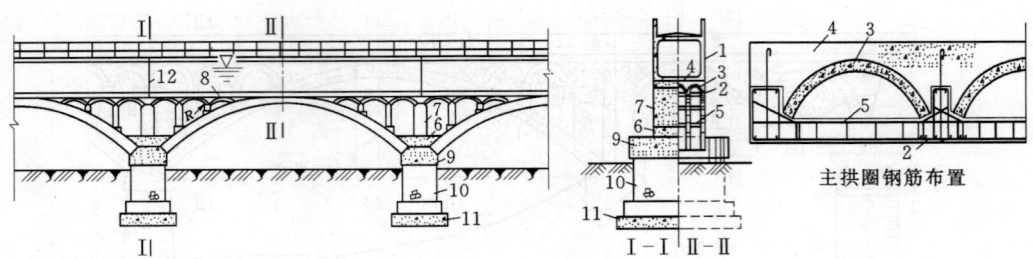

图 7.28 双曲拱渡槽
1—槽身；2—拱肋；3—预制拱波；4—混凝土填平层；5—横系梁；6—护拱；7—腹拱横墙；
8—腹拱；9—混凝土墩帽；10—槽墩；11—混凝土基础；12—伸缩缝

任务案例 7-2　肋拱渡槽设计

7-2-1　项目任务

设计资料如项目基本资料 2 所示，根据相关资料内容，确定渡槽总体布置，并进行渡槽水力计算和结构计算。

7-2-2　渡槽总体布置

根据地形地质等条件，采用肋拱支撑渡槽一跨而过（沟深 25m）。肋拱净跨长 40m，拱上布置等跨间距 6m 的单排架，拱墩两侧布置间距 8m 之单排架。槽身采用 U 形槽、简支。共布置 6m 长槽壳 8 个，8m 长槽壳 4 个，总长 80m。上游渐变段长 10.075m 与隧洞出口相接。上游渐变段长 10m 与梯形混凝土渠道相连，渡槽全长 100.075m。槽上根据交通要求设人行桥，可通过行人及小四轮拖拉机等，净宽 2.68m。拱墩台及排架基础墩（拱两侧单排架基础）均采用浆彻石重力墩。槽下两岸拱墩台与基础墩间用浆彻石护坡。

7-2-3　渡槽水力计算

1. 设计简要资料

初步设计时，根据地形、地质条件，采用 U 形钢筋混凝土槽身。设计流量 $Q_设=4.7\text{m}^3/\text{s}$，校核加大流量 $Q=4.7\text{m}^3/\text{s}$，纵比降 $i=1/500$，混凝土糙率 $n=0.014$。渡槽槽身总长 80m。

2. 槽身过水能力计算

槽长 80m，远大于 15~20 倍槽内水深，按明渠均匀流公式计算。拟定断面尺寸如图 7.29 所示。

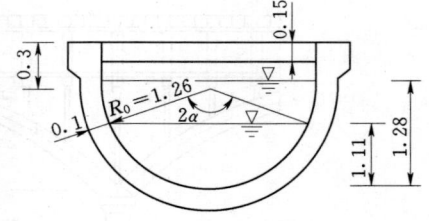

图 7.29　渡槽断面示意图
（单位：cm）

(1) 通过设计流量。当槽内水深 $h_设=1.11\text{m}$ 时：$\cos\alpha=0.15/1.26=0.119$，$\alpha=83.163°$，$2\alpha=166.326°=2.9019\text{rad}$，$\sin 2\alpha=0.2364$。

过水面积　$\omega=\dfrac{R_0^2}{2}(2\alpha-\sin 2\alpha)=\dfrac{1.26^2}{2}\times(2.9029-0.2364)=2.1167\ (\text{m}^2)$

湿周　$\chi=2\alpha R_0=2.9029\times 1.26=3.6577\ (\text{m})$

水力半径　$R=\dfrac{\omega}{\chi}=\dfrac{2.1167}{3.6577}=0.5758\ (\text{m})$

谢才系数 $$C = \frac{1}{n}R^{1/6}$$

$$Q_{设} = \omega \frac{1}{n} R^{1/6} \sqrt{Ri} = 2.1167 \times \frac{1}{0.014} \times 0.5787^{1/6} \times \sqrt{0.5787 \times \frac{1}{500}} = 4.7(\text{m}^3/\text{s})$$

$$v_{设} = \frac{Q_{设}}{\omega} = \frac{4.7}{2.1167} = 2.22(\text{m/s})$$

（2）通过加大流量。当槽内水深 $h_{加} = 1.28$ 时，水深在半圆以上直段高度

$$\Delta h_{水} = 1.28 - 1.26 = 0.02(\text{m})$$

过水面积 $\omega = \frac{\pi R_0^2}{2} + 2R_0 \Delta h_{水} = \frac{\pi \times 1.26^2}{2} + 2 \times 1.26 \times 0.02 = 2.5442(\text{m}^2)$

湿周 $\chi = \pi R_0 + 2\Delta h_{水} = \pi \times 1.26 + 2 \times 0.02 = 3.998(\text{m})$

水力半径 $R = \frac{\omega}{\chi} = \frac{2.544}{3.998} = 0.6363(\text{m})$

$$Q_{加} = \omega \frac{1}{n} R^{1/6} \sqrt{Ri} = 2.5442 \frac{1}{0.014} \times 0.6363^{1/6} \times \sqrt{0.6363 \times \frac{1}{500}} = 6(\text{m}^3/\text{s})$$

$$v_{加} = \frac{Q}{\omega} = \frac{6}{2.5442} = 2.358(\text{m/s})$$

渡槽超高 $\Delta h = 1.26 + 0.15 - 1.11 = 0.30 > \frac{D}{12} = \frac{2 \times 1.26}{12} = 0.21\text{m}$，比高于加大流量水深 $1.26 + 0.15 - 1.28 = 0.13\text{m}$。

槽身支承在排架上（拱上排架），按梁式渡槽考虑。

3. 水头损失计算

渡槽水头损失按表 7.22 中公式计算。

（1）进口水面降落 Z。

$$Z = \frac{Q^2}{(\sigma \varphi \omega \sqrt{2g})^2} - \frac{v_0}{2g}$$

式中　σ——侧收缩系数取，0.9；

　　　φ——流速系数，$\varphi = 0.95$；

　　　v_0——上游楼观塬隧洞出口流速，$v_0 = 1.042\text{m/s}$。

因此

$$Z = \frac{4.7^2}{(0.9 \times 0.95 \times 2.1167 \times 4.43)^2} - \frac{1.042^2}{2 \times 9.81} = 0.288(\text{m})$$

（2）槽身沿程水头损失为

$$Z_1 = iL = \frac{1}{500} \times 80 = 0.16(\text{m})$$

（3）出口水面回升为

$$Z_2 \approx \frac{1}{3} Z = \frac{0.288}{3} = 0.096(\text{m})$$

（4）渡槽总水头损失为

$$\Delta Z = Z + Z_1 + Z_2 = 0.288 + 0.16 - 0.096 = 0.352 \approx [\Delta Z] = 0.35\text{m}$$

从以上计算可知槽身纵坡及过水断面尺寸合适。

4. 渡槽进出口底部高程的确定

进口抬高值 $y_1 = h_1 - Z - h_2 = 1.53 - 0.288 - 1.11 = 0.132$(m)

出口降低值 $y_2 = h_3 - Z_2 - h_2 = 1.64 - 0.096 - 1.11 = 0.434$(m)

隧洞出口洞底高程 $\nabla_3 = 696.255$m

进口槽底高程 $\nabla_1 = \nabla_3 + y_1 = 696.255 + 0.132 = 696.387$(m)

出口槽底高程 $\nabla_2 = \nabla_1 - Z_1 = 696.387 - 0.16 = 696.227$(m)

出口渠底高程 $\nabla_4 = \nabla_2 - y_2 = 696.227 - 0.434 = 696.793$(m)

5. 进出口渐变段

对中小型渡槽，进口渐变段长度 $l_1 \geq 4h_1 = 4 \times 1.53 = 6.12$m。因隧洞出口紧接渡槽，中间仅有10.075m。故进口渐变段长度取 $l_1 = 10.075$m。出口渐变段长度 $l_2 = 6h_3 = 6 \times 1.64 = 9.84$m；取 $l_2 = 10$m。

槽身纵向水面衔接情况如图7.30所示。

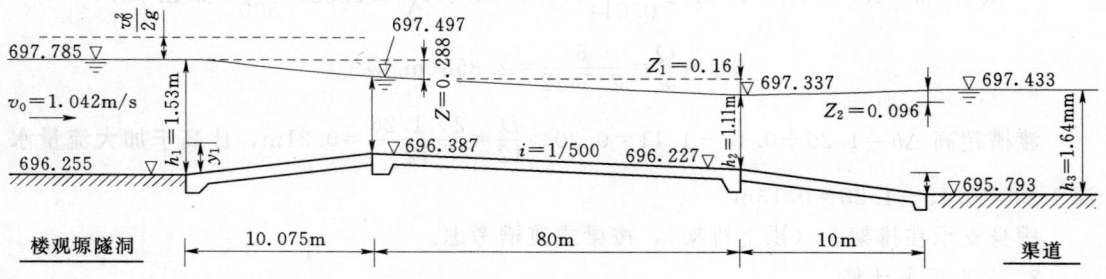

图7.30 槽身纵向水面衔接示意图

7-2-4 槽身设计（钢筋混凝土U形槽）

1. 槽身尺寸拟定

根据水力计算 $R_0 = 1.26$m，$f = 0.3$m。按经验数据初拟

槽壳厚 $t = \left(\dfrac{1}{10} \sim \dfrac{1}{15}\right)R_0 = \dfrac{1}{12.6} \times 1.26 = 0.1$(m)

直线段高 $f = (0.2 \sim 0.6)R_0$，取 $f = 0.238 \times 1.26 = 0.3$(m)

顶梁尺寸 $a = (1.5 \sim 2.5)t$，取 $a = 2t = 0.2$(m)

$b = (1 \sim 2)t$，取 $b = 1.5t = 0.15$(m)

$c = (1 \sim 2)t$，取 $c = 1.2t = 0.12$(m)

拉杆尺寸高 $h' = (1 \sim 2)t$，取 $h' = 1.5t = 0.15$(m)

宽 $b' = (1 \sim 2)t$，取 $b' = 1.2t = 0.12$(m)

间距 $l = 1 \sim 3$m（取1.5～2m）

端肋尺寸沿水流方向厚 $d = 0.3$m

端肋高 $h_{端} = 2.16$m

横向支座宽 $b = 0.4$m

支座净距 $l_0 = 1.6$m

便桥尺寸厚度 $h=0.08m$
净宽 $B=2.68m$

其栏杆柱 $0.12m\times0.12m\times1m$，插入大头 $0.1m$，柱总高 $1.1m$，采用预制。扶手采用 $D=48mm$ 钢管。

槽身总高 $H=1.26+0.1+0.3=1.66(m)$

槽身横向刚度 $\dfrac{H}{t}=\dfrac{1.66}{0.1}=16.6\leqslant(15\sim20)$ 及 $\dfrac{H}{R_0}=\dfrac{1.66}{1.26}=1.32<2$，刚度尚可。

梁式槽身跨度比 $\dfrac{l}{D}=(6\sim8)/2\times1.26=(2.38\sim3.17)<4$

据计算研究表明，横向应力是控制条件，可不必加厚底部，否则将使横向应力状态恶化。

初拟槽身横断面尺寸如图 7.31 所示。

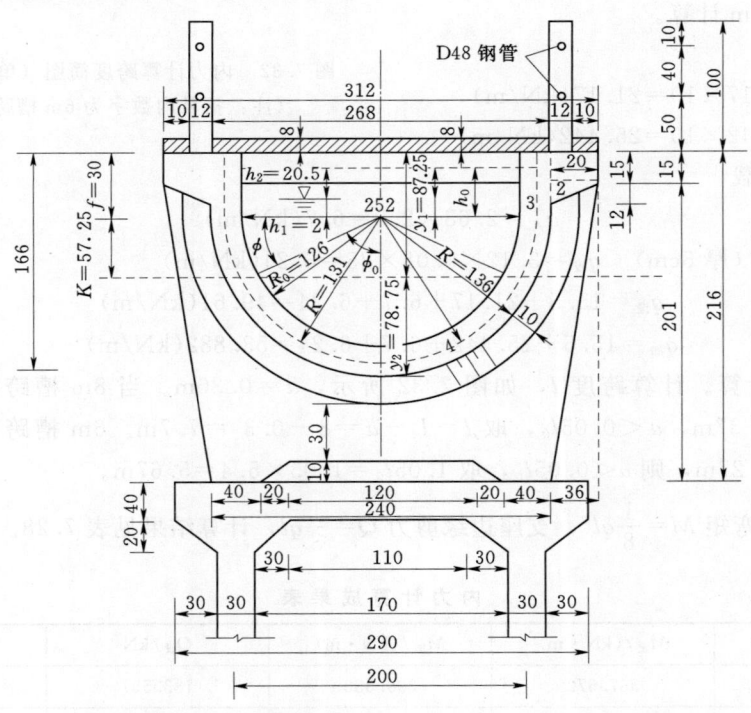

图 7.31 初拟槽身横断面尺寸示意图（单位：cm）

2. 槽身结构计算

(1) 纵向应力分析。结构按简支梁计算。

1) 荷载计算。拉杆截面为 $0.15m\times0.12m$，一根自重 $G_1=l_1b_1h_1\gamma_h=2.52\times0.15\times0.12\times25=1.134kN$。8m 槽长 6 根拉杆自重为 $1.134\times6=6.804kN$，$q=\dfrac{6.804}{8}=0.8505kN/m$。6m 槽长 5 根拉杆自重为 $1.134\times5=5.67kN$，$q=\dfrac{5.67}{6}=0.945kN/m$。

槽身自重，直段 $2tf\gamma_h=2\times0.1\times0.3\times25=1.5(kN/m)$

弧段 $\pi R t \gamma_h = \pi \times 1.31 \times 0.1 \times 25 = 10.29 (\text{kN/m})$

大头部分 $2F\gamma_h = 2 \times \dfrac{0.15+0.27}{2} \times 0.2 \times 25 = 2.1 (\text{kN/m})$

桥栏杆柱截面为 0.12m×0.12m，柱高为 1m，一根柱重 $0.12 \times 0.12 \times 1 \times 25 = 0.36$kN。间距 2m。8m 槽 10 根栏杆，$q_{柱} = \dfrac{0.36 \times 10}{8} = 0.45$ (kN/m)，6m 槽 8 根栏杆柱，$q_{柱} = \dfrac{0.36 \times 8}{6} = 0.48$ (kN/m)。

以上合计，8m $q_{自} = 15.19$kN/m；6m $q_{自} = 15.315$kN/m，加入栏杆扶手重 $q_{自}$ 按 15.5kN/m 计算。

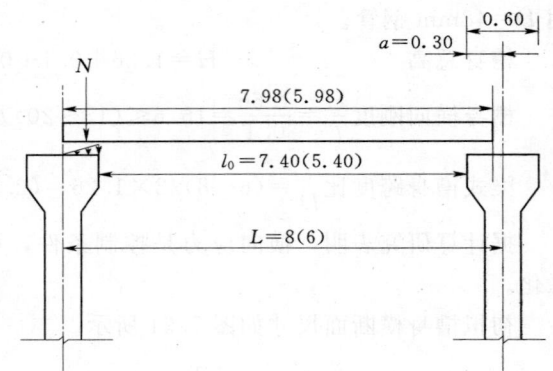

图 7.32 内力计算跨度简图（单位：m）
（注：括号内数字为 6m 槽跨。）

槽内水重
$q_{设水} = 2.117 \times 10 = 21.17 (\text{kN/m})$
$q_{加水} = 2.5442 \times 10 = 25.442 (\text{kN/m})$

人群活荷载
$q_{人} = 2.68 \times 2.5 = 6.7 (\text{kN/m})$

桥面板重（厚 8cm） $q_{板} = 3.12 \times 0.08 \times 25 = 6.24 (\text{kN/m})$

荷载总计 $q_{设} = 15.5 + 21.17 + 6.7 + 6.24 = 49.61 (\text{kN/m})$
$q_{加} = 15.5 + 25.442 + 6.7 + 6.24 = 53.882 (\text{kN/m})$

2）内力计算。计算跨度 l，如图 7.32 所示，$a = 0.30$m。当 8m 槽跨时：$0.05 l_0 = 0.05 \times 7.4 = 0.37$m，$a < 0.05 l_0$，取 $l = L - a = 8 - 0.3 = 7.7$m。6m 槽跨时：$0.05 l_0 = 0.05 \times 5.4 = 0.27$m，则 $a < 0.05 l_0$，取 $1.05 l_0 = 1.05 \times 5.4 = 5.67$m。

跨中最大弯矩 $M = \dfrac{1}{8} q l^2$，支座边缘剪力 $Q = \dfrac{1}{2} q l$，计算结果见表 7.28。

表 7.28 内力计算成果表

槽跨/m	$M_{设}/(\text{kN·m})$	$M_{加}/(\text{kN·m})$	$Q_{设}/\text{kN}$	$Q_{加}/\text{kN}$
8	367.672	399.333	183.557	199.363
6	199.363	216.531	133.947	145.481

3）截面形心、惯性矩以及面积矩的计算。分别计算。分别编号如图 7.31 所示，重心位置 y 以槽身断面顶为准，列表计算，见表 7.29 和表 7.30。

表 7.29 面积、重心位置以及面积矩

分块号	面积 A/cm^2	重心位置 y/cm	面积矩 $S_i = Ay/\text{cm}^3$
1	$2 \times 15 \times 20 = 600$	$y_1 = \dfrac{1}{2} \times 15 = 7.5$	4500
2	$2 \times \dfrac{12 \times 20}{2} = 240$	$y_2 = 15 + \dfrac{12}{3} = 19$	4560

续表

分块号	面积 A/cm²	重心位置 y/cm	面积矩 $S_i = Ay$/cm³
3	$10 \times 30 \times 2 = 600$	$y_3 = 30 \times \frac{1}{2} = 15$	9000
4	$\pi \times 131 \times 10 = 4115.486$	$y_4 = \frac{2R}{\pi} + f = \frac{2 \times 131}{\pi} + 30 = 113.397$	466683.76
Σ	5555.486		484743.76

表 7.30   形心矩、惯性矩

分块号	面积 A/cm²	与形心轴距离 $a = y_l - y$/cm	各小块面积本身的惯性矩 I_u/cm⁴	$A_i a_i^2$/cm⁴	对形心轴的惯性矩 $I_i = I_u + A_i a_i^2$/cm⁴
1	600	$87.25 - 7.5 = 79.75$	$2 \times \frac{20 \times 15 \times 15}{12} = 1.125 \times 10^4$	3.816×10^6	3.827×10^6
2	240	$87.25 - 19 = 68.25$	$2 \times \frac{20 \times 12 \times 12}{36} = 1.92 \times 10^3$	1.118×10^6	1.120×10^6
3	600	$87.25 - 15 = 72.255$	$2 \times \frac{10 \times 30 \times 30}{12} = 4.5 \times 10^4$	3.1310×10^6	3.177×10^6
4	4115.486	\multicolumn{3}{l}{$I = Rt\left(\frac{1}{2}\pi R^2 + \pi K^2 - 4RK\right) = 131 \times 10 \times \left(\frac{1}{2}\pi \times 131^2 + \pi \times 57.25^2 - 4 \times 131 \times 57.25\right)$ $= 9.503 \times 10^6$}		
Σ	5555.486				17.627×10^6

注 I_4 中：$R=131$cm，$K=87.25-30=57.25$（cm），$I=0.17627$m⁴（总）。

$y_l = 484743.76 / 5555.486 = 87.25$（cm）。

受拉区中和轴的面积：$\cos\varphi_0 = \frac{K}{R} = \frac{57.25}{131} = 0.437$，$\sin\varphi_0 = 0.899$，$\varphi_0 = 1.1185$rad，因此

$S' = 2tR^2(\sin\varphi_0 - \varphi_0\cos\varphi_0) = 2 \times 0.1 \times 1.31^2 \times (0.899 - 1.1185 \times 0.437) = 0.141$m³ $= S_{max}$

4）纵向应力计算。槽身采用 C25 混凝土。

① 8m 槽跨。

压应力 $\sigma_{设压} = \frac{My_1}{I} = \frac{367.672 \times 0.8725}{0.17627} = 1819.9$(kPa) $< \frac{R_\omega}{K_基} = \frac{18000}{1.4} = 12857$(kPa)

$\sigma_{加压} = \frac{My_1}{I} = \frac{399.333 \times 0.8725}{0.17627} = 1976.6$(kPa) $< \frac{R_\omega}{K_特} = \frac{18000}{1.35} = 13333$(kPa)

拉应力 $\sigma_{设拉} = \frac{My_2}{I} = \frac{367.672 \times 0.7875}{0.17627} = 1642.6$(kPa) $< \frac{rR_l}{K} = \frac{1.5 \times 1550}{1.15} = 2021.7$(kPa)

$\sigma_{加拉} = \frac{My_2}{I} = \frac{399.333 \times 0.7875}{0.17627} = 1784.1$(kPa) $< \frac{rR_l}{K} = 2021.7$(kPa)

剪应力 $\tau_{设剪} = \frac{QS_{max}}{2tI} = \frac{183.557 \times 0.141}{2 \times 0.1 \times 0.17627} = 734.2$(kPa) $< \frac{R_l}{K_基} = \frac{1550}{1.5} = 1033$(kPa)

$\tau_{加剪} = \frac{QS_{max}}{2tI} = \frac{199.363 \times 0.141}{2 \times 0.1 \times 0.17627} = 797.4$(kPa) $< \frac{R_l}{K_特} = \frac{1550}{1.4} = 1107$(kPa)

因拉应力已满足要求,故不计算抗裂安全系数。

②6m 槽跨。因横截面不变,跨度变小,外荷载不变,内应力及抗裂更能满足要求,计算从略。

5) 纵向配筋计算。按照面的总拉应力配筋,$Z_总 = \frac{M}{I} S_{max}$,$A_g = \frac{KZ_总}{R_g}$ 计算,成果见表 7.31。

表 7.31　　　　　　　　　　　纵向配筋计算结果

槽跨 /m	流量	M /(kN·m)	S_{max} /m³	I /m⁴	$Z_总$ /kN	K	R_g /kPa	A_g /cm²	选　配　钢　筋		
									直径ϕ /mm	数量 /根	A_g /cm²
8	$Q_设$	367.672	0.141	0.17627	294.10	1.4	2.4×10⁵	17.156	12	19	21.49
	$Q_加$	399.333	0.141	0.17627	319.43	1.35	2.4×10⁵	17.97	12	19	21.49
6	$Q_设$	199.363	0.141	0.17627	159.47	1.4	2.4×10⁵	9.30	9	19	21.08
	$Q_加$	216.531	0.141	0.17627	173.20	1.35	2.4×10⁵	9.74	9	19	21.08

注　配在槽身下部受拉区。

6) 纵向斜截面强度计算。已知:$b = 2t = 0.20\text{m}$, $R_a = 14500\text{kPa}$, $h_0 = 1.66 - 0.03 = 1.63\text{m}$, $K_特 = 1.4$, $Q_加 = 199.363\text{kN}$(以最大剪力校核)。

$Q_h = 0.07 R_a b h_0 = 0.07 \times 14500 \times 0.20 \times 1.63 = 330.9(\text{kN}) > KQ = 1.4 \times 199.363 = 279.1(\text{kN})$

抗剪力条件满足,不必计算弯起钢筋,如图 7.33 和图 7.34 所示。

(2) 横向计算。

1) 横向内力计算(图 7.35)。大头重+栏杆重(包括栏杆柱及扶手重)$= q_自(15.5) - $ 直段重(1.5) - 弧段重(10.29) = 3.71kN/m。

集中荷载 $P = [3.71 + 6.7(人群重) + 6.24(桥面板重)] \times \frac{1}{2} = 8.325(\text{kN})$

直段剪力　　　　　　　　　$T = \frac{qt}{2I}\left[(f+k)f^2 - \frac{1}{3}f^3\right]$

其中　　　　　$q = $ 加大流量时单位槽长所有荷载 $= 53.882\text{kN/m}$

　　　　　$k = $ 圆心轴至形心轴距离 $= 0.5725\text{m}$

$$T = \frac{53.882 \times 0.1}{2 \times 0.17627} \times \left[(0.3 + 0.5725) \times 0.3^2 - \frac{1}{3} \times 0.3^3\right] = 1.06(\text{kN})$$

槽顶上重量对槽壳直段中心线所产生的力矩 M_0,拉杆与槽壳之间按铰接考虑,不传递力矩,只传递剪力。经过计算 $M_0 = 0.0849\text{kN·m}$(此值很小,有时可忽略计算)。

系数　　　　　　　　　$\alpha = \frac{h_0}{R} = \frac{22.5}{131} = 0.172$

变位计算如下

$$\delta_{1l} = \frac{1}{EI_t} R^3 (0.333\alpha^3 + 1.571\alpha^2 + 2\alpha + 0.785)$$

$$= \frac{1}{EI_t} \times 1.31^3 \times (0.333 \times 0.172^3 + 1.571 \times 0.172^2 + 2 \times 0.172 + 0.785) = \frac{2.646}{EI_t}$$

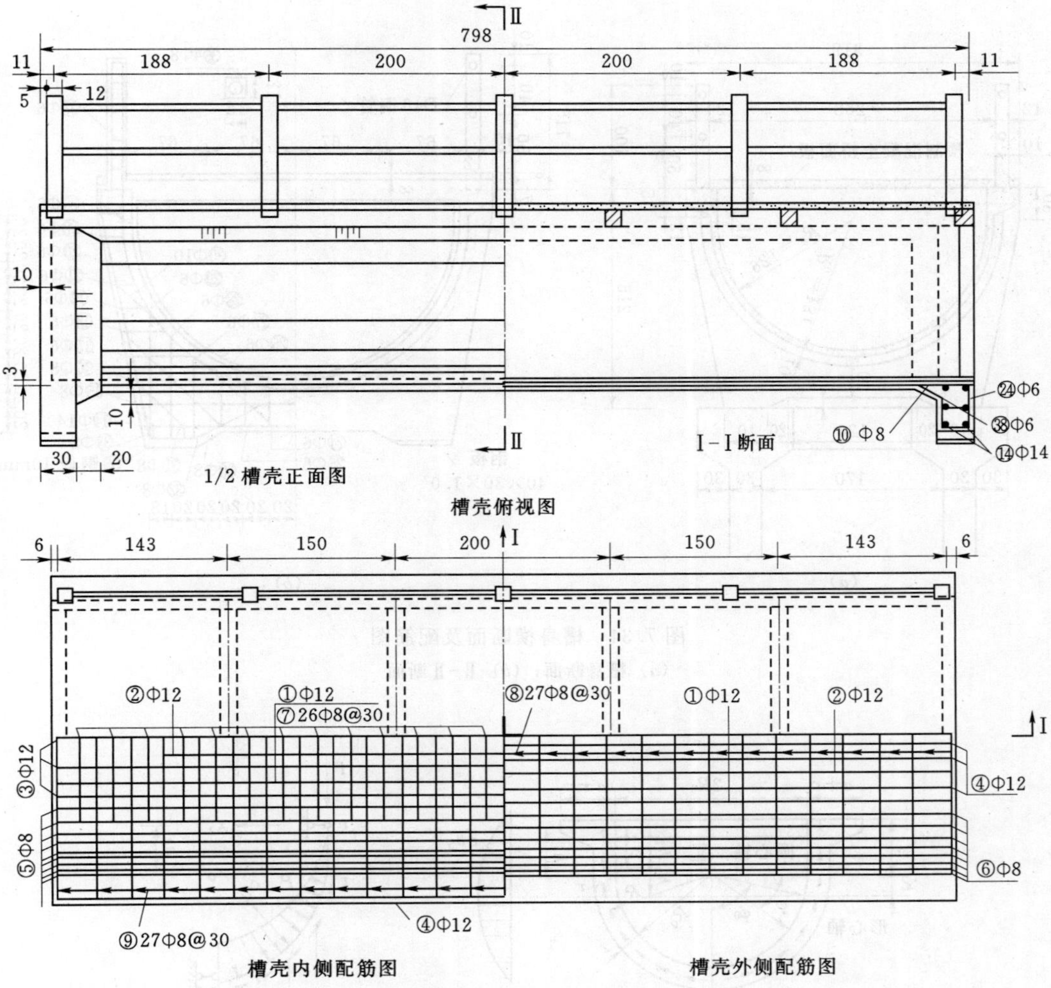

图 7.33 槽壳正面及配筋图（8m 槽跨）

$$\Delta_{1集} = -\frac{1}{EI_t}P\,R^3(0.571\alpha+0.5) = \frac{-1}{EI_t}\times 8.25\times 1.31^3\times(0.571\times 0.172+0.5) = -\frac{11.195}{EI_t}$$

$$\Delta_{1自} = \frac{-1}{EI_t}\gamma_h tR^4\,(0.571\alpha^2+0.929\alpha+0.393)$$

$$= \frac{-1}{EI_t}\times 25\times 0.1\times 1.31^4\times(0.571\times 0.172^2+0.929\times 0.172+0.393)$$

$$= -\frac{4.195}{EI_t}$$

$$\Delta_{1弯} = \frac{1}{EI_t}M_0 R^2\,(0.5\,\alpha^2+1.57\alpha+1)$$

$$= \frac{1}{EI_t}\times 0.0849\times 1.31^2\times(0.5\times 0.172^2+1.57\times 0.172+1)$$

$$= \frac{0.187}{EI_t}$$

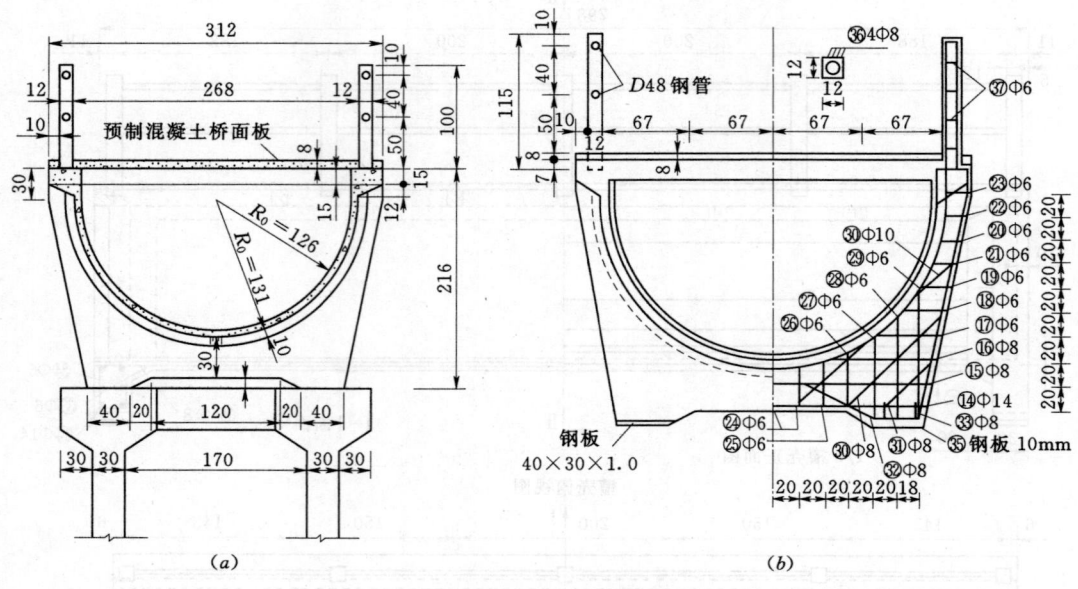

图 7.34 槽身横断面及配筋图
(a) 槽身断面；(b) Ⅱ-Ⅱ 断面

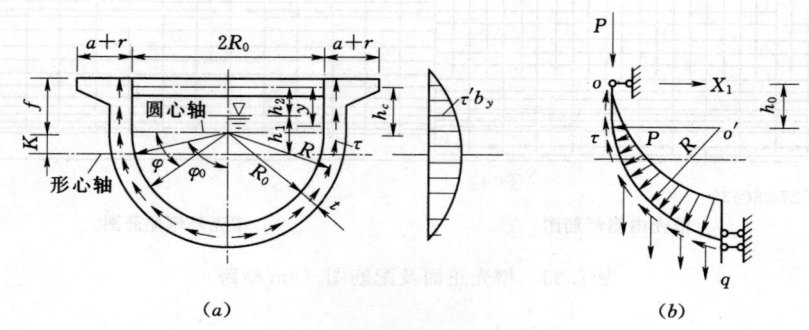

图 7.35 横向内力计算简图

$$\Delta_{1水} = -\frac{1}{EI_t}\gamma \ (0.033h_0^5 - 0.125h_2h_0^4 + 0.167h_2^2h_0^3 - 0.083h_2^3h_0^2 + 0.008h_2^5)$$

$$-\frac{1}{EI_t}\gamma R \ [h_1^3 \ (0.262h_0 + 0.167R) + h_1^2R \ (0.5h_0 + 0.393R)$$

$$+ h_1RR_0 \ (0.5R + 0.57h_0)$$

$$+ RR_0^2 \ (0.215h_0 + 0.197R)]$$

$$= -\frac{1}{EI_t} \times 10 \times \ (0.033 \times 0.225^2 - 0.125 \times 0.205 \times 0.225^4 + 0.167$$

$$\times 0.205^2 \times 0.205^3 - 0.083 \times 0.205^3 \times 0.225^2 + 0.008 \times 0.205^5)$$

$$-\frac{1}{EI_t}\times 10\times 1.31\times [0.02^3(0.262\times 0.225+0.167\times 1.31)$$
$$+0.02^2\times 1.31\times (0.5\times 0.225+0.393\times 1.31)$$
$$+0.02\times 1.31\times 1.26\times (0.5\times 1.31+0.57\times 0.225)$$
$$+1.31\times 1.26^2\times (0.215\times 0.225+0.197\times 1.31)]$$
$$=-\frac{8.69}{EI_t}$$

$$\Delta_{1剪}=\frac{1}{EI_t}\frac{qt}{I}R^6(0.214\alpha-0.294\alpha\cos\varphi_0+0.197-0.265\cos\varphi_0)+\frac{TR^3}{EI_t}(0.571\alpha+0.5)$$
$$=\frac{1}{EI_t}\times\frac{53.882\times 0.1}{0.17627}\times 1.31^6\times (0.214\times 0.172-0.294\times 0.172\times 0.437$$
$$+0.197-0.265\times 0.437)+\frac{1.06\times 1.31^3}{EI_t}\times (0.571\times 0.172+0.5)$$
$$=\frac{16.240}{EIt}$$

$$X_1=-\frac{\Delta_{1集}+\Delta_{1自}+\Delta_{1弯}+\Delta_{1水}+\Delta_{1剪}}{\delta_{11}}$$
$$=-\frac{-11.195-4.195+0.187-8.69+16.24}{2.646}=2.89\ (kN)$$

①横向弯矩（以外侧受拉为正）。

直线段的弯矩 $M=M_{弯}+M_{水}+M_{X_1}$

当 $y\leqslant h_2$ 时：M_0+x_1y；$y>h_2$ 时，$M=M_0-\frac{1}{6}\gamma(y-h_2)^3+x_1y$。

取 $y=h_0=0.225\text{m}$，则

$$M=0.0849-\frac{1}{6}\times 10\times (0.225-0.205)^3+2.89\times 0.225=0.735(\text{kN}\cdot\text{m})$$

圆弧段的弯矩

$$M_\varphi=M_{弯}+M_{集}+M_{自}+M_{水}+M_{剪}+M_{x_1}$$
$$M_\varphi=C_1\sin\varphi+C_2\cos\varphi+C_3\varphi\cos\varphi+C_4\varphi(\pi-\varphi)+C_5$$
$$\beta=\frac{1}{2I}qtR^3=\frac{1}{2\times 0.17627}\times 53.882\times 0.1\times 1.31^3=34.36$$

其中 $C_1=x_1R-\gamma_h tR^2-\frac{1}{2}\gamma R(h_1^2+R_0^2)+\beta(1+\pi\cos\varphi_0)R$

$$=2.89\times 1.31-25\times 0.1\times 1.31^2-\frac{1}{2}\times 10\times 1.31\times (0.02^2+1.26^2)$$
$$+34.36\times (1+\pi\times 0.437)\times 1.31$$
$$=95.59$$

$$C_2 = R(P-T)\gamma_h t R^2 \alpha + \gamma R R_0 h_1 + 2\beta R \cos\varphi_0$$
$$= 1.31 \times (8.325 - 1.06) + 25 \times 0.1 \times 1.31^2 \times 0.172 + 10 \times 1.31 \times 1.26 \times 0.02$$
$$+ 2 \times 34.26 \times 1.31 \times 0.437 = 49.81$$

$$C_3 = \gamma_h t R^2 + \frac{1}{2}\gamma R R_0^2 - \beta R$$
$$= 25 \times 0.1 \times 1.31^2 + \frac{1}{2} \times 10 \times 1.31 \times 1.26^2 - 34.36 \times 1.31$$
$$= -30.323$$

$$C_4 = -\cos\varphi_0 \beta R = -0.437 \times 34.36 \times 1.31 = -19.67$$

$$C_5 = M_0 - \gamma_h t R^2 \alpha - \gamma h_1 \left(\frac{1}{6}h_1^2 + R R_0\right) - 2\beta R \cos\varphi_0 + R(T-P) + x_1 h_0$$
$$= 0.0849 - 25 \times 0.1 \times 1.31^2 \times 0.172 - 10 \times 0.02 \times \left(\frac{1}{6} \times 0.02^2 + 1.31 \times 1.26\right)$$
$$- 2 \times 34.36 \times 1.31 \times 0.437 + 1.31 \times (1.06 - 8.325) + 2.89 \times 0.225$$
$$= -49.19$$

各截面的弯矩计算成果见表 7.32。

表 7.32 　　　　　　　　　　各截面弯矩设计成果

截面角/(°)	弧度/rad	$\sin\varphi$	$\cos\varphi$	$\pi-\beta$	$C_1 \sin\varphi$	$C_2 \cos\varphi$	$C_3\varphi \cos\varphi$	$C_4\varphi (\pi-\varphi)$	C_5	M/(kN·m)
0	0	0	1	3.1416	0	49.81	0	0	-49.19	0.620
15	0.2618	0.2588	0.9659	2.8798	24.7390	48.1110	-7.668	-14.830	-49.19	1.162
30	0.524	0.500	0.866	2.6180	47.795	43.135	-13.760	-26.984	-49.19	0.996
45	0.785	0.7071	0.7071	2.3566	67.592	35.221	-16.831	-36.388	-49.19	0.404
60	1.047	0.866	0.500	2.0499	82.781	24.905	-15.874	-43.133	-49.19	-0.511
75	1.309	0.9659	0.2588	1.8326	92.330	12.891	-10.272	-47.186	-49.19	-1.427
90	1.571	1	0	1.5706	95.590	0	0	-48.534	-49.19	-2.134

注　弯矩以外壁受拉为正。

② 横向轴向力。直线段的轴向力。

顶部　　　　　　　　　　$N_0 = N_集 = P = 8.325 (\text{kN})$

末端　$N_h = N_集 = N_自 = N_剪 = P + \gamma_A t h_0 - T = 8.325 + 25 \times 0.225 - 1.06$
$$= 7.8275 \text{ (kN)}$$

圆弧段的轴向力
$$N_\varphi = N_集 + N_自 + N_水 + N_剪 + N_{x_1} = A_1 \sin\varphi + A_2 \cos\varphi + A_3 \varphi \cos\varphi + A_4$$

其中　　$A_1 = x_1 - \frac{1}{2}\gamma (h_1^2 + R_0^2) - \beta(1 - \pi\cos\varphi_0)$

$$= 2.89 - \frac{1}{2} \times 10 \times (0.02^2 + 1.26^2) - 34.36 \times (1 - \pi \times 0.437) = 7.762$$

$$A_2 = P - T + \gamma_h tR\alpha + \gamma h_1 R_0 + 2\beta\cos\varphi_0$$
$$= 8.325 - 1.06 + 25 \times 0.1 \times 1.31 \times 0.172 + 10 \times 0.02 \times 1.26$$
$$+ 2 \times 34.36 \times 0.437 = 38.111$$

$$A_3 = \gamma_h tR + \frac{1}{2}\gamma R_0^2 - \beta = 25 \times 0.1 \times 1.31 + \frac{1}{2} \times 10 \times 1.26^2 - 34.36 = -23.147$$

$$A_4 = -\gamma h_1 R_0 - 2\beta\cos\varphi_0 = -10 \times 0.02 \times 1.26 - 2 \times 34.36 \times 0.437 = -30.283$$

各截面的轴向力计算成果见表 7.33。

表 7.33　　　　　　　　各截面轴向力计算成果

截面角/(°)	弧度/rad	$\sin\varphi$	$\cos\varphi$	$\varphi\cos\varphi$	$A_1\sin\varphi$	$A_2\cos\varphi$	$A_3\varphi\cos\varphi$	A_4	N/kN
0	0	0	1	0	0	38.111	0	−30.283	7.828
15	0.2618	0.2588	0.9659	0.253	2.008	36.811	−5.856	−30.283	2.680
30	0.5236	0.5000	0.8660	0.454	3.881	33.004	−10.509	−30.283	−3.907
45	0.7854	0.7071	0.7071	0.556	5.489	26.948	−12.870	−30.283	−10.716
60	1.0472	0.8660	0.5000	0.524	6.722	19.056	−12.129	−30.283	−16.634
75	1.3090	0.9659	0.2588	0.338	7.497	9.863	−7.824	−30.283	−20.747
90	1.5708	1	0	0	7.762	0	0	−30.283	−22.521

注　轴向力以压为正。

槽身横断面的内力分布如图 7.36 所示。

2) 横向配筋计算。从图 7.36 可知，$\varphi=15°$ 时截面正弯矩最大，$\varphi=90°$ 时截面负弯矩最大。以这两截面配置槽身外、内侧钢筋。计算过程略。成果见表 7.34 及图 7.33、图 7.34。

表 7.34　　　　　　　　横向配筋计算成果

截面	M/(kN·m)	N/kN	结构构件		钢筋/mm		抗裂安全		钢筋位置
			名称	安全系数 K	A_g'	A_g	K_f	$[K_f]$	
$\varphi15°$	1.162	2.68	偏心受压	1.40	3×ϕ8=1.51	3×ϕ8=1.51	1.85	1.05	槽外侧
$\varphi90°$	2.134	−22.521	偏心受拉	1.40	3×ϕ8=1.51	6×ϕ8=3.02	4.03	1.05	槽内侧

注　C25 钢筋混凝土，保护层 $a=2.5$cm，厚度 $h=10$cm。

3) 横拉杆计算。拉杆位置排列如图 7.37 所示，断面 12cm×15cm。

计算拉杆时其间距按 8m 槽跨最大间距拉杆承担之力考虑。横拉杆力

$$N = \frac{1.5+2}{2}x_1 = 1.75 \times 2.89 = 5.06\text{kN}，计算跨度 l=2.25\text{m}。$$

计算荷载参见图 7.38。

人群荷载　　　　　$q_人 = 1.75 \times 2.5 = 4.375\text{(kN/m)}$

桥面板　　　　　　$q_板 = 0.08 \times 1.75 \times 25 = 3.5\text{(kN/m)}$

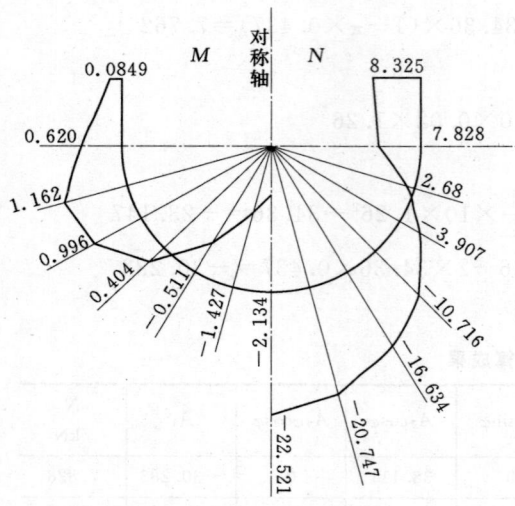

图 7.36 槽身横断面内力分布图

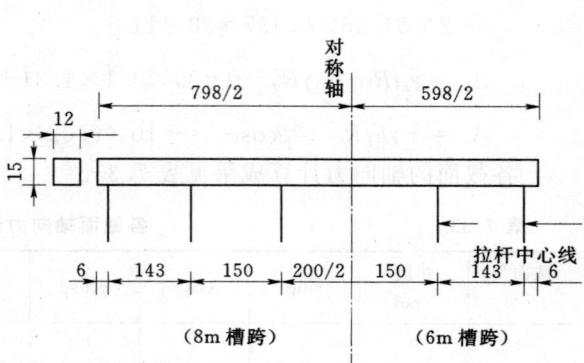

图 7.37 槽身拉杆排列图（单位：cm）

拉杆自重

$q_{杆}=0.12\times0.15\times25=0.45(kN/m)$

$q_{总}=4.375+3.5+0.45=8.325(kN/m)$

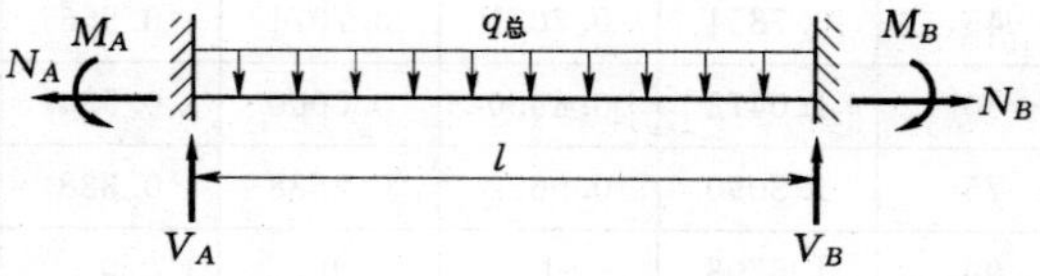

固端弯矩

$$M_A=M_B=-\frac{q_{总}l^2}{12}=-\frac{8.325\times2.52^2}{12}$$
$$=-4.406(kN\cdot m)$$

图 7.38 计算荷载图

跨中弯矩 $M_{中}=\frac{q_{总}l^2}{24}=2.203(kN\cdot m)$

$$V_A=V_B=\frac{q_{总}l}{2}=\frac{8.325\times2.52}{2}=10.49(kN)$$

按偏心受拉构件配筋，计算略。成果：顶部 $2\phi14mm$；底部 $2\phi10mm$。钢筋采用双支箍 $\phi6$ 间距 $20cm$，斜截面强度满足，不需弯起筋。

（3）端肋计算。尺寸见图 7.31。

端肋面积

$$A_1=3.12\times2.16-2.01\times0.36-1.04\times0.1-\frac{1}{2}\pi\times1.36^2-2.72\times0.3$$
$$-2\times\frac{0.15+0.27}{2}\times0.2=2.0703(m^2)$$

端肋与 U 形槽接触抹角重

$$P_{抹}=\left(\frac{0.1\times0.2}{2}\times\pi\times1.41+2\times\frac{0.1\times0.2}{2}\times\frac{0.03+0.09}{2}\right)\times25=1.1(kN)$$

一个端肋重 $P=\gamma_hA_1b+P_{抹}=25\times2.0703\times0.3+1.1=16.63(kN)$

其中 $b=$肋厚$=0.3m$

近似假设端肋为一承受均布荷载的等高简支梁，按跨中截面内力配筋。以 $Q_{加}$ 流量计

算，一个槽身总重（8m 槽跨）
$$G' = qL + 2P = 53.882 \times 8 + 2 \times 16.63 = 464.316 (kN)$$

一个端肋承受的均布荷载

端肋全长
$$\frac{3.12 + 2.4}{2} = 2.76 (m)$$

$$q' = \frac{G'}{2 \times 2.76} = \frac{464.316}{5.52} = 84.12 (kN/m)$$

端肋（简支梁）计算跨度取支撑点之间距离 2m，因此
$$M = \frac{1}{8} q' l^2 = \frac{1}{8} \times 84.12 \times 2^2 = 46.06 (kN \cdot m)$$

按受弯构件配筋：梁宽 30cm，跨中梁高 40cm，取 $a = 7$cm，经计算，配置 $2\Phi14$，$A_R = 3.08 cm^2$

$$Q = \frac{q'}{2} l_0 = \frac{84.12}{2} \times 1.6 = 6.37 (kN)$$

$$h_0 = 40 - 7 = 33 (cm)$$

$KQ = 1.4 \times 67.3 = 94.22 < 0.3 R_a b h_0 = 0.3 \times 14500 \times 0.3 \times 0.33 = 430.65 kN$，截面尺寸满足要求。

配置腹筋，选用 $\Phi6@20$ 双支钢箍，即
$$A_k = 0.57 cm^2$$

$$Q_{kh} = 0.07 R_a b h_0 + 1.5 R_g \frac{A_k}{S} h_0$$
$$= 0.07 \times 14500 \times 0.3 \times 0.33 + 1.5 \times 240000 \times \frac{0.57 \times 10^{-4}}{0.20} \times 0.33$$
$$= 134.343 (kN) > KQ = 94.22 kN$$

故不需配弯起钢筋，如图 7.34 所示。

3. 桥面板

采用预制板，厚度 8cm，简支于横梁上，计算略。

4. 槽身吊装计算

验算 8m 槽跨，除去伸缩缝 2cm，实际槽长按 7.98m 预制，双吊点起吊，位置在槽两端 2m 处，如图 7.39 所示。

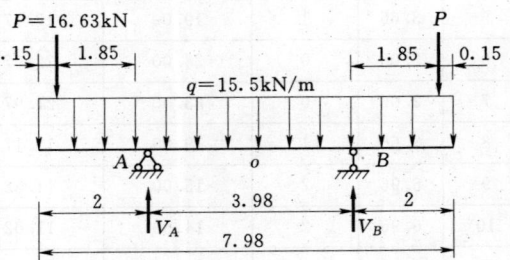

图 7.39 双吊点起吊位置（单位：m）

荷载计算：

槽壳重 $q = 15.5 kN/m$

端肋重 $P = 16.63 kN$

内力

$$V_A = V_B = 16.63 + 15.5 \times \frac{7.98}{2} = 78.475 (kN)$$

$$M_A = M_B = -16.63 \times 18.5 - 15.5 \times 2 \times 1 = -61.766 (kN \cdot m)$$

中点弯矩

$$M_D = -16.63 \times 3.84 - 15.5 \times \frac{7.98}{2} \times \frac{7.98}{4} + 78.475 \times \frac{3.98}{2} = -31.074 (\text{kN} \cdot \text{m})$$

应力验算按最大弯矩 M_A 验算。

拉应力 $\sigma_{拉} = \dfrac{M_{y1}}{I} = \dfrac{61.766 \times 0.875}{0.17627} = 306 (\text{kPa}) < 2021.7 \text{kPa}$

压应力 $\sigma_{压} = \dfrac{M_{y2}}{I} = \dfrac{61.766 \times 0.7875}{0.17627} = 276 (\text{kPa}) < 13333 (\text{kPa})$

剪应力 $\tau = \dfrac{QS}{2tI} = \dfrac{78.475 \times 0.141}{2 \times 0.1 \times 0.17627} = 313.9 (\text{kPa}) < \dfrac{R_1}{K} \text{kPa}$

根据应力验算，混凝土可承担应力，吊装无问题。

因槽身为钢筋混凝土结构，重量较大，槽身整体稳定性足够安全。

7-2-5 排架设计（连基础墩）

该渡槽采用单排架肋拱式支撑结构，排架固定于墩座或拱圈上，以排架支撑槽身。考虑排架不宜过高，对稳定有利。同时为了施工方便，将全渡槽11个排架归纳成三种高度，见表7.35。排架设计以2号排架为例，尺寸如图7.40所示。

表7.35　　　　　　　　　　渡槽排架高度表

编号	高度/m	横梁数/个	排架顶至地面高度/m	排架形心至地面高度/m	风载体型系数 K	风压高度变化系数 K_z	备注
1	3.66	1	5.66	3.83	1.3	0.68	
2	6.96	2	9.81	6.729	1.3	0.856	
3	6.96	2	14.60	11.12	1.3	1.03	
4	6.96	2	14.60	11.12	1.3	1.03	其中高度：
5	3.66	1	19.00	17.17	1.3	1.19	6.96m，5个
6	2.06	0	24.00	22.97	1.3	1.30	3.66m，4个
7	2.06	0	23.00	21.97	1.3	1.28	2.06m，2个
8	3.66	1	19.00	17.17	1.3	1.19	截面尺寸：
9	6.96	2	15.00	11.52	1.3	1.05	立柱：0.30m×0.35m
10	6.96	2	14.50	11.02	1.3	1.03	横梁：0.35m×0.40m
11	3.66	1	5.70	3.87	1.3	0.68	顶梁：0.60m×0.40m

1．荷载计算

（1）水平荷载。河沟无常流量，为一干沟，有洪水时从孔下通过，对排架无影响，故水平荷载为风荷载。

1）槽身风荷载。2号排架顶上游支承6m槽跨，下游支承8m槽跨，故该排架支承槽长安7m计算。槽身迎风面形心距地面高度为 $6.16 + 2.16 + 3.649 - \dfrac{1.66}{2} = 11.139\text{m}$。查风压高度变化系数表，得 $K_z = 1.03$；U形槽身风载体型系数，迎风面取 $K = 0.8$，背风面取 $K = 0.4$。因此，迎风面风压强度 $W_z = KK_zW_0 = 0.8 \times 1.03 \times 0.35 = 0.25\text{kPa}$。

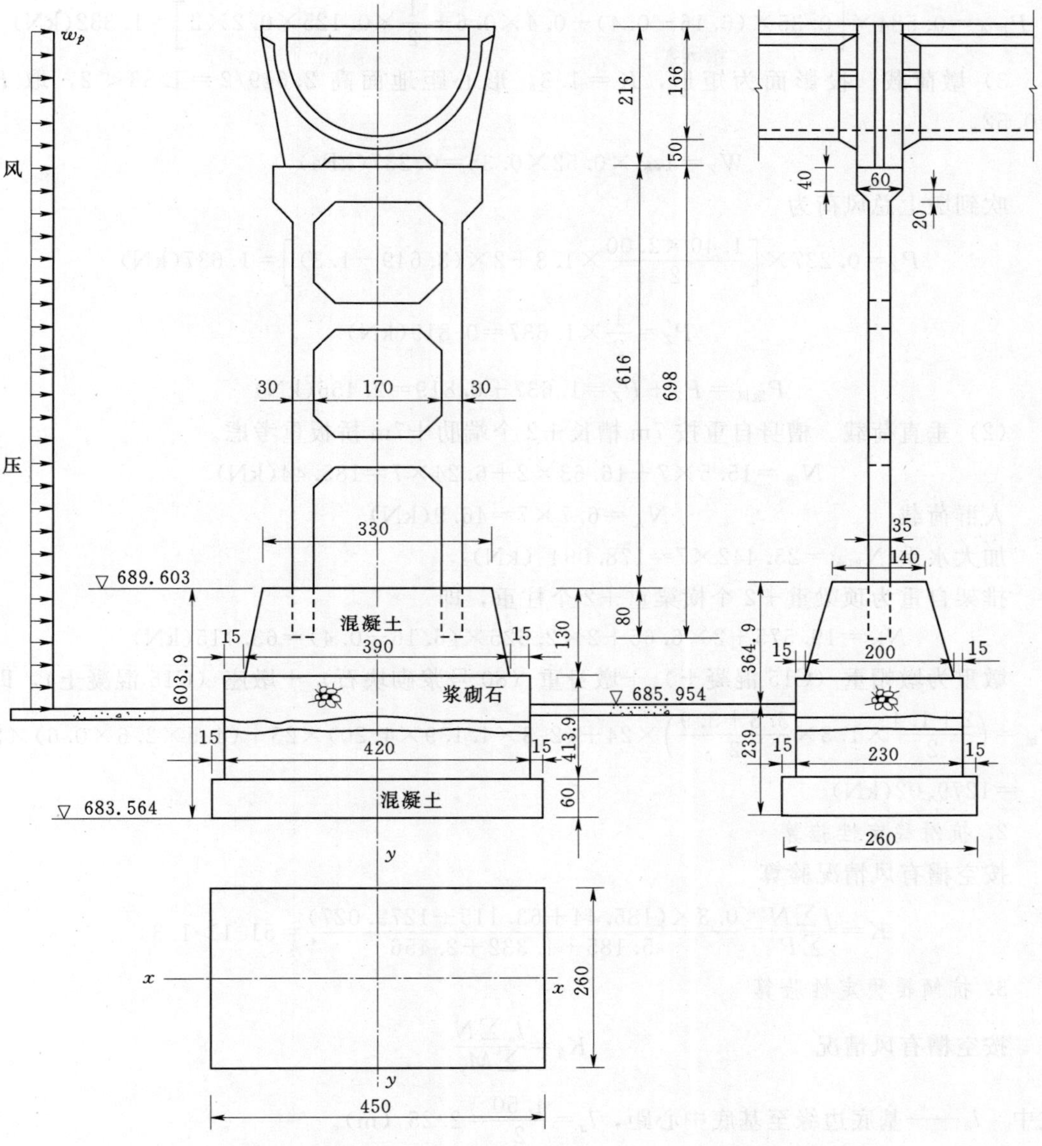

项目 7 渠系建筑物设计

图 7.40 2 号排架示意图（结构尺寸：cm；高程：m）

吹到槽身上的总风荷载为

迎风面 $P_z = 0.29 \times (7 \times 1.66 + 2 \times 0.3 \times 0.5) = 3.457 (\text{kN})$

背风面 $P'_z = \dfrac{1}{2} \times 3.457 = 1.723 (\text{kN})$（吸力）

$P_{槽风} = P_z + P'_z = 3.457 + 1.728 = 5.185 (\text{kN})$

2) 排架风荷载。排架形心高 $3.649 + \dfrac{6.16}{2} = 6.729\text{m}$，$K_z = 0.856$。

$$W_P = (1+\eta) K K_z W_0 = (1+0.5) \times 1.3 \times 0.856 \times 0.35 = 0.584 (\text{kPa})$$

$$P_{排风} = 0.584 \times \left[0.35 \times (6.16 - 0.4) + 0.4 \times 0.6 + \frac{1}{2} \times 0.125 \times 0.2 \times 2\right] = 1.332 (\text{kN})$$

3) 墩荷载。投影面为矩形，$K = 1.3$。形心距地面高 $2.649/2 = 1.83 < 2$，取 $K_z = 0.52$。

$$W_z = 1.3 \times 0.52 \times 0.35 = 0.237 (\text{kPa})$$

吹到墩上总风荷为

$$P_z = 0.237 \times \left[\frac{1.40 \times 2.00}{2} \times 1.3 + 2 \times (3.649 - 1.3)\right] = 1.637 (\text{kN})$$

$$P'_z = \frac{1}{2} \times 1.637 = 0.819 (\text{kN})$$

$$P_{墩风} = P_z + P'_z = 1.637 + 0.819 = 2.456 (\text{kN})$$

(2) 垂直荷载。槽身自重按 7m 槽长 + 2 个端肋 + 7m 桥板重考虑。

$$N_槽 = 15.5 \times 7 + 16.63 \times 2 + 6.24 \times 7 = 185.44 (\text{kN})$$

人群荷载 $\quad N_人 = 6.7 \times 7 = 46.9 (\text{kN})$

加大水重 $N_{加水} = 25.442 \times 7 = 178.094$ (kN)

排架自重为顶梁重 + 2 个横梁重 + 2 个柱重，即

$$N_排 = 19.575 + 2 \times 6.65 + 2 \times 2.625 \times (6.16 - 0.4) = 63.115 (\text{kN})$$

墩重为墩帽重（C15 混凝土）+ 墩身重（80 号浆砌块石）+ 墩座（C15 混凝土），即

$$N_墩 = \left(\frac{2 + 1.4}{2} \times 1.3 \times \frac{3.3 + 3.9}{2}\right) \times 24 + (2.3 \times 4.139 \times 4.20) \times 23 + (4.5 \times 2.6 \times 0.6) \times 24$$
$$= 1279.02 (\text{kN})$$

2. 抗滑稳定性验算

按空槽有风情况验算

$$K = \frac{f \sum N}{\sum P} = \frac{0.3 \times (185.44 + 63.115 + 1279.027)}{5.185 + 1.332 + 2.456} = 51.1 > 1.3$$

3. 抗倾覆稳定性验算

按空槽有风情况 $\quad K_0 = \dfrac{l_a \sum N}{\sum M_y}$

式中 l_a——基底边缘至基底中心距，$l_a = \dfrac{4.50}{2} = 2.25$ (m)。

$$K_0 = \frac{2.25 \times (185.44 + 63.115 + 1279.027)}{5.185 \times 11.139 + 1.332 \times 6.729 + 2.456 \times (1.83 + 2.39)}$$
$$= \frac{2.25 \times 1527.582}{77.083} = 44.589 > 1.5$$

4. 地基承载力验算

(1) 横槽向。槽身通过 $Q_加$ + 横向风荷，故

$$\sum N = 1527.582 + 178.094 = 1705.676 (\text{kN})$$

$$\sum M_y = 77.083 (\text{kN} \cdot \text{m})$$

$$\begin{matrix}\sigma_{\max}\\\sigma_{\min}\end{matrix} = \frac{\sum N}{bL} \pm \frac{6 \sum M_y}{bL^2} = \frac{1705.676}{2.6 \times 4.5} \pm \frac{6 \times 77.083}{2.6 \times 4.5^2} = \begin{matrix}154.568 (\text{kPa})\\137.000 (\text{kPa})\end{matrix} < 210 \text{kPa}$$

偏心距 $l_0 = \dfrac{\sum M_y}{\sum N} = \dfrac{77.083}{1705.676} = 0.045 \text{(m)}$

基底面核心半径 $\rho = \dfrac{l}{6} = \dfrac{4.5}{6} = 0.75 \text{(m)}$

故 $l_0 = 0.1\rho = 0.075$ (m)，符合要求。

说明：若考虑排架温度内力时，经计算柱无轴向力。虽有弯矩 $1.828 \text{kN} \cdot \text{m}$，因方向相反（两柱），对排架基础无影响，故一般不计算温度影响。

（2）顺槽向。验算施工情况。采用双塔，中间拉钢索，上有动滑车起吊。按一跨槽身（8m）已吊装完毕，施工器材等置于 8m 槽身上。

槽身自重(8m 半跨)=103.59 （kN）

施工荷载 $= \dfrac{1}{2} \times 2.68 \times 8 \times 4 = 42.88$ （kN）

$\sum N = N_槽 + N_施 + N_排 + N_墩 = 103.59 + 42.88 + 63.115 + 1279.027 = 1488.612 \text{(kN)}$

$M_x = N_1 \times 0.2 = (103.59 + 42.88) \times 0.2 = 29.294$ （kN·m）（见图 7.41）

$\dfrac{\sigma_{max}}{\sigma_{min}} = \dfrac{\sum N}{bl} \pm \dfrac{6\sum M_x}{lb^2} = \dfrac{1488.612}{2.6 \times 4.5} \pm \dfrac{6 \times 29.294}{4.5 \times 2.6^2} = \dfrac{133.010 \text{(kPa)}}{121.454 \text{(kPa)}} < 210 \text{kPa}$

偏心距 $l_0 = \dfrac{\sum M_x}{\sum N} = \dfrac{29.294}{1488.612} = 0.02 < 0.1\rho = 0.1 \times \dfrac{2.6}{6} = 0.0433$

符合要求。由于遇大风不吊装，故不考虑风荷。

7-2-6 肋拱设计

该渡槽的主要承重结构由两片中距为 2m 的肋拱组成，横系梁水平投影中距为 6m。肋拱净跨径 $l_0 = 40\text{m}$，净矢高 $f_0 = 10\text{m}$，用 C25 混凝土浇筑，分三段吊装施工。拱上排架间距 6m，边排架与墩上排架间距为 8m。限于篇幅，肋排相关设计与计算内容省略。

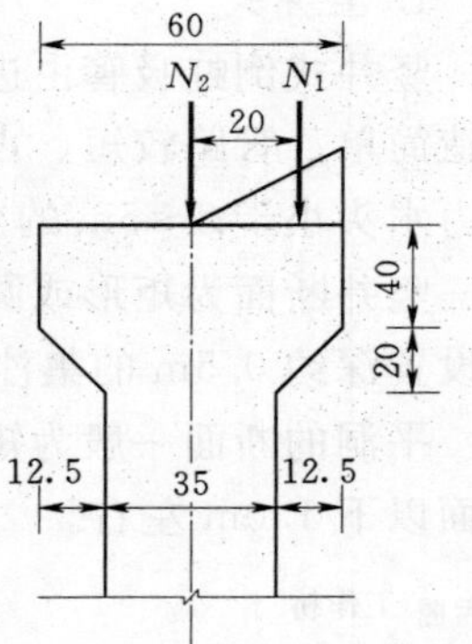

7-2-7 渡槽细部构造设计

（1）止水。各跨槽身相接，缝宽 2cm，在端肋接头处做槽口，用厚 1cm、宽 22cm 橡皮止水，环氧胶结。外用 C25 混凝土抹平。

图 7.41 N_1、N_2 作用位置示意图（单位：cm）

（2）支座。排架顶处支座，槽身用 30cm×40cm，厚 1cm 钢板；排架顶用 40cm×60cm，厚 2cm 钢板，平接支座。用 Φ16 钢筋预埋于混凝土中并与主筋相连，另一端焊接在钢板上。

（3）拱脚与墩台相接。采用 127.5cm×40cm×2cm 钢板，用 Φ18 钢筋焊接钢板于主筋上，预埋在拱脚与墩台中。用 C15 混凝土封拱脚。

（4）拱肋接头。拱肋分三段预制，每段相接采用槽口，主筋搭接焊，接口涂环氧树脂，并用速凝混凝土灌孔抹平。

（5）排架住拱肋采用杯口接，用 C15 混凝土封固。

任务 7.4 其他渠系建筑物认知

单元任务目标：对倒虹吸管、涵洞、桥梁、跌水和陡坡等渠系建筑物有初步认知。
任务执行过程引导：了解倒虹吸管、涵洞、跌水和陡坡的作用及特点。

7.4.1 倒虹吸管

7.4.1.1 倒虹吸管的特点和适用条件

倒虹吸管属于交叉建筑物，是指设置在渠道与河流、山沟、谷地、道路等相交叉处的压力输水管道。其管道的特点是两端与渠道相接，而中间向下弯曲。与渡槽相比，具有结构简单、造价较低、施工方便等优点，但水头损失较大、运行管理不便。

倒虹吸管的适用条件：①渠道跨越宽深河谷，修建渡槽、填方渠道或绕线方案困难或造价较高时；②渠道与原有渠、路相交，因高差较小不能修建渡槽、涵洞时；③修建填方渠道，影响原有河道泄流时；④修建渡槽，影响原有交通时等。

7.4.1.2 倒虹吸管的组成和类型

倒虹吸管的组成，一般分为进口段、管身段和出口段三大部分。

根据管路埋设情况及高差的大小，倒虹吸管通常可分为竖井式、斜管式、曲线式和桥式四种类型。

1. 竖井式

竖井式倒虹吸管由进出口竖井和中间平洞所组成，如图 7.42 所示。竖井式倒虹吸管构造简单、管路较短、占地较少、施工较容易，但水力条件较差，一般适用于流量不大、压力水头小于 3~5m 的穿越道路倒虹吸管。

竖井断面为矩形或圆形，一般采用砖、石或混凝土砌筑，其尺寸稍大于平洞，竖井底部设置深约 0.5m 的集沙坑，以便于清除泥沙及检修管路时排水。

平洞的断面一般为矩形、圆形或城门洞形。为了改善平洞的受力条件，管顶应埋设在路面以下 1.0m 左右。

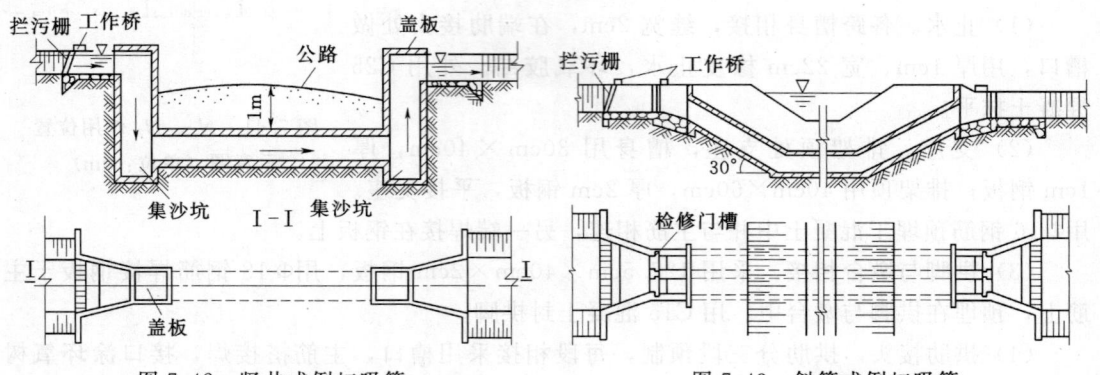

图 7.42 竖井式倒虹吸管　　　图 7.43 斜管式倒虹吸管

2. 斜管式

斜管式倒虹吸管的进出口为斜卧段，中间为平直段，如图 7.43 所示。一般用于穿越渠道、河流而两者高差不大,且压力水头较小、两岸坡度较平缓的情况。

与竖井式相比,斜管式倒虹吸管水流畅通,水头损失较小,构造简单,实际工程中采用较多。但是,斜管的施工较为不便。

3. 曲线式

曲线式倒虹吸管一般是沿坡面的起伏爬行曲线铺设,如图7.44所示。主要适用于跨越河谷或山沟,且两者高差较大的情况。为了保证管道的稳定性,减少施工的开挖量,铺设管道的岸坡应比较平缓,对于土坡 $m \geqslant 1.5 \sim 2.0$,岩石坡 $m \geqslant 1.0$。

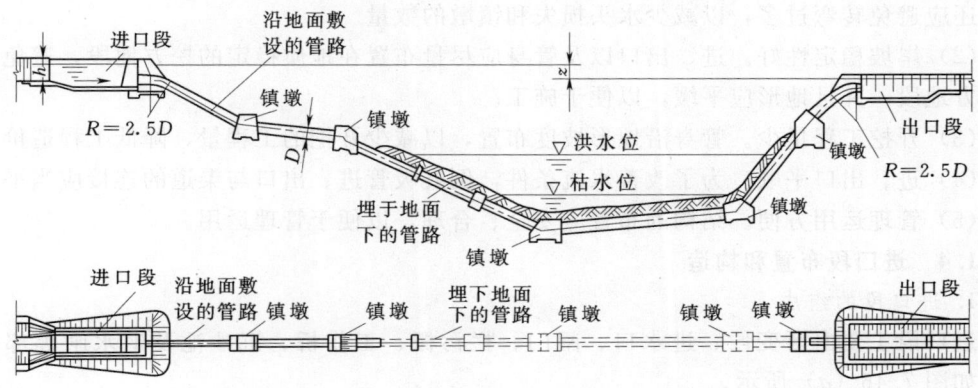

图 7.44 曲线式倒虹吸管

管身的断面一般为圆形。管身的材料为混凝土或钢筋混凝土,可现浇也可预制安装。管身一般设置管座,当管径较小且土基很坚实时,也可直接设在土基上。在管道转弯处,应设置镇墩,并将圆管接头包在镇墩之内。

为了防止温度变化而引起管道产生过大的温度应力,管身顶部应埋置于地面以下0.5～0.8m,为减小工程量,埋置深度也不宜过大。在寒冷地区,管道应埋置于冻土层以下0.5m。通过河道水流冲刷部位的管道,管顶应埋设在冲刷线以下0.5m。

4. 桥式

与曲线式倒虹吸管相似,桥式倒虹吸管在沿坡面爬行铺设曲线形的基础上,在深槽部位建桥,管道铺设在桥面上或支承在桥墩等支承结构上,如图7.45所示。桥式多用于渠

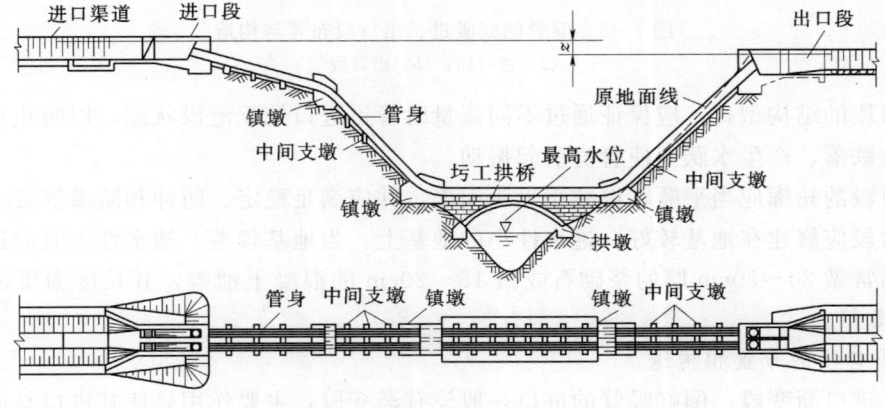

图 7.45 桥式倒虹吸管

道与较深的复式断面或窄深河谷交叉的情况，主要特点是可以降低管道承受的压力水头，减小水头损失，缩短管身长度，并可避免在深槽中进行管道施工的困难。

桥下应有足够的净空高度，以满足泄洪要求，通航的河道还应满足通航要求。

7.4.1.3 倒虹吸管的布置要求

倒虹吸管的总体布置应根据地形、地质、施工、水流条件，以及所通过的道路、河道洪水等具体情况经过综合分析比较确定。一般要求如下：

（1）管身长度最短。管路力争与河道、山谷和道路正交，以缩短倒虹吸管道的总长度。还应避免转弯过多，以减少水头损失和镇墩的数量。

（2）岸坡稳定性好。进、出口以及管身应尽量布置在地质稳定的挖方地段，避免建在高填方地段，并且地形应平缓，以便于施工。

（3）开挖工程量少。管身沿地形坡度布置，以减少开挖的工程量，降低工程造价。

（4）进、出口平顺。为了改善水流条件，倒虹吸管进、出口与渠道的连接应当平顺。

（5）管理运用方便。结构的布置应安全、合理，以便于管理运用。

7.4.1.4 进口段布置和构造

1. 进口段的组成

进口段主要由渐变段、进水口、闸门、拦污栅、工作桥、沉沙池及退水闸等部分组成，如图7.46（a）所示。

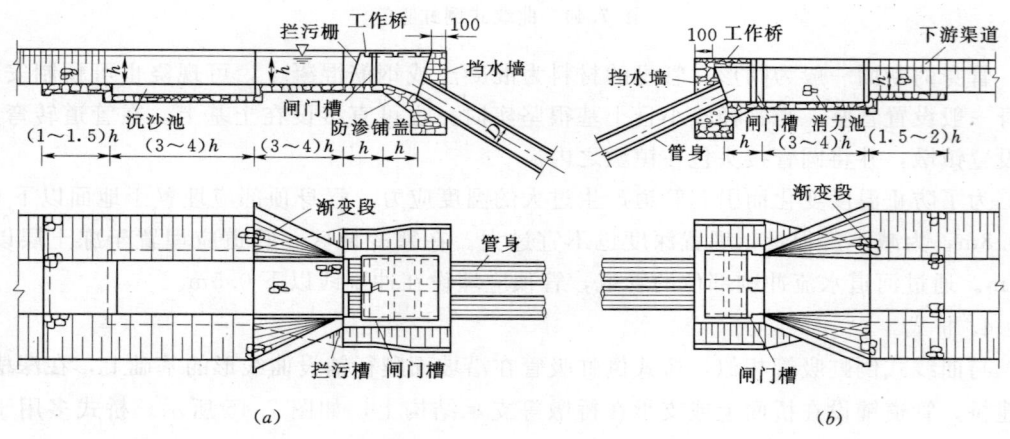

图7.46 双管倒虹吸进、出口段布置与构造
（a）进口段；（b）出口段

进口段的结构型式，应保证通过不同流量时管道进口处于淹没状态，以防止水流在进口段发生跌落、产生水跃而使管身引起振动。

进口段的轮廓应当平顺，以减小水头损失，并应满足稳定、防冲和防渗等要求。

进口段应修建在地基较好、透水性小的地基上。当地基较差、透水性大时应进行防渗处理。通常做30~50cm厚的浆砌石或做15~20cm的混凝土铺盖，其长度为渠道设计水深的3~5倍。

2. 进口段的布置和构造

（1）进口渐变段。倒虹吸管的进口一般设有渐变段，主要作用是使其进口与渠道平顺连接，以减少水头损失。渐变段长度一般采用 3~5 倍的渠道设计水深。

（2）进水口。倒虹吸管的进水口是通过挡水墙与管身相连接而成。挡水墙常用混凝土浇筑或圬工材料砌筑，砌筑时应妥善与管身衔接好。

（3）闸门。对于单管道虹吸，其进口一般可不设置闸门，有时仅在侧墙留闸门槽，以便在检修和清淤时使用，需要时临时安装插板挡水。双管或多管道虹吸，在其进口应设置闸门。当过流量较小时，可用一管或几根管道输水，以防止进口水位跌落，同时可增加管内流速，防止管道淤积。闸门的型式，可用平板闸门或叠梁闸门。

（4）拦污栅。为了防止漂浮物或人畜落入渠内被吸入倒虹吸管道内，在闸门前需设置拦污栅。栅条可用扁钢做成，其间距一般为 20~25cm。

（5）工作桥。为了启闭闸门或进行清污，有条件情况下，可设置工作桥或启闭台。为了便于运用和检修，工作桥或启闭台面应高出闸墩顶足够的高度，通常为闸门高再加 1.0~1.5m。

（6）沉沙池。对于多泥沙的渠道，在进水口之前，一般应设置沉沙池。主要作用是拦截渠道水流挟带的粗颗粒泥沙和杂物进入倒虹吸管内，以防止造成管壁磨损、淤积堵塞，甚至影响虹吸管道的输水能力。对于悬移质为主的平原区渠道，也可不设沉沙池。

（7）进口退水闸。大型或较为重要的倒虹吸管，应在进口设置退水闸。当倒虹吸管发生事故时，为确保工程的安全，可关闭倒虹吸管前的闸门，将渠水从退水闸安全泄出。

7.4.1.5 出口段的布置和构造

出口段包括出水口、闸门、消力池、渐变段等，如图 7.46（b）所示。

（1）闸门。为了便于管理，双管或多管倒虹吸的出口应设置闸门或预留检修门槽。

（2）消力池。消力池一般设置在渐变段的底部，主要用于调整出口流速分布，以使水流平稳地进入下游渠道，防止造成下游渠道的冲刷。

（3）渐变段。出口一般设有渐变段，以使出口与下游渠道平顺连接，其长度一般为 4~6 倍的渠道设计水深。为了防止水流对下游渠道的冲刷现象，应在渐变段下游 3~5m 范围内进行渠道的护砌保护。

7.4.1.6 管路的布置和构造

管路的布置和构造，主要内容包括管身断面、材料选择，管壁厚度、管段长度确定、分缝止水、泄水冲沙孔、进人孔以及支承结构等。应根据流量大小、水头高低、运用要求、管路埋设情况、高差的大小及经济效益等因素，综合进行考虑。

1. 管身断面

倒虹吸管的管身断面，一般为圆形，因其水力条件和受力条件较好。对于低水头的管道，也可使用矩形或城门洞形断面。

2. 管身材料

倒虹吸管的材料应根据压力大小及流量多少、就地取材、施工方便、经久耐用等原则综合分析选择。常用的材料主要有混凝土、钢筋混凝土、预应力钢筋混凝土、铸铁和钢材等。对于水头小于 3m 的矩形或城门洞形小型管道，也可采用砖、石等材料砌筑。

3. 管段长度和分缝止水

为防止管道因地基不均匀沉陷、温度变化以及混凝土的干缩而产生过大的纵向应力，使管身发生横向裂缝,应将管身进行分段,设置沉陷缝或伸缩缝,并在缝内设置止水。

(1) 缝的间距。管段长度即为横缝的间距,应根据地基、管材、施工、气温等条件确定。现浇钢筋混凝土管缝的间距,土基上一般为15~20m,岩基上一般为10~15m。预制钢筋混凝土管及预应力钢筋混凝土管,管节长度可达5~8m。

(2) 伸缩缝的型式。主要有平接、套接、企口接以及预制管的承插式接头等。缝的宽度一般为1~2cm,缝中堵塞沥青麻绒、沥青麻绳、柏油杉板或胶泥等。

4. 泄水冲沙孔、进人孔

为了泄空管内积水、清除管内淤积泥沙以及便于检查维护,一般要在管身设置泄水冲沙孔,其底部标高应与河道枯水位齐平。对于桥式倒虹吸管道,泄水冲沙孔可设在管道的最低部位。对于大型倒虹吸管,为了便于观察检修,应设置进人孔。通常进人孔与泄水冲沙孔结合布置,并尽可能布置在镇墩上,进人孔的孔径不应小于60cm。

5. 支承结构

倒虹吸管的支承结构,按其构造和受力特征,分为管床、管座、支墩及镇墩等型式。

(1) 管床和管座。对于小型钢筋混凝土倒虹吸管,若地基条件较好,可采用弧形土基管床、三合土管床或分层夯实的碎石管床。对于大中型的倒虹吸管,应采用砌石或混凝土刚性管座,以增加管身的抗滑稳定性,并改善地基的受力条件。在岩石地基上修建倒虹吸管时,可以在岩石中直接开槽,将管身直接浇注在岩基上,也可在槽内浇混凝土垫层,然后再敷设管道,如图7.47所示。

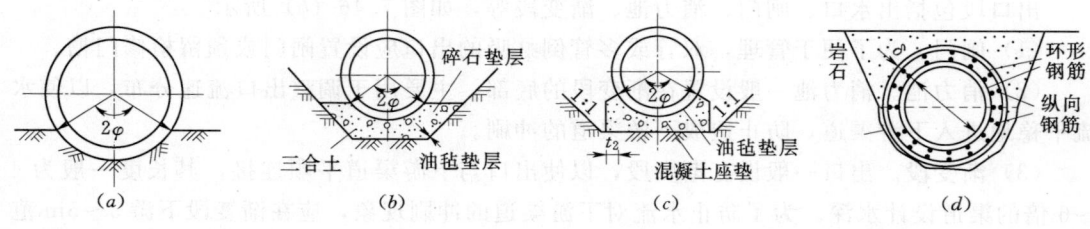

图7.47 管床、管座示意图
(a) 弧形土基;(b) 碎石垫层;(c) 刚性管座;(d) 整体混凝土垫层(岩基)

(2) 支墩。在承载力较大的地基上敷设中小型倒虹吸管道时,可以不设连续式的管座,而采用设置中间支墩的型式。支墩的构造,应保证管道轴向位移的可能性,一般采用摆动或滑动的型式,管径小于100cm时,也可采用鞍形支墩。支墩的间距可根据地基、管径大小、管节的长度等情况而定,一般采用2~8m。包角2φ一般为90°~135°,管身与支墩间铺沥青油毛毡。支墩的建造材料,一般采用浆砌石、混凝土等。

(3) 镇墩。镇墩是为了连接和固定管道而专门设置的支承结构。设置镇墩的位置,一般在倒虹吸管的变坡处、转弯处、不同管壁厚度的连接处、管身分段分缝处或管坡较陡长度较大的斜管中部。设置个数应结合地形、地质条件而定。

镇墩的结构型式一般为重力式。镇墩所承受的荷载,主要包括管身传来的荷载、水流产生的动荷载、填土压力以及自身重力等。镇墩的材料主要为砌石、混凝土或钢筋混凝土。对于砌石镇墩,可在管道周围包一层混凝土,多用于小型倒虹吸管。在岩基上的镇墩,为了提高管身的稳定性,也可以加设锚杆与岩基相连接。

7.4.1.7 倒虹吸管的水力计算

倒虹吸管水力计算的任务，主要是根据上游渠底高程、水位、流量和允许的水头损失，确定倒虹吸管的断面尺寸、水头损失、下游渠底高程及进出口的水面衔接型式。

1. 断面尺寸的确定

倒虹吸管的断面设计应根据自然条件和用水高程的要求，从技术上的可能性和经济上的合理性进行比较。倒虹吸管的断面尺寸与管内流速有关，若流速选得过小，不仅管径偏大，而且管内容易产生淤积现象；若流速选得过大，虽然可以减小管径，但是水头损失增大，还容易造成出口的冲刷。

2. 水头损失计算

根据初步确定的管径、相应于设计流量的流速以及管道的布置等情况，即可计算管道的沿程水头损失、局部水头损失及总水头损失 z，然后按照有压管流的流量公式验算倒虹吸的过水能力。关于倒虹吸管的水力计算公式，见表 7.36。

表 7.36 倒虹吸管水力计算公式

序号	公式名称	计算公式	式中符号说明
1	管道直径	$D=\sqrt{4Q/(\pi v)}$	D—倒虹吸管的管径，m；Q—倒虹吸管的设计流量，m^3/s；v—初选流速，m/s
2	倒虹吸管的流量	$Q=\mu\omega\sqrt{2gz}$	μ—流量系数；ω—倒虹吸管过水断面面积，m^2；z—总水头损失，m；λ—沿程水头损失系数；l—管道的总长度，m；D—管道直径，m；$\Sigma\zeta$—局部水头损失系数的总和；v—管内平均流速，m/s；n—糙率系数；R—水力半径，m
3	流量系数	$\mu=1/\sqrt{\lambda l/d+\Sigma\zeta}$	
4	沿程水头损失	$h_f=\lambda\dfrac{l}{d}\dfrac{v^2}{2g}$	
5	沿程水头损失系数	$\lambda=8g/C^2$，$C=\sqrt[6]{R}/n$	
6	局部水头损失	$h_j=\Sigma\zeta\dfrac{v^2}{2g}$	
7	上下游渠道水位差	$z=h_f+h_j=\dfrac{v^2}{2g}\left(\dfrac{\lambda l}{D}+\Sigma\zeta\right)$	

当通过加大流量时，进口水面可能壅高，应核算其壅水高度是否超过挡水墙顶和上游渠顶，以及有无一定的超高值。

当通过小流量时，应验算上下游渠道实际水位差 z'，是否大于计算得出的水头损失值 z_2，若 $z_1>z_2$，说明实际的水头大于所需水头，即管道进口处的水位低于上游水位，所以，进口水面将会产生跌落，从而在管道内产生水跃衔接，如图 7.48 所示。由于水跃的脉动和掺气，将引起管身

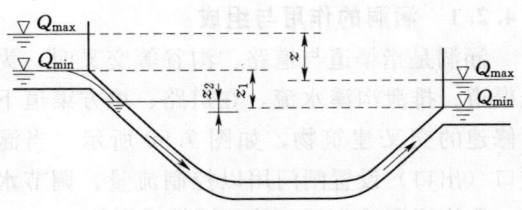

图 7.48 倒虹吸管水力计算

的振动，影响管道正常输水，严重时会导致管身破坏。为避免这种现象发生，可根据倒虹吸管总水头的大小，采取以下不同的进口结构布置型式。

(1) 当 z_1-z_2 值较大时，可适当降低管身的进口高程，并在进口前设置消力池，池中的水跃应为进口处水面所淹没，如图 7.49 (a) 所示。

(2) 当 z_1-z_2 值不大时，可略降低管身的进口高程，并在进口前设置斜坡段，使渠道的水面与管口水面在斜坡段衔接，如图 7.49 (b) 所示。

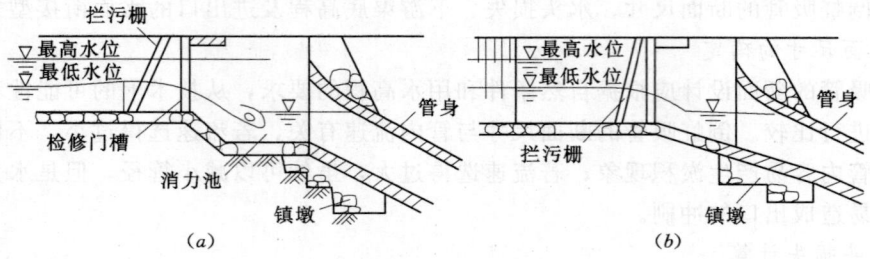

图 7.49 倒虹吸管进口水面衔接
(a) 进口消力池；(b) 进口斜坡段

(3) 当 z_1-z_2 值很大时，如在进口设置消力池不便于布置或不经济，可考虑在出口处设置闸门，以抬高出口水位，使倒虹吸管进口淹没，消除管内水跃现象。此时，应加强运行管理，以保证倒虹吸管正常工作。

当通过加大流量，上下游渠道水位差值 z 小于倒虹吸管通过加大流量时所需的水位差值时，应通过计算，适当加大挡水墙及上游渠道堤顶的高度，增加超高值。

3. 下游渠底高程及进出口水面衔接

下游渠底高程的确定及进出口水面衔接，应在上游渠底高程确定的基础上，通过各种特征流量时的水头损失计算成果，以综合分析选定适当的水头损失值 z 作为依据。

(1) 上游水面高程＝上游渠底高程＋渠道水深。
(2) 下游水面高程＝上游水面高程－水头损失值 z。
(3) 下游渠底高程＝下游水面高程－渠道水深。

倒虹吸管的断面尺寸和上、下游渠道底部高程确定后，应当核算通过小流量时是否满足不淤要求。若计算出的管身断面尺寸较大或通过小流量时管内流速过小，可考虑布设双管或多管。

7.4.2 涵洞

7.4.2.1 涵洞的作用与组成

涵洞是指渠道与道路、沟谷等交叉时，为输送渠道、排泄沟溪水流，在道路、填方渠道下面所修建的交叉建筑物，如图 7.50 所示。当涵洞进口（出口）设置闸门用以控制流量、调节水位时，称为涵洞式水闸（简称涵闸或涵管）。

涵洞由进口段、洞身段和出口段三部分组成。进、出口段是洞身与填土边坡相连接的部分，主要作用是保证水流平顺、减少水头损失、防止水流冲刷；洞身段是输送水流，其顶部往往有一定厚度的填土。

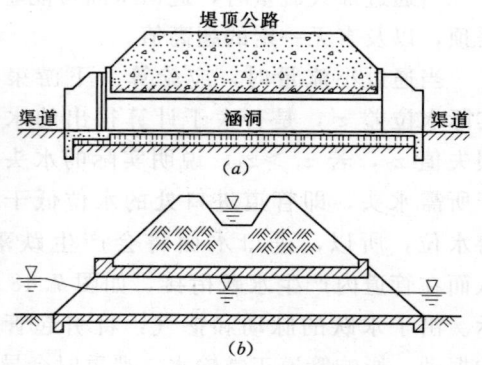

图 7.50 涵洞作用示意图
(a) 路下涵洞（输水或排水）；(b) 渠下涵洞（输水或交通）

7.4.2.2 涵洞的类型

(1) 涵洞按水流形态可分为无压涵、半压力涵和有压涵,如图 7.51 所示。无压涵洞入口处水深小于洞口高度,洞内水流均具有自由水面;半压力涵洞入口处水深大于洞口高度,水流仅在进水口处充满洞口,而在涵洞的其他部分均具有自由水面;压力涵洞入口处水深大于洞口高度,在涵洞全长的范围内都充满水流,无自由水面。无压明流涵洞水头损失较少,一般适用于平原渠道;高填方土堤下的涵洞可用压力流;半有压流的状态不稳定,周期性作用时对洞壁产生不利影响,一般情况下设计时应避免这种流态。

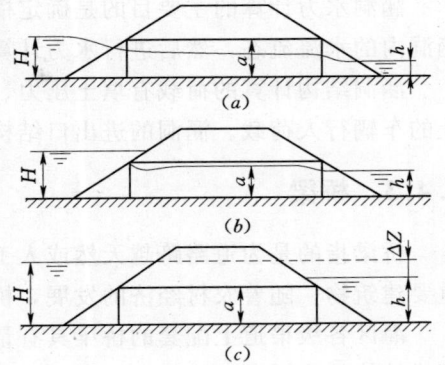

图 7.51 涵洞流态示意图
(a) 无压涵;(b) 半压力涵;(c) 有压涵

(2) 按涵洞断面形式可分为圆管涵、盖板涵、拱涵、箱涵,如图 7.52 所示。圆形适用于顶部垂直荷载大的情况,可以是无压,也可以是有压。方形适用于洞顶垂直荷载小,跨径小于 1m 的无压明流涵洞。拱形适用于洞顶垂直荷载较大,跨径大于 1.57m 的无压涵洞。

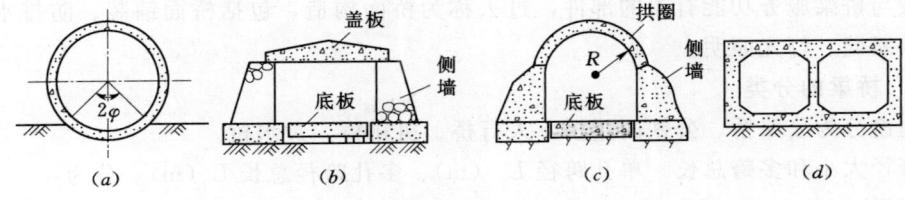

图 7.52 涵洞的断面形式
(a) 圆管涵;(b) 盖板涵;(c) 拱涵;(d) 箱涵

(3) 涵洞按建筑材料可分为砖涵、石涵、混凝土涵和钢筋混凝土涵等。
(4) 按涵顶填土情况可分为明涵(涵顶无填土)和暗涵(涵顶填土大于 50cm)。

选择上述涵洞类型时应考虑净空断面的大小、地基的状况、施工条件及工程造价等。

7.4.2.3 涵洞的布置

涵洞进、出口段形式多样,如图 7.53 所示。洞身段根据洞内水流净空要求、洞顶填土厚度、伸缩缝设置和洞体防渗等要求进行布置。涵洞的走向一般应与渠堤或道路正交,以缩短洞身的长度,并尽量与原沟溪渠道水流方向一致,以保证水流顺畅,为防止冲刷或淤积,洞底高程应等于或接近于原渠道水底高程,坡度稍

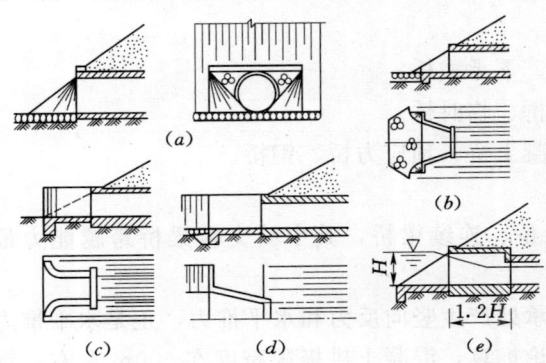

图 7.53 涵洞的进、出口形式
(a) 圆锥护坡式;(b) 八字斜降墙式;(c) 反翼墙走廊式;
(d) 八字墙伸出填土坡外式;(e) 进口抬高式

大于原水道坡度。

7.4.2.4 涵洞的水力计算及结构计算

涵洞水力计算的主要目的是确定横截面尺寸、上游水位及洞身纵坡。计算时先要判别涵洞内的水流流态,然后进行水力计算。

涵洞结构计算的荷载有填土压力、自重、外水压力、洞内外水压力、洞内水重、填土上的车辆行人荷载。涵洞的进出口结构计算与其型式有关,一般按挡土墙设计。

7.4.3 桥梁

桥梁指的是为道路跨越天然或人工障碍物而修建的建筑物,是灌区百姓生产、生活的重要建筑物,随着农村经济的发展,桥梁的设计标准应适当提高。

灌区各级渠道上配套的桥梁具有量大面广、结构形式相似的特点,采取定型设计和装配式结构较为适宜。

7.4.3.1 桥梁的组成

桥梁一般来说由五大部件和五小部件组成。五大部件是指桥梁承受汽车或其他车辆运输荷载的桥跨上部结构与下部结构,是桥梁结构安全的保证。包括桥跨结构(或称桥孔结构、上部结构)、支座系统、桥墩、桥台、墩台基础,与渡槽有很多相似之处。五小部件是指直接与桥梁服务功能有关的部件,过去称为桥面构造,包括桥面铺装、防排水系统、栏杆、伸缩缝、灯光照明。

7.4.3.2 桥梁的分类

按用途分为公路桥、公铁两用桥、人行桥、机耕桥、过水桥。

按跨径大小和多跨总长[单孔跨径L_0(m)、多孔跨径总长L(m)]分为:

特大桥:$L \geq 500$m 或 $L_0 \geq 100$m。

大桥:$L \geq 100$m 或 $L_0 \geq 40$m。

中桥:30m$< L <100$m 或 20m$\leq L_0 <40$m。

小桥:8m$\leq L \leq 30$m 或 5m$< L_0 <20$m。

分为梁式桥、拱桥、钢架桥、缆索承重桥(斜拉桥和悬索桥)四种基本体系,此外还有组合体系桥。

按行车道位置分为上承式桥、中承式桥、下承式桥。

按使用年限可分为永久性桥、半永久性桥、临时桥。

按材料类型分为木桥、圬工桥、钢筋混凝土桥、预应力桥、钢桥。

7.4.3.3 各类桥梁的基本特点

(1) 梁式桥。包括简支板梁桥、悬臂梁桥、连续梁桥,其中简支板梁桥跨越能力最小,一般一跨在 8~20m。

(2) 拱桥。在竖向荷载作用下,两端支承处产生竖向反力和水平推力,正是水平推力大大减小了跨中弯矩,使跨越能力增大。理论推算,混凝土拱极限跨度在 500m 左右,钢拱可达 1200m。也正是这个推力,修建拱桥时需要良好的地质条件。

(3) 刚架桥。有 T 形刚架桥和连续刚构桥,T 形刚架桥主要缺点是桥面伸缩缝较多,不利于高速行车。连续刚构主梁连续无缝,行车平顺。施工时无体系转换。

(4) 缆索承重桥（斜拉桥和悬索桥）。是建造跨度非常大的桥梁最好的设计。道路或铁路桥面靠钢缆吊在半空，缆索悬挂在桥塔之间。

(5) 组合体系桥。有梁拱组合体系，如系杆拱，桁架拱，多跨拱梁结构等。梁刚架组合体系，如T形刚构桥等。

(6) 桁梁式桥。有坚固的横梁，横梁的每一端都有支撑。最早的桥梁就是根据这种构想建成的。他们不过是横跨在河流两岸之间的树干或石块。现代的桁梁式桥，通常是以钢铁或混凝土制成的长型中空桁架为横梁。这使桥梁轻而坚固。利用这种方法建造的桥梁称为箱式梁桥。

(7) 吊桥。是建造跨度非常大的桥梁最好的设计。道路或铁路桥面靠钢缆吊在半空，钢缆牢牢地悬挂在桥塔之间。

(8) 拉索桥。有系到桥柱的钢缆。钢缆支撑桥面的重量，并将重量转移到桥柱上，使桥柱承受巨大的压力。

(9) 廊桥。加建亭廊的桥，称为亭桥或廊桥，可供游人遮阳避雨，又增加桥的形体变化。

7.4.4 跌水

当渠线通过陡坎或坡度较陡的地段时，为防止渠道受冲，在陡坎处或适宜地点将渠道底突然降低，利用消力池来消除水流的多余能量，这种建筑物称为跌水。

7.4.4.1 跌水的作用与类型

跌水的作用是将上游渠道或水域的水安全地自由跌落入下游渠道或水域的，将天然地形的落差适当集中所修筑，从而调整引水渠道的底坡，克服过大的地面高差而引起的大量挖方或填方。跌水多设置于落差集中处，用于渠道的泄洪、排水和退水。

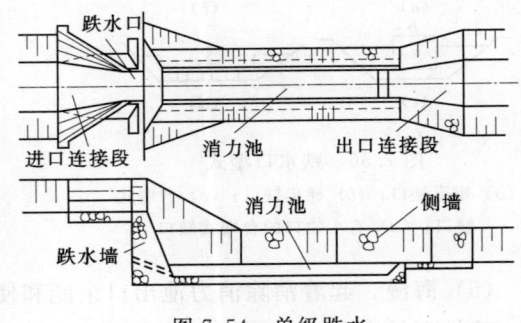

图 7.54 单级跌水

跌水可分为单级跌水和多级跌水，如图 7.54 和图 7.55 所示。

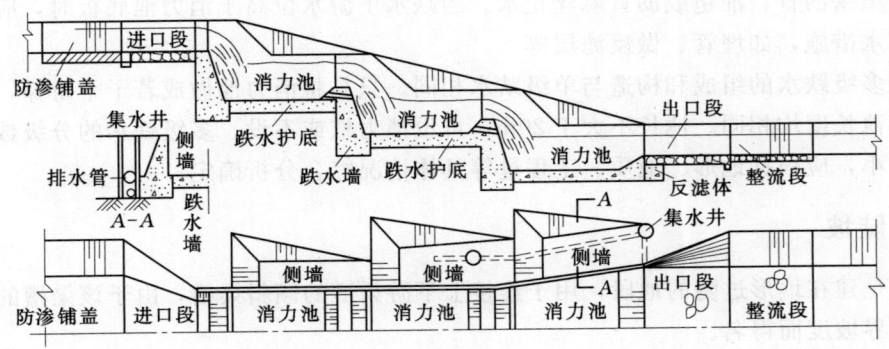

图 7.55 多级跌水

7.4.4.2 跌水的组成与布置

跌水应根据工程需要进行布置，既可以单独设置，也可以与其他建筑物结合布置，一般情况下，跌水应尽量与制节闸、分水闸或泄水闸布置在一起，方便运行管理。

在跌差较小处选用单级跌水，在跌差较大处（跌差大于5m）选用多级跌水。

跌水常用的建筑材料多为砖、砌石、混凝土和钢筋混凝土。

跌水主要由进口、跌水口、跌水墙、消力池、海漫、出口等部分组成。

（1）进、出口。进、出口连接段须以渐变段连接。以保持良好的水力条件，如扭曲面、八字墙、圆锥形等。连接段常用片石和混凝土组砌。

（2）跌水口。由底板和边墙组成，构造与闸室相似，一般不设闸门，是一个自由泄流的堰，是设计跌水的关键，跌水口型式有矩形、梯形和底部抬堰式，如图7.56所示。

（3）跌水墙。是跌水口和消力池间的连接。属挡土墙型式，但断面比一般挡土墙小。有直立式和倾斜式，一般多采用重力式挡土墙。侧墙间常设沉降缝，并设排水设施。

（4）消力池。通常宽度比跌水口宽一些，但不宜宽太多。以免引起回流，降低消能效果。横断面一般为矩形、梯形和折线形，底板厚可取0.4～0.8m。结构设计同闸后消力池，消力池的横断面形式如图7.57所示。

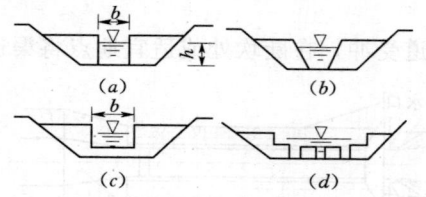

图7.56　跌水口型式

(a) 矩形缺口；(b) 梯形缺口；(c) 台堰式缺口；(d) 有小缺口的台堰式缺口

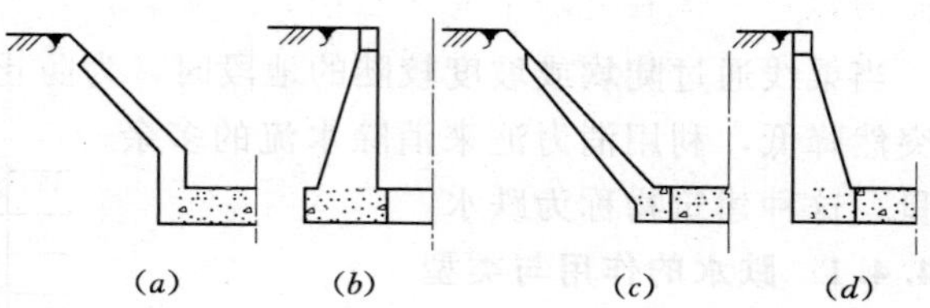

图7.57　消力池的横断面型式

(a) 折线形；(b) 矩形；(c) 梯形；(d) 陡梯形

（5）海漫。起着消除消力池出口余能和使断面流速分布均匀的作用。一般用干砌石做成，其护砌长度不小于3倍下游水深。

（6）分缝与排水。为避免跌水各部分不均匀沉降而产生裂缝，在各部分之间应设沉陷缝，缝内填塞沥青、油毡或沥青麻丝止水。当跌水下游水位高于消力池底板时，应在侧墙背面设排水措施，如埋管、做反滤层等。

（7）多级跌水的组成和构造与单级跌水相同。只是将消力池做成若干个阶梯，多级落差和消力池长度均相同。池长不大于20m，可设消力槛或不设。多级跌水的分级数目和多级落差大小，应根据地形、地质、工程量等具体情况综合分析确定。

7.4.5　陡坡

陡坡是建在地形过陡的地段，用于连接上下游渠道的倾斜渠槽，由于该渠槽的坡度一般陡于临界坡度而得名。

7.4.5.1　陡坡的作用与类型

陡坡的作用与跌水相同，主要是调整渠底比降，满足渠道流速要求，避免深挖高填，减少挖填方工程量，降低工程投资。

根据地形条件和落差的大小，陡坡的形式分为单级陡坡和多级陡坡两种。对于多级陡坡，往往建在落差较大且有变坡或有台阶地形的渠段上。

7.4.5.2 陡坡的组成与布置

陡坡由进口连接段、控制堰口、陡坡段、消力池和出口连接段五部分组成。陡坡的构造与跌水类似，所不同的是以陡坡段代替跌水墙，水流不是自由跌落而是沿斜坡下泄。

陡坡的落差、比降，应根据地形、地质以及沿渠调节分水需要等进行确定。一般陡坡的落差比跌水大，陡坡的比降不陡于1:1.5。

在陡坡段水流速度较高，因此应做好进口和陡坡段的布置，以使下泄水流平稳、对称且均匀地扩散，以利于下游的消能和防冲。

陡坡段的横断面形式，主要有矩形和梯形，梯形断面的边墙可以做成护坡式。

在平面布置上，陡坡可做成等宽度、扩散形（变宽度）和菱形三种。

（1）等宽度陡坡。布置形式较为简单，水流集中，不利于下游的消能，所以对于小型渠道和跌差小的情况较为常用。

（2）扩散形陡坡。扩散形陡坡是指在陡坡段采用扩散形布置，如图7.58所示，这种形式可以使水流在陡坡上发生扩散，单宽流量逐渐减小，因此对下游消能防冲较为有利。陡坡的比降，应根据地形地质情况、跌差及流量的大小等条件进行确定。对于流量较小、跌差小且地质条件较好的情况，其比降可陡一些。在土基上陡坡比降，一般可取1:2.5～1:5。对于土基上的陡坡，单宽流量不能太大，当落差不大时，多从进口后开始采用扩散形陡坡。陡坡平面扩散角，一般为5°～7°。

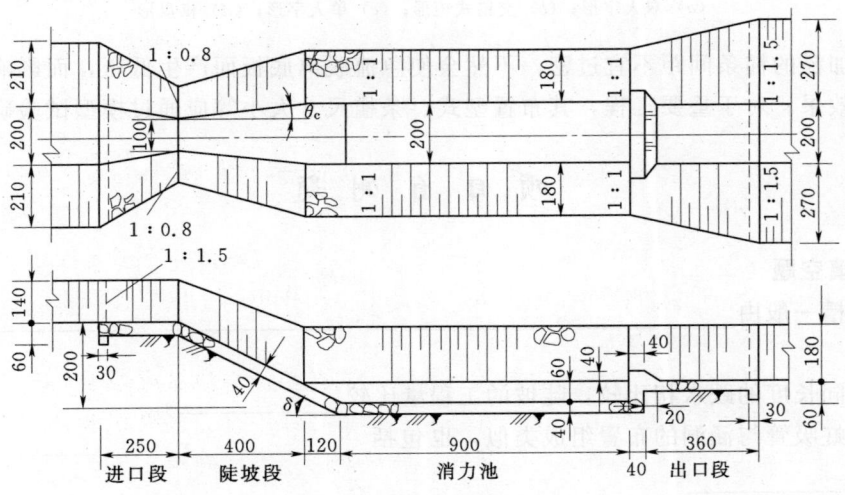

图 7.58 扩散形陡坡（单位：cm）

（3）菱形陡坡。菱形陡坡是指在平面布置上呈菱形，即上部扩散而下部收缩，如图7.59所示。这种布置一般用于跌差2.5～5.0m的情况。为了改变水流条件，一般在收缩段的边坡上设置导流肋，并使消力池段的边墙边坡向陡槽段延伸，使其成为陡坡边坡的一部分，确保水跃前后的水面宽度相同，两侧不产生平面回流旋涡，使消力池平面上的单宽流量和流速分布均匀，从而减轻了对下游的冲刷。

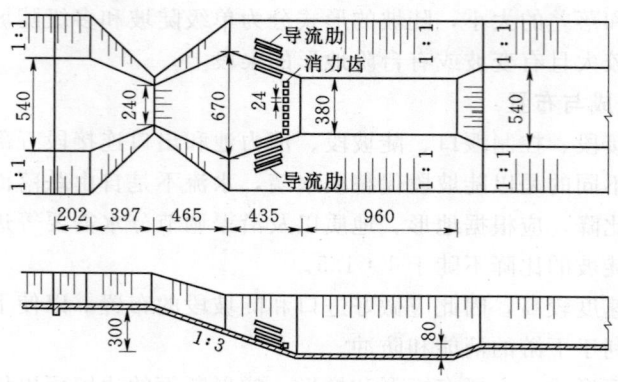

图 7.59　菱形陡坡（单位：cm）

（4）人工加糙陡坡。为了促使水流紊动扩散、降低流速、改善下游流态及利于防冲消能，可在陡坡段上进行人工加糙。常见的加糙型式有双人字形槛、单人字形槛、交错式矩形糙条、棋盘形方墩等，如图 7.60 所示。

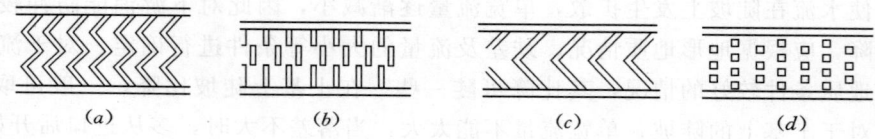

图 7.60　人工糙面的形式
（a）双人字形；（b）交错式矩形；（c）单人字形；（d）棋盘形

人工加糙的糙条间距不宜过密，不然会使急流脱离底板而产生低压，而影响陡坡的安全和消能效果。对于重要工程，其布置型式、条槛尺寸大小等应通过模型试验确定。

项目自测题

一、填空题

1. 渡槽一般由_____、_____、_____、_____等部分组成。

2. 与同长度的跌水相比较，陡坡的工程量比较_____。

3. 倒虹吸管与涵洞的布置组成类似，也包括_____、_____、_____和_____。

4. 进行渡槽设计时，首先应确定渡槽的_____。

5. 渠道的横断面形状，一般采用_____，它便于施工，并保持渠道边坡的稳定。

二、思考题

1. 渠系建筑物的布置原则有哪些？

2. 渠系建筑物有何特点？
3. 渠道分为几级？各有什么作用？
4. 影响渠道布置的因素有哪些？
5. 渠道的设计有哪些基本要求？
6. 渠道的纵坡选择应该考虑哪些因素？
7. 渡槽的作用是什么？说明其组成及特点。
8. 渡槽的总体布置及槽址选择应考虑哪些因素？
9. 梁式渡槽的支承型式有哪几种？各有何优缺点？适用条件是什么？
10. 渡槽水力计算时应注意什么问题？
11. 渡槽槽身与上下游渠道的连接方式有哪些？有何特点？
12. 拱式渡槽与梁式渡槽相比较有哪些特点？
13. 倒虹吸管的作用及其适用条件是什么？
14. 倒虹吸管有哪些类型？说明其组成、作用及构造。
15. 倒虹吸管布置的一般要求有哪些？
16. 倒虹吸管的管身布置和构造包括哪些内容？主要影响因素有哪些？
17. 倒虹吸管的进出口布置、特点及布置要求有哪些？
18. 倒虹吸管的水力计算任务是什么？
19. 什么是跌水和陡坡？两者有哪些区别？
20. 落差建筑物有哪几种型式？说明其主要用途。
21. 跌水一般由哪几部分组成？说明各部分的主要特点及用途。
22. 说明陡坡的组成及各部分作用。
23. 涵洞的作用是什么？说明其组成及各部分作用。
24. 涵洞有哪几种类型？说明其主要特点。
25. 涵洞的布置要求是什么？说明洞身的布置特点。

项目 8 水利枢纽布置

项目及其要求

水利枢纽是为了开发河川水资源，在河流适当地段集中修建不同类型与功能的水工建筑物，以控制水流并便于协调运行和管理的水工建筑物的综合体，是不同类型水工建筑物的有机结合。

水利枢纽布置基本资料

项目实施方法及目标

1. 项目实施方法

本项目实训主要分为三个阶段，具体表现为：

第一阶段是项目实训的准备阶段，尽快准备项目实训所需的资料。

第二阶段是认识熟悉和掌握相关知识的阶段，这是项目实训一个非常重要的阶段。在这个阶段中要尽快熟悉理论知识，并快速掌握相关知识。在这个过程中，可能会遇到许多问题，因此在本阶段要培养学生解决问题的能力。通过这一阶段的实训，令学生的专业技能得到较大提高。

第三阶段是归纳总结和拓展，同时对所学知识进行系统评价。

2. 项目教学目标

"水利枢纽布置"课程教学目标包括知识目标、技能目标和态度目标三个方面。技能目标是核心目标，知识目标是基础目标，态度目标贯穿整个实训过程，是项目实训的重要保证，成功取决于过程和细节。

（1）知识目标。

1）了解过坝建筑物的类型、特点、组成。

2）了解引水枢纽的类型、特点和适用条件。

（2）技能目标。

1）熟悉枢纽类型的选择。

2）掌握水利枢纽布置的方法和步骤。

（3）态度目标。

1）不缺席、不迟到，认真严肃进行设计。

2）按设计进度完成任务、上交设计成果。

3）培养团队精神，与项目其他角色人员共同探讨问题，切磋提升技能水平。

4）克服实训中遇到的困难，培养顽强的职业精神。

成果提交要求

本项目成果主要通过考核和评价手段确定学生的学习和掌握程度，主要有两个方面：
（1）过程性评价。考勤、提问及课后作业。
（2）总结性评价。卷考判断题、选择题、简答等。

任务 8.1　过坝建筑物认知

单元任务目标：对过坝建筑物有初步认知。

任务执行过程引导：了解过坝建筑物的种类、作用及特点。

大坝的建成阻断了天然河道中船只、鱼类和木材的正常通行，需要修建专门的建筑物，引导它们顺利过坝。

8.1.1　船闸

8.1.1.1　船闸的组成和工作原理

1. 船闸的组成

船闸是为船舶克服水道落差而设置的一种结构简单、使用方便的通航建筑物。一般由上、下闸首、闸室和上、下游引航道组成，还布置有输水系统、靠船建筑物和引航建筑物等，如图 8.1 所示。

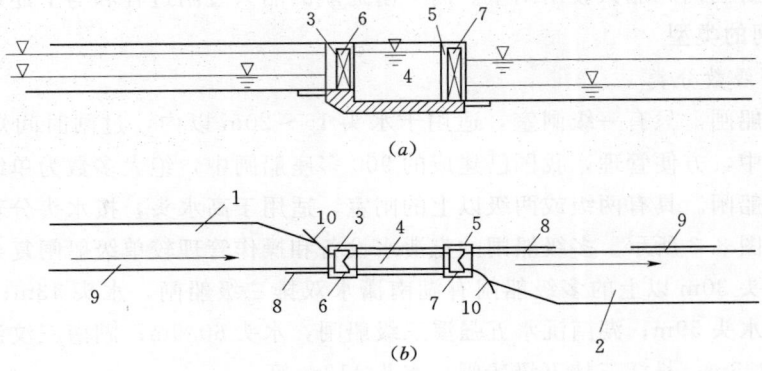

图 8.1　船闸组成示意图

1—上游引航道；2—下游引航道；3—上闸首；4—闸室；5—下闸首；6—上闸门；
7—下闸门；8—主导建筑物；9—靠船建筑物；10—辅导建筑物

（1）上、下闸首。将闸室与上、下游引航道或闸室隔开，利用闸门使闸室内维持一定水位，方便船只通过。多级船闸中闸首兼有上、下闸首的作用。闸首由两侧边墩、底槛和闸门组成，闸首设有工作闸门、检修闸门、输水系统、闸门启闭系统，此外还可设交通桥及其他辅助机械设备。

（2）闸室。是船闸的主要组成部分，介于上、下闸首及两侧边墩供船只过坝时停泊的场所。主要由闸底板、闸墙组成，用闸首的闸门与上、下游引航道隔开。

（3）上、下游引航道。为了保证过闸船只顺利通过，连接闸室与主航道的一段航道，分上、下游设置，并设有导航及靠船建筑物。

2. 船闸的工作原理

船闸的工作原理是，利用输水系统使闸室内水位依次与上、下游平齐，使船只顺利从上游到下游，或从下游到上游，如图 8.2 所示。

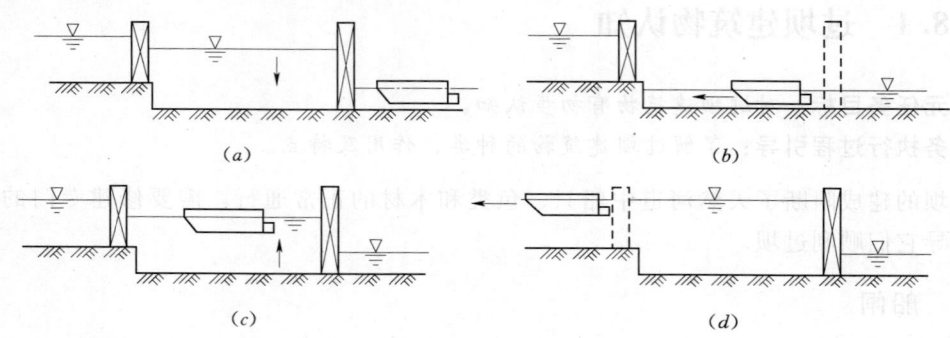

图 8.2 船闸工作原理示意图

以向上游通行的船只通过单级船闸为例，具体过程如下：首先开启下闸首的输水系统阀门，闸室内的水流向下游河道，水位下降至与下游水位平齐时开启下游闸门，船只驶入闸室随后关闭下游闸门，开启上游输水系统阀门向闸室充水，待水位逐渐上升至上游水位平齐后开启上游闸门，船只驶出闸室。向下游通航的船只过闸过程和与上述过程相反。

8.1.1.2　船闸的类型

1. 按船闸级数分类

（1）单级船闸。只有一级闸室，适用于水头 15～20m 以内，过闸时间短，通过能力较大，设备集中，方便管理，我国已建成的 900 多座船闸中，绝大多数为单级船闸。

（2）多级船闸。具有两级或两级以上的闸室，适用于高水头，按水头分若干级，逐级建造船闸，如图 8.3 所示。多级船闸的充泄水设备和操作管理较单级船闸复杂得多。我国已建成的总水头 30m 以上的多级船闸有湖南潇水双排二级船闸，水头 43m；福建闽江水口三级船闸，水头 59m；湖南沅水五强溪三级船闸，水头 60.9m；湖南三汶江酒埠江二级船闸，水头 38.5m；长江三峡五级船闸，水头 113m 等。

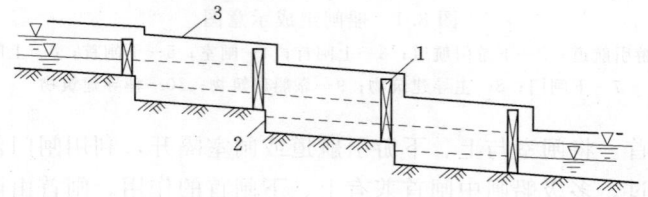

图 8.3 多级船闸示意图
1—闸门；2—帷墙；3—闸墙顶

2. 按船闸的线数分类

(1) 单线船闸。一个枢纽内只有一条通航线路，适用于通航船只数量不多的河流上。

(2) 多线船闸。一个枢纽内设有两条以上的通航线路。多线船闸的线数取决于货运量和船只，采用多线船闸可加快通航时间，减少船舶等待时间。葛洲坝水利枢纽为三线船闸，三峡水利枢纽为双线船闸。

3. 按船闸的型式分类

(1) 普通船闸。区别于特殊型式的船闸而言，是目前应用最多的船闸。

(2) 广厢船闸。闸室宽度大于闸首口门宽度的船闸称为广厢船闸。闸门尺寸小，启闭设备简单，如图 8.4 所示。一般只在 4 级航道以下才采用。

(3) 具有中间闸首的船闸。在上、下闸首之间增设一个中间闸首，将整个闸室分隔成两部分。如图 8.5 所示。此种类型的船闸适用于过闸船队不均匀的河流上。

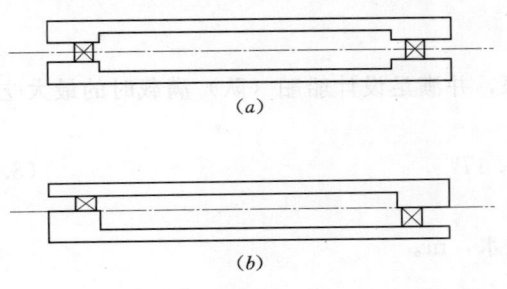

图 8.4 广厢船闸平面示意图
(a) 对称式；(b) 反对称式

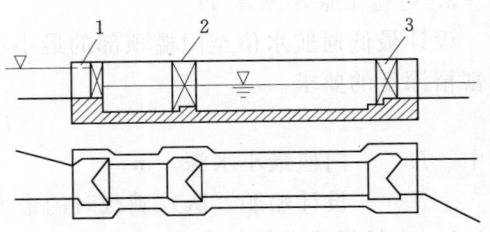

图 8.5 具有中间闸首船闸示意图
1—上闸首；2—中间闸首；3—下闸首

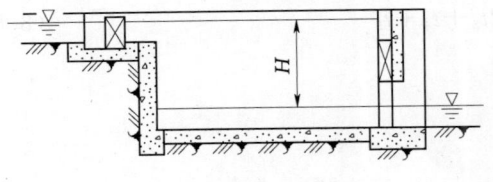

图 8.6 井式船闸示意图

(4) 井式船闸。在下游闸首建一胸墙，减小闸门高度，胸墙下留有过闸船只所必需的通航净空，适用于水头较高、地基条件好的情况。单级船闸和多级船闸均可采用井式船闸，如图 8.6 所示。国外最大水头的单级船闸就是井式船闸，水头达 42m。

8.1.1.3 船闸的基本尺寸

船闸的基本尺寸包括：闸室有效长度与宽度，闸槛上最小水深。船闸的基本尺寸取决于过闸船队的数量和船只大小，如图 8.7 所示。

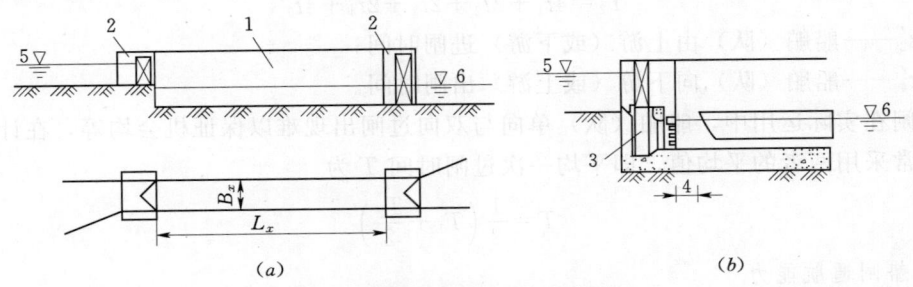

图 8.7 船闸基本尺寸示意图
1—闸室；2—闸首；3—消能室；4—镇静段；5—上游最低通航水位；6—下游最低通航水位

1. 闸室有效长度 L_x

$$L_x = L_c + L_f \tag{8.1}$$

式中 L_c——船队（舶）的计算长度，m；

　　　L_f——富裕长度，m，对于顶推船队，$L_f \geqslant 2 + 0.06L_c$；对于拖带船队，$L_f \geqslant 2 + 0.03L_c$。

2. 闸室有效宽度 B_x

$$B_x = \sum b_c + b_f \tag{8.2}$$
$$b_f = \Delta b + 0.025(n-1)b_c \tag{8.3}$$

式中 $\sum b_c$——并列过闸船只的最大总宽度，m；

　　　b_f——富裕宽度，m；

　　　Δb——富裕宽度附加值，m，当 $b_c \leqslant 7$m 时，$\Delta b \geqslant 1$m；当 $b_c > 7$m 时，$\Delta b \geqslant 1.2$m；

　　　n——过闸停泊在闸室的船舶的列数。

3. 闸槛上最小水深 H

设计最低通航水位至门槛顶部的最小水深，并满足设计船舶（队）满载时的最大吃水加富裕深度的要求。

$$H \geqslant 1.6T \tag{8.4}$$

式中 H——门槛最小水深，m；

　　　T——设计船舶（队）满载时的最大吃水，m。

8.1.1.4 船闸的通航能力和耗水量

1. 船只过闸时间

每一船舶（队）单向过闸所需时间为

$$T_1 = 4t_1 + t_2 + 2t_3 + t_4 + t_5 \tag{8.5}$$

式中 t_1——闸门启闭的时间；

　　　t_2——单向第一个船队进闸时间；

　　　t_3——闸室灌水或泄水时间；

　　　t_4——单向第一个船队出闸时间；

　　　t_5——船舶（队）进闸或出闸间隔时间，当一闸次只通过一个船舶（队）时，$t_5 = 0$。

一次双向过闸（一个船队从上游到下游，另一只船队紧接着从下游驶向上游）所需总时间为

$$T_2 = 4t_1 + 2t_2' + 2t_3 + 2t_4' + 4t_5 \tag{8.6}$$

式中 t_2'——船舶（队）由上游（或下游）进闸时间；

　　　t_4'——船舶（队）向下游（或上游）出闸时间。

船闸在实际运用中，船舶（队）单向与双向过闸出现难以保证机会均等，在计算通过能力时常采用两者的平均值，即平均一次过闸时间 T 为

$$T = \frac{1}{2}\left(T_1 + \frac{T_2}{2}\right) \tag{8.7}$$

2. 船闸通航能力

船闸一年通过货物的总吨数称为船闸通航能力，以年单向通过能力表示。

考虑到通过船只除货船外还有其他非载货船舶，货船非满载，全年每月货运量不均匀及考虑设备检修或气候原因暂时停航等因素，单向实际年通航能力为

$$P = \frac{1}{2}(n - n_0)\frac{NG\alpha}{\beta} \tag{8.8}$$

$$n = \frac{60\tau}{T} \tag{8.9}$$

式中　P——单向年过货运量，t；

　　　n——日平均过闸次数；

　　　τ——日工作小时，一般取 20～22h；

　　　n_0——日非货运船舶过闸次数；

　　　N——船闸全年工作天数，d；

　　　α——船舶装载系数，0.5～0.8；

　　　β——货运量不平衡系数，1.3～1.5；

　　　G——一次过闸平均载重吨位，t。

3. 船闸的耗水量

船闸耗水量包括通航用水与闸、阀门漏水两部分。单级船闸（闸室墙为直立式）单向一次过闸的耗水量可按下式计算

$$V_0 = (1.15 \sim 1.20)L_x B_x H \tag{8.10}$$

式中　H——船闸的设计水头，m。

双向一次过闸耗水量为
$$V = \frac{1}{2}V_0 \tag{8.11}$$

日平均耗水量为
$$\overline{Q} = \frac{nV}{86400} + q \tag{8.12}$$

式中　q——闸门、阀门的漏水损失，m³/s。

8.1.1.5　船闸的布置形式

按船闸与所在枢纽中的拦河坝、溢流坝、电站等的相互关系，一般可分为并列式布置和分离式布置两大类，如图8.8所示。

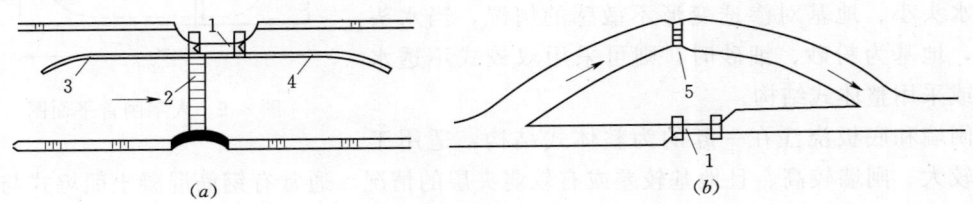

图 8.8　船闸布置形式

(a) 闸坝并列式；(b) 闸坝分离式

1—船闸；2—泄水闸；3—上导墙（堤）；4—下导墙（堤）；5—节制闸

1. 闸坝并列式

当河床宽度足够布置拦河坝、泄水建筑物、电站及船闸时，往往将船闸布置在河床或河滩上，即为并列式。其优点是占地较少，开挖工程量较小，同时可与其他建筑物在同一

围堰内施工。采用这种布置时,船闸中心线最好与坝轴线垂直相交。若不能正交时,偏角应尽量小,以避免下泄水流对过闸船舶造成不利影响。

2. 闸坝分开式

船闸另开挖引河,或利用河中小岛与拦河坝、电站等建筑物分开,即为分开式。采用这种布置方式,宜将引航道中心线与河道原航线较平顺连接,航线与水流的交角要尽量减小。其优点是施工可省去围堰工程量,船闸不占河床宽度,有利于泄水建筑物布置,但开挖工程量较大,占地较多。

8.1.1.6 船闸的结构

1. 闸首结构及布置

闸首的结构布置主要取决于闸门、输水系统的型式和布置及地基性质。

闸门是船闸的挡水设施,对船闸完成船舶过闸起着重要作用,国内大、中型船闸多采用钢质的闸门,小型船闸也有采用钢丝网水泥面板门,常用闸门有人字闸门、升降式平面闸门、横拉闸门、三角闸门、一字式闸门等。人字闸门是承受单向水头的船闸中,最常用的门型。

采用人字闸门和短廊道输水的闸首,其长度沿轴线方向由前沿部分 L_1、门库部门 L_2 和支持部分构成,如图 8.9 所示。闸首的宽度等于闸首口门宽度加上两侧边墩宽度,边墩宽度取决于门龛深度及输水廊道的断面尺寸与布置,同时应满足边墩强度要求。

2. 闸室的结构型式

船闸闸室有斜坡式和直立式两种。斜坡式闸室虽结构简单、造价低,但耗水量大,使用不方便,目前已很少采用。直立式闸室结构按闸底板与闸墙的连接方式不同,分为整体式结构和分离式结构。

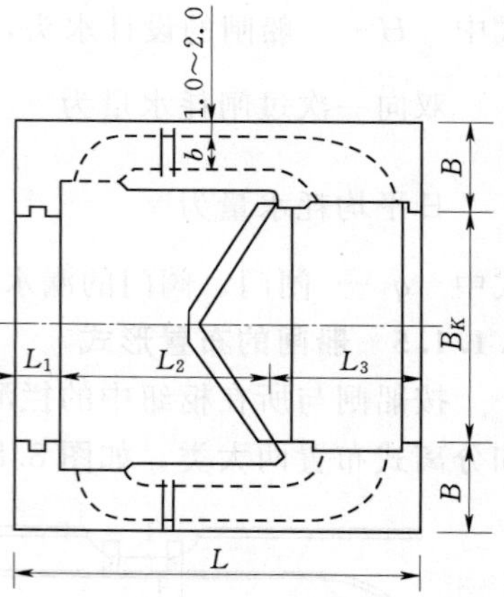

闸墙和底板分别设置的称为分离式结构,底板多为透水的,闸墙适宜高度为 6~8m。类型较多,按结构受力特征可分为衡重式、扶壁式、连拱式、拉杆锚定式、板墙式等。分离式闸室闸底比较经济,但只适用于水头小、地基对渗透变形不敏感的情况,当水头较大,地基为粉砂、细砂时,则可采用双铰式不透水底板或采用整体式结构。

图 8.9 人字闸首平面图

闸墙和底板浇注在一起的为整体式结构,适用于水头较大、闸墙较高、且地基较差或有软弱夹层的情况。通常有钢筋混凝土船坞式与悬臂式两种。

3. 船闸的防渗

船闸上游闸首一般位于枢纽中的挡水前缘,闸室中水面升降幅度大,在闸室灌水和泄水过程中,作用水头迅速由零增到最大值,又由最大值降到零,渗流具有不稳定性。船闸在承受水头作用后,在船闸地基和两侧回填土中产生渗流,由于两者相互作用,船闸的渗流具有空间性。当闸室为透水闸底时,闸首渗流的空间性更为显著,由于空间渗流计算较为复杂,往往将空间问题转化为平面问题进行计算,并主要计算闸底板下面的渗流稳定,常用直线法、流网法、改进阻力系数法等进行计算。

常采用的防渗设施，对岩基有防渗帷幕、防渗齿墙，当岩溶发育时也有采用铺盖；对土基有防渗帷幕、板桩、防渗墙、齿墙和铺盖等。

8.1.1.7 船闸的引航道

1. 布置形式

引航道应由导航段、调顺段、停泊段和制动段等组成，保证通航期内过闸船舶（队）畅通安全行驶。单线船闸引航道的平面布置有对称式和不对称式两种。对称式引航道的轴线与闸室轴线重合，多用于小型船闸。为提高船闸的通航能力，通常采用上、下游向不同岸侧扩大的不对称布置，并且一般按直线布置，如图 8.10 所示。

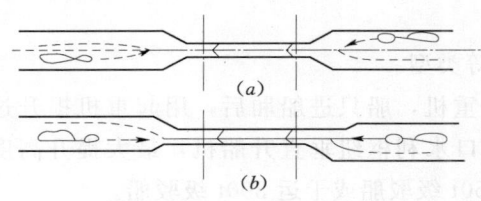

图 8.10 引航道平面形状
(a) 对称式；(b) 不对称式

2. 尺寸

引航道的直线段总长度 L 一般为过闸船队计算长度的 3.5~4.0 倍。

引航道的宽度 B 为

$$B = 3b_c + 4d \tag{8.13}$$

式中　b_c——最大船队宽度，m；

　　　d——船队之间的距离，及船队与引航道边坡间的距离，一般取 2~3m。

8.1.1.8 船闸输水系统

1. 一般要求

船闸的灌泄水建筑物及其设备总称输水系统，包括进水口、输水廊道及输水阀（闸）门、出水口和消能设备等部分。主要作用是调节闸室水位，使其分别与上、下游水位齐平，协助船舶克服集中水位落差，从而由一个水面驶向另一个水面。

2. 输水系统的型式

船闸的输水系统，分为集中式与分散式两大类。集中式又称头部输水系统，或短廊道输水系统，如图 8.11 所示。低水头中小型船闸，在闸首两侧墙及闸底板内设回旋式环形短输水廊道的型式较为常见。分散式又称长廊道输水系统，一般适用于中、高水头的大型船闸。

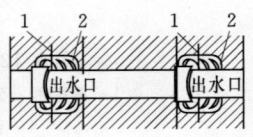

图 8.11 短廊道输水
1—阀门；2—短廊道

8.1.2 升船机

8.1.2.1 升船机的组成及作用

（1）承船厢，用于装载船舶。

（2）垂直支架或斜坡道，用于运载承船厢。

（3）控制装置，用于驱动或制动，操纵升船机的运行。

8.1.2.2 升船机的工作原理

将船只开进承船厢内，利用水力或机械力沿着垂直或斜面的方向升降承船厢，使船只过坝。船只浮在承船厢内运送称为湿运，搁置在无水承船厢内运送称为干运。干运船只易受损，很少采用。

8.1.2.3 升船机的类型

升船机有垂直提升和斜面提升两类。

1. 垂直升船机

升降设备可分为提升式、平衡重式和浮筒式等类型。

(1) 提升式。提升时垂直升船机类似桥式起重机，船只进船厢后，用起重机提升过坝，由于提升动力大，适用于中小型船只。丹江口水利枢纽垂直升船机，最大提升高度83.5m，最大提升力为4500kN，承船厢可湿运150t级驳船或干运300t级驳船。

(2) 平衡重式（图8.12）。利用平衡重来平衡承船厢的重量，运行原理与电梯相似。过坝历时短，通过能力大，安全可靠，耗电量小，但工程技术复杂，钢材耗量大。隔河岩水电站的平衡重式升船机采用两级提升，广西红水河岩滩水电站平衡重式垂直升船机，提升高度68.5m，过船吨位近250t，远期500t，承船厢有效尺寸48.5m×16.3m×4.4m（长×宽×深）。

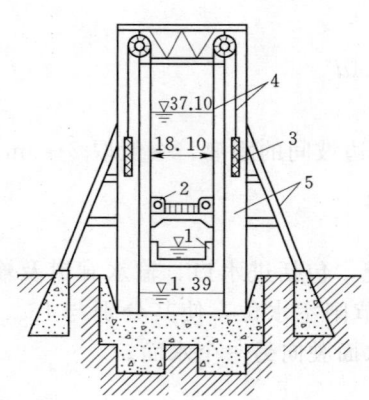

图8.12 平衡重式升船机
1—承船厢；2—传动机械；3—平衡铊；
4—钢索；5—钢排架

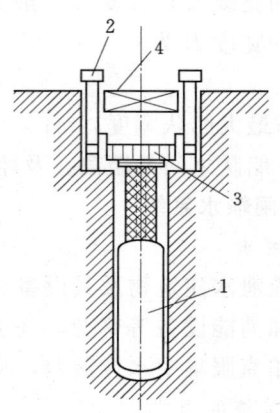

图8.13 浮筒式升船机
1—浮筒；2—船厢导向柱；
3—船厢；4—上游闸门

(3) 浮筒式（图8.13）。金属浮筒浸在充满水的竖井中，利用浮筒的浮力来平衡升船机活动部分的重量，电动机仅用来克服运动系统的阻力和惯性力。工作可靠，支撑平衡系统简单，但提升高度不能太大，部分设备长期处于水下，检修不便。世界上最大的浮筒式升船机是德国亨利兴堡枢纽中的升船机，提升高度14.5m，承船厢尺寸90m×12m，厢内水深3.0m，可通过1300t的船只。

2. 斜面升船机

斜面升船机是将船只装在承船车或船厢中，沿着铺在斜坡上的轨道升降，运送船只过坝。由船厢（承船车）、斜坡轨道及卷扬设备等部分组成。中小河流上修建的较多，过船吨位一般很小，我国已建成的提升高度最大的为湖南柘溪水电站的斜面升船机，最大提升高度80m，载船吨位50t。

项目 8 水利枢纽布置

8.1.2.4 升船机的适用条件

升船机相比船闸的适用条件，要通过工程经济、通航能力和运行安全等因素来考虑。

与船闸相比，在高水头情况下船只升降过坝所需的时间相对较少，具有优势。但升船机的工程量和投资随着提升重量的增加而增大，且机械设备难度增加。所以当通航量很大、提升量很大时，升船机不适用，需要用船闸。耗水量方面，船闸耗水量大，而升船机基本上不耗水，所以在水量缺乏的航道上采用升船机。

此外，在中、小河道上，若船只少、吨位小，采用斜面升船机比垂直升船机经济；当运输量大，采用单级船闸或升船机不能满足要求时，可采用双线甚至多线船闸或升船机。

8.1.3 其他过坝建筑物

8.1.3.1 过木建筑物

为了解决木材过坝，需在枢纽中修建过木建筑物，常用的有筏道、漂木道和过木机。

1. 筏道

筏道是一种泄水的陡槽，用于浮运木排。筏道具有通过能力大、结构简单、使用管理方便等优点，但需要消耗水量，适用于低、中水头且上游水位变幅不大的水利枢纽。筏道由进口段、槽身段、出口段和进口段导漂设施组成。

（1）进口段。筏道的进口段必须适应水库的水位变化，准确调节筏道流量，以达到节省水量和安全过筏的目的。进口段根据上游水位变化幅度有活动式进口和固定式进口两种型式，活动式进口与漂木道的进口相类似，由活动筏槽及叠梁闸门两部分组成。叠梁除用于挡水及检修活动筏槽外，与活动筏槽联合运行，调节过筏流量。固定式进口和船闸相似，进口段设有两道闸门，在两道闸门之间形成一个筏闸室，结构简单，用水量少，但运送效率低，用于水位变动不大的情况。

（2）槽身段。槽身是一个宽浅的陡槽，宽度不宜太大，常用的槽宽为 4～8m。槽中水深一般为木筏厚度的 2/3，常用水深为 0.3～0.8m，纵坡与槽身结构、排型和上、下游水位有关，一般取 $i=0.03\sim0.06$。槽身纵坡可采用几种不同的坡度，但坡度变化不宜太大。槽中的排（筏）速，在保证安全的前提下，可尽量选择得大些，一般选用 5m/s 左右，最大可达到 7～8m/s。欲加大槽底坡度，应加大槽底的粗糙度，并减小槽内的水流流速，底部加糙可用木材或钢筋混凝土做成高 0.1～0.2m 的坎，呈横条形、人字形或梅花形布置。木排在槽中处于悬浮状态，排速一般为段面平均流速的 1.5～3.0 倍。

（3）出口段。应能保证在下游水位变化范围内，顺利流放木排，既不能搁浅，又不要产生钻水现象。筏道的出口部分一般按原有坡度延长至最低过排水位以下 1.5～2.5m，斜坡末端以后布置一水平段，形成消能池的水深最好接近临界水深，防止出现淹没水跃，以保证木材漂浮并送出池外。同时，还要根据具体情况决定是否设置下游引航道。

2. 漂木道

漂木道是输送单木过坝的斜槽式过木设施，多用于不通航河流的低、中水头水利枢纽。由进口段、槽身段、出口段和上下游导漂设施组成：进口段在平面上应布置成喇叭口形，两侧布置诱导漂子；槽身段横断面有矩形、梯形和三角形，纵坡一般缓于 10%，避免过陡的纵坡使木材撞击槽底造成损坏，而且流速控制在 5m/s 以内；下游出口应避开河道的洄流区，水流衔接要顺畅。

3. 过木机

当通过高坝修建筏道及漂木道有困难或不经济时，可采用过木机。过木机是机械输送木材过坝的一种过木设施。过木机按木材的运送方式，分为过排机和单根原木过坝机；按机械设备的运行方式，可分为连续式过木机和往复式过木机。连续式过木机运距较长、通过能力较大，多布置在非溢流坝段、副坝或岸边；往复式过木机有垂直、斜面卷扬提升架式，多用于排节过坝。

8.1.3.2 过鱼建筑物

鱼道是沟通鱼类洄游路线的一项重要补救措施，为此，需在河川水利枢纽和平原地区闸、站枢纽中修建过鱼建筑物，以保护鱼类的洄游路线。过鱼建筑物有：鱼道、鱼闸、升鱼机等。目前世界上已建成数百座过鱼建筑物，其中以鱼道为最多。

1. 鱼道

鱼道按照其结构型式不同，可分为水池式和斜槽式。

(1) 水池式鱼道。由一连串分开的水池组成，一般都是利用天然地形绕岸修建，各水池之间用短的渠道连接，如图 8.14 所示。一般在地形地质条件有利时建造，否则不经济。

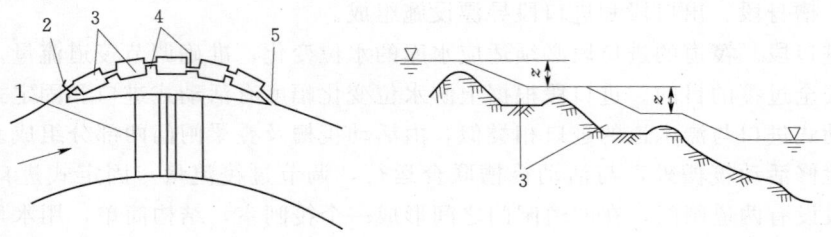

图 8.14 水池式鱼道示意图
1—坝；2—设有闸门的出口；3—水池式鱼道；4—连接渠；5—鱼道进口

(2) 斜槽式鱼道。斜槽式鱼道使用最多，它是一条人工建成的斜坡式或阶梯式水槽，按其消能原理的不同，有光面、人工加糙及设置横隔板三种型式。其中横隔板式鱼道（图 8.15），是在水槽中交错地布置横隔板，以增加水流阻力，并加长水流的行程以降低槽内

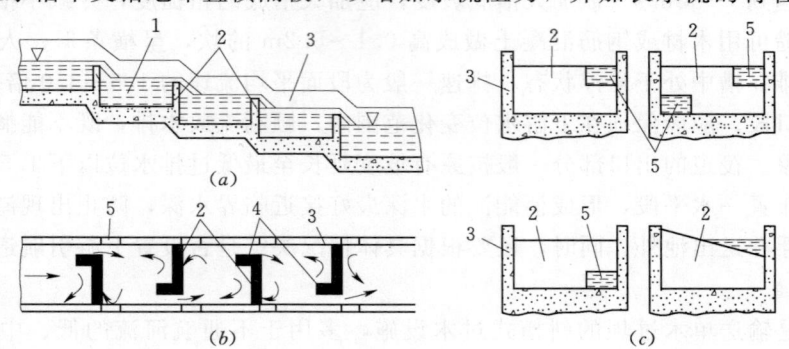

图 8.15 隔板式鱼道示意图
(a) 纵剖面；(b) 平面图；(c) 游入孔位置
1—水池；2—横隔板；3—纵向墙；4—防护门；5—游入孔

流速。隔板将水位差分级，并利用水垫、水流沿程摩阻或水流对冲来消减能量，减缓流速。这种鱼道的优点是水流条件好，能用于水位差较大的工程，结构简单，维修费用低，故目前在我国采用广泛。

2. 鱼闸

鱼闸类似于船闸，采用控制水位升降的方法输送鱼类通过闸、坝。鱼闸的主要组成部分有上、下闸室及闸门、斜（或竖）井、闸室充泄水管道及阀门、诱鱼水流管道等。按其布置型式可分为斜井式和竖井式两种。

鱼闸的优点是鱼类过坝消耗体力小，有利于底层鱼类过坝，可用于中高水头；缺点是不能连续过鱼，金属结构、电气设备较多，管理不及鱼道方便。

3. 升鱼机

升鱼机利用专门机械设备提升、运输鱼类过坝。升鱼机既可为鱼类过坝提供通道，也可与运鱼车配合作业将鱼送到鱼类人工繁殖厂。

升鱼机基本不受枢纽水头及坝高的限制，属往复循环的工作方式，不能连续过鱼。在枢纽中可以布置在坝域或水力发电站的一侧，也可以单独设在坝下岸边。

任务 8.2 水利枢纽布置

8.2.1 水利枢纽的布置要求

枢纽布置是从若干具有代表性的枢纽布置方案中选择一个最优方案，最终达到技术上先进且可能、经济上合理、施工期短、运用安全、管理维修方便等要求。这是一个复杂而繁重的工作，且十全十美的方案是很少的，必须对各个方案具体分析，全面论证，综合比较，慎重选定。

1. 运用方面

枢纽布置应满足各建筑物在布置上的要求，并应避免运行时相互干扰，确保各建筑物在任何工作条件下都能正常工作。

2. 施工方面

枢纽布置应同时考虑合理选择施工导流的方式、施工程序和标准，合理选择主要建筑物的施工方法。工程实践证明，在某种情况下，配合得当不仅能方便施工，还能使部分建筑物提前发挥效益（提前蓄水、发电等）。

3. 环境方面

水利枢纽的兴建将使周围环境发生明显改变。大型水库的修建为发展水电、农业灌溉、供水、养殖、旅游等事业创造了有利条件，同时也带来了不利的影响。水利枢纽布置要求尽量避免或减轻对周围环境的不利影响，如减轻对上游的淤积、减小淹没损失、降低对下游河床冲刷等，同时还要注意建筑物的美观，使枢纽的外观与周围环境协调一致。

4. 经济方面

枢纽布置应在满足安全和运用管理要求的前提下，尽量降低枢纽总造价和年运行费用。如有可能，应考虑使一个建筑物能发挥多种作用。应对枢纽建筑物进行优化设计或采用先进的技术、工艺和材料。例如，结合实际条件尽量选用双曲拱坝、面板堆石坝、碾压混凝土坝等新坝型。

8.2.2 蓄水枢纽布置

8.2.2.1 坝址和坝型选择

坝址、坝型选择和枢纽布置关系密切，不同的坝轴线可选用不同的坝型和枢纽布置，对同一条坝轴线，也可采用几种坝型和枢纽布置方案。在优选坝址、坝型时，一般应考虑以下几个因素：

（1）地质条件。地质条件是建库建坝的基础，是衡量坝址优劣的重要条件之一，在某种程度上决定着枢纽工程的结构和投资。在该阶段作为宏观决策，关键是不能疏漏重大地质问题，对重大地质问题要有正确的定性判断，以便决定坝址的取舍或定出防护处理的措施，或在坝型选择和枢纽布置上设法适应坝址的地质条件。一般情况下，拱坝对两岸坝基地质条件要求较高，重力坝或支墩坝次之，土石坝要求最低；高坝要求较严格，低坝要求较低。坝址选择还必须对区域地质稳定性及库区的渗漏、库岸塌滑、岸坡及山体稳定等地质条件做出评价。

（2）地形条件。坝址地形条件必须满足开发任务对枢纽布置的要求。一般来说，坝址河谷狭窄，坝轴线短，坝体工程量较小，但河谷太窄则不利于泄水建筑物、发电建筑物、施工导流及施工场地的布置，是否经济应根据枢纽总造价来衡量。通常，河谷两岸有适宜的高度和必需的挡水前缘宽度时，则对枢纽布置有利。对于多泥沙河流及有漂木要求的河道，应注意坝址位置对取水、防沙及漂木是否有利。对于通航河道，还应考虑通航建筑的布置。对坝址上游，希望河谷开阔，争取在淹没损失较小的情况下获得较大库容。

坝址地形条件还应与坝型相互适应，拱坝要求河谷窄狭；土石坝要求河谷宽阔、岸坡平缓、坝址附近或库区内有高程合适的天然山垭口，可供布置河岸式溢洪道，以及坝址附近有开阔的地形，便于布置施工场地。

（3）建筑材料。坝址附近应有数量足够、质量符合要求的建筑材料，应便于开采、运输，且施工期间料场不会被淹没。

（4）施工条件。坝址和坝型选择要考虑易于施工导流，施工交通运输、能源供应及便于布置施工场地。

（5）综合效益及环境影响。对不同坝址要综合考虑防洪、灌溉、发电、通航、过木、城市和工业用水、渔业以及旅游等各部门的经济效益，并考虑兴建水库后，原来的陆相地表和河流型水域变为湖泊型水域，改变了地区自然景观，对自然生态和社会经济产生多方面的环境影响。其有利的是发展了水电、灌溉、供水、养殖、旅游等水利事业和消除了洪水灾害、改善气候条件等。但是，也会带来淹没损失、浸没损失、土壤沼泽化、水库淤积、诱发地震、生态平衡受到破坏以及造成下游冲刷、河床演变等不利影响。虽然水库对环境的不利影响与其社会、经济效益相比是次要的，但处理不当也会造成严重后果，故在进行水利规划和坝址选择时，必须进行认真研究。

8.2.2.2 各种水工建筑物对枢纽布置的要求

1. 挡水和泄水建筑物

一般情况下,挡水建筑物在平面上都布置成直线形(拱坝除外),以使坝轴线最短,坝身体积最小,简化建筑物的受力状态,有利于相邻建筑物的连接。但有时受地质和地形条件的限制,有的坝轴线也布置成折线或曲线形。

泄水建筑物包括溢流坝、河岸溢洪道、泄水孔及泄水隧洞等。溢流坝是挡水建筑物的一部分,溢流坝的进水方向应与上游来水主流方向一致,其下泄水流方向也要与河流轴线一致,以保持上下游河流的自然情况不受或少受破坏。由于溢流坝的下泄水流速度较高,往往在下游形成回流,引起冲刷和淤积,影响发电、通航、过木等建筑物的运行。为了减少溢流坝泄水对其他建筑物的运行干扰,常在溢流坝的端部设置导墙与其他建筑物隔开。当溢流坝与土石坝连接时,还应设法避免坝前水流对端部的冲刷及下游回流对坝脚的冲刷。

岸边式溢洪道应尽量布置在高程较低的垭口处。要求进口水流平顺,溢流堰及泄槽的布置要结合地形、地质及水流条件综合考虑,出口除应采用适当的消能外,还应防止对水电尾水及航道出口的干扰。

泄洪隧洞的布置,主要取决于地形、地质、施工及枢纽布置等条件。进口应力求使水流平顺,出口布置应注意消能及防止对其他建筑物的影响。

2. 水电站建筑物

水电站对枢纽布置的要求,主要是保证足够的引水量,水头损失应尽量小。为此,电站通向上下游的水道应尽量短;进出口水流应尽量平顺,同时避免溢流坝下泄水流对电站尾水产生壅水。电站厂房应布置在基础好、可以最先施工的位置上,以便早日投入运转。电站最好靠近有交通线的一岸,以便于施工与管理。

3. 取水建筑物

取水建筑物在枢纽中的位置视灌区或用水部门位置而定,尽量避免使用跨河建筑物。如两岸都有灌区,则取水口应分别布置在两岸。取水口的高程应保证取得所需的水量和适应灌区高程的要求,避免泥沙进入渠道。

4. 通航建筑物

船闸的布置应能使船只顺利通航,有足够的过船能力。引航道应有足够的宽度和水深,并与原河道平顺连接。通常,船闸与溢流坝、水电站并列布置,为了避免相互干扰,船闸宜与电站厂房分别布置于两岸,并应便于安排交通线路和布置停船码头。

筏道的布置要求基本上与船闸相似。筏道也应布置在水电站的对岸以免漂浮木材对电站进水口和尾水带来危害。在筏道的上游应布置绑扎木材的停泊场所。当枢纽中有船闸时,也可以不设筏道,而由船闸过筏。

过鱼建筑物应根据鱼类的习性进行布置,要求能诱导鱼类顺利到达过鱼建筑物的入口并安全游到上游。

8.2.2.3 枢纽布置举例

修建在河流中、下游的丘陵或平原地区的水利枢纽一般是位于河床坡度平缓、河谷宽阔的河段上,其主要建筑物是拦河闸(坝),由于其上、下游水头差不大,称为中、低水头水利枢纽。此时，挡水建筑物可建在岩基或软基上，由于地形开阔，通常是将挡水建筑物、过坝建筑物、泄水建筑物和电站厂房一字摆开。枢纽布置的关键问题是妥善处理好泄洪消能及防淤排沙问题。

长江葛洲坝水利枢纽是我国在长江干流上修建的第一座大坝，位于三峡出口南津关下游 2.3km 处，下距宜昌市约 6km。枢纽主要任务是对三峡电站进行反调节，解决未来三峡电站日调节不稳定流对下游航道及宜昌港的不利影响以及发电。主体建筑物有泄水闸、船闸、电站厂房、冲沙闸及挡水坝段等，如图 8.16 所示。枢纽总库容 15.8 亿 m^3，最大闸坝高 47m，大坝全长 2595m。电站总装机容量 271.5 万 kW。1、2 号大型船闸可通过万吨级货驳船及客轮，是世界最大船闸之一。葛洲坝工程坝址处河宽 2200m。江中有葛洲坝和西坝两座小岛自右向左将长江分为大江、二江和三江。

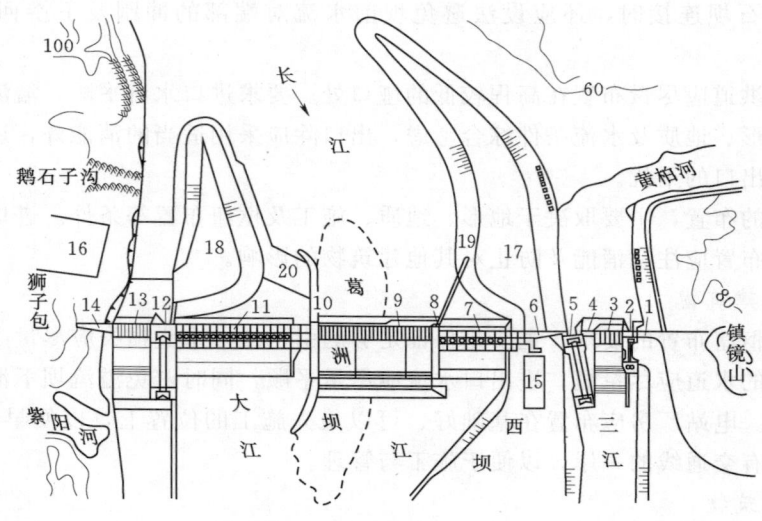

图 8.16　长江葛洲坝水利枢纽布置图
1—土石坝；2—3 号船闸；3—三江冲沙闸；4—三江混凝土坝；5—2 号船闸；6—混凝土坝；7—二江电站；
8—左导墙；9—泄水闸；10—右导墙（纵堰）；11—大江电站；12—1 号船闸；13—大江冲沙闸；
14—右岸土石坝；15、16—开关站；17、18—防淤堤；19、20—导沙坎

大江是主河槽，二、三江枯水期断流。其坝址地形和水文条件的主要问题是，长江出南津关后自东转向南流，南津关以上峡谷河宽约 300m 到坝址处急剧扩展至 2200m，水流流速减缓，向下至宜昌市江面又缩至 800m。坝址又位于河流弯道，泥沙较多，如枢纽布置不当，将淤塞航道和影响发电。因而，在枢纽布置时，首先应适应长江河势，妥善安排好主流位置，以利于通航、发电、排沙和泄洪。经过多种方案比较和水工、泥沙模型试验，最后确定枢纽布置如下：挖掉江中葛洲坝，将枢纽中的关键建筑物即 27 孔泄水闸居中布置在正对主流的深槽位置，以利于泄洪、排沙和满足河势要求。在上游，左右各设置一道防淤堤，既可束窄主流河道，有利于拉沙、稳定主槽和消除回流淤积，又能在两侧形成与主流分开的三江和大江两条独立的人工航道（大江下游并设导航墙）。在大江航道中设有 1 号大型船闸；三江航道中设有 2 号和 3 号大、中型船闸各一座。为防止上游航道淤积，在大江航道 1 号船闸右侧布置 9 孔泄洪冲沙闸；在三江航道 2、3 号船闸之间布置 6

孔泄洪冲沙闸一座，在需要时可开闸拉沙、冲沙。为提前发挥发电效益，将枢纽电站分设在大江、二江两处，二江电站装机容量 2×17 万 kW $+5\times12.5$ 万 kW，大江电站装机为 14×12.5 万 kW。第一期工程建二江电站，使其提前投产发电。为防止厂前泥沙淤积和减少粗砂通过水轮机，在两座厂房进水口上游均布置了导沙坎，进水口下部设置排沙底孔。在西坝和大江右岸，分别布置 220kV 和 500kV 开关站。

该工程坝址的主要工程地质问题是坝基存在黏土岩类软弱夹层，其抗剪强度低，且产状和倾角对抗滑和抗渗透均不利。因而，沿夹层的深层滑动是闸室抗滑稳定的控制条件。此外，地层中还存在规模较大的缓倾角断层所构成的强透水带，亦需处理。对抗滑稳定的加固措施，曾研究过多种方案，并对泥化夹层进行了野外大型抗力体试验，经分析比较，最后采用防渗板、混凝土齿墙、尾岩抗力（部分抗力体还加设钢筋混凝土加固桩）和加强防渗排水等综合性阻滑措施。

对于溯河洄游性鱼类中珍稀的中华鲟鱼的保护问题，经长期的调查、研究和试验，证明中华鲟鱼已适应了环境的变化，在坝下进行了有效的自然繁殖，同时，辅以人工繁殖放流后，可取得良好效果。

实践证明，虽然葛洲坝工程坝址的地形、水文和地质条件比较复杂，并有重大地质缺陷，但采用了合理的优化设计方案和地基处理措施，枢纽布置非常成功。

8.2.3 取水枢纽布置

取水枢纽的作用是把河流中的水引入渠道，以满足灌溉、发电、工业及生活用水等需要。由于取水枢纽一般位于引水渠道首部，故又称渠首工程。取水枢纽布置的基本要求是满足引水流量、控制水位并防止或减少有害泥沙进入渠道。

8.2.3.1 取水枢纽的种类

取水枢纽分为无坝取水枢纽和有坝取水枢纽两种类型。

无坝取水枢纽是一种最简单的引水方式，在河道上选择适宜地点开渠并修建必要的建筑物引水。其优点是工程简单、投资少、施工容易、工期短及收效快，而且不影响航运、发电及渔业，对河床演变影响小。通常由进水闸、冲沙闸、沉沙池、河道整治建筑物及泄水排沙渠等组成。无坝取水枢纽在大江、大河的下游或山区河流上采用较多。

当河道水量比较丰富，但水位较低，不能自流灌溉，或引水量较大，无坝取水不能满足要求时，则应修建拦河坝（闸），以抬高水位，保证引取灌溉所需的流量。通常由溢流坝（亦称壅水坝）或拦河闸、进水闸、防沙冲沙措施、船闸、阀道、鱼道、电站等组成。其优点是引水保证率高，而且不受引水率限制，在我国被广泛采用。

8.2.3.2 取水枢纽布置中的泥沙问题

取水枢纽必须避免渠道淤积、建筑物及设备磨损等危害。在多泥沙河流上引水，对泥沙处理的好坏，可能成为工程成败的关键。

泥沙的分布规律是水流的表层泥沙少而颗粒细，底层泥沙多而颗粒粗。水流具有挟带泥沙的能力，流速越大，挟带泥沙的能力越大。当水中含沙量小于挟带泥沙能力时产生冲刷，当水流中含沙量大于其挟沙能力时就产生淤积。

天然河道都是弯曲的，对于土质河床，由于流量的随机性、地形及地质的千差万别，只有10%~20%的直线段河道能保证其在不冲、不淤的稳定状态，而弯道均处于冲淤演变、摆动状态。其弯曲演变如图8.17所示。

河流在直线段上的水深、流速及含沙量的分布是比较均匀的。弯道则不然，在弯道受离心力的作用，使表层的水流向凹岸水面壅高，凸岸水面降低，形成横向比降，如图8.18（b）所示，因水流所受离心力的大小与水流流速的二次方成正比，而河道水流流速的分布是表层大、底层小，故表层水流所受离心力较大，并沿水深逐渐减小。因离心力的方向与横向水位差所引起的水压力的方向相反，这两种作用力的合力方向如图8.18（c）所示。在其合力作用下，表层的水流向凹岸，底层的水流向凸岸，从而形成横向环流，横向环流与纵向流合成为螺旋状前进水流，如图8.18（a）所示。

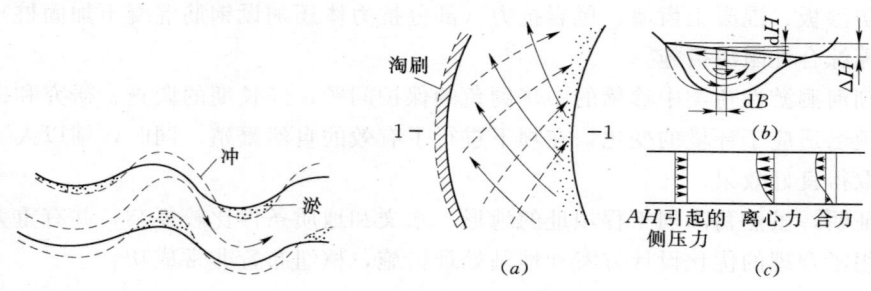

图8.17 泥沙与弯道的关系　　　图8.18 横向环流

当横向环流由上向下流动时，流速增大、含沙量较小，当流速大于凹岸的抗冲流速时，凹岸就产生冲刷。而底流流向凸岸时，含沙量大增，在岸坡处，底流转而向上流动，因重力作用，流速减小而使泥沙淤积。当水流到达表层后，改变方向再流向凹岸，周而复始。这样发展的结果，凹岸便成为水深流急的主流深槽，而凸岸则成为水浅流缓的浅滩。如凹岸不够坚固，则会使弯道逐渐向下游移动，如图8.18所示。

根据弯道环流的特性，引水枢纽应布置在凹岸，引取表层较清水流，有效防止泥沙入渠，并可防止引水口被淤积，保证引水量要求。如果没有天然弯道可以利用，则可以采取工程措施，创造凹岸引水条件，使横向环流有利于引水防沙，或控制不利环流的影响范围，以减轻泥沙危害的程度。

8.2.3.3 取水枢纽布置的要求

(1) 取水口处河床及河岸稳定性要好。河床河岸坚固稳定，可以减少护岸工程量，降低工程造价；可以防止河道主流偏离取水口，使引水通畅，保证引水数量和质量。

(2) 适应河水涨落变化。枯水期应能保证取水设计流量，洪水期应保证引水质量及工程安全。洪水期水流含沙量大、水位高，必须采取防洪防沙措施。

(3) 保证正常引水。在多泥沙河流上的取水枢纽，有时要在运用期进行冲洗泥沙，但是要做到不间断供水，并保证推移质不进入渠道。寒冷地区的取水枢纽，在冬季取水时，一是要保证冰盖下能引水，二是要防止冰冻或浮冰对建筑物的危害。

8.2.3.4 无坝取水枢纽布置

1. 弯道凹岸取水枢纽

在河床稳定、河岸土质坚固的凹岸，当引水量小于河道流量的25%~35%时，可以采用这种布置形式。一般由进水闸、拦沙坎、引水渠及沉沙设施等建筑物组成，如图 8.19 所示。

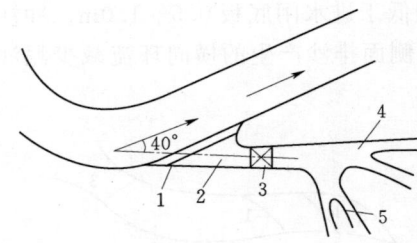

图 8.19 打鱼张取水枢纽示意图
1—拦沙坎；2—引水渠；3—进水闸；4—东沉沙条渠；5—西沉沙条渠

（1）进水闸。其作用是控制入渠水流，一般布置在引水口处，应尽量减少引渠的长度，以减小水头损失和减轻清淤工程量。引水口两侧的土堤应为喇叭口的形状，以使入渠水流平顺，避免出现漩涡，减少水头损失。进水闸的中心线与河道水流所成的夹角，称为引水角。一般应为锐角，通常为了使水流平顺，增大引水量，常采用 30°～45°。进水闸堰顶高程应高于河床 1.0～1.5m，与干渠渠底齐平或略高。

（2）拦沙坎。其作用是用来加强天然河道环流，使底沙顺利排走，一般布置在引水口的岸边。坎的形状通常采用 Γ 形。坎顶高出渠底的高度为 0.5～1.0m。

（3）沉沙设施。一般布置在进水闸后面适当的地方。通常将总干渠加宽加深而成沉沙池，也可建成厢形的，或利用天然洼地布置成条渠沉沙。

2. 导流堤式取水枢纽

在不稳定的河流上及山区河流坡降较陡，引水量较大的情况下，采用导流堤式渠首来控制河道流量，保证引水。导流堤式渠首由导流堤、进水闸及泄水冲沙闸等建筑物组成。

导流堤的作用是束窄水流，抬高水位，保证进水闸能引取所需要的水量。导流堤轴线与主流方向夹角成 10°～20°，向上游延长，接近主流。

进水闸与泄水排沙闸的位置一般按正面引水排沙的形式布置，如图 8.20（a）所示，进水闸轴线与河流主流方向一致，冲沙闸轴线多与水流方向成接近 90°的夹角，以加强环流，有利排沙。当河流来水量较大、含沙量较小时，也可按侧面引水、正面排沙的形式布置，如图 8.20（b）所示，泄水排沙闸方向与水流方向一致，进水闸的中心线与主流方向以 30°～40°为宜。

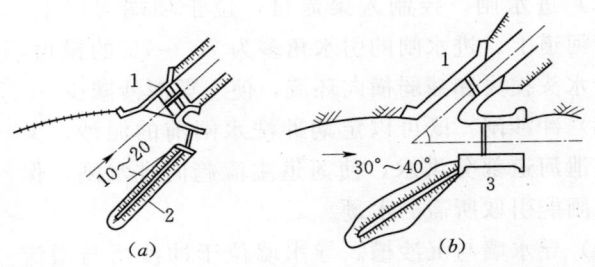

图 8.20 导流堤式取水枢纽示意图
1—进水闸；2—导流堤；3—冲沙闸

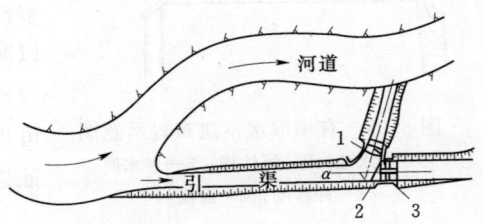

图 8.21 引水渠式取水枢纽
1—冲砂闸；2—拦沙坎；3—进水闸

3. 引水渠式取水枢纽

为了便于冲砂闸的水流归入原河道，可将进水闸布置在离河岸较远的地方，如图 8.21 所示。这种布置形式还可防止河岸冲刷变形，保证取水枢纽建筑物的安全。

引水渠可适当加宽加深兼作沉沙池之用，但引水渠在冲沙时应有足够的冲洗水头，以达到水力冲洗泥沙的目的。

进水闸前设有拦沙坎及冲沙闸。冲沙闸的底板高程低于进水闸底板 0.5～1.0m。冲沙闸的中线与引水渠水流方向成 30°～60°夹角，以便利用侧面排沙产生的横向环流减少泥沙进入干渠。

4. 多首制取水枢纽

在不稳定的多泥沙河流上，采用一个引水口时，常常由于泥沙的淤塞而不能引足所需的水量，严重时甚至使渠首废弃，这时应采用多首制渠首。

多首制渠首一般设有 2～3 条引水渠，各渠相距 1～2km，甚至更远些。洪水期仅从一引水口引水，其余引水口关闭。枯水期，由于水位较低，则由几个引水口同时引水，以保证引取所需水量。在图 8.22 所示的布置中有两条引水渠与进水闸相连。其优点是：某一个引水口淤塞后可由其他引水口进水，不致停止供水；引水渠淤积后，可以轮流清淤、引水。其主要缺点是清淤工作量大，维修费用大。

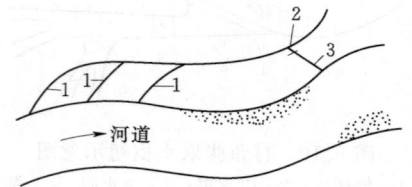

图 8.22 多首制取水枢纽示意图
1—引水渠；2—进水闸；3—泄水排水闸

8.2.3.5 有坝取水枢纽布置

有坝取水枢纽的中心问题仍然是泥沙问题。枢纽一般由壅水坝（或拦河闸）、进水闸及防沙设施等建筑物组成。通常采用的防沙设施有沉沙槽、冲沙闸、冲沙廊道、冲沙底孔及沉沙池等。

1. 沉沙槽式取水枢纽

沉沙槽式取水枢纽一般由溢流坝、冲沙闸、沉沙槽、导水墙及进水闸等建筑物组成，如图 8.23 所示。

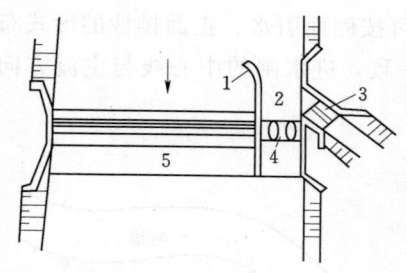

图 8.23 有坝取水枢纽布置示意图
1—导水墙；2—沉沙槽；3—进水闸；
4—冲沙闸；5—溢流坝

（1）溢流坝。抬高水位，以便引水灌溉；宣泄河道多余的洪水。根据河宽及上游允许壅高可建成带闸门的溢流坝或拦河闸。

（2）进水闸。控制入渠流量，位于坝端河岸上。多泥沙河道上，进水闸的引水角多为 70°～75°的锐角，以减少水头损失和减弱横向环流，使入渠泥沙减少。

（3）冲沙闸。既可以定期冲洗水闸前的泥沙，又可以宣泄河道部分洪水，使河道主流趋向进水闸，保证进水闸能引取所需的水量。

（4）导水墙与沉沙槽。导水墙位于冲沙闸与溢流坝连接处，并与进水闸的上游翼墙共同组成沉沙槽。当冲沙闸冲沙时，槽内水流应有较高流速，以便冲走沉沙槽内的泥沙。此外，导水墙还可拦阻坝前的泥沙，以免经沉沙槽进入渠道。

2. 冲沙廊道式取水枢纽

冲沙廊道式取水枢纽主要由拦河闸（坝）、冲沙闸、进水闸及冲沙廊道组成。根据水流泥沙分层原理，进水闸引取表层较清的水流，底层含沙量较多的水流经底部冲沙廊道排到下游，其布置如图 8.24 所示。适用于缺少冲沙流量、坝前水位有一定壅高的河流。其缺点是结构复杂，廊道易被淤塞，检修困难。平面布置有侧面引水式和正面引水式两种形式。

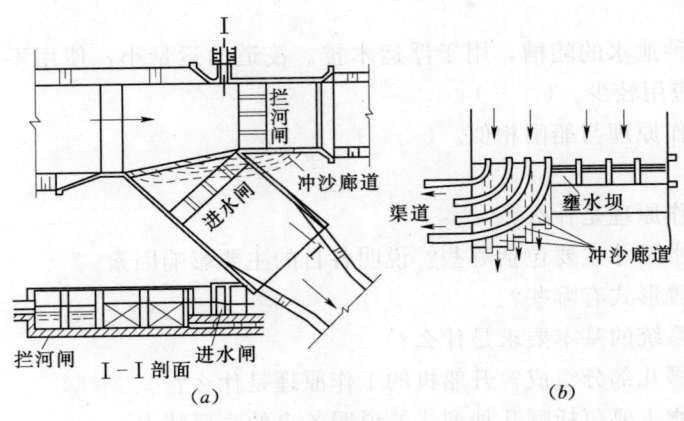

图 8.24 冲沙廊道式取水枢纽

（1）侧面引水式渠首。侧面进水闸的引水角采用锐角，如图 8.24（a）所示。由于引水口引水时水流的弯曲，产生横向环流，使泥沙淤积在引水口上唇附近，为更有效排沙，在靠近引水口上唇部分，廊道应布置较密，而靠近坝端部分则较稀。

（2）正面引水、正面排沙式渠首。渠首进水闸与壅水坝位于同一轴线上，如图 8.24（b）所示，闸底板下设尺寸较大的冲沙廊道。进水闸引水时，进口水流无弯曲现象，可以减少泥沙入渠。同时廊道尺寸较大，亦可用来宣泄部分洪水，即便在上下游水位差较小时，也能保证通过冲沙流量。

3. 综合利用的取水枢纽

综合利用的取水枢纽，除进水闸和溢流坝外，根据用途不同还要修建一种或几种专门的水工建筑物，这种取水枢纽的布置基本上与蓄水枢纽相同，这里不再赘述。

项 目 自 测 题

一、填空题

1. 船闸一般由 _____、_____、_____ 三部分组成。

2. 升船机一般由 _____、_____、_____、_____、_____、_____ 等几部分组成。

3. 鱼道是用水槽或渠道做成的水道，使鱼类在水道中逆水而上或顺水而下。鱼道按结构形式可分为 _____、_____、_____。

4. 取水枢纽按照挡水建筑物的有无可分为 _____ 和 _____。

二、判断题

1. 枢纽布置就是将枢纽建筑物紧凑地布置在一起。（   ）

2. 有坝引水枢纽的布置形式按取水口的多少分为一首制和多首制两大类。（ ）

3. 水流经过弯曲河道时，由于底部压力差大于离心力使水流由凸岸流向凹岸，表面水流由凹岸流向凸岸，从而形成横向环流。（ ）

4. 升船机的作用是利用机械力量将船只运送过坝，其消耗水量大、运送速度慢、运输能力低。（ ）

5. 筏道是一种泄水的陡槽，用于浮运木排。筏道的运量小，使用不方便，建筑技术高，运费高，故应用较少。（ ）

6. 鱼闸的工作原理与船闸相似。（ ）

三、思考题

1. 船闸的工作原理是什么？
2. 船闸的基本尺寸主要包括哪些？说明各自的主要影响因素。
3. 船闸的布置形式有哪些？
4. 船闸输水系统的基本要求是什么？
5. 升船机由哪几部分组成？升船机的工作原理是什么？
6. 过木建筑物主要包括哪几种型式？说明各自的主要特点。
7. 过鱼建筑物主要包括哪几种型式？说明各自的主要特点。
8. 坝址、坝轴线、坝型选择主要应考虑哪些因素？试结合实例说明如何进行坝址、坝轴线、坝型选择。
9. 枢纽布置主要应遵循哪些原则？
10. 水利枢纽设计方案应从哪些方面进行比较选择？
11. 蓄水枢纽和取水枢纽布置时各有什么特点？

参 考 文 献

[1] 林继镛. 水工建筑物. 北京：中国水利水电出版社，2006.
[2] 麦家煊. 水工建筑物. 北京：清华大学出版社，2005.
[3] 郭宗闵. 水工建筑物. 北京：中国水利水电出版社，1995.
[4] 杨树宽. 水工建筑物设计示例与习题. 北京：中国水利水电出版社，1996.
[5] GB 50487—2008 水利水电工程地质勘察规范. 北京：中国计划出版社，2009.
[6] SL 25—2006 砌石坝设计规范. 北京：中国水利水电出版社，2006.
[7] SL 252—2017 水利水电工程等级划分及洪水标准. 北京：中国水利水电出版社，2017.
[8] 潘家铮，何璟. 中国大坝50年. 北京：中国水利水电出版社，2000.
[9] SL 282—2018 混凝土拱坝设计规范. 北京：中国水利水电出版社，2018.
[10] SL 319—2018 混凝土重力坝设计规范. 北京：中国水利水电出版社，2018.
[11] SL 744—2016 水工建筑物荷载设计规范. 北京：中国水利水电出版社，2017.
[12] SL 279—2016 水工隧洞设计规范. 北京：中国水利水电出版社，2016.
[13] GB 50288—2018 灌溉与排水工程设计标准. 北京：中国计划出版社，2018.
[14] SL 253—2018 溢洪道设计规范. 北京：中国水利水电出版社，2018.
[15] SL 265—2016 水闸设计规范. 北京：中国水利水电出版社，2017.
[16] SL 274—2020 碾压式土石坝设计规范. 北京：中国水利水电出版社，2021.
[17] 郑万勇，杨振华. 水工建筑物. 郑州：黄河水利出版社，2003.
[18] 杨邦柱，焦爱萍. 水工建筑物. 北京：中国水利水电出版社，2005.
[19] 白继中，王长运. 水工建筑物设计与习题. 北京：地图出版社，2006.
[20] 程兴奇，王志凯. 水工建筑物. 北京：中国水利水电出版社，2007.
[21] 祁庆和. 水工建筑物. 3版. 北京：中国水利水电出版社，1997.
[22] 张光斗，王光伦，等. 水工建筑物. 北京：水利电力出版社，1992.
[23] 左东启，王世夏，林益才. 水工建筑物. 南京：河海大学出版社，1996.
[24] 郭宗闵，水工建筑物. 北京：水利电力出版社，1987.
[25] 华东水利学院. 水工设计手册. 北京：水利电力出版社，1983.
[26] 钱家欢. 土力学. 南京：河海大学出版社，1988.
[27] 潘家铮. 重力坝. 北京：水利电力出版社，1983.
[28] 水利电力部第五工程局，等. 土坝设计. 北京：水利电力出版社，1978.
[29] SL191—2008 水工混凝土结构设计规范. 北京：中国水利水电出版社，2008.